Gustav Körtling

Französische Studien

herausg. von G. Körting und E. Koschwitz

Gustav Körtling

Französische Studien

herausg. von G. Körting und E. Koschwitz

ISBN/EAN: 9783742891884

Hergestellt in Europa, USA, Kanada, Australien, Japan

Cover: Foto ©Suzi / pixelio.de

Manufactured and distributed by brebook publishing software (www.brebook.com)

Gustav Körtling

Französische Studien

NIVELLE DE LA CHAUSSÉE'S
LEBEN UND WERKE.

EIN BEITRAG

ZUR

LITTERATURGESCHICHTE DES ACHTZEHNTEN JAHRHUNDERTS

UND

INSBESONDERE ZUR ENTWICKELUNGSGESCHICHTE DER
„COMEDIE LARMOYANTE".

VON

JOHANNES UTHOFF.

HEILBRONN.
VERLAG VON GEBR. HENNINGER.
1883.

FRANZÖSISCHE STUDIEN.
HERAUSGEGEBEN VON
G. KÖRTING UND E. KOSCHWITZ.

Wiederholt geäusserte Wünsche haben Veranlassung gegeben von dem bisherigen Gebrauch, mehrere Arbeiten in einem Hefte zu vereinigen, abzugehen, und jede derselben für sich auszugeben. Vorbehalten soll nur bleiben, dass etwa zusammentreffende gleichartige Arbeiten, deren Umfang für ein selbständiges Heft zu gering wäre, auch in einem Heft vereinigt werden können. Zufolge dieser Aenderung werden künftig die Bände in eine grössere Anzahl von Heften eingetheilt sein als bisher, und werden diese letzteren in kürzeren Fristen ausgegeben werden, während daran festgehalten wird, dass im Laufe eines Jahres in der Regel ein Band ausgegeben wird.

Eine Aenderung an den Abonnementsbedingungen tritt nicht ein. Wie bisher werden die einen Band bildenden ca. 30 Bogen

<u>zum Abonnementspreis von M. 15.—</u>.

geliefert, und wird je dasjenige Heft das Schlussheft eines Bandes bilden, mit welchem diese Bogenzahl erreicht wird.

Die Hefte werden nach wie vor zu verhältnissmässig erhöhtem Preise einzeln käuflich sein.

Französische Studien.

Herausgegeben

von

G. Körting und E. Koschwitz.

IV. Band.

Heilbronn.
Verlag von Gebr. Henninger.
1884.

		Seite
Heft 1.	Nivelle de la Chaussée's Leben und Werke. Ein Beitrag zur Litteraturgeschichte des achtzehnten Jahrhunderts und insbesondere zur Entwicklungsgeschichte der „Comédie larmoyante". Von *Johannes Uthoff* .	1— 68
" 2.	Die Quantität der betonten Vocale im Neufranzösischen. Von *Julius Jäger*	69—136
" 3.	Boileau-Despréaux im Urtheile seines Zeitgenossen Jean Desmarets de Saint-Sorlin. Von *Wilhelm Bornemann*	137—284
" 4.	Vokalismus und Konsonantismus des Cambridger Psalters. Mit einem Anhang: Nachträge zur Flexionslehre desselben Denkmals. Von *Wilhelm Schumann*	285—354
" 5.	Geschichtliche Entwicklung der Mundart von Montpellier (Languedoc). Von *Wilhelm Mushacke* . . .	355—520

Berichtigung. Irrigerweise ist im 4. Hefte die untere, durchlaufende, Paginierung, welche dem 3. Bogen mit S. 332 schliesst, vom 4. Bogen an mit S. 301 ff. fortgesetzt, und der Irrthum auch noch in mehreren Bogen des 5. Heftes, dessen untere Paginierung mit S. 355 beginnen musste, enthalten, jedoch vom 7. Bogen an berichtigt.

FRANZÖSISCHE STUDIEN.

HERAUSGEGEBEN
VON
G. KÖRTING UND E. KOSCHWITZ.

IV. BAND. 1. HEFT.

NIVELLE DE LA CHAUSSÉE'S
LEBEN UND WERKE.

EIN BEITRAG
ZUR
LITTERATURGESCHICHTE DES ACHTZEHNTEN JAHRHUNDERTS
UND
INSBESONDERE ZUR ENTWICKELUNGSGESCHICHTE DER
„COMÉDIE LARMOYANTE".

VON
JOHANNES UTHOFF.

HEILBRONN.
VERLAG VON GEBR. HENNINGER.
1883.

Inhalt.

	Seite
Kapitel I. Das Leben Nivelle de la Chaussée's	3

§ 1. Quellen. § 2. Lebensgang. § 3. Darstellung der Biographie in litteraturgeschichtlichen Werken.

Kapitel II. Aeussere Betrachtung der Werke de la Chaussée's 6

§ 1. Aufzählung der Werke nach Gattungen. § 2. Ausgaben der Werke.

Kapitel III. Uebersicht des Inhalts der Werke 10

§ 1. Die »Contes«. § 2. Lehrgedicht. § 3. Gelegenheitsgedichte. § 4—9. Analyse der Dramen und Bemerkungen über deren Composition.

Kapitel IV. Stellung de la Chaussée's in der französischen Litteratur 35

§ 1. De la Chaussée's Theorie der Dichtkunst.
§ 2. Verhältniss des rührenden Lustspieles zum Drama der früheren Zeit.
§ 3. Verhältniss des rührenden Lustspieles zum Drama Diderot's.
§ 4. Verhältniss des rührenden Lustspieles zum romantischen Drama.

Kapitel V. Stellung de la Chaussée's in der Litteratur des 18. Jahrhunderts überhaupt 46

§ 1. Die moralischen Zeitschriften in England.
§ 2. Die moralischen Zeitschriften in Frankreich und der französische Familienroman.
§ 3. Der Roman Richardson's als neue Anregung für das Emporkommen des rührenden Lustspieles.
§ 4. Aufnahme des rührenden Lustspieles von Seiten der Theoretiker in Frankreich.
§ 5. Die Aufnahme des rührenden Lustspieles von Seiten der Theoretiker in Deutschland.
§ 6. Der praktische Erfolg des rührenden Lustspieles in Frankreich.
§ 7. Der praktische Erfolg des rührenden Lustspieles im Auslande.
§ 8. Sociale und kulturhistorische Bedeutung des Rührdrama's.
§ 9. Aesthetische Berechtigung der dem Rührdrama zu Grunde liegenden Prinzipien.

Vorwort.

In nachstehender Abhandlung habe ich mir die Aufgabe gestellt, von dem Leben, von der Thätigkeit und von der Bedeutung des *Nivelle de la Chaussée* eine zusammenhängende Darstellung zu geben, da dieser Gegenstand monographisch noch nicht behandelt worden ist. Die Anregung dazu erhielt ich durch eine von Hrn. Prof. Dr. Gröber in Strassburg im Winter-Semester 1880/81 gehaltene Vorlesung: »Das französische Lustspiel des 18. Jahrhunderts«, der ich denn auch manche Anhaltspunkte verdanke. In Anlage und Ausführung hat mich Herr Prof. Dr. Körting mit Rath und That reichlichst unterstützt. Angenehme Pflicht ist es mir, den Königlichen Bibliotheken zu Münster und Göttingen meinen aufrichtigen Dank auszusprechen für die Bereitwilligkeit, mit der mir von ihnen das Material zur Verfügung gestellt wurde. Für einzelne Theile der Arbeit möge man besonders folgende Bücher und Schriften vergleichen:

M. Kawczyński: Studien zur Litteraturgeschichte des 18. Jahrhunderts. Moralische Zeitschriften. Leipzig 1880.

K. Rosenkranz: Diderot's Leben und Werke. Leipzig 1866.

H. Hettner: Litteraturgeschichte des 18. Jahrhunderts. Bd. I, 3. Aufl. Bd. II, 4. Aufl. Braunschweig 1872 u. 1880.

Julian Schmidt: Geschichte der deutschen Nationalliteratur im 19. Jahrhundert. Leipzig 1858.

Godefroi: Histoire de la littérature française au XVIIIème siècle. Paris 1877.

Nouvelle biographie universelle. Paris T. 28. 1849.

Erich Schmidt: Richardson, Rousseau und Goethe. Jena 1875.

Klein: Geschichte des Drama's. Leipzig 1875—76.

Cosack: Materialien zur Hamburgischen Dramaturgie. Paderborn 1876.

Güth: Ueber Diderot und das bürgerliche Drama. Programm der Realschule zu Stettin 1873.

Kapitel I.

Das Leben Nivelle de la Chaussée's.

§ 1. Quellen.

Erregen die äusseren Lebensverhältnisse eines jeden Mannes, dem wir eine eingehendere Betrachtung widmen, schon um deswillen unser lebhaftes Interesse, weil wir ihn hier als unseres Gleichen, als Menschen von Fleisch und Blut erblicken, so wird, wenn dieser Mann ein Dichter ist, in Folge der engen Wechselwirkung, in welcher sein Handeln und Denken, sein Leben und Schaffen zu einander stehen, die volle Würdigung seiner geistigen Thätigkeit durch die Kenntniss seines Lebens bedingt. Aber leider nur zu oft muss das Lebensbild skizzenhaft bleiben, weil die Quellen der Ueberlieferung allzu spärlich fliessen. So sind auch über das Leben des Mannes, mit dessen Werken wir auf den folgenden Seiten uns zu beschäftigen gedenken, nur wenige Einzelheiten überliefert. Da autobiographische Bemerkungen seinen Werken vollständig fehlen, Briefe aber überhaupt nicht erhalten sind, so können wir uns über *Nivelle de la Chaussée*'s Lebensverhältnisse nur aus den wenigen Angaben unterrichten, welche seine Zeitgenossen gelegentlich darüber gemacht haben. Es liegen uns deren — abgesehen von einem gleich zu erwähnenden officiellen Documente — folgende vor [1]):

Sablier, der in der Gesammtausgabe Bd. I p. II sich selbst als Freund *de la Chaussée*'s bezeichnet, giebt teils in Anmerkungen zu einzelnen Dichtungen, teils in dem »Avertissement« des ersten Bandes kurze biographische Notizen. Das von ihm nicht namhaft gemachte Alter und Todesjahr giebt *Titon du Tillet* in dem an eben erwähnter Stelle (p. V, f.) abgedruckten Artikel 324 des »*Second Supplément du Parnasse Français*«. Nach ihm ist *de la Chaussée* am 14. März 1754 im Alter von 63 Jahren gestorben, also im Jahre 1691 geboren, eine Angabe, mit welcher jedoch die einzige erhaltene Urkunde, welche

---

[1]) Die auf *de la Chaussée* von seinem Nachfolger in der Académie française, M. *de Bougainville*, am 30. Mai 1754 gehaltene Rede enthält kein biographisches Material.

auf *de la Chaussée*'s Leben Bezug hat, der von *Jal* im »Dictionnaire critique de Biographie et d'Histoire« im Wortlaut citierte Todtenschein im Widerspruch steht. Er lautet:

»*L'année 1754, le samedi 16ᵉ jʳ du mois de mars, Sᵗ Pierre-Claude Nivelle de la Chaussée, l'un des Quarante de l'Académie Française, âgé de 62 ans, décédé le jeudi précédent (14 mars) rue des Quatre-Fils, a été inhumé dans la cave de la Chapelle de la Communion (St. Jean en Grève).*«

So glaubwürdig auch die Angaben *Titon*'s *du Tillet*, des Zeitgenossen *de la Chaussée*'s, erscheinen mögen, so wird man doch wohl unbedingt diejenige des amtlichen Documentes für die richtige halten müssen.

Jal fand übrigens auch den folgenden Todtenschein eines andern *de la Chaussée*:

»*Pierre, fils de Charles Nivel de la Chossée (sic) près rue Bethizi à l'enseigne de l'Estoile (Reg. de St. Germ. l'Ann. décès 3 arril 1628 fol. 227).*«

In welchem Verhältniss der Verstorbene zu unserem Dichter gestanden, muss natürlich dahingestellt bleiben; jedenfalls beweist die Urkunde, dass die Familie *de la Chaussée* seit Anfang des XVII. Jahrhunderts in Paris ansässig war.

§ 2. Lebensgang.

Pierre-Claude Nivelle de la Chaussée wurde, da er nach dem Todtenscheine im Jahre 1754 in einem Alter von 62 Jahren gestorben ist, im Jahre 1692 zu Paris geboren. Nähere Angaben über den Stand seines Vaters fehlen, da indess sein Onkel Steuerpächter war, mag man vermuten, dass auch jener dem hohen Beamtenstande angehörte. Nachdem der junge *Pierre-Claude* im Jesuitencolleg zu Plessis[1]) eine gelehrte Erziehung genossen hatte, würde es ihm vermutlich leicht gewesen sein, in die Verwaltungscarrière einzutreten und durch Protektion sein Glück zu machen, aber schon früh den Dichterberuf in sich fühlend, entschied er sich für ein ruhiges, unabhängiges Privatleben, was er um so leichter thun konnte, als seine pecuniären Verhältnisse ihn sorgenfrei in die Zukunft blicken liessen. Aus seinen Werken, die eine besondere Vorliebe für die antike Mythologie und Dichtung bekunden, kann man schliessen, dass er sich eifrigst klassischen Studien widmete, wie bei jungen gebildeten Männern von Stand dies damals üblich war. In seinen Mussestunden beschäftigte er sich wohl schon früh mit dichterischen Versuchen. Doch machte er dieselben weiteren Kreisen erst später zugänglich, sei es aus Bescheidenheit, sei es aus Misstrauen gegen sein Talent. An die Oeffentlichkeit trat er zuerst im Jahre 1731 mit seinem Lehrgedichte

---

[1]) Godefroi, Histoire de la littérature française au XVIII siècle p. 441.

»Epître de Clio« [1]), dessen Erfolg sein Selbstbewusstsein weckte, und ihn bewog, mit verdoppeltem Eifer sich seiner Lieblingsbeschäftigung hinzugeben. Als besonderes Feld poetischen Schaffens wählte er jetzt das Drama und begründete 1733 das rührende Lustspiel Frankreichs durch die »Fausse Antipathie«. Der durchschlagende Erfolg dieses Stückes bewies ihm, dass er keinen unglücklichen Wurf gethan habe. Vielleicht ahnte *de la Chaussée*, dass für seine litterarische Zukunft *Voltaire* von Bedeutung sein würde, und so hatte er denn schon in seiner »Epître de Clio« die Gunst desselben zu gewinnen gesucht, indem er, seiner masslosen Eitelkeit schmeichelnd, ihn als ruhmgekrönten Sänger der Ligue feierte und mit Virgil zusammenstellte (v. 96, 782). Er hatte ganz richtig gerechnet, denn Voltaire war nicht der Mann, einen Dienst ohne Gegenleistung anzunehmen. Unter seinen Auspicien [2]) wurde *de la Chaussée* am 25. Juni 1736 an Stelle des Parlamentspräsidenten Portail in die Zahl der »40 Unsterblichen« aufgenommen und fand also dadurch die officielle Anerkennung seiner Verdienste um die französische Litteratur. Die folgenden Lebensjahre bis zu seinem Tode scheinen ihm im ruhigen Gange der Tagesgeschäfte und eifriger poetischer Thätigkeit dahingeflossen zu sein. Er starb zu Paris am 14. März 1754 in seiner Wohnung an der »Rue des Quatre-Fils« [3]) und wurde in der Chapelle de la Communion begraben. Nach der Angabe *Louvet's* in der »Nouvelle Biographie universelle« Bd. XXVIII p. 527 überraschte ihn ein Herzschlag, als er im Garten arbeitete. Jedenfalls aber ist eine längere Krankheit vorausgegangen, da *Sablier* in der Widmung der Gesammtausgabe an den Grafen *Clermont* hervorhebt, es habe dieser des Dichters in dessen gesunden Tagen sowie während dessen Krankheit teilnehmend gedacht. 28 Jahre später wurde *de la Chaussée*'s Büste, nach einem Gemälde *La Tour*'s von *Caffieri* verfertigt, im Foyer des »Théâtre français« aufgestellt. *Jal* sagt von derselben p. 304: »*Le buste de la Chaussée, élégant, fin, gracieusement modelé et pétri dans le marbre est un des plus attrayants de cette belle collection*«.

Was nun den Charakter des Dichters angeht, so geben seine Jugendwerke nicht eben von ihm das Bild eines lauteren Tugendhelden, denn der derb cynische, ja unmoralische Ton seiner »Contes« kann unmöglich aus einer reinen Phantasie hervorgegangen sein. Aber die Werke seines reifen Mannesalters tragen doch unverkennbar den

---

[1]) Vgl. die beiden Bemerkungen *Sablier's* Bd. I p. III u. XXXIII; dagegen sagt der Erzbischof von Sens seltsamerweise: »*Votre Muse, qui s'est essayé avec succès dans »la Fausse Antipathie«, s'est montrée un an après si mûre dans l'Epître de Clio.*« cf. Bd. V p. 190 »Réponse de MAS.«

[2]) Die Nouvelle Biographie universelle t. 28 p. 523 giebt an, Voltaire sei eigens nach Paris gekommen, um *la Chaussée's* Aufnahme zu bewirken.

[3]) Die Rue de Quatre-Fils gehört zu den ältesten Strassen von Paris. Sie liegt im Centrum der Stadt im Quartier du Marais unweit der Grandes Halles.

Stempel edler Gesinnung und grosser Sittenreinheit, obwohl auch hier der Dichter den mässigen Lebensgenuss keineswegs verdammt, sondern als Schüler der Alten die Jugend auffordert, durch Liebe und Frohsinn das irdische Dasein zu verschönern. Aus den Dramen zu schliessen, war er von weicher, nachgiebiger Gemütsart; dass er aber dabei doch litterarischen Gegnern, welche seine Ehre gekränkt hatten, unversöhnlich grollen konnte, zeigt der hartnäckige Widerstand, den er der Aufnahme des wohlverdienten, ihm verfeindeten Lustspieldichters *Piron* in die Académie entgegensetzte (*La Harpe*, Cours de littérature T. II, 398).

Seine äussere Erscheinung muss etwas Gemessenes, Würdevolles gehabt haben, weil *Piron* ihn als den »*père révérend de la Chaussée*« verspottet; La Harpe a. a. O.

§ 3. Darstellung der Biographie in litteraturgeschichtlichen Werken.

Selbst grössere litteraturgeschichtliche Werke sowie auch die Dictionnaires von *Quérard* und *Jal* beschränken sich auf die Angabe von *de la Chaussée*'s Geburts- und Todesdatum [1]); die »Nouvelle Biographie universelle« benutzt die im ersten Bande der Gesammtausgabe *Sablier*'s enthaltenen Bemerkungen. Woher aber jene Notiz über des Dichters Tod stammt, konnte ich nicht ermitteln. Deutsche Litteraturhistoriker bringen noch weniger Einzelheiten als letzteres Werk und führen neben einer allgemeinen Würdigung nur die Lebensdauer und das Jahr 1733 als Abfassungszeit des ersten Lustspiels an. *Graesse* in seinem »Lehrbuch der allgem. Litterärgeschichte«, Leipzig 1858, III, 3. Abtheil., p. 102 begeht einen Irrtum, wenn er sagt: *la Chaussée* debütirte mit seinem »Préjugé à la mode«, 1735 [2]).

Kapitel II.
Aeussere Betrachtung der Werke de la Chaussée's.

§ 1. Aufzählung der Werke nach Gattungen.
A. Poetische Werke.
1. Contes.

Le Cancre, La Clémentine, Ima. L'Origine de la barbe. Le Roi Hugon, La Linote de Jean XXII, L'Origine de la

---

[1]) *Godefroi*, Hist. de la litt. franç. au XVIIIème s. macht, p. 441, folgende irrige Angaben: »Fils d'un fermier général«, »Fausse Antipathie«, 1734.

[2]) Auch Rosenkranz giebt ein ungenaues Bild von der Thätigkeit des Dichters, denn in *Diderot*'s Leben und Werke I, 261 heisst es: *Nivelle* aber dichtete 1738 »Le Préjugé à la mode«. In ähnlicher Weise schrieb er Mélanide, La fausse Antipathie, La Gouvernante u. s. w., als wenn nicht die Fausse Antipathie das erste Lustspiel wäre.

fossette du menton, (Le Visa de l'Amour), L'Aventure du Bois de Boulogne.
2. **Lehrgedicht.**
Epître de Clio.
3. **Gelegenheitsgedichte.**
Compliment au Roi, Discours à l'Académie.
4. **Tragicomoedie.**
La Princesse de Sidon.
5. **Tragoedie.**
Maximien.
6. **Comoedien.**
a) Possen.
1. Le Rapatriage.
2. Les Tyrinthiens.
b) Intriguenstücke.
1. Le Rival de lui-même.
2. L'Amour castillan.
3. La Rancune officieuse.
4. Le Retour imprévu.
c) Fecnlustspiel.
Amour pour amour.
d) »Comédies sérieuses«.
1. La Fausse Antipathie.
2. Le Préjugé à la mode.
3. L'Ecole des amis.
4. Mélanide.
5. L'Ecole des mères.
6. La Gouvernante.
7. L'Ecole de la jeunesse.
8. L'Homme de fortune.
9. Paméla.

B. **Prosaschriften.**
1. Widmung der »Fausse Antipathie«.
2. Der Eingang der in Versen fortgesetzten und vollendeten akademischen Antrittsrede.

Zweifelhaften Ursprungs ist der in der »Nouvelle Biographie« namhaft gemachte »Brief der Marquise von L* über die neuen Fabeln de Lamotte's mit der Antwort des Herrn D*, welche zur Vertheidigung dient«. Während *L. Th. Hérissaut* (1743—1811) in dem Verfasserverzeichniss des »Fablier français« (1771 in-12) und *Desfontaines* im Nouvelliste du Parnasse« *de la Chaussée* als Verfasser nennen, schreibt der Herausgeber der »Amusements du cœur et de l'esprit« [1])

---

[1]) La Bibliothèque de campagne ou Amusements du cœur et de l'esprit. Genève, Cramer 1749, 18 vol. in-12.

jenen Brief dem Jesuiten Buffier¹) zu. Die Existenz des von Jal p. 720 genannten Epigramms über die Comédie larmoyante finde ich sonst nirgends erwähnt.

§ 2. Ausgaben der Werke.

Ein alphabetisch geordnetes Verzeichniss der Einzel- und Sammelausgaben giebt Quérard in »La France littéraire«. Einzelausgaben sind darnach erschienen von folgenden Dichtungen:

1. L'Amour castillan, comédie en 3 actes en vers (libres) avec un divertissement. Paris, Prault fils, 1747, in-12.
2. Amour pour amour, comédie en 3 actes en vers (libres) avec un prologue (aussi en vers). Paris, Prault fils, 1742, 53, in-12.
3. L'Ecole des amis, comédie en vers et en 5 actes. Paris, Lebreton, 1737, in-12, La Haye, 1737, in-12.
4. L'Ecole des mères, comédie nouvelle en 5 actes, en vers (libres). Paris, Prault fils, 1745, in-12.
5. Epître de Clio à M. de K. au sujet des nouvelles opinions répandues depuis peu contre la Poésie. Paris, V⁽ᵛᵉ⁾ Foucault, 1731, in-12, 33 p., 4 Auflagen.
6. La Fausse Antipathie, comédie (en 3 actes en vers) avec un prologue (en vers libres) et la Critique de cette pièce (en un acte et en vers). Paris, Prault fils, 1734, in-12. Paris, Lebreton, 1737, in-12. Utrecht, 1736 (ohne die Kritik).
7. La Gouvernante, comédie nouvelle en 5 actes (en vers). Paris, Prault fils, 1747, in-12.
8. Maximien, tragédie (en 5 actes et vers). Paris, Lebreton, 1738, in-12, La Haye, 1738, in-8.
9. Mélanide, comédie nouvelle en 5 actes. Paris, Prault fils, 1741, in-12. Paris, Prault fils, 1744, in-8, La Haye, Ant. von Dol. 1741, in-8. Dublin, S. Powell, 1749, in-12.
10. Le Préjugé à la mode, comédie en vers et en 5 actes. Paris, Lebreton, 1735, in-12. Utrecht, Et. Néaulme, 1735, in-12. Dresden, Conr. Walther, 1765, in-8.
11. Le Rival de lui-même, comédie nouvelle en un acte, en vers (libres). précédée d'un prologue (aussi en vers libres). Paris, Prault fils, 1746, in-12.

Der bereits namhaft gemachte Brief, dessen Aechtheit nicht erwiesen ist, erschien 1719 in Paris, Pépie in-12, er wurde im 6. Bande der »Amusements du cœur et de l'esprit« abgedruckt.

Die erste Sammelausgabe erschien 1741:

Œuvres de M. N. de la Chaussée. Paris, Prault fils, 3 vol., in-12.

Band 1: a) Epître de Clio; b) La Fausse Antipathie (mit Kritik); c) Le Préjugé à la mode; d) Compliment à l'Académie.

---
¹) Buffier lebte von 1661—1737.

Band 2: *a)* L'Ecole des amis; *b)* Maximien; *c)* Mélanide.

Band 3: *a)* Amour pour amour; *b)* L'Ecole des mères; *c)* Le Rival de lui-même.

Sablier, Mitglied der »Académie des Inscriptions et des Belles Lettres«, veranstaltete 1762 eine Gesammtausgabe und widmete dieselbe dem Grafen *de Clermont*:

Œuvres de M. N. de la Chaussée de l'Académie Française. Nouvelle édition, corrigée et augmentée de plusieurs pièces, qui n'avoient point encore paru. Paris, Prault fils, 1762. 5 Bde in-12 (von je 3—400 Seiten, mit feinem, aber recht deutlichem Druck). Neu aufgelegt 1775.

Band 1: *a)* La Fausse Antipathie; *b)* Le préjugé à la mode; *c)* L'Ecole des amis.

Band 2: *a)* Maximien; *b)* Mélanide; *c)* Amour pour Amour; *d)* L'école des mères.

Band 3: Le Rival de lui-même; *b)* La Gouvernante; *c)* L'Amour castillan; *d)* Elise ou La Rancune officieuse; *e)* Le Vieillard amoureux.

Band 4: *a)* Paméla; *b)* L'Ecole de la Jeunesse; *c)* L'Homme de fortune; *d)* Le Retour imprévu.

Band 5: *a)* Les Tyrinthiens; *b)* La Princesse de Sidon; *c)* Epître de Clio; *d)* Compliment au Roi; *e)* Discours à l'Académie u. Réponse de M. L'Archevêque de Sens au discours de M. de la Chaussée; *f)* Traduction de la Lettre de M. Riccoboni à M. Muratori, sur la Comédie de l'Ecole des amis.

Sämmtliche Dramen des Bandes IV, ferner »La Rancune officieuse«, »Le Vieillard amoureux«, »Les Tyrinthiens«, »La Princesse de Sidon«; sowie Le Compliment aux Roi« und »Discours à l'Académie«, wurden in der Gesammtausgabe zum ersten Male veröffentlicht; die Verlagshandlung hat ausserdem das Verdienst, in dem Supplément aux œuvres die bis dahin ebenfalls unbekannten Jugenddichtungen *de la Chaussée*'s angefügt zu haben. 1. Le Rapatriage; 2. Die Contes.

Œuvres choisies: Edition stéréotype d'après le procédé de F. Didot. Paris, P. Didot l'aîné 1813. 2 vol. in-18.

Œuvres choisies. Edition stéréotype d'Herhan. Paris, Mme Dabo-Butschert, 1825. 2 vol. in-18.

Chefs d'œuvre dramatiques, Paris. Ladrange, Guibert, L'Henreux, Verdière. 1822 in-18.

Bis vor wenigen Jahren waren die Werke *de la Chaussée*'s vom Büchermarkt vollständig verschwunden. Erst im letzten Jahrzehnt trat eine Aenderung ein. In den »Chefs d'œuvre dramatiques« 1873 bis 1877 Bd. III wurde »Le Préjugé à la mode« herausgegeben.

Im Jahre 1878 veröffentlichte Ad. Rion vier Stücke, wie die Bibliographie von Gröber's Zeitschrift f. rom. Phil. Bd. III, 1879 angiebt, und zwar:

Le Préjugé à la mode, comédie en cinq actes (1735). Nouv édition, publiée par Ad. Rion. Paris 1878.
La Gouvernante, comédie en cinq actes (1747). Nouv. édition, publiée par Ad. Rion. Paris 1878.
L'Ecole des mères, comédie en cinq actes (1744). Nouv. édition, publiée par Ad. Rion. Paris 1878.
Mélanide, comédie en cinq actes (1741). Nouv. édition, publiée par Ad. Rion. Paris 1878.

Unserer Arbeit legen wir die erste Gesammtausgabe von 1762 (mit dem »Supplément aux Œuvres de M. de la Chaussée«) zu Grunde.

Kapitel III.
Uebersicht des Inhalts der Werke.

§ 1. Die »Contes« [1]).

Die Contes sind Novelletten in Versen (paar- oder kreuzweis reimende Zehnsilbner). Ihr Inbalt ist oft so unmoralischer Art, dass er im Folgenden nur angedeutet werden kann; ihre Tendenz ist theils satirisch-didaktisch, theils politisch.

1. *Le Cancre* (66 VV.) berichtet die Bestrafung eines eifersüchtigen Gatten.
2. *La Clémentine* (76 VV.) erzählt den Ursprung einer diesen Namen führenden, von Clemens VI. erlassenen Bulle.
3. *Ima* (96 VV.) behandelt die bekannte Sage von der Liebe Eginhard's zu Karls des Grossen Tochter. Diese trägt den Geliebten nach und aus ihrer Wohnung, damit der im Schlosshofe liegende Schnee seine Fussspuren nicht verrate. Trotzdem entdeckt Karl das Geheimniss und verfügt die Vermählung der Liebenden. War das Strafe oder Belohnung? fragt zum Schluss der Dichter mit spöttischem Ton.
4. *L'Origine de la barbe* (84 VV.) führt den Ursprung des Bartes auf die ersten Menschen zurück. Adam, den Launen seines Weibes preisgegeben, bittet Gott um Wiedererstattung seiner Rippe, erhält aber eine Flasche Oel zur Erzeugung des Bartwuchses, da er, so verändert, seiner Gattin Achtung einflössen werde.
5. *Le roi Hugon* (1700 VV.) behandelt eine Episode aus dem sagenhaften Aufenthalte Karls des Grossen in Konstantinopel [2]). In

---

[1]) Supplément, p. 52—93.
[2]) Ein Thema, welches bekanntlich in der altfranzösischen Literatur mehrfach behandelt worden ist.

der Einleitung giebt der Dichter kurz die vorausgehenden Ereignisse an, geht aber dann mit grösserer Ausführlichkeit auf das Hauptthema, Jacqueline und Turpin, über. — Auf der Rückkehr von Palästina wählt Karl der grössern Sicherheit wegen den Landweg über Konstantinopel und wird daselbst von König Hugo gastlich empfangen. Nach dem Mahle ziehen die Ritter sich in ihr Schlafgemach zurück und erzählen sich zum Zeitvertreib nach fränkischer Sitte wunderbare Geschichten. Karl will mit einem Streiche einen gewappneten Krieger spalten, Roland Mauern mit einem Horn umblasen, Richard mit einem Haar einen Pfeiler umreissen. Turpin, der Praelat, von Liebe zu Jacqueline, der schönen Königstochter, ergriffen, rühmt die Kraft seiner Lenden. Hugo selbst hat in einem Verstecke die Helden belauscht und verlangt bei Todesstrafe die Ausführung der Versprechen. Alle entledigen sich ihrer Aufgabe; nur Turpin hat sich überschätzt, wird aber durch eine Lüge Jacquelines gerettet. Zum Dank dafür verlässt er sie und kehrt mit Karl nach Frankreich zurück.

Eine Parallele mit der ältesten Ueberlieferung der Sage in der altfranzösischen Dichtung: »Voyage de Charlemagne à Jerusalem et à Constantinople«, ergiebt neben manchem Anderen als wesentlichste Abweichung den Charakter Turpins, welcher sich dort einer harmlosen Kunstfertigkeit rühmt, hier aber in die Rolle Oliviers eintritt und den verkommenen sittenlosen Mönch darstellt. Ob diese Vertauschung der Rollen zur Persiflierung des geistlichen Standes von de la Chaussée herrührt oder schon früher stattgefunden hat, lässt sich mit Bestimmtheit nicht entscheiden.

6. *La Linote de Jean XXII.* (82 VV.) geisselt die Neugierde der Frauen und verspottet das Mönchtum. Papst Johann kommt zum Nonnenkloster Fontevrault und bewilligt der Aebtissin eine Schenkung, wenn sie ein ihr zur Aufbewahrung anvertrautes Kästchen bis zum folgenden Tage ungeöffnet lassen könne. Sie kann ihrer Neugierde nicht widerstehen, öffnet den Deckel und eine Drossel fliegt mit der Urkunde davon.

7. *L'Origine de la fossette du menton* (88 VV.). Das Grübchen im Kinn ist das göttliche Siegel vollkommener Schönheit, der Stempel, den Amor all seinen Verehrern als Erkennungszeichen aufdrückte.

8. *L'Aventure du Bois de Boulogne* (306 VV.), ein allegorischpolitisches Tendenzgedicht aus dem Jahre 1720 zur Verteidigung des Finanzsystems des Schotten Law, wie der Herausgeber des Supplements anmerkt.

Zwischen Contes 7 und 8 ist seltsamer Weise das einzige [1] lyrische Gedicht *de la Chaussée's*:

---

[1] Abgesehen von den Vaudevilles und Arien in den Divertissements einiger Lustspiele, welche den Vorzug formeller Eleganz haben, inhaltlich

Le Visa de l'Amour, abgedruckt, in welchem der Dichter die Untreue der geliebten Schäferin beklagt und Amor bittet, ihm Liebe, Frohsinn und Lebensmut zurückzugeben.

§ 2. Lehrgedicht.

Epître de Clio [1]).

Als *Houdard de Lamotte* sein »Système de la Poésie en prose«, worin er den Dichtern die ungebundene Rede empfiehlt, veröffentlichte, fand er in *La Faye's* (1674—1731) Schrift: »Epître sur les avantages de la rime« den nachdrücklichsten Widerspruch. *De la Chaussée*, die Erstlinge seiner Muse in Gefahr sehend, trat ebenfalls gegen den Frevler auf, der die hohe Göttergabe der Poesie zu nüchterner Prosa herabwürdigen wollte, und verfasste die »Epître de Clio«, ein allegorisch-didaktisches Gedicht in 844 paarweise reimenden zehnsilbigen Versen, welches er einem Herrn *de Bercy* widmete. Diese Dichtung zerfällt in zwei grosse Hauptteile:

I. *Theoretische Verteidigung der Poesie.*

1. **Rechtfertigung der gebundenen Redeform in der Poesie.** Beweis, dass der Vers weder das Genie einengt, noch der Präcision des Ausdrucks schadet.

Wie vor der Entdeckung der neuen Welt der Ocean ein unüberwindliches Hinderniss schien, jetzt aber den Verkehr zwischen beiden Erdteilen ermöglicht, so ist der Reim die Brücke zum Parnass. t. V, p. 145—148, 26.

2. **Anforderungen an einen guten Dichter:** Kenntniss der Grammatik u. s. w. (Nach den Vorschriften *Boileau's*.) — p. 145, 26—52.

3. **Verherrlichung der klassischen Periode,** p. 152 bis 158, 12.

Malherbe (Aristarch) verdrängt den Barbarismus Regnards, wie Herkules den Augiasstall reinigte.

Corneille = Sophokles; Racine = Euripides; Boileau = Horaz und Juvenal; Louis XIV. = August; Richelieu = Maecenas.

4. **Vergleich zwischen Poesie und Prosa.**

Erstere hat mehr bedeutende Vertreter aufzuweisen, denn es giebt nur einen Demosthenes und einen Cicero, aber mehrere Horaze. Ein Vers prägt sich auch weit eher dem Gedächtnisse ein, als eine lange Periode. p. 158, 12—165.

---

aber unbedeutend sind. Erwähnt werde hier wegen seiner anmutigen Form das zweite Lied in der »Amour castillan« (t. III, p. 264).

[1]) T. V. p. 145—176.

5. **Entstehung des Verses** im grauen Altertum, zuerst als eine Art Naturlaut, dann sich immer kunstvoller und harmonischer entwickelnd, bis er zu der glanzvollen Diktion der klassischen Poesie sich gestaltete.

II. *Schilderung des erfolglosen Kampfes der Prosa gegen Apollo und die Musen.*

Corneille, Racine, Molière, Malherbe, Regnard u. s. w. verteidigen den Parnass. Ein Lustspiel in Versen, welches die Fehde angeregt hatte, wird ohne Weiteres vom Parnass herabgeschleudert. p. 169, 7 — Schluss.
Wie vier unmittelbar auf einander folgende Auflagen beweisen, war der Erfolg des Gedichtes durchschlagend. Gleichzeitige Kritiker wissen des Lobes kein Ende[1]). In unserer Zeit aber ist der Geschmack für derartige mythologisch-allegorische Reimereien geschwunden. Die Vergötterung des Klassicismus, die Vergleichung *Corneille*'s mit Sophokles u. s. w. erregt ein unwillkürliches Lächeln. Interessant ist die Dichtung nur deshalb, weil sie zum Theil das poetische Programm *de la Chaussée*'s enthält.

§. 3. Gelegenheitsgedichte.

I. *Discours à l'Académie Française.*

1. t. V, p. 179—182. Prosa.
Lobrede auf den verstorbenen Parlamentspräsidenten *Portail* als Redner und Justizbeamten. Dank für die Aufnahme.

2. p. 182—189. Poésie (178 paarweise reimende Alexandriner).
Verherrlichung der französischen Sprache, die wie ein mächtiger Strom die ganze Welt durcheilt, und der Akademie, die deren Gesetze überwacht. — Es werden verherrlicht: *Armand (Armand du Plessis, duc de Richelieu), Seguier,* der nach jenem das Protektorat der Akademie bekleidete; *Ludwig XV.*, der im Jahre 1719 einmal selbst in der Akademie anwesend war.

II. *Compliment au Roi* (32 Alexandriner, verfasst im November 1744) verherrlicht den Eroberungszug des Marschalls von Sachsen gegen die Niederlande 1744, an dem Louis XV. auf besonderen Wunsch seiner damaligen Geliebten, der Herzogin von Chateauroux, persönlich teilnahm und begrüsst die Wiedergenesung des Königs von einem Fieber, welches ihn, nach Beendigung des Krieges, am 4. August desselben Jahres in Metz ergriffen hatte.

---

[1]) Voltaire schreibt in einem Briefe vom Februar 1738 an Friedrich d. G., Œuvres, Gotha 1788, t. 52, p. 285: »*Il a fait déjà une comédie fort estimée, intitulée » Le Préjugé à la mode« et une » Epître à Clio«, dont les trois quarts font un ouvrage parfait dans son genre«.*

Die Dramen.

§ 4. *La Princesse de Sidon* (Tragikomödie in 3 Akten)[1]).

Prolog: Fröhliche Jägerinnen erscheinen auf der Bühne und fordern Mélisende, Fürstin von Sidon, auf, an ihrer Lustbarkeit teilzunehmen. Aber sie lehnt die Einladung ab und legt sich, die Rückkehr ihres siegreichen Gatten erwartend, in einer Grotte nieder. Der Schlaf überwältigt sie, und ein schrecklicher, unheilverkündender Traum führt ihr die Zukunft vor. Um diesen inneren Vorgang dem Zuschauer zugänglich zu machen, bedient sich der Dichter der Allegorie, lässt den Traumgott der schlafenden Fürstin nahen, um sie zu warnen, und führt die Traumbilder personifiziert als Diener des Traumgottes ein. Der Principal Songe« erscheint in Tancreds Gestalt und äussert in Zorn und Eifersucht Bedenken gegen die Treue seiner Gemahlin, die dem Siegreichen keinen gastlichen Empfang bereite. Als er sie schlummern sieht, will er auf sie zueilen, wird aber von der »Eifersucht« in seinem Verdacht bestärkt und beschliesst deshalb ihren sofortigen Tod. »Hass« und »Rache« selbst reichen ihm den Dolch dar. Schon erhebt er den Arm zum tötlichen Stoss — da erwacht Mélisende, und Alles ist verschwunden. — Der Prolog ist nicht tendenziöser Natur, wie dies in anderen Stücken *de la Chaussée*'s der Fall ist, sondern steht mit der Handlung selbst in engem Zusammenhange. Wie Shakespeare zu Anfang seines Macbeth jene vielbesprochenen Hexen auftreten und plötzlich verschwinden lässt, um für den Helden zu interessieren und auf sein tragisches Geschick hinzudeuten, so ist auch dieser Traum das künstlerische Mittel, um in die Handlung einzuführen und für die darzustellenden Ereignisse Stimmung zu machen.

Boëmond, von heftiger Leidenschaft zu der Fürstin ergriffen, hat, um zum Ziele seiner unlauteren Wünsche zu gelangen, verschiedene Mordanschläge gegen das Leben Tancreds gerichtet, ist aber aus Furcht vor Entdeckung und Verzweiflung über Mélisende's Kälte vom Hofe entwichen, während ein falsches Gerücht verbreitet, die verbrecherische Liebe der Fürstin habe seine freiwillige Entfernung veranlasst. Tancred schwört der vermeintlichen Ehebrecherin Rache und entlockt seinem Schwiegervater Lusignan das Gelübde, ihn nach Kräften zu unterstützen. Als dieser aber erfährt, dass seiner Tochter Leben auf dem Spiele stehe, erbittet er Aufschub, um ihre Schuld zu prüfen. Doch Tancred, aufs Neue in seinem Verdacht bestärkt, verurteilt sie zum Tode und zeigt Lusignan zu seiner Rechtfertigung angeblich an Boëmund gerichtete Briefe Mélisende's. Angesichts solcher Indicien schwankt auch dieser im guten Glauben an die Tugend der Fürstin, hintertreibt aber nichtsdestoweniger aus Vaterliebe die Vollstreckung des Urteils und lässt sie in ein Versteck bringen, wo auch die im Zorn von Tancred verstossene Tochter

---

[1]) t. V, p. 77—144.

Mélisende's, Sidonie, Zuflucht findet. Hier überhäuft er sie mit
Tadel und Vorwürfen. Als jedoch die Fürstin ihre Unschuld beteuert und die mit jenen entwendeten Briefen vorgenommene Täuschung enthüllt, greift er, um Tancred zu überzeugen, zu einem letzten Mittel und lässt Boëmond verhaften, um ihn selbst zum Geständniss zu bringen. Tancred befreit seinen vermeintlichen Freund mit eigener Hand, dankt ihm für seine Treue und erzählt ihm die Bestrafung der Schuldigen. Da regt sich Boëmonds Gewissen, und er legt ein offenes Geständniss seiner Schuld ab. Tancred ist in Verzweiflung und dem Selbstmord nahe, als Lusignan ihm Mutter und Tochter unversehrt zurückgiebt.

Die »Princesse« gehört zu *de la Chaussée*'s schwächsten Leistungen und ist auch niemals zur Aufführung gekommen. Mélisende könnte eine sehr passende Heldin für eine Tragikomödie sein, da sie eine nur geringe, immerhin jedoch tragische Schuld auf sich ladet, indem sie Tancred die Bewerbungen Boëmonds und ihre geheime Neigung verschweigt, aber sie spielt bis zum Schluss eine durchaus passive Rolle.

Die Schürzung des Knotens ist verfehlt, da sie nicht auf den Handlungen der Hauptpersonen beruht, sondern durch jenen niemals auftretenden Freund Boëmonds, der die Fürstin bei ihrem Gatten verläumdet, eingeleitet wird. Zur schliesslichen Wiedervereinigung Tancreds, Mélisende's und Sidonie's bedient sich der Dichter eines nur in der Komödie angebrachten, der tragischen Handlung aber durchaus unwürdigen »coup de théâtre«, indem er Mutter und Tochter sich unter einem Grabmal verbergen und in dem Augenblick daraus hervortreten lässt, wo Tancred in Begriff ist, Hand an sich zu legen. Auch die zweite Scene des dritten Aktes, wo Tancred, mit der angeblich Mélisende's irdische Ueberreste enthaltenden Urne in der Hand, sein Geschick beklagt, hat keine tragische Wirkung.

§ 5.
Maximien (Tragödie in 5 Akten) [1].

Gemäss der Tradition der französischen Tragödie schöpft *de la Chaussée* seinen Stoff aus der Geschichte und führt uns in jene verwirrenden Parteikämpfe, aus denen zuletzt Konstantin als Alleinherrscher hervorging. Um ein deutliches Bild der Verhältnisse, auf denen die Handlung basiert ist, zu gewinnen, seien einige historische Bemerkungen vorangeschickt.

Im Jahre 286 nahm Diocletian, ausser Stande, das römische Riesenreich allein zu verwalten, den tapferen und kriegstüchtigen Maximian zum Mitregenten an, ernannte aber später Constantius Chlorus und Valerius zu Cäsaren. Maximian und Constantius beherrschten die westliche, Diocletian selbst mit Valerius die östliche Reichshälfte. Im Jahre 305 legte Diocletian freiwillig die Regierung

---

[1] t. II, p. 1—86.

nieder und Maximian folgte notgedrungen seinem Beispiel, so dass
nun die beiden Cäsaren zu Augusten erhoben wurden. Auch sie
nahmen Mitregenten an, aber nicht etwa Maximians Sohn Maxentius
und Constantin, Constantius' Sohn, sondern Maximius und Severus.
Während nun Diocletian, dem öffentlichen Leben entsagend, in sein
Vaterland Dalmatien zurückkehrte, folgte Maximian im Stillen dem
Gange der Politik und suchte nach einer Gelegenheit, den unfreiwillig
verlassenen Thron wieder zu besteigen. Diese bot sich, als nach Constantius' Tode dessen Sohn Constantin zum Kaiser ausgerufen ward. Er
eilte zu Constantin, um ihn gegen den Nebenbuhler Galerius zu schützen,
gab ihm seine Tochter Fausta zur Gemahlin und wurde wieder zum
Mitregenten erhoben. Treuloserweise ging er aber zu Galerius über,
als er einsah, seinem Schwiegersohne nicht gewachsen zu sein. Da er
auch hier nichts erreichte, dankte er zum zweiten Male ab und
kehrte zu Constantin zurück, der ihn sogar zeitweise wieder mit den
Regierungsgeschäften betraute. Diese Stellung benutzte Maximian zu
einer Empörung, wurde aber geschlagen und gefangen genommen.
Zwei Jahre später richtete er ein verräterisches Attentat gegen Constantins Leben und wurde 310 zur Strafe erdrosselt.

Diese letzte Verschwörung machte der Dichter zum Gegenstand
seiner Darstellung, modifizierte aber, wie die folgende Analyse ergeben
wird, den Stoff derart, dass Maximian nicht hingerichtet, sondern
begnadigt wird. Fausta ist in der Geschichte nicht die tugendhafte
Gattin, sondern ein ränkevolles Weib.

Beim Beginne der Handlung des Dramas steht der Ausbruch der
Verschwörung unmittelbar bevor. Um eines vollständigen Erfolges
gewiss zu sein, hat Maximian auch Aurel, den Befehlshaber des
Heeres, ins Vertrauen gezogen und glaubt um so sicherer auf ihn
rechnen zu dürfen, als Constantin's Tod ihn in Besitz Fausta's, seiner
früheren Geliebten, setzen kann. Aber Aurel tritt den Verschworenen
nur näher, um in das Geheimnis einzudringen, und entdeckt, als die
Katastrophe herannaht, der Kaiserin den hochverräterischen Plan,
damit diese Vater und Gatten versöhne. Maximian, von ihren Klagen
bestürmt, leugnet, um vor Verrat geschützt zu sein, die Existenz der
Verschwörung und heuchelt Aurel gegenüber Reue, beauftragt aber
Albin, einen nichtswürdigen Schurken, den Aurel des geheimen Einverständnisses und eines Anschlages auf Constantins Leben zu beschuldigen. Albin berichtet, dass Verschwörer gegen den Thron entdeckt seien, und erhält sofort, ohne um Namen oder nähere Umstände
befragt zu werden, den Hinrichtungsbefehl, der denn auch unverzüglich vollstreckt wird. Um Fausta aus dem Wege zu räumen, giebt
er dem Kaiser fein zu verstehen, dass seine Gattin die eheliche Treue
gebrochen habe und sogar an jenem Anschlage beteiligt gewesen sei.
Constantin lässt sie zu sich rufen und überträgt Maximian die Bestimmung des Urteils, erklärt aber selbst, als jener Ehescheidung und
Verbannung beantragt, dass nur ihr Blut seine Schande tilgen könne.

Maximian fällt dem Kaiser zu Füssen und fleht um Gnade für seine Tochter. In diesem Augenblicke erscheint auch Fausta und bittet für ihres Vaters Leben in der Meinung, seine Verschwörung sei entdeckt. Da regt sich Maximians Gewissen stärker denn je, und er bekennt seinen Verrat, ohne indess bei Constantin Glauben zu finden. Erst als auch Albin, in jenem Geständniss grosse Gefahr für seine eigene Sicherheit erblickend, Maximian verdächtigt, befiehlt der Kaiser seine Verhaftung. Albin verhaftet ihn, macht jedoch einen letzten Versuch, den Abtrünnigen seinem Plane wieder zu gewinnen, indem er erklärt, der Kaiser müsse ermordet werden, ehe er überhaupt Zeit gewinne, die Strafe an Fausta zu vollziehen. Maximian lässt sich von den verlockenden Aussichten bestechen und bleibt der Verschwörung treu. Der Anschlag wird unternommen und misslingt durch Fausta's Verdienst. Glänzend gerechtfertigt von dem Verdachte der Treulosigkeit, erbittet sie als einzige Genugthuung für das erlittene Unrecht die Begnadigung ihres Vaters. Constantin willfahrt ihrem Wunsche und will ihn sogar zum Mitregenten erheben, aber Maximian zieht den Tod vor und stürzt sich in sein Schwert mit den Worten:

»Sois enfin délivré d'un rival dangereux,
Juge qui de nous deux est le plus généreux!«

Vielleicht wäre der historische Maximian, welcher der Verschwörung zum Opfer fällt, recht geeignet, Held einer Tragödie zu sein, wenn sein Heldenmut und seine Kriegstüchtigkeit, die zur Zeit des Attentates bereits durch das Alter gelähmt waren, mehr in den Vordergrund gerückt würden, aber *de la Chaussée*'s Maximian, der mit List und Heuchelei einen Anschlag gegen das Leben des Kaisers richtet, der in Gedanken seine Tochter bereits geopfert hat, dann aber, von Mitleid ergriffen, sich selbst entdeckt, den verbrecherischen Plan jedoch wieder aufnimmt, als er glaubt, jene retten zu können, schliesslich in seinem Unternehmen scheitert und dann, begnadigt, in einer Anwandelung von Hochsinn mit theatralischer Geberde Hand an sich legt, — er ist kein tragischer Held, der Mitleid und Furcht erregen könnte. In allen seinen Handlungen erkennen wir eine gewisse Unselbständigkeit und Schwäche, und diese Eigenschaften sind eben mit einem tragischen Helden unverträglich, der durch seine Energie, durch die Grossartigkeit der in Bewegung gesetzten Hebel, selbst auf ein verbrecherisches Ziel hinsteuernd, imponieren, dessen Leidenschaft im Laufe der Handlung sich zuspitzen und verstärken soll. Wie viel thatkräftiger und entschlossener handelt da Cinna! Auch er schwankt im Augenblicke der Entscheidung unter den widerstreitenden Gefühlen der Dankbarkeit gegen einen Wohlthäter und der Liebe zu Emilie, verfolgt dann aber mit desto grösserer Entschlossenheit das vorgesetzte Ziel. Selbst nach der Entdeckung der Verschwörung zeigt er keine Anwandelung von Schwäche, sondern tritt mutigen Auges dem Fürsten entgegen und erklärt, Reue dürfe man von einem Römer nicht erwarten. Als aber August ihn und alle Mitverschworenen begnadigt, da beugt sich sein stolzer Sinn vor dieser edlen Grossmut, durch die sein Verbrechen vergrössert werde, und aus dem erbittertsten Feinde wird er fortan sein treuer Freund.

Da der Maximien im Jahre 1738, also in einer Zeit erschien, wo *de la Chaussée* bereits grosse Beliebtheit besass, hatte er trotz seiner Schwächen einen bedeutenden Erfolg, wie 22 aufeinander folgende Aufführungen und eine neue Auflage desselben Jahres in La Haye beweisen. *Voltaire* schreibt im Februar 1738 an *Friedrich den Grossen:* »*Je crois que M. Thiriot enverra bientôt à votre Altesse royale une tragédie nouvelle, qui est infiniment goûtée à Paris*« (Œuvres, Gotha 1778 t. 52 p. 215) und im selben Monat an *Berger* bei Gelegenheit der Besprechung des gleichnamigen Stückes von *Thomas Corneille*, dass *de la Chaussée* die Fehler des letzteren glücklich vermieden habe (Œuvres Gotha 1778 t. 57 p. 62). Später schwand der Maximien« vollständig vom Répertoire, cf. *La Harpe* Cours Bd. II, 293 [1]): »*Regnard, Marivaux, de la Chaussée et autres ont tenté la tragédie, et l'on ignore jusqu'au titre de leurs pièces.*«

§ 6. Die Possen.

1. *Le Rapatriage* (»Die Wiederversöhnung«) [»Comi-Parade« in 20 Scenen] [2]).

Diese »Comi-parade« ist *de la Chaussée's* erster dramatischer Versuch, der aber die Bühne nie betreten hat. Die oft anstössige Handlung strotzt von Unwahrscheinlichkeit und entbehrt jeder wirklichen Komik. Die Sprache ist grossenteils dialektisch. Isabella wird von ihrem Geliebten Léandre verlassen, erreicht aber am Ende durch List und Schlauheit, dass er sie zur Gattin erwählt. Wir können darauf verzichten, die Intrigue, welche zum Teil auf der Geschmacklosigkeit beruht, dass Léandre gleichzeitig halb als Mann halb als Frau verkleidet ist, näher zu verfolgen. Interesse hat die Dichtung nur dadurch, dass sie bereits ein Weib in den Vordergrund rückt und so, wie wir unten sehen werden, die spätere Richtung *de la Chaussée*'s gleichsam im Keim enthält. Die »Rapatriage« ist nur in der Gesammtausgabe von 1762 und in der neuen Auflage im Jahre 1775 veröffentlicht worden.

2. *Les Tyrinthiens* (in 3 Akten, deren jedem ein »Divertissement«, d. h. eine Tanz- und Gesangsscene nachfolgt) [3]).

Die Dichtung verherrlicht die Freude und den heiteren Lebensgenuss gegenüber dem düsteren Ernst des Alters und kleidet dies

---

[1]) Œuvres, Paris 1818.
[2]) Suppl, p. 1—52.
[3]) t. V, p. 1—66.

Thema in den Rahmen einer Staatsaction. Die Jugend von Tyrinth ist der straffen Zucht des republikanischen Regiments überdrüssig, wählt eine Archontin und feiert muntere, fröhliche Feste. Die Alten sehen mit Entrüstung und Unwillen auf dies Treiben herab und senden nach Delphi, um zu erfahren, wie man den Ernst und die Vernunft wieder einführen könne. Das Orakel antwortet, der Himmel werde günstig gestimmt, wenn man ein junges Rind den Göttern zum Opfer bringe, ohne dabei zu lachen. Als die Versammlung der Alten die rettende Handlung vollziehen will, drängt Arlekin sich ein und bringt durch seine tollen Streiche alle Anwesenden zum Lachen. Dadurch ist der Widerstand jener gebrochen. Fortan herrscht Liebe und Freude im Staate und Katinon bleibt Archontin. Rein äusserlich ist mit dieser Handlung eine Liebesgeschichte verknüpft. Phaon hat ehedem Katinon's Gunst besessen, fürchtet aber jetzt, wo sie zur höchsten Ehrenstelle berufen ist, auf ihre Hand verzichten zu müssen. Doch Katinon bleibt treu im Glück und erhebt ihn zu ihrem Gemahl.

Der Stoff ist phantastisch und voll der stärksten Anachronismen, indem z. B. der Dichter eine Archontin mit Lictoren, Aristipp mit Aristophanes zusammen auftreten lässt. Die 7. Scene des ersten Actes, wo der griechische Lustspieldichter erscheint, ist eine Episode tendenziöser Natur und giebt die wichtigsten Aufschlüsse über *de la Chaussée*'s dramatische Theorien. I, 5 und II, 7 tragen denselben Charakter.

Ueber die Abfassungszeit der »Tyrinthiens« ist nichts bekannt. *Sablier* veröffentlichte sie zum ersten Male in der Gesammtausgabe und bemerkte im »Avertissement« (p. XXXII): *Cette pièce étoit destinée pour les Italiens.* Eine Aufführung hat niemals statt gefunden.

§ 7. Die Intriguenstücke.

1. *Le Rival de lui-même*[1]) (Lustspiel in 15 Scenen mit Prolog und Divertissements).

Dieses Lustspiel, zuerst am 20. April 1746 gegeben im Théâtre de la Comédie française, errang nur einen unbedeutenden Erfolg.

Osville, ein leichtsinniger Edelmann tritt, um durch seinen schlechten Ruf seinen Erfolg nicht im Voraus zu gefährden, unter dem Namen seines Freundes Varseuil als Bewerber um Emiliens Hand auf und gewinnt ihre Liebe. Varseuil erfährt den Missbrauch seines Namens und fordert Genugthuung. Sie duellieren sich. Beide werden verwundet, glauben einander getödtet zu haben und ergreifen die Flucht. Emilie aber zieht sich trauernd auf ihr Landgut zurück. Hier lernt Varseuil, der den Namen Geladon angenommen hat, sie kennen, natürlich ohne ihre Geschichte zu wissen, verliebt sich in sie

---

[1]) t. III, p. 1—70.

und ladet sie zu einem von ihm arrangierten ländlichen Feste ein, um bei dieser Gelegenheit ihr seine Liebe zu erklären. Zufällig erscheint auch Osville, erfährt von seinem Diener, dass Emilie in der Nähe wohne, und beschliesst, begierig nach galanten Abenteuern, sic Varseuil vorwegzunehmen. Emilie erkennt ihn sofort wieder und hält ihn für Varseuil, er aber will sie nur einige Male gesehen haben und sofort in Liebe zu ihr entbrannt sein. Im Zweifel, ob sie ihrem Gedächtniss oder seinen Worten trauen soll, erzählt eine Dienerin ihr den ganzen Sachverhalt, den sie von Osville's Bedienten erfahren hat, und löst damit die Verwickelung. Osville ist als Betrüger entlarvt. Varseuil erhält Emiliens Hand.

Im Prolog gewinnt La Fleur, Varseuil's Diener, eine Musiktruppe für die geplante Belustigung.

2. *L'Amour castillan*[1]) (Lustspiel in 5 Akten mit Divertissements, aufgeführt den 11. April 1747 im italienischen Theater), ist eine Nachahmung der sogenannten spanischen Degen- und Mantelcomödie mit ihren typischen Figuren Harlekin und Scapin.

Aurora wird von ihrer Familie zu einer Convenienzheirat gezwungen, aber Don Lope, ihr begünstigter Liebhaber, tödtet den ihr bestimmten Gatten im Zweikampfe. Der Sieger flieht unter dem Namen Gusman nach Sevilla. Aurora, deren Vater inzwischen gestorben ist, folgt ihrem Geliebten und verkleidet sich in einen castilianischen Edelmann, um ihn zu beobachten und seine Treue prüfen zu können. Nachdem sie sich überzeugt hat, dass sie seine ungeteilte Liebe besitzt, dass er nicht um ihr Vermögen, sondern um ihr Herz wirbt, entdeckt sie sich Lope und reicht ihm die Hand.

3. *La Rancune officieuse*[2]) (Lustspiel in 22 Scenen) wurde mit Erfolg auf dem Theater Berni gegeben, doch ist das Datum der Aufführung nicht bekannt.

Der Marquis d'Ormon liebt Elise, nimmt aber den bürgerlichen Namen Saintclair an, um, wenn seine Neigung erwiedert werden sollte, sicher zu sein, dass Vermögen und Stand den Erfolg nicht bewirkt haben. Er verbirgt das Geheimniss seiner Liebe vor seinem Freunde d'Erval, der zur Strafe dafür einen kleinen Racheplan ersinnt. Saintclair gegenüber giebt er sich den Anschein, als liebe er Elise, während er in Wirklichkeit bei Mme Argant, ihrer Tante, für seinen Freund, den Marquis d'Ormon, wirbt. Madame Argant stellt ihrer Nichte infolgedessen die Alternative, ins Kloster zu gehen oder den Marquis zu heiraten. Elise wählt das Kloster, kündigt Saintclair diesen Entschluss an und gelobt ihm Treue gegen die Bewerbungen des Marquis d'Ormon. So hat denn Saintclair seinen Zweck erreicht. Er klärt das Missverständniss auf und erhält Elise zur Gattin.

---

[1]) t. III, p. 179—266.
[2]) t. III, p. 267—315.

4. *Le Vieillard amoureux*¹) (Lustspiel in 3 Akten) war für das Theater Berni verfasst, kam aber nicht zur Vorstellung, da der Dichter, in Begriff die Umarbeitung vorzunehmen, starb ²).

Um sich mit Lucette, der Kammerzofe seiner Nichte, zu vermählen, beschliesst Mondor, ein reicher Junggeselle von 60 Jahren, die Entfernung seiner rechtmässigen Erben, bestimmt seine Nichte Cléonide fürs Kloster und befiehlt seinem Neffen Armedon auszuwandern. Argant, Mondors Freund, und Lucette, welche die ihr angebotene Ehe ausschlägt, da ihr frühe Verwittwung prophezeit sei, suchen mit vereinten Kräften das Glück Armedons und Cléonide's, die einander lieb gewonnen haben, zu fördern und bewirken auch schliesslich, dass Mondor, um sich nicht dem Spott der Welt preiszugeben, auf die Heirat verzichtet und die Liebenden zu Erben seines Vermögens einsetzt. Der Schluss ist klar.

5. *Le Retour imprévu*³) (Lustspiel in 3 Akten) wurde im Juli 1756, also 2 Jahre nach des Dichters Tode, von der italienischen Gesellschaft aufgeführt, indess schon nach der dritten Vorstellung zurückgezogen.

Ein Marquis hat sich bei Oronte, einem reichen Bürger, als Hausfreund eingeschlichen, um die Hand seiner Tochter Asteria zu erlangen. Der Vater will sie ihm nur dann zur Ehe geben, wenn er wirklich ihre Neigung gewinnt, während Madame Oronte die Bewerbung unbedingt begünstigt, zumal die Sage geht, Arimon, Asteria's Geliebter, sei im Schiffbruch umgekommen. Das Gerücht war falsch gewesen, denn Arimon kehrt gesund, wenn auch aller Mittel beraubt, zurück und wird von Asteria freudig empfangen. Mad. Oronte hält die zunehmende Heiterkeit ihrer Tochter für einen Beweis ihrer Liebe zum Marquis und stellt ihm die eheliche Verbindung in nahe Aussicht. Auch als sie Arimon wiedergesehen, ändert sie ihren Entschluss nicht, sucht vielmehr die Heirat zu beschleunigen.

Die Lösung wird durch einen unerwartet eintreffenden Brief aus Brest herbeigeführt, der die falsche Nachricht enthält, dass Arimon selbst umgekommen, sein Vermögen aber aus dem Schiffbruch gerettet sei.

Der Marquis, von der in Wirklichkeit bereits erfolgten Rückkehr seines Nebenbuhlers Arimon nichts ahnend, kündigt in freudiger Erregung die sofortige Abreise an, um Ansprüche auf die Erbschaft des Verunglückten zu erheben, obwohl verabredetermassen seine Vermählung mit Asteria in wenigen Tagen stattfinden sollte. Aus dieser Gleichgültigkeit erkennt Mme Oronte, dass der Marquis nicht aus Liebe, sondern des Vermögens wegen Asteria zur Gattin begehrte, und giebt Arimon den Vorzug.

---

¹) t. III, p. 317—391.
²) Zwar kann aus dieser Notiz kein weiterer Schluss auf die Abfassungszeit des Stückes gemacht werden, wahrscheinlich stammt es aber aus den letzten Lebensjahren.
³) t. IV, p. 289—373.

§ 8. Das Feenlustspiel.

Amour pour Amour[1]) (dreiaktig mit Prolog und Divertissement, aufgeführt am 16. Februar 1742 mit 12 Wiederholungen).

Azor ist aus dem Feenreich ausgestossen, weil er die Liebe der Königin nicht erwiederte, und soll nur dann wieder aufgenommen werden, wenn er die Neigung einer irdischen Jungfrau gewinnt, ohne ihr gegenüber jemals das Wort Liebe auszusprechen. Ein persisches Mädchen Zémire verliebt sich in ihn, aber die Feenkönigin selbst in Gestalt eines persischen Fürsten ist seine Nebenbuhlerin. Trotzdem siegt Azor, bleibt jedoch auf der Erde, der ihm lieb gewordenen Stätte, wo man Liebe mit Liebe erwiedert.

Das Stück ist ein Feenlustspiel im Stile des P. de Saint-Foix; nach La Harpe, speciell die Nachahmung eines auf dem italienischen Theater gespielten Stückes Zémire und Azor und der Fabel La Fontaine's Tyrsis und Amarante (VIII, 13). Dass »Amour pour Amour« gerade ein Meisterstück sei, lässt sich nicht behaupten, vielleicht ist aber der Ausdruck La Harpe's »commentaire assez fade« allzu scharf. Wie Cosack p. 112 bemerkt, bezieht sich die Widmung à Zémire auf Mad. Gaussin, eine gefeierte Schauspielerin, die zuerst am 28. April 1731 als Junie im Britannicus *Racine's* auftrat.

§ 9. Die »Comédies sérieuses«.

Da *de la Chaussée*'s litterarische Bedeutung auf seinen Rührdramen beruht, ist es nötig, ihnen besondere Aufmerksamkeit zu schenken, zumal den fünf ersten als den besten und vollendetsten Leistungen des Dichters.

1. *La Fausse Antipathie*[2]) (dreiaktig mit Prolog und Kritik) wurde zuerst am 12. October 1733 aufgeführt und, da der Hof nach Fontainebleau zog, nur 3 mal wiederholt. Auf die am 27. Februar des nächsten Jahres veranstaltete fünfte Vorstellung folgten aber nacheinander 14 weitere.

Silvie, ein junges Mädchen, dessen Erziehung eben in einem Kloster beendet ist, kehrt in das elterliche Haus zurück und wird von ihrer Mutter zu einer Convenienzheirat gezwungen. Aber bei der Rückkehr vom Altare greift ein Nebenbuhler ihren Gatten Saintflore an und fordert ihn zum Zweikampf. Saintflore siegt, muss jedoch, um dem strafenden Arme des Richters zu entgehen, die Flucht ergreifen. Silvie findet bei Verwandten liebevolle Aufnahme. Ihr Onkel Géronte nimmt sie unter dem veränderten Namen Léonore an Kindesstatt an und verwendet sich mit dem grössten Eifer für die

---

¹) t. II, p. 175—270.
²) t. I, p. 1—88 (La Critique de la F. A. t. I, p. 89—114).

Regelung ihrer Vermögensverhältnisse. So sind 12 Jahre verflossen, ohne dass die Gatten sich gesehen oder von einander gehört haben; da kommt Saintflore, der jetzt Damon heisst, des unstäten Lebens müde, aus fernen Landen zurück und kauft eine Besitzung unweit von Leonore's Zufluchtsort. Bis dieselbe bezogen werden kann, beherbergt ihn Géronte, welcher in ihm einen passenden Gatten für seine Stieftochter Julie gefunden zu haben glaubt. Trotz des steten täglichen Verkehres erkennen Silvie und Saintflore sich nicht wieder.

Diese Ereignisse bilden die Vorgeschichte des Drama's; die Handlung setzt in dem Momente ein, wo Damon, um den lästigen Werbungen Orphise's, der Mutter Julie's, zu entgehen, seine Abreise antreten will. Silvie-Léonore wird beauftragt, dieselbe nach Kräften zu hintertreiben und zugleich für Julie zu werben, eine unausführbare Zumutung, da sie selbst von Liebe zu Damon-Saintflore ergriffen ist und die Erwiederung ihrer Neigung hofft. Dieser liebt sie auch wirklich und erblickt das einzige Hinderniss zur Erreichung seiner Wünsche in jener Heirat, deren Auflösung er bislang vergeblich betrieben hat, da Silvie's Aufenthalt nicht zu ermitteln ist. Die Zeit der Trennung naht heran, Damon nimmt von Léonore Abschied und erklärt ihr seine Liebe, verschweigt aber auch nicht das Hinderniss, welches ihrer Verbindung entgegensteht. Als diese hört, dass sie ihn nur durch eine Ehescheidung besitzen kann, wendet sie sich entrüstet ab, ohne ein Zeichen ihrer Neigung zu verraten, und bittet ihn, seine Abreise zu beschleunigen. Auch die noch am selbigen Tage erfolgte freudige Mitteilung Damon's, dass endlich seine Ehe der Lösung nahe sei, bewirkt keine Aenderung ihres Entschlusses. Unbewusst aber wächst ihre Liebe, als sie das reale Hinderniss der Vereinigung schwinden sieht, und so ist es ein desto herberer Schlag für sie, als Orphise plötzlich die Nachricht bringt, dass Géronte's Bemühungen um die Wiedererlangung ihres Vermögens Erfolg gehabt haben, dass aber dabei ihr längst todt geglaubter Gatte wiedergefunden ist. Die Enttäuschung lässt sie einen Moment schwanken, dann aber erstickt das Bewusstsein ihrer Gattenpflicht jede andere Regung. Zwölf Jahre unstäten Wanderlebens, denkt sie, werden eine günstige Umwandelung in Saintflore's Charakter herbeigeführt haben und eine liebevolle Behandlung ihrerseits wird sicher nicht erfolglos bleiben. Vergebens bieten Géronte und Damon allen Einfluss auf, Léonore zu einer Ehescheidung zu bewegen; ihr Entschluss, Saintflore zu folgen, ist gefasst.

Die Verwickelung wird dadurch gelöst, dass der Orphise in Gegenwart Damon's der Namen »Silvie« entfährt. Eine dunkele Ahnung steigt in ihm auf, aber er schweigt, um sich volle Gewissheit zu verschaffen. Léonore's Lebensgeschichte, die er zufällig hört, kann ihn keinen Augenblick über ihre Identität mit Silvie im Zweifel lassen und so giebt er sich denn als Saintflore zu erkennen. Nach 12jähriger Trennung haben sich also die Gatten wiedergefunden, die frühere Abneigung hat sich als unbegründet erwiesen und in Zuneigung verwandelt. Was den Bau des Stückes anbetrifft, so beruht allerdings die dramatische Verwickelung auf einer schwachen Grundlage, weil es unwahrscheinlich ist, dass zwei Gatten, und wenn sie sich auch nur vor dem Altar gesehen hätten, einander nach 12 Jahren nicht wiedererkennen sollten, auch vermag die Handlung nicht recht zu fesseln, weil es ihr an dramatischer Lebhaftigkeit fehlt, aber die Charakterzeichnung ist scharf und psychologisch wahr. Die Fabel und Intrigue verraten leise Anklänge an *Regnard's* Démocrite (Œuvres, Paris 1750, Th. 3), wo Strabo in der Kammerfrau, der er die leidenschaftlichste Liebeserklärung macht, seine Gattin entdeckt (Act IV). *De la Chaussée* räumt den Zusammenhang auch selbst ein, wenn er in der Kritik der Fausse (Antipathie, Œuvres I, 106) Thalie auf den Einwand der Imagination »*Elle (l'idée) est le bien d'autrui*« erwiedern lässt: »*Ah ah, c'est dans Democrite*«. Durch die vollkommen originelle Ausführung aber und durch die in der Verherrlichung der Ehe liegende sittliche Idee erhebt sich *de la Chaussée* über jenes Lustspiel, über dessen Werth man *Lessing*, Hamb. Dram. St. 17 vergleichen möge.

Im Vordergrund der Handlung steht Léonore, eine sympathische, echt weibliche Gestalt. Als gehorsame Tochter ordnet sie sich dem Willen ihrer Eltern unter und schliesst eine Vernunftheirat. Saintflore lässt sie im Stich, aber trotz dieser Treulosigkeit widerstrebt sie der von Géronte zu Damon's Gunsten geplanten Scheidung; von dem Augenblicke an, wo sie hört, dass er lebe, fühlt sie sich nur noch als Gattin, die mit dem Schicksal ihres Mannes unauflöslich verknüpft ist. Neben diesem strengen Pflichtbewusstsein ist ihre Entsagung ein schöner weiblicher Zug; als sie sieht, dass Damon nur durch Trennung von seiner Gattin ihr zu Teil werden könne, schwindet zwar nicht ihre Liebe, aber jeder Wunsch nach Erfüllung derselben. Sie will nicht durch das Unglück eines verstossenen Weibes ihr Glück erkaufen, und ein feines Zartgefühl verbietet ihr, als Veranlasserin einer Ehescheidung Anstoss in der Oeffentlichkeit zu erregen. Ihre Liebe zu Damon ist warm und innig, aber frei von jener rücksichtslosen Leidenschaft, die das liebende Weib oft vor den äussersten Mitteln nicht zurückbeben lässt.

Orphise gehört in die Kategorie jener gar nicht seltenen Mütter, deren einziges Streben darin besteht, ihre Tochter unterzubringen. Damon-Saintflore ist eine wenig sympathische Persönlichkeit: ein Gatte, der aus Furcht vor Strafe seiner eben angetrauten Gattin entflieht, sich überhaupt nicht mehr um sie kümmert und nach 12 Jahren als ungestümer Werber eines nach seiner Meinung fremden Mädchens auftritt, verdient kaum noch die Liebe der verlassenen Gattin.

Um sein Erstlingswerk zu empfehlen und gegen die von fachmännischer Seite erwarteten Angriffe zu verteidigen, verfasste *de la Chaussée* den Prolog und die Kritik, zwei kleine Lustspiele für sich in allegorischer Form, die zugleich mit dem Drama aufgeführt wurden. Wir werden später ausführlicher auf sie zurückkommen.

2. *Le Préjugé à la mode*[1]) (5 Akte; zuerst aufgeführt 3. Febr. 1735; dann 20 Vorstellungen, am 13. Dezember desselben Jahres mit gleichem Erfolg wieder aufgenommen).

Mit diesem Stücke, welches einen unverkennbaren Fortschritt in seiner dramatischen Gestaltungskraft bekundet, betritt *de la Chaussée* den Boden der Sittencomödie, indem er einen damals weit verbreiteten sittlichen Schaden vor den Richterstuhl der Bühne ruft und mit herbem Tadel überschüttet. Der Gegenstand der Handlung ist eine unglückliche Ehe, ein Stoff, der so oft zur Ausbeute komischer delikater Scenen hat dienen müssen.

Durval lässt sich von der herrschenden Unsitte, mit verheirateten Frauen intimere Verhältnisse zu pflegen, hinreissen und vernachlässigt seine Gattin nur deshalb, um nicht durch die offene Bethätigung ehelicher Treue den Spott der Welt herauszufordern. In Wirklichkeit liebt er sie aber eben so aufrichtig wie vor der Vermählung, macht ihr anonyme Geschenke und fasst den Entschluss, einige Zeit mit ihr auf dem Lande zuzubringen, um dort in ungestörter Ruhe sich ihrer Neigung zu erfreuen. Damon sucht ihm die verächtliche Schwäche zu verleiden, indem er Constance's unverdientes Unglück schildert, und erhält auch wirklich von dem Freunde das Versprechen, seine Gattin künftig nicht mehr zu vernachlässigen. Aber Durval ist ein schwacher Charakter, bei dem Denken und Handeln weit von einander liegen, und so verzögert sich denn die entscheidende That unter stets neu sich aufdrängenden Bedenken. Die Darstellung dieser Schwankungen verzögert nun zwar auch die Lösung, die durch den Entschluss Durval's, zu seiner Gattin zurückzukehren, bereits angebahnt war, aber sie ist ein treffliches Mittel, Durval's Schwäche und Unselbständigkeit recht zu charakterisieren. Auf der andern Seite tritt auch kein Stillstand der Handlung ein, sondern vielmehr eine Steigerung, wenn unmittelbar vor der wirklichen Lösung Durval seine Gattin, die er in Folge von Missverständnissen für untreu hält, verstossen will. Der Irrtum klärt sich auf, als jener die vermeintlichen Briefe eines Nebenbuhlers als seine eigenen erkennt. Jetzt ist Durval von der unwandelbaren Liebe Constance's überzeugt und wirft sich ihr reuig zu Füssen. Die Treue seiner Gattin stählt seine sittliche Kraft, wenn er ausruft:

»*Devant tout l'univers je vais me déclarer*«.

Indem der Dichter nun in diese Handlung geschickt und ohne vom Hauptthema abzulenken eine Nebenhandlung einflicht, verherrlicht er noch einmal die Ehe.

---

[1]) t. I, p. 315—230.

Damon ist von stürmischer Liebe zu Sophie erfasst und sieht seine Neigung erwidert, aber das durch Durval's schlechtes Beispiel genährte Vorurteil von der unverbesserlichen Schlechtigkeit der Männer veranlasst seine Geliebte, ihm ihre Hand zu versagen, aus Furcht, einem ähnlichen Schicksal wie Constance anheimzufallen. Nur wenn Durval von seiner Pflichtvergessenheit geheilt wird, darf Damon auf ihre Hand hoffen, und durch diesen Sporn getrieben, lässt letzterer kein Mittel unversucht, den treulosen Gatten zur Umkehr zu bringen. Als Durval dann wirklich von Reue erfasst ist, schwindet Sophie's Widerstand, und freudig reicht sie ihm die Hand.

Die Charakterzeichnung im »Préjugé« ist glücklich. Wie treffend ist in Constance die Lage jeder verlassenen Gattin geschildert, wie warmes Mitleid muss der Zuschauer mit dem Unglück dieses edlen Weibes empfinden!

Das unwürdige Benehmen ihres Gatten verwundet sie im tiefsten Innern, aber sie schweigt, um durch die Aeusserung ihres Kummers nicht auch noch seinen Hass auf sich zu laden, in der Hoffnung, dass sein Gewissen ihn zurückführen werde. Schliesslich nimmt sie ihn ohne Tadel und Vorwurf mit offenen Armen auf.

Durval ist kein schlechter, aber ein unselbstständiger, schwacher Charakter. Als Folie steht ihm die mit ebenso grosser Feinheit gezeichnete energische Figur Damon's gegenüber, in dessen Rolle die sittliche Idee der Heiligkeit des Ehestandes verkörpert ist.

Die beiden Marquis Damon und Clitandre repräsentieren, ganz wie in Molière's »Misanthrope«, die Abgeschmacktheit und lächerliche Galanterie der damaligen Gesellschaft.

Das Drama wurde vom Publikum und von der Kritik einmütig mit grossem Beifall aufgenommen. *Prévost:* Le Pour et le Contre, 5, 357; *La Harpe* sagt Cours Bd. II, 286: *Le Préjugé à la mode fut vraiment l'époque d'une révolution.* Die *»Observations sur la littérature moderne«* 1, 26 rechnen *de la Chaussée* wegen dieser Leistung zu denjenigen Dichtern, welche in würdiger Weise den französischen Geschmack vertreten. Der grösste Triumph aber, den das Préjugé überhaupt erringen konnte, besteht darin, dass es, wie *La Harpe* berichtet, zur Vernichtung jener Unsitte beigetragen hat. Eine deutsche Uebersetzung des »Préjugé« erschien Frankfurt 1774, wie *Pierer*'s Universallexikon Bd. 17, p. 109 angiebt. Was nun die Quelle des Stückes anbetrifft, so erzählt *Voltaire* in der Abhandlung: »Art dramatique« des Dictionnaire philosophique, Œuvres p. p. Beuchot, Paris 1829, t. 27, p. 104, dass im Jahre 1732 von einer Privatgesellschaft eine Farce gleichen Inhalts gespielt worden sei, und dass die Schauspielerin Mlle *Quinault* ihn und *de la Chaussée* aufgefordert habe, aus derselben ein Lustspiel zu dichten. Letzterer habe diese Aufgabe übernommen. Godefroi, p. 442, vermutet, das »Préjugé à la mode« beruhe auf *Campistron's* Jaloux désabusé. Doch scheint die Aehnlichkeit beider Stücke nur eine äusserliche zu sein, so lässt sich wenigstens aus der Inhaltsangabe schliessen, die *Lessing* von letzterem im 51sten Stücke der Dramaturgie giebt. In der Fabel hat das »Préjugé« eine gewisse Aehnlichkeit mit dem »Philosophe marié« des *Destouches*. Beide Männer lieben ihre Frauen, suchen aber aus verschiedenen Gründen diese Liebe, der »Philosophe« sogar die Ehe überhaupt zu verheimlichen, Durval, um nicht den Spott der Welt herauszufordern, der Philosoph, weil er früher die Ehe verachtet hat. Beide wollen die Hauptstadt verlassen, um auf dem Lande ihrer Liebe zu leben. Auch im Schlusse ähneln sich die Stücke.

3. *L'Ecole des amis* [1]) (fünfaktig, zuerst aufgeführt 26. Februar 1737, wurde zwölfmal gegeben).

Monrose, ein junger Offizier, wird im Kriege verwundet und verliert durch den gleichzeitigen unerwarteten Tod seines Oheims die Aussicht auf eine einflussreiche Stellung. In Folge dessen verzichtet er auf die Hand seiner Geliebten, da er ihr keine würdige Zukunft mehr bieten zu können meint. Hortence hat seine Kälte bemerkt, glaubt ihn in seiner Liebe wankend und rüstet sich zur Rückkehr ins Kloster. Es ist nun die Aufgabe des Dichters, die Liebenden zusammenzuführen. Monrose hat sich geduldig in sein Schicksal ergeben und sucht, um seinem Schmerze keine neue Nahrung zu bieten, selbst einer letzten Unterredung auszuweichen. Der schwache Hoffnungsschimmer, den ein Gerücht, dass er zum Nachfolger seines Oheims bestimmt sei, verbreitet, erweist sich als trügerisch, und so entschliesst sich Monrose von dem Erlöse seines Regiments seine Schulden zu bezahlen und den Rest seines Lebens in ländlicher Zurückgezogenheit zu verbringen. Den ersten Schritt zur Lösung thut Aramont, indem er Hortence's Eifersucht erregt. Sie kann den Gedanken nicht ertragen, dass ihr Geliebter durch eine begünstigte Nebenbuhlerin aus seiner schlimmen Lage befreit werden solle und will mit ihren Mitteln seine Gläubiger befriedigen. Als man sie aber von dem Verluste ihres Vermögens benachrichtigt, stellt sie Aramont sogar ihren Schmuck zur Verfügung. Monrose erfährt diese Opferwilligkeit Hortence's und erkennt daran, dass er ihre unveränderte Liebe besitzt. Da er jedoch an eine Vereinigung mit der Geliebten wegen der ihm bevorstehenden traurigen Zukunft nicht zu denken wagt, nimmt er tiefbewegt von ihr Abschied. Als Monrose Paris verlassen will, wird er plötzlich verhaftet, Hortence an ihrer Abreise zum Kloster gewaltsam verhindert. Da erscheint Ariste, welcher die von Monrose erhoffte Anstellung erhalten hat und erklärt, dass er jene Massregeln getroffen habe, um der Trennung vorzubeugen. Denn ihrer Vermählung stehe nichts im Wege, da Hortence's Vermögen bei einem Rentier aufgefunden, Monrose aber durch seine

---

[1]) t. I, p. 230 bis Schluss.

Verwendung zum Nachfolger seines verstorbenen Oheims bestimmt sei. Die »Ecole des amis« ist eine Verherrlichung der wahren Freundschaft, wenn Monrose zum Schluss ausruft, ein wahrer Freund sei das höchste Gut, das dem Menschen zu Teil werden könne; aber die didaktische Tendenz wirkt nachtheilig auf die Einheit des Stückes, denn die Freunde sind die eigentlichen Träger der Handlung. Hortence spielt eine durchaus passive Rolle, steht aber dadurch im Mittelpunkt des Interesses, dass sie gleichsam das Ziel aller Thätigkeit bildet. Hortence ist, wie Léonore und Constance, eine ideale Frauenfigur, die durch ihre Bescheidenheit und Opferwilligkeit gegen einen nach ihrer Meinung abtrünnigen Geliebten Bewunderung und Teilnahme erregt. Während die Männer in *de la Chaussée*'s Stücken meist schwache, unsympathische Charaktere sind, die durch die Tugend ihrer Geliebten oder Gattin beschämt werden, bildet Monrose durch seine Biederkeit und Gewissenhaftigkeit, durch sein Selbstbewusstsein als Offizier ein würdiges Seitenstück zu Hortence. Mit besonderer Kunst und Wahrheit sind drei Stufen der Freundschaft in ihren Vertretern geschildert: Dornane ist ein leichtsinniger, unzuverlässiger Hofmann; Aramont, obwohl treu und aufrichtig, bringt Monrose durch Unerfahrenheit und übertriebenen Diensteifer wiederholt in die grösste Verlegenheit. Der »ami véritable« ist Ariste ein verständiger, welterfahrener Mann, der in dem Bewusstsein, pflichtgemäss zu handeln, den äussern Schein verachtet. Er fing den stolzen, ja trotzigen Bewerbungsbrief Monrose's auf, der ihm für immer die Ungnade des Hofes würde zugezogen haben; er bezahlte stillschweigend die drängenden Gläubiger seines Freundes; er erwarb schliesslich jene Anstellung nur, um sie auf Monrose übertragen zu können. *De la Chaussée* fand mit seiner »Ecole« lebhafte Anerkennung, sogar enthusiastische Bewunderung bei Riccoboni, dem Direktor des italienischen Theaters in Paris. Eine wie wichtige Rolle auch in diesen Dingen aber der Geschmack oft spielt, beweist eine Vergleichung jener begeisterten Briefe mit dem Urteil *La Harpe*'s, der das Stück eine »pièce froide« nennt. Die »Ecole des amis« ist entschieden nicht des Dichters höchste Leistung, hat aber, wie wir sehen werden, die grösste Zukunft gehabt.

4. *Mélanide*[1]) (5 Akte, zuerst aufgeführt 12. Mai 1741).

Orsigny und Mélanide haben sich wider Wissen und Willen ihrer Eltern vermählt, aber die Geburt eines Sohnes deckt das Geheimniss auf und führt die Trennung der Liebenden herbei. Um sich ganz der Erziehung Darviane's, den sie für ihren Neffen ausgiebt, widmen zu können, lebt Mélanide in tiefster Zurückgezogenheit,

---

¹) t. II, p. 87—174.

siedelt aber nach Paris zu ihrer Freundin Dorisée über, als jener in den Kriegsdienst eintritt. Ihre traurige Vergangenheit entdeckt sie Niemandem. In Paris verweilt nun auch zufällig Orsigny unter dem Namen Ormancy, verkehrt in Dorisée's Familie, und bewirbt sich um die Hand ihrer schönen Tochter Rosalie. Die Gatten ahnen nicht, dass sie einander so nahe sind, weil Mélanide überhaupt nicht an die Oeffentlichkeit tritt. Noch fester wird der Knoten der Verwickelung geschnürt, als Darviane seine Tante auf Urlaub besucht und ebenfalls in Liebe zu Rosalie entbrennt, so dass nun Vater und Sohn sich ungekannt als Nebenbuhler gegenüberstehen. Um die Lösung, die, wie in der »Fausse Antipathie«, auf Wiedererkennung beruhen muss, anzubahnen, führt der Dichter auch hier die vermittelnde Hülfsperson ein. Théodon, der reiche Schwager Dorisée's, übernimmt die Rolle Damon's und Ariste's. Dorisée giebt Ormancy wegen seines Reichtums in der Bewerbung den Vorzug und entschuldigt sich bei Mélanide wegen der Zurücksetzung ihres Neffen. Diese billigt sofort die Gründe ihrer Freundin und fordert Darviane auf, trotz der Verlängerung des Urlaubs, unverzüglich zur Garnison zurückzukehren, fördert also ahnungslos die Ziele ihres Gatten. In dieser peinvollen Lage ersteht ihr der Retter in Théodon, der, in ihre Erlebnisse eingeweiht, die Identität Orsigny's und Ormancy's vermutet. Auf seine Veranlassung beobachtet nun Mélanide die Gäste ihrer Freundin und erkennt unter denselben auch wirklich ihren Gatten. Als nun Théodon, der bislang Ormancy's Hoffnung und Liebe genährt hat, die Bestätigung seiner Vermutung vernimmt, hält er es für seine Pflicht, den unabsichtlich von ihm erweiterten Riss zu heilen und die getrennten Gatten zusammenzuführen. Um zunächst die geplante Verbindung Ormancy's mit Rosalie zu hintertreiben, erwirkt er durch die seiner Nichte in Aussicht gestellte reiche Mitgift Dorisée's Zustimmung zur Vermählung jener mit Darviane. Mélanide versagt nun zwar vorläufig ihre Einwilligung, um ihrer Freundin Darviane's wirkliche Herkunft nicht enthüllen zu müssen, aber die Heirat Orsigny's ist bereits faktisch verhindert, da Rosalie, nun nicht mehr durch den Befehl ihrer Mutter gebunden, ihrem geliebten Darviane den Vorzug geben wird. Théodon sucht auch direkt auf die geschiedenen Gatten zu wirken, indem er dem Marquis die Anwesenheit seiner Gattin eröffnet, Mélanide aber bittet, sich Orsigny mit ihrem Sohne zu Füssen zu werfen. Mittlerweile sind die Nebenbuhler im Wortwechsel hart an einander gerathen und Mélanide wird herbeigerufen, um das Schlimmste zu verhüten. Um ihren Einfluss auf Darviane zu vermehren, giebt sie sich als Mutter zu erkennen, während Théodon Orsigny's Rachegedanken niederschlägt durch die Enthüllung, dass er der Nebenbuhler seines Sohnes sei. Hat die Nachricht, dass Mélanide am Leben und in seiner unmittelbaren Nähe sei, den Marquis noch einen Moment schwanken lassen, so ruft ihn jetzt die Pflicht mächtiger als je. Er entdeckt sich Darviane, und als Mutter und Sohn sich ihm zu Füssen werfen, ruft er aus:

»*Mon cœur et mon amour vont se renouveler!*«

und nimmt sie mit offenen Armen auf. Nun steht auch Rosalie und Darviane kein Hinderniss entgegen, Mélanide giebt freudig ihre Zustimmung.

Die »Mélanide« ist das Rührdrama par excellence: während man bereits in den früheren Stücken die Tendenz erkennt, das komische Element zu verdrängen, findet sich hier weder in den Charakteren noch Situationen eine Spur von Komik[1]), selbst die Sprache nähert sich besonders da, wo Mélanide ihren traurigen Empfindungen Ausdruck verleiht, dem tragischen Stile und die Gewandung ist dem Stoffe durchaus angemessen. Die Heldin hat manche Aehnlichkeit mit Léonore, wie auch Saintflore und Orsigny im Grunde dieselben Charaktere sind. Rosalie ist das Muster einer wohlerzogenen sittsamen Jungfrau, die über Liebe und Neigung als höchste Macht das Gebot ihrer Mutter stellt. Um einer verhassten Ehe zu entgehen, wählt sie das Kloster, verbirgt aber ihre Liebe, um Darviane's Schmerz durch das Bewusstsein wieder geliebt zu werden, nicht zu vermehren. Zum Lohn für die Entsagung wird ihr schliesslich der Geliebte zu Teil. Es wurde erwähnt, dass Théodon der Vermittler und eigentliche Träger der Handlung ist. Dieser technische Fehler, eine Hülfsperson einzuführen, wird nun in unserem Falle zu einem psychologischen. Denn es ist unwahrscheinlich, dass Mélanide, als sie nach 16 Jahren ihren Gatten in einer für sie wenig hoffnungsvollen Lage wiedersieht, die Wiederherstellung ihres Glücks Théodon anheimstellt und nicht vielmehr mit Darviane sofort zu ihrem Gemahl eilt, um sein Mitleid anzuflehen, wie sie am Schlusse wirklich thut. Wenn die »Mélanide« einen grösseren Erfolg als die früheren Stücke erzielte, wie 20 Vorstellungen und 4 in einem Jahre erschienene Auflagen beweisen, so liegt der Grund in den Charakteren und in der dramatisch wirkungsvollen Situation[2]).

5. *L'Ecole des mères*[3]) (5 Akte; zuerst aufgeführt d. 27. April 1749, 13 Vorstellungen und vom 9. Dezember ab 13 Wiederholungen).

Argant hat eine reiche, ihm an Willenskraft überlegene Frau

---

[1]) *Brockhaus'* Konversationslexikon nennt in der That die Mélanide ein bürgerliches Trauerspiel.

[2]) *La Harpe*, II, 395, hebt die Wiedererkennungsscene zwischen Vater und Sohn hervor, die übrigens nicht in Akt 4, sondern Akt 5 steht. *Lessing* sagt, Dram. 8., dass er, wegen der Situation 3, 2, wo Rosalie, um Darviane's Abschied nicht zu erschweren, Gleichgültigkeit heuchelt und mit den leidenschaftlichsten Vorwürfen der Untreue überhäuft wird, den Dichter beneide. Uebrigens cf. Ausg. I, p. 14, 19. Nach *Godefroi*, p. 443, erschien die Mélanide unter einem Pseudonym, weil der Dichter fürchtete, durch drei grosse Erfolge Neid und Missgunst erweckt zu haben.

[3]) t. II, p. 271—400.

geheiratet, die das unbedingte Regiment im Hause führt. Um die ganze Sorge der Erziehung auf ihren Sohn konzentrieren und ihm dereinst ihr volles Vermögen zuwenden zu können, schickt sie ihre Tochter Marianne im frühesten Kindesalter ins Kloster. Jenen aber führt sie mit grossen Kosten in die erste Gesellschaft ein und erwirbt, um ihn zum Hofmann zu machen, sogar ein Marquispatent. Argant, nicht wagend ein entscheidendes Wort zu reden, greift zur List, holt seine Tochter aus dem Kloster und giebt sie für eine verwaiste Nichte desselben Namens aus. Da Marianne seit dem zweiten Jahre das Elternhaus nicht gesehen, bleibt sie allen unerkannt. Doligny verliebt sich in sie, schlägt aber unbewusst ihre Hand aus, als Madame Argant ihm ihre Tochter verloben will, deren Identität mit Marianne er ja nicht kennt. Durch diese Weigerung nun fühlt sich Madame Argant schwer in ihrem Stolze verletzt und überträgt ihren ganzen Groll auf Marianne, die vermeintlichen Nebenbuhlerin ihrer Tochter. Geradezu verzweifelt wird aber die Lage des unglücklichen Mädchens durch die schändliche Verläumdung ihres bevorzugten Bruders, des Marquis, sie sei nicht die Nichte, sondern die Maitresse Argant's. Sie sehnt sich wieder nach der Stille des Klosters, und fleht ihren Oheim an, sie dorthin zurückzubringen. Argant weiss sich das Benehmen seiner Gattin nicht zu erklären und glaubt, sie müsse seinen Betrug entdeckt haben und giebt sich deshalb seiner Tochter als Vater zu erkennen. Mittlerweile hat Madame Argant eine schwere Enttäuschung erfahren: Um dem Marquis Zutritt bei Hofe zu verschaffen, hat sie die Heirat desselben mit einem Mädchen von Stand angebahnt. Das Verlobungsfest wird gefeiert, aber der Marquis kommt nicht, gegen die getroffene Verabredung, so dass die blamierte Mutter mit Schimpf und Schande abziehen muss. Sie findet das Haus leer, denn ihr Sohn hat eine unbekannte Geliebte entführt. In dieser Lage ist der Verdacht der Untreue ihres Gemahls doppelt unerträglich: sie überhäuft ihn mit Vorwürfen, durch sein schlechtes Beispiel die That des Marquis veranlasst zu haben, sie stellt Marianne zur Rede, die den verletzendsten Andeutungen ihrer Mutter mit Mass und Bescheidenheit entgegentritt und schliesslich zu ihrer Rechtfertigung sich als die im Kloster geglaubte Tochter entdeckt. So steht Marianne's Unschuld im reinsten Lichte da; sie wird Doligny's Gattin und Universalerbin des dem Marquis zugedachten Vermögens. Auf die Zeichnung der einzelnen Charaktere können wir verzichten, indem sie sich hinreichend aus der Analyse ergeben.

Die »Ecole des mères« ist eine Vereinigung des Rührdrama's und des Sittenlustspiels, da beide Gattungen in zwei parallel neben einander gehenden Handlungen, die eine mit Marianne, die andere mit Madame Argant im Mittelpunkte, vertreten sind. Jene ist das tugendhafte, in unverschuldetes Unglück gestürzte Weib, Madame Argant die parteiische Mutter, die an ihrem verzogenen Sohne die bittersten Erfahrungen macht. Behandelt der Dichter im »Préjugé«

einen Schaden seiner Zeit, so straft er hier eine Unsitte, die zu allen
Zeiten die schwersten Opfer gefordert hat. Mit der »Mélanide« verglichen, bezeichnet die »Ecole des mères« wieder eine Annäherung
an das Lustspiel, da das komische Element öfter hervortritt.
Nach *La Harpe* Cours Bd. II, 398 ist sie aus diesem Grunde und
wegen ihrer »*utilité morale*« die höchste Leistung *de la Chaussée's*. Auch
Lessing, Hamb. Dramat. 21, drückt sich anerkennend aus.

6. *La Gouvernante*[1]) (5 Akte; zuerst aufgeführt 18. Februar
1747, seitdem 17 Vorstellungen).

In Folge der nachlässigen Geschäftsführung des Präsidenten von
Saintville hat der Graf d'Arsville in einem Prozess sein ganzes Vermögen verloren und bald darauf im Kriege seinen Tod gefunden, so
dass die Gräfin in bittere Noth kommt. Angélique, ihre einzige
Tochter, wird dem Kloster, das ihre Erziehung übernommen, zur
Last und aus Mitleid von der Baronin, einer Verwandten Saintville's,
als Nichte aufgenommen. Ihre Herkunft weiss aber Niemand. Um
ihrer Tochter nahe zu sein und sie überwachen zu können, lässt die
Gräfin sich als Erzieherin im Hause der Baronin anstellen, ohne
indess irgend Jemand ihr Geheimniss zu entdecken. Angélique wird
von dem jungen Saintville geliebt und erwidert seine Neigung, aber
die Gouvernante sucht das Verhältniss zu verhindern, da sie wegen
der ungleichartigen Lebensstellung der Liebenden für die Tugend
ihrer Tochter Gefahr darin erblickt. Vermöge ihres Einflusses gelingt
es ihr auch leicht, Angélique zum Bruch zu treiben, zumal Saintville seit einiger Zeit gleichgiltig geworden zu sein scheint; als aber
dieser sein Gelübde erneuert, erwacht auch in ihr die alte Neigung
wieder, sie unterzeichnet sogar den Ehekontrakt. Die Gouvernante
bemächtigt sich dieses Schriftstücks und überreicht es dem Präsidenten, der beide mit Vorwürfen überhäuft, da er eine andere Ehe
für seinen Sohn bestimmt hatte. Angélique entschuldigt ihren Schritt
dadurch, dass sie keine Angehörigen habe und desshalb eigenmächtig
handeln dürfe. Die Erklärung, dass die Baronin ihre Verwandte
nicht sei, regt im Präsidenten den Verdacht ihres Zusammenhangs
mit jener unglücklichen Familie, die das Opfer seiner Justiz geworden
ist. Dass dieselbe aufgefunden ist, hat ihm die Baronin bereits
früher mitgetheilt; durch sie hat er auch der Gräfin einen beträcht-
lichen Schadenersatz aus eigenen Mitteln zukommen lassen, der ihm
indess zurückgesandt ist. Dass aber die Gouvernante die Gräfin sei,
ahnt er gar nicht. Die Baronin weiht ihn erst jetzt in das Geheimniss ein. Inzwischen hat sich die Gräfin als Mutter zu erkennen
gegeben, um Angélique's schleunigste Trennung von Saintville desto
nachdrücklicher fördern zu können. Angélique gehorcht und nimmt
von dem Geliebten Abschied, aber im entscheidenden Moment er-

---

[1]) t. III, p. 71--178.

scheint der Präsident und giebt seine Zustimmung, froh, das Glück einer durch seine Schuld vernichteten Familie neu begründen zu können.

Nach *Sablier* beruht das Grundmotiv der »Gouvernante« auf einem wirklichen Ereigniss aus der Gerichtspraxis des M. de la Falière, ersten Präsidenten des bretagnischen Parlaments; *La Harpe*[1]) fügt hinzu, dass der erwähnte ungerechte Urteilsspruch durch den Betrug eines Sekretärs herbeigeführt worden sei.

Die Handlung ist einheitlich und natürlich, nur begreift man nicht recht, weshalb die Gouvernante sich ihrer Tochter nicht sofort entdeckt, da sie durch ihren Befehl als Mutter die unverzügliche Entfernung Angélique's würde bewirkt haben. Die Lösung wird dadurch vorbereitet, dass die Gräfin dem Präsidenten jenen Heiratskontrakt übergiebt, der IV, 4 den Verdacht des Präsidenten, V, 4 die Wiedererkennung von Mutter und Tochter veranlasst. Die Einführung der Gouvernante in die Handlung erinnert lebhaft an *Pamela*, wo Madame Andrews sich als Dienerin ihrer Tochter verdingt.

7. *L'Ecole de la jeunesse*[2]) (5 Akte; zuerst aufgeführt 1749 mit 8 Wiederholungen).

Clairval hat bei einer Gräfin um ihrer Tochter Zélinde Hand angehalten, wurde aber seines zweideutigen Rufes halber zurückgewiesen. Mittlerweile haben Erfahrungen und Jahre seinen Charakter gereift, er hat, um kein Vorurteil zu erregen, den Namen Clarendon angenommen und bewirbt sich ungekannt aufs Neue um Zélinde. Er gewinnt auch ihre Liebe, doch will sich die Gräfin zuvor über sein früheres Leben unterrichten. Der die Erkundigungen bringende Brief kommt in seine Hände, doch lässt er ihn ungehindert an seinen Bestimmungsort gelangen, obwohl er weiss, wie bedeutungsvoll sein Inhalt ist. Das Schreiben enthält in der That die Nachricht, dass Clairval und Clarendon identisch sind, und muss so die Aussichten Clairval's mit einem Schlage vernichten, wenn es in die Hände der Gräfin kommt. Aber glücklicherweise erfolgt die Ablieferung erst, als letztere durch verschiedene Beweise von Clairval-Clarendon's Tugend und Ehrenhaftigkeit überzeugt worden ist. So versagt sie den Liebenden denn nicht länger ihre Einwilligung.

Der Grundton der »Ecole de la jeunesse« ist stark didaktisch, die Handlung matt und schleppender als sonst, so dass der Erfolg auf der Bühne nur ein mässiger war. Der Herausgeber tröstet sich I, p. XXI damit, dass das Stück bei der Lektüre gewinne.

8. *L'Homme de fortune*[3]) (5 Akte; aufgeführt im Januar 1751 auf dem Schloss Bellevue in Gegenwart des Königs).

Méranie ist von ihrem Vater, dem Grafen Elbon, der wegen der

---

[1]) Cours de litt. Œuvres. Paris 1818. T. II, 395.
[2]) t. IV, p. 90—188.
[3]) t. IV, p. 189—288.

Entführung seiner jetzt verstorbenen Gattin Frankreich verlassen und im Auslande Kriegsdienste genommen hat, einem wohlhabenden, rechtschaffenen Bürger mit Namen Brice anvertraut. Der junge Brice gewinnt ihre Liebe, sein Vater aber glaubt, dass er Méranie nur einem Manne gleichen Standes vermählen dürfe und wählt einen Marquis, der jedoch edelmütig genug ist, wenn auch vergeblich, zu Gunsten seines Freundes zu sprechen. Brice wird in seinem Entschlusse bestärkt, als ein Brief ihm meldet, dass der Graf gestorben sei. Aber Elbon lebt. Er erscheint im rechten Augenblicke, gerade als die Liebenden sich trennen sollen, und nimmt den jungen Brice als Schwiegersohn an.

Mag man gegen diese Lösung Einwendungen und Bedenken erheben, jedenfalls ist es dem Dichter gelungen, Interesse zu erregen und die Aufmerksamkeit bis zum Schlusse zu fesseln. Der ›Homme de fortune‹ unterscheidet sich dadurch von den früheren Dramen, dass der Marquis nicht die Zielscheibe des Spottes, sondern der edle selbstlose Freund ist. *La Harpe* thut des Stückes nur kurz Erwähnung; unbegreiflicherweise findet er darin zu viel Aehnlichkeit mit der Ecole des mères.

9. *Paméla* [1]) (5 Akte; zuerst aufgeführt im November 1743).

Paméla, ein unschuldiges, sittsames Landmädchen wird nach dem Tode ihrer Herrin von dem leichtfertigen, gewissenlosen jungen Lord mit den entehrendsten Anträgen bestürmt, aber sie bewahrt ihre Unschuld und bekehrt schliesslich durch ihre Tugend den Verführer, der sie zu seiner rechtmässigen Gattin macht.

Die ›Paméla‹ ist die getreue Dramatisirung des gleichnamigen Romans von Richardson, mit allen Schwächen des Originals [2]), die aber auf den Bühnen zu den ärgsten Verstössen werden, denn die Handlung ist ohne Leben, die Heldin ein Weib ohne alle menschliche Regung, das, erhaben über jede Versuchung, einen inneren Kampf zwischen Pflicht und Neigung nicht kennt, weil eben in ihr beide mit einander gleichbedeutend sind. Ihre Reden sind salbungsvoll und triefen von Moral, so dass sie uns denselben Eindruck erregen wie dem jungen Lord in Richardson's Romane, der einmal scherzend äussert, er wolle sie in Amtstracht sehen und auf eine Pfarre setzen. Die Tugend erhält schliesslich nach bestandener Probe ihren Lohn, denn Paméla wird aus einer einfachen Dienerin zur vornehmen Lady erhoben. Der Verführer verlässt sittlich gebessert die Bühne, wenn er sagt:

Vos vertus ont epuré mon cœur!

Nach diesen Bemerkungen wird man begreifen, weshalb *Lessing*, Dramat. 21, über die ›Paméla‹ den Stab bricht und sie ein ›hohles Stück‹ nennt. Auf den Mangel an Handlung anspielend sagt *Voltaire*

---

[1]) t. IV, p. 1—90.
[2]) Charakterisiert von E. Schmidt: Richardson, Rousseau und Goethe. Jena 1875. I, 10—11.

in einem Briefe an den Grafen d'Argental, 24. Juli 1749: »*La Chaussée avait bien fait cinq actes de sa Pamela, dans laquelle il n'y avait pas une scène.*«

Kapitel IV.
De la Chaussée's Stellung in der französischen Litteratur.

§ 1. De la Chaussée's Theorie der Dichtkunst.

In seiner Ansicht vom Wesen der Dichtkunst im Allgemeinen steht *de la Chaussée* durchaus auf *Boileau's* Standpunkt, wenn er ihr die Aufgabe stellt »*d'instruire en amusant*«, und, um dies Vergnügen zu erzielen, auf die äussere Form den grössten Werth legt. Als unerlässliche Bedingung verlangt er vom Dichter vollständige Beherrschung des Sprachschatzes und der Grammatik, feines Gefühl für den Tonfall der Silben und eine elegante Ausdrucksweise. Das Mittel aber, welches diese Eigenschaften verleiht und erhält, ist unausgesetzte Uebung, deren auch das glücklichste Talent bedarf, und verständnissvolles Studium der Alten[1]). Von diesem Standpunkt aus stellt *de la Chaussée* die klassischen Dichter des 17. Jahrhunderts als unerreichte Muster auf im Gegensatz zu *Ronsard's* Reformbestrebungen, welche die Sprache entwürdigt und entstellt haben. Interessant ist bei dem jetzigen Stande der Wissenschaft die Ansicht, die die Franzosen noch damals über die Litteratur ihrer Vorfahren hegten. Wenn *de la Chaussée* die Assonanz ein dem Parnass unbekanntes kunstloses Bindemittel der Verse nennt, das bald dem Reim, als der wahren Harmonie, weichen musste, so wird man ihm darin vielleicht im Allgemeinen zustimmen, obschon es nicht zweifelhaft ist, dass z. B. die Tiraden des Rolandsliedes im Gesange eine mächtig ergreifende Wirkung ausübten; wenn aber das mittelalterliche Französisch ein armseliges Jargon genannt wird, das kaum den nötigsten Lebensbedürfnissen Ausdruck verlieh, so zeugt diese Auffassung von einer völligen Unkenntniss und Verkennung des geschichtlichen Entwicklungsganges, wie sie freilich auch in *Boileau's* »Art poétique« zu finden sind.

Auch die dramatische Dichtung soll nach *de la Chaussée* durch Lust belehren, indem sie in anmutigem Gewande die höchsten sittlichen Ideen wirkungsvoll und gleichsam spielend zum Ausdruck bringt, doch bleibt die Wahl des Stoffes und der Mittel dem Dichter unbedingt überlassen, weil Regeln und Beschränkungen den Flug des Genius hemmen. Seinen Massstab, sein Kriterium bei der Entscheidung

---
[1]) vgl. Epître de Clio.

bildet das Interesse, welches der Gegenstand erweckt. Darum verteidigt auch Momus in der »Critique de La Fausse Antipathie« das gleichnamige Drama, indem er betont, dass es Vergnügen und Interesse errege. Zu diesen Anforderungen nun findet *de la Chaussée* die Bühne seiner Zeit in schroffstem Gegensatz. Da das Lustspiel keine psychologisch wahren Charaktere, sondern ultrakomische Karrikaturen vorführe, bringe es der Moral nicht den geringsten Nutzen, denn der Zuschauer vergesse und übersehe jenen gegenüber seine eigenen Schwächen. Aber bei einer naturgetreuen Darstellung des menschlichen Lebens erkenne er sich selbst, sehe die Unannehmlichkeiten, die aus seinen Fehlern entspringen, und ziehe daraus für sich selbst eine Belehrung, indem er sie sich zum warnenden Beispiel dienen lasse. Doch bleibe das Lustspiel nicht auf diesem negativen Standpunkte stehen: unsittliche Reden und Situationen verletzen nicht selten das ästhetische Gefühl und treiben die Schamröte ins Antlitz. Wie die Charaktere, so seien auch die Handlungen künstlich und unwahrscheinlich; man ersinne eine Fabel mit den mannigfachsten Verwickelungen und glaube sich dabei auf Aristoteles zu stützen. Und doch, trotz dieser Schwächen seien derartige Stücke die Lieblingsspeise des Publikums. »Verlassene Muse«, lässt *de la Chaussée* in den »Thyrintbiens« den »Dichter« ausrufen, »in welche Hände ist deine Verehrung geraten!« Der Dichter glaubt auch, dass das Lustspiel seiner Zeit kein wirkliches Vergnügen gewähren könne, weil es durch zu grosse Bitterkeit der Satyre beleidige. Ehemals, sagt der »Bon Sens« im Prolog der »Fausse Antipathie«, war die Kritik allerdings eine zärtliche Mutter, die ihre Kinder bessern wollte, ohne sie zu verletzen, jetzt dagegen ist sie eine »affreuse marâtre«, die ihre Kinder bereits in der Wiege erstickt. Denselben Sinn hat eine Stelle in den Tyrinthiens (I, 7), wo Katinon den Aristophanes, der sich rühmt, mit der Geissel seines Spottes weder Menschen noch Götter verschont zu haben, an die Furien verweist und Schonung für die Menschen verlangt. Wie nun aber ein Drama zu schaffen sei, das den höchsten Aufgaben der Bühne gerecht werde, zeigt *de la Chaussée* in allegorischer Form im Prolog der »Fausse Antipathie«. Um seine Anschauung möglichst drastisch zum Ausdruck zu bringen, lässt er den Geist des französischen Lustspiels auftreten und sich nach dem Geschmack des durch sechs Typen vertretenen Publikums erkundigen. Der Bürger verlangt das derbkomische, worüber man »*à gorge déployée*« lachen müsse. Alles andere gehe eindruckslos an ihm vorüber. Der Kritiker antwortet mit einem lakonischen Nichts auf die Frage, was ihm am meisten zusage, während der Bewunderer ganz im Gegenteil bei seiner Nachsicht gegen menschliche Schwächen, mittelmässige Produkte schon deshalb lobt, um den guten Willen des Dichters, Andere zu unterhalten, anzuerkennen. Die Preziöse verlangt mystisch-philosophische Stoffe in künstlich umschreibender Form; alltägliche Ausdrücke sollen vermieden, wo möglich durch Abstrakta ersetzt werden, so dass eine gewisse Dämmerung sie umhüllt. Das geradezu absurde Urteil des Stutzers hebt *de la Chaussée* besonders hervor, weil dieser damals bedeutenden Einfluss auf den Erfolg eines Stückes ausüben konnte. Interesselos, wie er ist, für alles über dem materiellen Lebensgenuss Stehende, kümmert er sich nicht um Form und Inhalt des Drama's, wofern es nur ein volles Haus bringt und damit Gelegenheit bietet, Bekanntschaften anzuknüpfen. Der »Homme sensé« verlangt Natur, Wahrheit und massvolle Komik und findet damit allein den Beifall des »französischen Lustspiels«, welches ein solchen Bedingungen entsprechendes Drama dadurch am ersten hergestellt glaubt, dass der *Bon Sens* sich mit *La Folie* vereinige, d. h. dass die alte Komödie gesunde, ernste Elemente einführe.

Indem nun *de la Chaussée* auf Grund dieser Ideen die satirische Komik auf ein Minimum beschränkt und den ernsten Ton hervorkehrt, entsteht eine Annäherung des Lust- und Trauerspiels, mit der Tendenz, Rührung zu erwecken. **Der Dichter betrachtet sein Drama auch selbst als eine Vermittelung zwischen beiden Gattungen**, wie die Kritik des mehrfach erwähnten Stückes beweist. Als Thalia und Melpomene sich dort über die Verletzung ihrer Rechte durch jene »pièce de contrebande« beklagen, fordert Momus beide auf, ihm zu sagen, wie ein Mädchen, das gegen ihren Willen eine Ehe zu schliessen gezwungen werde, sich auszudrücken habe. Ihre Antwort lautet:

M. »*L'un et l'autre aux autels nous fûmes entraînés*
»*L'un et l'autre à regret nous fûmes enchaînés*«.
Th. »*Moi, j'aurais dit avec moins d'étalage*
»*Ce ne fut point l'amour qui nous mit en ménage*«.

Da nun diese beiden Stellen sich auch im Drama selbst finden (II, 9, p. 68; II, 1, p. 30), erklärt Momus, dass sie beide bei der Komposition thätig gewesen seien.

Die Sprache in *de la Chaussée*'s Dramen ist im Allgemeinen den Situationen angemessen. Die ultrapathetische Ausdrucksweise des französischen Trauerspiels vermeidet er ängstlich, denn er hält sie für wirkungslos und unverständlich, wenn er Momus, den Vertreter seiner eigenen Ansicht, in der Kritik ausrufen lässt:

»*Sœur tragique, ôtez vos échasses!* oder
Humanisez votre langage« 3. Sc. p. 99 [1]).

Werfen wir jetzt einen Blick auf die Anlage des Rührdrama's. Der Stoff ist fast ausnahmslos eine Variation desselben Motiv's. Gatten oder Liebende werden durch Unglück oder auf Standes-

---

[1]) Ebendaselbst hat *de la Chaussée* in humoristischer Weise seinen Stil charakterisiert, I, p. 102:
 »*Le style est équivoque, un peu trop dramatique*
 »*Et pour mieux dire, il est épi-comi-tragique*«.

vorurteilen beruhenden Entschluss der Eltern von einander getrennt, schliesslich aber nach Beseitigung der Hindernisse in glücklicher Ehe vereinigt. Doch wird dieser Gegenstand niemals vollständig dramatisch bearbeitet, der Liebesroman bildet vielmehr nur den Hintergrund und wird im ersten Akt erzählt, während die Handlung kurz vor der Katastrophe einsetzt, so dass nur die Lösung des bereits vorhandenen Konflikts vorgeführt wird. Da nun die Verwickelung nicht auf den Charakteren, sondern auf äusserlichen zufälligen Ereignissen beruht, so ist auch die Lösung oft eine rein äusserliche und wird gern durch rechtzeitig einlaufende Briefe oder durch Verrätereien der Diener vorbereitet, im »Homme de Fortune« sogar durch eine vom Hofe des »grossen Königs« getroffene Massregel. Der Handlung mangelt es oft an Fortschritt und Lebhaftigkeit. Was ihre Einheit anbetrifft, so bildet die im Vordergrunde stehende ideale weibliche Gestalt allerdings stets den Mittelpunkt des Interesses, ist aber selten die eigentlich handelnde Hauptperson, sondern erträgt in stiller Geduld das hereinbrechende unverschuldete Unglück und überlässt einem edel gesinnten Freunde die Wiederherstellung ihres Glücks. Zwar erheben sich nun gegen diese Komposition vom technisch-dramatischen Standpunkt gewichtige Bedenken, da der Stoff sich um eine handelnde Hauptperson gruppieren und in seiner ganzen Entwickelung, nicht bereits im letzten Stadium befindlich, auf der Bühne vorgeführt sein soll, aber *de la Chaussée's* Vorzüge sind die durchweg geschickte gelungene Charakterzeichnung und die ethische Tendenz, die seinen Stücken zu Grunde liegt.

Die Heldin in allen Dramen ist die tugendhafte Frau des Bürgerstandes, die als liebende Jungfrau, als aufopfernde Mutter oder pflichttreue Gattin Teilnahme und Rührung erregt. Die Fehler und sittlichen Gebrechen der Zeit werden in den handelnden Nebenpersonen dargestellt und gegeisselt, nicht, wie im Lustspiel, in den Helden selbst. Das eigentlich komische Element ist also in jenen, das tragische in der Hauptperson vertreten. Indem nun der Dichter die Komödie dem Trauerspiel nähert, indem er sie »weinen« lässt, wie Aristophanes in den »Tyrinthiens« sagt, hat er ihren Wirkungskreis vollständig verschoben, denn sie richtet sich nicht mehr an den Verstand, sondern nur an das Gemüt des Zuschauers. Zwar hält *de la Chaussée*, selbst bei der »Mélanide«, wo doch das komische Idiom ganz und gar unterdrückt ist, den Namen Lustspiel fest, aber nur der glückliche Ausgang rechtfertigt diese Bezeichnung.

Was nun den sittlichen Gehalt des ernsten Lustspiels angeht, so enthalten alle eine Verherrlichung des Ehestandes. Selbst in den lustigsten Intriguenstücken verleugnet der Dichter diese Tendenz nicht. In den »Tyrinthiens« verordnet Katinon, dass keine Ehe geschlossen werden dürfe, wo der eine Teil den geringsten Zwang leide, im »Divertissement du Rival de lui-même« heisst es: »*L'hymen est la plus heureuse folie*«.

Gelegentlich richtet *de la Chaussée* seinen Tadel gegen folgende Dinge:
1. Das Versemachen als Modekrankheit:
   »*Le Retour imprévu*« I, 3.
2. Streben nach Adel:
   »L'Ecole des mères«, »L'homme de fortune«, wo der Marquis selbst sagt: »*Le vrai noble ne doit sa noblesse qu'à lui*« IV, 260.
3. Das Marquistum.
4. Die Schauspielkunst:
   »*Le Retour imprévu*«: »*On n'exprime plus rien qu'à force de poumons*« IV, 302.

De la Chaussée's Stil ist fliessend rein und sprachlich korrekt, aber nüchtern, prosaisch und reich an Tendenzen. Poetische Bilder finden sich selten und sind meist unglücklich, wenn z. B. Œuvres V, 107 von einer Klippe, welche die Schiffbrüchigen verfolgt, die Rede ist.

§ 2. Verhältniss des rührenden Lustspieles zum Drama der früheren Zeit.

Der Litterarhistoriker findet fast bei allen Völkern Gelegenheit, zu konstatieren, dass die Dichtkunst, wenn durch einen hervorragenden Genius zu ihrer höchsten Blüte gebracht, nach dessen Tode in den alten Zustand zurücksinkt. Dieses Schicksal hatte auch das französische Lustspiel nach *Molière*. *Molière*, der grösste Lustspieldichter Frankreichs, vielleicht der ganzen Welt, hatte aus dem phantastischen Intriguenspiel, aus den Harlekinaden und wertlosen Impromptus seiner Zeit die klassische französische Komödie geschaffen. Von nun an war das Lustspiel nicht mehr eine Aneinanderreihung komischer Scenen ohne inneren Zusammenhang, ohne innere Begründung und Charakterzeichnung, sondern ein wahres einheitliches Drama, dessen Handlung auf einem Hauptcharakter basiert ist, dem stets eine ethische Idee zu Grunde liegt. Nach dieser glänzenden Erhebung verfiel die »haute comédie« fast ganz, als *Molière*'s Genie sie nicht mehr beseelte. Der Sinn und das Verständniss für dieselbe schwand, weil sie das Erbteil geringerer Geister geworden war. Die sittliche Tendenz unter der Hülle einer weniger schwungvollen Poesie, einer weniger originellen und edlen Komik, musste erkältend auf ein frivoles Zeitalter wirken, das grösseren Gefallen an den gemeinen Witzen der Intriguenstücke fand. Es wurden nach wie vor unglückliche Ehen und zweideutige Liebesverhältnisse auf die Bühne gebracht und oft mehr verherrlicht als getadelt. War die Lösung des dramatischen Konfliktes schon *Molière*'s schwächster Punkt gewesen, so fehlte jetzt fast in keinem Stücke der »deus ex machina« in einer ganz ausserhalb der Handlung stehenden Person. Die Schürzung des Knotens, so meisterhaft bei Molière, basierte jetzt oft auf Unwahrscheinlichkeiten stärkster Art, auf glücklichen Zufällen, Zusammentreffen u. s. w. *Destouches* und *Marivaux* gebührt der Ruhm, die wirkliche Charakteristik wieder in das französische Lustspiel hineingebracht und zur Sittenkomödie zurückgelenkt zu haben. Sie unterscheiden sich aber dadurch von der ganzen Vergangenheit, dass sie zuerst neben dem absrakt-ethischen das moralisch-didaktische oder moralisierende Moment einführen. Die Bühne soll belehren und bessern, das ist die Losung der neuen Schule. *Destouches* lässt schon in seinem ersten Stücke, im Curieux impertinent«, diese Tendenz deutlich hervortreten, wenn er den Crispin zum Schluss zum Parterre sagen lässt: »pour prendre leçon venez souvent ici.«

Ausführlich entwickelt er seine Ansicht vom Wesen und der Aufgabe des Drama's später in der Préface zum Glorieux [1]). Die dramatische Kunst ist nur insofern zu schätzen, als sie vergnügt und bessert. »J'ai toujours eu pour maxime incontestable,« heisst es p. 308, *que quelque amusante que puisse être une comédie, c'est un ouvrage imparfait et même dangereux, si l'auteur ne s'y propose pas de corriger les mœurs, de tomber sur le ridicule, de décrier le vice et de mettre la vertu dans un si beau jour, qu'elle s'attire l'estime et la vénération publique.* Nach diesem Programm sind denn auch die Lustspiele *Destouches*' ausgeführt.

Am Schlusse liebt er es, eine auf die Handlung bezügliche Ermahnung an das Publikum zu richten, oder kurz die Moral des Stückes zu geben, wie z. B. im »Archi-Menteur«: »*je sens qu'un menteur est toujours méprisable.*«

Auch *de la Chaussée*, sahen wir, schlug den lehrhaften Ton an, nur will er jenes Vergnügen nicht durch Komik, sondern durch Rührung und Bewunderung hervorrufen, und stellt daher keine mit zeitgemässen Fehlern und Schwächen behaftete Helden, sondern ein tugendhaftes, unglückliches Weib in den Mittelpunkt. Dadurch ist nun ein vollständiger Bruch mit der Tradition bewirkt, ein Fundamentalsatz des französischen Theaters übertreten. Denn während bislang Lust- und Trauerspiel ein eng begrenztes Gebiet besessen hatten, indem jenes nur eine komische, dieses nur eine ernste Empfindung hervorrufen sollte, indem stofflich jenes auf das Bürgerleben, dieses auf die Thaten von Fürsten und Königen beschränkt war, steigt jetzt die Tragödie, bisher das Monopol des Grossen, in die Sphäre des dritten Standes hinab. In der Komposition beobachtet *de la Chaussée* aufs strengste die Einheit der Zeit, die Stetigkeit der Handlung, und lässt niemals Scenenwechsel stattfinden, obwohl die Zusammenführung der verschiedenen Personen oft sichtlich Schwierigkeiten bereitet. Er vertritt mit dieser genauen Befolgung des *Boileau*'schen Einheitsdogma's den conservativen Standpunkt gegen die auftretende Neigung, die Regeln zu vernachlässigen.

Zwar hatten sich stets einzelne Dichter von diesem theoretisch

---

[1]) Œuvres, Paris 1841, T. 2, p. 308—313.

allgemein anerkannten Gesetze Abweichungen erlaubt, so *Regnard* im *Démocrite*, wenn er im zweiten Akt die Scene aus der Wüste in die Königsburg verlegt; damals aber bekämpfte *Houdard de Lamotte* in seinem »Premier discours sur la tragédie«, Œuvres IV, 43 ff., theoretisch die Befolgung der Regeln, falls sie unbequem würden [1]). Wie *de la Chaussée* sich zu dem Vorschlage, in Prosa zu dichten, stellte, wurde bereits konstatiert. All seine Dramen sind in Alexandrinern mit paarigem oder verschlungenem Reim verfasst, doch finden sich kürzere Verse, die entweder unter sich oder mit dem vorausgehenden oder folgenden Alexandriner reimen, in folgenden Stücken eingeschoben: Critique und Prologue der Fausse Antipathie, L'Ecole des mères, Amour pour amour, Le Retour imprévu, Le Rival de lui-même, L'Amour castillan, Paméla, Les Tyrinthiens, Le Rapatriage. Diese Versmischung im Dialog war bislang nur vereinzelt aufgetreten, während in den Chören *Jodelle* und *Racine*, in Monologen *Corneille* im Cid I, 9, V, 3 dieselbe bereits angewandt hatten. Als Beispiel für die Versmischung im Dialog führt Tobler: Vom französischen Versbau alter und neuer Zeit, Leipzig 1880, p. 15 den Agésilas *Corneille's* und den Amphitryon *Molière's* an. Sie wird ihrem Ursprunge nach auf den Einfluss der Oper zurückzuführen sein, wo durch die Musik ein solcher Wechsel bedingt wird. Was den ästhetischen Werth dieser »vers libres« anbetrifft, so scheint doch der glatte ebenmässige Fluss des Alexandriners für den dramatischen Dialog das Angemessenste zu sein.

Als eine charakteristische Eigentümlichkeit der Komposition wurde im vorigen Paragraphen erwähnt, dass eigentlich nur der Konflikt zur dramatischen Darstellung gelangt, im Gegensatz zu den gar nicht seltenen Stücken, wo, wie etwa in *Corneille's* »Menteur«, auch der Keim der Handlung erst im Stücke selbst gelegt wird.

§ 3. Verhältniss des rührenden Lustspieles zum Drama Diderot's.

Der Versuch, eine Mittelgattung zwischen Lust- und Trauerspiel herzustellen und die Stoffe dazu aus dem Volksleben zu schöpfen, wurde von Diderot theoretisch und praktisch sanktioniert. In dem »Trosième Entretien« [2]) über den »Fils naturel« heisst es: »*On distingue dans tout objet moral un milieu, et deux extrêmes. Il semble donc que, toute action dramatique étant un object moral, il devrait y avoir un genre moyen et deux genres extrêmes*«, und ferner in der Abhandlung »*De la poésie dramatique*« [3]): »*J'ai essayé de donner, dans le Fils naturel, l'idée d'un drame, qui fût entre la comédie et la tra-*

---

[1]) *Rosenkranz* I, 261 sagt irrig: »Für die Kritik waren die Regeln massgebend. *Perrault, Lamotte, Houdard* kannten keine andere.«
[2]) Œuvres, Paris 1821, t. 4, p. 184.
[3]) t. IV, p. 439.

gédie.« Neigt sich nun dies genre sérieux dem Lustspiel zu, so entsteht das sérieux comique, wovon der »Père de famille« eine Probe ablegen soll.

Ein Beispiel für den entgegengesetzten Fall, dass das genre sérieux sich dem Trauerspiel zuneige, hat Diderot nicht gegeben, obwohl er in der eben erwähnten Abhandlung p. 439 die Hoffnung ausspricht, dass er vielleicht einmal Zeit und Mut haben werde, ein solches Drama zu verfassen. Als äusserste Grenzen der verschiedenen Kategorien der dramatischen Dichtung, die auch das Lust- und Trauerspiel noch in sich schliessen, wird einerseits das Burlesque, andererseits das Merveilleux genannt [1]). Etwa folgendermassen lässt sich die Theorie Diderot's übersichtlich darstellen:

Le genre burlesque, Le genre comique, Le genre sérieux, Le genre tragique, Le merveilleux

Fils naturel

le sérieux comique

Père de famille.

Was nun das Verhältniss jenes »drame sérieux« zu *de la Chaussée*'s Rührdramen anbetrifft, so ist in ihnen die ernste Stimmung zur pathetisch-tragischen erhöht, das rührende Element verstärkt worden, doch löst sich auch hier der Konflikt in günstigem Ausgange, weshalb denn der Name Lustspiel praktisch beibehalten ist. Während das Drama *de la Chaussée*'s eigentlich von der Komödie ausgeht und sich stufenweise der Tragödie nähert, wie aus der allmählichen Unterdrückung der Komik von der »Fausse Antipathie« bis zur »Mélanide« ersichtlich ist, erhielt *Diderot* seine Anregung von dem bürgerlichen Trauerspiel Lillo's und Moore's, vermied aber die tragische Katastrophe seiner Vorbilder. Der Grund für dies Verfahren liegt auf der Hand. Da es nämlich Diderot's ausgesprochene Absicht ist, zu lehren, wie denn Constance im »Fils naturel« IV, 3 sagt: ein Volk, welches täglich durch die unschuldige Tugend gerührt werde, könne nicht böse sein —, zeichnet er tugendhafte Charaktere. Ein Drama aber, dessen Held unschuldig leidet und tragisch endet, erregt Unlust und Unwillen und verfehlt damit jede Wirkung. Der Ton des »Fils naturel« wie des »Père de famille« ist stark didaktisch. Das eine stellt einen pflichtgetreuen Sohn, das andere einen guten Hausvater als Muster auf. Die Bühne soll nach *Diderot* überhaupt ihre Helden aus allen Stufen der Bevölkerung nehmen, um so gewissermassen jedem Menschen ein Ideal vorzuführen und ihn zur Erreichung desselben anzuspornen: »*Ainsi*,« sagt der Verfasser zu Dorval im Troisième entretien [2]), *»vous voudriez qu'on jouât l'homme de lettres, le philosophe, le commerçant, le juge, l'avocat, le politique,*

---

[1]) Troisième Entretien, t. IV, p. 185.
[2]) Œuvres IV, p. 209.

le citoyen, le magistrat, le financier, le grand seigneur, l'intendant?« »*Ajoutez à cela,«* antwortet Durval, *»toutes les relations; le père de famille, l'époux, la sœur, les frères.«* So weit war de la Chaussée nicht gegangen. Das Rührdrama hatte, seinen Ursprung aus dem Familienroman nicht verläugnend, nur weibliche ideale Figuren in den Vordergrund gerückt, die allerdings auch als Mutter, Tochter, Gattin ihr individuelles Gepräge erhielten, aber immerhin doch nur dem weiblichen Geschlechte als Muster dienen konnten. Im Grunde also verfolgten *Diderot* und *de la Chaussée* doch dasselbe Ziel: Rührung, Belehrung, Besserung, aber ersterer mit verstärkten Mitteln. Aeusserlich stimmen beide darin überein, dass sie an den Einheitsregeln festhalten. Auch in der Handlung, die allerdings bei *Diderot* dramatischer und lebensvoller gestaltet ist, zeigt sich eine gewisse Aehnlichkeit, indem handelnde Personen in einem nicht geahnten verwandtschaftlichen Verhältnisse zu einander stehen, dessen Entdeckung dann schliesslich die Verwickelung lösen hilft. Léonore in der »Fausse Antipathie«, Mélanide in dem Drama gleichen Namens treffen auf dem Schauplatz der Handlung mit ihren Gatten zusammen, ohne es zu ahnen. Durval und Rosalie im »Fils naturel« sind Geschwister, Cécile im »Père de famille« ist die Nichte des Comthur's D'Auville. Formell unterscheiden sich *Diderot*'s Dramen von denen *de la Chaussée*'s dadurch, dass sie die allerdings auch schon von Marivaux, teilweise auch von Destouches, aufgegebene Regel, in Versen zu dichten, fallen lassen. Doch ein wesentlicherer Unterschied in beider Dichtungsart liegt auf anderem Gebiete. Gewiss hat *de la Chaussée*'s Drama sozial-politische Bedeutung, indem es Bürger in tragischer Situation darstellt und oft die Besiegung von Standesvorurteilen das Resultat seiner Handlung ist, jedoch tritt die eigentliche tendenziöse Färbung, die sich bei *Diderot* findet und später in *Beaumarchais* ihren Höhepunkt erreichte, noch zurück. *Diderot* ist als Dichter zugleich Parteimann und Aufklärungsphilosoph [1]). »In den Werken der Dichter,« sagt *Rosenkranz* [2]), »begegnet uns öfter ein Auseinanderfallen der Poesie und der Tendenz.« Die Vorliebe für Worte wie l'honnêteté, la vertu, l'humanité, le devoir, la vérité u. s. w. und Sätze wie: *Vous avez reçu les talents les plus rares; et vous en devez compte à la société*« [3]), oder: »*mais les temps de barbarie sont passés; le siècle s'est éclairé; la raison s'est épurée*« kennzeichnen diese Richtung genugsam. Voltaire ging noch weiter, wenn er das Theater zum Organ persönlicher Polemik machte und die Ecossaise gegen

---

[1]) Auch in *Marivaux*' Werken findet sich dieser philosophische Zug; Voltaire hebt in einem Briefe an Berger vom Februar 1736 (Œuvres, Gotha 1788, t. 56, p. 362) lobend hervor: Il y a surtout dans ses ouvrages un caractère de philosophie, d'humanité et d'indépendance, dans lequel j'ai trouvé avec plaisir mes propres sentiments.
[2]) *Diderot*'s Leben und Werke. Leipzig 1866, I, 254.
[3]) Le Fils naturel IV, 3. Œuvres IV. p. 81.

seinen litterarischen Gegner Fréron (Frélot) schrieb. Den Unterschied
zwischen einer solchen tendenziösen Manier und der Behandlungsweise
de la Chaussée's illustriert ganz treffend ein Vergleich der »Paméla«
des letzteren und der »Nanine« Voltaire's. Beide sind Dramatisierungen
desselben Richardson'schen Romans. Während aber *de la Chaussée*
in erster Linie den Sieg der Unschuld über die Verführung feiert,
verherrlicht *Voltaire*, wie ja auch der Nebentitel »Le Préjugé vaincu«
zeigt, vielmehr den Sieg des Bürgerstandes über die Vorurteile des
Adels,. wenn er den stolzen Lord sagen lässt:

> »*L'homme de bien, modeste avec courage*
> *Et la beauté, spirituelle, sage*
> *Sans bien, sans nom, sans tous ces titres vains*
> *Sont à mes yeux les premiers des humains.*«

Persönliche Angriffe trägt *de la Chaussée* in seine Dramen nicht
hinein. Nur an einer Stelle: »Vieillard amoureux« II, 8 findet sich
ein gelegentlicher Ausfall auf *Rousseau*.

§ 4. Verhältniss des rührenden Lustspieles zum romantischen Drama.

Bezeichnet das rührende Lustspiel einen Bruch mit der konven-
tionellen Form der Bühne, so führt das romantische Drama zur vollständigen Auflösung des Klassizismus. Die Dichtung kennt keine
Regeln, keine Schranken und abgegrenzte Gebiete mehr, sondern, da die
ganze Natur Gegenstand der Kunst ist, nur eine grosse Gattung, die
in der Nachahmung jener besteht. Diese Idee nun, so richtig sie an
sich ist, hat durch einseitige Auffassung zu den ärgsten Missgriffen
verleitet. Denn, während es die Aufgabe der Poesie ist, die Natur in
künstlerisch schöner Gestalt zu idealisieren, stellt das romantische
Drama die gemeine Wirklichkeit dar, sogar mit besonderer Vorliebe
für ihre Abnormitäten. Die Gefahr zu dieser Entartung lag schon
in dem Postulate *de la Chaussée*'s und *Diderot*'s, das wirkliche Leben
der mittleren Volksklassen darzustellen, doch hatten beide glücklich
eine triviale Auffassung der Natur vermieden. Die Romantik schei-
terte an dieser Klippe. *Victor Hugo* verlangt ausdrücklich in seiner
Vorrede zum Cromwell (Ausg. Paris 1828) p. 41 die Berücksichtigung
des Trivialen: »*Le vulgaire et le trivial même doit avoir un accent.*
Rien ne doit être abandonné,« und weiter: »*Le génie ressemble au*
balancier qui imprime l'effige royale aux pièces de cuivre comme aux
écus d'or.« Hatte das ernste Drama in seinen Helden die Tugend
gleichsam verkörpert und zur Verstärkung des sittlichen Gedankens
eine oft recht starke Dosis trockener Moral in Sentenzen und Er-
mahnungen verabreicht, so macht *Victor Hugo* Missgestalten und
Scheusale, Mörder und Courtisanen zu tragischen Helden, die statt
Rührung und Mitleid in jedem sittlichen Gemüt Schauder und Entsetzen

erregen. Das moralisierende Moment tritt zurück; will der Dichter belehren, so sucht er dies auf negativem Wege zu bewirken, d. h. durch die Darstellung von Lastern und Verbrechen abzuschrecken. So in den *Burgraves*, wenn er in der Einleitung p. 13 sagt, es sei seine Absicht: »*poser devant tous et rendre visible à la foule cette grande échelle morale de la dégradation des races, qui devait être l'exemple vivant éternellement dressé aux yeux de tous les hommes.*« Inhaltlich strotzen *Victor Hugo*'s Dramen von verabscheuungswürdigen Unthaten, deren Darstellung jedoch nach des Dichters Ansicht nicht nur durch das Gebot der Wahrheit entschuldigt, sondern auch von der Pflicht, aufrichtig gegen das Volk zu sein, gefordert wird. Zwar sind auch Shakespeare's Helden oft Verbrecher schlimmster Art, aber sie empfangen den wohlverdienten Lohn ihrer Thaten, während dagegen Victor Hugo gleichsam das Laster verteidigt, indem er, wie Kreyssig treffend sagt, die Courtisanen durch uneigennützige Liebe, den boshaften hässlichen Hofnarren durch Vaterliebe, die Giftmischerin durch reine Mutterliebe heiligt. Hatte die Handlung des ernsten Lustspiels sich innerhalb der Grenzen des Möglichen und Wahrscheinlichen gehalten, so spekuliert das romantische Drama mit seinen Ungeheuerlichkeiten und Wundern auf die Phantasie des Zuschauers. *De la Chaussée* hatte in der Mischung des Komischen und Tragischen die grösste Vorsicht gebraucht, die niedere Komik stets vermieden; anders das romantische Drama, welches die Verbindung des Grotesken und Erhabenen sogar zum Prinzip erhebt: Préface du Cromwell p. 12 heisst es: »*La poésie se mettra à faire comme la nature, à mêler dans ses créations, sans pourtant les confondre, l'ombre à la lumière, le grotesque au sublime, en d'autres terms, le corps à l'âme, la bête à l'esprit.*« Und in der That die grellsten Kontraste, das Erhabene und Abgeschmackte, das Rührende und Lächerliche verletzen in ihrer unvermittelten Folge das ästhetische Gefühl und stören die harmonische Stimmung, mit der man von der Bühne scheiden soll. Die Romantik hat die Verbindung der verschiedensten Elemente und Extreme gewagt, sie hat Gebiete betreten, vor denen noch *Diderot* in dem oft erwähnten »Troisième entretien« p. 186 nachdrücklich gewarnt hatte: »*Le burlesque et le merveilleux sont également hors de la nature; on n'en peut rien emprunter, qui ne gâte. Les peintres et les poètes ont le droit de tout oser; mais ce droit ne s'étend pas jusqu'à la licence de fondre des espèces dans un même individu.*«

So giebt denn ein Vergleich zwischen dem ernsten und dem romantischen Drama kaum noch einen Berührungspunkt. Das moralisierende und ethische Moment ist geschwunden, die Rührung in Abneigung und Schauder verwandelt. Der Vers, welchen *Diderot* verworfen hatte, ist von *Victor Hugo* wieder angewandt worden, die Einheitsregeln aber existieren für ihn nicht.

Kapitel V.

Stellung de la Chaussée's in der Litteratur des 18. Jahrhunderts überhaupt.

§ 1. Die moralischen Zeitschriften[1]) in England.

Da die Wurzeln der neuen Entwickelung in der Geschichte des französischen Theaters in englischem Boden liegen, ist es nötig, zunächst dies Land ins Auge zu fassen. Trotz seiner grossen national-poetischen Vergangenheit, trotz des Schutzes, den die unvergleichlichen Werke des *Shakespeare*'schen Genius gegen die sklavischen Fesseln des Geistes gewähren konnten, verfiel auch England der Herrschaft des französischen Pseudoklassizismus. Mit der Rückkehr Karl II. wurde dem fremden Einfluss förmlich Thür und Thor geöffnet. In *Dryden* erstand dem englischen Volke ein zweiter *Boileau*, die gedankenarmen, aber künstlerisch vollendeten Dichtungen *Pope*'s übten durch die Anmut ihrer Form einen solchen Zauber aus, dass selbst *Byron* sie später noch für wahre Poesie hielt. Auch auf das sittliche Leben des Volkes übte der mit den Stuarts einziehende Geschmack einen höchst verderblichen Einfluss: als Reaktion gegen den Puritanismus griff nach dem Beispiel des Hofes eine tiefe Sittenlosigkeit in den weitesten Schichten der Bevölkerung um sich, eine Verdorbenheit, die sich nur zu treu in den Lustspielen eines *Congreve*, *Wycherley* oder *Farquhar* wiederspiegelt. Ein ähnliches Bild bietet auch das geistige und sittliche Leben der anderen beiden grossen Kulturvölker Europa's. Es ist nun eine erfahrungsmässige Thatsache, dass in dem Augenblicke, wo die Kultur in Raffinement überschlägt, wo ein bestimmtes System sich in dem Grade überlebt hat, dass der Geist der Form erliegt —, die Sehnsucht nach Wahrheit und Natur, Freiheit und Sittlichkeit mächtig hervortritt, um ebenso oft in das andere Extrem: krankhaft übertriebene Empfindsamkeit, Religionsschwärmerei, Vernachlässigung aller künstlerischen Gestaltung zu verfallen, bis dann ein gottbegnadeter Dichter kraft seines Genius den Strom der Dichtung in ebene, naturgemässe Bahnen zurücklenkt.

England war im 18. Jahrhundert von der Vorsehung dazu bestimmt, eine neue Litteraturepoche zu begründen. Der gesunde Sinn dieses Volkes, seine natürliche poetische Begabung sprengte zuerst die engenden Banden des Systems und warf die pseudoklassische Hülle

---

[1]) Ueber die moralischen Zeitschriften des 18. Jahrhunderts vgl. die interessante Schrift Kawczyński's: Studien zur Litteraturgeschichte des 18. Jahrhunderts, Leipzig 1880, und Hettner's treffliche Darstellung: Litteraturgeschichte des 18. Jahrhunderts I, p. 260—281.

ab, um zur Naturdichtung zurückzukehren. War Frankreich die Hochburg des Klassizismus, so wurde England der Ausgangspunkt jener neuen geistigen Bewegung, die sich allmählich über ganz Europa verbreitete und in Deutschland ihren Höhepunkt erstieg. Die ersten Dichter, die ein anderer Hauch durchweht, sind *Young* und *Thomson*, deren Werke sich vorteilhaft von der nüchternen Verstandespoesie durch wahre, natürliche Empfindung unterscheiden. Auf das sittlich tief gesunkene Volksleben üben die moralischen Zeitschriften den nachhaltigsten und wohlthuendsten Einfluss. Im 18. Jahrhundert wurden in England 227 solche Werke, mehr oder weniger umfangreich und wertvoll, herausgegeben, von denen wir namentlich nur den 1709 von *Steele* gegründeten, mit *Addison* gemeinschaftlich herausgegebenen Tattler, den Spectator des letzteren, den Examinor *Swift*'s und *Johnson*'s Rambler erwähnen wollen. Diese Blätter erschienen monatlich, wöchentlich, selbst täglich und brachten die verschiedensten Abhandlungen, Erzählungen und Artikel nach Art unserer belletristischen Journale. Eine Grundidee aber ist allen gemeinsam: alle verfolgen das Ziel, das sittliche Leben des Volkes zu heben, und bilden so ein Gegengewicht gegen den um sich greifenden philosophischen Skepticismus, welcher den religiösen Sinn des Volkes zu untergraben drohte. Der Erfolg des Tattler war erstaunlich, denn die Herausgeber kannten das Geheimniss, populär und anmutig zu plaudern, den unscheinbarsten Erzählungen sittliche Ideen zu Grunde zu legen, ohne zu langweilen. Die Tugend wird als das höchste Ideal hingestellt, dem die Menschen nachstreben sollen. Da dieses Ziel aber nur durch Kampf und Anstrengung erreicht werden kann, stellt man die Tugend mit dem Laster ringend dar, um sie hier zur Ermutigung siegen und um so glänzender emporleuchten, dort als Warnung dem Laster zum Opfer fallen zu lassen. Die handgreiflichste, zugänglichste Form dieser Idee ist die Verführungsgeschichte. Der Stoff wird dem Leben der mittleren Klassen entnommen, die Tendenz ist Belehrung und Rührung. Wir werden sehen, dass diese moralischen Zeitschriften für die Entwickelung des rührenden Lustspieles von grösster Bedeutung gewesen sind.

Schon vor dem Erscheinen des Tattler hatten Steele und Addison moralische Rührstücke geschrieben, weil sie erkannten, dass ohne Mitwirkung der Bühne eine wirksame sittliche Reform nicht möglich sei, doch vermochten sie den Produkten eines *Wycherley* und *Congreve* keinen kräftigen Damm entgegenzusetzen. So schrieb Steele »The lying lover« und die »Conscious lovers«, deren Bedeutung nach dieser Seite hin Kawczyński zuerst nachdrücklich betont hat; Addison seine Oper »Rosamunde«. Letztere ist moralisch, sofern sie die eheliche Treue verherrlicht, aber sie ist auch rührend, obwohl Kawczyński p. 142 dies nicht annimmt, wenn er die Rührung in *Destouches*' Lustspielen nur auf *Steele* zurückführen zu müssen glaubt. Die Rührung tritt sogar in ziemlich starkem Masse auf, zumal in der letzten Scene des zweiten Aktes, wo Rosamunde der Königin gegenüber steht. Auch der Verfasser des Prologs, *Tickel*, teilt diese Ansicht, wenn er sagt:

›*Ten thousand pangs my anxious bosom tear,*
When drowned in tears I see th'imploring fair‹ [1]).

§ 2. Die moralischen Zeitschriften in Frankreich und der französische Familienroman.

Ganz dieselbe Situation wurde noch zu Anfang des Jahrhunderts nach Frankreich übertragen, und zwar bilden *Prévost d'Exiles*, *Marivaux* und *Destouches* zunächst die Vermittler zwischen beiden Nationen. *Marivaux* gründete 1722 seinen ›Spectateur français‹ nach dem Muster der gleichnamigen englischen Zeitschrift, und *Prévost* im folgenden Jahre ›*Le Pour et le contre*‹ mit dem ausdrücklichen Zusatz ›*sur le mœurs et les usages de ce siècle*‹, aber sie blieben nicht bei der Nachahmung stehen, sondern zogen die notwendigen Consequenzen, indem sie jene kleinen Erzählungen zu ausführlichen Romanen erweiterten. So schrieb *Prévost* während seines Aufenthaltes in England: ›*Les Mémoires d'un homme de qualité qui s'est retiré du monde*‹, später ›*Le doyen de Killerine*‹, ›*Histoire de M. Cleveland, fils naturel de Cromwell*‹ und ›*Histoire du Chevalier des Grieux et de Manon Lescaut*‹, ein Roman, der, wie *Hettner* sagt, wegen seiner echt französischen Färbung, seiner lebhaften naturgetreuen Darstellung grossen Anklang fand und den Verfasser noch heute vor der Vergessenheit bewahrt. Die Geschichte der beiden Liebenden muss vom sittlichen Standpunkte aus beim ersten Anblick bedenklich erscheinen, aber diese äussere Form ist gleichsam nur ein Zugeständniss an das Publikum, ein Köder, um zu spannen und Interesse zu erregen, denn der Endzweck ist doch die Belehrung. Die Vorrede lässt deutlich die Absicht des Verfassers erkennen, wenn es heisst: ›*on y trouvera peu d'événements, qui ne puissent servir à l'instruction des mœurs, et c'est rendre à mon avis un service considérable au public que de l'instruire en amusant.*‹ Gerade durch dies didaktische Prinzip unterscheidet sich Manon Lescaut, wie die moralischen Romane überhaupt, von den gleichzeitigen satirischen Romanen *Le Sage*'s, der ebenfalls die Kulturverhältnisse seiner Zeit wiedergiebt, aber in humoristischer Färbung, um, wie das Lustspiel, durch Lachen eine moralische Wirkung zu erzielen. Dass *Prévost* bei seinem Stoffe von ›amuser‹ und ›agréable lecture‹ reden kann, ist für den Zustand der damaligen Gesellschaft sehr bezeichnend. Auch *Marivaux*' Romane ›Marianne‹ und ›Le Paysan parvenu‹ stehen ganz auf englischem Boden und haben, wie die *Prévost*'s, moralisierende Tendenz. Auf Grund der grossen Aehnlich-

---

[1]) Addison's Works, London 1722, I, 81. Rosamunde als moralischrührendes Stück unterscheidet sich von *Steele's Family pieces*, abgesehen natürlich ganz von der äusseren Form als Oper, durch den Stoff. Jene spielt in den höchsten Kreisen, diese schildern das Familienleben des Bürgers.

keit mit *Richardson*'s *Paméla* und *Clarissa* macht *Kawczyński* eine direkte Abhängigkeit der letzteren wahrscheinlich.

Mit jenen rührenden Familienromanen entstehen nun auch die eigentlichen Rührstücke. *Friedrich d. Gr.* bezeichnete die »Nanine« ganz richtig als *roman dialogué*. *Fréron* betonte, die comédie larmoyante entspreche den zärtlichen Romanen, cf. § 4. Schon früher hatte unter Einwirkung englischer Muster die Rührung im Lustspiel Anwendung gefunden, aber der komische Charakter war durchaus bewahrt worden. Von dieser Art verfasste *Marivaux* selbst mehrere Stücke, die »Surprise de l'amour«, »L'Epreuve« und »Le Legs«, die im achtzehnten Jahrhundert in Frankreich und Deutschland grossen Beifall gefunden haben.

Von weit grösserer Bedeutung als Lustspieldichter ist *Destouches*, der auf einer diplomatischen Mission längere Zeit in England verweilte, mit *Addison* in enge Verbindung trat und nach seiner Rückkehr auf Grund der dort empfangenen Anregung 15 Komödien verfasste. Wir erwähnten, dass er in »l'préface« der »Glorieux« die Tendenz ausspricht, er wolle den Lustigen belehren, und so tragen denn auch alle unverkennbar den moralisierenden Charakter. Rührende Scenen finden sich in vielen seiner Lustspiele, vermögen aber im Ganzen als blosse Ingredienz den komischen Charakter nicht zu ändern.

Fontenelle, damaliger Sekretär der Académie, sagt in seiner Antwort auf die Antrittsrede des *Destouches* (abgedruckt in den Œuvres, Paris 1811, t. VI, p. 507--510) über letzteren Punkt gar nichts. »*Pour vous, monsieur, vous vous êtes renfermé dans le comique*« und dann charakterisiert er diese Komik: »*qui ne cherche point, à exciter bassement un rire immodéré dans une multitude grossière, mais qui élève cette multitude presque malgré elle-même à rire finement et avec esprit.*« Zwar fällt nun diese Rede schon in das Jahr 1723, aber das rührende Element war bereits im »Obstacle imprévu« 1717 deutlich genug aufgetreten, A. III, 5, A. IV, 6, A. V, 11. Auch in dem folgenden Stücke, im »Philosophe marié«, finden sich rührende Scenen, A. I, 6, A. II, 2; A. III, 9; A. V, 4 und 5. Aber *Destouches* glaubt selbst nicht, dadurch irgendwie den Rahmen des eigentlichen Lustspiels übertreten zu haben, und nimmt für sein Stück den Namen »Charakterkomödie« in vollem Umfange in Anspruch. Der »Philosophe marié« soll zwar kein Intriguenlustspiel, aber dennoch ein Lustspiel sein, wenn *Belise* in der Kritik des Stückes ganz zuversichtlich sagt: »*oh, vous rirez*«. Ihr gegenüber vertritt *Lycandre* den traditionellen Standpunkt mit seinem unwilligen: »*Pleurer dans une comédie.*« Wir sahen, wie dieser Vorwurf immer lauter wurde und schliesslich bei *de la Chaussée* hiess: »*Mêler Thalie et Melpomène!*« Den Unterschied zwischen *de la Chaussée* und *Destouches* betont besonders *Lessing* (ed. Lachmann IV, 256): »Ich kann mich darauf berufen, dass man *Destouches* niemals mit *de la Chaussée* in eine Klasse gesetzt hat und dass die hartnäckigsten Feinde des letzteren niemals dem ersteren den Ruhm eines vortrefflichen komischen Dichters abgesprochen haben, so viel edle Charaktere und zärtliche Scenen in seinen Stücken auch vorkommen. *De la Chaussée* kehrt wie wir sahen, das Verhältniss um. Auch er will »instruire en amusant«. Er will aber nicht durch Komik, sondern durch Rührung vergnügen. Die Vermutung *Kawczyński*'s (p. 149) von einer direkten Beeinflussung durch *Steele*'s »Family Pieces« möchte ich wegen mangelnder Anhaltspunkte zurückweisen. Dagegen fussen *de la Chaussée*'s Dramen mittelbar in den moralischen Zeitschriften und unmittelbar in den durch sie hervorgerufenen Romanen, wie denn überhaupt Roman und Bühne in engster Wechselwirkung stehen. *Kawczyński* hat in seiner trefflichen Untersuchung diesen Zusammenhang unwiderleglich dargethan, indem er scharfsinnig die leitenden Ideen aufspürt, die von *Steele* ihren Ausgang nehmen.

Erst jetzt können wir die eminente Bedeutung des letzteren für die ganze Litteratur in rechter Weise würdigen.

§ 3. Der Roman Richardson's als neue Anregung für das Emporkommen des rührenden Lustspieles.

Die zweite grosse litterarische Welle, die über den Canal kam und den ganzen Continent überströmte, war *Richardson*'s ·Pamela (1740), mit der die Romandichtung überhaupt in eine neue Phase trat. In England hatte das Werk ein unglaubliches Aufsehen erregt und das ganze lesende Publikum in zwei grosse Lager geteilt. Der Bürger, der schon seit etwa 30 Jahren moralische Zeitschriften las, erklärte einen moralischen Roman, der ein tugendhaftes Weib seines Standes verherrlichte, zu seinem begünstigten Liebling. Die Geistlichkeit sah darin einen starken Verbündeten im Kampfe gegen das Laster und empfahl die Lektüre der »Paméla« sogar von der Kanzel, cf. die Franz. Uebersetzung, London 1743, Bd. I, Avis p. 2: »*Mr. Slocock, ministre de Saint-Sauveur dans Southwark, a recommandé en chaire la lecture de Paméla.*« Der Adel dagegen brachte, wie erklärlich, *Richardson* wenig Sympathie entgegen, da in der »Pamela« nicht nur die Unschuld über das Laster, sondern auch der Bürgerstand über den Adel triumphiert. Den Interpreten seiner feindseligen Stimmung fand er in *Fielding*, der, in der Charakteristik seinem Gegner bei weitem überlegen, durch seine trefflichen, polemisch gegen *Richardson* gerichteten Romane dem sentimentalen Familienroman in England auf die Dauer argen Eintrag gethan hat. Wir sahen, dass in Frankreich *Marivaux* und *Prévost d'Exiles* den Engländern bereits zuvorgekommen waren, und so fand denn die Pamela« hier einen ebenso lebhaften Anklang wie an ihrem Entstehungsorte.

Ueberhaupt Alles, was von England kam, besass in diesem Jahrhundert einen gewissen Reiz für die Franzosen, die sonst in der Lyrik, im Drama und Roman gern nach spanischen und italienischen

Mustern geblickt hatten. Der Grund liegt in den politischen und sozialen Verhältnissen: Während Frankreich noch unter dem Joch des Despotismus seufzte, tauchte in England die bürgerliche Freiheit, wie ein leuchtendes Gestirn, aus der Regierung Wilhelms und der Königin Anna hervor. Den »Philosophen« *Montesquieu* und *Voltaire* war die konstitutionelle Verfassung Englands das Ideal politischer Freiheit. Der Bürger schaute sehnsüchtig auf das glückliche Nachbarland, nicht ahnend, mit welchen Opfern Frankreich einst dasselbe Ziel erreichen sollte, und begrüsste aufs freudigste eine Litteratur, die das Gepräge seines Ideals trug. Im Jahre 1743 erschien eine französische Uebersetzung, an der *Richardson* sich selbst beteiligt hatte, cf. Préface du Traducteur. Der Herausgeber weiss ein Buch, das in einem Jahre fünf Auflagen erlebt habe, nicht genug zu empfehlen. Zwar seien auch nachteilige Kritiken laut geworden, aber er tröstet sich damit, dass dies das Schicksal der besten Werke sei, denn selbst ein so herrliches Gedicht wie der Cid sei dem Tadel nicht entgangen. — Doch es kann hier nicht unsere Aufgabe sein, *Richardson*'s Aufnahme in Frankreich darzustellen, hier sei nur erwähnt, dass *de la Chaussée*'s Rührdrama direkt von ihm beeinflusst wurde. Möglicherweise verrät schon die Mélanide, die ein Jahr darauf erschien, diese Einwirkung. Während nämlich in der »Fausse Antipathie«, dem »Préjugé à la mode«, in der »Ecole des amis« die Komik, wenn auch noch so schwach, immerhin vertreten war, wird in der »Mélanide«, wie wir hervorhoben, die ernste Färbung weder durch heitere Situationen, noch durch witzelnde Bemerkungen der Zofen und Bedienten gestört. Die Vorerlebnisse Orsigny's und Mélanide's deuten sogar auf eine Art von Verführung, nur lässt der Dichter die beiden Liebenden heimlich getraut sein. Im Jahre 1743 verfasste dann *de la Chaussée* seine »Paméla«, deren Verhältniss zu dem gleichnamigen Roman oben angegeben wurde. Charaktere, Situationen und Motive stimmen überein, das Unglück der tugendhaften Heldin besteht nicht, wie in den anderen Stücken *de la Chaussée*'s, in der Trennung von dem Geliebten, sondern in der sie bestürmenden Verführung.

Die »Gouvernante«, welche 1747 erschien, ein Rührdrama nach Art der »Mélanide«, klingt dadurch an die »Paméla« an, dass auch hier, die Mutter heimlich in die Gegenwart ihrer Tochter zu kommen weiss, um ihr gewissermassen als Schutzengel zur Seite zu stehen.

In diesen drei Stücken hat das rührende Lustspiel in Frankreich seinen Höhepunkt erreicht, denn es ist zum Rührdrama geworden. *De la Chaussée* ist der Begründer dieses Rührdrama's, nicht des rührenden Lustspieles überhaupt, denn die Rührung tritt, wie bereits konstatiert, schon bei *Steele*, *Addison*, *Destouches* und *Marivaux* auf. Im weiteren Sinne muss selbst *Molière*, wie auch *Goldoni* in seinem Briefe an *Muratori* betonte, als Vorläufer angesehen werden. Auch den antiken Lustspieldichtern *Plautus* und *Terenz* ist die Rührung als Kunstmittel nicht unbekannt. Von den »Captivi« des ersteren wird weiter unten die Rede sein. Glycerium-Pasibula in der »Andria« des *Terenz* erregte sicherlich die Teilnahme des damaligen Publikums, wie sie in ihrer Not die Hülfe der Lucina anfleht. Die zweite Scene A. III in den »Adelphi« desselben Autors, wo Geta der Sostrata erzählt, Aeschinus sei seiner Geliebten untreu geworden, liesse sich fast eine Rührscene nennen. Doch überwiegt hier überall die Komik, als volles Ersatzmittel für die letztere tritt die Rührung erst bei *de la Chaussée* auf.

§ 4. Aufnahme des rührenden Lustspieles von Seiten der Theoretiker in Frankreich.

Der Erfolg des neuen Lustspiels war, wie die häufigen Wiederholungen zeigen, beim Publikum grossartig, während die Schaar der gleichzeitigen Kritiker und Dichter sich in zwei Parteien spaltete. Die Einen zollten dem Verfasser aufrichtiges Lob, ja enthusiastische Bewunderung, die Anderen fällten das Verdammungsurteil über einen Neuling, der es wage, Thalia und Melpomene zu entweihen, indem er Komik und Tragik vermenge. De la Chaussée's gefährlichster Gegner war zweifellos *Piron*, dessen Lustspielen entschiedene Konkurrenz vom Rührdrama drohte. Er überschüttete den »Cotin dramatique« und seine »Homélies« mit den giftigsten Pfeilen der Satire und verfasste zwei Epigramme, die einer weniger guten Sache vielleicht grossen Schaden bereitet haben würden.

I. »*Gens de tous états, de tout âge,*
Ou bien, ou mal, ou non lettrés,
De cour, de ville ou de village,
Castorisés, casqués, mitrés,
Messieurs les beaux esprits titrés
Au diable soit la pétaudière
Où l'on dit à Nivelle: Entrez!
Et nescio vos à Molière« [1]).

II. »*Connaissez-vous sur l'Hélicon*
L'une et l'autre Thalie?
L'une est chaussée et l'autre non
Mais c'est la plus jolie,
L'une a le rire de Vénus,
L'autre est froide et prosée,
Salut à la belle aux pieds nus,
Nargue de la Chaussée« [2]),

Dass der Dichter der »Métromanie« moralisierende Stücke hasste, ist erklärlich genug, *Piron* geht aber sicher zu weit, wenn er *de la*

---

[1]) Vgl. *Grimm*: Correspondance littéraire, Paris 1877, VI, 332.
[2]) Vgl. Nouvelle Biographie universelle t. 28 unter *de la Chaussée*.

Chaussée mit *Cotin* vergleicht, den *Boileau* verspottet und der *Molière* das Urbild des *Trissotin* der »Femmes savantes« geliefert hatte. Denn *de la Chaussée*'s Verse sind nicht geziert und schwülstig, sondern im Gegenteil von prosaischer Nüchternheit. Den diametral entgegengesetzten Standpunkt vertritt *Riccoboni*, der berühmte Schauspieler und Direktor des italienischen Theaters in Paris, in einem Briefe an *Muratori*, übersetzt von *Flongel*. Die Grundgedanken dieses Briefes sind folgende: Das französische Theater, damals das beste der Welt, neigt seinem Verfall zu. Tragödie und Komödie sind weit entfernt von den grossen Leistungen des 17. Jahrhunderts. Da tritt *de la Chaussée* auf, bricht mit der Tradition und begründet eine neue Gattung dramatischer Dichtung, welche die »ris immodérés« des Lustspiels, die Excesse und Gräuel der Tragödie vermeidet und dadurch im Stande ist, beide zu ersetzen. In diesem Sinne ist nun allerdings das Rührdrama eine Neuerung, auf der anderen Seite aber ist *de la Chaussée* der Testamentsvollstrecker *Molière*'s, der das im »Misanthrope« begonnene Werk fortgesetzt hat: »*Il nous a laissé un témoignage certain dans la comédie du »Misanthrope« qui devait peut-être servir de base au grand édifice, qu'il projetait, si la mort ne l'eût prévenu.*« Der Rest des Briefes bezieht sich speziell auf die »Ecole des amis«, die ihn auch besonders zu demselben veranlasste, und gipfelt in enthusiastischen Lobeserhebungen: »*Lisez-la, Monsieur, et je suis sûr, que vous vous féliciterez avec son ingénieux et sage auteur, qui aura un jour la gloire d'avoir été l'inventeur d'une espèce de Comédie, que l'on attend depuis plusieurs siècles, et que des spectateurs chrétiens pourront voir sans rougir.*« Das Urteil einer so angesehenen und bedeutenden Persönlichkeit, wie *Riccoboni*, war natürlich von grösstem Einfluss: *la Chaussée*'s Dramen wurden von Jahr zu Jahr beliebter, die Stimmen der Kritik verhallten vor den Beifallsspenden des Publikums, da veröffentlichte *Chassiron*, Mitglied der Académie von La Rochelle, seine »Reflexions sur le Comique-Larmoyant«, in denen er darzulegen sucht, dass das rührende Lustspiel den Gesetzen der dramatischen Poesie widerspreche: Wesen und Bereich der Dichtung könne zwar nicht mit mathematischer Sicherheit abgegrenzt werden, aber durch die Praxis der Koryphäen des Altertums habe sich allmählich eine bestimmte Norm herausgebildet, die in den Regeln des Aristoteles zum Ausdruck gebracht sei. Da nun die neue Komödie mit jener in schroffen Widerspruch trete, sei sie nicht existenzberechtigt. Ausserdem vertrage es sich auch nicht mit der Natur des Lustspiels, uns unsere Fehler beweinen zu lassen. Dass *de la Chaussée*'s Dramen Interesse erregt haben, stellt *Chassiron* selbstverständlich nicht in Abrede, den Grund dafür aber findet er in der dem französischen Nationalcharakter eigenen Neugierde und Neuerungssucht, denen keine Gewohnheit, keine Gesetze widerstehen können. Schliesslich glaubt der Verfasser, das Rührdrama theoretisch vernichtet zu haben, und verkündet ihm ein frühes Ende. Allein die Gabe der Prophezeihung besass *Chassiron* nicht! Auf sein

Manifest folgten zwei Antworten: von *Fréron* und von *Voltaire*, Männer, die, bitter verfeindet, in dem einen Punkte übereinstimmten, dass das rührende Moment vollberechtigt sei. Der Aufsatz *Fréron's*, der mit grosser Feinheit und Sachkenntniss geschrieben ist, steht in der 1749 von ihm gegründeten Zeitschrift: »Lettres sur quelques écrits de ce temps« 4, 3: Da die moderne Litteratur manche Gattungen aufweise, die den Alten unbekannt gewesen seien, müsse man auch das Rührdrama zulassen, welches den »zärtlichen Romanen« entspreche, wie die Tragödie dem heroischen Roman, die Lustspiele und Farcen den Intriguen- und komischen Romanen. Aber *Fréron* geht noch weiter, indem er verlangt, dass durch gänzliche Aufhebung der Komik aller Zusammenhang mit dem Lustspiel gebrochen werde, dass das Rührdrama sich als eigene Gattung, als »Drame moral« oder »Pièce de sentiment« zwischen Trauer- und Lustspiel aufstellen lasse. Mustergültig werde die »Mélanide« sein. An Nutzen übertreffe das »drame moral« die Tragödie bei Weitem, da naturgemäss die Leiden eines Mitbürgers mehr Teilnahme erregen als die Schicksale der Grossen. Sind das nicht genau dieselben Prinzipien, auf denen später *Diderot* seine Theorie des Drama's basierte? Ist nicht das drame moral geradezu identisch mit dem »Drame sérieux«? Es wäre ein schwierige Aufgabe, zu konstatieren, worin sich die Mélanide charakteristisch wesentlich vom »Fils naturel« unterscheidet. Die zweite Antwort kam von *Voltaire*, der, wie wir sahen, den aufstrebenden Dichter stets begünstigt hatte, in der Préface der »Nanine« 1749. Auch er verteidigt das Rührdrama, aber seine Ansicht unterscheidet sich im Einzelnen dennoch von der *Fréron's*. Hatte dieser eine radikale Ausscheidung des komischen Moments und als einziges Wirkungsmittel die Rührung verlangt, so behauptet *Voltaire*, dass das Lustspiel an die Lachlust und Rührung des Zuschauers zugleich appellieren könne, ohne darum seinen spezifischen Charakter zu verlieren. Die getreue Nachahmung der Natur verlange sogar die Mischung von Scherz und Ernst, von Lachen und Weinen. »*La comédie encore une fois peut donc se passionner, s'importer, attendrir, pourvu qu'elle fasse rire les honnêts gens*«. Zwar sei der Uebergang aus einer Stimmung in die andere seltsam, aber nichtsdestoweniger psychologisch wahr. Bei *Homer* lachen die Götter über den plumpen Vulcan in einem Augenblicke, wo die Donnerworte des Zeus Furcht und Trauer erregt haben. Hektor lache über die Furcht des kleinen Astyanax, während Andromache Thränen vergiesse [1]).

---

[1]) Die bekannten Stellen (cf. Cosack, p. 162) lauten: Ilias 1, 599.
ἄσβεστος δ' ἄρ' ἐνῶρτο γέλως μακάρεσσι θεοῖσιν
ὡς ἴδον Ἥφαιστον διὰ δώματα ποιπνύοντα.
Ilias VI, 466—471.
Ὥς εἰπὼν οὗ παιδὸς ὀρέξατο φαίδιμος Ἕκτωρ
ἂψ δ' ὁ πάϊς πρὸς κόλπον ἐϋζώνοιο τιθήνης

Fehlt die Komik, dann, sagt *Voltaire*, entsteht ein »*genre sérieux et très désagréable*«. »*En effet, que serait-ce qu'une intrigue tragique entre des hommes du commun? ce serait seulement avilir le cothurne; ce serait manquer à la fois l'objet de la tragédie et de la comédie etc.*« Man sieht, das Prinzip der Rührung verteidigen beide. Während aber *Fréron* ein rührendes Drama verlangt, erklärt sich *Voltaire* für das rührende Lustspiel. Mit dieser günstigen Beurteilung nun stehen *Voltaire*'s spätere Aeusserungen im krassesten Widerspruch, wenn er in einem Briefe an Thiriot vom 28. April 1769 [1]) schreibt: »*Le détestable goût d'un petit siècle, qui a succédé à un grand siècle égare encore leur pauvre jugement. Le vieux vin de Falerne et de Cécube ne se boit plus; il faut la lie du vin plat de la Chaussée*«, oder im »Dictionnaire philosophique, Art dramatique« [2]) mit Rücksicht auf das Préjugé: »*Ce n'est pas ainsi que Molière fait parler ses personnages*«. Und weiter: »*Dès lors le comique fut banni de la comédie; on y substitua le pathétique; on disait que c'était par bon goût, mais c'était par stérilité; on se travaille dans le goût de la comédie larmoyante que parceque ce genre est plus aisé; mais cette facilité même le dégrade: en un mot, les Français ne surent plus rire*«. Zwei Seiten vorher heisst es: »*Ce fut une espèce bâtarde, qui n'étant ni comique ni tragique manifestait l'impuissance de faire des tragédies et des comédies*«. In dem bereits erwähnten Briefe an Friedrich vom Februar 1738 war neben der »Epître à Clio« das »Préjugé« lobend genannt. Entweder muss *Voltaire* im Laufe weniger Jahre seine Ansicht radikal geändert haben, was allerdings öfter bei ihm der Fall gewesen ist, oder aber er hat aus Eitelkeit und Ruhmsucht die Richtung empfohlen und eingeschlagen, in der er vermöge seiner vorwiegend rhetorisch-pathetischen Muse Lorbeern zu ernten hoffte, die er aber aus ästhetischen Gründen missbilligte. Von den Kritiken, die *de la Chaussée* von anderen Zeitgenossen erfuhr, seien noch folgende erwähnt: Sablier im Avertissement der Ausgabe beruft sich zur Empfehlung auf die Nachahmung durch Spanier und Italiener. Titon du Tillet: Second Supplément du Parnasse Français, feiert *de la Chaussée* als Erfinder eines neuen Lustspiels, dem die Grazien ihre Feder geliehen, um den Frauen zu gefallen, während Plautus, Terenz und Molière für die Männer schrieben. Die »Observations sur les écrits modernes« von *Gujot, Desfontaines* (Forts. des 1732

ἐκλίνθη ἰάχων, πατρὸς φίλου ὄψιν ἀτυχθείς,
ταρβήσας χαλκόν τε ἠδὲ λόφον ἱππιοχαίτην,
δεινὸν ἀπ' ἀκροτάτης κόρυθος νεύοντα νοήσας.
Ἐκ δ' ἐγέλασσε πατήρ τε φίλος καὶ πότνια μήτηρ.

Auf die erste Stelle bezieht sich auch *Victor Hugo*, Préface du Cromwell. Paris 1828, p. XIII, »Thersite et Vulcain donnent la comédie, l'un aux hommes, l'autre aux dieux«.

[1]) Godefroi, p. 443.
[2]) Œuvres. Paris 1729, t. 27, p. 103—105.

sistierten Nouvelliste du Parnasse) bringen längere Bemerkungen zum
»Préjugé à la mode«, I, 25 ff.; »Ecole des amis«, 8, 233 »Mélanide«
25, 25 und heben *de la Chaussée's* Bedeutung nachdrücklichst hervor.
Dass der Name »Comédie«, zumal seit der mit der »Mélanide« und
»Paméla« eingeschlagenen ernsteren Richtung, nicht recht zutreffend
war, fühlte man allgemein. Während nun die Gegner spöttisch das
Epitheton »larmoyante« »weinerlich« hinzufügten, schlugen die Observations für diese ernsten Lustspiele, die man »bürgerliche Trauer-
spiele« nennen könnte, »Drame romanesque«, »Romanéide«
als Bezeichnung vor, im Gegensatz zu *Corneille's* Comédie héroique
»Drame héroique«. Auch »Comédie mixte« war ein beliebter
Name, während später nach *Beaumarchais'* Vorgange »Drame« der
allgemein übliche Ausdruck geworden ist für die Stücke, die nur
deshalb keine Tragödien sind, weil der tragische Schluss fehlt. Die
akademische Antrittsrede *Bougainville's*, der am 30. Mai 1754 an
Stelle des am 13. April verstorbenen *de la Chaussée* aufgenommen
wurde, ist, wie durch den Anlass erklärlich genug, durchaus pane-
gyrischen Charakters. *De la Chaussée* ist ihm ein hochbegabter,
genialer Dichter, der Thalia wieder in ihre Rechte einführte, der auf
anderem Wege dasselbe Ziel, wie Molière, erreicht hat. Bei ihm hat
er die Regeln der Kunst gelernt und auf sein eigenes Drama übertragen, ein Drama, das in die Sphäre des Volkes hinabsteigt und
eben darum geeignet ist, Sittlichkeit zu heben u. s. w. Plato, der
Feind der Dichter, würde kein Bedenken getragen haben, *de la Chaussée*
in seinen Freistaat aufzunehmen[1]). Die abfälligste Kritik
erfuhr *de la Chaussée* dagegen in der »Correspondance littéraire«
Grimm's in einem Artikel vom 1. April 1754, aber nicht so sehr
wegen des von ihm emporgebrachten Genres, als vielmehr wegen der un-
dramatischen Handlung seiner Stücke. (Ausg. Paris 1877, II, 322—334.)
La Harpe (1739 — 1803) ist zwar kein Zeitgenosse *de la Chaussée's*,
gehört aber doch der nächsten Generation an und mag deshalb hier
Erwähnung finden. Als ausgesprochener Anhänger des Klassizismus
fand er am Rührdrama wenig Geschmack (Cours II, 382: *Comme
la tragédie, il veut émouvoir, et il est beaucoup moins touchant,
comme la comédie, il veut amuser, et il est beaucoup moins gai*), zollte
aber der »Gouvernante« und »Ecole des mères«, nach seiner Meinung *de la Chaussée's* besten Leistungen, warme Anerkennung.

§ 5. Die Aufnahme des rührenden Lustspieles von Seiten der Theoretiker in Deutschland.

Zunächst wird uns *Lessing's* Stellung zum Rührdrama interessieren, da er gegen das französische Theater die schärfste und

---

[1]) *Grimm's* Correspondance II, 158 wird diese Antrittsrede ein »éloge
amphigourique« genannt.

rücksichtsloseste Kritik übte. Die in der Dramaturgie enthaltenen sporadischen Bemerkungen wurden bereits bei Gelegenheit der »Mélanide«, »Ecole des mères« und »Paméla« erwähnt. Eine ausführliche Besprechung des Gegenstandes findet sich in dem ersten Abschnitt der »Theatralischen Bibliothek«, *Lachmann's* Ausgabe IV, p. 109 ff., wo er die »Reflexions« Chassiron's mit *Gellert's* Schrift: »Pro commedia commovente« in deutscher Uebersetzung zusammenstellt und dann in kurzen Worten seine Erklärung giebt. Das wahre Lustspiel soll ergötzen und rühren, Tugenden und Laster vorführen, weil es eben durch diese Vermischung seinem Originale, dem menschlichen Leben, am nächsten kommt. Sein Publikum ist das Volk. Das Lustspiel, welches nur Laster und Fehler vorführt, um die Lachmuskeln zu reizen, ist die Posse, ihr Publikum der Pöbel. Das Lustspiel, welches im Gegenteil nur Rührung erweckt, verdient den Namen »weinerlich« und richtet sich an die kleine Schaar der empfindsamen Seelen. Es kann zwar von Nutzen sein, kommt aber dem wahren Lustspiel nicht gleich, weil man bei ausschliesslicher Vorführung der Tugend keine Gelegenheit findet, sich zu vergleichen, »jeder glaubt der edlen Gesinnungen und der grossmütigen Thaten, die er sieht, desto eher fähig zu sein, je weniger er an das Gegenteil zu denken und sich mit demselben zu vergleichen Gelegenheit findet. Er bleibt, was er ist, und bekommt von den guten Eigenschaften weiter nichts, als die Einbildung, dass er sie schon besitze«. *Lessing* also erkennt das rührende Prinzip in dem Lustspiel als gleichberechtigt neben dem komischen an. Ueber *de la Chaussée* fällt er ein ziemlich ungünstiges Urteil, weil er irrtümlich annimmt, dass aus seinen Dramen die Komik »ganz und gar verwiesen ist«; oder will *Lessing*, den strengen Massstab anlegend, nur sagen, dass die wahre echte Komik jenen abgehe? Als Resultat ergiebt sich die Billigung des »rührenden Lustspiels«, sofern es Lustspiel bleibt, die Abweisung des in der »Mélanide« erreichten Extrems. In Uebereinstimmung mit dieser Ansicht steht der spöttische Ton, mit dem *Lessing* die Cénie der *Frau v. Graffigny* (1694—1758) in der »Berlinischen Zeitung« v. 24. Mai 1753 ankündigt, Lachmann III, 293 [1]): »Sie hat an der *Frau Gottschedin* die würdigste Uebersetzerin gefunden, weil nur diejenigen zärtliche Gedanken zärtlich verdolmetschen können, welche sie selbst gedacht zu haben fähig sind«. Vielleicht erkannte *Lessing* später, nachdem ihn *Diderot's* Schriften beschäftigt hatten, dass in jenen Stücken gleichsam der Keim des bürgerlichen Drama's enthalten ist, wenigstens ist ihm nach etwa fünfzehn Jahren in der Dramaturgie (St. 20) die »Cénie« ein vortreffliches Stück, das der *Gottschedin* in die Hände fallen musste (also nicht der würdigsten Uebersetzerin!) Das ganze Stück ist eine »Empfindung«, die Sprache »die Sprache des Herzens«. Die »Mélanide«

---

[1]) cf. *Cosack*, p. 147.

ist ihm gerade kein Meisterstück, aber man sieht's doch immer mit Vergnügen. Die zweite Scene des dritten Akts findet er so gelungen, dass er selbst eine »Mélanide« gemacht zu haben wünscht. Wir sahen, dass in der Theatralischen Bibliothek das ernste Lustspiel verworfen wird, im Schlusssatze des 21. Art. d. Dramat. aber werden die »Cénie« und der Père de famille lobend als solche[1]) erwähnt. Cénie jedoch ist ein Rührdrama, wie die *de la Chaussée's*, weil sie, wie schon *la Harpe* hervorhebt, auf dessen Gouvernante unmittelbar beruht. Angélique und Cénie, die Gräfin d'Arsville und Orphise sind ganz ähnliche Charaktere. Beide sind auch ungekannt die Gouvernanten ihrer Töchter. An poetischem Werte mag die Cénie der Mélanide ungleich überlegen sein, wenn *Lessing* das eine ein vortreffliches Stück, das andere eben kein Meisterstück nennt. *Gellert* erkennt in seiner Schrift, »Pro comoedia commovente« 1751, das Rührdrama in seinem vollen Umfange unbedingt an. Er giebt zwar zu, dass es ein Lustspiel im überlieferten Sinne nicht sei, aber weshalb soll die Stimme der Regeln nachdrücklicher sein, als die Natur? Man erweitere die Grenzen, so dass auch die neue Gattung eingeschlossen sei; denn in ihrem Grundprinzipe stimmen doch beide überein. Beide erregen Vergnügen und Fröhlichkeit, die eine an einer lächerlichen, die andere an einer tugendhaften Handlung. Darum mögen auch beide neben einander bestehen! »Vielleicht, schliesst *Gellert*, »werden sich einst Richter finden, die uns darum tadeln, dass wir bei der Annahme des rührenden Lustspiels uns allzu unleidlich, ich will nicht sagen, allzu hartnäckig erwiesen haben.« Wir werden sehen, dass allerdings von Hartnäckigkeit kaum die Rede sein kann. Nicht etwa der litterargeschichtlichen Bedeutung, sondern nur des allgemeinen Interesses wegen sei hier die ganz und gar abfällige Kritik *Friedrichs des Grossen* erwähnt. In einem Briefe vom 11. Januar 1750[2]) (Œuvres, Suppl. II, 361) an *Voltaire* bereitet er zunächst der »Nanine« mit einem satirischen Gedicht den übelsten Empfang:

J'ai vu le roman de Nanine
Elégamment dialogué u. s. w.

und fährt dann in seiner kräftigen Weise in Prosa fort: »*Comme vous n'avez pu réussir à m'attirer dans la secte de la Chaussée, personne n'en viendra à bout. Mon zèle pour la bonne comédie va si loin que j'aimerais mieux y être joué, que de donner mes suffrages à ce monstre bâtard et flasque, que le mauvais goût du siècle a mis au monde*«.

---

[1]) Diese Stelle beweist, dass *Lessing* damals das ernste Lustspiel im Prinzip anerkannte, während *Cosack* (p. 147) vermutet, jene widersprechenden Angaben, die »Cénie« betreffend (Dramaturgie 21 und Berlinische Zeitung vom 24. Mai 1753), erklären sich daraus, dass aus dem langen Kampfe gegen *Gottsched* und sein litterarisches Prinzip Bitterkeit gegen alles, was Gottschedisch hiess, zurückgeblieben sei. (Frau *Gottsched* war ja die Uebersetzerin.)
[2]) Nouvelle biographie universelle t. 28.

§ 6. Der praktische Erfolg des rührenden Lustspieles in Frankreich.

Voltaire trat in Frankreich zuerst in *de la Chaussée's* Fusstapfen. Da der Misserfolg des »Indiscret« 1729 ihm die Unzulänglichkeit seines komischen Talents bewiesen hatte, hoffte er auf dem Gebiete des rührenden Lustspiels Ruhm zu erwerben. Um *de la Chaussée* in Ansehen zu bringen, verschaffte er ihm einen Sitz in der Akademie, widmete ihm zum Zeichen der Freundschaft die »Alzire« [1]) und empfahl seine Dichtungen (cf. Brief an Friedrich d. Gr. Febr. 1738; Œuvres, Gotha 1788, t. 52, p. 215 und Brief an Berger, Februar 1738, Œuvres, t. 57, p. 62). Als das »Préjugé« die Gunst des Publikums im Sturm gewonnen hatte, hatte auch er sich den Weg gebahnt geglaubt und sein »Enfant prodigue« (1736) veröffentlicht, jedoch um Voreingenommenheiten zu verhüten, unter einem Pseudonym. Erst nach dreissig nach einander veranstalteten Aufführungen bekannte er seine Autorschaft. Die erste Ausgabe unter seinem Namen erschien 1738. Der Herausgeber der Ausgabe von 1737 verteidigt in der Préface die Mischung des komischen und pathetisch rührenden Moments, gleichsam als ob er fühle, dass hier des Guten denn doch zu viel geschehen sei. Der unvermittelte Uebergang von einer Stimmung in die andere, possenhafte und ernste Scenen in unmittelbarer Folge sind für das ästhetische Gefühl von der übelsten Wirkung. Selbst *la Harpe* weiss nicht, wo der Geschmack des sonst so feinen Dichters geblieben ist. Den Stoff des Stückes lieferte das bekannte Gleichniss vom verlorenen Sohn, dessen Verarbeitung zu einem Lustspiel seiner tragischen Färbung wegen zu den ärgsten Missgriffen gehört.

Das zweite rührende Lustspiel *Voltaire*'s ist die »Nanine« (1749) [2]), deren bereits als einer Dramatisierung der »Pamela« Erwähnung geschah. Der Name Nanine wird wohl aus Nanny, der Kammerzofe in *Richardson*'s Roman verändert sein. In dieselbe Gattung gehört die »Eccosaise« (1760) in Prosa [3]).

Von anderen Dichtern rührender Lustspiele seien noch folgende erwähnt:

Boissy (1694—1758), Paméla (cf. Hamb. Dram. 21); *L'Affichard* (1698—1753), La Famille (vgl. Hamb. Dram. 17); *Madame de Graffigny* (1694—1758), Cénie (vgl. Hamb. Dram. 17); *Gresset* (1709—1777) schrieb L'ennui de vivre, später Sidney betitelt, ein Stück, welches man eine bürgerliche Tragikomödie nennen könnte. Der Selbstmord des Helden wird nur dadurch verhütet, dass heimlich der Giftbecher mit einem unschädlichen Tranke vertauscht worden ist. Cosack hat nicht Unrecht, wenn er diese Lösung läppisch

---

[1]) cf. Nouvelle biograph. univ. Bd. 28, S. 32.
[2]) Œuvres. Gotha 1788, t. 7 u. 8, vgl. Hamb. Dram. 21.
[3]) cf. Hamb. Dram. 12.

nennt [1]). Das erste französische bürgerliche Trauerspiel war etwas früher erschienen. Es ist die »Silvie«, die vom Abbé *de la Porte* Paul Landois zugeschrieben wird [2]). Wie in *de la Chaussée's* Dramen, trägt die Titelrolle ein unschuldiges tugendhaftes Weib, das von ihrem eifersüchtigen Gatten bei Wasser und Brod eingekerkert ist. Der Irrthum klärt sich hier n i c h t durch ein glückliches Ereigniss auf, und Silvie beschliesst ihr Leben in der Gefangenschaft. *Diderot* zollte dem Stücke warmes Lob; der Dichter war nach ihm ein Mann, der denkt und fühlt. Als eine Fortsetzung des in der Mélanide« erreichten Extrems des rührenden Lustspiels und als Uebergang zum bürgerlichen Trauerspiel ist *Diderot's* »Drame sérieux« aufzufassen, obwohl es seinem Ursprunge nach auf der durch Lillo unternommenen Reform des englischen Theaters beruht, die bekanntlich durch *Clément's* Uebersetzung des »George Barnwell« (1748) und *Saurin's* Bearbeitung des »Gamster« von Moore (unter dem Titel *Beverley*) nach Frankreich verpflanzt worden war. Da aber *Diderot* den letzten entscheidenden Schritt zu einer tragischen Katastrophe aus dem oben angeführten Grunde nicht thun konnte, unterscheidet sich sein Drama von dem strengen rührenden Lustspiel nur durch die erhöhte tragische Färbung. Sicherlich würde die Ausführung des in seinem Nachlasse überlieferten dramatischen Entwurfs »Madame de Linan« nach Allem, was *Rosenkranz*, II, 343, darüber angiebt, starke Aehnlichkeit mit der »Mélanide« aufzuweisen haben. So stehen beide Dramen zwar nicht genetisch, aber doch thatsächlich in gewissem Zusammenhange [3]) Auch haben wir einen Beweis dafür, dass *Diderot* das rührende Lustspiel als Ueberleitung zum bürgerlichen Drama ansah, wenn er im »Sécond Entretien« zum »Fils naturel« (Œuvres IV, p. 162) in *Voltaire's* »Enfant prodigue« den Keim dazu erblickt. »*Tu le ferais, cet ouvrage,*« ruft Dorval aus, »*je te rappellerais les larmes, que nous a fait répandre la scène de l'Enfant prodigue et de son valet; et en disparaissant d'entre nous tu ne nous laisserais plus le regret d'un genre dont t u p o u v a i s ê t r e l e f o n d a t e u r*«, — oder wenn er in dem Artikel über *de la Chaussée's* Tod in *Grimm's* Correspondance [4]), den ihm *Rosenkranz* I, 267 vindizirt, sagt: »*J'imagine un genre de comédie bien plus t r a g i q u e , si l'on peut parler ainsi, q u e l e l a r m o y a n t*«. Von den Anhängern des klassischen Systems wurde zwischen *Diderot's* Dramen und den rührenden Lustspielen ein Unterschied überhaupt nicht gemacht. *La Harpe* stellt beide unter dieselbe Kategorie. Sogar der Romantiker *Schlegel*, Cours de litt. II,

---

[1]) Materialien, S. 118.
[2]) Second Entretien zum »Fils naturel«. *Diderot's* Werke, Paris 1821. IV, 162.
[3]) Möglicherweise könnte Monrose in der »Ecole des amis« das Urbild des Dorimon in dem »Tableau de l'indigence«, welches, wie *Rosenkranz*, I, 260, und nach ihm *Cosack* (Materialien 86) annimmt, von *Diderot* herrührt, gewesen sein.
[4]) Ausg. Paris 1877. Bd. II, S. 334.

304 (Œuvres choisies de Diderot I, 27) sagt von jenen: »*Ils se rendent insupportables par l'abus fastidieux d'une sensibilité larmoyante*«, Schüler und Nachfolger *Diderot's* in Theorie und Praxis ist *Pierre August Caron Beaumarchais* (1732 bis 1799) durch sein »Essai sur le genre dramatique sérieux« und die moralischen Rührdramen: »Eugénie«, »Les deux amis«, »Le Négociant de Lyon«, »La mère coupable«. Neben all diesen Dramen aber hielten sich *de la Chaussée's* Stücke in ungeschwächter Gunst auf der Bühne. Erst in unserem Jahrhundert sind sie mit jenen vom Répertoire gestrichen.

§ 7. Der praktische Erfolg des rührenden Lustspieles im Auslande.

Nach englischem Beispiele wurden auch in Deutschland moralische Zeitschriften gegründet, die aber nur den Boden zubereiteten für die in England und besonders in Frankreich gezogenen Konsequenzen. Frankreich ist seit Jahrhunderten für uns der zuführende Kanal jeder Neuigkeit gewesen. Durch französischen Einfluss bemächtigte sich im 18. Jahrhundert der moralische Ton unserer Bühne. *Destouches* und *Marivaux* mit ihren deutschen Nachahmern und Bearbeitern stellte das Hauptkontingent der Theaterstücke. *De la Chaussée's* Rührdrama wurde den Deutschen durch *Gellert* vermittelt, nicht nur durch die warme Empfehlung in der Schrift »Pro comoedia commovente«, sondern auch durch das praktische Beispiel. Da aber im Gegensatz zu Frankreich das deutsche Rührdrama von seinem Entstehen an auch unter dem Einfluss des Richardson'schen Familienromans stand, so war bei seinem ersten Auftreten das moralisch-rührende Moment bereits so stark, wie in den späteren Produkten *de la Chaussée's*. Stellen, wie in der Betschwester *Gellert's*, dem ersten rührenden Lustspiel in Deutschland II, 5: »*Ich bin über diese unschuldige Aufrichtigkeit so gerührt, dass ich gehen muss, wenn Sie nicht die Zeichen meiner Schwachheit in meinen Augen lesen sollen*«. oder: »*Sehen Sie die Belohnung für Verstand und edles Herz*«, — finden sich kaum in einem Drama *de la Chaussée's*. Auch die anderen Lustspiele *Gellert's* tragen diesen Charakter, und als ihm darüber von manchen Seiten Vorwürfe gemacht wurden, antwortete er in der Vorrede der Ausgabe: »er fühle sich über den Vorwurf geschmeichelt, dass seine Stücke mehr mitleidige Thränen, als freudige Gelächter erregen«. Irrtümlich nennt *Karczyński* die »Zärtlichen Schwestern« das erste deutsche rührende Lustspiel. Die »Betschwester«, die vor jener erschien, ist nach den oben gegebenen Proben ebenfalls rührend, wenn freilich nicht in dem Grade wie die »Zärtlichen Schwestern«. Damit erledigt sich auch der Satz: »Alle Stücke sind von der moralischen Gattung, die Rührung dagegen tritt nur in dem einen auf.« Ueber die gleichzeitigen Dichter, die in

Gellert's Fusstapfen traten, sowie über *Lessing's* und *Goethe's* Jugendarbeiten, die ebenfalls teilweise moralisch oder rührend sind, wird in ausführlicheren deutschen Litteraturgeschichten gehandelt.

Hier wird uns nur die »Minna v. Barnhelm« noch einen Augenblick beschäftigen. Wir sahen, dass *Lessing* dem Lustspiel die Krone zuerkennt, welches zugleich rührt und belustigt, und dies Prinzip hat er denn auch in der »Minna«, dem wahren Muster eines rührenden Lustspiels, durchgeführt. Stofflich beruht dieselbe auf einem Stück *de la Chaussée's*, auf der ·Ecole des amis· [1]), wie die Parallele zwischen der Handlung und den Charakteren beider ergiebt. Monrose, ein verwundeter und verarmter Offizier, will sein Verhältniss mit Hortence brechen, da er ihr keine würdige Zukunft bieten zu können meint. Hortence bemerkt seine Kälte, glaubt, sie habe seine Liebe verloren und beschliesst, ins Kloster zurückzukehren. Da nun der Dichter eine Freundesschule geben will, überträgt er Aramont und Ariste die Rolle, die Liebenden zusammenzuführen, und diese bilden nun die eigentlich handelnden Personen, während Monrose und Hortence eine passive Lage einnehmen. *Lessing* erkannte mit feinem Gefühl diesen Fehler. Er schälte aus der didaktischen Hülle der Freundesschule den eigentlichen Kern heraus und gestaltete denselben zu einem einheitlichen Drama. Die Hülfspersonen Aramont und Ariste fallen, Minna selbst übernimmt ihre Rolle und wird dadurch zur wirklichen handelnden Hauptperson, die ihr schliessliches Glück sich selbst verdankt. Monrose und Tellheim sind dieselben biederen, pflichtgetreuen Naturen, nur ist die kriegerische Tüchtigkeit Tellheim's in schärferes Licht gestellt, wie erklärlich, da das Stück die Frucht des siebenjährigen Krieges ist. Hortence ist von einer innigen, warmen Neigung zu Monrose ergriffen, aber sie bleibt schüchtern und zurückhaltend, während Minna durch die Liebe energisch und thatkräftig wird. In der Ausführung weicht *Lessing* von seinem Vorbilde ab, wie ja durch die Uebertragung der Haupthandlung auf die Heldin bedingt ist. Während in der :Ecole des amis‹ die Liebenden sich von Anfang an am selben Orte befinden, ist Minna auf der Reise und im Begriff, ihren Tellheim aufzusuchen. Zufällig treffen beide in einem Wirtshause zusammen. Während Monrose der Geliebten die Hand reicht, nachdem die Fürsorge Ariste's ihm eine materiell sorgenlose Stellung in Aussicht gestellt hat, erneut Tellheim das Verhältniss nur, als jene *pia fraus* Minna's ihn glauben macht, dass sie ihm kein Opfer mehr bringe, da auch i h r Vermögen verloren sei. Denn nun hält er es für seine Pflicht, die Geliebte vor einer unwürdigen Zukunft zu schützen. Der Punkt, dass der vielgeprüfte, pflichttreue Offizier, dem die Ehre über Alles geht, verdächtigt wird, anvertraute Gelder veruntreut zu haben, kehrt auch in der »Minna« wieder. In Aramont

---

[1]) *Kawczynski* hat das Verdienst, in seiner Schrift zuerst darauf aufmerksam gemacht zu haben.

und Ariste wird die edle aufopferungsvolle Freundschaft, in Werner und Just die selbstvergessene Diener- und Untergebenentreue verherrlicht. So scheinen denn die Identität der Fabel, die Aehnlichkeit der Charaktere die Abhängigkeit von der »Ecole des amis« mit ziemlicher Sicherheit darzuthun. Die Hauptabweichung, natürlich ganz abgesehen von der dramatisch künstlerischen Gestaltung, besteht in der Riccautepisode und in Minna's edelmütigem Betruge. Ueber diese nun giebt uns eine Untersuchung von *Schuchardt* im Gymnasialprogramm von Schleiz 1879 [1]) die wichtigsten Aufschlüsse. Vereinigt man die hier aufgestellte Ansicht mit dem oben gezogenen Resultate, so liegt die ganze Entwickelungsgeschichte der »Minna« klar und deutlich vor. Für die Vermutung *Schuchardt's*, *Lessing* sei in der Erfindung der Fabel originell, substituieren wir unsern Schluss, dass der Stoff *de la Chaussée* entlehnt sei, und nehmen das weitere Ergebniss *Schuchardt's* herüber, »dass Lessing durch die Captivi des Plautus beeinflusst sei«, denn sagt der Verfasser:

1. spielt auch hier der edelmütige Betrug eine wichtige Rolle, indem ein Sklave, der mit seinem Herrn zugleich gefangen ist, sich für den Herrn ausgiebt, damit jener als Sklave in die Heimat entlassen werde;

2. ist der Parasit Ergasilus das Vorbild des Arlequin-Parasit Riccaut, da *Lessing* in der Kritik der Gefangenen des Plautus eine Nachahmung verspricht, da im selben Jahre, wo »Minna v. Barnhelm« erschien, *Lessing* den Harlekin, der gleichbedeutend sei mit dem Parasit der Alten, verteidigte: »Ich dächte, wir zögen ihm, dem Harlekin, das Jäckchen wieder an«, da schliesslich im Riccaut und Ergasilus die gemeinen Eigenschaften des Menschen im Gegensatz zu den edlen personifiziert sind. Also die »Ecole des amis« lieferte die einfache Fabel, die beiden hauptsächlichsten Abweichungen sind auf die »Captivi« zurückzuführen. — Die »Minna« steht als rührendes Lustspiel einzig in ihrer Art da, denn alle früheren oder späteren Produkte derselben Richtung haben nur kurze Lebensfähigkeit besessen. Nachdem auch das bürgerliche Trauerspiel in Deutschland Eingang gefunden hatte, entstand durch eine Vermischung beider Gattungen das Schauspiel, wie es Klinger und Lenz kultivierten.

In Italien begründete das moralische Rührdrama *Carlo Goldoni* (1707—1797), der bedeutendste italienische Lustspieldichter, der die »Commedia dell' arte« zur Sitten- und Charakterkomödie nach französischem Muster emporhob. Seine Rührdramen sind bald vorwiegend heiter, bald ernst, bald mehr, bald weniger lehrbaft, ganz wie die *de la Chaussée*'schen; eine weibliche Idealgestalt steht häufig im Mittelpunkt, um Rührung und Bewunderung zu erregen.

Das italienische Rührdrama [2]) beruht zum Teil auf französischem, zum Teil auf direkt englischem Einfluss, denn auch hier gründete man nach dem Vorbilde des Tattler und Spectator moralische Zeit-

---

[1]) Besprochen in Herrig's Archiv, Bd. 65, S. 348.
[2]) cf. *Klein*, Geschichte des Drama's, t. VI.

schriften, z. B. »Lettere famigliari« (1755), »Osservatore veneto periodico« (1768) von *Gasparo Gozzi*. »Il Caffé« (1765 bis 1766, Brescia und Venedig), von *P. Verri, Alessandro Verri, Beccaria, Frisi* und *Carli*. Die »Pamela« war mit demselben Enthusiasmus wie in andern Ländern aufgenommen worden. *Goldoni* dramatisierte nicht nur den ersten Teil, worauf *de la Chaussée* sich beschränkt hatte, sondern auch den zweiten: »Pamela maritata«. »La Peruviana« desselben Dichters beruht auf dem Roman »La Péruvienne« der *Mme de Graffigny*, die als Verfasserin des Rührdrama's Cénie oben genannt wurde. »La vedova spiritosa« von *Goldoni* geht auf eine moralische Erzählung *Marmontel's* (1723 1799), »Contes moraux«, Paris 1761 zurück. Seine bedeutendsten anderen Rührdramen sind: »La donna prudente«, »La buona moglie«, »La madre amorosa«, »La donna forte« (eine zweite Pamela), »La buona madre«, »La Famiglia del Antiquario« u. s. w. Neben diesen Rührstücken verfasste *Goldoni* eine grosse Menge von Intriguen-, Charakter- und Stegreifkomödien, so dass die Zahl seiner Theaterdichtungen sich auf etwa 180 beläuft.

Das Rührdrama in Spanien begründete *Ignaz de Luzan* (1702 bis 1754), der Vorkämpfer des Franzosentums in der spanischen Litteratur, seit man mit der nationalen Tradition gebrochen hatte, indem er direkt auf französische Muster zurückging. Möglicherweise trat er auf einer diplomatischen Sendung in Paris von 1747—1750 mit *de la Chaussée* selbst in Berührung. Wenigstens erschien nach seiner Rückkehr als Ergebniss des Pariser Aufenthalts die Uebersetzung des »Préjugé à la mode« 1751 unter dem Titel: »La rason contra la moda«.

§ 8. Sociale und kulturhistorische Bedeutung des Rührdrama's.

Nachdem wir nun von der Aufnahme des Rührdrama's in Frankreich, Deutschland, Italien und Spanien eine kurze Skizze gegeben haben, deren weitere Ausführung in eine Geschichte des Rührdrama's gehört, möge zur umfassenden Würdigung der neuen Erscheinung ein kurzer Blick auf ihre sociale und kulturhistorische Bedeutung geworfen werden. Mit dem achtzehnten Jahrhundert beginnt für die politische Entwickelung der grossen Kulturvölker Europa's eine neue Epoche: der Mittelstand erringt sich eine gleichberechtigte Stellung neben Adel und Geistlichkeit und bildet fortan die Basis der Gesellschaft. Da nun Litteratur und Geschichte im engsten Zusammenhange und in unausgesetzter Wechselwirkung zu einander stehen, so tritt der neue politisch-sociale Faktor, das bürgerliche Element, auch in die Litteratur ein, und dieser Process vollzieht sich nun auf dramatischem Gebiet zunächst im rührenden Lustspiele, wenn wir es mit dem »drame sérieux« als Vorstufe des bürgerlichen Trauerspiels betrachten. Während die klassische Tragödie Fürsten und

Könige vorführte, zu deren Handlungen der Bürger in seiner eigenen Denkungsart nur selten den Schlüssel findet, erblickte er jetzt seinen Nächsten in tragischer Situation, jetzt erst konnte er sich in die Seelenstimmung des tragischen Helden hineinversetzen, die ihm früher ein Rätsel bleiben musste. Denn wenn es auch im gewöhnlichen Leben Eifersucht und Herrschbegierde giebt, so liegt doch die wilde Leidenschaft der Kleopatren und Medeen, die vor den grässlichsten, unnatürlichsten Mitteln nicht zurückbeben, um ein bestimmtes Ziel zu erreichen, glücklicherweise ausserhalb der Alltäglichkeit, und erscheint deshalb leicht unglaublich. Auch müssen solche Unthaten und Verbrechen schon deshalb unverständlich bleiben, weil die antike Ethik mit der christlichen oft im schroffsten Widerspruch steht. In diesem Sinne hatte auch *Riccoboni* an *Muratori* geschrieben, es sei ein Drama entstanden, welches ein Christ ohne Erröten sehen könne. Allerdings lässt sich zur Verteidigung der Heldentragödie anführen, dass ein König, der im Begriff steht, ein Reich zu verlieren oder zu erobern, mit dessen Schicksal das Wohl und Wehe eines ganzen Staates eng verknüpft ist, mehr Interesse erregt, als der von häuslichem Unglück bedrohte Bürger, dass überhaupt mit der Grossartigkeit des Zieles oder Verlustes das Interesse wächst; das feinste Verständniss aber besitzen wir naturgemäss für die Freuden und Leiden des Menschen unserer Lebensstellung, und diese wählt sich das Rührdrama deshalb zum Gegenstande. Bislang hatten die mittleren Klassen ausschliesslich den Stoff zum Lustspiel geliefert, indem ihre lächerlichen Seiten hervorgekehrt und übertrieben wurden, wie *de la Chaussée* öfters andeutet, wenn er von »outrirter« Komik und »outrirten« Charakteren spricht; seitdem aber der Bürgerstand das Hauptkontingent des Theaterpublikums stellte, da der Hof meist in Fontainebleau und Versailles lebt, wollte er nicht allein mehr die Zielscheibe des Spottes bilden, sondern auch seines Gleichen auf der Bühne bewundern; seit die Aufklärung den Adel, der seine innere Gehaltlosigkeit nur mit Mühe durch äusseren Glanz verbarg, seiner Glorie entkleidete; seit die Fürsten und Grossen aus höheren Wesen wieder zu Menschen wurden, der Bürger seine Lebenskraft, seinen Werth und seine Ueberlegenheit fühlte —, da war das Privileg der Tragödie verwirkt. Und bietet denn nicht auch wirklich das alltägliche Leben des Mittelstandes echt tragische Situationen? Ist nicht Jeanne d'Arc ebenso geeignet im Mittelpunkt einer Tragödie zu stehen, wie jeder König, der für sein Land das Leben opfert? Ist nicht die Geschichte des »George Barnwell«, des »Gamster«, der »Sara Sampson« oder »Emilia Galotti« wahrhaft tragischer Natur? Eine solche Beschränkung einzelner Gattungen des Drama's auf einzelne Stände, wie sie vom französischen Klassizismus geübt wurde, ist der ärgste Frevel gegen die unbeschränkte Freiheit der Kunst: Tragödie und Komödie können sich mit allen Sphären der Gesellschaft befassen. Auch das Lustspiel kann Könige und Helden darstellen, denn bietet nicht das

Hofleben mit seinen Eifersüchteleien und Intriguen komische Momente
in reichlichem Masse? Teilt nicht der Fürst als Privatmann alle
die Charakterschwächen und Fehler des einfachen Bürgers? Haben
trotzdem die Lustspieldichter nach Aristophanes ihren Stoff den höchsten
Kreisen nur selten entnommen, so liegt der Grund dafür in einer
gewissen Pietät vor den gekrönten Häuptern, die, auf der Bühne
dem Spott des Publikums preisgegeben, jenen Nimbus verlieren würden, dessen sie zur Stützung der Autorität nur allzu sehr bedürfen.

Was nun die kulturhistorische Bedeutung des Rührdrama's
angeht, so repräsentiert es vermöge seines moralisch-didaktischen
Gehaltes die Reaktion gegen die im vergangenen Jahrhundert so tief
eingerissene sittliche Verderbniss der Gesellschaft; als rührendes
Drama wurzelt es in jener krankhaft sentimentalen Stimmung, die in
der »Pamela«, »Nouvelle Héloïse« und im »Werther« ihren Höhepunkt
erreichte, mit der unsere grossen Dichter in ihren Erstlingswerken
rangen, um dann gleichsam nach einer geistigen Läuterung das
klassische Ideal, die glückliche Vereinigung der reinen Verstandes- und
der reinen Gefühlsdichtung zu erreichen. Als später jene empfindsame Zeitströmung verrauschte, verlor auch das Rührdrama rasch an
Popularität. Am längsten haben sich seine Spuren in Deutschland
erhalten in den Lust- und Schauspielen von *Heinrich v. Kleist*
(»Käthchen von Heilbronn«), *Kotzebue* (»Menschenhass und Reue«),
Iffland (»Spieler«), *Jünger*, *Schröder* und in neuester Zeit *Gutzkow*,
Putlitz und *Ch. Birch-Pfeiffer*. Eine Frau aus der City« von letzterer Schriftstellerin erinnert stofflich und formell lebhaft an *de la
Chaussée's* ernstere Rührstücke. Das denkbar möglichste aber hat
vielleicht *Putlitz* im rührenden Genre geleistet durch sein Drama
»Knüpfen und Lösen«, denn der ganze vierte Akt ist eine Thränenscene, alle beteiligten Personen weinen vor Rührung »wie ein
Brunnen«, nach einem Ausdruck jener Stelle.

§ 9. Aesthetische Berechtigung der dem Rührdrama zu Grunde liegenden Prinzipien.

Zum Schluss noch einige Worte über die ästhetische Berechtigung des Rührdrama's zunächst insofern es moralischen, dann
insofern es rührenden Charakters ist. Es ist die höchste Aufgabe
der dramatischen Dichtung, das menschliche Leben idealisiert in
künstlerisch schöner Form vorzuführen und dieser Darstellung eine
sittliche Idee zu Grunde zu legen. *De la Chaussée* verherrlicht in
seinen Dramen die Ehe, die treue hingebende Freundschaft, den
Gehorsam der Kinder gegen ihre Eltern u. s. w.; aber gleichsam
zur Verstärkung des ethischen Gehalts nimmt er auch das moralisierende Moment auf und schafft Helden, die oft mehr Personifikationen
bestimmter Tugenden, als Menschen von Fleisch und Blut mit menschlichen Fehlern und Schwächen sind, die sich nicht einmal immer

damit begnügen, durch ihr Beispiel zu belehren, sondern bei Gelegenheit ihre Tugend und Pflicht, von der sie nicht abweichen dürfen, erörtern. Am schärfsten tritt dieser Zug in der »Paméla« hervor, wie durch ihre Entstehung erklärlich; ganz vermisst wird er in keinem Stücke. Fréron hatte nicht so ganz und gar Unrecht, wenn er von »Homélies« sprach. Eine solche Tendenz aber widerstrebt dem Wesen des Drama's, denn die moralische Besserung soll nicht auf dem Wege der Reflexion, sondern durch Läuterung des Gemüts erzielt werden. Auch ist die Moral, in solch handgreiflicher Form vorgetragen, durchaus nicht reizvoll, sondern nüchtern und prosaisch; die Dichtung wirkt erkältend und langweilt, während sie doch vor allen Dingen Interesse erregen soll. »Ungereimter Missverstand ist's,« sagt *Herder* [1]) treffend, »wenn man das Idealisieren mit dem Moralisieren verwechselt und z. B. in der Epopoe oder im Drama sogar den steifen oder stolzen moralischen Gliedermann für ein Ideal hält. Dieser wird nicht geschaffen, sondern gemacht und zusammengeschrieben; er wirkt nicht, sondern hindert und steht im Wege. Da jede Kunst Charaktere, d. i. lebendige Wesen, zu ihrem Zweck nach ihrer Weise idealisiert, so wird, wo kein Charakter sichtbar, kein Zweck und keine Weise empfindbar sind, oder eins dem andern entgegenstrebt, der Name ›ideal‹ sowohl als »real« elend gemissbraucht; denn jener ist nur die höchste Idee dieses, dies nur der völligste Ausdruck von jenem. Die edelsten Geister sind's, die beide in einander sahen, beide in einander auf ewige Zeiten untrennbar verbanden.«

Doch darf man dies Urteil nicht in vollem Umfange auf *de la Chaussée* übertragen. In seinen besten Leistungen: »Préjugé à la mode«, »Ecole des amis« und »Ecole des mères« tritt zwar der belehrende Ton stark genug hervor, aber die Charakterzeichnung ist psychologisch wahr und natürlich. Das zweite Charakteristicum der Dramen *de la Chaussée's* ist die »Rührung«, die aus einer blossen Ingredienz von ihm zum Prinzip erhoben wurde. Dadurch nun entfernt sich der Dichter vom eigentlichen Lustspiel, welches durch Lachen bessern soll, und nähert sich der Tragödie. Denn Rührung ist der schwächste Grad tragischen Affekts und also wie dieser ästhetisch vollberechtigt. Das Trauerspiel führt Verbrechen und Unthaten vor und erregt dadurch Furcht und Mitleid; das Rührdrama verherrlicht tugendhafte Charaktere und darf deshalb nur das allgemeinste philantropische Gefühl, Mitleid, Teilnahme, Rührung, erwecken, denn ein ehrenhafter Held, der unschuldig leidet und seinem Schicksal erliegt, ruft Unwillen hervor und empört das sittliche Gefühl, wie *Aristoteles*, Poetik 13 sagt: πρῶτον μὲν δῆλον ὅτι οὔτε τοὺς ἐπιεικεῖς ἄνδρας δεῖ ἀμεταβάλλοντας φαίνεσθαι ἐξ εὐτυχίας εἰς δυστυχίαν

---

[1]) »Vom Ideal des Schönen«. 7. Gesammtausgabe, Karlsruhe 1820. Bd. 15, S. 381.

(οὐ γὰρ φοβερὸν οὐδὲ ἐλεεινὸν τοῦτο, ἀλλὰ μιαρόν ἐστιν) u. s. w.
Welchen Erfolg die Rührung unter der Hand eines wahren Dramatikers zu bewirken vermag, beweist die »Minna v. Barnhelm«, die auf einem Rührdrama beruht und selbst ein solches repräsentiert im eigentlichen Sinne des Wortes. Sie ist sogar das Ideal, welches *de la Chaussée* nicht erreichte, da ihm die eigentliche dramatische Ader: die Fähigkeit, eine lebensvolle, fortschreitende Handlung zu entwickeln, fehlte. Es liegt in der That etwas Wahres in den scharfen Worten der Correspondance littéraire *Grimm's*, vom 1. April 1754, Paris 1877, II, 333: »*On peut reprocher avec plus de raison encore à M. de la Chaussée de n'avoir jamais su faire un plan de comédie raisonnable, de n'avoir su ni arranger ni conduire ses pièces*«. Später, zumal auf deutschem Boden, nahm die rührende Tendenz eine stark empfindsame weinerliche Richtung an, die, wie auch *Hettner* sagt, *de la Chaussée* noch fern ist. Aber die Rührung in diesem Sinne ist unästhetisch und des Drama's unwürdig. Der Endzweck ist kein sittlicher mehr, sondern ein physiologischer, das Drama nur eine Spekulation auf die Thränen des Publikums.

So wären wir am Ende angelangt. Es war nicht meine Absicht *de la Chaussée* in der Litteraturgeschichte eine Stelle anzuweisen, die er nicht verdient, da er selbst in seinen besten Leistungen nur Dichter zweiten Ranges geblieben ist, sondern darzuthun, dass er durch die Einführung des tragischen Elements in das bürgerliche Lustspiel die Entwickelung des bürgerlichen Drama's und Trauerspiels in Frankreich vorbereitete, da bei der durch die Tradition geheiligten Stellung der Heldentragödie ein direkter Uebergang nicht möglich war.

J. Uthoff.

Verlag von GEBR. HENNINGER in Heilbronn.

Altfranzösische Bibliothek.

Herausgegeben
von
Dr. Wendelin Foerster,
Professor der romanischen Philologie an der Universität Bonn.

Erschienen sind:

I. Band: **Chardry's Josaphaz, Set Dormans und Petit Plet**, Dichtungen in der anglo-normannischen Mundart des XIII. Jahrhunderts. Zum ersten Mal vollständig mit Einleitung, Anmerkungen und Glossar-Index herausgegeben von *J. Koch*. geh. M. 6.80.

II. Band: **Karls des Grossen Reise nach Jerusalem und Constantinopel**, ein altfranzösisches Gedicht des XI. Jahrhunderts, mit Einleitung und Wörterbuch herausgegeben von *Eduard Koschwitz*. (Vergriffen. Neue Ausgabe unter der Presse.)

III. Band: **Octavian**, altfranzösischer Roman, nach der Handschrift Oxford, Bodl. Hatton 100. Zum ersten Mal herausgegeben von *Karl Vollmöller*. geh. M. 4.40.

IV. Band: **Lothringischer Psalter** (Bibl. Mazarine No. 798), altfranzösische Uebersetzung des XIV. Jahrhunderts mit einer grammatischen Einleitung, enthaltend die Grundzüge des altlothringischen Dialects und einem Glossar zum ersten Male herausgegeben von *Friedr. Apfelstedt.* geh. M. 6.—.

V. Band: **Lyoner Yzopet**, altfranzösische Uebersetzung des XIII. Jahrhunderts in der Mundart der Franche-Comté mit dem kritischen Text des lateinischen Originals (sog. Anonymus Neveleti) zum ersten Male herausgegeben von *Wendelin Foerster.* geh. M. 5.20.

Hiernach werden zunächst folgen:

VI. Band: **Das altfranzösische Rolandslied.** Nach den Handschriften von Châteauroux und Venedig VII herausgegeben von *Wend. Foerster.* (Unter der Presse.)

VII. Band: **Das altfranzösische Rolandslied.** Nach den Handschriften von Paris, Lyon und Cambridge herausgegeben von *Wend. Foerster.*

Sammlung
französischer Neudrucke.

Herausgegeben
von
Karl Vollmöller.

Erschienen:

1. **De Villiers' Le Festin de Pierre ou le fils criminel.** Neue Ausgabe von W. Knörich. Geh. M. 1.20.
2. **Armand de Bourbon Prince de Conti Traité de la comédie et des spectacles.** Neue Ausgabe von Karl Vollmöller. Geh. M. 1.60.
3—6. **Robert Garnier, Les tragédies.** Treuer Abdruck der ersten Gesammtausgabe (Paris 1585) mit den Varianten aller vorhergehenden Ausgaben und einem Glossar. Herausgegeben von Wendelin Foerster.
   3. I. Band: Porcie, Cornelie, M. Antoine. Geh. M. 3.60.
   4. II. Band: Hippolyte, La Troade. Geh. M. 2.80.
   5. III. Band: Antigone, Les Ivifves. Geh. M. 2.80. (IV. Bd. Unter der Presse.)

FRANZÖSISCHE STUDIEN

HERAUSGEGEBEN VON
G. KÖRTING UND E. KOSCHWITZ.

Erschienen sind:

I. Band. 1. Heft. (Einzelpreis M. 4.50.) Inhalt:
Syntaktische Studien über Voiture. Von *W. List.*
Der Versbau bei Philippe Desportes und François de Malherbe. Von *P. Gröbedinkel.*

2. Heft. (Einzelpreis M. 6.40.) Inhalt:
Der Stil Crestien's von Troies. Von *R. Grosse.*

3. Heft. (Einzelpreis M. 7.20.) Inhalt:
Poetik Alain Chartier's. Von *M. Hannappel.*
Ueber die Wortstellung bei Joinville. Von *G. Marx.*
Der Infinitiv mit der Präposition à im Altfranzösischen bis zum Ende des 12. Jahrhunderts. Von *H. Soltmann.*
Corneille's Médée in ihrem Verhältnisse zu den Medea-Tragödien des Euripides und des Seneca betrachtet, mit Berücksichtigung der Medesdichtungen Glover's, Klinger's, Grillparzer's und Legouvé's. Von *Th. H. C. Heine.*

II. Band. (Preis M. 12.—.) Inhalt:
Molière's Leben und Werke vom Standpunkte der heutigen Forschung. Von *R. Mahrenholtz.*

III. Band. 1. Heft. Ueber Metrum und Assonanz der Chanson de Geste „Amis et Amiles". Von *J. Schoppe.* (Einzelpreis M. 1.40.)

2. Heft. Die südwestlichen Dialecte der Langue d'oïl. Poitou, Aunis, Saintonge und Angoumois. Von *E. Görlich.* (Einzelpreis M. 4.80.)

3. Heft. Die Wortstellung in der altfranzösischen Dichtung „Aucassin und Nicolete". Von *J. Schlickum.* (Einzelpreis M. 1.60.)

4. Heft. Historische Entwickelung der syntaktischen Verhältnisse der Bedingungssätze im Altfranzösischen. Von *J. Klapperich.* (Einzelpreis M. 2.30.)

5. Heft. Die Assonanzen im Girart von Rossillon. Nach allen erreichbaren Handschriften bearbeitet von *K. Müller.* (Einzelpreis M. 2.40.)

6. Heft. Unorganische Lautvertretung innerhalb der formalen Entwickelung des französischen Verbalstammes. Von *Dietrich Behrens.* (Einzelpreis M. 3.20.)

7. Heft. Die Wortstellung in den ältesten französischen Sprachdenkmalen. Von *B. Völcker.* (Einzelpreis M. 2.—.)

IV. Band. 1. Heft. Nivelle de la Chaussée's Leben und Werke. Von *J. Uthoff.* (Einzelpreis M. 2.40.)

2. Heft. Die Quantität der betonten Vokale im Neufranzösischen. Von *J. Jaeger.* (Einzelpreis M. 2.40.)

3. Heft. Boileau-Despréaux im Urtheile seines Zeitgenossen Desmarets de Saint-Sorlin. Von *W. Börnemann.* (Unter der Presse.)

FRANZÖSISCHE STUDIEN.

HERAUSGEGEBEN VON

G. KÖRTING UND E. KOSCHWITZ.

IV. BAND. 2. HEFT.

DIE QUANTITÄT

DER

BETONTEN VOCALE

IM NEUFRANZÖSISCHEN.

VON

JULIUS JÄGER.

HEILBRONN.

VERLAG VON GEBR. HENNINGER.

1883.

FRANZÖSISCHE STUDIEN.

HERAUSGEGEBEN VON
G. KÖRTING und E. KOSCHWITZ.

Wiederholt geäusserte Wünsche haben Veranlassung gegeben von dem bisherigen Gebrauch, mehrere Arbeiten in einem Hefte zu vereinigen, abzugehen, und jede derselben für sich auszugeben. Vorbehalten soll nur bleiben, dass etwa zusammentreffende gleichartige Arbeiten, deren Umfang für ein selbständiges Heft zu gering wäre, auch in einem Heft vereinigt werden können.

Zufolge dieser Aenderung werden künftig die Bände in eine grössere Anzahl von Heften eingetheilt sein als bisher, und werden diese letzteren in kürzeren Fristen ausgegeben werden, während daran festgehalten wird, dass im Laufe eines Jahres in der Regel ein Band ausgegeben wird.

Eine Aenderung an den Abonnementsbedingungen tritt nicht ein. Wie bisher werden die einen Band bildenden ca. 30 Bogen

zum Abonnementspreis von M. 15.—.

geliefert, und wird je dasjenige Heft das Schlussheft eines Bandes bilden, mit welchem diese Bogenzahl erreicht wird.

Die Hefte werden nach wie vor zu verhältnissmässig erhöhtem Preise einzeln käuflich sein.

FRANZÖSISCHE STUDIEN.

HERAUSGEGEBEN VON

G. KÖRTING und E. KOSCHWITZ.

IV. BAND. 2. HEFT.

DIE QUANTITÄT

DER

BETONTEN VOCALE

IM NEUFRANZÖSISCHEN.

VON

JULIUS JÄGER.

HEILBRONN.
VERLAG VON GEBR. HENNINGER.
1883.

Inhaltsverzeichnis.

	Seite
Einleitung[1]	1
I. Reine Vokale	11
A. Tonvokale in offener Silbe	11
1. Im Wortinlaut	11
a) Vor (neufranzösischer) einfacher Konsonanz mit stummem e	11
α) Vor solchen (silbenanlautenden) Konsonanten, welche auf lateinische einfache Konsonanz zurückgehen	11
$α^I$) Im Lateinischen befand sich der einfache Konsonant zwischen zwei Vokalen	11
$α^{II}$) Vor silbenanlautendem l	11
$β^{II}$) - - r	13
$γ^{II}$) - - m	14
$δ^{II}$) - - n	14
$ε^{II}$) - - stimmhaften Dauerlauten $\tilde{g}$, v, s (z)	16
$ζ^{II}$) - - Momentanlauten b, d, g	17
$η^{II}$) - - stimmlosen Konsonanten ch, qu, p, t	18
Resultate zu $α^I$)	19
$β^I$) Im Lateinischen oder durch romanischen Vokalausfall folgten auf den Tonvokal zwei Konsonanten, von welchen sich der erste vokalisierte und mit dem Tonvokal zu einem (altfranzösischen) Diphthong verband	21
$α^{II}$) Tonvokale vor silbenanlautendem l	22
$β^{II}$) - - - r	22
$γ^{II}$) - - - m	22
$δ^{II}$) - - - n	22
$ε^{II}$) - - - stimmhaften Momentan- und Dauerlauten	22
$ζ^{II}$) Tonvokale vor silbenanlautenden stimmlosen Momentan- und Dauerlauten	23
Resultate zu $β^I$)	23
β) Vor solchen (silbenanlautenden) Konsonanten, welche aus ursprünglicher Konsonantengemination oder mehrfacher Konsonanz hervorgegangen sind	23
$α^I$) Vor silbenanlautendem l	24
$β^I$) - - r	24
$γ^I$) - - m	25
$δ^I$) - - n	25
$ε^I$) - - stimmhaften Momentan- und Dauerlauten	26
$ζ^I$) - - stimmloser Sibilans ss (c)	26
$η^I$) - anderen stimmlosen Dauer- und Momentanlauten	28
Resultate zu $β$)	29

		Seite
γ) Vor solchen (silbenanlautenden) Konsonanten, vor welchen in altfranzösischer Zeit ein *s* verstummt ist		34
Resultate zu γ)		35
b) Tonvokale vor (neufranzösischem) mouilliertem *l* oder *n* mit stummem *e*		36
Resultate zu b)		37
c) Tonvokale vor (neufranzösischer) Muta cum Liquida mit stummem *e*		38
α) Vor ursprünglich (lateinischer oder durch romanischen Vokalausfall entstandener) einfacher Muta cum Liquida		38
β) Vor ursprünglich geminierter Muta cum Liquida		40
γ) Der Tonvokal ist durch Verstummen eines *s* vor Muta cum Liquida getreten		40
Resultate zu c)		40

2. Im Wortauslaut 41

a) Im Wortauslaut ohne folgenden stummen Konsonanten oder stummes *e*		41
α) Ursprünglich einfache Vokale		41
β) Neufranzösische Vokale aus altfranzösischen Diphthongen		42
Resultate zu a)		43
b) Tonvokale unmittelbar vor stummem *e* im Wortauslaut		44
Resultate zu b)		46
c) Tonvokale vor stummen Konsonanten im Wortauslaut		46
α) Im Altfranzösischen folgte auf den Tonvokal einfache Konsonanz		46
α¹) Vor stummem *l*		46
β¹) - - *r*		47
γ¹) - - *s* (*x*, *z*)		47
δ¹) - - *f*		50
ε¹) - stimmlosen Momentanlauten, welche neufranzösisch stumm sind		50
β) Im Altfranzösischen folgte auf den Tonvokal *st*, von welcher Gruppe zuerst *s*, später *t* verstummt ist		52
Resultate zu c)		52

B. Tonvokale in geschlossener Silbe 53

a) Vor wortauslautenden einfachen Konsonanten		53
1) Vor wortauslautendem einfachen *l*		53
2) - - mouillierten *l*		54
3) - - einfachen *r* oder *r* mit stummem Konsonanten		55
4) - - *s*		56
5) - - *f*		57
6) - - stimmlosen Momentanlauten		57
Resultate zu a)		58
b) Tonvokale vor lautbarer mehrfacher Konsonanz		63
Resultate zu b)		64

II. Die Nasalvokale 65

1. Im Wortinlaut 65

a) Vor einfachem Konsonanten oder vor Muta cum Liquida mit stummem *e*		65
b) Vor einem lautbaren Konsonanten ohne stummes *e*		65

2. Im Wortauslaut 66

3. Nasalvokale vor Muta cum Liquida im style soutenu . 67

Resultate 67

Die Quantität der betonten Vokale im Neufranzösischen.

Ein wichtiges Gebiet der romanischen Sprachforschung, welches in neuerer Zeit Gegenstand eines lebhaften Streites war, ist das Kapitel der Vokalquantität. Hauptsächlich ist die Frage nach dem Verhalten der Quantität bei der Umgestaltung der vulgärlateinischen Vokale zu romanischen Vokalen vielfach erörtert worden, so von Canello in der Rivista di filologia romanza I, 222 und in der Zeitschrift für rom. Phil. I, 521 [1]), welcher allen Vokalen im Romanischen ursprünglich gleiche, mittlere Quantität zuschreibt, so von J. Storm [2]), welcher einen romanischen Urzustand annimmt, in welchem alle Vokale kurz oder vielmehr gleichdauernd waren; und während auf der einen Seite E. Böhmer in seinen Aufsätzen »Klang, nicht Dauer« (Roman. Studien III, 351 ff., 609 ff., IV, 336 ff.) Bestimmtheit der Vokaldauer auch für den weiteren Verlauf der romanischen Sprachentwickelung bestreitet, treten andererseits einige Gelehrten entschieden für erstere ein, wie G. Gröber (Zeitschr. f. rom. Phil. III, 146, IV, 464), H. Suchier (ebenda III, 135 ff.), H. Schuchardt (ebenda IV, 141), sowie B. Ten Brink in seiner Schrift »Dauer und Klang« (Strassburg 1879), in welcher er auf Grundlage der von Diez (Grammatik I [4], 487) aufgestellten Sätze ein eigenes Gesetz über die Entwickelung der Vokalquantität im Romanischen formuliert und dieses Gesetz durch die Geschichte der betonten e-Laute im Altfranzösischen zu begründen sucht. Ausser von dem zuletzt genannten werden die Verhältnisse der Vokalquantität des Französischen, und besonders des Französischen der jüngeren Sprachperioden, von den hier aufgezählten Forschern keiner eingehenderen Erörterung unterzogen. Ten Brink dringt mit seinen Untersuchungen bis gegen den Ausgang des Mittelalters vor, allein ungeachtet der hieraus gezogenen Schlüsse bleibt doch noch vieles in der Geschichte der französischen Vokalquantität, vorzüglich derjenigen der neueren Zeit, dunkel und unerklärt.

---

[1]) vgl. Suchier in Zeitschr. f. roman. Phil. III, 136.
[2]) vgl. H. Schuchardt in Zeitschr. f. rom. Phil. IV, 141.

Unter diesen Umständen liegt der Gedanke nicht fern, dass eine genauere Untersuchung der Vokalquantität im Neufranzösischen, welche jedenfalls den grossen Vorteil für sich hat, dass sie ihre Ergebnisse aus empirisch gegebenen Thatsachen gewinnt, vielleicht, wenn auch nicht unmittelbar, so doch mittelbar, zur Aufhellung dieses Dunkels ein Teil beitragen kann. Eine solche Untersuchung, und zwar womöglich eine Ermittelung von Gesetzen oder Regeln, welche den heutigen Zustand der französischen Vokalquantität beherrschen, soll den Inhalt der folgenden Seiten bilden.

Diese Arbeit könnte überflüssig erscheinen im Hinblick auf die zahlreichen Regeln über Vokalquantität, welche bereits in den Werken französischer Orthoepisten, von Th. Beza bis auf Lesaint[1]), in französischen Grammatiken und auch bei Diez (Grammatik I^4, 494 ff.) auf Grund der Angaben neuerer französischer Grammatiker niedergelegt sind, allein vielen dieser Regeln — auch die von Diez gegebenen nicht ganz ausgeschlossen — haften Mängel an, welche sie nicht geeignet erscheinen lassen, als Grundlage für Forschungen nach früheren Sprachzuständen zu dienen. Diese Mängel bestehen hauptsächlich darin, dass einerseits die verschiedenen Quantitätserscheinungen nicht unter Kategorien gebracht sind, welche die Geschichte des romanischen Vokalismus im Allgemeinen an die Hand giebt, dass andererseits Quantitäten der Lehnwörter nicht von denen der Erbwörter getrennt sind, sowie dass vielfach orthographische Zeichen gleichsam zu Ursachen der Quantität gemacht werden, so, wenn behauptet wird, dass der Circumflex Dehnung, Konsonantengemination Kürzung eines Vokales bewirke. — Es wird mithin die Aufgabe der vorliegenden Arbeit sein, derartige Fehler nach Möglichkeit zu vermeiden, die angedeuteten Mängel zu beseitigen, überhaupt das in der heutigen Sprache gegebene Material zunächst in neue Formen zu giessen [2]).

Was vor Allem dieses Material betrifft, so kann dasselbe nur aus einem Wörterbuche geschöpft werden, d. h. es muss aus einer Zusammenstellung der einzelnen Wörter der lebenden Sprache bestehen, weil die eigenthümlichen Betonungsverhältnisse des Neufranzösischen ein einigermassen genaues Erfassen der Quantität nur im Aussprechen des einzelnen Wortes oder des Wortes am Ende des Satzes gestatten. Da der Satzton im Französischen besonders stark entwickelt ist, so wird der Accent des französischen Einzelwortes im Satz, in der zusammenhängenden Rede so sehr geschwächt, dass die Tonsilben der übrigen Wörter eines Satzgliedes gegen die Tonsilbe

---

[1]) vgl. Diez, Gr. I^4, 494.
[2]) Dass dabei jedoch einige der hier sich ergebenden Regeln mit bereits früher von anderer Seite aufgestellten identisch sein werden, liegt in der Natur der Sache.

desjenigen Wortes, welches den Satzton erhält, merklich zurücktreten [1]).

Ferner kann in der zusammenhängenden Rede der rhetorische Accent Aenderungen in der ursprünglichen (der absoluten, wie sich Sachs ausdrückt) Quantität der Wörter bewirken [2]). Es kann demnach nur diejenige Untersuchung erfolgreich und fruchtbringend sein, welche auf die Beobachtung der Vokalquantität des in seiner Vereinzelung ungezwungen ausgesprochenen Wortes begründet ist. Auch E. Böhmer giebt in dem letzten der oben angeführten Aufsätze (Rom. Studien IV, 346) zu, dass Bestimmtheit der Vokalquantität im isolierten Wort (und gewöhnlich auch in gebildeter Rede) bestehe.

Ein weiterer Grund für die Benutzung eines Wörterbuches zu dem hier vorliegenden Zwecke liegt in dem Umstand, dass wir gerade in Deutschland ein solches besitzen, dessen Angaben über die Vokalquantität auf vorhergegangener sorgfältigster Prüfung beruhen: es ist, wie bekannt, das encyklopädische französisch-deutsche Wörterbuch von Dr. Karl Sachs (Berlin 1877).

Um zu zeigen, mit welch minutiöser Gewissenhaftigkeit gerade die Quantität festgestellt wurde, sei hier die betreffende Stelle aus der (nicht in allen Exemplaren enthaltenen) Schlussbemerkung der Verlagshandlung« (Seite VII) wörtlich angeführt:

»Nicht geringe Schwierigkeit machte die Angabe der Quantität der französischen Vokale, da es hierfür an jedem brauchbaren Anhalt fehlte. Der Franzose empfindet nämlich über diesen Punkt ganz anders als der Deutsche, und können sich beide Nationalitäten hierüber nicht verständigen. Fragt man einen Franzosen, ob diese oder jene Silbe lang oder kurz sei, so meint er entweder, im Französischen gäbe es gar keine Längen oder Kürzen, oder aber, er urteilt anders als er spricht, d. h. er spricht das Fragliche oft ganz deutlich lang aus und sagt, es sei kurz, und vice versa. — Der gleiche Widerspruch mit deutscher Auffassung findet sich in den zu Anfang dieses Jahrhunderts von d'Olivet über Länge und Kürze der Silben aufgestellten Regeln, die sich in allen bis auf den heutigen Tag in Deutschland und Frankreich erschienenen Werken über Aussprache mehr oder weniger wiederfinden, und welche für Deutsche geradezu unbrauchbar sind, da

---

[1]) vgl. Lubarsch, Französ. Verslehre S. 28 u. 31. — Lesaint, prononciation franç., 2. éd., p. 445. — Mätzner, Französ. Grammatik S. 45.
[2]) vgl. Lubarsch l. c. S. 29. — Diese Thatsachen bestätigt auch Sachs, wenn er in der Einleitung (S. XXII) zum Wörterbuch bemerkt:

»In der Verbindung [des einen Wortes] mit andern Wörtern entstehen, in Bezug auf die Länge und Kürze (Quantität) der Sylben, natürliche Schwankungen und Abweichungen, je nach der Stelle, welche das Wort im Satze einnimmt, und nach dem Affekte des Sprechenden. Die lange Endsylbe eines Wortes wird noch gedehnter werden, wenn das Wort zu Ende des Satzes steht, *table* z. B. also länger in »*le roi est à table*« lauten, als in »*la table du roi*« &c.«

sie meist das Gegenteil von dem enthalten, was ein deutsches Ohr in praxi hört. Um aus diesem Dilemma herauszukommen und einen festen Anhalt zu gewinnen, schlugen wir folgenden, zwar mühsamen, aber sicheren Weg ein: Es wurden über alle im Französischen zwischen Vokal und folgendem Konsonanten möglichen Lautverbindungen je sechs Beispiele gesammelt und in Listen zusammengetragen; — im Ganzen für etwa 1000, sage tausend, verschiedene Kombinationen. Die so gesammelten Beispiele haben nun gebildete Franzosen aus den verschiedensten Gegenden Frankreichs einer aus mindestens drei Deutschen bestehenden Versammlung vorgelesen. Jeder Einzelne der deutschen Hörer hatte eine besondere, mit der des Vorlesers gleichlautende Liste vor sich liegen, in welche er neben dem betreffenden Beispiele eintrug, ob er lang (-), kurz (◡) oder halblang (○) gehört habe. — Jedem der hörenden Deutschen lag jedesmal eine neue Abschrift der Liste vor, damit er durch die bei einer früheren Sitzung gemachten Vermerke in seinem Urteil nicht beeinflusst werde. Die in diesen Hör-Konferenzen gewonnenen Resultate wurden nun aus den einzelnen Listen zusammengestellt und dasjenige als Richtschnur adoptiert, wofür die meisten Stimmen sprachen. Mit wenigen Ausnahmen herrschte in allen Fällen Einstimmigkeit darüber, ob eine Silbe lang oder kurz sei. Wo die Stimmen auseinander gingen, adoptierte man die halbe Länge als Regel. Auf diese so gewonnenen Gesetze musste nun bei Angabe der Aussprache jedes einzelnen Wortes, nicht blos der Richtigkeit, sondern auch der Konsequenz wegen, so oft Rücksicht genommen werden, als jedes französische Wort Silben hat.

Dazu kamen u. A. die Recherchen über Bindung und Nichtbindung (wobei, wie in vielen anderen Punkten, die Umgangssprache von der populären oder erhabenen, style soutenu, abzuheben war), — Bestimmung der Diphthongen (bei zusammentreffenden Vokalen), Rücksicht auf eine Unzahl von Ausnahmen und durch den Sprachgebrauch bedingten Verschiedenheiten anscheinend ganz gleicher Fälle, und schliesslich die Druck-Korrektur.«

Es ist klar, dass aus einem derartigen Verfahren als Resultat die wirkliche Aussprache des modernen Französisch der gebildeten Klassen, wie sie einem unbefangenen Hörer ins Ohr fällt, hervorgehen muss; dass bei diesem Verfahren allerdings auch Inkonsequenzen und Abweichungen nicht ausbleiben können, wird sich im Verlaufe der folgenden Untersuchung herausstellen, doch werden sie fast nirgends in dem Masse auftreten, dass dadurch eine gewonnene Regel wieder aufgehoben würde. Denn »lässt sich,« wie H. Schuchardt[1]) bemerkt, »das Vorkommen zahlreicher Schwankungen in der Aussprache zwar nicht leugnen, so hebt sich doch das Regelmässige von dem unter be-

---

[1]) Zeitschr. f. rom. Phil. IV, 141.

sonderen Bedingungen Eintretenden oder dem überhaupt Möglichen ganz bestimmt ab.«

Liegt nun auch in Sachs' Wörterbuch die Quantität sämmtlicher, der betonten wie der unbetonten, Vokale genau aufgezeichnet vor, so erscheint es doch angezeigt, die Untersuchung auf die **betonten Vokale**, als das wichtigste Gebiet aller romanischen Lautentwickelung, zu beschränken. Ueberdies lassen sich Quantitätsunterschiede, welche schon in betonten Vokalen weniger bemerkbar, als z. B. im Deutschen sind[1]), in unbetonten Vokalen nur äusserst schwer feststellen, da, wie Ploetz[2]) bemerkt, und wie sich auch aus Sachs nachweisen liesse, jeder lange Vokal, sobald er in unbetonter Silbe steht, an Dehnung verliert und mit wenigen Ausnahmen zu einem mittleren Laute wird[3]), wenngleich zugegeben werden muss, dass in diesen wenigen Ausnahmen die Länge des vortonigen Vokals gerade stark genug hervortritt, um in gewissen Fällen, wenn auch kaum in der Ausdehnung, wie Schuchardt[4]) anzunehmen scheint, den Wortaccent sich unterthänig zu machen[5]).

Das Material für die folgenden Untersuchungen werden also die **betonten Vokale** nach Sachs, und zwar die Tonvokale der **Erbwörter** liefern, doch wird es vielfach nicht unnütz sein, die Lehnwörter zur Vergleichung heranzuziehen, da die Behandlung der Quantität ihrer Tonvokale geeignet ist, die für die Erbwörter gefundenen Regeln deutlicher hervortreten zu lassen.

Die Frage, unter welche Gesichtspunkte nun dieses Material zu fassen, in welche Kategorien es einzuordnen sei, kurz, welche Richtung die folgende Untersuchung einzuschlagen habe, ist folgendermassen zu beantworten.

Es unterliegt wohl kaum einem Zweifel, dass das Grundgesetz der Vokalquantität der romanischen Sprachen darin besteht, dass die Tonvokale **in offener Silbe** (d. h. im Silbenauslaut) **lang**, in **geschlossener Silbe** (d. h. im Silbeninlaut) **kurz** sind, wie dies schon Diez (Grammatik I[4], 487) unter Hinweis auf die gleiche Erscheinung in der deutschen und neugriechischen Sprache ausgeführt hat[6]).

---

[1]) vgl. Mätzner, Französ. Grammatik S. 45.
[2]) Systemat. Darstellung der französ. Aussprache, 10. Aufl., Berlin 1877, S. 18.
[3]) vgl. auch Bernh. Schmitz, Französ. Grammatik S. 33.
[4]) Zeitschr. f. rom. Phil. IV, 144. — vgl. Koschwitz in Zeitschr. f. neufranz. Sprache II, 559.
[5]) vgl. Diez, Grammatik I[4], 511, 512.
[6]) vgl. G. Gröber in Zeitschr. f. rom. Philologie III, 148: »Dass in den romanischen Sprachen die Vokaldauer nicht ausschliesslich, aber wesentlich von der Stellung der Vokale im Silbeninlaute und -Auslaute bedingt ist, und dass darauf die Verschiebung der Quantität der Vokale in lateinischen Wörtern beruhe, scheint mir eine ebenso sichere als naheliegende Erkenntniss.«
E. Böhmer bestreitet allerdings (Roman. Studien IV, 343) die Gültigkeit

Auch Ten Brink's Gesetz (»Dauer und Klang« Seite 9,10) ist auf dieses Prinzip gegründet, mit Ausnahme des auf die einsilbigen Wörter bezüglichen Teiles desselben, welcher von E. Böhmer [1]) dahin berichtigt wird, dass die romanische Grundform solcher Nomina **zweisilbig** sei: core, fele, mele, sale, wie die Diphthongierung zeige (ital. cuore, fiele, miele, frz. sel).

Wenn nun schon einerseits die Behandlung der Vokalquantität in der Gesammtheit der romanischen Sprachen auf jene allgemeinen Grundsätze hinweist, so muss ferner auch folgende Erwägung für die Berechtigung zur Aufstellung derselben sprechen. Bekanntlich ist fast die gesammte **qualitative** Entwickelung der Tonvokale in den romanischen Sprachen von der Stellung der ersteren in offener und geschlossener Silbe abhängig; da nun, wie sich aus vorliegender Untersuchung ergeben wird, Quantität und Qualität der Vokale vielfach in der engsten Wechselwirkung zueinander stehen [2]), so liegt es nahe, jenes Prinzip, dessen Gültigkeit für die qualitative Gestaltung des romanischen Vokalismus heute allgemein anerkannt ist, auch für die Quantität als massgebend zu betrachten, und zwar nicht allein für die Zeit der ersten Wandlungen und Umbildungen der romanischen Vokale, sondern auch für die moderne Aussprache des Französischen, da auch hier wiederum jene Grundsätze, wie G. Lücking (Herrig's Archiv, LIX, S. 406 ff.) nachgewiesen hat, für die **Qualität** (die Tonfärbung) der Vokale vom bedeutendsten Einflusse sind.

Es wird daher zu untersuchen sein, ob und inwiefern jenes Prinzip der offenen und geschlossenen Silbe sich in der Gestaltung der neufranzösischen Vokalquantität wirksam zeigt. Hierbei ist nachzuforschen, ob und inwieweit der Umstand, dass Vokale sich ursprünglich in geschlossener Silbe befanden, während sie durch die in der Sprache vorgegangenen Lautwandelungen heute in offener stehen, noch in der heutigen Quantität von Einfluss ist; mit anderen Worten: ob und inwieweit heute noch etymologische Nachwirkungen sich im Gegensatz zu dem in der modernen Aussprache vorherrschenden phonetischen Prinzipe äussern.

Neben der Rücksicht auf die beiden hier angedeuteten Grundströmungen darf auch diejenige auf die den Tonvokalen nachfolgenden **Konsonanten**, deren Wirkung sich auf Quantität und Qualität (vgl. Lücking l. c.) der ersteren erstreckt, sowie die Stellung der Tonvokale im **Wortauslaut**, welche ebenfalls eine besondere

---

dieses Prinzipes für die Klangdauer der Vokale auf Grund subjektiver Beobachtungen, er wird jedoch von H. Schuchardt (Zeitschrift für roman. Phil. IV, 141) widerlegt, welcher die Behauptung vertritt, dass die von Diez (l. c.) aufgestellten Sätze »die ursprünglich gültigen sind und nur im Laufe der Zeit diese oder jene Trübung erfahren haben.«

[1]) Rom. Studien IV, 337 und III, 612.
[2]) vgl. auch Charles Thurot, De la prononciation française depuis le commencement du XVIe siècle, t. I, Paris 1881, p. 1, Anm. 2.

Behandlung derselben im Gefolge hat, nicht ausser Acht gelassen werden.

Aus alledem ergeben sich für die Einteilung und Gruppierung des aus Sachs gewonnenen Materials folgende Gesichtspunkte. Vor Allem sind die Tonvokale einzuteilen in solche in neufranzösischer **offener** und solche in neufranzösischer **geschlossener** Silbe; in offener Silbe sind wieder zu scheiden: Tonvokale im **Wortinlaut** und im **Wortauslaut**. Bezüglich der Frage, wann sich im Neufranzösischen ein Vokal im Wortinlaut in offener oder geschlossener Silbe (d. h. im Silbenauslaut oder im Silbeninlaut) befinde, ist Folgendes zu bemerken. In französischen Erbwörtern können den Anlaut einer Silbe bilden: einfache Konsonanten, mouilliertes *l* oder *n*, Muta cum Liquida; geminierte Konsonanten gelten in den meisten Fällen als einfache, da wirkliche Doppelkonsonanz im Französischen nur ausnahmsweise und fast allein in gelehrten Wörtern gesprochen wird. Bei mehrfacher Konsonanz zwischen Vokalen befolgt Sachs (siehe Vorwort zum Wörterbuche S. IX) das im Allgemeinen nach dem Vorgange von Littré angenommene Prinzip, »dass am Anfang einer Silbe soviele Konsonanten zusammen gesprochen werden, als sich **ohne zu grosse Schwierigkeiten** zusammensprechen lassen, ohne einen derselben zu trüben (was bei *absent* selbst Franzosen thun, wenn sie *bs* zusammen als *ps* sprechen), z. B. *a-ctuel, a-djoint*.« Da nun mehrfache Konsonanz in neufranzösischen **volkstümlichen** Wörtern fast nur aus *r* + folgenden Konsonanten bestehen [1]), und diese Gruppe, wie die Beispiele bei Sachs lehren, nicht zusammen gesprochen werden kann, so fallen also die Vokale vor mehrfacher Konsonanz in volkstümlichen Wörtern unter die Tonvokale in **geschlossener Silbe**. Die Tonvokale der (gelehrten und halbgelehrten) Wörter **vor anderen Konsonantengruppen als** *r* + Konsonant würden nach Sachs der Aussprache nach meist in **offener Silbe** stehen, es wird jedoch aus praktischen Gründen ratsam sein, dieselben mit unter den Tonvokalen vor *r* + lautbaren Konsonanten zu betrachten; ausserdem zeigt auch die qualitative Entwickelung der romanischen Tonvokale, dass solche vor jenen anderen Konsonantengruppen in früheren Sprachperioden als **in geschlossener Silbe** stehend behandelt wurden, auch scheint heute die Silbengrenze in der Aussprache derartiger Wörter überhaupt nicht ganz festzustehen [2]).

Tonvokale vor einfachen (oder geminierten) Konsonanten mit stummem *e* stehen in **offener Silbe**, denn wenn auch das *e muet* in der gewöhnlichen Umgangssprache völlig verstummt, d. h. wenn

---

[1]) In einigen wenigen auch aus *s* + Konsonant.
[2]) vgl. gegen Sachs: G. Lücking, Franz. Schulgrammatik S. 19, Mätzner, Französ. Grammatik S. 37. — Lücking nach Malvin-Cazal in Herrig's Archiv LIX, S. 409.

die weibliche Endsilbe zur blossen Artikulation ihres Anlautes herabsinkt, so verbleibt ihr doch in der Aussprache immer eine gewisse Selbständigkeit [1]); diese Einteilung gebietet auch die Rücksicht auf die Etymologie.

Dieselbe Rücksicht erfordert ferner bei den Tonvokalen vor einfachen Konsonanten die Scheidung der letzteren in solche, welche auf lateinische einfache Konsonanten zurückgehen, die sich entweder in ihrer ursprünglichen Intensität oder zu weicheren Lauten geschwächt bis heute erhalten haben; ferner in solche, welche auf lateinische mehrfache Konsonanz zurückgehen, von der sich aber der erste Konsonant vokalisiert, mit dem Tonvokal zuerst zu einem Diphthong verbunden und dann zu einem Monophthong vereinfacht hat; dann in solche, welche auf frühere altfranzösisch aber vereinfachte Konsonantengemination oder mehrfache Konsonanz zurückgehen; endlich in solche, vor welchen erst im Mittelalter (seit dem 12. Jahrhundert)[2]) ein *s* verstummt ist; ausser dem ersten sind dies fast sämmtliche Fälle, in welchen der Tonvokal aus ursprünglich geschlossener Silbe nach und nach in offene zu stehen kam.

Vor Muta cum Liquida zerfallen die Tonvokale gleichfalls in solche vor ursprünglich (lateinischer oder durch romanischen Vokalausfall entstandener) **einfacher** Muta cum Liquida, vor ursprünglich **geminierter** Muta cum Liquida (vgl. den Unterschied zwischen *père* und *battre*, *pierre* und *mettre*) und in solche, welche durch Verstummen eines *s* vor Muta cum Liquida getreten sind.

Im Wortauslaut teilen sich die Tonvokale in solche, welche sich schon im Altfranzösischen (wenigstens in den Dialekten, aus welchen die französische Schriftsprache hervorging) in Folge des Abfalles lateinischer Konsonanten in dieser Stellung befanden; in solche vor stummem *e* und in solche vor stummen Konsonanten, und zwar einmal vor ursprünglich einfacher Konsonanz, dann vor früherem auslautendem *st*, von welcher Gruppe zuerst *s*, später *t* verstummt ist.

Die Tonvokale in geschlossener Silbe sind zu trennen in solche vor wortauslautenden einfachen Konsonanten, zu welchen auch mouilliertes *l* gehört [3]), sowie in solche vor lautbarer mehrfacher Konsonanz (in volkstümlichen Wörtern meist *r* + lautbaren Konsonanten).

In die so gewonnenen Rubriken werden dann die einzelnen Vokale einzuordnen sein, wie sie von Sachs unterschieden werden. Es sind: **tiefes und hohes** (= geschlossenem und offenem) *a*, **geschlossenes, halboffenes und offenes** (ausser 3 Beispielen nur vor *r*) *e*, **geschlossenes und offenes** *o*, **geschlossenes und offenes** *eu*, sowie *i*, *ou*, *u*, bei welchen die Sprache keine Unter-

---

[1]) vgl. Lubarsch, Französ. Verslehre S. 12.
[2]) vgl. W. Foerster, Chev. as deus espees S. LI Anm. — F. Neumann, Z. Laut- und Flexionslehre des Altfrz. S. 108 ff.
[3]) vgl. Diez, Gr. I⁴, 496.

scheidung zwischen offener und geschlossener Aussprache kennt. Ueber die diesen Vokalen zukommenden Lautwerte siehe Sachs' Wörterbuch, Vorwort S. XVIII—XXI.

Was die sogen. Diphthonge des Französischen betrifft, so sind dieselben heute bekanntlich steigende, ihr erster Komponent ist ein Halbvokal, d. h. »ein unter dem Einfluss der Accentlosigkeit zur Funktion als Konsonant herabgesunkener Vokal« [1]), ihr zweiter Komponent trägt allein den Ton und tritt vollständig als reiner Vokal auf. Havet spricht überhaupt z. B. den Lautgruppen *oi*, *ui* und *ie* für das Neufranzösische vollständig die Eigenschaft als Diphthonge ab [2]), wenigstens nach der Terminologie der älteren Grammatik, und bei der Gruppe *ie* hebt er noch besonders hervor, dass das *e* derselben »est en tout assimilée par la prononciation actuelle de Paris à l'*e*, de date et de source quelconque, que précède n'importe quelle autre consonne«. Hieraus lässt sich schon a priori schliessen, dass die den Ton tragenden zweiten Komponenten der Diphthonge ihrer Quantität nach ebenso behandelt werden, wie die betreffenden einfachen Vokale. Es wird daher angebracht sein, die Beispiele der Diphthonge denjenigen der zweiten Komponenten derselben (ohne halbvokalischen Vorschlag) beizufügen, also z. B. *ié* unter *é*, *ui* unter *i*, *oi* unter *a* zu behandeln. — Eine von den übrigen (reinen) Vokalen gesonderte Betrachtung erfordern endlich die Nasalvokale.

Jeder einzelne Vokal kommt seinerseits lang, halblang und kurz vor. Bezüglich der Unterscheidung zwischen lang und kurz dürfte es nicht unzweckmässig sein, daran zu erinnern, dass dieselbe nur als eine relative zu verstehen ist. »Die lange und die kurze Silbe sind dies nur im Vergleiche ihrer Zeitdauer,« bemerkt Mätzner (Französische Grammatik S. 45), und diese Behauptung wird bestätigt durch folgende Worte Dubroca's in seinem Traité de la prononciation (Paris 1824) p. 328: »Quant à la manière dont nous devons concevoir les longues et les brèves dans notre langue il faut savoir qu'il n'existe pas pour les syllabes une durée absolue et indépendante de leurs rapports mutuels. C'est relativement les unes aux autres que les longues et les brèves sont telles; c'est-à-dire qu'une longue n'est longue que par rapport à la brève, et qu'une brève n'est brève que par rapport à la longue.«

Deshalb kann auch der Zeitaufwand, welcher bei schnellem Sprechen für eine Länge erforderlich ist, derselbe sein, welchen man bei langsamem Sprechen für eine Kürze verbraucht, allein in letzterem Falle dehnt sich auch in demselben Verhältnisse die anderen Vokalen zukommende Länge. Dass die Vokale gewisser Silben in der gewöhnlichen, nicht durch Affekte beeinflussten Rede stets Längen,

---
[1]) E. Sievers, Phonetik S. 123.
[2]) Romania III, 321 und VI, 321.

die Vokale bestimmter anderer Silben unter denselben Verhältnissen stets Kürzen bleiben, mag im Ganzen in schnellerem oder langsamerem Tempo gesprochen werden, bezeugt die von Dubroca (l. c.) aus des Abbé d'Olivet Remarques sur la langue françoise (Rouen 1798) angeführte Stelle: »Une chose encore qu'il ne faut pas oublier, c'est qu'on mesure les syllabes, non pas relativement à la lenteur ou à la vitesse accidentelle de la prononciation; mais relativement aux proportions qui les rendent ou longues ou brèves. Ainsi, ces deux médecins de Molière, l'un qui allonge excessivement ses mots, et l'autre qui bredouille, ne laissent pas d'observer la quantité; car, quoique le bredouilleur ait plus vite prononcé une longue que son camarade une brève, tous les deux ne laissent pas de faire exactement brèves celles qui sont brèves, et longues, celles qui sont longues; avec cette différence seulement qu'il faut à l'un sept ou huit fois plus de temps qu'à l'autre, pour articuler« [1]).

Wenn nun zwar das Vorhandensein durch Sprachgesetze bestimmter Längen und Kürzen im Französischen nicht geleugnet werden kann, so bringt doch die Thatsache, dass der Unterschied zwischen Länge und Kürze, wie schon gesagt, sehr gering ist, ferner die Klangeigentümlichkeit mancher Vokale (*i*, *ou*, *u*), sowie der Widerstreit zwischen etymologischen und phonetischen Tendenzen es mit sich, dass der Tonvokal in vielen Fällen, ja in der Mehrzahl der Fälle, als halblang erscheint, und es entsteht die Frage, wie bei den Wörtern und Wortklassen, welchen Sachs diese Quantität zuteilt, eine Entscheidung darüber zu treffen sei, ob denselben ursprünglich Länge oder Kürze zukomme. Eine solche ermöglichen ausser der Vergleichung solcher Vokale, welche sich in ähnlicher oder gleicher Stellung befinden, aber bestimmt als Länge oder Kürze angegeben sind, sowie den aus letzteren abzuleitenden Regeln namentlich auch orthoepistische Werke, welche nur Länge und Kürze unterscheiden, mittlere Länge, ausser ganz wenigen Fällen, nicht zulassen; wir besitzen solche in Lesaint, Traité complet de la prononciation française, 2. édition (Hambourg 1871) und dem bereits citierten Dubroca, Traité de la prononciation (Paris 1824)[2]). Namentlich das erstere wird fast nie die gewünschte Auskunft versagen. Bei dieser Vergleichung mit Lesaint wird sich herausstellen, dass die Sachs'sche Bezeichnung »halblang«

---

[1]) Ebenso in dessen Traité de la prosodie françoise, Genève 1767, p. 49. — Diese Stelle, sowie weitere beachtenswerte Bemerkungen über Länge und Kürze aus Dubroca's Traité finden sich abgedruckt bei A. Benecke, Die französ. Aussprache, 2. Aufl. (Potsdam 1880), S. 172.

[2]) Zur Vergleichung früherer Sprachzustände dienen Th. Beza, De Francicae linguae recta pronuntiatione, ed. Tobler (Berolini 1868) und der bereits citierte Traité de la prosodie françoise des Abbé d'Olivet (Genève 1767), ferner die in dem citierten Werk von Thurot, von welchem leider nur der I. Band vorliegt, sowie in Ch. L. Livet, La grammaire française et les grammairiens au XVI. siècle (Paris 1859) gesammelten Zeugnisse der älteren französischen Grammatiker.

nicht selten anderen Angaben von Sachs gegenüber inkonsequent ist; vielfach mag die Ursache der Abweichungen in dem Einflusse der Orthographie auf die Aussprache liegen, so dass z. B. eine in der Schrift noch erhaltene Konsonantengemination auf eine etwas entschiedenere Kürzung des vorausgehenden Vokals in der Aussprache hinwirkte; manchmal wird jene Bezeichnung aber auch einen in der Sprachgeschichte oder in allgemein phonetischen Gesetzen wurzelnden Grund haben, eine bestimmte Entscheidung über diese letztere Frage wird nur selten möglich sein.

Nach diesen Vorbemerkungen folgt zunächst die Betrachtung des Hauptgebietes der vorliegenden Untersuchung: die der

I. Reinen Vokale.

A. Tonvokale in offener Silbe.

1. Im Wortinlaut.

a) Vor (neufranzösischer) einfacher Konsonanz mit stummem e. Der Konsonant ist teils einfach, teils doppelt geschrieben.

α) Vor solchen (silbenanlautenden) Konsonanten, welche auf lateinische einfache Konsonanz zurückgehen.

α^I) Im Lateinischen befand sich der einfache Konsonant zwischen zwei Vokalen.

α^{II}) Vor silbenanlautender Liquida l:

Folgende Vokale kommen hier vor:

Hohes a: kurz in den lautlich unregelmässig gebildeten und nicht-lateinischen Wörtern *cigale*, *écale* (scala), *écale* (dtsch. schale), *orvale* (or + valoir), *pale* (pāla), *sale* (althd. salo); in gelehrten Wörtern wie *sandale*, *scandale*; in fast sämtlichen Feminis der Adjectiva auf *-al* (meistens gelehrte Bildungen), wie z. B. *amicale*, *annale*, *brutale*, *égale*, *fatale*, *légale*, *libérale*, *nasale*, *normale*, *royale*, *vernale* etc., sowie in den Feminis *maréchale*, *sénéchale*, *vassale*.

Konsonantengemination findet sich als Zeichen der Kürze des Tonvokals in folgenden Wörtern germanischen Ursprungs: *malle* (ahd. malaha, maleha), *salle* (ahd. sal), *stalle* (ahd. stal).

Halblanges hohes a haben nach Sachs: *balle* (ahd. balla, mhd. bal), *halle* (ahd. halla, ags. heal), sowie die gelehrten femininen Adjektiva: *allodiale*, *armoriale*, *boréale*, *féale*, *idéale*, *réale*.

Lesaint (p. 412) giebt den Tonvokal hier überall als kurz an.

Der Diphthong *oi* besteht aus halblangem hohen *a* mit Vorschlag von *o* in *étoile* (*stēla), *toile*, *voile*; nach Lesaint (p. 432) kurz.

Halboffenes *e*: halblang in den Femininis der Adjektiva auf *-el* (lat. ālem); die meisten derselben sind gelehrt. Beispiele: *actuelle, annuelle, casuelle, charnelle, continuelle, corporelle, criminelle, cruelle, éternelle, éventuelle, formelle, graduelle, manuelle, matérielle, maternelle, réelle, sensuelle, universelle* etc., in dem gelehrten Substantiv *voyelle*, sowie in den femininen Erbwörtern: *échelle* (scāla), *pelle* (pala, afr. pele), *quelle* (quālis), *telle* (tālis);

Lesaint (p. 420) bestimmt den Tonvokal der Endung *-elle* ausnahmslos als kurz.

Lang in dem Erbwort *aile* (āla, afr. ele), sowie in gelehrten Wörtern auf *-èle*, wie *fidèle, modèle, parallèle, zèle*. Lesaint (p. 420) teilt denselben, ausser *zèle*, kurzen Tonvokal zu.

I: halblang in *file, pile* (pila, nach Littré im 12. u. 13. Jahrhundert und noch im 16. Jahrhundert auch *pille* geschrieben, also damals wohl mit kurzem Tonvokal), in dem Femininum *vile* und allen Lehnwörtern auf *-ile*, wie *agile, bile, civile, difficile, fertile, mobile, utile* u. a. m.

Der Diphthong *ui* hat halblanges *i* in *tuile*, — langes *i* dagegen in *huile*.

Nach Lesaint (p. 428) haben alle Wörter auf *-ile* (auch *huile*) kurzen Tonvokal.

Geschlossenes *o*: lang in dem einzigen *geôle* (*caveōla; Littré giebt als frühere Formen dieses Wortes an: 12. Jahrhundert *gaole*, und zwar reimt im Rou *gaole* auf *parole*; 13. Jahrh. *jeole, gaiole*; 14. und 15. Jahrh. *geole*; 16. Jahrh. *geaule*; da, wie sich sofort herausstellen wird, der französischen Fortsetzung des Suffixes -ŏla ursprünglich Kürze zukommt, so ist die Vermutung erlaubt, dass die Länge des *o* in *geôle* erst mit dem Verstummen des vortonigen Hiatusvokals eingetreten ist).

Offenes *o*: kurz in *parole* sowie in dem Suffix *-ole*, der (meist dem Italienischen entlehnten) Wörter [1]) wie *banderole, boussole, bricole, camisole, caracole, carambole, coupole, échandole, féverole, girandole, gondole, primerole, rougeole, vérole, virole* u. a. m.; ferner in gelehrten und halbgelehrten Wörtern, wie *école, espagnole* (fem.), *bénévole, console, diastole, étole, hyperbole, idole, ignicole, métropole, parabole, sole, symbole* etc.

Halblang in anderen Lehnwörtern auf *-ole*, wie *babiole, rabiole, variole, auréole, cabriole, carriole, dariole, fiole, gloriole, malléole, viole*, nach Lesaint (p. 434) sämmtlich mit kurzem *o*.

---

[1]) vgl. Diez, Grammatik II⁴, 323.

Offenes *eu:* lang in *gueule, meule, seule, veule* (Aussprache nach S. Dupuis angegeben); halblang in den Femininis: *éteule* (stipula), *aïeule, bisaïeule, trisaïeule, bégueule, épagneule, filleule.*

Nach Lesaint (p. 425) haben, ausser dem Adjektiv *veule*, alle Wörter auf *-eule* kurzen Tonvokal.

Ou: lang in *goule* (gŭla).

U: halblang in *mule* und den Lehnwörtern auf *-ule*, wie *crédule, globule, formule, scrupule, ridicule, virgule* u. a. m.; nach Lesaint (p. 441) sämmtlich mit kurzem *u*.

β^{II}) Vor silbenanlautender Liquida *r*:

Hier finden sich folgende Vokale:

Tiefes *a:* lang in *Briare, gare, mare* (ndl. maer, maar) und den Lehnwörtern auf *-are*, wie *are, avare, barbare, fanfare, ignare, rare* u. a. m.

Im Diphthong *oi* in allen Wörtern auf *-oire*, wie *armoire, foire, gloire, noire* u. a. m.

Offenes *e:* lang in allen Wörtern auf *-aire* und *ère* (= lat. -ārium und -āria), wie z. B. in den gelehrten: *adversaire, annulaire, arbitraire, commentaire, commissaire, consulaire, corollaire, dépositaire, dictionnaire, douaire, formulaire, glossaire, grammaire* etc.; ferner in *aire, aiguière, aubère, bachelière, belière, boulangère, bruyère, carrière, amère, bière, chère, cimetière, fière, légère, maire, paire, paupière,* sowie in dem mit Suffix *-aria* gebildeten *cuiller* (die eigentlich zu erwartende Schreibung *cuillère* kommt, wie Sachs angiebt, nach der Académie auch vor); endlich in den Lehnwörtern auf *-ère* oder *-ière* (= lat. -ĕrium oder -ĕrum), wie *adultère, artère, atmosphère, caractère, cerbère, chimère, colère, cratère, ministère, misère, monastère, mortifère* u. a. m.

I: lang in: *cire, empire, ire, mire, navire, pire, sire, tire* u. a. m., *ui* in *cuire*.

Offenes *o:* lang in *encore* und den Lehnwörtern auf *-ore*, wie *aurore, centaure, ellébore, pécore, sonore* u. a. m.

Für *taure* giebt Sachs nach Lesaint langes offenes, nach N. Landais langes geschlossenes *o* an; für *saure* nach Littré langes offenes, nach N. Landais langes geschlossenes *o*.

In *more (Maure)* kann nach Sachs langes geschlossenes und langes offenes *o* gesprochen werden.

Offenes *eu:* lang in *demeure, heure*, dem Femininum *meilleure* und gelehrten Femininis, wie *extérieure, inférieure, majeure, mineure* u. a. m.

Ou: lang in dem einzigen Fremdwort *bravoure.*

U: lang in *dure, épure, pure, cure, injure* und den übrigen zahlreichen Femininis auf *-ure* (lat. -ūra), wie *armure, blessure, brū-*

lure, ceinture, chaussure, chevelure, clôture, doublure, peinture u. a. m.; ferner in den Femininis *mûre* und *sûre*, in welchen ein unbetontes, mit dem Tonvokal im Hiatus stehendes *e* mit ersterem verschmolzen ist.

Halblanges *u* hat nach Sachs das einzige *sure* (Femin. zu *sur* = ahd. sûr).

γ^{II}) Vor silbenanlautendem Nasal *m* erscheinen folgende Vokale:

Hohes *a*: halblang in den lautlich unregelmässig gebildeten Wörtern *rame* (vgl. Diez' Wörterbuch II s. v. rame) und *trame* (lat. trama; dieses Wort scheint im 16. Jahrh. nach dem Lateinischen umgeformt worden zu sein, Littré giebt für das 13. und 15. Jahrh. die regelmässige Form *traime* und erst für das 16. Jahrh. *trame* an).

I: lang in *cime, lime, prime, rime, escrime* und allen Lehnwörtern auf *-ime*, wie *amplissime, bellissime, centime, estime, intime, régime, sublime* u. a. m. Lesaint (p. 428) teilt allen diesen Wörtern kurzen Tonvokal zu.

Offenes *o*: kurz in *comme, pomme, Rome*.

U: halblang in *brume, grume, plume, écume*, den gelehrten Wörtern *bitume, posthume, rhume, volume*, sowie in *amertume, coutume, enclume*, bei welchen es zweifelhaft ist, ob im Etymon *û* vor einfacher oder (durch romanischen Vokalausfall) vor mehrfacher Konsonanz stand ¹).

Langes *u* hat nach Sachs das einzige Lehnwort *légume*.

Nach Lesaint (p. 441) hat die Endung *-ume* stets kurzen Tonvokal.

δ^{II}) Vor silbenanlautendem Nasal *n* finden sich die folgenden Vokale:

Hohes *a*: halblang in den Lehnwörtern auf *-ane*, wie *cabane, cane* (ndl. kaan), *chicane, courtisane, organe, pertuisane, plane, profane, soutane, tisane* u. a. m. — nach Lesaint (p. 414) mit kurzem *a*.

Kurzes *a* hat nach Sachs nur das zu dem neufrz. Masculinum *paysan* (afrz. païsant) geformte Femininum *paysanne*.

Der Diphthong *oi* besteht aus halblangem tiefen *a* mit Vorschlag von *o* in den Wörtern auf *-oine*, wie *Antoine, avoine, chanoine, macédoine, moine, patrimoine, pivoine* u. a. m.

Lesaint (p. 432) bestimmt den Diphthong *oi* hier ausnahmslos als kurz.

Halboffenes *e*: lang in *baleine, halcine, pleine, sereine, veine, verveine, aveine*, in *domaine* und allen Femininis auf *-aine*,

---

¹) vgl. Romania VII, 365 u. 593.

wie *aine, aquitaine, aubaine, bedaine, bourdaine, centaine, cinquantaine, daine, dizaine, douzaine, fontaine, futaine, graine, huitaine, laine, naine, plaine, raine, saine, semaine, vaine, certaine, foraine, hautaine* u. a. m., sowie in *capitaine*; ferner in den Wörtern, in welchen der heutige Tonvokal aus zwei früher im Hiatus befindlichen Vokalen durch reciproke Assimilation oder Unterdrückung des vortonigen Hiatusvokals hervorgegangen ist, wie in *faine* (afr. faīne), *gaine* (afr. gaīne), *reine* (afr. reīne), *seine* (afr. saëne, seīne), *traine* (von traîner aus traīner), *haine* (afr. haīne), *chaine* (afr. chaīne und chaeine); halblang in *peine*, in den Femininis der zahlreichen (volkstümlichen und gelehrten) Adjektiva und Substantiva auf *-ien* (= iānum), wie *ancienne, chrétienne, citoyenne, doyenne, égyptienne, indienne, magicienne, méridienne, moyenne, païenne, parisienne, persienne* u. a. m.; in den Femininis *chienne, mienne, tienne, sienne, raurienne*, sowie in den Lehnwörtern und fremden Eigennamen auf *-ène*, z. B. *arène, cène, ébène, hétérogène, hyène, murène, obscène, scène, sirène, Antisthène, Melpomène* u. a. m.; kurz in *étrenne* (strēna, nach Littré im 12., 13., 14., 15. und noch im 16. Jahrh. *estraine*, im 15. Jahrh. auch *estrainne* und *estrene*, im 16. Jahrh. auch *estrenne* geschrieben), in dem Eigennamen *Andrienne* (Aussprache nach Malvin-Cazal und Littré angegeben), in *garenne* (zu garer) und dem Fremdwort *renne* (schwed. ren).

Nach Lesaint (p. 419) haben, ausser *haleine, reine, Seine*, alle Wörter auf *-eine* kurzen Tonvokal, ebenso alle Wörter auf *-aine* (p. 411), ausser *haine, chaine, gaine, traine*, desgleichen alle Wörter auf *-enne*, während bei den Lehnwörtern auf *-ène* seine Angaben schwanken.

I: halblang in allen (volkstümlichen und gelehrten) Wörtern auf *-ine*, z. B. *aubépine, épine, fine, hermine, mine, colline, courtine, cousine, cuisine, doctrine, enfantine, farine, géline, origine, poitrine, racine, voisine* u. a. m.; nach Lesaint (p. 429) sämmtlich mit kurzem *i*.

Der Diphthong *ui* hat halblanges *i* in *bruine, aluine, pruine, ruine*.

Geschlossenes *o*: lang in den Lehnwörtern *amazone* (Aussprache nach Littré angegeben), *cône* und *trône* (afr. tron, trone und trosne); ferner in *prône* (für *préone* von praeconium) und *Saône* (lat. Saucōna); Aussprache nach S. Dupuis angegeben, in welchen ein vortoniger Hiatusvokal geschwunden ist.

Offenes *o*: halblang in dem Femininum *lionne* und, ausser den oben mit geschlossenem *o* angegebenen, in allen Lehnwörtern auf *-one*, wie *anémone, heptagone, matrone, monotone, none, polygone* u. a. m.; — kurz in *Yonne* (lat. Icauna), in den Femininis *bonne, couronne, personne*, sowie in den zu den Masculinis auf *-on* (= lat. -ōnem) gebildeten Femininformen, wie *baronne, bouffonne,* *bretonne, folichonne, friponne, hérissonne, mignonne, moutonne, patronne, piétonne, pigeonne, poltronne, pouponne, vigneronne* u. a. m.; ferner in *consonne, Sorbonne* und den Städtenamen *Bayonne, Barcelon(n)e, Lisbonne, Ratisbonne.*

Lesaint (p. 435) teilt der Mehrzahl der Lehnwörter auf -*one* und allen Wörtern auf -*onne* kurzen Tonvokal zu.

Geschlossenes *eu:* lang in *jeûne* (afr. *jeün*), in welchem sich ein vortoniges, im Hiatus befindliches *e* mit dem Tonvokal zu einem einheitlichen Laute verschmolzen hat.

U: halblang in sämmtlichen Femininis auf -*une*, wie *une, aucune, chacune, commune, fortune, importune, lune, prune* u. a. m.

Nach Lesaint (p. 441) hat die Endung -*une* ausnahmslos kurzen Tonvokal.

e^{II}) Vor silbenanlautenden stimmhaften Dauerlauten *ğ, v, s (z).*

Folgende Vokale sind hier zu behandeln:

Tiefes *a:* lang in Lehnwörtern auf -*ase*, wie *base, case, emphase, gaze, gymnase, phase, vase* u. a. m., sowie im Diphthong *oi* der Endung -*oise*, wie z. B. *antenoise, ardoise, armoise, bourgeoise, cervoise, framboise, toise, champenoise* u. a. m.

Hohes *a:* lang in *entrave* und sämmtlichen Lehnwörtern auf -*ave*, wie *bave, cave, concave, conclave, enclave, esclave, rave* u. a. m. In dem Lehnwort *brave* wird nach den meisten Orthoepisten nach dem Substantiv langes, vor dem Substantiv kurzes *a* gesprochen.

Lesaint (p. 418) giebt für die Endung -*ave* in diesen Wörtern kurzes *a* an.

Halboffenes *e:* lang in *aise, biaise, braise, fournaise, laize, mauvaise, niaise, seize, treize, anglaise, écossaise, française, lyonnaise* u. a. m., in den Lehnwörtern *dièse, parenthèse*, in *élève, lève*, in *fève, glaive, griève, sève.*

Halblanges halboffenes *e* hat *trêve*, nach Lesaint (p. 426) mit langem *e*, wenn das Wort allein steht, mit kurzem *e* dagegen in Redensarten wie *trêve de compliments* u. a., wo sein Wortaccent bedeutend geschwächt wird; den letzteren Fall hat auch offenbar Bernhard Schmitz im Auge, wenn er auf S. 31 seiner französischen Grammatik *trêve* unter den Wörtern mit ausnahmsweise kurzem Tonvokal aufführt.

I: lang in *assise, bise, cerise, devise, église, marquise, mise, prise, chemise, grise*, in dem Substantivsuffix -*ise*, z. B. *bâtardise, bêtise, cagnardise, convoitise, couardise, feintise, franchise, maîtrise, marchandise* u. a.; ferner in Lehnwörtern, wie *analyse, crise, précise* u. a., in *cive, convive, dérive, dive, lessive, olive, rive, salive, vive* und allen übrigen (volkstümlichen und gelehrten) Femininis auf -*ive* (lat. -īva), wie *active*, *craintive*, *fugitive*, *hâtive*, *inventive*, *naïve*, *oisive*, *pensive*, *tardive* u. a. m.

Der Diphthong *ui* hat langes *i* in *juive*.

Geschlossenes *o*: lang in *alose*, *chose*, *clause*, *enclose*, *pause*, *pose*, *rose* und Lehnwörtern auf *-ose*, wie *apothéose*, *cause*, *dose*, *glose*, *métamorphose*, *prose* u. a.

Offenes *o*: lang nur in Lehnwörtern, wie *toge*, *doge* u. a., nach Lesaint (p. 432) haben derartige Wörter kurzen Tonvokal.

Geschlossenes *eu*: lang in *yeuse* und allen Femininis auf *-euse* (= lat. -ōsa), wie *affreuse*, *amoureuse*, *boiteuse*, *boueuse*, *calleuse*, *dédaigneuse*, *généreuse*, *heureuse*, *neigeuse*, *baigneuse*, *brodeuse*, *chanteuse*, *fileuse*, *pleureuse* etc.

Offenes *eu*: lang in *épreuve*, *fleuve*, *preuve*, *neuve*, *veuve*; Lesaint (p. 426) setzt für *fleuve*, *épreuve*, *veuve* kurzen Tonvokal an.

Ou: lang in *douze*, *épouse*, *jalouse*, *pelouse*, *ventouse*, *Toulouse*, sowie in *douve* und *louve*; die beiden zuletztgenannten nach Lesaint (p. 440) mit kurzem *ou*.

U: lang in allen (volkstümlichen und gelehrten) Wörtern auf *-use*, wie *confuse*, *diffuse*, *écluse*, *muse*, *profuse*, *ruse* u. a.; ferner in *cuve*, *étuve* und den Lehnwörtern *centrifuge*, *fébrifuge*, *muge*. Nach Lesaint (p. 443) ist der Tonvokal der Wörter auf *-uce* ausnahmslos kurz, denjenigen der Wörter auf *-uge* (p. 441) bezeichnet er als „presque bref".

ζ^{II}) Vor silbenanlautenden stimmhaften Momentanlauten *b*, *d*, *g*.

Hier finden sich folgende Vokale:

Tiefes *a*: lang in dem Fremdwort *rade* (dtsch. reede), den zahlreichen Lehnwörtern auf *-ade* (= lat. -āta), wie z. B. *accolade*, *aiguade*, *ambassade*, *aubade*, *ballade*, *barricade*, *brigade*, *camarade*, *estrade*, *façade*, *gambade*, *œillade*, *parade*, *poivrade* u. a. m., sowie in dem etymologisch zweifelhaften *fade*.

Hohes *a*: lang in dem aus dem Germanischen stammenden *vague* (ahd. wâc) und anderen Lehnwörtern auf *-ague*;

halblang in den Lehnwörtern auf *-abe*, wie *astrolabe*, *crabe*, *syllabe* u. a.

Lesaint (p. 408—410) teilt allen Wörtern auf *-ade*, *-ague*, *-abe* (ausser *crabe*) kurzen Tonvokal zu.

Halboffenes *e*: lang in dem aus dem Germanischen stammenden *laide*, sowie in den Lehnwörtern auf *-ède* und *-ègue*, z. B. *collègue*, *bipède*, *intermède*, *remède* u. a.

Lesaint (p. 419) bestimmt den Tonvokal der Endung *-ède* als kurz.

I: lang in den Lehnwörtern auf *-ibe*, z. B. *scribe*, in den ursprünglich germanischen Wörtern *bride*, *guide*, *ride* und den zahlreichen Lehnwörtern auf *-ide*, z. B. *acide*, *aride*, *avide*, *candide*, *fratricide* u. a. m., sowie in den Lehnwörtern auf *-igue*, z. B. *figue, ligue, intrigue* u. a. Nach Lesaint (p. 427, 428) sämmtlich mit **kurzem** Tonvokal.

Offenes *o*: **halblang** in den aus dem Germanischen entlehnten Wörtern *bogue, vogue*, den Fremdwörtern auf *-ogue*, wie *analogue, catalogue, dialogue, épilogue, prologue* u. a., den Fremdwörtern auf *-ode*, wie *code, commode, épisode, méthode, mode, période* u. a., sowie in dem Fremdwort *globe*;

kurz in dem aus dem Germanischen stammenden *robe* (mlat. rauba, ahd. roubôn) und *garde-robe*, sowie in den Fremdwörtern *lobe* und *probe*. Lesaint (p. 431, 432) bestimmt den Tonvokal der Endungen *-ogue, -ode, -obe* als **kurz**.

U: **lang** in *jujube* und den Lehnwörtern auf *-ube*, wie *cube, incube, tube* etc., in dem Fremdwort *fugue* dagegen **halblang**; ferner **lang** in den zahlreichen Lehnwörtern auf *-ude*, wie *amplitude, attitude, étude, latitude, rude, solitude* u. a. m.

Nach Lesaint (p. 440, 441) haben die Endungen *-ube* und *-ude* **kurzen** Tonvokal.

η^{II}) **Vor silbenanlautenden stimmlosen Konsonanten**, *ch, qu, p, t*, finden sich folgende Vokale (vgl. hierzu S. 28, η^I):

Tiefes *a*: **halblang** in gelehrten Wörtern auf *-ate*, wie *acrobate, aristocrate, aromate, béate, délicate, disparate, démocrate, immédiate, ingrate, pénate, pirate, renégate, scélérate* u. a. m. Lesaint (p. 416) setzt für diesen Fall **kurzen** Tonvokal an.

Hohes *a*: **kurz** in Lehn- und Fremdwörtern, auch ursprünglich germanischen, auf *-aque, -afe, -ape, -ate*, wie *braque, agrafe, étape, rate* u. a. m.; *antidate, automate, cravate, frégate, savate*.

Halblanges hohes *a* giebt Sachs den Fremdwörtern *gouache, cloaque, démoniaque, pape, croate, date, plate*; nach Lesaint (p. 408 bis 416) sämmtlich mit **kurzem** Tonvokal.

Der Diphthong *oi* hat nach Sachs **halblanges** hohes *a* in dem Femininum *coite*; nach Lesaint (p. 433) »douteux«.

Halboffenes *e*: **lang** in gelehrten Wörtern auf *-ète* und *-èque*, z. B. *athlète, diète, complète, replète, planète, prophète, poète* (in der gewöhnlichen Rede nach Sachs mit **halblangem**, ganz **offenem** *e*), *bibliothèque, extrinsèque, obsèques* u. a. m.

Halblang in den Lehnwörtern auf *-èfe (-effe)*, in dem gelehrten Femininum *grecque*, dem Femininum *griéche*, und dem ursprünglich germanischen *tette*;

kurz in dem etymologisch zweifelhaften *pecque* (Fem. zu afr. pec, nach Diez WB. von lat. pecus), sowie in dem fremden Städtenamen *Mecque*.

Nach Lesaint (p. 418—424) haben *grièche, grecque* und *tette* kurzen Tonvokal, ebenso die Wörter auf *-èque* und, ausser *interprète* und *prophète*, auch die Wörter auf *-ète*.

I: halblang in den Lehnwörtern auf *-iche, -ife, -ique, -ipe, -ite*, auch in denjenigen, welche aus dem Germanischen stammen, wie *riche, nique, ripe, bitte, mite* u. a. m. Nach Lesaint (p. 427—430) haben, ausser *biche*, die Wörter auf *-ife, -iche, -ique, -ite* kurzen Tonvokal.

Offenes *o*: kurz in Lehnwörtern auf *-oche, -oque, -ote (-otte), -ophe (-offe)*, z. B. *croche, coque, époque, réciproque, compote, note, vote, carotte* etc., sowie in dem etymologisch zweifelhaften *enveloppe*;

halblang in sämmtlichen Lehnwörtern auf *-ope (-oppe)*, wie *chope, échoppe, nope, heliotrope, misanthrope* u. a., sowie in den Lehnwörtern *patriote, compatriote, galiote*; nach Lesaint (p. 435 und 436) sämmtlich mit kurzem *o*.

Ou: halblang in Lehnwörtern auf *-oupe, -ouche, -oute*, wie in den aus dem Germanischen entlehnten *soupe, touche, boute*, u. a. m.; nach Lesaint (p. 437), ausser *touche*, sämmtlich mit kurzem Tonvokal.

U: kurz in dem gelehrten Femininum *brute*;

halblang in den Lehnwörtern auf *-uche, -uque, -ute*, z. B. *fanfreluche, caduque, perruque, dispute, minute, volute*; ferner in *culbute* und den Lehnwörtern auf *-upe*. Lesaint (p. 440—442) giebt überall kurzes *u* an.

Langes *u* hat *flûte* (afr. flaûte), in welchem ein vortoniger Hiatusvokal vor dem Ton unterdrückt worden ist, dem ebenso gebildeten *chute* (afr. cheûte) giebt Sachs dagegen halblanges *u*. Nach Lesaint (p. 442) ist für *flûte* langes, für *chute* kurzes *u* anzusetzen. Der Unterschied in der Aussprache dieser beiden Wörter ist offenbar durch die Orthographie verursacht; *chute*, dessen, ihm in Folge des angedeuteten Vokalausfalls zukommende, Länge nicht durch den Cirkumflex geschützt war, wurde analogisch zu den übrigen Wörtern auf *-ute* geschlagen.

Die Zusammenstellung dieser Beispiele ergiebt unter alleiniger Berücksichtigung der Erbwörter für die Tonvokale vor solchen silbenanlautenden Konsonanten, welche auf lateinische einfache Konsonanz zwischen Vokalen zurückgehen, folgende Resultate:

1) Vor ursprünglich einfachem *l* sind die neufrz. Vokale kurz oder halblang. Ausnahmen bilden *goule*, sowie *gueule, meule, seule, veule*. Die letzteren werden jedoch in ihrer Gültigkeit dadurch erschüttert, dass Lesaint hier überall kurzen Tonvokal angiebt, dass ferner das Kompositum von *gueule*: *bégueule* (ebenso wie die Wörter auf *-cule* = lat. -ŏla) von Sachs mit halb-

langem Tonvokal versehen ist, dass endlich die angegebenen Wörter auf -*eule* offenes *eu* haben und offenen Vokalen (wie sich im Laufe dieser Untersuchung herausstellen wird), ausser vor *r*, in den meisten Fällen Kürze oder wenigstens mittlere Länge zukommt.

Bezüglich der Vokale *i, ou, u* sei bereits hier bemerkt, dass dieselben selten als ganz entschiedene Kürzen auftreten[1]); ihre vorwiegend mittlere Quantität erklärt sich daraus, dass sie bei ganz kurzer Aussprache den ihnen eigentümlichen Klang verlieren (wie dies in deutschen Mundarten vielfach zu beobachten ist), und dass *i* zu geschlossenem *e, ou* zu geschlossenem *o, u* zu geschlossenem *eu* werden würden; anders bei *a, o, eu*, bei welchen die Quantitätsunterschiede mit Qualitätsunterschieden Hand in Hand gehen [2]).

2) Vor ursprünglich einfachem *r* sind alle Vokale lang; dabei haben *e, o, eu* offenen Laut. Für das 16. Jahrhundert dagegen bezeugt Th. Beza (l. c. p. 85) Kürze des *u* in Wörtern wie *nature, voiture*.

3) Vor ursprünglich einfachem *m* sind die Tonvokale kurz oder halblang; Ausnahme bildet *i*, doch spricht gegen die Gültigkeit derselben der Umstand, dass Lesaint hier kurzen Tonvokal angiebt, sowie dass *u*, welches fast durchweg gleiche Behandlung wie *i* zeigt, hier von Sachs als halblang bezeichnet ist.

4) Vor ursprünglich einfachem *n* sind die Tonvokale kurz oder halblang; Ausnahmen: die Wörter auf -*eine* und -*aine*, doch fällt hierbei auf, dass Lesaint den Tonvokal dieser Wörter als kurz erklärt, sowie dass Sachs dem gleichgebildeten *peine* halblangen und dem ebenfalls gleichgebildeten, aber seit dem 16. Jahrhundert mit abweichender (phonetischer) Orthographie auftretenden *étrenne* kurzen Tonvokal zuteilt. Dubroca (l. c. p. 362) bezeichnet den Tonvokal der Wörter auf -*aine* und -*eine* als »douteux« und wirft dabei dem Abbé d'Olivet (1755) vor, dass dieser die Tonvokale hier mit Unrecht als kurz bezeichne, doch findet sich in dem citierten Traité des Abbé d'Olivet, p. 58, -*aine* ebenfalls als »douteux« angegeben. Diez giebt (Gr. I[4]. 496) das *ai* in *fontaine* als zweifelhaft, (p. 498) das *ei* in *haleine, pleine, veine* als Kürze an; nach Ploetz (l. c. p. 59) haben die Endungen -*eine, -aine* langes offenes *e*, nach Benecke (l. c. p. 16) wird das offene *e* derselben (ausser den unten näher zu bezeichnenden Ausnahmen) nicht gedehnt [3]); für das 16. Jahrhundert bezeugt Th. Beza [4]) Kürze des *ai*

---

[1]) vgl. Ploetz, System. Darstellung der französischen Aussprache, S. 35. — A. Benecke, Franz. Aussprache, 2. Aufl., S. 50.

[2]) vgl. auch Thurot, l. c. p. 1, Anm. 2.

[3]) vgl. hierzu Benecke, l. c. p. 168 Bemerkung 6 über das Schwanken der Quantität in gewissen Endungen mit offenem *e*.

[4]) l. c. p. 89, daselbst wird auch das *i* der Endung -*ine*, sowie p. 86 des *u* in *fortune* als Kürze bezeichnet.

der weiblichen Endung -*aine* durch seine Notation: *haultaine* — ⌣⌣, und Lanoue (1696) unterscheidet Wörter wie *chaine*, *enchaine*, *déchaine* mit **langem** Tonvokal von den übrigen auf -*aine*, wie *mondaine*, *semaine* u. a. mit **kurzem** (Thurot, l. c. p. 499).

Hiernach scheint soviel festzustehen, dass das *ai* (*ei*) der fraglichen Endung mit seinem Ende des 16. Jahrhunderts[1]) erfolgten vollständigen Uebergang zum Monophthong *è*, dem allgemeinen Zug der Vokale vor *n* folgend, **Kürze** annahm, dass sich jedoch in neuerer Zeit das Bestreben zeigt, volltönende Vokale in offener Silbe auch vor *n* zu dehnen.

Ueber die seit dem Ende des 13. Jahrhunderts im Französischen sich zeigenden Kürzungen lateinischer Längen (wie *couronne* u. a.) vgl. unten Seite 61 und 62.

Ueber die Länge des *o* in *tróne* vgl. unten Seite 36. Dafür, dass die Form *trone* im Altfranzösischen des 13. u. 14. Jahrhunderts vermutlich auch kurzes *o* hatte, scheinen Reime zu sprechen, wie *trone : bone*; *personne : trone* [2]).

5) Vor den stimmhaften Dauerlauten *v* und *s* (*z*) sind alle Vokale **lang**; Ausnahme bildet *trève*. Lesaint giebt für die Endungen -*euve*, -*ouve*, -*uve* kurzen Tonvokal an. Vor dem Dauerlaut *g* haben langes offenes *o* die Lehnwörter auf -*oge*.

6) **Stimmhafte Momentanlaute** aus lateinischer einfacher Konsonanz kommen ausser in *jujube* mit **langem** *u* nur in gelehrten und aus nichtlateinischen Sprachen stammenden Wörtern vor; die Tonvokale sind hier, ausser offenem *o*, meistens **lang**; nach Lesaint dagegen sämmtlich kurz.

7) **Stimmlose Konsonanten** aus lateinischer einfacher Konsonanz zwischen Vokalen sind der Lautlehre nach nur in fremden Wörtern möglich; von Erbwörtern sind lautlich unregelmässig gebildet *coite* und *chute* mit **halblangem**, *flûte* mit **langem** Tonvokal. Im Uebrigen sind die Tonvokale hier meistens **kurz** oder **halblang**.

8) In sämmtlichen hier aufgeführten Fällen sind **lang** die Tonvokale derjenigen Wörter, in welchen ein **vortoniger, früher zum Tonvokal im Hiatus befindlicher Vokal** entweder vor jenem geschwunden oder mit demselben zu einem einheitlichen Laute verschmolzen ist. Eine Ausnahme bildet *chute*.

β[1]) Im Lateinischen oder durch romanischen Vokalausfall folgten auf den Tonvokal zwei Konsonanten, von welchen sich der erste vokalisierte und mit dem Tonvokal zu einem (altfranzösischen) Di-

---

[1]) vgl. F. Lütgenau, Jean Palsgrave, Bonn, Diss. 1880, S. 29.
[2]) Mitgeteilt von O. Faulde in Zeitschr. für rom. Phil. IV, 567.

phthong verband. Dieser Diphthong ist entweder durch reciproke Assimilation *(ai, au)* der beiden Komponenten oder durch Accentwechsel *(oi, ui)* zu einem einfachen Vokal (ohne oder mit halbvokalischem Vorschlag) geworden. Der zweite, nicht vokalisierte Konsonant blieb entweder in seiner ursprünglichen Intensität bestehen, oder er war bereits vor der Vokalisierung des ersten mit folgendem palatalen *i* zu Einem Laute verschmolzen.

Der neufranzösische Vokal befindet sich:

α^{II}) Vor silbenanlautender Liquida *l*.

Halboffenes *e:* lang in *frêle* (afr. fraile).

Geschlossenes *o:* lang in *épaule, Gaule, saule, tôle* (tabula).

Offenes *o:* kurz in *grolle* (nach Diez, WB. IIc, aus grācula = grac'la, graule, grole).

β^{II}) Vor silbenanlautender Liquida *r:*
Offenes *e:* lang in *braire, faire, plaire, taire, traire.*

I: lang in *lire, élire.*

I des Diphthongs *ui:* lang in *bruire, conduire, construire, déduire, détruire, enduire, luire, nuire, réduire, reluire, instruire* u. a.

γ^{II}) Vor silbenanlautendem Nasal *m:*
Geschlossenes *o:* lang in *baume, chaume, échome* (ital. scalmo, lat. scalmus), *paume, psaume, royaume.*

Offenes *o:* kurz in *somme* (ml. salma, gr. sagma).

δ^{II}) Vor silbenanlautendem Nasal *n:*
Geschlossenes *o:* lang in *aune* und *jaune, béjaune.*

ε^{II}) Vor silbenanlautenden stimmhaften Momentan- und Dauerlauten:

Tiefes *a:* lang in *charade*[1].

Halboffenes *e*; lang in *aide* und *raide.*

Geschlossenes *o:* lang in den mit dem Suffix *-aude* (dtsch. -ald-a) gebildeten Femininis, wie *courtaude, crapaude, grimaude, lourdaude, maraude, noiraude, pataude, ribaude* u. a.; ferner in *chaude, émeraude, laude; aube; auge, sauge; chauve, mauve, sauve.*

I: lang in *vide* (afr. vuide).

Geschlossenes *eu:* lang in *leude* (nach Diez, WB. IIc, von lĕvita?).

---

[1] Nach W. Foerster (Zeitschr. für rom. Phil. III, 263) = *charaude* = *charaute* von *caracta.

Ou: lang in *consoude, soude; bouge.*

Hohes *a* des Diphthongs *oi:* halblang im Femininum *froide.*

ζ*II*) Vor silbenanlautenden stimmlosen Momentan- und Dauerlauten.

Halboffenes *e*: lang in *laite, défaite;*

halblang in *entrefaites, parfaite, traite, retraite;* in *faisse* (fascia), *fraisse* (*fraxa), *laisse* (zu laisser, laxare).

Lesaint (p. 412) bestimmt den Tonvokal der Endung *-aite* als kurz; ebenso den des Substantivs *laisse,* der der übrigen Wörter auf *-aisse* ist nach ihm halblang anzusetzen.

I: halblang in *dite, élite;* ebenso das *i* des Diphthongs *ui* in *cuisse, cuite, duite, suite, truite, conduite, poursuite, fuite;* nach Lesaint (p. 430) sämmtlich mit kurzem Tonvokal.

Geschlossenes *o*: lang in *faute, haute, saute, maltôte* (afr. mal-tolte); *saupe, taupe; Beauce, fausse, hausse, chausses, sauce.*

Ou: lang in *douce, pouce; voûte;*

halblang in *coupe* (s. v. zu couper), in *soute, absoute, dissoute, résoute;* in *pousse* (s. v. zu pousser, pŭlsare), in *fouque* (fŭlica) und dem halbgelehrten *houque* (holcus), sowie in *couche.*

Nach Lesaint (p. 439, 440) haben die Endungen *-oupe, -ouque, -oute* kurzen, dagegen *pousse* langen Tonvokal, ebenso wie *couche.*

Hohes *a* des Diphthongs *oi:* kurz in *droite, étroite, adroite;* nach Lesaint (p. 443) ebenfalls kurz.

Diese Zusammenstellung ergiebt folgendes Resultat:

1) Vor sämmtlichen Konsonanten sind lang diejenigen Vokale, welche auf altfranzösische Diphthonge zurückgehen, die ihrerseits aus Vokal + vokalisiertem *l* entstanden sind; Ausnahmen bildet der Vokal *ou* (aus *o* + *l*) vor stimmlosen Konsonanten, doch folgen *douce, pouce* und *voûte,* dessen Länge durch einen früher eingeführten Cirkumflex geschützt ist, der allgemeinen Regel.

2) Die aus Diphthongen anderen Ursprungs hervorgegangenen neufranzösischen Vokale sind vor *l, m* (*n* kommt nicht vor), sowie vor stimmlosen Momentan- und Dauerlauten kurz oder halblang, vor *r* und vor stimmhaften Momentan- und Dauerlauten lang; Ausnahmen sind *frêle* und *tôle* mit langem, *froide* mit halblangem Tonvokal. Die Ausnahmen *laite* und *défaite* werden dadurch zweifelhaft, dass Sachs der Mehrzahl der gleichgebildeten Wörter halblangen Tonvokal zuweist, und dass ausserdem Lesaint die Endung *-aite* gerade dieser Wörter als kurz bezeichnet.

β) Tonvokale vor solchen (silbenanlautenden) einfachen Konsonanten, welche aus früherer Konsonantengemination oder aus mehrfacher Konsonanz hervorgegangen sind; letztere bestand entweder schon im Lateinischen, oder sie wurde durch romanischen Vokalausfall oder durch den im Romanischen erfolgten Uebergang eines auf lateinischen einfachen Konsouanten folgenden unbetonten Hiatusvokals (sogen. palatales *i*) in einen zweiten Konsonanten verursacht.

Es finden sich hier:

a[I]) vor silbenanlautender Liquida *l*:

Tiefes *a*; lang in *pâle*.

Hohes *a*: kurz in dem unregelmässig gebildeten *espale* (spátula, neben *épaule*) und dem Lehnwort *galle* (lat. galla).

Halboffenes *e*: kurz in dem Lehnwort *gabelle*; halblang in *belle, celle, elle, selle* und den zahlreichen übrigen Femininis auf -*elle* (= lat. -ĕlla und -ĭlla), wie *agnelle, airelle, aisselle, alumelle, bardelle, cervelle, chapelle, colombelle, demoiselle, dentelle, ecuelle, étincelle, faisselle, gemelle, mamelle, morelle, nielle, nouvelle, truelle, vielle* u. a.; ferner in *chandelle, querelle* und den Lehnwörtern *rebelle, séquelle, tutelle*.

Das ebenfalls hierher gehörige *moelle* (umgestellt aus me-ole) wird nach der Mehrzahl der Orthoepisten mit halblangem hohem *a* gesprochen; die Aussprache mit halboffenem *e* bezeichnet Sachs als veraltet; ebenso verhält es sich mit *poêle*. — Lang in *prêle* (asperella). Nach Lesaint (p. 720) hat die Endung -*elle* ausnahmslos kurzen Tonvokal.

I: halblang in *mille, ville* und dem Lehnwort *tranquille*.

Nach Lesaint (p. 428) ist hier kurzer Tonvokal anzusetzen.

Geschlossenes *o*: lang in *rôle* (ital. rotolo und rullo, prov. rotle, rolle; nach Littré ist die französische Form vom 14. bis 16. Jahrhundert vorwiegend *roole* oder *roolle*).

Offenes *o*: kurz in *colle* (colla) und den Femininis *folle* und *molle*.

Ou: lang in *boule, coule, foule, moule, poule, ampoule, ciboule*, sowie in dem Femininum *soule* (satŭlla).

Nach Lesaint (p. 438) ist für *soûle* langer, für die übrigen Wörter kurzer Tonvokal anzusetzen.

U: kurz in den Lehnwörtern *mulle* und *bulle*; halblang in dem Femininum *nulle* (nülla), welches nach Lesaint (p. 441) kurzen Tonvokal hat.

β[II]) Vor silbenanlautender Liquida *r*:

Tiefes *a*: lang in *carre* (zu carrer = quadrare), *escarre, marre* (lat. marra), *barre* (ital. barra), *Navarre* und dem Lehnwort *bizarre*; im Diphthong *oi* in: *boire, croire, accroire*.

Offenes e: lang in *équerre* (s. v. zu équerrer = exquadrare), *erre, lierre, pierre, serre, terre, guerre, tonnerre* (afr. toneire, tonoire), *verre* (afr. veire, voire); *arrière, derrière, entière, araire, frère, mère, père, raire, repaire*, sowie in *chaire* (afr. chaëre).

I: lang in *circoncire, confire, dire, redire* etc., *écrire, frire, rire*.

Offenes eu: lang in *beurre* und *leurre*.

Ou: lang in *bourre, courre, recourre*, und in *roure* (afr. robre, rouvre).

U: lang in *conclure*.

γ¹) Vor silbenanlautendem Nasal *m:*

Tiefes a: lang in *âme*, sowie nach den meisten Orthoepisten in *flamme* (nach Littré giebt Sachs für alle Fälle halblanges hohes *a* hier an, nach Malvin-Cazal soll im eigentlichen Sinne kurzes hohes *a*, im figürlichen Sinne langes tiefes *a* gesprochen werden).

Hohes a: halblang in *dame, femme, lame* (lamina), nach Lesaint (p. 64 und 412) mit kurzem *a*.

Halboffenes e: kurz in *gemme* (Aussprache von Sachs nach Littré und Lesaint angegeben).

Offenes o: kurz in *homme, somme* (summa und somnum), sowie in dem Lehnwort *gomme*.

δ¹) Vor silbenanlautendem Nasal *n:*

Hohes a: halblang in *plane* (platanus), nach Lesaint (p. 414) mit kurzem Tonvokal anzusetzen; in *couenne* (ital. cotenna) schwankt die Aussprache, man spricht teils halblanges hohes *a*, teils halblanges halboffenes *e;*

kurz in *banne* (ital. benna, afr. benne aus dem Kelt.), *manne* (ndl. mand; nach Livet, les grammairiens au XVI. siècle, p. 490, im 16. Jahrhundert auch *mande* geschrieben), in *panne* und dem Lehnwort *canne*.

Halboffenes e: kurz in *benne* (it. benna) und *penne* (lat. penna, afrz. pene und penne).

I: kurz in *pinne* (lat. pinna).

Offenes o: kurz in *colonne, nonne, tonne* (ahd. tunna), *Garonne;*

halblang in *automne*, nach Lesaint (p. 435) mit kurzem *o* anzusetzen.

Geschlossenes o: lang in *aurone* (nach Bescherelle, wie Sachs angiebt, auch *auronne* geschrieben und mit kurzem offenen *o* gesprochen) und *Rhône*.

Offenes *eu:* kurz in *jeune* (jŭvenem).

ε¹) **Vor silbenanlautenden stimmhaften Momenten- und Dauerlauten:**
Tiefes *a:* lang in *malade, sade, maussade* und in *âge.*

Hohes *a:* halblang in *cage, gage, nage, plage, rage, sage*, dem Lehnwort *naufrage* und den zahlreichen mit dem Suffix-*age* (-aticum) gebildeten Wörtern, wie *avantage, bavardage, branchage, breuvage, carnage, chauffage, cirage, cordage, courage, davantage, dommage, étage, feuillage, fromage, fruitage, hommage, langage, mariage, message, ouvrage, voyage* u. a. m., ferner in *image* und *page* (pāgina).
Lesaint (p. 409) bezeichnet den Tonvokal der Endung -*age* ebenfalls als halblang.

Geschlossenes *e:* lang in *piége, allége* (zu alléger, mlat. alleviare), *liége, siége*, sowie in den Lehnwörtern *cortége, manége, collége, privilége, sacrilége, sortilége.*

Halboffenes *e:* lang in *tiède, neige* und dem veralteten *pleige.*

I: lang in *lige, tige* und Lehnwörtern auf -*ige*, wie *litige, prestige, prodige, vestige.*

Offenes *o:* lang in *loge* und Lehnwörtern wie *éloge, horloge.*

Ou: lang in *rouge* und *coude.*

U: lang in *déluge* und *juge.*

ζ¹) **Vor silbenanlautender stimmloser Sibilans ss (ç):**
Tiefes *a:* lang in *châsse* (capsa), *grâce, disgrâce*;
halblang in *basse* (fem. bassa), nach Lesaint (p. 415) mit langem *a.*

Hohes *a:* lang in *besace, espace, face, glace, menace, place, trace* und den Lehnwörtern *agace, Alsace, audace, bonace, contumace, coriace, dédicace, efficace, grimace, limace, populace, rosace, rapace, tenace, villace, vivace, vorace* etc., sowie in den Femininis *casse* (quassa) und *lasse* (lassa) und dem Lehnwort *tasse.*

Halblang in *casse* (s. v. zu casser), *crasse, grasse, masse, passe, repasse, impasse, nasse* (lat. nassa, nach Sachs auch mit tiefem langen *a* gesprochen), den Lehnwörtern *casse* (capsa) und *classe*, den fremden Eigennamen *Parnasse* und *Tasse*, ferner in *brasse, masse* (matea), *échasse* (ndl. schaats), sowie in den mit dem Suffix -*asse* (oder -*ace* = lat. -aceum, -acea, vgl. Diez, Gr. II⁴, 315 und 316) gebildeten Erbwörtern und Lehnwörtern, wie *bagasse, bécasse, canasse, cognasse, crevasse, cuirasse, filasse, mélasse, molasse, paillasse, paperasse, pinasse, terrasse, bonasse, mollasse* u. a. m., sowie *fouace*;
kurz in *chasse* (s. v. zu chasser).

Nach Lesaint (p. 408) und nach Dubroca haben die Wörter auf

-ace, ausser grâce und espace, sämmtlich kurzes a; von den Wörtern auf -asse haben nach Lesaint (p. 415) langes a: basse, casse, châsse, classe, échasse, impasse, masse (matea), nasse, passe, tasse, grasse, lasse, sowie die Verbalendung -asse, -assent; alle übrigen haben kurzes a.

Hohes a des Diphthongs oi ist lang in paroisse; halblang in angoisse, poisse.

Lesaint (p. 433) bezeichnet hier die Quantität des Diphthongs oi als »douteux«.

Halboffenes e: lang in nièce, pièce und dem Lehnwort espèce;

halblang in pesse (pīcea), vesse, adresse (s. v. zu adresser), détresse, in den weiblichen Abstractis auf -esse (= lat. -ĭtia, vgl. Diez, Gr. II⁴, 364), wie altesse, caresse, délicatesse, faiblesse, finesse, gentillesse, hardiesse, hautesse, ivresse, jeunesse, noblesse, paresse, prouesse, richesse, sagesse, vieillesse u. a. m.; ferner in abaisse, caisse (capsa), épaisse, graisse, cesse, confesse, compresse, messe, presse, fesse, professe, promesse, sowie in den weiblichen Substantiven auf -esse (= lat. -ĭssa, vgl. Diez, Gr. II⁴, 370), wie abbesse, ânesse, déesse, duchesse, maîtresse, prêtresse, princesse, prophétesse, tigresse, traîtresse, chasseresse, comtesse, hôtesse, pécheresse u. a.;

kurz in dem gelehrten Femininum expresse.

Nach Lesaint (p. 418) hat die Endung -èce, ausser dem fremden Ländernamen Grèce, kurzen Tonvokal; von den Wörtern auf -esse haben nach Lesaint (p. 423) langen Tonvokal nur: abbesse, cesse, compresse, confesse, expresse, presse, professe, alle übrigen kurzen. Den Wörtern auf -aisse teilt Lesaint (p. 412) langen Tonvokal zu, ausser laisse, dessen Tonvokal als Substantiv kurz, als Verbalform ›douteux‹ sein soll.

I: lang in épice, nice, lice (licium), vice und den zahlreichen Lehnwörtern auf -ice, wie artifice, avarice, bénéfice, caprice, édifice, exercice, hospice, injustice, maléfice, office, préjudice u. a. m.;

halblang in den mit dem Suffix -isse (= lat. -icia, vgl. Diez, Gr. II⁴, 317, 318) gebildeten Wörtern, wie coulisse, genisse, jaunisse, pelisse, réglisse, saucisse, in den aus dem Germanischen stammenden Wörtern bisse, éclisse, lisse, écrevisse und dem dem Italienischen entlehnten esquisse; i von ui in Suisse.

Nach Lesaint (p. 427 und 430) haben die Endungen -ice und -isse (ausser einigen Verbalendungen) kurzen Tonvokal.

Geschlossenes o: lang (nach den meisten Orthoepisten) in fosse; halblang in grosse (fem. grossa); Lesaint (p. 436) giebt beiden Wörtern langen Tonvokal.

Offenes o: halblang in noce und den Lehnwörtern négoce, précoce, atroce, féroce, sacerdoce;

kurz in *crosse*, in den aus dem Germanischen stammenden Wörtern *bosse, brosse, cosse, rosse* und den Fremdwörtern *carrosse, colosse, molosse*.

Nach Lesaint (p. 431 und 436) haben alle Wörter auf *-oce* und *-osse* (ausser *fosse* und *grosse*) kurzen Tonvokal.

Ou: lang im Femininum *rousse*;

halblang in *escousse, recousse, secousse, trousse* (s. v. zu trousser = tortiare) und den aus dem Deutschen stammenden *housse* (ahd. hulst, ml. hulcia) und *mousse*.

Nach Lesaint (p. 439) kommt den Wörtern auf *-ousse* (ausser *je pousse*) kurzer Tonvokal zu.

U: lang in *puce*;

halblang in den Lehnwörtern *astuce, prépuce, aumuce*, letzteres nach Sachs in der Schreibung *aumusse* mit kurzem *u* gesprochen.

Nach Lesaint (p. 440 und 442) hat die Endung *-uce* kurzen, *aumusse* dagegen langen Tonvokal.

η^I) Vor den übrigen (silbenanlautenden) stimmlosen Momentan- und Dauerlauten (vgl. hierzu S. 18, η^{II}):

Hohes *a:* kurz in *batte* (s. v. zu battre), in *datte* (dactylum), *jatte* (găbata), *natte* (matta), *chape* (cappa), *mappe* und *nappe* (mappa), in dem Lehnwort *pappe*, in *vache, tache* (ital. tacca; von Sachs nach Féline, Landais, Poitevin angegeben; S. Dupuis schreibt hier halblanges a vor), *attache* (s. v. zu attacher), *cache* (s. v. zu cacher), *ache* (ăpium), sowie in den mit dem Suffix *-ache* (vgl. Diez, Gr. II⁴, 314 und 316) gebildeten Erb- und Lehnwörtern, wie *barnache, bourrache, bravache, gamache, ganache, mordache, moustache, panache, patache, pistache, rondache*; ebenso in dem ursprünglich germanischen *hache* (prov. apcha).

Halboffenes *e:* halblang in *crèche* (prov. crepia, ahd. krippa), in *bette* (vlglat. Typus *betta?), *cette, dette, emplette, nette, recette, sagette, sujette*, sowie in den zahlreichen mit dem Suffix *-ette* (= vulgärlatein -ĭtta, vgl. Diez, Gr. II⁴, 373 und Romania VI, 247) gebildeten Femininis, wie *aigrette, aiguillette, allumette, alouette, amourette, amusette, bachelette, bandelette, belette, boursette, brunette, chambrette, chemisette, chevrette, doucette, maigrelette, molette, noisette, pierrette, roulette, sonnette, vignette* u. a.;

kurz in *sèche* (fem. sĭcca und sēpia; diese Aussprache giebt Sachs nach Mathieu, Dict. des rimes, an; in der Schreibung *seiche* = sēpia schreibt Sachs dagegen halblangen Tonvokal vor), dem ursprünglich deutschen *flèche*; ferner in den Femininis *fadette* und *girouette*.

Nach Lesaint (p. 418) hat *crèche* langen, *sèche* oder *seiche* und *flèche* kurzen Tonvokal, ebenso wie die Wörter auf *-ette* (p. 424).

Langes halboffenes *e* hat *prêche* (s. v. zu prêcher, afr. preechier von praedicare).

I: halblang in den mit dem Suffix *-iche* (= lat. -icia, vgl. Diez, Gr. II⁴, 318) gebildeten Wörtern, wie *babiche, barbiche, caniche,* *lévriche*, *pouliche*, *corniche*, dem Lehnwort *postiche*, in *chiche* und *chique* und dem gelehrten Femininum *manuscrite*;

kurz in *quitte* (*quittum, *quittidum) und *fritte*, sowie in dem ursprünglich deutschen *lippe*;

lang in *affiche* (s. v. zu afficher, *ad-figicare).

Lesaint (p. 427 und 430) giebt für alle diese Wörter kurzen Tonvokal an.

Offenes *o*: kurz in den mit dem Suffix -*oche* (lat. -oceum, vgl. Diez, Gr. II[4], 319) gebildeten Wörtern, als *bamboche*, *caboche*, *épinoche*, *filoche*, *mailloche*, *galoche*, *sacoche*, *pioche*, *taloche*, ferner in *basoche*, *proche*, *reproche*, *approche*, *roche*, *floche* (flocca) und dem dem Germanischen entlehnten *poche*, in *flotte*, *grotte*, sowie in den Femininis auf -*otte* (und -*ote*, lat. -ūtta oder -otta, vgl. Diez, Gr. II[4], 374), wie *bouillotte*, *cagotte*, *calotte*, *camelotte*, *capote*, *culotte*, *fierrotte*, *gavotte*, *gelinotte*, *gibelotte*, *goulotte*, *linotte*, *manchote*, *marcotte*, *marmotte*, *menotte*, *pelote*, *vieillotte* u. a. teils Erb- teils Lehnwörter;

halblang in *mioche* und *ruotte*; nach Lesaint (p. 431 und 436) mit kurzem Tonvokal anzusetzen.

Geschlossenes *eu*: lang in *meute* und *émeute* (lat. *mŏvita, mŏv'ta); nach Lesaint (p. 426) mit kurzem, aber geschlossenem (p. 76) *eu*.

Ou: kurz in *goutte*, *bouffe*, *étouffe* (s. v. zu étouffer, Etymologie zweifelhaft);

halblang in *bouche*, *bouque* (picardische Form für *bouche*), *farouche*, in dem Lehnwort *douche* (ital. doccia von *ductiare), in *houppe* (upupa?), *coupe* (cǔppa), *étoupe* (stǔppa), dem Lehnwort *poupe* (puppis); in *route*, *déroute*, *toute* (fem. totta), *doute*, sowie in dem Lehnwort *redoute* (ital. ridotto) und dem ursprünglich germanischen *touffe*.

Nach Lesaint (p. 437—440) haben *bouche*, *farouche*, sowie die hier aufgeführten Wörter auf -*ouque*, -*oupe* und -*oute* kurzen, *douche* dagegen langen Tonvokal.

U: kurz in *lutte* (afr. luite) und den dem Germanischen entlehnten *butte* und *hutte*;

halblang in den mit dem Suffix -*uche* (lat. -ucea, vgl. Diez, Gr. II[4], 320) gebildeten Substantiven, wie *coqueluche*, *guenuche*, *peluche*, *baudruche*; ferner in *autruche*, *merluche*, *huche* (ml. hutica, aus dem Germanischen), sowie in *huppe* (upupa).

Lesaint (p. 440 und 441) schreibt in diesen Wörtern kurzen Tonvokal vor.

Nach diesen Beispielen ergeben sich für die Quantität der Tonvokale vor ursprünglicher, später aber vereinfachter mehrfacher Konsonanz und Konsonantengemination folgende allgemeine Grundsätze:

1) Tonvokale vor *l* (*ll*) sind kurz oder halblang; Ausnahmen bilden *pâle*, *prêle*, *rôle*, *soûle*, sowie die übrigen Wörter auf

-*oule*, doch wird letztere Ausnahme dadurch zweifelhaft, dass die sonst fast stets gleiche Behandlung wie *ou* zeigenden *i* und *u* hier **halblangen** Tonvokal haben, sowie dass Lesaint sogar **kurzen** Tonvokal vorschreibt. In dem Worte *saoûle* (afr. saole, saoule) ist ein vortoniger, zum Tonvokal im Hiatus stehender Vokal vor letzterem geschwunden; ebenso vielleicht in *rôle* (aus der seit dem 14. Jahrhundert auftretenden Nebenform roole oder roolle), doch scheint daneben noch längere Zeit die zu erwartende regelmässige Form *role* mit **kurzem** Tonvokal in Gebrauch gewesen zu sein, so dass hier, wie in ähnlichen Wörtern (vgl. S. 36), vielleicht ein Schwanken in der Aussprache herrschte, denn in Molière's Tartuffe II, 3 reimt z. B. noch *parole : rôle*; da aber ebenda III, 3 auch *folles : paroles* im Reim gebunden werden, so muss *parole* und damit auch sein Reimwort *rôle* damals kurzen, zum Mindesten offenen Tonvokal gehabt haben. Was *pâle* anbetrifft, so scheint dessen Tonvokal im Altfranzösischen des 13. Jahrhunderts ebenfalls auch **kurz** ausgesprochen worden zu sein, wenigstens führt Littré aus diesem Jahrhundert die Schreibung *palle* und den Reim *pale : male* an und erst aus dem 16. Jahrhundert die die Länge des Tonvokals anzeigende Schreibung mit stummem *s*, das später durch den Circumflex ersetzt wurde. Derselbe Vorgang fand statt in *prêle* (vgl. unten S. 36).

2) **Tonvokale vor *r* (oder *rr*)** sind ausnahmslos **lang**.

3) **Tonvokale vor dem Nasal *m*** sind **kurz** oder **halblang**; Ausnahmen bilden *âme* und *flamme*.

Die Quantität der Wörter mit Tonvokal *a* vor *m* in der **älteren** Sprache dürfte sich schwer feststellen lassen. O. Faulde (in Zeitschrift f. rom. Phil. IV, 549 und 561) und Metzke (Der Dialekt von Ile-de-France, Bresl. Diss. 1880, S. 13/14) nehmen für sie **sämmtlich** in der Sprache des 13. und 14. Jahrhunderts allerdings durchaus Vokallänge in Anspruch, gestützt auf die Thatsache, dass diese Wörter mit *ame* und *blasme* im Reim gebunden werden (noch bei klassischen Dichtern des 17. Jahrhunderts finden sich *âme* und *dame* mit einander gereimt); allein einmal kann die Vokallänge von *ame* für jene Zeit, wenn sie auch wahrscheinlich ist, doch nicht sicher nachgewiesen werden, da uns die Schreibungen der Handschriften hier im Stiche lassen, dann, die Vokallänge von *ame* und *blasme* (mit stummem *s*) für jene und die folgende Zeit auch zugegeben, muss es überhaupt zweifelhaft bleiben, ob **Reime** hier sichere Schlüsse gestatten. Lubarsch (l. c. p. 223) bemerkt zwar gelegentlich der Vokalquantität im Reim: »Der Vokal *a* hat bei sehr verlängerter Aussprache einen anderen Klang als bei kurzer Aussprache. Entschieden langes *a* kann daher mit entschieden kurzem *a* nicht reimen,« doch er fügt hinzu: »Weniger ausgeprägte Gegensätze der Quantität beleidigen das Ohr nicht.« Ein solch weniger ausgeprägter Gegensatz kann möglicherweise damals zwischen Wörtern wie *ame*, *blasme* und *dame, flamme* etc. bestanden haben; ist doch noch heute vor *m* offenbar die mittlere Quantität die vorherrschende. Man darf vielleicht annehmen, dass lange Zeit ein Schwanken in der Quantität des *a* vor folgendem *m* bestanden habe. Nach der Einführung des Circumflex, der z. B. dem Worte *âme* nach Littré erst 1798 von der Akademie definitiv zugetheilt worden ist, mag die Aussprache der hierher gehörigen Wörter in der gebildeten, von der Orthographie vielfach beeinflussten Rede sich entschiedener geteilt haben, so dass sich nach und nach zu dem quantitativen Unterschiede zwischen *âme*, *blâme* und *dame*, *femme*, *lame* auch ein qualitativer gesellte, wie er heute hier besteht. Als Beleg für jenes Schwanken in der Quantität, das vermutlich noch im 17. Jahrhundert stattfand, kann das Wort *flamme* dienen, welches nach einigen Orthoepisten heute im eigentlichen Sinne kurzen, im figürlichen Sinne langen Tonvokal haben soll. — Darauf, dass im 17. Jahrhundert in der Umgangssprache der Pariser *madame* kurzen Tonvokal hatte, scheint die daneben vorkommende Aussprache *mademe*, *medeme*, *medaime* (*ai* = offenem *e*) hinzuweisen, welche Thurot (l. c. p. 9, 19, 21) aus Grammatikern jener Zeit belegt. Für das 18. Jahrhundert bezeugt d'Olivet (Traité, p. 60), dass das *a* der Endung -*ame*, sowie des Substantivs *dame* kurz sei, lang dagegen das der Wörter *âme*, *flamme*, *infame*.

Dass die Wörter *homme* und *somme* am Ende des 16. Jahrhunderts sicherlich kurzen Tonvokal hatten, geht deutlich aus den Angaben des Th. Beza (l. c. p. 88) hervor, wobei es unentschieden bleibt, ob der Tonvokal hier nasaliert gesprochen wurde, wie es Darmesteter und Hatzfeld (Le XVIe siècle en France, p. 213 und 214) hierfür wie für *femme* annehmen, und worauf die von Palsgrave (1530) gegebene Aussprachebezeichnung *soume*, *houme* hindeuten könnte, gegenüber *gamme*, *flamme* (vgl. O. Ulbrich in Zeitschr. für neufranz. Sprache u. Litt. III, 286) oder nicht.

4) **Tonvokale vor dem Nasal *n*** sind kurz oder halblang; Ausnahmen bilden *Rhône*, das nach Th. Beza (l. c. p. 90) im 16. Jahrhundert mit einem die Länge des Tonvokales anzeigenden stummen *s* geschrieben wurde, und *aurone*, doch kommt letzteres, wie schon bemerkt, auch in der zu erwartenden Schreibung *auronne* und Aussprache mit kurzem offenen *o* vor.

5) **Von stimmhaften Momentan- und Dauerlauten** kommen hier nur *d* und *ğ* vor; vor *d* sind nach Sachs die Vokale in allen Beispielen lang, nach Lesaint dagegen kurz; ebenso bestreitet Ploetz (l. c. S. 22) die Vokallänge der Endung -*ade* und giebt nur für *malade* ein mittleres *a* zu. Die Quantität dieser Endung scheint daher zweifelhaft zu sein, doch lassen sowohl die Lehren der Lautphysiologie[1]) als auch die Behandlung der übrigen Vokale vor

---

[1]) Vgl. Sievers, l. c. S. 166.

stimmhaften Momentanlauten theoretisch hier eher auf Länge als auf Kürze des Tonvokals schliessen. Für das 18. Jahrhundert bezeugt allerdings d'Olivet (Traité, p. 56) Kürze des *a* der Endung -*ade*. Vor dem Dauerlaute *ǧ* sind alle Vokale lang, ebenso *a* in dem Substantiv *âge*; dagegen ist *a* der Endung -*age* (aticum), sowie der Wörter *cage*, *gage* etc., welchen sich auch *image* und *page* angeschlossen haben, nach Sachs halblang.

In diesem, wenn auch geringen Abweichen der Endung -*age* ist deutlich ein etymologischer Einfluss zu erkennen; in der der französischen zu Grunde liegenden romanischen Urform befand sich nämlich der Tonvokal vor Konsonant + sogen. palatalen *i*, also in geschlossener Silbe, mithin kam ihm Kürze zu; man vergleiche ital. *deggio*, *loggia*, in welchen noch heute kurzer Tonvokal gesprochen wird[1]). Dass das Französische nicht auch heute noch entschiedene Vokalkürze, welche für das 12. Jahrhundert durch die von Faulde (l. c. S. 563) aus dem Lapidaire de Marbod nachgewiesenen Formen *curagge* und *lengagges* im Reim auf *message* und *sages* bezeugt wird, hier aufweist, liegt offenbar daran, dass nach dem Uebergange der Palatalis *dǰ* in den Dauerlaut *ǧ* der vor ersterer noch stark geschnittene Accent des Tonvokals vor letzterem allmählich in einen schwach geschnittenen überging, der sich nach Sievers (l. c. S. 166) am besten mit folgender Lenis verbindet. Dieser Uebergang musste Dehnung des Tonvokals mit sich bringen[2]), die auch in den Endungen -*ége*, -*oge*, -*ige*, -*ouge*, -*uge*, wenigstens nach Sachs, heute vorhanden ist; nur die Endung -*age* scheint das etymologische Prinzip länger gegen das Ueberwiegen des phonetischen geschützt zu haben; so teilt Livet[3]) mit, dass Ende des 16. Jahrhunderts nach H. Estienne (1582) das *a* der Endung -*age* »est allongé, mais très-légèrement«. — Nach d'Olivet's Traité (p. 56, 69, 78, 80, 87) hatte im 18. Jahrhundert die Endung -*age* kurzen, -*ége* langen, -*ige* langen, -*oge* kurzen, -*uge* ebenfalls kurzen Tonvokal. — Bemerkenswert ist, dass Lesaint das *a* der Endung -*age* als »moins long« als dasjenige des Substantives *âge*, das *é* der Endung -*ége* ebenfalls als lang, das *i* der Endung -*ige* als noch »douteux«, das *o* der Endung -*oge* als kurz, das *ou* in *rouge* als lang, das *u* der Endung -*uge* als »presque bref« bezeichnet, offenbar ein bezüglich der Aussprache älterer Standpunkt, als der, welchen Sachs einnimmt. — Die Schwankungen in der Orthographie und Aussprache der Endung -*ége* (nach der neuesten Ausgabe des Wörterbuches der Akademie von 1878 -*ège* geschrieben) sind vielleicht auch auf den Widerstreit zwischen historisch überlieferter kurzer Aussprache und dem verlängernden Einfluss der folgenden Lenis zurückzuführen.

---

[1]) vgl. Diez, Gr. I⁴, 488 u. 497.
[2]) vgl. Sievers, l. c. S. 165.
[3]) La grammaire et les grammairiens au XVIᵉ siècle, p. 340.

Aehnliche Vorgänge haben wohl auch in der Quantitätsentwickelung der Wörter *malade*, *maussade* und *coude* (ursprünglich *malabde, *sabde, *cobde, also Tonvokal in geschlossener Silbe) stattgefunden. Die Vokallänge des Substantives *âge* erklärt sich daraus, dass hier ein vortoniger Hiatusvokal weggefallen ist; die altfranzösische Form *eage*, *aage* findet sich noch durchweg mit der Endung *-age* (-aticum) gereimt, vgl. Bartsch, Chrestom.³ Sp. 222, 34; 230, 26; 299, 14. Das erste *a* war übrigens schon zu Th. Beza's Zeit stumm und das zweite lang¹), ebenso schreibt H. Estienne für *age*, das statt *aage* oder *eage* stehe, langen Tonvokal vor²). Wenn sich bei klassischen Dichtern des 17. Jahrhunderts das Substantiv *âge* mit der Endung *-age* gereimt findet (z. B. Corneille, Cid I, 6; II, 9; Racine, Plaideurs I, 7; II, 6; Molière, Misanthrope I, 1; III, 5) — ein Reim, der nach de la Madelaine's Dict. des rimes (Bruxelles 1844) auch heute gestattet ist, so beweist dies nur, dass das *a* dieser Endung bereits damals mehr zur Länge als zur Kürze neigte, was durch das oben angegebene Citat aus Livet bestätigt wird.

6) Tonvokale vor der stimmlosen Sibilans *ss* (*ç*) sind nach Sachs lang und halblang; entschieden kurz sind nur *chasse* und *crosse*. Doch ist beachtenswert, dass die Wörter auf *-oce* nach Sachs offenes *o*, dem vorzugsweise Kürze eigentümlich ist, die Wörter auf *-osse* dagegen geschlossenes *o* haben, ebenso unterscheiden sich *châsse*, *grâce* und *disgrâce* hinsichtlich der Vokalqualität von den übrigen Wörtern auf *-ace* und *-asse*.

Die oben für diesen Fall zusammengetragenen Beispiele lehren, dass die von Diez (Gr. I⁴, 497 und 499) bereits nur mit Vorbehalt aufgestellte Regel, der zu Folge sich der Vokal vor *ss* gewöhnlich dehnt, wenn die Doppelung schon in der Grundsprache liegt, sich aber kürzt, sofern der einfache Konsonant ein palatales *i* verbirgt, heute kaum noch Gültigkeit beanspruchen kann, doch stimmen die Angaben Lesaint's, besonders bezüglich der Endungen *-ace*, *-èce*, *-ice*, *-oce*, *-uce* noch genauer mit der Diez'schen Regel überein, als Sachs.

Dass die Diez'sche Regel schon im 15. Jahrhundert, wenigstens in der Endung *-esse* = lat. *-ĭtia*, wahrscheinlich in Folge analogischer Anbildung an *-esse* = lat. *-ĭssa*, durchbrochen war, zeigen Reime wie *tristesse : deesse* (Bartsch, Chrestom.³, 451, 28 : 30), *princesse : rudesse* (l. c. 452, 30 : 32), *lyesse, adresse, simplesse, richesse, gentillesse* zu *cesse* und *blesse* (l. c. 464, 4—19).

Die Analogie hat vermutlich von da aus weiter um sich gegriffen. So bezeugt H. Estienne³) für das Ende des 16. Jahrhunderts, dass damals Wörter, wie *race, trace, face, place, glace*, sowie *becasse* und *agace* kurzes *a* gehabt haben, lang sei dieser Vokal dagegen vor

---

¹) Th. Beza, l. c. p. 65.
³) Livet, l. c. p. 339.
⁵) Nach Livet, l. c. p. 339.

Doppel-*s*, sowie im Substantiv *grâce* gewesen. Andererseits bezeichnet Th. Beza (l. c. S. 84) den Tonvokal g e g e n die obige Regel als k u r z in *maistresse* und *messe*, dagegen n a c h jener Regel als k u r z in *noblesse* und *paresse* (l. c. S. 86) und l a n g in *passe* und den Verbalendungen -*asse* und -*isse* (l. c. S. 90). Nach Thurot (l. c. p. 244) war im 16. Jahrhundert *o* vor *ss* aus lateinischem *ss* l a n g. Was die Wörter *grâce* und *disgrâce* betrifft, so scheint hier schon frühzeitig Dehnung des Tonvokales eingetreten zu sein, denn schon gegen Ende des 14. Jahrhunderts findet sich der Reim *grace : lasse* (Bartsch, l. c. 436, 29 : 30); andererseits wird von den Klassikern des 17. Jahrhunderts *grâce* mit den übrigen Wörtern auf -*ace*, dabei aber auch mit Wörtern wie *passe* und *basse* gereimt, z. B. in Corneille, Cid V, 1: *audace : grâce*; in Racine, Phèdre IV, 6: *audace: grâce*; in Racine, Britannicus I, 1 und 2: *place : disgrâce*; II, 2: *grâce: menace*; II, 6: *glace: disgrâce*; III, 5. *disgrâce: audace*; in Molière, Misanthrope I, 2: *grâce : place*; d a g e g e n ebenda II, 1: *passe : grâce*, und IV, 2: *grâces : basses*. — Doch kann auf diese Reime wohl kaum grosses Gewicht gelegt werden, da, wie schon gesagt, Reime mit geringen Quantitätsunterschieden, wie sie offenbar damals für diese Wörter bestanden, nichts Anstössiges für das Ohr haben. Noch für moderne Dichter giebt de la Madelaine (l. c. p. 92) unter »ace et asse, bref« die Anweisung: »Les noms en a c e ou a s s e bref ne peuvent pas rigoureusement rimer avec ceux où cette voyelle est longue; cependant, s'il faut opter entre une bonne idée et une rime exacte, c'est sans contredit celle-ci qu'on doit sacrifier, et c'est ainsi que Boileau a fait rimer g r â c e avec p r é f a c e, et Racine a u d a c e avec d i s g r â c e.« Es ist möglich, dass sich die entschiedene Länge von *grâce* und *disgrâce* erst seit der Einführung des Circumflex und unter Einwirkung dieser Orthographie in der feineren Umgangssprache noch weiter herausgebildet und durch Hinzutritt eines qualitativen Unterschiedes noch gefestigt hat.

7) T o n v o k a l e v o r d e n ü b r i g e n s t i m m l o s e n M o m e n t a n - u n d D a u e r l a u t e n sind k u r z oder h a l b l a n g; Ausnahmen bilden *affiche*[1]), *meute*, *émeute* und *prêche*, vor dessen Tonvokal ein vortoniger Hiatusvokal ausgefallen ist.

γ) T o n v o k a l e v o r s o l c h e n s i l b e n a n l a u t e n d e n K o n s o n a n t e n, vor welchen in altfranzösischer Zeit ein *s* verstummt ist.
Folgende Vokale sind hier zu behandeln:
T i e f e s *a*: l a n g in *mâle*, *blâme*, *âne*, *lâche*, *mâche*, *relâche*, *tâche*, *râpe*, *pâque*, *pâte*;
im D i p h t h o n g *oi* lang in *boîte* (afr. *boiste* v. *buxida*).

---

[1]) Ploetz (l. c. p. 38) schreibt überhaupt für die Endung -*iche* l a n g e n Tonvokal vor.

Hohes *a:* halblang in *trale* (Aussprache von Sachs nach Landais angegeben; in Scheler's und Diez' Wörterbüchern *trâle* geschrieben, afr. trasle v. ahd. throscela);
kurz in *rache* (afr. rasche, prov. rasca, s. v. zu rascar, franz. racher, v. *rasicare).

Halboffenes *e:* lang in *fêle*, *grêle* (afr. graisle, gresle), *carême*, *crème*, *brême*, *même*, in dem halbgelehrten *baptême*; ferner in *chêne*, *alêne*, *frêne*, *pêne*, *rêne* (afr. resne); in *crêpe*, *guêpe*, *arbalête*, *arête*, *bête*, *crête*, *fête*, *prête*, *quête*, *tête*, *tempête*, *dépêche*, *fraiche*, *êche*, *pêche*, *rêche*, *bretêche* (prov. bertresca, ital. bertesca), *livêche* (ital. levistica), *brêche* (*brisca);
halblang in *évêque* und *archevêque*, sowie in *mêche*; nach Lesaint (p. 421) haben die beiden ersten langen, *mêche* (p. 418) kurzen Tonvokal.

Ob die Wörter *blêche*, *bêche* (prov. beca, afr. besche) und das Suffix der Ordinalzahlen -*ième*, nach Sachs mit langem Tonvokal, sowie *flammêche* (ital. fiammesca?), nach Sachs mit halblangem, in familiärer Rede mit kurzem Tonvokal, hier aufzuführen sind, ist bei der nicht sicher gestellten Etymologie derselben zweifelhaft.

I: lang in *abîme*, *dîme*, *gîte*, *île*.

Geschlossenes *o:* lang in *fantôme*, *hôte*, *côte*, *Pentecôte*.

Offenes *o:* kurz in *aumône*, nach Sachs auch mit halblangem offenen *o* gesprochen.

Ou: halblang in *croûte*, *joute* (s. v. zu jouter = juxtare), *louche*, *mouche*; nach Lesaint (p. 437 u. 440) sämmtlich mit langem Tonvokal.

U: lang in *bûche*; halblang in *ruche* (afr. rusche, prov. rusca, aus dem Keltischen) und *lambruche* (ital. lambrusca, lat. labrusca); nach Lesaint (p. 440) haben diese beiden kurzen Tonvokal.

Die Zusammenstellung dieser Beispiele ergiebt, dass in dem vorliegenden Falle Länge des Tonvokales die Regel ist. Doch zeigt das Vorhandensein der Ausnahmen, welche folgende Wörter bilden: *trale*, *rache*, *évêque*, *mêche*, *aumône*, *ruche*, *lambruche* und alle mit dem Tonvokal *ou*, dass auch hier die Analogie in die Regelmässigkeit zerstörend eingegriffen hat.

Werfen wir einen Blick auf frühere Sprachperioden, so zeigt sich, dass die Grammatiker des 16. Jahrhunderts durchweg bezeugen, dass das stumme *s* vor anderen Konsonanten nur zur Bezeichnung vorausgehender Vokallänge diene (vgl. Livet, l. c. p. 152. 209. 369. 377; Thurot, l. c. p. 54. 316; Th. Beza, l. c. p. 80, wo der Unterschied zwischen *creme* = cremor mit kurzem und *cresme* = chrisma mit langem *e* hervorgehoben wird).

Es liegt demnach hier die Ersatzdehnung für ausgefallenes *s* vor, welche bereits Diez (Gr. I⁴, 456) besprochen hat. Auffallend

bleiben jedoch hierbei die von Diez mitgeteilten Schreibungen *quaramme*
für *quaresme*, vor dem Ton: *melleis* (für mesleiz), *delloiez* (für des-
loiez), *ellist* (für eslist), die von W. Foerster (Chevaliers as deus
espees, p. LII, Anm.) aufgeführten *meller*, *bruller*, *ille*, sowie die von
Faulde (l. c. S. 558) mehrfach belegten *baptemme* und *ille* (für *isle* und
ihle, l. c. S. 556), wo nach dem Diez'schen Gesetze der Ersatzdehnung
ungeachtet der folgenden Konsonantengemination,
welche der Regel nach vorausgehende Vokalkürze andeutet, Vokallänge angenommen werden müsste. Zu *ille* (für *isle*) giebt Faulde
die Erklärung: »dass die Gruppe *ll* vermutlich bis Ende des 12. Jahrhunderts wenigstens produziert [d. h. der vorausgehende Vokal kurz
gesprochen] wurde. Der Aufgabe dieser produzierten Aussprache
musste unmittelbar die Produktion [Dehnung] des vorangehenden Tonvokales folgen,« und zur Form *baptemme* bemerkt er, dass diese zu
demselben Schlusse betreffend die Quantität des der Gemination
vorausgehenden Vokals führe. Allein, wenn *ille* und *baptemme* einmal
kurz geworden waren, warum sollen denn gerade sie später wieder
lang geworden sein, während die ebenfalls kurzen *mille*, *ville*,
gemme etc. kurz oder wenigstens halblang geblieben sind? —
Wir dürfen vielmehr wohl annehmen, dass einzelne Wörter sich schon
damals der allgemeinen Regel, vielleicht in Folge analogischer Anbildung an ähnlich gebildete ohne früheres *s*, hier und da entzogen
haben, oder dass vielmehr ein Schwanken in der Quantität einzelner
hierher gehöriger Wörter sich geltend machte, ein Schwanken, welches
verursachte, dass auch solche Wörter mit Vokallänge versehen wurden,
welchen etymologisch kein *s*, dessen Verstummen eine solche hätte
erzeugen können, zukam. Vielleicht dürften daher die neufranzösischen Längen gegen die Regel in *tróne* (S. 21), *fréle*
(S. 23), *Rhóne*, *aurone* (S. 31; nach Littré kommt im 16. Jahrhundert auch die Schreibung *aurosne* vor), *pále*, *préle* (S. 30)
herrühren.

Aehnliche Vorgänge haben vielleicht in der Quantitätsentwickelung
derjenigen Wörter stattgefunden, in welchen ein vortoniger, zum betonten im Hiatus stehender Vokal mit letzterem zu einem Laute verschmolzen ist.

b) **Tonvokale vor (neufranzösischem) mouilliertem
l oder *n* mit stummem *e*.**

In dieser Stellung befinden sich folgende Vokale:

Hohes *a*: kurz in *Allemagne*, *campagne*, *cocagne*, *compagne*,
montagne, *Champagne*, *Charlemagne*, *Bretagne*, *Espagne*, *Romagne*,
sowie in dem Fremdwort *pagne* (v. span. paño, lat. pannum);

halblang in sämmtlichen Substantiven auf -*aille* (lat. -alia und
-acula), wie *aumaille*, *baille* (bacula), *bataille*, *broussailles*, *caille*,
cisailles, *crapaudaille*, *entrailles*, *faille*, *ferraille*, *fouaille*, *graille*, *maille*,

medaille, *mitraille*, *muraille*, *ouaille*, *paille*, *penaille*, *taille*, *tenaille*, *traille*, *victuaille*, *volaille* u. a. m.

Lesaint (p. 410) bezeichnet den Tonvokal der Endung -*aille* als lang, mit Ausnahme von *médaille*, *paille* und einigen Verbalformen, welche k u r z e s *a* haben sollen.

H a l b o f f e n e s *e:* k u r z in den mit dem Suffix -*eille* (-ĭcula) gebildeten Wörtern *abeille*, *bouteille*, *corbeille*, *groseille*, *corneille*, *oreille*, *oseille*, *pareille*; in *merveille*, *surveille*, *vermeille*, sowie in den Wörtern auf -*aigne*, wie *chátaigne*, *musaraigne*, *Sardaigne*;

h a l b l a n g in *seille*, *teille*, *treille*, *veille*, *vieille*, in *enseigne*, *peigne*, *teigne*, *règne*, in dem etymologisch zweifelhaften *empeigne* und dem Fremdwort *duègne*.

Lesaint (p. 419) bezeichnet die Vokalquantität der Wörter auf -*ègne* und -*eigne* als z w e i f e l h a f t; in den Wörtern auf -*eille* schreibt er k u r z e n Tonvokal vor.

I: k u r z in *digne*, *indigne* und *nille* (annicula?; Aussprache nach Littré, Landais und Poitevin angegeben);

h a l b l a n g in allen übrigen Wörtern auf -*igne* und -*ille* (vielfach Lehnwörter), wie *bénigne*, *condigne*, *cygne*, *ligne*, *maligne*, *vigne*, *pigne*, *signe*; *anguille*, *bastille*, *annille*, *brindille*, *broutille*, *charmille*, *cheville*, *chenille*, *cédille*, *croustille*, *drille* (aus dem Germanischen), *étrille*, *famille*, *faucille*, *fille*, *flottille*, *goupille*, *grille*, *guenille*, *jonquille*, *lentille*, *quille* (aus dem Deutschen), *volatille* u. a. m.

Nach Lesaint (p. 428) haben die Endungen -*igne* und -*ille* ausnahmslos k u r z e n Tonvokal.

O f f e n e s *o:* k u r z in den Wörtern auf -*ogne*, wie *besogne*, *charogne*, *cigogne*, *ivrogne*, *rogne*, *vergogne*, *Bourgogne*, *Boulogne* u. a., sowie in dem aus dem Spanischen stammenden Fremdwort *oille* (Aussprache nach Littré und Malvin-Cazal angegeben);

h a l b l a n g nur in dem Fremdwort *vigogne* (ebenfalls aus dem Spanischen). — Lesaint (p. 432) teilt der Endung -*ogne* k u r z e n Tonvokal zu.

O f f e n e s *eu:* k u r z in *cueille*, *feuille*, *chèvre-feuille* und *portefeuille*.

Ou: nur h a l b l a n g in sämmtlichen Wörtern auf -*ouille*, wie *andouille*, *bouille*, *bredouille*, *citrouille*, *couille*, *douille*, *grenouille*, *patrouille*, *quenouille*, *trouille*, *houille*, *dépouille*, *fouille*, *rouille* u. a. m.

Nach Lesaint (p. 438) soll *ou* l a n g sein in *brouille* und *rouille*, z w e i f e l h a f t in *houille*, *fouille*, *souille*, k u r z in den übrigen Wörtern.

Diese Beispiele ergeben, dass Tonvokale vor mouilliertem *l* oder *n* mit stummem *e* kurz oder halblang sind. Das häufige Vorkommen der Bezeichnung »halblang« zeigt, dass die Neigung zur Dehnung des Tonvokals hier vorliegt; das *a* der Endung -*aille* wird sogar, im Gegensatz zu Sachs, von Lesaint (l. c.), Dubroca (l. c. p. 361), Ploetz (l. c. S. 25), Benecke (l. c. S. 33) in den meisten Fällen geradezu als **lang** angegeben.

c) Tonvokale vor (neufranzösischer) Muta cum Liquida mit stummem *c*.

α) Tonvokale vor ursprünglich (lateinischer oder durch romanischen Vokalausfall entstandener) einfacher Muta cum Liquida.

Es sind folgende:

Tiefes *a:* lang in *ladre*, in den aus dem Deutschen stammenden *madre*[1]), *havre* und *sabre* (Aussprache nach Dupuis, Landais und Feline angegeben), sowie *affre*, und in vielen anderen Lehn- und Fremdwörtern, wie *cadre*, *candélabre*, *cinabre*, *macabre*, *câpre*, *théâtre*, *âcre*, *débâcle*, *habitacle*, *macle*, *miracle*, *obstacle*, *oracle*, *tabernacle* u. a., ferner in *câble* (afr. cheable) und *râble* (afr. roable);

halblang in dem dem Germanischen entlehnten *rafle* (s. v. zu rafler v. mhd. reffen; nach Littré mit hohem a).

Hohes *a:* lang nur im Diphthong *oi* des einzigen *poivre*;

halblang in den zahlreichen Adjectiven auf *-able*, wie *agréable*, *aimable*, *buvable*, *convenable*, *convoitable*, *effroyable*, *honorable*, *labourable*, *louable*, *mangeable*, *misérable*, *payable*, *passable*, *pliable*, *récusable*, *rejetable*, *semblable*, *sortable*, *variable*, *vraisemblable* u. a. m., ferner in *able* (*abula für albula), *chable* (capulum), *connétable*, *érable*, *étable*, *fable*, *sable*, *table*; sowie in *chable* (afr. chaable, cheable, mlt. cadabula); in *diacre*, *fiacre*, sowie den Lehn- und Fremdwörtern *sacre*, *simulacre*, *capre*, *safre*, *gouliafre*;

kurz in *diable* und in den Lehnwörtern *acre*, *massacre*, *cafre*, *balafre*.

Nach Lesaint (p. 408—416) haben langen Tonvokal die Endungen *-adre*, ausser *escadre; -abre, -apre*, dann *théâtre*, die Substantiva auf *-able* und *affable*; kurzen Tonvokal: die Endungen *-acre*, ausser *âcre; -acle*, ausser *miracle*, *oracle*, *debâcle; -afre*, ausser *affre*; sowie die Adjectiva auf *-able* und die beiden Substantiva *étable* und *stable*.

Halboffenes *e:* lang in *aigre*, *maigre*, *chèvre*, *fèvre*, *fièvre*, *lèvre*, *lièvre*, *orfèvre*, *bièvre* (nach Littré mit geschlossenem *e*), sowie in Lehnwörtern, wie *allègre*, *urèthre*, *cèdre*, *algèbre*, *célèbre*, *funèbre*, *ténèbres* u. a.; ferner in *aigle*, *faible*, *hièble*, *seigle*, *siècle* und dem Lehnwort *règle*; endlich in *traître*;

---

[1]) Vielleicht sind *ladre* und *madre* durch Zwischenformen *laz-d-re und *maz-d-re zu erklären, wo dann für die ausgefallene Sibilans Ersatzdehnung eingetreten wäre.

halblang in *trèfle*, *nèfle*, in *genièvre* und den Lehnwörtern *lèpre*, *mètre* nebst dessen Compositis.

Nach Lesaint (p. 410—427) sind **lang** die Endung -*aigre*, sowie die Wörter *nèfle* und *orfèvre*, alle übrigen Endungen und Wörter haben **kurzen** Tonvokal; von Lehnwörtern hat nur *urèthre* **langen** Tonvokal.

I: **lang** in *cidre, givre, ivre, livre, vivre*, den Lehnwörtern *fibre, hydre, équilibre, libre, tigre*; ferner in *crible*, den Lehnwörtern *bible* und *sigle*, sowie in sämmtlichen (meist gelehrten) Adjectiven auf -*ible*, wie *amovible, cessible, divisible, fusible, horrible, insensible, lisible, loisible, paisible, possible, risible, terrible* u. a. m.;

i des Diphthongs *ui* **lang** in *cuivre, suivre, ensuivre, poursuivre*.

Halblanges *i* in den Lehnwörtern, gelehrten und halbgelehrten Wörtern: *chapitre, titre, pupitre, arbitre, litre, mitre, nitre, vitre; chiffre, fifre, piffre; besicles, article, cicle, manicle, véricle; triple, multiple, disciple*.

Nach Lesaint (p. 427—431) haben **langes** *i:* die Endung -*uivre*, das Substantiv *vivres* und das Lehnwort *hydre*; die übrigen Wörter auf -*ivre* und alle anderen Endungen **kurzes** *i*; zweifelhafte Quantität soll *cidre* haben.

Geschlossenes *o:* **lang** in *autre, vautre* (ital. veltro), *pauvre* und den aus dem Deutschen entlehnten *gaufre, épeautre*.

Offenes *o:* **lang** in dem Lehnwort *ogre;*

halblang in den Lehnwörtern *octobre, propre, sobre, opprobre, médiocre, noble;*

kurz in *coffre*, dem halbgelehrten *girofle* und den Lehnwörtern *ocre, socle, binocle*.

Nach Lesaint (p. 431—435) haben alle diese Wörter **kurzen** Tonvokal.

Geschlossenes *eu:* **lang** in dem aus dem Germanischen stammenden *feutre* und dem Lehnwort *neutre*.

Offenes *eu:* **lang** in *couleuvre, oeuvre, manoeuvre, pieuvre, aveugle, meuble;*

halblang in *peuple* und *immeuble*.

Lesaint (p. 425 u. 426) schreibt für alle diese Wörter **kurzen** Tonvokal vor.

Ou: **lang** in *absoudre, coudre, foudre, moudre, poudre, coutre, poutre, outre*, dem Lehnwort *loutre*, in *rouvre, soufre, bougre, trouble, double;*

halblang in den Lehnwörtern *boucle, couple, escarboucle, souple, maroufle, moufle, pantoufle, gouffre* (ital. golfo); nach Lesaint (p. 438, 439) mit **kurzem** Tonvokal.

U: lang in *chasuble* (ital. casipola) und den Lehnwörtern *soluble, lugubre, salubre;*
halblang in den Lehnwörtern *bugle, centuple, lucre, sucre.*
Nach Lesaint (p. 440, 441) haben alle Wörter auf *-uble, -ubre, -ucre, -uple* kurzen Tonvokal, *bugle* kommt bei ihm nicht vor.
Kurzes *u* haben die Lehnwörter *buffle* und *mufle.*

β) Tonvokale vor ursprünglich geminierter Muta cum Liquida.
Hohes *a:* kurz in *quatre* und *battre* nebst dessen Compositis *abattre, combattre* etc.
Halboffenes *e:* kurz in *mettre* mit seinen Compositis *admettre, émettre, permettre* etc., sowie in *lettre*, doch wird letzteres nach Sachs auch mit halblangem und sogar mit langem halboffenen *e* gesprochen, nach Lesaint (p. 424) ist kurzes *e* anzusetzen.
Offenes *o:* kurz in *offre* und *mésoffre.*
Ou: halblang in *souffle;*
lang in *souffre.*
Lesaint (p. 438) schreibt in beiden Fällen kurzen Tonvokal vor.

γ) Der Tonvokal ist durch Verstummen eines *s* vor Muta cum Liquida getreten.
Tiefes *a:* lang in *âpre, emplâtre, pâtre, plâtre*, sowie in dem Suffix *-âtre* (lat. -aster), z. B. *bellâtre, blanchâtre, folâtre, grisâtre, rougeâtre* u. a. m.;
im Diphthong *oi* lang in *croître* und dessen Compositis und *cloître.*
Halboffenes *e:* lang in *ancêtres, champêtre, chevêtre, connaître, être, fenêtre, maître, naître, paître, paraître, prêtre, vêpre.*
I: lang in *bélître* (afr. belistre) und den halbgelehrten *épître* und *regître;*
im Diphthong *ui* lang in *huître.*
Geschlossenes *o:* lang in *apôtre, nôtre, vôtre.*
Aus diesen Beispielen ergeben sich für die Tonvokale vor Muta cum Liquida unter Ausschluss der Wörter nicht-lateinischen und gelehrten Ursprunges folgende allgemeine Grundsätze:
1) Lang sind die Tonvokale vor stimmhafter Muta mit *r* oder *l;* Ausnahmen bilden die Wörter auf *-able*[1], worin wir vielleicht (wie oben bei der Endung *-age*) die Nachwirkung eines etymologischen Prinzipes zu sehen haben, da ja die historische Lautlehre des Fran-

---

[1] Doch giebt Ploetz (l. c. S. 24) für die Endung *-able* langen Tonvokal an.

zösischen zeigt, dass die Tonvokale vor Muta + r stets als in offener Silbe, vor Muta + l vielfach als in geschlossener Silbe befindlich behandelt wurden, und daher im letzteren Falle ihre ursprüngliche Quantität wohl als **kurz** angenommen werden darf [1]).

Aus den Angaben Lesaint's, der hier wiederum einen älteren Stand der Aussprache zu repräsentieren scheint, leuchtet jenes etymologische Prinzip noch deutlicher hervor.

Innerhalb der Gruppe *-able* scheiden sich wieder aus die Wörter *câble*, *râble*, deren Vokallänge auf das Schwinden eines vortonigen Hiatusvokals zurückzuführen ist, doch folgt *chable*, in welchem derselbe Vorgang stattgefunden hat, den übrigen Wörtern auf *-able*.

2) **Halblang** und **kurz** sind die Tonvokale vor stimmloser Muta mit *r* oder *l*, mag die erstere auf ursprünglich einfachen oder geminierten Laut zurückgehen.

Ausnahmen bilden diejenigen Wörter, deren Tonvokal aus einem Diphthong entstanden ist, welcher seinerseits auf der Verbindung des ursprünglich einfachen Tonvokals mit einem vor Muta cum Liquida befindlichen und altfranzösisch vokalisierten *l* beruht (z. B. *autre*, im Roland noch *altre*); ferner *traître*, dessen Tonvokal durch reciproke Assimilation des altfranzösischen Tonvokals mit einem vortonigen Hiatusvokal gebildet ist, sowie das (halbgelehrte?) Substantiv *siècle* (nach Sachs).

3) Durchweg **lang** sind die Tonvokale in den Fällen, in welchen sie durch Verstummen eines *s* vor Muta cum Liquida getreten sind, ausser *vêpre* nur vor *tr*; vor *dr* vielleicht in *ladre* und *madre* (siehe oben S. 38).

Die geringe Zahl der Fälle, in welchen Sachs entschiedene Kürze des Tonvokals hier angiebt, sowie die Quantitäten der Lehnwörter geben der Vermutung Raum, dass in der modernen Aussprache die Neigung vorliegt, Tonvokale überhaupt vor Muta cum Liquida zu dehnen, übereinstimmend mit der Thatsache, dass im modernen Französisch jede Muta mit jeder Liquida Silbenanlaut bildet.

2. Tonvokale im Wortauslaut.

a) **Im Wortauslaut ohne folgenden stummen Konsonanten oder folgendes stummes *e*.**

α) **Ursprünglich einfache Vokale.**

Hohes *a*: **kurz** in *ça, çà, cela, là, voilà* und dem veralteten *jà* (jam);

halblang in *da* (= dis va), *deçà, déjà, delà, piéça*; nach Lesaint (p. 407) durchweg mit **kurzem** *a*.

---

[1]) vgl. E. Böhmer in Roman. Studien III, 599.

Geschlossenes *e:* stets **halblang** in der Endung -*é* (lat. -atum und -atem), z. B. *abbé, aîné, amitié, armé, avoué, beauté, blé, carré, celérité, charité, cherté, cité, clarté, clergé, congé, côté, cruauté, dé, degré, délié, démesuré, duché, éploré, équité, été, gré, gué, lé, liberté, marché, moitié, pitié, pré, préjugé, vanité, variété, versé, volonté* u. a. m.
Lesaint giebt über die Quantität dieses geschlossenen *e* keine Auskunft.

I: **kurz** in *si* (lat. sīc und si);
halblang in allen übrigen Wörtern mit auslautendem *i*, z. B. *abri, ainsi, ami, asti, aussi, ceci, ci, défi, demi, deni, épi, fourmi, lundi, mardi, mari, merci, midi, oubli, oui, pari, parmi, parti, pli, qui, renvi, repli, samedi, voici, y* (ibi), sowie in den zahlreichen männlichen Partizipien und Adjektiven auf *i*, wie *chéri, choisi, endormi* u. a. m.
Lesaint (p. 427) schreibt für *le parti* und *le pli* **langes**, für alle übrigen Wörter **kurzes** *i* vor.

U: **kurz** nur in den unbetonten *du* und *tu;*
lang in *dû* (part. pass. von devoir) und dessen Compositum *redû;*
halblang in allen übrigen Wörtern auf *u*, wie *aigu, berlu, bru, cru, écu, fétu, glu, nu, tortu, vertu*, die zahlreichen männlichen Adjectiva und Participia auf *u* (lat. -utum und gelehrte auf lat. -uem oder -uum), z. B. *ardu, barbu, bossu, bourru, chenu, chevelu, crochu, cru, dévolu, dissolu, éperdu, eu, menu, mû, recru, reçu, rendu, revu, tenu, venu* u. a. m.
Lesaint (p. 440) bezeichnet den Tonvokal in *crû, recrû, dû, redû, mû, bru, glu* als **lang**, in allen übrigen Wörtern als **kurz**.

β) **Neufranzösische Vokale, welche aus altfranzösischen Diphthongen entstanden sind.**
Die neufranzösische Orthographie deutet noch den diphthongischen Ursprung der ersteren an.

Hohes *a* im Diphthong *oi*: **kurz** in *aboi, aloi, arroi, beffroi, charroi, coi, convoi, désarroi, effroi, émoi, emploi, envoi, foi, loi, moi, octroi, orfroi, palefroi, paroi, pourquoi, quoi, remploi, renvoi, roi, soi, toi, tournoi.*

Geschlossenes *e*: **halblang** in dem aus dem Germanischen stammenden *gai* (ital. gajo, ahd. gahi), dessen Aussprache Sachs nach Littré und Lesaint angiebt. Das von demselben Etymon abgeleitete Substantiv *geai* soll nach Sachs halblanges **halboffenes** *e* haben (siehe unten).

Halboffenes *e*: **halblang** in *bai, brai, délai, déblai, essai, étai, frai, geai, lai, mai, rai, vrai.*
Lesaint (p. 410) bezeichnet *ai* im Auslaut ausnahmslos als **kurz**.

I **im Diphthong *ui*:** **halblang** in *appui, autrui, celui, ennui, étui, hui, lui.*

Geschlossenes o: lang in *aisseau*, *anneau*, *appeau*, *beau*, *carreau*, *peau*, *larronneau*, *portereau*. *seau* (sit̆ĕllum), *surcau*, *tasseau*, *vanteau*, *à vau-l'eau*;
halblang in allen übrigen Wörtern auf -*au* und -*eau*, z. B. *affûtiau*, *agneau*, *aisceau*, *arceau*, *arganeau*, *bardeau*, *barreau*, *bateau*, *bedeau*, *berceau*, *blaireau*, *bordereau*. *bouleau*. *boyau*. *cerveau*, *chapeau*, *corbeau*, *écheveau*. *escabeau*, *fléau*. *fardeau*. *fourneau*, *gémeau*, *joyau*, *morceau*, *nouveau*, *noyau*. *oiseau*. *préau*, *rameau*, *veau* u. a.; ferner in den dem Deutschen entlehnten Wörtern *bau* und *clau*, sowie in *empeau* (in + pĕllem); das Substantiv *eau* wird nach Sachs mit halblangem und auch mit langem geschlossenen o gesprochen.

Lesaint (p. 417) schreibt für die Wörter *beau*, *eau*, *bedeau*, *cadeau*, *fardeau*, *radeau* langen, für alle übrigen kurzen Tonvokal vor.

Geschlossenes *eu*: halblang in sämmtlichen mit diesem Auslaut versehenen Wörtern, z. B. *alleu*, *aveu*, *bleu*, *cheveu*, *dieu*, *désaveu*, *enjeu*, *épieu*, *essieu*, *feu*, *jeu*, *lieu*, *milieu*, *moyeu*, *neveu*, *peu*, *pieu*, *voeu*.

Lesaint (p. 424) weist dem einzigen *bleu* langen, allen übrigen Wörtern kurzen Tonvokal zu.

Ou: lang in *où* (ŭbi); kurz in dem unbetonten *ou* (aut);
halblang in allen übrigen Wörtern mit auslautendem *ou*, z. B. *bijou*, *caillou*, *chou*, *clou*, *cou*, *coucou*. *écrou*, *fou*, *genou*, *mou*, *pou*, *prou*, *sou*, *trou*, *verrou*, *joujou*, *hibou*, *licou* u. a.

Lesaint (p. 437) bezeichnet die Quantität des *ou* von *mou* und *où* als zweifelhaft, als kurz das aller übrigen Wörter.

Die hier gesammelten Beispiele führen zu dem Resultat, dass die Tonvokale, und zwar die ursprünglich einfachen sowohl als auch die aus früheren Diphthongen hervorgegangenen, in dem vorliegenden Falle kurz oder halblang sind; die letztere Quantität überwiegt dabei in bedeutendem Masse, wie dies bei auslautenden betonten Vokalen, welche vollkommener ausklingen müssen, als kurze Vokale vor Konsonanten, natürlich ist.

Ausnahmen bilden *dû*, *redû* (afr. dĕu), in welchen ein zu dem betonten im Hiatus stehender unbetonter Vokal vor ersterem geschwunden ist; die dadurch verursachte Länge ist vermutlich durch den hier geschriebenen Circumflex bewahrt worden, während andere, gleich oder ähnlich gebildete Wörter, wie z. B. *reçu*, *cru*, *pou* (für recĕu, crĕu, péou, prov. peolh) u. a., welche dieses graphischen Hülfsmittels entbehrten, den Wirkungen der Analogie anheimfallen mussten. Derselben folgt jedoch auch *mû* (afr. mĕu) ungeachtet seines Circumflex.

— Ferner weichen ab: das Adverb *où* und eine Anzahl Wörter auf -*eau*, deren Quantitätsbestimmung auf einer Inkonsequenz von Sachs zu beruhen scheint, da weder ein etymologischer noch ein phonetischer Grund für ihre Ausnahmestellung vorliegt.

Das gefundene Resultat entspricht der von Diez (Gr. I[4], 489,

493, 498) für das Italienische, Spanische, Provenzalische und Französische aufgestellten, also fast gemeinromanischen Regel, welche für das Französische lautet: »Darin stimmt die französische mit den übrigen Sprachen zusammen, dass sie dem auslautenden Vokal, selbst im Fall der Kontraktion, Kürze zuerkennt.« — Dass sich diese Regel bei geschlossenem *e* (und wahrscheinlich auch bei den früheren Diphthongen) erst in ziemlich moderner Zeit herausgebildet haben kann, beweisen die Zeugnisse der Grammatiker des 16. Jahrhunderts. So bezeichnet Meigret (1545) das *é* von *bonté*, *chasteté* als *e* clos long (nach Livet, l. c. p. 132), ebenso P. Ramus (Livet, l. c. p. 188) und Th. Beza (l. c. p. 88); zu *au* bemerkt der zuletzt genannte (l. c. p. 89): »Diphthongus *au* semper producitur« (also wohl auch im Wortauslaute); vgl. auch Thurot, l. c. p. 430. — Im 18. Jahrhundert waren nach D'Olivet's Zeugniss (Traité, p. 54, 57, 75) wortauslautendes *a, ai, eu* kurz.

b) Tonvokale unmittelbar vor stummem *e* im Wortauslaut.

Hohes *a* im Diphthong *oi*: lang in *joie* und *proie*;

halblang in *foie* (nach Malvin-Cazal angegeben), *moie, oie, soie, voie, Savoie, Troie, moye* (nach Littré mit tiefem *a*, nach Landais mit hohem *a* und Nachschlag von *j*, was nach Sachs der nachlässigen Sprechweise eigentümlich ist);

kurz in *courroie, lamproie, mont-joie* (nach Malvin-Cazal angegeben).

Geschlossenes *e*: lang in allen Substantiven auf -ée (lat. -āta und -ăta), z. B. *année, armée, brouée, chaussée, épée, fée, vallée, volée* u. a., sowie in den weiblichen Partizipien *gravelée* und *parlée* (bei Sachs ohne dabei stehende Masculina aufgeführt);

halblang in den weiblichen Adjektiven und Partizipien (bei welchen Sachs zugleich ein Masculinum auf -*é* angiebt), z. B. *abandonnée, abonnée, accusée, âgée, ailée, aînée, ajoutée, alliée, amenée, bataillée, boutonnée, brûlée, chargée, dirigée, échouée, frottée, grêlée, levée, mêlée, membrée, perchée, ruinée, usée, zélée*, sowie (ohne Masculinum aufgeführt) *engravée*.

Folgende Wörter sind bei Sachs besonders als Substantiva und als Adjectiva, in ersterem Falle (ohne Masculinum) mit langem, in letzterem (mit Masculinum) mit halblangem geschlossenen *e* angegeben: *armée, binée, boutée, carrée, fleurée, houssée*.

Halblanges geschlossenes *e* hat ferner das Femininum *gaie*.

Halboffenes *e*: lang in *ivraie, oseraie, taie, vraie, harpaie, châtaigneraie* und dem aus dem Germanischen stammenden *étaie*;

halblang in *baie, braie, plaie* (welche nach Sachs in familiärer Rede auch mit Nachklang von *i* oder *j* und kurzem oder halblangem Tonvokal gesprochen werden), *claie, craie, effraie, haie* (aus dem Deutschen), *laie, maie, monnaie, orfraie, raie, saie, aunaie, boulaie,*

Die Quantität der betonten Vokale im Neufranzösischen.

buissonnaie, *chênaie*, *coudraie*, *futaie*, *frênaie*, *fougeraie*, *pommeraie*, *saulaie* und *saussaie*, *tremblaie*.

Zweifelhaft ist die Aussprache in *abbaye* (afr. abeïe), Sachs giebt hier nach der Akademie und Malvin-Cazal l a n g e s g e s c h l o s s e n e s *e* mit Nachschlag von *i*, nach Landais und Nodier h a l b l a n g e s h a l b o f f e n e s *e* mit Nachschlag von *i* an.

In *paye* wird nach Sachs k u r z e s h a l b o f f e n e s *e* mit Nachschlag von *i* gesprochen, doch lässt er auch die Aussprache ohne letzteres, aber dabei mit l a n g e m halboffenen *e* zu.

I: l a n g in den Substantiven auf -ie (lat. -ia, vgl. Diez, Gr. II[4], 302, -īta und -īca), wie *batterie*, *blairie*, *compagnie*, *maladie*, *manie*, *ménagerie*, *prairie* u. a.; *accourcie*, *amie*, *apprentie*, *bannie*, *demie*, *embellie*, *envie*, *lie*, *mie*, *ortie*, *pie*, *saillie*, *scie*, *sortie*, *vessie*, *vie*, *ouïe*, *endurcie* (neben diesem das Masculinum mit halblangem *i*);

h a l b l a n g in den übrigen weiblichen Adjektiven und Partizipien (neben denselben ist das betreffende Masculinum mit halblangem Tonvokal angegeben), wie *affranchie*, *bouillie*, *chérie*, *choisie*, *ebahie*, *éclaircie*, *endormie*, *enrichie*, *faillie*, *finie*, *hardie*, *impunie*, *inouïe*, *jolie*, *polie*, *réjouie*, *repentie*, *rôtie*, *unie* u. a. m.

I im Diphthong *u i:* l a n g in *pluie*, *suie*, *truie*.

Geschlossenes *eu:* l a n g in *lieue*, *banlieue*, *queue*; h a l b l a n g in den Feminis *bleue* und *feue*.

Ou: l a n g in *abajoue*, *joue*, *noue*, *proue*, *roue*, den aus dem Germanischen stammenden *houe*, *moue*, *toue* und den fremden Städtenamen *Capoue*, *Mantoue*;

h a l b l a n g in *boue* und *Cordoue*.

U: l a n g in den Substantiven *avenue*, *bévue*, *charrue*, *ciguë*, *déconvenue*, *décrue*, *étendue*, *éternue*, *fendue*, *flue*, *fondue*, *grue*, *laitue*, *massue*, *mue*, *nue*, *rue*, *sangsue*, *survenue*, *tendue*, *trelue*, *trémue*, *value*, *verrue*, *volue*, sowie in den femininen Partizipien *due* und *tue* (das feminine Partizip *indue* hat dagegen h a l b l a n g e s u);

h a l b l a n g in den übrigen weiblichen Adjektiven und Partizipien (das betreffende Masculinum mit halblangem Tonvokal steht bei Sachs stets daneben), z. B. *aiguë*, *ardue*, *barbue*, *battue*, *berlue*, *bossue*, *chenue*, *chevelue*, *courue*, *cousue*, *crochue*, *dévolue*, *déchue*, *dissolue*, *échue*, *émoulue*, *éperdue*, *eue*, *imbue*, *lue*, *menue*, *mue*, *nue*, *polluée*, *prévue*, *reçue*, *rendue*, *résolue*, *révolue*, *sue*, *tenue*, *têtue*, *tissue*, *touffue*, *velue*, *vécue*, *venue* u. a. m.

Bei *contiguë*, *pue*, *recrue* und *revue* ist der Tonvokal ausdrücklich für Masculinum und Femininum als h a l b l a n g angegeben.

Folgenden Wörtern teilt Sachs als selbständigen weiblichen Substantiven l a n g e n, als Femininis von Partizipien (mit daneben stehendem Masculinum) h a l b l a n g e n Tonvokal zu: *crue*, *repue* und *vue*.

H a l b l a n g e s *u* hat auch das selbständige weibliche Substantiv besaiguë.

Nach Lesaint (p. 419, 410, 427, 425, 438, 441) haben alle Wörter auf *-ée*, *-aie*, *-ie*, *-eue*, *-oue*, *-ue* ausnahmslos **langen** Tonvokal; ebenso (p. 432) ist der Diphthong *oi* vor stummem *e* durchweg **lang**.

Aus den hier zusammengestellten Beispielen ergiebt sich die Regel: Tonvokale unmittelbar vor stummem *e* sind **lang oder halblang**. Die zwischen beiden Bezeichnungen schwankenden Angaben von Sachs zeigen, dass mit dem vollständigen Schwinden des stummen *e* aus der Aussprache die Neigung auftritt, die Tonvokale hier ebenso zu behandeln, wie diejenigen, welche im Wortauslaut ohne folgendes stummes *e* stehen, d. h. sie zu **kürzen**; insbesondere scheint in der gewöhnlichen Umgangssprache der Unterschied zwischen Masculinen **ohne** und Femininen **mit** stummem *e* vollständig aufgegeben zu sein[1]. — Dass im 16. Jahrhundert bei noch lautbarem *e* hier durchaus **Länge** des Tonvokals herrschte, bezeugen die Angaben von Th. Beza (l. c. p. 14 und 88).

c) **Tonvokale vor stummen Konsonanten im Wortauslaut.**

α) **Im Altfranzösischen folgte auf den Tonvokal einfache Konsonanz;** und zwar

α¹) **die Liquida *l*.** Hier findet sich:

I: **halblang** in *baril, chenil, courtil, coutil, gentil, gril, fournil*; **kurz** in *fusil*, in *ménil* (nach Littré und Landais angegeben, nach Littré wird das Wort auch mit lautbarem *l* und kurzem *i* gesprochen), *nombril* (nach Malvin-Cazal angegeben), *outil* (nach Littré und Malvin-Cazal angegeben; nach Diez, WB. IIc »mit stummem, ursprünglich aber mit hörbarem **erweichten l**, wegen outiller«); *persil* (nach Malvin-Cazal, Littré und Landais angegeben), *fraisil* (nach Landais angegeben).

Bezüglich der folgenden Wörter gehen die Angaben der Orthoepisten auseinander: *avril* (nach der Akademie, Benoit, Lesaint mit **kurzem *i*** und mouilliertem *l*, nach Landais, Feline, Laveaux, Malvin-Cazal mit **kurzem *i*** und einfachem lautbaren *l*; nach Bescherelle und Littré sind **beide** Aussprachen gebräuchlich, nach Sachs wird das Wort zuweilen auch mit **halblangem *i*** und stummem *l* gesprochen);

cil sprechen Bescherelle, Landais, Littré, Laveaux, Feline mit **kurzem *i*** und lautbarem einfachen *l*, die Akademie und Malvin-Cazal mit **kurzem *i*** und mouilliertem *l*; nach Sachs kommt poetisch auch stummes *l* und halblanges *i* vor. — Das Compositum dieses Wortes: *sourcil* sprechen Malvin-Cazal und S. Dupuis mit **kurzem *i***

---

[1] vgl. Ploetz, l. c. p. 43 und 53.

und stummem *l*, Viele auch mit kurzem *i* und mouilliertem *l* oder lautbarem einfachen *l*;

péril hat nach der Akademie, nach Malvin-Cazal und Littré halblanges *i* und mouilliertes *l*, nach Landais und Bescherelle kurzes *i* und lautbares einfaches *l*; die Aussprache des Plurals ist zweifelhaft. Vgl. über diese Wörter Lesaint (l. c. p. 208 und 209), der daselbst die verschiedenen Meinungen übersichtlich zusammengestellt hat.

Ou: lang in *saoul* oder *soúl* (Aussprache nach Littré, Malvin-Cazal und S. Dupuis angegeben), mit verstummtem vortonigen Hiatus-Vokal.

U: halblang in *cul*.

β^1) Vor stummer Liquida *r:*

Geschlossenes *e:* halblang in den Infinitiven auf -*er* (-are), z. B. *aimer, abaisser, abréger, brûler, chercher, donner, fermer, géner, habiller, jeter, lancer, mêler, nommer, verser, user* u. a. m., sowie in den Substantiven und Adjektiven auf -*ier* und -*er* (lat. -arium, -arem, -ĕrium, -ĕrum), wie *acier, atelier, aubier, aubrier, bachelier, baudrier, bélier, boulanger, cellier, charcutier, chevalier, courrier, denier, dernier, évier, faisandier, foyer, fumier, léger, meunier, mortier, panier, premier, quartier, setier, verdier, verger; cahier, chantier, entier, métier, moutier* u. a. m.

Nach Lesaint (p. 422) hat die Endung -*er* bei stummem *r* stets kurzen Tonvokal.

Geschlossenes *eu:* halblang in *monsieur*, nach Lesaint (p. 425) mit kurzem Tonvokal.

γ^1) Vor stummem *s* (*x, z*):

Tiefes *a:* lang in *las, pas, cas* (Adjektiv, Aussprache nach Littré angegeben);

halblang in den mit dem Suffix -*as* (lat. -aceum, vgl. Diez, Gr. II^4, 316) gebildeten Substantiven, wie *cabas, cadenas, canevas, embarras, fratras, coutelas, plâtras, tracas;* ferner in *appas, bas, bras, compas, ramas, glas, gras, repas, tas, trépas,* den Lehnwörtern *cas, ras* und *haras,* sowie in *lacs.*

Zweifelhaft ist die Aussprache von *bourras, sas,* welche nach einigen Orthoepisten auch mit lautbarem *s* und halblangem hohen *a* gesprochen werden, und *verglas,* nach Feline mit tiefem, nach S. Dupuis und Malvin-Cazal mit hohem *a* bei stummem *s*. — Nach Lesaint (p. 279—282 und 415) haben diese Wörter stummes *s* und langes *a,* wie überhaupt die Endung -*as.*

Hohes *a* im Diphthong *oi:* kurz in allen Wörtern auf -*ois* und -*oix,* z. B. *antenois, autrefois, bois, bourgeois, Champenois.*

choix, courtois, croix, dois, empois, fois, grégeois, matois, mois, noix, parfois, poids (d nur orthographisch), *pois, poix, tournois, voix* u. a. m.

Nach Lesaint (p. 433 und 434) ist der Diphthong *oi* lang in der Endung *-oix*, sowie in den Substantiven, Adjektiven und Eigennamen auf *-ois*, beinahe kurz in den Verbalformen und Adverbien auf *-ois*.

Geschlossenes *e*: balblang in *assez, biez, chez, nez, rez*, und den Pluralen *bouts-rimés, estropiés* u. a.

Lesaint giebt hier die Quantität nicht an.

Halboffenes *e*: lang im Suffix *-ais* (lat. -ēnsem), z. B. *anglais, bordelais, français, lyonnais, marais, portugais, irlandais* u. a.; ferner in *dais, désormais, épais, frais, jais, jamais, lais, mais, palais, rabais, rais, relais, niais, ségrais, harnais; faix, paix*;

halblang in *agrès, ais, après, auprès, biais, décès (congrès, excès, procès), dès, les, mes, tes, ses, lez* (Aussprache nach Littré angegeben), *près, profès, recez* (recessum, nach Lesaint (p. 331) mit geschlossenem *e*), *très; legs* (afr. lais, s. v. zu laissier; Aussprache nach Lesaint, Littré, Dupuis angegeben; nach Poitevin mit geschlossenem *e*; nach Sachs wird auch das früher nur orthographisch eingeschobene *g* gesprochen mit halblangem oder kurzem halboffenen *e*), sowie in *mets, entremets, rets*.

Nach Lesaint (p. 411 und 423) haben die Endungen *-ais, -aix* und *-es* ausnahmslos langen Tonvokal.

Offenes *e*: halblang in den Lehnwörtern *accès, progrès, succès*.

I: lang im Suffix *-is* (lat. -icium, vgl. Diez, Grm. II[4] 318), z. B. *abattis, appentis, chablis, châssis, chènevis, coulis, croquis, éboulis, glacis, lambris, lattis, lavis, levis, logis, panaris, palis* (nach Littré; nach Malvin-Cazal mit halbl. *i* und lautb. *s* gesprochen), *pâtis, roulis, tortis, treillis, vernis* u. a.; ferner in *brebis, commis, devis, divis, dix, gris, hormis, marquis, mis, Paris, parvis, pis* (pējus und pectus), *pourpris, prix, requis, exquis, ris, six, souris, tandis, vis* (visum), und in Lehnwörtern, wie *paradis, radis, rossolis, rubis, tapis* u. a.;

halblang in *assis, avis, perdrix, pris, rassis, repris, sis*, dem Lehnwort *riz*, sowie in *pays*.

I im Diphthong *ui*: lang in *huis* und *je suis*;

halblang in *buis, depuis, pertuis, puis, puits* (*t* durch latinisierende Orthographie).

Nach Lesaint (p. 429 und 431) haben die Endungen *-is* und *-ix* langes *i*.

Geschlossenes *o*: lang in *chaux, taux, surtaux, faux* und fast sämmtlichen Pluralen auf *-aux* der (meist gelehrten und halbgelehrten) Singulare auf *-al* und der volkstümlichen auf *-ail*, z. B. *amicaux, bocaux, canaux, cardinaux, chevaux, coronaux, cristaux, déloyaux, égaux, étaux, féaux, généraux, hôpitaux, journaux, libéraux,* *locaux, métaux, maréchaux, moraux, nasaux, nominaux, originaux, prévôtaux, quintaux, rivaux, sénéchaux, totaux, tribunaux, vassaux, vénaux, vitaux; maux, vaux; aulx, baux, coraux, émaux, soupiraux, rantaux, ventaux* u. a. m. — Von Substantiven und Adjektiven auf *-eau* finden sich bei Sachs nur folgende Plurale mit langem Tonvokal: *beaux, eaux* (nach Sachs auch halblang), *cerveaux, houseaux* (beide ohne Singular angegeben), *nouveaux, jumeaux* (hier ist der Tonvokal des Plurals ausdrücklich im Unterschied von dem halblangen des Singulars als lang bezeichnet), sowie die Personen- und Städtenamen: *Bordeaux, Desbarreaux, Despréaux, Meaux*. Ferner ist geschlossenes *o* lang in *dispos, endos, propos, repos, os* (nach Littré angegeben, auch mit lautbarem *s* und langem geschlossenen o);

halblang in *dos, enclos, gros, los* (so nach Littré; nach Landais mit lautbarem *s* und langem geschlossenem o), sowie in den Pluralen *noyaux, préaux, arbitraux, bureaux, chevreaux, dindonneaux, étaux, fléaux, gruaux, hobereau-moineaux, hoyaux, joyaux*.

Nach Lesaint (p. 416 und 436) haben die Wörter auf *-os* und die Plurale auf *-aux*, *-eaux* stets langen Tonvokal.

Geschlossenes *eu*: lang in den Pluralen *œufs, adieux, cheveux* und *bœufs*;

halblang in *deux, mieux, preux, queux, vieux*, sowie in den Pluralen *ceux, eux, yeux, boute-feux, camaïeux, désaveux, enjeux, épieux, essieux, fesse-mathieux, feux, hébreux, jeux, lieux, milieux, moyeux, neveux, pieux;* endlich in den Masculinen sämmtlicher Adjektiva auf *eux* (lat. -ōsus); z. B. *affreux, amoureux, avantageux, chaleureux, chatouilleux, dangereux, douteux, fâcheux, heureux, merveilleux, paresseux, périlleux* u. a.

Lesaint (p. 424 u. 425) schreibt in allen diesen Fällen langen Tonvokal vor.

Ou: lang in *pouls* (*l* nur orthographisch); *doux, saindoux, époux, houx* (ahd. hulis), *jaloux, courroux, toux*;

halblang in *dessous, nous, remous, sous, vous, résous, dissous, entre-vous* und den Pluralen *tous, fous, clous, coucous, filous, garous, glouglous, grippe-sous, licous, matous, padous, sapajous, toutous, trous, verrous;* ferner in *roux* und den Pluralen *joujoux, poux, genoux, hiboux*.

Nach Lesaint (p. 437) sind die Endungen *-ous, -oux* ausnahmslos lang.

U: lang in *sus* (so nach Littré; S. Dupuis und Malvin-Cazal schreiben lautbares End-*s* hier vor, ebenso Lesaint (p. 268), dabei mit langem Tonvokal);

halblang in *dessus, par-dessus, merlus, plus, refus, surplus,* sowie in gelehrten Wörtern, wie *abus, abstrus, confus, diffus, inclus, infus, intrus, jus, perclus, profus, reclus, verjus; flux* und *reflux*.

Lesaint (p. 442) bezeichnet die Endung -*us* als beinahe kurz; das *u* der Wörter *flux* und *reflux* dagegen (p. 326) als lang.

δ^1) Vor stummem *f*:

Geschlossenes *e*: halblang in *clef* und *bief* (dasselbe Wort wie *biez*, nach Sachs selten auch mit lautbarem *f* und kurzem halboffenen *e* gesprochen).
Lesaint giebt die Quantität dieser Wörter nicht an.

Geschlossenes *eu*: halblang in *éteuf*.

ϵ^1) Vor stimmlosen Momentanlauten, welche neufranz. stumm sind:

Tiefes *a*: halblang in *achat*, *chat*, *combat*, *débat*, *ébat*, *rabat*, *rachat*, *regrat*, und in gelehrten Wörtern mit der Endung -*at* (lat. -atum), wie *mandat*, *méat*, *odorat*, *scélérat*, *soldat* u. a., sowie in *plat*.

Hohes *a*: halblang in *rat* (ahd. rato) und *drap*.
Lesaint (p. 416) schreibt für die Endung -*at* durchweg kurzen Vokal vor; die Quantität von *drap* giebt er nicht an.

Hohes *a* im Diphthong *oi*: kurz in *benoit* (afr. bene-oit), sowie in den übrigen Wörtern auf -*oit* (-*oid*), z. B. *adroit*, *détroit*, *doit* (débet), *droit*, *étroit*, *exploit*, *froid*, *soit* (mit und ohne lautbarem *t*), *toit* u. a.; in *doigt* (mit nur orthographischem *g*) wird teils kurzes hohes *a*, teils halblanges tiefes *a* gesprochen.

Geschlossenes *e*: halblang in *pied*, mit nur orthographischem, aber in der Bindung als *t* gesprochenen *d*, im 14. Jahrhundert auch *piet* geschrieben; nach Lesaint (p. 427) mit kurzem Tonvokal.

Halboffenes *e*: lang in *lait*;

halblang in den mit dem Suffix -*et* (vlglat. -ittum, vgl. Romania VI, 247) gebildeten Substantiven und Adjektiven, z. B. *archet*, *armet*, *auget*, *batelet*, *baudet*, *billet*, *bonnet*, *bouquet*, *cadet*, *chapelet*, *chevalet*, *collet*, *corset*, *couplet*, *doucet*, *épillet*, *fausset*, *filet*, *follet*, *grasset*, *lacet*, *longuet*, *louchet*, *maigrelet*, *maillet*, *martelet*, *oeillet*, *pauvret*, *poulet*, *rondelet*, *rouget*, *sommet*, *tiercelet*, *tiret*, *violet* u. a. m.; ferner in *abait*, *déchet*, *fait*, *guéret*, *jet*, *muguet*, *parfait*, *pet*, *rejet*, *retrait*, *souhait*, *trait*; *laid*, *plaid*, sowie in gelehrten Wörtern, wie *complet*, *défet*, *effet*, *objet*, *préfet*, *projet*, *récollet*, *parapet*, *replet*, *secret*, *trajet* u. a. Streitig ist die Aussprache der gelehrten Wörter auf -*ect*, wie *aspect*, *direct*, *respect* etc. In *cep* (lat. cippus) schwankt die Aussprache; nach Sachs wird meistens halblanges halboffenes *e* bei stummem *p* gesprochen, bei lautbarem *p* ist nach allen Angaben der Vokal kurz.

Nach Lesaint (p. 412 u. 423) haben die Endungen -*ait* und -*et* stetz **kurzen** Tonvokal.

I: **halblang** in *châlit, confit, esprit* (halbgelehrt), *dédit, délit, dépit, dit, édit, lendit, lit, écrit, nid, profit, repit, petit*, sowie in gelehrten Wörtern, wie *contrit, debit, décrépit, habit, manuscrit, récit, rescrit* u. a. m.

I im Diphthong *ui*: **halblang** in *biscuit, bruit, déduit, duit, conduit, minuit, enduit, fruit, huit, muid, nuit, réduit*.

Nach Lesaint (p. 430) hat die Endung -*it* in allen Wörtern, ausser den Verbalformen *il luit, reluit, nuit*, **kurzen** Tonvokal.

Geschlossenes *o*: **lang** in *échafaud, chaud, réchaud, défaut, haut, ressaut, saut, sursaut, soubresaut, tressaut*, den Lehnwörtern *artichaut* und *marsault*, sowie im Suffix -*aud* oder -*aut* (dtsch. -ald, vgl. Diez, Grm. II⁴, 376) der Wörter: *boucaut, clabaud, courtaud, crapaud, grimaud, héraut, levraut, lourdaud, maraud, moricaud, nigaud, noiraud, pataud, penaud, quartaut, ribaud, rougeaud, rustaud, soûlaud, sourdaud, trigaud, verdaud*;

halblang in *assaut, badaud, bégaud, guinaud* (nach Littré angegeben); ferner in *flot, mot, rot, sanglot, lot, bot* (zu ahd. bôzen, nach Sachs auch mit **kurzem** offenen *o* bei stummem *t* gesprochen), sowie in sämmtlichen mit dem Suffix -*ot* gebildeten Wörtern, z. B. *angelot, ballot, bardot, brûlot, cachot, caillot, capot, cuissot, chariot, chicot, culot, escargot, fagot, falot, goulot, grelot, halot, frérot, îlot, lérot, linot, loriot, maillot, manchot, pâlot, poulot, pilot, vieillot* u. a. m.; in Personennamen, wie *Charlot, Jacquot, Margot, Jeannot, Pierrot* u. a.; endlich in *trop* (nach Landais und Lesaint; S. Dupuis schreibt **kurzes offenes** *o* bei stummem *p* vor, was Lesaint, p. 87, für falsch erklärt), *escroc, galop*;

kurz in *croc*; in *accroc, raccroc* dagegen **kurzes offenes** *o*.

Nach Lesaint (p. 436) hat die Endung -*ot* **kurzen** Vokal; die Wörter auf -*aud* und *aut* (p. 417 u. 418) werden teils mit **langem**, teils mit **kurzem** Tonvokal bezeichnet; -*oc* ist **kurz**.

Geschlossenes *eu*: **halblang** in *nœud* (*d* ursprünglich nur orthographisch); nach Lesaint (p. 425) mit **kurzem** Tonvokal.

Ou: **halblang** in *about, bout, dégout* (s. v. zu dégoutter), *tout*; in *coup*, sowie in *loup* und *joug*, in welchen die Endkonsonanten ursprünglich nur orthographische Bedeutung haben; bei dem zuletzt genannten giebt Sachs sogar als **gewöhnliche Aussprache halblanges** *ou* bei lautbarem *g* an, in der Bindung wird **stimmlose Gutturalis** gesprochen; nach Lesaint (p. 152) auch ausserhalb derselben.

Lesaint (p. 439) weist den Wörtern auf -*out* und -*oup* **kurzen** Tonvokal zu.

U: **halblang** in *but, debut, rebut* und den gelehrten Wörtern, wie *attribut*, *institut*, *salut*, *statut*, *tribut* u. a. m.; nach Lesaint (p. 442) sämmtlich mit kurzem *u*.

β) Im Altfranzösischen folgte auf den Tonvokal *st*, von welcher Gruppe zuerst *s*, später *t* verstummt ist.

Folgende Vokale kommen hier vor:

Tiefes *a*: lang in *mât* (ahd. mast), *pât*; halblang in *appât*, *bât*, *dégât*.

Hohes *a* im Diphthong *oi*: halblang in *croît* und *surcroît*.

Halboffenes *e*: lang in *genêt* und *prêt* (praestum und s. v. zu *prêter* = praestare); halblang in *acquêt*, *apprêt*, *arrêt*, *benêt*, *forêt* (nach Sachs auch mit halblangem, ganz offenem *e* gesprochen), und den halbgelehrten Wörtern *intérêt* und *protêt*.

In *têt* (*test*) schwankt die Aussprache bezüglich der Endkonsonanten, doch wird bei lautbarem und stummem *t* halblanges, bei lautbarem *st* dagegen kurzes halboffenes *e* gesprochen.

Geschlossenes *o*: lang in *dépôt*, *entrepôt*, *prévôt*, *suppôt*, *tôt*; halblang in *aussitôt*, *bientôt*, *impôt*, *rôt*, *tantôt*.

Ou: lang in *coût*, *goût*, *dégoût*, *ragoût*, *moût*, *surmoût*; *oût* (für *août*); halblang in *août* (nach anderen Orthoepisten angegeben).

U: lang in *fût* und *affût*.

Lesaint giebt für alle diese Fälle nur langen Tonvokal an.

Die Zusammenstellung dieser Beispiele führt zu folgendem Ergebniss:

1) Vor stummen Liquiden *l* und *r*, vor *f* und stimmlosen Momentanlauten sind die Tonvokale kurz oder halblang. Ausnahmen bilden *soûl*, dessen Länge von der Verstummung eines vortonigen Hiatusvokals herrührt, und die Mehrzahl der Wörter auf -*aut* und -*aud*, deren Tonvokal noch in der zweiten Hälfte des 16. Jahrhunderts diphthongisch gesprochen wurde (vgl. Lütgenau, l. c. p. 40), und auch nach dem Uebergang in den Monophthong (zunächst offenes *o*) seine Länge, wie Th. Beza (l. c. p. 89) bezeugt, noch durchaus (also auch vor dem damals im isolierten Worte noch lautbaren End-*t*) bewahrte; das *e* der Endung -*et* in *vallet*, *bonnet* etc. wurde dagegen im 16. Jahrhundert, wie Livet (l. c. p. 132) aus L. Meigret nachweist, bei lautbarem *t* kurz und offen gesprochen.

Eine weitere Ausnahme bildet nach Sachs das Substantiv *lait*; dieselbe wird jedoch dadurch hinfällig, dass Sachs allen übrigen gleich gebildeten Wörtern halblangen Tonvokal zuweist, und auch Lesaint in der Endung -*ait* nur kurzen Tonvokal kennt. —

Langer Tonvokal wäre zu erwarten in *benoît*, da hier ein vortoniger Hiatusvokal geschwunden ist.

Für das bedeutende Ueberwiegen der Bezeichnung „halblang" ist schon oben (Seite 43) eine Erklärung versucht, welche sich auch auf diesen Fall anwenden lässt.

2) Vor stummem *s* (*x*, *z*) sind die Tonvokale lang oder halblang. Ausnahmen bilden die Wörter auf *-ois* und *-oix*.

3) Tonvokale vor früherem *st* im Auslaut sind lang oder halblang.

Das häufige Auftreten der mittleren Quantität in den beiden zuletzt aufgeführten Wortklassen zeigt, dass die Neigung herrscht, die Tonvokale derselben zu kürzen, offenbar eine Analogiewirkung der Tonvokale vor anderen stummen Konsonanten und ohne folgenden stummen Konsonanten [1]).

Die ursprüngliche Regel, wie sie sich aus Lesaint's und Dubroca's (l. c. p. 337) Angaben noch deutlicher hervorhebt, war demnach: Tonvokale vor früherem *s* (*x*, *z*) und *st* im Auslaut sind lang, solche vor anderen früher auslautenden Konsonanten kurz. Da sich weiter unten herausstellen wird, dass sich diese Regel im Ganzen mit der für die Tonvokale vor lautbaren Endkonsonanten gültigen deckt, so ist der Schluss erlaubt, dass die Quantität des Tonvokals durch das Verstummen eines folgenden Endkonsonanten unmittelbar nicht geändert worden ist. Eine Sonderstellung nehmen vermutlich die Wörter auf *-er* ein.

Der heutige Stand der Quantität der Tonvokale im Wortauslaut überhaupt lässt sich nach Sachs dahin zusammenfassen, dass dieselben der Regel nach halblang sind, einerlei ob stumme Lautzeichen folgen oder nicht.

B. Tonvokale in geschlossener Silbe.

a) Vor wortauslautenden einfachen Konsonanten.

1) Vor lautbarem einfachen *l:*

Hohes *a*: kurz in *aval, bal, chenal, cheval, déloyal, égal, loyal, mal, maréchal, pal, royal, sénéchal, val, vassal*; in den gelehrten Substantiven und Adjektiven auf *-al*, wie *cal, canal, cristal, métal, signal; amical, annal, brutal, capital, cordial, ducal, général, légal, libéral, musical, nasal, nominal* u. a. m.

halblanges hohes *a* giebt Sachs den Wörtern *allodial, armorial, boréal, féal, floréal, idéal, réal.*

---

[1]) vgl. auch Ploetz (l. c. p. 25) über die Endung *-as*.

Hohes *a* im Diphthong *oï*: kurz in *poil*.

Halboffenes *e*: kurz in *agnel*, *appel*, *autel*, *charnel*, *bel*, *cheptel*, *ciel*, *cruel*, *éternel*, *fiel*, *hôtel*, *lambel*, *martel*, *miel*, *mortel*, *noël*, *nouvel*, *quel*, *scel*, *sel*, *tel*, und fast sämmtlichen Lehnwörtern auf -*el*, wie *bordel*, *casuel*, *conventuel*, *criminel*, *éventuel*, *graduel*, *manuel*, *matériel*, *missel*, *mutuel*, *naturel*, *pastel*, *perpétuel* u. a. m.; als halblang bezeichnet Sachs den Tonvokal in *annuel* und *duel*.

I: kurz in *brésil*, *cil*, *connil* (lat. cuniculum; nach Malvin-Cazal mit mouilliertem *l* gesprochen), *fil*, *dousil* (nach Sachs auch mit stummem *l* und halblangem *i* gesprochen), *goupil*, *il*, *mil*, *sil*, *vil*, *viril*, und in gelehrten Wörtern, wie *civil*, *exil*, *puéril* u. a.; halblang in *oïl* und den gelehrten *subtil* und *bissextil*.

Offenes *o*: kurz in *col*, *entresol*, *Espagnol*, *hausse-col*, *fol*, *licol*, *mol*, *parasol*, *rossignol*, *sol*, *tournesol*, *vol*, und in *Paul*[1]), sowie den Lehnwörtern *bol* und *dol*; halblang nur in dem Lehnworte *vitriol*,

Offenes *eu*: halblang in sämmtlichen Wörtern auf -*eul*, als *aïeul*, *bisaïeul*, *trisaïeul*, *épagneul*, *filleul*, *glaïeul*, *linceul* (selten auch mit mouilliertem *l* und kurzem Tonvokal gesprochen), *seul*, *tilleul*.

Ou: halblang in dem Lehnwort *capitoul*, in *Frioul* und *Toul*.

U: kurz in *nul*, *recul* (nach Landais, Feline und Littré angegeben), *accul* (nach den meisten Orthoepisten)[2]), sowie in den gelehrten Wörtern *calcul* und *consul*.

Lesaint giebt für alle diese Fälle kurzen Tonvokal an.

2) Vor auslautendem mouillierten *l*:

Hohes *a*: kurz in *aiguail* und *ail*;
halblang in allen übrigen Wörtern auf -*ail*, z. B. *attirail*, *bail*, *bercail*, *bétail*, *brail*, *camail*, *détail*, *éventail*, *mail*, *poitrail*, *soupirail*, *travail*, *vantail*, *gouvernail*, *émail* u. a. m.; nach Lesaint (p. 410) sämmtlich mit kurzem Tonvokal.

Halboffenes *e*: kurz in sämmtlichen Wörtern auf -*eil*, als *appareil*, *conseil*, *méteil*, *orteil*, *pareil*, *soleil*, *sommeil*, *vermeil*, *vieil*, *éveil*, *réveil*.

I: kurz in *mil* (milium);
halblang in *babil*, *grésil*, *gril* (vor Vokalen und im »style soutenu«), *fenil* (nach Malvin-Cazal angegeben; in familiärer Rede auch mit stummem *l* und halblangem *i*).

Lesaint (p. 428) giebt für diesen Fall kurzes *i* an.

---

[1]) Im 16. Jahrh. begegnet der Reim *Pol* (*Paul*) : *fol* in einem Sprichwort, vgl. Livet, l. c. p. 351.
[2]) Das Simplex *cul* hat stummes *l* und halblangen Tonvokal; siehe oben S. 47.

Offenes *eu*: kurz in sämmtlichen Wörtern auf -*euil* und -*ueil*, als *accueil, bouvreuil, breuil, cerfeuil, deuil, écueil, écureuil, œil, orgueil, seuil, treuil, recueil* (Aussprache nach S. Dupuis angegeben), *chèvre-feuil, chevreuil, fauteuil, cercueil*.

Ou: nur halblang in den beiden Wörtern *fenouil, panouil*; nach Lesaint (p. 438) ist der Tonvokal hier als kurz zu bestimmen.

3) Vor wortauslautendem einfachen *r* oder *r* mit stummen Konsonanten:

Tiefes *a*: lang in *art, départ, écart, échars, épars, essart, lard, part, quart, regard, rempart* (*t* erst später angefügt), *retard, tard, boulevard*; ferner im Suffix -*ard* oder -*art* (dtsch. bart, vgl. Diez, Grm. II⁴ 385) der zahlreichen Substantiva und Adjektiva, wie *bâtard, bavard, billard, binard, brancard, brassard, brouillard, canard, criard, couard, fuyard, gueulard, flambart, lézard, poignard, renard, tétard, vieillard* u. a. m.;

halblang in den Wörtern, in welchen auf das *r* kein stummer Konsonant weiter folgt; es sind *char* und die Lehnwörter und fremden Eigennamen *coquemar, instar, nectar, César, Escobar, Gibraltar*.

Nach Lesaint (p. 414) ist *a* der Endung -*ar* lang in *char* und den Eigennamen auf -*ar*, in allen übrigen Fällen »beaucoup moins long«.

Tiefes *a* im Diphthong *oi*: lang in allen Wörtern auf -*oir* (lat. -ēre, -ĭrem und -orium), z. B. *abreuvoir, accoudoir, affinoir, apercevoir, arrosoir, assommoir, avoir, battoir, choir, comptoir, concevoir, couloir, décevoir, déchoir, devoir, dortoir, échoir, encensoir, espoir, falloir, hoir, loir, miroir, mouvoir, noir, pouvoir, réservoir, savoir, seoir, tiroir, voir, vouloir* u. a. m.

Hohes *a*: halblang in *car* (quare); kurz in der unbetont gebrauchten Präposition *par*.

Offenes *e*: lang vor einfachem *r* in *air, chair, clair, éclair, impair, mésair, pair, vair; amer, cher, enfer, fer, fier, hier, hiver, mer, ver* (afr. *verm*); vor *r* mit stummem Konsonanten in *cerf, convers, couvert, désert, dessert, dévers, disert, découvert, divers, envers, ers* (ervum + Nomin.-*s*), *offert, pers, ouvert, nerf, serf, tiers, vers, vert* u. a.;

halblang in dem einzigen *clerc*; nach Lesaint (p. 421) mit langem Tonvokal.

I: lang vor einfachem *r* in *désir, loisir, plaisir, déplaisir, soupir, souvenir, tir* und den Infinitiven auf -*ir*, wie *courir, devenir, dormir, férir, finir, obéir, ouïr, partir, sentir* etc.;

im Diphthong *ui*: in *cuir, fuir, enfuir*.

Offenes *o*: lang vor einfachem *r* in *cor, essor, or, trésor* und dem gelehrten *décor*; vor *r* mit stummen Konsonanten in *alors, bitord, bord, consorts, corps, dehors, fors, fort, hors, lors, mors, mort*, *nord, ord, port, recors, remords, ressort, sort, tors, porc* (sobald das *c* verstummt) u. a. m.

Offenes *eu*: lang vor einfachem *r* in *cœur, fleur, leur, pleur, sœur* und den zahlreichen Substantiven auf *-eur* (lat. -orem und -atorem), wie *bateleur, chaleur, clameur, couleur, douleur, empereur, erreur, faveur, faiseur, fureur, honneur, meilleur, saveur, terreur* u. a. m., ferner in *peur*, in *heur, bonheur* und *malheur*; vor *r* mit stummem *s* in *plusieurs, ailleurs*.

Ou: lang vor einfachem *r* in *alentour, amour, atour, autour, carrefour, cour, détour, entour, four, gour, jour, retour, séjour, tour, vautour*, den Lehnwörtern *labour* und *troubadour*; vor *r* mit stummem Konsonanten in *alentours, cours, court, discours, gourd, lourd, debours, rebours, sourd, toujours, tourd, velours, bourg* (auch mit lautbarer Gutturalis und kurzem *ou* gesprochen);

kurz in der unbetonten Präposition *pour*.

U: lang vor einfachem *r* in *dur, fur* (afr. fuer), *impur, mur, pur, avant-mur, contre-mur*, in den Lehnwörtern *azur, futur, obscur*, sowie in *mûr* (afr. meûr) und *sûr* (afr. seûr);

halblang in *sur* (ahd. sûr, nhd. sauer); nach Lesaint (p. 442) mit langem Vokal;

kurz in der unbetonten Präposition *sur*.

4) Vor lautbarem *s* im Wortauslaut:

Hohes *a*: lang im Adjektiv *cas* (so nach Boiste und Poitevin); halblang in *sas* (*setaceum; Aussprache nach Malvin-Cazal).

I: lang in *dix, six, fils, lis* (in *fleur de lis* mit stummem *s* und langem *i* gesprochen), sowie in dem Lehnwort *bis* (lat. bis);

halblang in *jadis* (poet. auch mit langem *i* bei stummem *s*), *vis* (so nach Landais und Malvin-Cazal), *tournevis* (so nach Malvin-Cazal), *Clovis* (so nach Lesaint und Malvin-Cazal, *palis* (so nach Malvin-Cazal, während Littré langes *i* bei stummem *s* vorschreibt), sowie in Lehnwörtern und fremden Eigennamen, wie *amaryllis, gratis, Baucis, Iris* u. a. m.

Nach Lesaint (p. 429) ist *i* ausnahmsweise kurz in *lis, vis, tournevis, Clovis*; lang in den übrigen Wörtern.

Geschlossenes *o*: lang in *os* (so nach Littré; nach demselben auch mit stummem *s* und langem *o* gesprochen, die Angaben anderer Orthoepisten weichen ab, vgl. Lesaint, p. 285), ferner in *los* (so nach Landais; Littré will stummes *s* und halblanges geschlossenes *o*).

U: halblang in *sus* (so nach S. Dupuis und Malvin-Cazal, Littré schreibt langes *u* und stummes *s* vor), — Nach Lesaint (p. 268 und 442) haben *sus* und die Lehnwörter auf *-us* langen Tonvokal; Sachs giebt den letzteren meistens halblanges *u*.

Ploetz (l. c. p. 93 ff.) bezeichnet die Tonvokale der Endungen -*as*, -*ès*, -*is*, -*os*, -*us* durchweg als lang.

5. **Vor lautbarem *f* im Wortauslaut:**

Hohes *a* im Diphthong *oi:* kurz in *soif.*

Halboffenes *e:* kurz in *bref, brief, chef, nef, fief, relief;*
halblang in dem veralteten *lief* (s. v. zu lever) und in *grief;* nach Lesaint (p. 419) mit kurzem Tonvokal.

I: halblang in den aus dem Germanischen stammenden *if* und *canif*, sowie in sämmtlichen (meistens gelehrten) Masculinis auf -*if* (lat. -īvum), z. B. *abusif, attentif, captif, chétif, comparatif, corrosif, décisif, défensif, effectif, fautif, hâtif, lucratif, massif, motif, naïf, oisif, pensif, plaintif, positif, rétif, tardif, vif, votif* u. a. m.;
im Diphthong *ui* halblang in *juif, suif.*

Nach Lesaint (p. 427) hat die Endung -*if* ausnahmslos kurzen Tonvokal.

Geschlossenes *o:* lang in *sauf* (nach Lesaint, p. 29, ist das *o* fermé in diesem Worte très-long).

Offenes *eu:* kurz in *bœuf, neuf, œuf* (auch im Plural *œufs* am Ende des Satzes);

halblang in *veuf* und dem veralteten *mœuf* (mŏdum; Aussprache nach Littré angegeben); nach Lesaint (p. 425) überall kurzes *eu*.

U: kurz in dem Lehnwort *tuf* (ital. tufo, lat. tōphus).

6. **Vor lautbaren stimmlosen Momentanlauten:**

Hohes *a:* kurz in *sac, bissac, bat* (nach Littré von battre), *fat*, in Eigennamen wie *Cognac, Pourceaugnac* u. a., in *bac* (aus dem Keltischen) und Lehnwörtern wie *lac, escap, cap, hanap* u. a.

Hohes *a* im Diphthong *oi:* kurz in *soit* (sobald das *t* hörbar wird).

Halboffenes *e:* kurz in *avec, sec, net, sept, cep* (nach einigen Orthoepisten mit lautbarem *p*), in *bec* (aus dem Keltischen) und den Lehnwörtern *échec, grec, varec.*

I: kurz in den Wörtern nicht-lateinischen oder gelehrten Ursprunges: *astic, aspic, pic, trafic, public, spic, panic, ombilic;*
halblang in den Lehnwörtern *agaric, aconit* und anderen auf -*it*, von Sachs meist nach anderen Orthoepisten angegeben.

Offenes *o:* kurz in *coq, floc, froc, oc, Médoc*, sowie in den Wörtern nicht-lateinischen Ursprunges: *bloc, broc, choc, estoc, roc, soc, toc;*

halblang in dem Lehnwort *manioc.*

Nach Lesaint (p. 431) hat die Endung -*oc* durchweg **kurzen** Tonvokal.

Ou: **kurz** in *bouc* (aus dem Keltischen);

halblang in *joug* (vgl. oben S. 51) und dem aus dem Deutschen stammenden *brout* (so nach Landais und Feline; Poitevin und Littré schreiben hier stummes *t* vor).

Lesaint giebt die Quantität dieser Wörter nicht an.

U: **kurz** in *duc, rut* (afr. ruit; Aussprache nach Littré, S. Dupuis und Malvin-Cazal angegeben); dem aus dem Germanischen entlehnten *sud* (so nach S. Dupuis und Littré), sowie in den Lehnwörtern *aqueduc, archiduc, caduc, stuc, suc, brut, lut*;

halblang in *luth* (afr. leüt, aus dem Arabischen).

Nach den gegebenen Beispielen sind für die Tonvokale vor wortauslautenden einfachen Konsonanten folgende Regeln aufzustellen:

1) **Vor lautbarem einfachen *l* und mouillirtem *l*** sind die Tonvokale **kurz** oder **halblang**; die Bezeichnung »kurz« überwiegt bei Sachs.

2) **Vor lautbarem einfachen *r* oder *r* mit stummen Konsonanten** sind die Tonvokale **lang** (dabei haben *e, o, eu* **offenen** Laut); hiervon weichen ab: die Wörter auf *-ar*, das Substantiv *clerc*, sowie das Adjektiv *sur* mit **halblangem**, die unbetonten Präpositionen *par, pour, sur* mit **kurzem** Tonvokal; nach Lesaints Angaben bilden jedoch *clerc* und *sur* (Adjektiv) **keine Ausnahmen**.

3) **Vor lautbarem *s*** im Wortauslaut sind die Tonvokale **lang** oder **halblang**.

4) **Vor lautbarem *f* und vor stimmlosen Momentanlauten** sind die Tonvokale **kurz** oder **halblang**; auch hier herrscht die Bezeichnung »kurz« vor.

Eine Ausnahme bildet das einzige *sauf* mit **langem** geschlossenen *o*.

Dieses Resultat stimmt im Ganzen mit der Regel überein, welche Lesaint (p. 443) mit den Worten giebt: »Toute syllabe dont la dernière voyelle est suivie d'une consonne finale prononcée, et autre que *r, s, x* ou *z*, est brève«, und welche ebenso Diez (Gr. I⁴, 495) mittheilt; doch zählt letzterer irrtümlicher Weise *r* mit unter die Konsonanten, vor welchen **alle** Tonvokale **kurz** seien (z. B. *cher, venir*). — Es scheint dies auf Angaben älterer Orthoepisten zu beruhen, denn Beza (l. c. p. 88) giebt für *endormir* die Notation $-\cup\cup$, also **kurzes** *i*, und D'Olivet bestimmt in seinem Traité (p. 59, 60, 76) die Vokale der Endungen *-air, -ar, -eur* ausdrücklich als **kurz**.

Auch diese Regel, dass Tonvokale vor lautbaren Endkonsonanten **kurz** sind, ist nicht ohne verwandte Erscheinungen in romanischen

Schwestersprachen. Diez (Gr. I⁴, 489) giebt diesbezügliche Mitteilungen über das Italienische und Spanische.

Gegenüber den hier für das Neufranzösische aufgestellten Regeln dürfte die unbedingte Richtigkeit der Ausführungen Ten Brinks (Dauer und Klang, S. 41) zweifelhaft erscheinen, welche in der Behauptung gipfeln, dass gegen den Ausgang des 13. Jahrhunderts das kurze ĕ in zahlreichen Fällen beginne, sich auf Kosten der folgenden Konsonanz zu verlängern; einfache aber lange Konsonanz im Auslaut sei kurz, aus fĕrr, bĕll seien demnach Formen wie fĕr, bĕl geworden. Hieran schliesst sich (S. 44) die Bemerkung: »so lange ĕ seine Quantität behielt, liess es sich mit ĕ aus ai nicht binden. Im 14. Jahrhundert aber dürfen wir Reime zwischen ĕ̀ aus ĕ und è aus ai erwarten.« Zur Stütze dieser Behauptungen und als Beispiele werden hierzu die Reime mitgeteilt (S. 44): *chastel* : *tel*; *el* : *mangonnel*; *tel* : *Martel*; *hostel* : *costel*; *sel* : *vaissel*; *ruissel* : *leel* u. a., in welchen -*el* aus lat. -ĕllum (-ĭllum) mit -*el* aus lat. -ale (das, wie S. 39 ff. ausgeführt wird, wie *e* aus *a* vor anderen Konsonanten von jeher offenen Laut, und zwar Länge, gehabt haben soll, allein im 12. Jahrhundert nicht, wie die übrigen, zu ĕ̀ erhöht worden ist) im Reim gebunden wird; ferner (S. 45): *scpt* : *plet* (placitum); *favoureuset* : *plet*; *anglet* : *fait*; *blondelet* : *fet* u. a.

Dass diese Wörter jedoch nicht desshalb mit einander reimen, weil ĕ aus klassisch lat. ĕ (ĭ) lang geworden, sondern desshalb, weil umgekehrt ĕ̀ aus lat. *a* und ĕ aus *ai* kurz geworden sind, dafür sprechen ausser den für das Neufranzösische geltenden Regeln noch die Thatsachen, dass, wie oben (S. 52) nachgewiesen, im 16. Jahrhundert für die Endung -*et* (lat. -ĭttum) bei lautbarem End-*t* ausdrücklich Kürze des offenen *e* bezeugt ist, und dass ebenso bestimmt Th. Beza (p. 84, 85, 88) für die Wörter und Formen *temporel*, *fit*, *fut*, *eut*, *plaid*, *plut* kurzen Vokal angiebt (»corripiuntur») ¹).

Ausserdem findet sich im 17. Jahrhundert in Molière's Misanthrope, I, 1 der Reim: *net* : *fait* (vgl. Ploetz, 1. c. S. 117), beide Wörter jedenfalls mit kurzem offenen *e* bei lautbarem *t* (das noch heute bei *net* unbestritten, bei *fait* in dieser Stellung nach den meisten Orthoepisten gilt).

Die Annahme aber, dass das ĕ̀ derartiger Wörter seit dem Anfang des 14. Jahrhunderts Dehnung erfahren habe, und dann im 16. Jahrhundert wieder Kürze zeigte, dürfte nicht sehr wahrscheinlich sein.

Die angezogenen Reime lassen sich natürlich ebensowohl für als gegen die Ten Brink'sche Hypothese geltend machen. Die Thatsache, dass englische Dichter des 13. und 14. Jahrhunderts die französische Endung -*el* (-alem) wie -*eel* (nach Suchier's Bezeichnung, d. h. mit langem offenen *e*) aussprechen, kann kein Beweis

---

¹) Für das Wort *temporel* giebt er (p. 88) die Notation: −⌣⌣.

für dieselbe sein, denn diese englische Scheidung zwischen -*eel* (lat. -alem) und -*el* (lat. -ĕllum) repräsentiert, wie Suchier nachweist[1]), die anglonormannische Aussprache, wie sie vor 1250 bestand. E. Böhmer erklärt von seinem Standpunkt aus den Reim zwischen -*el* (= lat. -alem) und -*el* (= lat. -ĕllum) in folgender Weise[2]): »Im weiblichen Vollreim mussten die beiden Gruppen schon desshalb einander fern bleiben, weil *e* aus *a* stets in offener Silbe steht, das andere *e* stets in geschlossener Silbe. Im männlichen Reim kann das *e* steigen [d. h. geschlossen werden], wenn der Schlusskonsonant fällt. Fällt derselbe definitiv, wie bei den Partizipien auf -atum und den Substantiven auf -atem, so ist schon dadurch der Reim mit lat. *è* ausgeschlossen, weil letzteres nur vor Konsonanten vorkommt. Fällt der Konsonant nicht, so steigt das *e* nicht über *è*; hier vereinigen sich die beiden Gruppen und bleiben vereint. Es giebt nur einen solchen in allen Worten festen Schlusskonsonanten, nämlich *l*; daher der Reim -*al* : -*ĕll*.« Böhmer sieht also, gemäss seiner Theorie, nur in vorhergegangenen qualitativen Wandlungen die Thatsache, welche diesen Reim ermöglichte.

Wenden wir jedoch das von Diez aufgestellte gemeinromanische Quantitätsprinzip hierauf an, so ergiebt sich Folgendes: *e* aus *a* kam ursprünglich nur in offener Silbe vor und musste daher durchweg lang sein, *e* in -ĕllum stand in geschlossener Silbe und war und blieb desshalb kurz; kommt nun *e* aus *a* vor einen festen Schlusskonsonanten zu stehen, so tritt es damit in geschlossene Silbe, muss in Folge dieser Stellung ebenfalls nach und nach kurz werden und gestattet dann die Bindung im Reime mit *e* aus -ĕllum, das stets kurz geblieben war. Dass dieses *e* aus *a* der (nach Ten Brink, l. c. S. 28, im 12. Jahrhundert eingetretenen) Erhöhung zu *é* entging, ist eben auch eine Folge seiner, damals bereits eingetretenen oder wenigstens beginnenden Kürze.

Ein weiteres nicht unwesentliches Moment gegen Ten Brink's Ansicht dürfte aus folgender Erwägung hervorgehen. Wie die oben aufgestellten Regeln lehren, zeigt sich im Neufranzösischen ein vollständiger Parallelismus zwischen der Vokalquantität vor lautbaren Endkonsonanten (in Masculinen) und der vor lautbaren mit stummem *e* (in Femininen). In beiden Fällen sind (natürlich mit den oben näher bezeichneten Ausnahmen) die Tonvokale vor *l* und vor stimmlosen Momentanlauten kurz, vor *r* und vor *s* lang (stimmhafte Momentanlaute können im Auslaut volkstümlicher Wörter nicht vorkommen). Auch die Nasale *m* und *n* ordnen sich dem unter, wenn man bedenkt, dass die neufranzösischen Nasalvokale sämmtlich offenen Laut haben und dieser offene Laut vermutlich ausser durch den Einfluss des Nasals auch durch die Kürze des dem früher festen

---

[1]) Zeitschr. f. roman. Philol. III, 141.
[2]) Romanische Studien III, 614.

Schluss-*n* und daher in geschlossener Silbe stehenden Tonvokals hervorgerufen ist[1]), sowie dass auch vor inlautendem *m* oder *n* die Tonvokale der Regel nach kurz oder wenigstens halblang sind.

Da nun, wie O. Faulde[2]) nachgewiesen hat, seit dem Anfang des 14. Jahrhunderts nicht nur die Wörter auf *-elle* (lat. -ĕlla) fast durchweg mit der die Vokalkürze anzeigenden Konsonantengemination auftreten, sondern die auch auf lat. -alem zurückgehenden Feminina (z. B. *quelle, telle*), ferner in grosser Zahl die Feminina auf *-olle, -ulle, -onne, -unne, -ainne, -ette, -itte*, einerlei ob lateinische einfache Konsonanz oder mehrfache oder Konsonantengemination vorlag, so darf, unter Anwendung dieses Parallelismus auf jene Zeit, wohl angenommen werden, dass im 14. Jahrhundert den Tonvokalen auch vor wortauslautendem *l*, *n* oder *t* Kürze zukam. Mithin hatten *tel* und *martel* im 14. Jahrhundert nicht, wie Ten Brink (l. c. S. 49) annimmt, langen, sondern kurzen Tonvokal.

In Anbetracht der sich im 14. Jahrhundert zeigenden Vokalkürze in den Wörtern auf *-elle* und *-ette* dürfte auch die weitere, allerdings mit Einschränkungen aufgestellte Behauptung Ten Brinks (l. c. S. 41): »Die Kürzung langer Konsonanz im Inlaut ging, wie es scheint, mehr allmählich vor sich und wurde vermutlich auch nicht überall durchgeführt,« zu berichtigen sein; auch das, wie Ten Brink vermutet, in einigen Fällen stattgefundene Schwanken, »welches dann später mit dem Sieg der langen Konsonanz endigte«, und wodurch veranlasst worden sei, dass gelegentlich sogar ursprünglich kurze Konsonanz verlängert, der davor stehende ursprünglich lange Vokal gekürzt wurde, erscheint vom 14. Jahrhundert an fraglich, da die Vokalkürze vor *l*, *m*, *n*, *t*, wie aus Faulde's Untersuchungen hervorgeht, damals die Regel wurde; eine Regel, welche ebenso für das 16. Jahrhundert durch Th. Beza (l. c. p. 84, 86, 89) deutlich bezeugt wird[3]), und

---

[1]) vgl. Diez, Gr. I⁴, 495.
[2]) Zeitschr. f. rom. Phil. IV, 565 ff.
[3]) Gegenüber diesem Zeugnisse könnte auch die von O. Ulbrich (Zeitschr. f. rom. Phil. III, 392, Anm.) aus Bernhardus (1607) und Duval (1604) nachgewiesene Aussprachebezeichnung *houme, houneur, souneur, boune, persoune* nicht für Vokallänge in diesen Wörtern geltend gemacht werden. Ulbrich sieht den Grund dieser Bezeichnung in dem tief gutturalen französischen *n*, das den vorausgegangenen Vokal verdunkelt habe. Vgl. oben, Seite 31.

Auffallend ist allerdings, dass nach Thurot (l. c. p. 308) im 17. Jahrhundert Mourgues (1685) u. a. den Reim *aisle : nourelle* gestattet, in welchem das stumme *s* in *aisle* auf Länge des Tonvokals in beiden Wörtern hinzuweisen scheint; allein Thurot (l. c.) bemerkt mit Recht auf Grund der Angaben anderer Grammatiker aus jener Zeit: »Mais il est douteux qu'il (nämlich Mourgues) se soit exprimé exactement ou que cette prononciation ait jamais été d'un usage général.« — Uebrigens ist auch die Möglichkeit nicht ausgeschlossen, dass bei gewissen Vokalen bereits im 16. Jahrhundert die Quantitätsunterschiede so gering waren, dass manche Vokale im Reim sich zur Not ebensowohl als Längen, wie als Kürzen gebrauchen liessen. So dürfte sich die Bemerkung Thurots (l. c. p. 68) erklären: »Baïf écrit par un

welche auch heute noch im Allgemeinen feststeht[1]). Die von Ten Brink (l. c. S. 44, 45) angegebenen Reime dürften daher nur beweisen, dass die Tonvokale in Wörtern wie *crueles*, *parfecte*, *debte*, *amourette* u. s. w. kurz waren. Auch das aus *ai* hervorgegangene ệ war, im 16. Jahrhundert wenigstens, in solchen Fällen sicherlich kurz; Th. Beza giebt (l. c. p. 84) für *faicte* (und *prophete*) ausdrücklich kurzen Tonvokal an, und für *parfaite* schreibt er (p. 45) vor, dass dessen Tonvokal genau ebenso wie der von *prophete* zu sprechen sei; ebenso Lanoue für das 17. Jahrhundert (vgl. Thurot, l. c. p. 314).

Ob die Kürzung solcher Vokale, welche im Lateinischen in offener Silbe im Wortinlaut standen (z. B. in *personne*, *couronne*, *telle* u. a.), erst seit dem Ende des 13. Jahrhunderts eingetreten ist, und dies zugegeben, wodurch sie veranlasst worden sein kann, ist eine Frage, welche hier nicht zu lösen ist. Vielleicht könnte dabei die Thatsache ein Fingerzeig sein, dass die Kürzung nur vor solchen Konsonanten (mit Ausnahme von *r* und *s*) stattfand, welche sich der Lautlehre nach im Wortauslaut erhalten können (*l*, *n* und stimmlose Muta, welche auf frühere mehrfache Konsonanz oder Konsonantengemination zurückgeht). Nicht unerwähnt mag bleiben, dass Diez (Gr. I⁴, 426) aus dem Churwälschen die Formen *glinna* (lat. lūna), *plimma* (lat. plūma) citiert, in welchen die Konsonantengemination ebenfalls Kürze eines langen Tonvokals vor ursprünglich einfacher Konsonanz anzuzeigen scheint [2]).

Die von Ten Brink behauptete Verlängerung eines ursprünglich kurzen Vokals auf Kosten der folgenden Konsonanz seit dem Ende des 13. Jahrhunderts ist wohl nur für die Vokale vor *ss* und *rr* aufrecht zu erhalten. Für *ss* lässt sich nichts Sicheres bestimmen, da vor dieser Gruppe offenbar schon frühzeitig Verwirrung der Quantität eingetreten ist (siehe oben, Seite 83); vor *rr* dagegen findet sich nicht nur heute lediglich Länge des Tonvokals, auch Th. Beza bezeugt dieselbe schon für das 16. Jahrhundert (l. c. p. 90)[3]); und schon im Oxforder Psalter (Mitte des 12. Jahrhunderts)[4]) finden sich Formen wie *perre*, *jugerre*, *salverre* neben *frere*, *pere*, *mere* u. s. w., in welchen die (aus *tr*, *dr* hervorgegangene) Gemination des *r* wohl kaum Kürze des der Etymologie nach lang zu erwartenden Tonvokals be-

---

e fermé, pour avoir une brève : *guéte*, *jéte*, *charréte*, *néte*, *tandréte*, et par un ϵ ouvert, pour avoir une longue : *jète*, *nète*, *dizète*, *dète*.«

[1]) Ueber einzelne Ausnahmen von dieser Regel vgl. oben S. 36.
[2]) Ueber den Uebergang des ursprünglich geschlossenen *o* in Wörtern wie *homme*, *personne*, *comme*, *couronne* zu offenem *o* haben gehandelt E. Böhmer in Roman. Studien III, 598 ff., sowie G. Paris in Romania X, 53 54.
[3]) vgl. auch Thurot, l. c. p. 4.
[4]) siehe Cornu in Romania VII, 367.

deuten kann [1]) (G. Gröber [2]) giebt dem geminierten *r* hier geradezu die Bedeutung eines Dehnungszeichens); demnach muss auch *e* in *terre* u. a. vor ursprünglichem *rr* bereits lang gewesen sein. Ferner finden sich bei anglonormannischen Dichtern seit dem Ende des 12. Jahrhunderts Reime wie *terre* : *faire* (= *tère* : *fère*) [3]).
Die von Ten Brink (l. c. p. 46) aufgeführten Reime *plaist* : *prest*; *plaist* : *est*; *repaist* : *plaist* : *prest*; *repaist* : *arrest* u. a. bilden eine Gruppe für sich.

b) Tonvokale vor lautbarer mehrfacher Konsonanz.

Hohes *a*: kurz in den Endungen -*arbe*, -*arche*, -*arc*, -*arde*, -*arge*, -*argue*, -*arle*, -*arme*, -*arne*, -*arpe*, -*arque*, -*arte*, -*artre*, z. B. *arbre*, *arc*, *arche*, *ardre*, *arme*, *barbe*, *bâtarde*, *blafarde*, *bombarde*, *cocarde*, *lézarde*, *mignarde*, *moutarde*, *renarde*, *charme*, *charte*, *chartre*, *écharse*, *farce*, *larme*, *marbre*, *marche*, *marge*, *targe*, *tardre* u. a., ferner in *chaste*, sowie in den nur Lehnwörtern zukommenden Endungen -*acte*, -*agme*, -*algue*, -*alme*, -*alpe*, -*alque*, -*alte*, -*alve*, -*apte*, -*asme*, -*aspe*, -*asque*. -*aste*, -*astre*, -*axe*;

halblang nach Sachs in *large* und den Lehnwörtern *laps*, *raste*, *relaps*, *apte*, *patriarche*, *hérésiarque*, *enthousiasme*, *miasmes*, *ecclésiaste*, *enthousiaste*, *scoliaste*, *axe*, *taxe*.

Halboffenes *e*: nur in Lehnwörtern, und zwar kurz in den Endungen -*ccte*, -*elfe*, -*elme*, -*elque*, -*elte*, -*epte*, -*esque*, -*est*, -*este*, -*exe*, -*exte*, -*extre*; z. B. *dextre*, *geste*, *leste*, *modeste*, *ouest*, *précepte*, *reste*, *secte*, *sexe*, *sexte*, *veste*, ferner in *terrestre*, *sceptre* (so nur im style soutenu, sonst mit halblangem halboffenen *e*), sowie in *presque* und *quelque*;

halblang in den gelehrten Wörtern auf -*estre* (ausser *terrestre*), wie *équestre*, *semestre*, *sénestre* u. a., sowie in *spectre*.

Offenes *e*: kurz in den Endungen -*erbe*, -*erce*, -*erse*, -*erche*, -*ercle*, -*erdre*, -*erde*, -*erge*, -*ergue*, -*erme*, -*erne*, -*erpe*, -*erte*, -*erve*; z. B. *alerte*, *asperge*, *auberge*, *averse*, *cherche*, *cercle*, *certes*, *cierge*, *couvercle*, *déserte*, *déverse*, *ferme*, *herbe*, *offerte*, *perche*, *perdre*, *réserve*, *serge*, *serpe*, *terme*, *terne*, *verge*, *verte* u. a., ferner in *Auvergne*. *Montmerle*, sowie in *cerf*, *nerf*, *serf*, sobald diese Wörter mit lautbarem *f* gesprochen werden (doch hat der Plural *nerfs* in der Bindung bei lautbarem *s* langes offenes *e*);

halblang nach Sachs in *merle*, *perle*, *verle*, *à verse*, *vierge*, *tertre*.

I: kurz in den gelehrten Wörtern auf -*icte*, -*igme*, -*ilde*, -*ipse*. -*ypte*, -*yrte*, sowie in den gelehrten *strict*, *filtre*, *hymne*, *infirme*, *Smyrne*,

---

[1]) Ende des 17. Jahrhunderts muss jedoch *e* in *père* (wie auch in *caractère*, *adversaire*) kurz gewesen sein (Thurot, l. c. p. 64).
[2]) Zeitschr. f. rom. Philol. III, 147.
[3]) vgl. H. Suchier in Zeitschr. f. rom. Phil. III, 140.

cirque, thyrse, fisc, prisme, schisme, risque, Christ, schiste, logarithme, rhythme, Calixte, Sixte;

halblang in *triste* und den gelehrten *Picte, paradigme, paralipse*, sowie, mit Ausnahme der oben angeführten, in allen Lehnwörtern auf *-isme, -isque, -iste, -istre, -ix, -ixe*, in *algorithme* und *mixte*.

I im Diphthong *ui*: halblang in *puisque* und *cuistre*.

Geschlossenes *o*: lang in dem gelehrten *balauste*; halblang in dem gleichfalls gelehrten *holocauste*.

Offenes *o*: kurz in den Endungen *-orce, -orse, -orche, -orde, -orge, -orgne, -orgue, -orme, -orne, -orque, -orte.* z. B. *borde, borgne, corne, force, forge, forme, forte, gorge, morne, morte, orge, orme, orne, porche, porte*; ferner in *mordre, retordre, tordre, ordre* (so nur im style soutenu), *morve, quatorze, lorsque, porc* (sobald das *c* vernehmbar wird), sowie in den nur Lehnwörtern zukommenden Endungen *-olfe, -olte, -oste, -ox, -oxe* und den gelehrten Wörtern *révolte, volte, dogme, solde, euphorbe;*

halblang in *démordre, désordre, détordre, distordre, ordre* (in gewöhnlicher Rede), *remordre, bigorne, viorne* und in den Lehnwörtern *docte, orbe, théorbe, kiosque, périoste.*

Offenes *eu*: kurz in *heurte* und *meurtre;*

halblang in dem Flussnamen *Meurthe* (Murta);

lang in dem Plural *mœurs* mit lautbarem *s* (so von Sachs nach Malvin-Cazal und Lesaint angegeben; letzterer lässt poetisch auch die Aussprache mit stummem *s* und langem offenen *eu* zu, Littré hält nur diese letztere Aussprache für gut).

Ou: kurz in den Endungen *-ourbe, -ource, -ourse, -ourche, -ourde, -ourge, -ourne, -ourte*; z. B. *bourbe, bourde, bourse, courbe, course, courte, fourche, lourde, ourse, rebourse, source, tourbe, tourne* u. a., ferner in dem veralteten *coulpe*, in *ourle, gourme, pourpre* und *sourdre* (die beiden letzteren auch im style soutenu);

halblang in *poulpe, sourde, tourde* und den Lehnwörtern *chiourme* und *langouste.*

U: kurz in *jusque*, den gelehrten Wörtern auf *-ulte, -urne, -usc, -usque*, ferner in *purge* und den Lehnwörtern *bulbe, sépulcre, turbe, turc, absurde, muscle, luxe, pulpe;*

halblang in *juste, injuste, rustre*, den gelehrten Wörtern auf *-uste* und *-ustre*, wie *arbuste, buste, robuste, balustre, illustre, lustre*, sowie in dem gelehrten *diurne.*

Nach Lesaint (p. 414—442) sind die Tonvokale in allen diesen Fällen **kurz**.

Die Zusammenstellung der Beispiele aus Sachs zeigt, dass die Tonvokale vor lautbarer mehrfacher Konsonanz, welche in volkstümlichen Wörtern nur aus *r* + Konsonant, in einigen auch aus *s* + Konsonant, bestehen kann, **kurz** oder **halblang** sind. Die letztere Bezeichnung ist vorzugsweise den Vokalen vor $s +$ Konsonant zugeteilt. — Eine Ausnahme bildet der Plural *mœurs* mit langem und offenem *eu*.

Auffallend ist, dass das gelehrte Wort *balauste* mit langem geschlossenen *o* erscheint.

II. Die Nasalvokale.

1. Im Wortinlaut.

a) **Vor einfachem Konsonanten oder vor Muta cum Liquida mit stummem *e*:**

Nasales *a*: lang in allen Beispielen; z. B. *aimante, amande, ante, avenante, béante, contente, grande, lente, plante, quarante, sente, trente, vente; aisance, ambe, ange, blanche, branche, chance, créance, défense, flambe, étrange, genre, grange, lance, langue, planche, vendange; amble, ample, ancre, angle, antre, appendre, cendre, apprendre, attendre, centre, chambre, chantre, défendre, dépendre, descendre, encre, ensemble, entre, épandre, étendre, esclandre, exemple, gendre, gingembre, membre, pampre, prendre, rendre* u. a.

Nasales offenes *e*: lang in sämmtlichen Wörtern; z. B. *crainte, enceinte, étreinte, jointe, linge, lingue, plainte, pointe, prince, quinze, singe, teinte; astreindre, atteindre, aveindre, ceindre, complaindre, conjoindre, contraindre, craindre, déteindre, empreindre, enceindre, enfreindre, éteindre, feindre, geindre, joindre, moindre, oindre, peindre, peintre, plaindre, poindre, simple, teindre, timbre, vaincre* u. a. m.

Nasales *o*: lang in allen Wörtern; z. B. *aronde, blonde, bonde, colombe, compte* (*p* nur orthographisch), *comte, conte, éponge, fonte, fronde, longue, longe, mensonge, monde, once, onde, onze, ponce, prompte, ronce, ronde, seconde, songe; comble, concombre, confondre, contre, encombre, fondre, montre, nomble, nombre, ombre, oncle, ongle, pondre, répondre, rompre, sombre, tondre* u. a.

Nasales *eu*: lang in *défunte, humble, umble* (Aussprache nach S. Dupuis und Malvin-Cazal angegeben).

b) **Vor einem lautbaren Konsonanten ohne stummes *e*.**

Hierfür hat Sachs folgende Beispiele:

Nasales *a*: lang in *sang* (in der Bindung vor folgendem Vokal), *sens* (so nach Landais und Poitevin).

Nasales *o:* lang in *long*, *rond*, *second*, *tronc*, und zwar nur in der Bindung vor folgendem Vokal; halblang in *donc* (am Ende des Satzes).

Nasales *eu:* lang in den Fremdwörtern *rumb* (nach S. Dupuis und Malvin-Cazal) und *rump* (nach Steffenhagen, Französische Orthoepie).

Dagegen ist nach Sachs in den folgenden Wörtern in der Bindung vor folgendem Vokal, d. h. bei lautbarem Endkonsonanten, der betonte Nasalvokal halblang:

banc, *dans*, *rang*; — *cinq*, *vingt*; — *donc*, *prompt* (das Femininum jedoch mit langem Nasalvokal, siehe oben), *fécond*, in *adonc* (während auffallender Weise in demselben Worte, aber in der Schreibung *adonques* der Nasalvokal lang sein soll) und *mons* (Abkürzung von *Monsieur*, Aussprache nach Littré und Malvin-Cazal angegeben).

2. Im Wortauslaut.

Nasales *a:* halblang in sämmtlichen Beispielen; z. B. *an*, *antan*, *ban*, *bran*, *brelan*, *caban*, *dam*, *élan*, *encan*, *faisan*, *pan* u. a.;

ebenso vor stummen Konsonanten; z. B. *aimant*, *allemand*, *ardent*, *argent*, *arpent*, *attenant*, *autant*, *avant*, *bunc*, *béant*, *blanc*, *céans*, *cent*, *champ*, *chant*, *ciment*, *constant*, *couvent*, *dans*, *dent*, *dépens*, *différend*, *encens*, *enfant*, *étang*, *gent*, *gland*, *grand*, *lent*, *marchand*, *quand*, *sans*, *temps* u. a.

Ferner haben halblanges nasales *a*: *faon* und *paon*. Bezüglich des Wortes *taon* schwanken die Angaben der Orthoepisten. Einige, darunter die Akademie und Lesaint, wollen halblanges nasales *o*, Andere halblanges nasales *a* sprechen.

Nasales offenes *e:* halblang in sämmtlichen Wörtern; z. B. *airain*, *alevin*, *ancien*, *andain*, *assassin*, *aubain*, *badin*, *bain*, *bassin*, *bénin*, *besoin*, *bien*, *boulin*, *brin*, *certain*, *chapelain*, *chemin*, *chien*, *chrétien*, *citoyen*, *clin*, *coin*, *cousin*, *daim*, *demain*, *doyen*, *écrin*, *essaim*, *étaim*, *faim*, *fin*, *foin*, *forain*, *frein*, *grain*, *juin*, *lien*, *malin*, *mien*, *parrain*, *raisin*, *rein*, *rien*, *vin*, *voisin* u. a.;

vor stummen Konsonanten in:

appoint, *cinq*, *coing*, *joint*, *moins*, *oing*, *poing*, *point*, *quint*, *saint*, *seing*, *teint*, *vingt* u. a. m.

Nasales *o:* halblang in allen Wörtern; z. B. *aiguillon*, *aileron*, *amidon*, *ânon*, *arçon*, *aviron*, *baron*, *billion*, *blason*, *bon*, *chanson*, *charbon*, *colon*, *don*, *dragon*, *façon*, *faucon*, *foison*, *lion*, *maison*, *nom*, *poumon*, *savon*, *son*, *ton*, *venaison* u. a.;

vor stummen Konsonanten in:

affront, *ajonc*, *amont*, *aplomb*, *blond*, *bond*, *donc*, *dont*, *fond*, *fonds*, *fonts*, *front*, *jonc*, *long*, *mont*, *plomb*, *prompt*, *rond*, *second*, *tronc* u. a. m.

Nasales *eu:* halblang in *aucun, brun, chacun, commun, importun, jeun, opportun, parfum, tribun, un;* — *défunt, emprunt.*

3. Nasalvokale vor Muta cum Liquida im style soutenu.

Nach Sachs wird in vielen Wörtern, in welchen auf den Nasalvokal Muta cum Liquida mit stummem *e* folgt, im style soutenu, d. h. beim Hörbarwerden des End-*e* (vor folgenden Konsonanten) der Nasalvokal so behandelt, als stünde er im Wortauslaut: er wird gegen den Gebrauch der gewöhnlichen Rede halblang. Das betreffende Wort spaltet sich bei diesem Vorgang gleichsam in zwei Wörter, von welchen das erste mit dem Nasalvokal auslautet, das zweite mit Muta cum Liquida anlautet. — Beispiele sind:

Halblanges nasales *a* in: *pren-dre, ren-dre, répan-dre, reven-dre, suspen-dre, tem-ple, ten-dre, ven-dre, ven-tre.*

Halblanges nasales offenes *e* in: *tein-dre, tim-bre, vrain-cre.*

Halblanges nasales *o* in: *rom-pre, som-bre, ton-dre.* Ebenso in *mon-stre*, dessen zweite Silbe also nach Sachs mit *str* anlautet.

Die hier aus Sachs gegebenen Beispiele lassen für die Quantität der Nasalvokale die allgemeine Regel erkennen:

Nasalvokale im Wortinlaut vor lautbarer einfacher Konsonanz oder vor Muta cum Liquida sind lang; Nasalvokale im Wortauslaut mit oder ohne folgenden stummen Konsonanten sind halblang.

Die Ausnahmen, welche gewisse Wörter in der Bindung bilden, sind bereits durch die in diesem Falle eintretende Zweitheilung derselben erklärt; eine Ausnahme als isoliertes Wort bildet *donc* (was sich aus dessen Funktion im Satz erklärt), nach Sachs mit halblangem Nasalvokal bei lautbarem *c*.

Was die Frage nach der Quantität der Nasalvokale vor der Verstummung des nasalen Konsonanten betrifft, so darf wohl angenommen werden, dass die betreffenden Vokale, ehe der heutige Zustand eintrat, kurz waren. Hierfür lässt sich geltend machen, dass, da, wie oben (Seite 60) gezeigt wurde, die Tonvokale in der durch jeden festen Endkonsonanten, ausser *r* und *s*, geschlossenen Silbe kurz sind, sie diese Quantität vermutlich auch vor auslautendem *n* gehabt haben werden. Dabei ist nicht unwesentlich, dass heute z. B. im Worte *bonhomme* das *o* der Silbe *bo-* nach Sachs kurz und offen ist. — Ebenso dürfte für die inlautenden Vokale vor *n* + Konsonant ursprüngliche Kürze vorausgesetzt werden, da auch hier der Tonvokal vor der Nasalierung in geschlossener Silbe stand. Doch scheint bereits gegen den Ausgang des 16. Jahrhunderts, wenn auch noch nicht bei allen Vokalen, das Schwinden des nasalen Konsonanten im

Wortinlaut und damit die Dehnung des vorhergehenden nasalen Vokals begonnen zu haben [1]. Nur so lässt sich die von Th. Beza (l. c. p. 88) aufgestellte Regel deuten: »Omnis syllaba desinens in literam *m* vel *n* non geminatam, sed *sequente alia consonante*, est natura *longa*«; wozu er die Notationen giebt: *endormir* -⏑⏑; *feindre, teindre* -⏑; *bonté* --; *temporel* -⏑⏑. Für die Quantität des Tonvokals vor wortauslautendem Nasal giebt Th. Beza (l. c. p. 89) die Notation: *haultain* -⏑, also K ü r z e des ersteren; ob aber damals *n* in dieser Stellung noch, vielleicht als gutturales, sich erhielt, oder ob es bereits ganz geschwunden und der reine Nasalvokal eingetreten war, lässt sich aus Beza's Angaben nicht mit Sicherheit feststellen, ebensowenig aus denjenigen der übrigen Grammatiker des 16. Jahrhunders (vgl. Lütgenau, l. c. p. 35).

---

[1] Mebes (Jahrb. XIV, 397) setzt den Uebergang des reinen *a*-Lautes vor Nasal in den des nasalen *a* schon in das 14. Jahrhundert.

J. Jäger.

Berichtigungen.

S. 17 Z. 11 v. o. lies *neigeuse*.
- 35 - 7 v. o. - *baptême*.
- 42 - 3 v. o. - *célérité*.
- 42 - 4 v. o. - *délié*.
- 42 - 5 v. u. - *déblai*.
- 45 - 17 v. o. - *ébahie*.
- 50 - 13 v. o. - *scélérat*.
- 50 - 19 v. u. - mit ursprünglich nur orthographischem.
- 51 - 5 v. o. - *débit*.
- 51 - 1 v. u. - *début*.
- 62 - 16 v. u. - Seite 33.
- 63 - 19 v. o. - *ecclésiaste*.

Verlag von GEBR. HENNINGER in Heilbronn.

Altfranzösische Bibliothek.

Herausgegeben
von
Dr. Wendelin Foerster,
Professor der romanischen Philologie an der Universität Bonn.

Erschienen sind:

I. Band: **Chardry's Josaphaz, Set Dormanz und Petit Plet**, Dichtungen in der anglo-normannischen Mundart des XIII. Jahrhunderts. Zum ersten Mal vollständig mit Einleitung, Anmerkungen und Glossar-Index herausgegeben von *J. Koch*. geh. M. 6.80.

II. Band: **Karls des Grossen Reise nach Jerusalem und Constantinopel**, ein altfranzösisches Gedicht des XI. Jahrhunderts, mit Einleitung und Wörterbuch herausgegeben von *Eduard Koschwitz*. (Vergriffen. Neue Ausgabe unter der Presse.)

III. Band: **Octavian**, altfranzösischer Roman, nach der Handschrift Oxford, Bodl. Hatton 100. Zum ersten Mal herausgegeben von *Karl Vollmöller*. geh. M. 4.40.

IV. Band: **Lothringischer Psalter** (Bibl. Mazarine No. 798), altfranzösische Uebersetzung des XIV. Jahrhunderts mit einer grammatischen Einleitung, enthaltend die Grundzüge des altlothringischen Dialects und einem Glossar zum ersten Male herausgegeben von *Friedr. Apfelstedt*. geh. M. 6.—.

V. Band: **Lyoner Yzopet**, altfranzösische Uebersetzung des XIII. Jahrhunderts in der Mundart der Franche-Comté mit dem kritischen Text des lateinischen Originals (sog. Anonymus Neveleti) zum ersten Male herausgegeben von *Wendelin Foerster*. geh. M. 5.20.

Hiernach werden zunächst folgen:

VI. Band: **Das altfranzösische Rolandslied**. Nach den Handschriften von Châteauroux und Venedig VII herausgegeben von *Wend. Foerster*. (Unter der Presse.)

VII. Band: **Das altfranzösische Rolandslied**. Nach den Handschriften von Paris, Lyon und Cambridge herausgegeben von *Wend. Foerster*.

Sammlung
französischer Neudrucke.

Herausgegeben
von
Karl Vollmöller.

Erschienen:

1. **De Villiers' Le Festin de Pierre ou le fils criminel.** Neue Ausgabe von W. Knörich. Geh. M. 1.20.
2. **Armand de Bourbon Prince de Conti Traité de la comédie et des spectacles.** Neue Ausgabe von Karl Vollmöller. Geh. M. 1.60.
3–6. **Robert Garnier, Les tragédies.** Treuer Abdruck der ersten Gesammtausgabe (Paris 1585) mit den Varianten aller vorhergehenden Ausgaben und einem Glossar. Herausgegeben von Wendelin Foerster.
   3. I. Band: Porcie, Cornelie, M. Antoine. Geh. M. 3.60.
   4. II. Band: Hippolyte, La Troade. Geh. M. 2.80.
   5. III. Band: Antigone, Les Ivifves. Geh. M. 2.80. (IV. Bd. Unter der Presse.)

FRANZÖSISCHE STUDIEN.

HERAUSGEGEBEN VON
G. KÖRTING UND E. KOSCHWITZ.

Wiederholt geäusserte Wünsche haben Veranlassung gegeben von dem bisherigen Gebrauch, mehrere Arbeiten in einem Hefte zu vereinigen, abzugehen, und jede derselben für sich auszugeben. Vorbehalten soll nur bleiben, dass etwa zusammentreffende gleichartige Arbeiten, deren Umfang für ein selbständiges Heft zu gering wäre, auch in einem Heft vereinigt werden können.

Zufolge dieser Aenderung werden künftig die Bände in eine grössere Anzahl von Heften eingetheilt sein als bisher, und werden diese letzteren in kürzeren Fristen ausgegeben werden, während daran festgehalten wird, dass im Laufe eines Jahres in der Regel ein Band ausgegeben wird.

Eine Aenderung an den Abonnementsbedingungen tritt nicht ein. Wie bisher werden die einen Band bildenden ca. 30 Bogen

zum Abonnementspreis von M. 15.—.

geliefert, und wird je dasjenige Heft das Schlussheft eines Bandes bilden, mit welchem diese Bogenzahl erreicht wird.

Die Hefte werden nach wie vor zu verhältnissmässig erhöhtem Preise einzeln käuflich sein.

Soeben erschien:

Zur Förderung des französischen Unterrichts insbesondere auf Realgymnasien. Von Dr. *Wilh. Münch*, Director des Realgymnasiums zu Barmen. geh. M. 2.—.

FRANZÖSISCHE STUDIEN.

HERAUSGEGEBEN
VON
G. KÖRTING UND **E. KOSCHWITZ.**

IV. BAND. 3. HEFT.

BOILEAU-DESPRÉAUX

IM URTHEILE SEINES ZEITGENOSSEN

JEAN DESMARETS DE SAINT-SORLIN.

VON

WILHELM BORNEMANN.

HEILBRONN.
VERLAG VON GEBR. HENNINGER.
1883.

Inhaltsverzeichnis.

	Seite
Einleitung	1
A. Allgemeine Ausstellungen Desmarets'	3
B. Einzelne Ausstellungen	75
Anhang	137
Register	144

Boileau-Despréaux im Urtheile seines Zeitgenossen Desmarets de Saint-Sorlin.

Ein scheinbar origineller, für seine Verhältnisse offen und natürlich redender Satiriker, dessen Angriffe vornehmlich einer Schar vielgenannter und in weitesten Kreisen geschätzter Autoren und Poeten gelten, kann nicht verfehlen in einer Zeit grosses Aufsehen zu erregen, wo literarische Fehden Modegegenstand der schöngeistigen Gesellschaft sind: Epigramme, Episteln, Pamphlete, Satiren, Kritiken werden sich nothwendigerweise bemühen, des Satirikers vernichtenden Hohn mit gleicher Münze heimzuzahlen. So war Boileau der Gegenstand mannichfaltigster Anfeindungen, nachdem er neun Satiren in die Oeffentlichkeit hinausgesandt. Die Herausgeber des Dichters, frühere wie spätere, gefallen sich zum grössten Theil darin, mit einer gewissen Nichtachtung die einzelnen Persönlichkeiten, welche Boileau's Spott, sei es in grösserem oder geringerem Umfange, sei es in sachlicher oder persönlicher Art, erwiderten, in den Commentaren namhaft zu machen. Epigrammatiker und Pamphletisten, deren Ausfälle den Stempel boshaften Neides an der Stirne tragen, mögen das verdienen; Kritiker aber, welche eingehend und sachgemäss, im Sinne ihrer Zeit allerdings, Boileau's Dichtungen ihrer Beurtheilung unterzogen, sollten eine andere, gerechtere Behandlung finden.

Ein solcher Kritiker Boileau's ist Jean Desmarets de Saint-Sorlin[1]), und die Schrift, in der er seine Ansichten über den Dichter niedergelegt, führt den Titel: La defense du Poême Heroïque, avec quelques remarques sur les œuvres satyriques du Sieur D***. Dialogues en vers et en prose. Paris 1674[2]).

---

[1]) Desmarets (1595—1676), ein Günstling Richelieu's, ist bekannt als dramatischer Schriftsteller. Als Dramen von ihm werden genannt: Aspasia, Mirame, Scipion, Roxane, Erigone, Europe, als Lustspiele: Les Visionnaires, Le Menteur, als epische Dichtung endlich: Clovis. Als Akademiemitglied gehörte er der Commission an, welche auf des Cardinals Befehl ernannt wurde, um den Entscheid in der bekannten, über Corneille's Cid entbrannten Streitfrage zu fällen. Cf. Michaud, Biographie universelle etc... t. X, p. 519. Lotheissen, Geschichte der franz. Literatur etc... I, 2. Wien, 1878, p. 341 f. II, 1879, p. 214.
[2]) Eines der seltenen Exemplare der Schrift befindet sich auf der Königl. Bibliothek zu Berlin. Dem Oberbibliothekar Herrn Lepsius, durch dessen

Hier und da in Einleitungen und Anmerkungen zu Boileau's Werken citiren die Herausgeber einzelne kritische Ausstellungen Desmarets', jedoch fast nur, um dieselben als absurd zu verwerfen und eine längere Rechtfertigung ihres Dichters folgen zu lassen. Weder eine objectiv gehaltene, sachgemässe Prüfung, noch eine vollständige Mittheilung der kritischen Schrift Desmarets' ist nach deren erstem Erscheinen unternommen worden.

Systematisch Desmarets' Kritik vorzuführen und sachgemäss, durch Zusammenstellungen, Vergleichungen, Inhaltsangaben und mit Hilfe der Zeugnisse der Commentatoren die Giltigkeit der Ausführungen des Kritikers zu untersuchen: das ist die Aufgabe, welche sich die nachfolgende Untersuchung stellt.

Der Ausgangspunkt der kritischen Schrift Desmarets' ist folgender: Welchen faktischen Werth hat der Dichter selbst, welcher, ein Schüler oder besser Uebersetzer einiger römischen Autoren, in seinen Satiren die Literatur und ihre Vertreter zur Zielscheibe seines Spottes erkoren hat und in einer, gleichfalls einem lateinischen Dichter nachgebildeten Schrift, über Grenzen und Gesetze der Poesie predigt?

Der Vorrede, welche in diesem Sinne sich mit dem Satiriker Boileau befasst und deren einzelne Theile an späterer Stelle zur Sprache kommen werden, folgt die eigentliche Kritik in sechs Dialogen.

Die beiden ersten Dialoge erklären den Titel der Schrift: Dem göttlichen Heldengedicht soll wiederum Geltung verschafft werden; denn nicht die Heiden und ihre Sagen und Götter, sondern der Christengott und seine Wunder, sein herrlicher Sohn und dessen Leben, die heilige Schrift und die Thaten, welche sie erzählt, die Gestalten, welche sie zeichnet, gewähren dem christlichen epischen Heldengedichte den rechten Vorwurf. In Gott gesellt sich dem Wunder die Wahrheit, in dieser Einung erreicht das Heldengedicht den Gipfel der Vollkommenheit.

Breit und gedehnt werden in Versen diese Dinge erörtert und zwar in Opposition gegen jene Dichter, welche dem erhabenen Ernste religiöser Stoffe hohnlachen und mit frivolen Scherzen sich bemühen, dieselben aus der Poesie zu bannen. Als Repräsentant solcher Dichter erscheint Boileau. Zwei der redenden Personen, Philene und Dorante, vertreten die fromme, streng christliche Richtung; es gilt, Damon, den Anhänger Boileau's und Verfechter der entgegengesetzten Ansicht, von der nichtigen, ohnmächtigen Existenz heidnischer Heldengestalten und endlich von der Erbärmlichkeit des Dichters, welcher jenen huldigt, zu überzeugen. Dieses gelingt, und mit folgenden Worten beschliesst Philene den Dialog, p. 21 f.:

Il (Boileau) n'entendit jamais la fine raillerie.
Il semble estre tousjours en colere, en furie.

Vermittlung das Exemplar dem Verfasser zur Verfügung stand, sagt derselbe hierdurch Dank.

> *La Muse en son bas rang devroit se contenir:*
> *Et sur tout par justice il devroit s'abstenir*
> *De donner des leçons en forme de Satyre*
> *A ceux qui mieux que luy dans leur temps ont fait rire.*
> *Mais il donne ses loix comme si l'Estourneau*
> *Vouloit par son langage enseigner tout oiseau;*
> *Et pretendoit sur tout deffendre par ses regles,*
> *Le chant aux Rossignols, et le grand vol aux Aigles.*

A. Allgemeine Ausstellungen Desmarets'.

I.

Im Folgenden werden einzelne Dichtgattungen, am breitesten und langathmigsten aber wird das Epos behandelt und zwar von denselben Gesichtspunkten aus, wie es in den beiden ersten Dialogen geschah.

L. c. p. 87 ff.:

Nous voicy enfin arrivez au Poëme Epique ou Heroïque, pour lequel seul il a entrepris tout cét Art Poëtique, par sa seule jalousie contre ceux qui en ont fait, et qu'il poursuit à outrance; parceque n'ayant ny genie, ny force pour faire un Poëme, il voudroit ruiner cette haute Poësie. Mais pour bien établir ses nouvelles et fausses regles, il n'a pas moins pretendu que de renverser le jugement de tout ce qu'il y a de raisonnables esprits en France, qui sçavent bien que le Poëme Heroïque doit avoir des fictions, pour estre une Poësie; et que les fictions, pour estre receuës et agreées par le jugement, doivent estre vray-semblables; et que tout le merveilleux et le surnaturel doit estre fondé sur la Religion du Heros que l'on prend pour sujet, du Prince à qui l'on consacre l'ouvrage, du Poëte qui le compose, et de tous ceux qui le doivent lire, et qui doivent en juger. Autrement l'ouvrage se détruit de luy-mesme, n'ayant point de fondement raisonnable, et est rebuté du Lecteur, comme la Franciade a esté méprisée; parce que Ronsard, pour fonder ses fictions sur les faux Dieux, y parle comme Payen. Homere et Virgile ont fait leurs fictions sur le fonds de leurs fables, qui estoient le fonds de leur Religion. Et le Tasse a fait ses fictions sur le fonds de nostre Religion, par laquelle nous croyons un seul Dieu, et des Anges, et des Demons. Il a introduit un Ange qui apparoist à Godefroy, et il feint le Demon qui tient son conseil dans les enfers. La faute qu'il a faite est de luy avoir donné le nom de *Pluton*, et d'avoir mis dans les enfers les mesmes supplices que Virgile y a mis, qui sont selon les fables. Car cela ne s'accorde pas avec nostre Religion, qui admet seulement ce qui peut estre animé par les Demons, comme les enchanteurs, qui font des effets aussi surprenans dans nos Poëmes, que les Dieux et les furies dans ceux des anciens. Il ne faut point dire qu'un Poëte parmy nous fait *par une pieuse erreur*[1], ce qu'il fait par la seule raison et par bon jugement; parce qu'il n'y a point de Poësie Heroïque, si les fictions n'en sont fondées sur le vray-semblable, qui a son fds unique sur la verité des choses sur naturelles que nous croyons. Et les choses que nous croyons sont si grandes, par la toute puissance du seul Dieu, et par les grandes merveilles qu'il a faites, et qui donnent de si grandes idées pour en feindre de pareilles, qu'il n'y a rien dans les fables qui puisse approcher de leur grandeur et de leur beauté. . . .

---

[1] Art poét. III, 233.

Il ne faut reprocher à nostre Religion qu'elle ne presche que penitence, et suplices meritez: ce n'est point de cela qu'on parle dans nos Poëmes, mais de ce qu'il y a de plus grand, de plus haut, et de plus admirable; puis que la Poësie doit tousjours penser à plaire en instruisant. Mais ceux qui veulent faire croire qu'il ne faut representer que des Divinitez Payennes dans les Poëmes, font bien voir que par manque de force et d'invention pour feindre hautement et agreablement sur nos veritez, ils veulent que l'on se tienne à la fable, qui est l'unique recours de tous ceux qui n'ont point d'invention. Et ils veulent persuader aux Poëtes François, qui ont une Religion si haute, et si noble, qu'ils ne doivent celebrer les Heros Chrestiens qu'avec le secours des fables Payennes, et de faux Dieux. Voicy comme nostre Maistre de Poësie veut établir cette nouvelle et ridicule doctrine.

> D'un air plus grand encor la Poësie Epique,
> Dans le vaste récit d'une longue action,
> Se soutient par la fable, et vit de fiction.
> Là pour nous enchanter tout est mis en usage;
> Tout prend un corps, une ame, un esprit, un visage.
> Chaque vertu devient une Divinité:
> Minerve est la prudence, et Venus la beauté.
> Ce n'est plus la vapeur qui produit le tonnere,
> C'est Jupiter armé pour effrayer la terre.
> Un orage terrible aux yeux des Matelots,
> C'est Neptune en courroux qui gourmande les flots;
> Echo n'est plus un son qui dans l'air retentisse,
> C'est une Nymphe en pleurs qui se plaint de Narcisse.
> Ainsi dans cet amas de nobles fictions,
> Le Poëte s'égaye en mille inventions,
> Orne, elève, embellit, agrandit toutes choses,
> Et trouve sous sa main des fleurs tousjours écloses [1].

Il est vray qu'un Poëte stérile d'invention trouve sous sa main ces fleurs tousjours écloses: car il n'a qu'à lire les Metamorphoses, et quelques Poëtes Payens, qui au deffaut de sa secheresse luy fournissent toutes ces Divinitez, sans qu'il ait le talent d'inventer: parce que ce sont choses dé-ja inventées, et qui sont exposées à tous; Et nostre Docteur dit que,

> Dans cet amas de nobles fictions
> Le Poëte s'égaye en mille inventions.

Mais ce n'est pas un Poëte François qui fait ces fictions et ces inventions, puis qu'il les trouve toutes faites dans les Poëtes Payens. C'est pourquoy ceux qui n'ont pas le talent de l'invention, qui est si rare, soutiennent qu'il ne faut que les fables, parce qu'elles leur servent d'invention. Mais il faut que nous trouvions dans nostre fonds propre, des fictions bien plus nobles que n'ont jamais esté toutes celles des Payens; parce que nous les tirons du fonds d'une verité qui nous offre des choses bien plus hautes et plus merveilleuses.

Pour unique modèle d'un Poëme il nous présente l'Eneide, où l'on void d'abord Junon, Eole, Neptune, Venus, Jupiter etc... et il dit que.

> Sans tous ces ornemens les vers tombent en langueur,
> La Poësie est morte, ou rampe sans vigueur [2].

---

[1] Art poét. III, 160—176.
[2] Art poét. III, 189—190.

Mais tout cela ne nous est point propre, parlant des grands faits d'un Roy fait Chrestien, que l'on presente à un Roy Tres-Chrestien, de qui l'on veut prendre occasion de parler. Et il faut voir si sans tous ces ridicules ornemens, on ne s'éleve pas en des inventions bien plus hautes, et en une diction aussi belle que celle des Anciens: il faut voir si nos vers tombent en langueur, si nostre Poësie est morte, et si elle rampe sans vigueur.

Il est facile d'en juger, si l'on veut lire sans haine quelques Modernes dont la Poësie est si noble. Si l'on mesloit des Divinitez fabuleuses parmy les actions d'un Heros Chrestien, et parmy celles d'un Roy Tres-Chrestien, dont on prend sujet de parler quelquefois, on soüilleroit les actions de l'un et de l'autre: et l'on feroit une confusion monstrueuse. Il poursuit, et dit que sans ces Dieux,

> *Le Poëte n'est plus qu'un Orateur timide,*
> *Qu'un froid historien d'une fable insipide,*
> *C'est donc bien vainement que nos Autheurs deceus,*
> *Bannissans de leurs vers ces ornemens receus,*
> *Pensent faire agir Dieu, ses Saints et ses Prophetes,*
> *Comme ces Dieux éclos du cerveau des Poëtes.*
> *Mettent à chaque pas le Lecteur en Enfer*[1]*, etc.*

Homere et Virgile y ont mis aussi leurs Lecteurs, puis qu'ils y ont fait descendre leurs Heros. Mais comment ose-t-il reprocher à nos Poëtes qui ont le stile Poëtique, que sans mesler les faux Dieux dans leurs ouvrages ils ne sont que des Orateurs timides et de froids Historiens. Nul ne leur avoit encore reproché ny la timidité ny la froideur. Ils ont assez fait paroistre leur hardiesse dans leurs inventions, et leur force dans leur stile. Et qui sont les Autheurs deceus, ou ceux qui ont recours aux fables Payennes, ou ceux qui rejettent ces *Dieux éclos du cerveau des Poëtes?* Car ces Dieux estant si ridicules dans leurs chants, le seroient bien plus dans les nostres?

Quand un Poëte a du génie, il luy est facile de plaire par quelques descriptions des merveilles que Dieu a faites dans tous les temps, par de nobles fictions vray-semblables, et par toutes les passions humaines; et celuy qui a de la haine pour ces grands sujets, parce qu'il n'a pas la force de les traiter, a pretendu follement qu'il ruineroit le Poëme Epique en France, et que sur sa ruine il établiroit le throne de la Satyre . . .

> *Et quel objet enfin à presenter aux yeux*
> *Que le diable toujours heurlant contre les Cieux,*
> *Qui de vostre Heros veut rabbaisser la gloire,*
> *Et souvent avec Dieu balance la victoire*[2]*).*

Il veut faire croire que l'on ne void autre chose que le diable dans nos Poëmes, où toutefois ce nom n'est point employé, n'estant pas Poëtique, où le demon n'est jamais presenté que rarement; mais avec de telles fureurs, que jamais Megere n'en poussa de pareilles. Et ce n'est pas une grande merveille que le demon dispute la victoire à Dieu, puis que le Fils de Dieu mesme l'a appellé le Prince du monde. Il adjoûte.

> *Ce n'est pas que j'approuve, en un sujet Chrestien*
> *Un Autheur follement idolatre et Payen*[3]*).*

Par ces deux vers il condamne luy-mesme tout ce qu'il a dit auparavant; et ce qu'il dit en suite le condamne encore.

---

[1]) Art poét. III, 191—197.
[2]) Ibid. 205—208.   [3]) Ibid. 217—218.

> *Mais dans une profane et riante peinture,*
> *De n'oser de la fable employer la figure,*
> *De chasser les Tritons de l'Empire des eaux,*
> *D'oster à Pan sa flute, aux Parques leurs ciseaux,*
> *D'empescher que Caron, dans la fatale barque,*
> *Ainsi que le berger ne passe le Monarque:*
> *C'est d'un scrupule vain s'allarmer sottement,*
> *Et vouloir aux Lecteurs plaire sans agrément* [1]*.*

On demeure d'accord que ce seroit une sottise, que de vouloir bannir ces sottises d'un sujet profane, comme sont tous les ouvrages où le Poëte parle en Payen, mettant toujours *les Dieux,* au lieu de parler de *Dieu.* Mais appellera-t-il un sujet *profane* quand il parle à un Roy Tres-Chrestien, dont la personne est sacrée, et quand il veut celebrer une de ses grandes actions, comme est le passage du Rhin; et sera-ce *s'allarmer sottement* que de l'avoir blâmé pour avoir introduit le Dieu du Rhin, s'opposant au passage du Roy? [2]

Il demeure donc d'accord qu'il ne faut pas parler en Payen, en un sujet Chrestien, et ainsi il justifie entierement le Poëme de Clovis; et il se condamne d'avoir parlé en Payen au Roy, en celebrant son fameux passage du Rhin, puis que ce n'estoit pas un sujet profane; la personne à qui il parloit, et dont il parloit, estant sacrée. Puis estant contraire à luy-mesme, il dit pour les sujets Heroïques, et qui parmy nous ne peuvent estre que Chrestiens.

> *Bien-tost il deffendront de peindre la Prudence,*
> *De donner à Themis ny bandeau ny balance,*
> *De figurer aux yeux la Guerre au front d'airain;*
> *Ou le Temps qui s'enfuit une horloge en la main;*
> *Et partout des discours, comme une idolatrie,*
> *Dans leur faux zele, iront chasser l'Allegorie* [3]*.*

Voilà de grandes pertes que font les Poëtes qui n'introduisent point de fausses Divinitez. Encore s'il eust mis *Bellone* et non *la Guerre,* dont jamais on n'a fait une Deesse; et a-t-il vu dans Homere ou dans Virgile *le temps qui s'enfuit une horloge en la main* . . .

Et pourquoy accuser un Poëte Chrestien de chasser l'Allegorie, puis que leurs Poëmes sont pleins de celles qui sont raisonnables?

> *Laissons-les s'applaudir de leur pieuse erreur,*
> *Mais pour nous bannissons une vaine terreur.*
> *Et n'allons point, parmy nos ridicules songes,*
> *Du Dieu de verité faire un Dieu de mensonges* [4]*.*

L'opinion de ceux qui bannissent les faux Dieux des Poëmes Chrestiens, n'est point fondée sur la pieté ny sur la devotion, mais sur la seule raison: de quoy mesme tout impie doit demeurer d'accord, pourveu qu'il luy reste quelque jugement . . .

Et est ce Dieu qui fait les fictions, ou le Poëte? Puis il devroit avoir appris à distinguer la fiction d'avec le mensonge. —

Sowohl Boileau wie sein Kritiker stehen auf einem von Niemand mehr getheilten Standpunkte, wenn man des ersteren Ausführungen — gegen Boileau's eigene Meinung — nicht als einfache Lobpreisung der klassischen epischen Dichtung betrachten will. —

---

[1]) Art poét. III, 219—226.
[2]) cf. ép. IV, 39 ff.
[3]) Art poét. III, 227—232.   [4]) Ibid. 233—236.

Desmarets ist ein Anhänger Scarron's und der Burleske. Seine Bemerkungen über die Sprache des Lutrin mögen daher an dieser Stelle Platz finden, da sie den burlesken Stil betreffen. Er spricht zunächst von der Burleske überhaupt und von dem Typhon des Scarron:

L. c. p. 80, 81:

Quant à ce qu'il dit du style burlesque, qu'il condamne absolument aprés ce vers.

Quoy que vous escriviez, évitez la bassesse[1].

Les esprits les plus fins ne seront pas de son avis; puis que l'on a veu en ce genre d'écrire des choses aussi délicates et aussi divertissantes qui se soient jamais veues ...

Et laissa la province admirer le Typhon[2].

Cette piece de *Typhon*, est le plus agréable et le plus délicat ouvrage de son auteur, l'un des plus beaux esprits de France, à la délicatesse duquel celuy-cy n'arrivera jamais; et l'on peut dire que sa mort seule est cause que l'on ne fait plus de Burlesque, parce que nul ne peut approcher de sa perfection ...

Dorante. Un Poëte qui ne tend qu'à faire le plaisant dans les Satyres, ne parle que par envie d'un Burlesque, qui sans offenser personne, a plus finement fait rire que luy.

An anderer Stelle werden im Anschluss an den Lutrin die Anforderungen erörtert, die an eine komische Dichtung zu stellen seien:

L. c. p. 106 f.:

Le Poëte a cru qu'il feroit un Poëme bien nouveau et bien merveilleux, s'il traitoit en vers magnifiques un sujet ridicule. On luy a souvent oüy dire que les autres faisoient un *Heroïque ridicule*, et que pour luy il faisoit un *ridicule Heroïque*. Mais il s'est bien trompé luy-mesme, agissant contre la regle d'Horace,

Versibus exponi tragicis res comica non vult

C'est à dire.

Nul ne doit par un vers tragique
Traiter une chose comique.

Le deffaut de n'avoir pas traité ce sujet en un style comique et burlesque, comme il devoit, estoit reparé en quelque sorte quand il le recitoit, par son ton de voix qui avoit quelque chose de ridicule: mais l'ouvrage ayant esté imprimé, et estant dénué de la prononciation, il a paru extravagant; quand on a veu dans la bouche d'une horlogere des paroles que Virgile a données à Didon, et qui ne conviennent nullement à une horlogere. Ainsi toute cette raillerie paroist fade, sans esprit, et sans jugement: et ceux qui avoient approuvé cét ouvrage dans le recit de l'Autheur, le méprisent dans la lecture; voyant ce sujet traité tout autrement qu'il ne devoit estre, malgré son titre spécieux de Poëme Heroïque, qui promet de la grandeur et de la majesté. Mais la haute diction s'accorde si mal avec le sujet bas, et la hauteur prétenduë de l'Autheur s'accorde si mal avec les regles et le bon sens qui luy sont contraires, que les meilleurs de ses amis en ont esté confus.

---

[1]) Art. poét. I, 79.   [2]) Ibid. 94.

L. c. p. 111:

Puis il fait parler l'horlogere en fureur, avec les mesmes paroles que Virgile donne à Didon parlant à Enée[1]); mais avec un si miserable rapport pour servir à une horlogere, que cela donne du dégoust. Enfin l'on ne sçait où est la raillerie en tout cela; et ne la trouvant pas, elle retombe sur le faux railleur ...

> *Et le Rhin de ses flots ira grossir la Loire*
> *Avant que tes faveurs sortent de ma memoire.*
> (Lutr. II, 41—42.)

Il veut le renvier sur Virgile, faisant parler Poëtiquement un horloger à sa femme, au lieu que Virgile fait parler simplement Enée à Didon.

> *nec me meminisse pigebit Elisae,*
> *Dum memor ipse mei* ... (Aeneis IV, 335)

C'est à dire.

> Je veux bien de Didon garder le souvenir.
> Tant que j'auray de vie, etc.

C'est vouloir faire parler sans raison un horloger plus noblement que le Heros de Virgile, et ridiculement, en enflant sa Poësie dans une passion.

Man kann der von Scarron in die Literatur eingeführten Burleske ein gewisses Verdienst zusprechen, wenn man sie als Versuch betrachtet, der affectirten und hohlen Sprache des Precieusenthums eine originelle, natürliche, frische und witzvolle Diction entgegenzustellen[2]).

Ueber den Werth oder Unwerth der Gattung und ihre Berechtigung und Stellung innerhalb der Literatur herrscht heutzutage kaum noch Meinungsverschiedenheit. Ebenso wenig über Scarron's Typhon, die bekannte Travestie des Kampfes der Riesen und Götter[3]). Die Darstellung gilt wie die des später erscheinenden Virgile travesti für platt, und der Umstand, dass beide Dichtungen viel Beifall fanden, für das schlimme Zeichen verirrten Geschmackes.

Desmarets' Einwand gegen den Titel des Lutrin ist Veranlassung, dass derselbe seit 1701 lautet:

> poème heroi-comique[4]).

Betreffs des travestirten Dialogs zwischen Dido und Aeneas rechtfertigt Boileau[5]) sich selbst: nach der üblichen Manier der Burleske würden

---

[1]) cf. Lutrin II, 41—42.

[2]) In demselben Sinne mag folgender Passus aus Marmontel, éléments de littérat., art. burlesque, aufzufassen sein, den man allerdings als Ausfluss des Hasses gegen Boileau bezeichnen (Saint-Surin, II 177, Note a): Quoique l'on pense de ce genre, c'est peut-être celui de tous qui demande le plus de verve, de saillie et d'originalité. Rien de plat, rien de froid, rien de forcé n'y est supportable, par la raison que de tous les personnages le plus ennuyeux est celui d'un mauvais bouffon.

[3]) Für Inhalt und das Folgende cf. Lotheissen, l. c. 480 ff.

[4]) cf. Berriat-Saint-Prix, œuvres de Boileau, II, Paris 1830, »observations sur le lutrin«, p. 275.

[5]) Die Namen Boileau und Desmarets erscheinen künftighin abgekürzt: B., Desm.

Dido und Aeneas wie ein Heringsweib und ein Lastträger mit einander reden, hier sprächen ein Handwerker und seine Ehehälfte wie Aeneas und Dido; das Ganze sei eine Art von neuer Burleske [1]). — Objectiv ästhetischem Gefühle nach muss eine Nichtachtung der klassischen Dichtung in beiden Gattungen der Burleske liegen, in der letzteren noch mehr Unwahrscheinlichkeit wie in der ersteren; dort werden nur Namen, Gestalten und Gewande dem Alterthum entlehnt, hier aber wird die erhabene Sprache, welche Götter, Könige und Helden redeten, im Munde hohlköpfiger Proletarier der Lächerlichkeit preisgegeben.

II.

Auf dem Gebiete der Satire ist B., und gewähren seine satirischen Dichtungen selbst, dem Desm. gleichfalls das Object für verschiedene Ausführungen.

Nur der eine Zweck: Kampf gegen das Laster eignet der Satire; dasselbe in den Staub der Lächerlichkeit ziehen, ist das Mittel zur Erreichung jenes Zweckes. Tiefernste Dinge, wie die der Religion, sind darum dem satirischen Gedichte fernzuhalten. Von diesem Standpunkte aus lautet die Beurtheilung B.'s als Satiriker wie folgt:

L. c. preface:

Celuy qui sçait bien qu'il n'a autre talent que la Satyre, doit au moins sçavoir ce que c'est que l'esprit et la fin de la Satyre, qui est de reprimer les vices en les rendant ridicules, et de faire voir aux vicieux par de peintures generales, ce qu'ils font et ce qu'ils doivent estre. Pour s'élever au raisonnable esprit de la Satyre, il ne faut pas avoir un esprit malin, qui hait les personnes, et qui respecte les vices; évitant de parler des plus dangereux, ou n'en parlant que par moquerie. Il faut avoir une grande sagesse, qui est si rare, une intention droite pour la correction des hommes, et une delicatesse de sens pour bien juger, et pour toucher solidement et finement les matieres, qu'il faut traiter en Maistre, et non pas en Escolier; et l'on ne doit pas se servir de la plume, comme un furieux se sert d'une épée, pour massacrer tout ce qu'il rencontre.

Celuy qui dit qu'il a entrepris d'écrire contre les vices, et qui dit d'abord au Roy.

Moy la plume à la main je gourmande les vices[2]),

doit donc estre sage, et ne doit pas en suite faire des Satyres contre la sagesse et contre la raison, puis que ce n'est pas par la raison qu'il peut combattre les vices: Et celuy qui veut se moquer des Poëtes, et donner des preceptes pour toutes sortes de Poësie, doit estre grand Poëte, correct, avancé en âge, et en reputation, comme estoit Horace, qui estoit grand Philosophe, grand Poëte, d'un goust le plus rafiné qui fust jamais; et qui a mesme donné dans ses Satyres d'excellens preceptes de la vertu.

Il ne faut pas qu'un Poëte Satyrique se fasse voir Escolier en sentimens, et en Poësie. Horace et Juvenal n'ont jamais rien dit qui ne fust de bon sens, n'ont jamais fait un méchant vers, n'ont rien fourré d'inutile pour achever leur mesure, n'ont jamais employé ny parole ny comparaison basse, bien que

---

[1]) cf. Berriat-Saint-Prix, II 281.
[2]) Disc. au roi, v. 70.

dans le stile bas de la Satyre; et n'ont point rebattu dix fois une mesme personne pour la mesme chose.

Mais il ne faut pas sous le titre de la Satyre exercer ses inimitiez, et répandre ses pensées libertines. La Satyre est contraire aux loix divines et humaines; et parmy nous elle ne doit pas s'authoriser par l'exemple de ce qui s'est fait parmy les Payens. Elle a esté supportée parmy eux, quand elle n'a pris autre licence que d'accuser les vices publics, ne nommant jamais une personne pour vicieuse, si elle n'estoit bien diffamée; comme quelque scelerat, quelque fameux débauché, ou quelque signalé avare. Horace marque les bornes de la Satyre, quand il dit,

Sis quis erat dignus describi, quòd malus, aut fur,
Quòd moechus foret, aut sicarius, aut alioqui
Famosus.

Enfin la Satyre n'a jamais décrié que ceux qui se décrient eux-mesmes: mais celuy qui veut faire passer pour ridicules des hommes establis en estime, croit qu'il sera jugé plus grand d'esprit, plus il se fera hardy à médire. Il fait bien connoistre qu'il est plus ennemy du merite que du vice; puis qu'il ne nomme jamais un vicieux; mais seulement ceux dont les ouvrages sont estimés, les uns plus, les autres moins: car pour ceux qui n'ont pas la force de se soûtenir, c'est bien estre lâche que de les attaquer. Il a pretendu se mettre au dessus de tous en s'établissant le censeur de tous; mais cette humeur de censurer ne convient pas à un jeune Poëte, qui dans l'impetuosité de son âge se trouve flaté en s'exerçant à la Satyre, à cause du grand avantage qu'elle luy donne parmy des esprits disposez à aimer la médisance, et à souffrir les deffauts d'un Poëte, pourveu que quelqu'un soit nommé et mocqué ... Il a beau s'y (dans la satyre) relever par fois en termes, pour faire croire qu'il est Poëte, ce n'est point là le lieu de s'élever, il faut qu'il retombe tousjours dans le bas, et il ne doit point le quitter ... Or la Satyre est sans doute un sujet comique ...

L. c. p. 70:

Mais notre Autheur ne s'attache point aux vicieux pour les nommer, parce que le les vicieux ne lui deplaisent pas; et il s'attache aux Poëtes, et les nomme, en voulant les rendre ridicules; parce qu'il prétend s'élever par ce moyen au dessus d'eux. Et quand il est vray que ceux dont Lucilius et Horace parlent ne seroient pas de noms supposés, est-ce un exemple suffisant pour l'excuser; puis que ce qui estoit permis aux Payens par la licence de leurs mœurs, et par l'exemple de leurs Dieux, n'est pas permis aux Chrestiens par les loix et de la raison et de leur religion.

Prüfen wir den Inhalt der Satiren (I—IX) unseres Dichters auf die hervorgehobenen Punkte hin.

So weit dieselben sich nicht als directe Nachahmung einer klassischen Vorlage ergeben, sind der gegeisselten Gebrechen, Schäden und Laster auf religiösem, staatlichem und socialem Gebiete folgende:

Religion: Es wird mit Bezugnahme auf ein bestimmtes Beispiel (Sat. I) erheuchelte Frömmigkeit, Bigotterie auf der einen (Sat. IV), Gotteslästerung, Verleugnung des christlichen Glaubens auf der andern Seite gegeisselt (Sat. IV).

Staat: Auf dem Gebiete des Rechts wird das Advokatenunwesen, die Verclauselirung der Gesetze hervorgehoben (Sat. I und VIII); auf finanziellem Gebiete werden die grosse Macht materiellen Gutes (Sat. VIII), das Gedeihen des Wuchers (Sat. VIII), die Achtung, welche gewisse Emporkömmlinge geniessen (Sat. I), als Uebelstände angegriffen.

Sociales Gebiet, Mängel und Verderbniss in verschiedenen Gesellschaftsklassen: Der Intriguenwirthschaft bei Hofe wird gedacht; die Protection durch einflussreiche Persönlichkeiten spricht wahrem Verdienste Hohn (Sat. I). Gegen den Adel zieht der Satiriker zu Felde: gegen grossprahlerisches Landjunkerthum, dessen hervorgehobener Zug ist, ohne Verständniss für Literatur den Schöngeist, den Vielbelesenen spielen wollen und so der Lächerlichkeit anheimzufallen (Sat. III); für den Pariser Adel sind charakteristisch: hohlköpfige Unwissenheit und blasirte Nichtachtung wissenschaftlicher Dinge, geckenhafte Eitelkeit im Umgange mit dem weiblichen Geschlecht (Sat. IV); Sittenverrottung: klangvolle Namen, Faulheit und Müssigkeit an Stelle von Verdienst und Tüchtigkeit, massloser Luxus, grosse Schuldenlasten (Sat. V); Spiel, dem bei Hofe gewerbsmässig gefröhnt wird (Sat. IV); Macht des Goldes, welcher Ehrenhaftigkeit unterliegt (Sat. V). Als in bürgerlichen Gesellschaftsklassen anzutreffen, wird aufgeblasenes pedantisches Gelehrtenthum (Sat. IV) und Schmarotzerthum (Sat. I) verspottet.

Im Allgemeinen wird der Mensch mit seinen Fehlern, als Sklave einzelner Leidenschaften, in seiner Unbeständigkeit im Wollen und Denken dargestellt und gegeisselt (Sat. VIII).

In fünf Satiren (I, III, IV, V, VIII) beleuchtet Boileau die angegebenen verschiedenartigsten Missverhältnisse, ohne dass sich eine derselben ausschliesslich mit solchen beschäftigt. Den Rest dieser fünf Satiren, sowie drei fernere (II, VII, IX) widmet der Dichter, so weit es sich nicht um Copien der Vorlagen handelt, ausschliesslich der Darstellung von Gegenständen auf literarischem Gebiete, sei es Verspottung unbedeutender Autoren und ihrer Werke, sei es eine metrische Angelegenheit, wie die Kunst den Reim zu finden, sei es die Berufung des Dichters zum Satiriker und die Rechtfertigung seines Handwerks als solcher. Eine letzte Satire (VI) entrollt uns Tableaus aus dem Pariser Strassenleben.

Der Kampf gegen Schäden und Missbräuche auf dem Gebiete der Literatur bildet also in der That den bei Weitem vorwiegenden Theil in B.'s Satiren.

Die Personen, gegen welche sich B.'s Spott ergiesst, sind nach Massgabe dessen, wie häufig dieselben von ihm genannt und in welchem Masse ihnen seine Angriffe zu Theil werden, der Reihe nach die folgenden:

Chapelain wird als Dichter verspottet. Als Menschen müsse man ihm Gerechtigkeit widerfahren lassen (IX, 209—216); seine Thorheit ist nur die Reimwuth (IV, 90). Obwohl seine Verse hart, kraftlos, ungraziös sind und an gewissen Stellen verlacht werden, bildet er sich dennoch ein, ein grosser Dichter zu sein und zollt sich selbst Beifall (IV, 91—102). Man gähnt bei der Lectüre der Pucelle (III, 178—179), und seine Feder zu einem solchen Gedichte anzusetzen, widerstrebt dem Satiriker (VII, 29—32). Ungerecht sei es, so sagt man, Chapelain, diesen guten Mann, anzugreifen (IX, 203—204); doch der Umstand, dass seine Schriften für mustergiltig erklärt werden, dass er der bestbesoldete aller Schöngeister sei, lässt dem Satiriker die Galle überlaufen (IX, 217—220). Die grossen Erwartungen, welche man für die Pucelle gehegt hat, erwiesen sich beim Erscheinen derselben als eitel (IX, 235—240).

Cotin wird als Redner verspottet (III, 60; IX, 291—292). Nichts verschlägt es, wenn Vernunft seiner Wuth zu schreiben Einhalt thun will (VIII, 239—240); Lust am Verspotten hat ihn zum Dichter gemacht (IX, 45—46, 81—82), aber nur des Satirikers Spott hat ihn aus dem Staube der Vergessenheit hervorgeholt (IX, 198); Lucilius rechtete mit den Cotins seiner Zeit (IX, 275—276), ein Beispiel, das Nachahmung verdient. Dem Satiriker B. vermöge Cotin durch gehässiges Geschrei und Anschwärzungen nicht zu schaden (IX, 305—310).

Quinault, dessen Name zu verwenden, höchstens der Reim gebiete, wird als mangelhafter Poet dem makellosen Virgil entgegengestellt (II, 80; IX, 288); seine Dramen, der Astrate und L'Anneau royale werden getadelt (III, 194—198); ironisch wird die Geistestiefe des Dichters hervorgehoben (III, 200), und die verzärtelte Sprache seiner Helden (bis zu dem »Je vous hais«) der kraftvollen Redeweise der Helden im Alexandre des Racine gegenübergestellt (III, 185—187).

An vielen Stellen wird Pelletier verspottet; wie eine traurige Berühmtheit wird er in seiner Eigenschaft als ein ausserordentlich fruchtbarer, schmeichlerischer Sonnettendichter, dessen Produkte im Krämerladen ihr Ende finden, hervorgehoben (I, 47—48; II, 75—76; III, 127—128; VII, 44; IX, 98).

Als der Figur eines Galant wird des Abbé de Pure gedacht (II, 17—18), welcher dem Satiriker oft die Gegenwart verbittert (VI, 4—12); wenn man als Dichter nicht einem Horaz oder Voiture gleiche, so krieche man mit De Pure im Kothe herum (IX, 26—27).

Der Abbé Ménage wird durch Wiederholung einzelner, von ihm gebrauchter Phrasen persiflirt (II, 37—42), und eine bei ihm allwöchentlich tagende Versammlung von Schöngeistern verspottet (III, 91—92).

Dem La Serre lässt der Satiriker aus dem Munde kritikunfähiger Prahler übertriebenes Lob zu Theil werden (III, 172, 176—177) und seine Schriften unter den Händen des Krämers ein bedauerliches Ende finden (IX, 71—72).

Madeleine de Scudéri: Es wird angespielt auf die verzärtelte Sprache des Grand Cyrus, auf die Schmeicheleien, mit welchen sich die handelnden Personen in diesem Romane überhäufen (III, 44) und auf die ermüdende Länge der Werke der Scudéri überhaupt (IX, 107—108).

George de Scudéri wird als äusserst fruchtbarer Schriftsteller, seine Schriften aber werden als kunstlos, matt und jedem guten Sinne hohnsprechend bezeichnet; trotzdem gebe es Käufer und Narren, dieselben zu erhandeln und zu lesen (II, 77—82).

Von Saint-Amant wird erzählt, dass er, ein armer Poet, mit seinen poetischen Schätzen an den Hof gegangen sei, daselbst aber anstatt Beifall Schmach und Schande geerntet habe, ärmer denn zuvor zurückkehrt und in Folge von Krankheit und Hunger zu Grunde gegangen sei (I, 97—108). Geringschätzend wird seine epische Dichtung Le Moise sauvé beurtheilt (IX, 93).

Mit Koth bespritzt, heisst es von Colletet, schleppe er sich von Küche zu Küche, um sein Brot zu erbetteln, denn er verstehe sich auf das Schmarotzerhandwerk (I, 77—80). An anderer Stelle wird er in der Reihe unbedeutender Poeten genannt (VII, 45; IX, 98).

Neuf-Germain's Schriften enden (mit denen La Serre's) unter des Krämers Händen (IX, 72).

Warmes Lob wird dem Théophile und Ronsard von einer für Poesie verständnisslosen Person zu Theil (III, 172), ein Zeichen, dass der Satiriker beide Dichter gering achtet.

Verspottet werden weiter Coras, dessen Jonas ungekannt im Staube verdorre, Les Fargues, dessen David, wenn schon er gedruckt sei, nicht das Licht der Welt erblickt habe (IX, 91—92).

Ein vollkommener Narr ist dem Satiriker Sofal (VII, 40).

Auf Montreuil wird bezüglich des Umstandes angespielt, dass dieser Name in den zahlreich erscheinenden Gedichtsammlungen der Zeit zu dominiren pflege (VII, 83—84).

Wegen seiner Rednergabe wird (neben Cotin) Cassagne verspottet (III, 60).

Als fade Reimkünstler und unbedeutende Dichter werden neben einander genannt: Pradon, Perrin, Bonnecorse, Titreville, Bardin, Hainaut (VII, 42—45; IX, 97—100).

Auch für verschiedene, in späteren Dichtungen von B. angegriffene Dichter und Schriftsteller ergreift Desm. das Wort zur Vertheidigung. Homer (l. c. p. 97) scheint ihm nicht richtig beurtheilt zu sein:

. En suite il dit des merveilles d'Homere, dans le seul dessein de détruire celuy qui en a marqué les deffauts en son traité des Poëtes Grecs, Latins, et François; et luy-mesme il fera voir dans son traité de Longin cinq ou six pages des ridicules inventions d'Homère, qu'il appelle enfin *badineries*. Il dit le luy:

> Par tout il divertit, et jamais il ne lasse.
> Il ne s'égare point en de trop longs discours . . .
> Chaque vers, chaque mot court à l'evenement.
> (Art poét. III, 300 f., 306.)

Et toutefois chacun a reconnu qu'il n'y eut jamais un si ennuyeux narrateur.

Thomas a Kempis, l. c. p. 116:

*Qui possede Abely, qui sçait tout Raconis,
Et mesme entend, dit-on, le Latin d'Akempis.*
(Lutr. IV, 171.)

Mais voicy ce qui est bien pire que pitoyable, d'avoir osé dans une Satyre ridicule se mocquer du Latin d'Akempis, qui est tres-intelligible, et qui est tout composé des passages de l'Evangile, selon la traduction Latine vulgate, dont le Latin est pur, bien qu'il ne soit pas Ciceronien.

Dorante. Je m'étonne comment dans une piece toute comique et satyrique, sa fureur de médire l'a emporté jusques à parler avec mépris du livre que l'on appelle le *Livre d'or*, qui est celuy de *l'Imitation de Jesus-Christ*; de ce livre qui est en si grande estime et veneration par tout le Christianisme, et qui aprés le Nouveau Testament tient le premier rang parmy les livres de nostre Religion. Falloit-il que ce divin livre tombast sous la fureur d'un Satyrique[1])?

Clément Marot, l. c. p. 82:

Il parle en suite de Marot, qui fut un si agreable esprit, mais il n'en peint pas le beau talent, et ne le louë pas assez (cf. art poét. I, 119—122)[2])

Régnier, l. c. p. 85:

*Heureux! si ses discours, craints du chaste lecteur,
Ne se sentaient des lieux où fréquentait l'autheur.*
(Art poét. II, 171—172.)

Mais ne sçachant comment abattre sa reputation (de Regnier), il l'accuse indignement de frequenter les mauvais lieux, pour en avoir d'écrit un, où il dit qu'il se sauva par hazard mais d'où il sortit aussi-tost[3]).

---

[1]) Die scherzhafte Verwendung des Namens A-Kempis wird nicht in Desm.' Sinne ernst zu fassen sein.

[2]) Clément Marot's Hauptvorzüge, »sein eigenthümliches, kräftiges Naturell, seine gesunde Laune, seine scharfe Zunge, seine naive frische Auffassung« (s. Lotheissen, l. c. I, 1 p. 26), finden weniger in jener Stelle (art poét. I, 119—122), wo er als Balladendichter hervorgehoben wird, Anerkennung, wie in dem Verse:

Imitons de Marot l'élégant badinage. (Art poét. I, 96.)

B. geht eher zu weit, da Marot seinen Ruf mehr der Elegie, dem Liede, der Epistel, dem Epigramme, der Satire verdankt, als der Ballade (cf. Nisard, Hist. de la littérat. française, I, Paris, 1854, 234. Biogr. univers., XXXVII 47).

[3]) Dass B. dem Dichter Regnier gerecht wird, zeigen die Verse:

*De ces maîtres savans disciple ingénieux,
Régnier seul parmi nous formé sur leurs modèles
Dans son vieux style encore a des grâces nouvelles.*
(Art poét. II, 168—170.)

In moralischer Beziehung scheint Régnier als Mensch allerdings Tadel zu verdienen, und erklärlich ist, wenn B.'s keusches Ohr häufig durch die realistische Offenheit der Schilderungen Régnier's verletzt wurde. Die fraglichen Verse sollen anspielen auf Régnier's X. Satire, eine Beschreibung des Lebens und Treibens im Bordell. Auf der Flucht von einem Gastmahle, woselbst heftige Prügelei (ähnlich wie in B.'s III. Satire) entstanden ist, hat sich der Dichter dorthin verirrt (cf. Lotheissen, l. c. I, 1 p. 101 ff.).

Gombaud, Maynard, Malleville, l. c. p. 83:

Il met le Sonnet parfait si haut, qu'il ne croit pas qu'on y puisse atteindre, parce qu'il n'en peut faire. Il dit qu' Apollon l'inventa pour mettre à bout tous les Poëtes François. Toutefois il l'avoit donné il y a long-temps à l'Italie, où le renommé Petrarque y a triomphé. Mais pour nous il dit temerairement des Sonnets, et decisivement sans les avoir bien pesez.

> Qu'à peine dans Gombaud, Maynard et Malleville,
> En peut-on supporter deux ou trois entre mille.
> (Art poét. II, 97.)

Voilà bien traiter cruellement ces trois Poëtes, qui ont fait des Sonnets et d'autres ouvrages si beaux, et qui vivront malgré ses traits injurieux. Il ne parle d'eux que pour s'en mocquer[1]).

Molière, l. c. p. 101:

Moliere, qu'il avoit nommé *rare et fameux esprit*, au commencement de la Satyre (II) qu'il luy a dediée, et qu'il accuse maintenant de tant de bassesse, estoit bien plus moderé et plus habile que luy: car il a si bien peint des caracteres ridicules, que chacun y estoit connu, et s'y connaissoit, sans qu'il eust sujet de s'en plaindre, parce qu'il ne nommoit personne[2]).

Chapelain, l. c. p. 103:

> Tel écrit recite se soutint à l'oreille,
> Qui dans l'impression au grand jour se montrant,
> Ne soutient pas des yeux le regard penetrant.
> (Art poét. IV, 44 ff.)

Voilà l'état où il est tombé luy-mesme par cette impression, comme on le connoist par le jugement de ceux de bon goust qui l'ont louë, et par ces remarques qui en ont esté faites.

Madeleine de Scudéri, l. c. p. 88:

Il blame le Roman de Clelie[3]), et taxe indignement celle qui l'a fait, qui fait honneur à la France et à son sexe. Elle n'a rien fait que de raisonnable dans ses œuvres, et qui ne fasse voir à tout moment des traits d'un esprit judicieux, tendre, et delicat. Mais il n'y a bon esprit qu'il ne veuille rabbaisser, esperant s'élever par ce moyen au dessus de tous.

Saint-Amant und George de Scudéri, l. c. p. 95:

Il est si temeraire que de traiter de fou S. Amand, qui a fait des pieces, de la beauté desquelles il n'approchera jamais, comme sa *Solitude*, *L'Andromede*, et sa *Rome ridicule*, qui vaut mieux toute seule que toutes les Satyres ensemble.

Pour quoi appelle-t-il *crier d'une voix de tonnerre* d'avoir dit.

> Je chante le vainqueur des vainqueurs de la terre.

---

[1]) Die Glieder des »Triumvirat im Reich des Sonnets« François Maynard, Ogier de Gombauld, Claude de Maleville werden von B. in der glimpflichen Weise behandelt, welche dem Urtheile, das man heute über sie fällt, entspricht (cf. Biogr. univers., XXVII 403; XXVI 267. Lotheissen, l. c. I, 2 p. 219 ff.).

[2]) Es ist B. darum zu thun, den Unterschied zwischen den an burleske Possenhaftigkeit grenzenden Comödien und den Charakterlustspielen Molière's, Fourberies de Scapin und Misanthrope, hervorzuheben (art poét. III, 391—400)

[3]) cf. art. poét. III, 115—119.

Qui est de M. de Scudery, puis que ce vers est beau, et n'a nulle enflure¹).

Brébeuf, l. c. p. 81:
Il est bien injuste encore icy de condamner entierement Brebeuf, pour un seul vers; puis que sa traduction de Lucain en vers est si estimée, et fait tant d'honneur à la France: car pour avoir dit *les montagnes plaintives*, pour dire où l'on entend les plaintes des mourans, cela n'est pas encore si ridicule que de dire *l'heretique douleur*³); et pour un vers il ne faut pas condamner tout un Poëme qui est en estime; Virgile a fait plaindre les montagnes au 4. des Georgiques.

Flerunt Rhodopeiae arces,
*Altaque Pangea*²).

[Barbin⁴), l. c. p. 79:
Philene *lit.* Puis sçachant que ses Satyres sont bien venduës chez Barbin, il se propose luy-mesme pour exemple de perfection, et d'agréement continuel, et dit.

Heureux qui dans ses vers sçait d'une voix legere
Passer du grave au doux, du plaisant au severe.
Son livre aimé du Ciel, et chery des Lecteurs,
Est souvent chez Barbin entouré d'achepteurs.
(Art poét. I, 75—78).

On ne vend point chez Barbin de Poëme Heroïque, et il designe par là ses Satyres qui s'y vendent. Il est vray que l'on vend plus de Satyres, qui sont du goust de quantité d'esprits communs, que des ouvrages d'un genie plus élevé, qui sont du goust des plus fins: mais aussi l'on ne vend pas chez Barbin tant de Satyres, que l'on vend de chansons sur le pont-neuf, et aux coins des ruës: car plus la marchandise est basse et commune, plus elle trouve d'esprits à qui elle est propre. Mais comment ose-t-il dire que son livre est chery du Ciel?]

---

¹) Auf keine der von Desm. erwähnten Dichtungen Saint-Amant's, sondern auf dessen Moise sauvé beziehen sich die fraglichen Verse im art poét. (III, 261—268); dasselbe soll thatsächlich weniger sein Talent bekunden, wie die von Desm. genannten Dichtungen, darunter besonders die Solitude (cf. biogr. univers., XXXVII 250. Gidel, I 64, n. 1. Lotheissen, l. c. I, 2 p. 230 f.). Auch das Lob, welches man G. de Scudéri zollt, gilt weniger dem Schöpfer des Alaric (ein Epos, das mit dem von B. citirten Verse je chante ... beginnt), wie dem dramatischen Dichter (cf. biogr. univers., XXXVIII 496 f. Lotheissen, l. c. II pp. 103, 112 ff.).
²) cf. ép. III, 13.
³) Es ist nicht anzunehmen, dass obgedachte Verse (cf. art. poét. I, 98—100) den Brébeuf als Dichter und Uebersetzer überhaupt verurtheilen, da B. an anderer Stelle (Saint-Surin, I, »préface des editions de 1683 et de 1694«, p. 14) sein Genie anerkennt. Die Wendung hérétique douleur ist doch frei von dem Bombast des Brébeuf'schen Verses: de morts et de mourans cent montagnes plaintives, welcher nachahmt Lucan VII, 652:

Tot telis sua fata peti, tot corpora fusa
Ac se tam multo pereuntem sanguine vidit.
(cf. Saint-Surin II, 178, n. a).

⁴) Barbin, der Name eines Buchhändlers aus der Zeit des Dichters tritt in den citirten Versen des art poét. I, 75—78, an Stelle der Sosii des Horaz, Ars poetica, 343—345: B.'s Schriften müssen bei Barbin starken Absatz ge-

Eine Reihe der von B. angegriffenen, heute völliger Vergessenheit anheimgefallenen Schriftsteller mag schon zu des Dichters Zeit geringe Beachtung gefunden haben, so **Neuf-Germain, Perrin, Bardin, Bonnecorse, Hesnault, De Pure, Coras, Lesfargues, La Serre, Titreville**; die biographie universelle[1]) und die Commentatoren **Brossette, Saint-Marc, Saint-Surin, Berriat-Saint-Prix, Gidel**, unter ihnen besonders der drittgenannte, billigen durchweg B.'s Angriffe gegen jene Dichter[2]). — Von Andern ist bekannt, dass sie, von den Zeitgenossen hochgeehrt, durch B.'s Opposition von ihrer Höhe gestürzt wurden, auf welche sie wieder zu erheben, von späteren Kritikern, trotz der Erkenntniss von B.'s ungerechter oder übertriebener Verurtheilung, nicht unternommen worden ist und nicht unternommen werden konnte. Das gilt von **Théophile de Viaud, Ronsard und Chapelain**[3]). — Persönliche Gehässigkeit gilt bei den Dritten als Grund für des Satirikers Invectiven, so bei **Cotin** und, wie es scheint, auch **Pradon**[4]). **Quinault**, der bekannte Operndichter, hat später B.'s Anerkennung gefunden[5]). — In theils verkehrter, theils ihrer unwürdiger Beziehung sind die Namen **Saint-Amant, Collet et und Sauval** verwendet[6]). — B.'s Vorgehen gegen **Ménage. George und Madeleine de**

Omne tulit punctum qui miscuit utile dulce
Lectorem delectando pariterque monendo,
Hic meret aera liber Sosiis.

funden haben, denn an anderer Stelle (ép. X, 129—132) spricht er von der Ungeduld des Buchhändlers, seine, des Satirikers, Werke zu erlangen; daher wohl das *aimé du ciel, chéri des lecteurs* (art poét. I, 77). — Das ganze Citat ist nur der Vollständigkeit wegen beigegeben.

[1]) cf. biogr. univers., XXX 341.
[2]) Neuf. Germain, Hesnault, La Serre, Lesfargues, Titreville, Pelletier, De Pure, Perrin, cf. Saint-Surin, Œuvres de Boileau, Paris 1821, I 71, note a; ibid. I 238, n. a; ibid. I 123, n. 1; ibid. I 214, n. 1; Œuvres de Boileau mit Commentar von Brossette, Paris 1829, I 177, Commentar; Saint-Marc, Œuvres de Boileau, Amsterdam 1772, I 6, Commentar und Gidel, Œuvres de Boileau, I, Paris 1870, 35, n. 3; Gidel, I, Vie de Boileau, p. CXXII; Saint-Surin I, 172, n. 2.
[3]) Théophile, Ronsard, Chapelain, cf. biogr. univers., XLI 298 ff. und Lotheissen, l. c. II 310 ff.; biogr. univers. XXXVI, 429 ff. und Lotheissen, l. c. I, 1, Wien 1877, 31 f.; biogr. univers. VII 486; Nisard, II 323; Lotheissen, l. c. I, 2 242 ff.; Saint-Marc, I 5, Commentar; Saint-Surin, I 249, n. 1.
[4]) cf. Biogr. univers., IX 323 f.; Brossette, I 224, n. 1; ibid. I 127, n. 1; Saint-Surin, I 111, n. a; nach Saint-Marc sind die Namen Cotin und Cassagne willkürlich, ohne Veranlassung gewählt worden; biogr. univers., XXXIV 276 ff.; Gidel, II, Paris 1872, 4, n. 3.
[5]) Biogr. univers., XXXIV 649; Gidel, I 11; Brossette, I 138, n. 1.
[6]) Biogr. univers., XXXVII 250 ff.; Lotheissen, II 229 f.; Gidel, I LXXIX; ibid. 64, n. 1; biogr. univers., VIII 582; biogr. univers., XXXVIII 87 f.; Berriat-Saint-Prix, I, Essai sur Boileau, n°. 53.

Scudéri erscheint im Urtheile der Nachwelt zum überwiegenden Theile gerechtfertigt[1]).

III.

a.

Wie die Satiren in Ansehung der Wahl des Stoffes verurtheilt wurden, so wird dem Dichter die Freiheit der Erfindung, die Originalität völlig abgesprochen. Das desbezügliche Urtheil lautet, l. c. preface:

> Un Satyrique croit estre en seureté et asseuré de son merite, en recitant devant plusieurs personnes, qui par faute de sçavoir et de lecture, croyent que ce qu'ils loüent est de l'invention de celuy qui recite et ne sçavent pas que la pensee est souvent d'un Poëte ancien. Toutefois celuy qui en reçoit les loüanges ne sort point de sa gravité, quoy qu'il sente bien qu'il est le plus loüé de ce qui n'est pas de luy; et il est si injuste et si aveuglé par son amour propre, qu'il enfle sa vanité à proportion de l'applaudissement qui appartient à Horace ou à quelque autre Poëte, dont la richesse peut servir encor à revestir la nudité des stériles Ecrivains ...
> Car de traduire les anciens c'est ne nous faire rien sçavoir de nouveau.

Wir wollen im Folgenden durch einen eingehenden Vergleich der Satiren I—IX mit den betreffenden classischen Vorlagen[2]) feststellen, wie weit der Kritiker das Recht auf seiner Seite hat. Für die Reihenfolge der zu behandelnden Satiren ist das Mass der Originalität bestimmend. — Am wenigsten selbstständig zeigt sich der Dichter in Satire VII.

Dieselbe lehnt sich (ausser an Juvenal, Sat. I) am engsten an Horaz, lib. II, sat. I. Sie handelt von der Berufung des Dichters zum Satiriker und von der Rechtfertigung seines Handwerks.

Hor. ersucht den Freund Trebatius um Rath, wie er sich verhalten solle, da er Manchem in seinen Satiren zu scharf und heftig dünke, B. bittet die Muse, von dem üblen Handwerk der Satire abzustehen. Hor., 1—2, 4—5:

> Sunt quibus in satira videor nimis acer et ultra
> Legem tendere opus ...
> ...... Trebati,
> Quid faciam, praescribe ...

---

[1]) cf. biogr. univers., XXVII 602 f.
[2]) Die verschiedenen Muster der einzelnen Satiren sind bereits von B.'s Commentatoren fixirt worden; ferner hat sich ziemlich eingehend damit beschäftigt Darpe, Boileau et la satire romaine, Gymn.-Prgr., Rheine 1871. Otto Benecke, Boileau imitateur d'Horace et de Juvénal, Gymn.-Prgr., Neuhaldensleben 1879. Verfasser bemüht sich erschöpfender, als es bislang geschehen, die einzelnen Vergleiche zu führen und zu zeigen, dass auch da, wo B. frei aus sich zu schaffen scheint, es sich meist in den Schilderungen um Verhältnisse, Zustände u. dergl. handelt, welche B. als seine Zeit charakterisirende an Stelle der von den classischen Satirikern beleuchteten gesetzt hat.

B., 1—2 [1]):

> Muse changeons de style, et quittons la satire;
> C'est un méchant métier que celui de médire.

Auf des Trebatius Rath, überhaupt von der Satire abzulassen, erklärt Hor. seine Unfähigkeit dazu; auch B.'s gute Vorsätze sind vergeblich, nicht eher ruht er, bis ein gefälliges Wort, das ihm der Genius eingegeben, niedergeschrieben ist. Hor., 5—7:

> ... Ne faciam, inquis,
> Omnino versus? Aio. Peream male, si non
> Optimum erat, verum nequeo dormire ...

B., 49—50, 89—92:

> C'est en vain qu'au milieu de ma fureur extrême
> Je me fais quelquefois des leçons à moi-même ...
> Enfin c'est mon plaisir: je veux me satisfaire;
> Je ne puis bien parler, et ne saurais me taire.
> Et, dès qu'un mot plaisant vient luire à mon esprit,
> Je n'ai point de repos qu'il ne soit en écrit.

So möge er denn Helden und deren Thaten besingen, räth Trebatius weiter; er ermangele der Kraft dazu, entgegnet Hor.; wie Hor. nicht Roms glorreiche Kriege zu feiern, so vermag B. nicht, einen seines Lobes würdigen Helden zu finden und künstlich gespreizte Verse zu einem Heldenepos zusammenzustoppeln. Hor., 10—15:

> Aut, si tantus amor scribendi te rapit, aude
> Caesaris invicti res dicere, multa laborum
> Praemia laturus. Cupidum, pater optime, vires
> Deficiunt: neque enim quivis horrentia pilis
> Agmina nec fracta pereuntes cuspide Gallos
> Aut labentis equo describit vulnera Parthi.

B., 21—32:

> Muse, c'est donc en vain que la main vous démange.
> S'il faut rimer ici, rimons quelque louange;
> Et cherchons un héros, parmi cet univers,
> Digne de notre encens et digne de nos vers.
> Mais à ce grand effort en vain je vous anime:
> Je ne puis pour louer rencontrer une rime;
> Dès que j'y veux rêver, ma veine est aux abois.
> J'ai beau frotter mon front, j'ai beau mordre mes doigts,
> Je ne puis arracher du creux de ma cervelle
> Que des vers plus forcés que ceux de la Pucelle [2]).
> Je pense être à la gêne, et, pour un tel dessein,
> La plume et le papier résistent à ma main.

Trebatius hält es für angemessener, rechtschaffene Leute zu besingen, als bekannte lasterhafte Persönlichkeiten zu verspotten, welche

---

[1]) Boileau wird citirt nach der Ausg. v. Berriat-Saint-Prix, Paris 1830.
[2]) cf. p. 12.

schon ohnedies leicht zum Hasse geneigt seien. Auch B. gedenkt
solcher Leute, welche eine sie angehende Dichtung wohl bewunderten
und lobten, im Grunde ihrer Seele aber deren Verfasser fürchteten
und hassten. Hor., 21—23:

> Quanto rectius hoc quam tristi laedere versu
> Pantolabum scurram Nomentanumque nepotem,
> Cum sibi quisque timet, quamquam est intactus, et odit.

B., 19—20, 87—88:

> Et tel en vous lisant, admire chaque trait,
> Qui dans le fond de l'âme et vous craint et vous hait . . .
> Qui me flatte peut-être, et, d'un air imposteur,
> Rit tout haut de l'ouvrage, et tout bas de l'auteur.

Nach des Lucilius Weise die Worte zum Versfuss zusammenzu-
fügen und seine Geheimnisse dem Papiere anzuvertrauen, gefällt dem
Hor., und auch B. versteht sich auf die Kunst, wohlgebaute Verse
zu erschaffen, in deren Gewand er seine boshafte Prosa kleidet.
Hor., 28—31:

> . . . me pedibus delectat claudere verba
> Lucili ritu, nostrum melioris 'utroque.
> Ille velut fidis arcana sodalibus olim
> Credebat libris . . .

B., 60—61:

> Je sais coudre une rime au bout de quelques mots.
> Souvent j'habille en vers une maligne prose[1]).

Hor.: der Griffel sei ihm das zweischneidige Schwert gegen
übermüthige Angreifer, welches er im Falle des Angriffs verderben-
bringend zu schwingen wisse; als solche zu Züchtende werden sodann
(47—56) verschiedene durch üble Eigenschaften, Laster und Verbrechen berüchtigte Persönlichkeiten aufgeführt. Dem entsprechend
nennt uns B. (38—45) gleichfalls durch Untugenden hervorragende
und als Verunstalter der Poesie geltende Männer, gegen welche
er ebenfalls mächtig die satirische Geissel zu schwingen sich berufen fühle.

Der also Verspottete werde bald die Wucht der Geisselung fühlen,
obwohl er (Hor.) sonst friedfertiger Natur sei und wahres Verdienst
wohl zu schätzen wisse (B.). Hor., 42—46:

> . . . O pater et rex
> Juppiter, ut pereat positum robigine telum,
> Nec quisquam noceat cupido mihi pacis! at ille
> Qui me commorit, — melius non tangere, clamo —
> Flebit et insignis tota cantabitur urbe.

---

[1]) Ueber die eigentliche Bedeutung der Verse wird weiter unten gehandelt.

B., 51—55:

> En vain je veux au moins faire grâce à quelqu'un:
> Ma plume aurait regret d'en épargner aucun;
> Et sitôt qu'une fois la verve me domine,
> Tout ce qui s'offre à moi passe par l'étamine.
> Le mérite pourtant m'est toujours précieux.

So geloben denn Beide ohne Rücksicht auf die Dauer ihres Lebens, ohne Rücksicht auf die Gestaltung desselben, ohne Rücksicht auf ihren Aufenthaltsort dem Berufe des Dichters getreu zu bleiben. Hor., 57—60:

> . . . seu me tranquilla senectus
> Exspectat seu Mors atris circumvolat alis,
> Dives, inopa, Romae seu fors ita jusserit exul,
> Quisquis erit vitae scribam color . . .

B., 63—68:

> Ainsi, soit que bientôt, par une dure loi,
> La mort d'un vol affreux vienne fondre sur moi,
> Soit que le ciel me garde un cours long et tranquille,
> A Rome ou dans Paris, aux champs ou dans la ville,
> Dût ma muse par là choquer tout l'univers,
> Riche, gueux, triste ou gai, je veux faire des vers.

Solche kühnen Worte lassen den Trebatius der Befürchtung Ausdruck geben, dass den Hor. leicht in Folge seines Handwerks von den Grossen und Mächtigen Verhängniss treffen könne; doch Hor. nennt als Beispiel des Gegentheils die Namen hervorragender Satiriker, welche trotz des herben Spottes und der scharfen Geisselung ihrer Dichtungen angesehene und geachtete Staatsbürger gewesen seien. — Ohne weitere Aenderungen wird diese Stelle von B. nachgeahmt. Hor., 60—70:

> . . . O puer, ut sis
> Vitalis metuo, et majorum ne quis amicus
> Frigore te feriat. Quid? cum est Lucilius ausus
> Primus in hunc operis componere carmina morem,
> Detrahere et pellem, nitidus qua quisque per ora
> Cederet, introrsum turpis; num Laelius aut qui
> Duxit ab oppressa meritum Karthagine nomen,
> Ingenio offensi aut laeso doluere Metello
> Famosisque Lupo cooperto versibus? Atqui
> Primores populi arripuit populumque tributim,
> Scilicet uni aequus virtuti atque ejus amicis.

B., 69—81:

> Pauvre esprit, dira-t-on, que je plains ta folie!
> Modère ces bouillons de ta mélancolie!
> Et garde qu'un de ceux que tu penses blâmer
> N'éteigne dans ton sang cette ardeur de rimer
> Eh quoi! lorsqu'autrefois Horace, après Lucile,
> Exhalait en bons mots les vapeurs de sa bile,

> Et, vengeant la vertu par des traits éclatans,
> Allait ôter le masque aux vices de son temps;
> Ou bien quand Juvénal, de sa mordante plume
> Faisant couler des flots de fiel et d'amertume,
> Gourmandait en courroux tout le peuple latin,
> L'un ou l'autre fit-il une tragique fin?
> Et que craindre, après tout, d'une fureur si vaine.

Hor. wie B. gedenken nur bescheiden der eigenen poetischen Befähigung. Hor., 74—75:

> ... Quidquid sum ego, quamvis
> Infra Lucili censum ingeniumque ...

B., 82:

> Personne ne connaît ni mon nom ni ma veine.

B.'s einleitender Gedanke: wer Böses Jemandem nachredet, dem selbst pflegt Böses zu begegnen, wird zum Schlusse bei Hor. vom Trebatius ausgesprochen. Hor., 82—83:

> Si mala condiderit in quem quis carmina, jus est
> Judiciumque ...

B., 3—4:

> A l'auteur qui l'embrasse il est toujours fatal.
> Le mal qu'on dit d'autrui ne produit que du mal.

Wie Hor. am Schlusse, so vergleicht B. schon bei früherer Gelegenheit das Geisseln des Satirikers mit dem Bellen des Hundes. Hor., 84—85:

> ... si quis
> Opprobriis dignum latraverit, integer ipse?

B., 58:

> Et ne le (un fat) sens jamais qu'aussitôt je n'aboie.

An Uebereinstimmungen mit Stellen aus Dichtungen anderer lateinischer Autoren ergeben sich folgende:

Zunächst bei Hor., lib. II, epist. I, 150—152: die vom scharfen Zahne der Satire Gegriffenen beklagten sich, und die Verschonten erzitterten vor der Gefahr, gleichfalls gepackt zu werden:

> ... Doluere cruento
> Dente lacessiti, fuit intactis quoque cura
> Condicione super communi ...

Diesen entsprechen bei B. die Verse 13—14, 18—20, 87—88, wovon 19—20 und 87—88 schon oben citirt; 13—14:

> Mais un auteur malin, qui rit et qui fait rire,
> Qu'on blâme en le lisant, et pourtant qu'on veut lire.

18—20:

> Chacun dans ce miroir pense voir son visage
> ... 19—20 s. p. 20.

Der Gedanke bei Hor., lib. II, epist. I, 152—154: strafbar wurde, wer eine Person im Liede verspottete:

> ... quin etiam lex
> Poenaque lata, malo quae nollet carmine quemquam
> Describi ...

erscheint wieder B., 2—4, 5—8: ein bitter verspottendes Wort wurde oft dem Autor verhängnissvoll: 2—4 oben citirt; 5—8:

> Maint poète, aveuglé d'une telle manie,
> En courant à l'honneur, trouve l'ignominie.
> Et tel mot, pour avoir réjoui le lecteur,
> A couté bien souvent des larmes à l'auteur.

Beide Dichter geben der Schwierigkeit Ausdruck, welche es erfordert, einen wohlgebauten Vers oder ein Lobgedicht zu schaffen. Hor., lib. I, sat. X, 70:

> ... et in versu faciendo
> Saepe caput scaberet, vivos et roderet ungues.

B., 28:

> J'ai beau frotter mon front, j'ai beau mordre mes doigts.

Hor., lib. I, sat. IV, 40—42: nicht dichten heisse es, richtig einen Vers abzumessen und einen der Prosa gleichkommenden Ton anzuschlagen; demselben Gedanken giebt B., 59—61, Ausdruck. Hor.:

> ... neque enim concludere versum
> Dixeris esse satis; neque si quis scribat uti nos
> Sermoni propiora, putes hunc esse poëtam.

B. (60—61 citirt), 59:

> Enfin sans perdre temps en de si vains propos ...

Hor. ibid.: nicht biete er öffentlich seine Schriften feil; auch nur Freunden dieselben bekannt zu machen, lasse er sich schwer herbei; B.: nicht bereichere er mit seinen Gedichten eine beliebige, täglich erscheinende Gedichtsammlung und nicht leicht lasse er sich bestimmen, einem Freunde Einblick in seine poetischen Erzeugnisse zu gestatten. Hor., lib. I, sat. IV, 71—74:

> Nulla taberna meos habeat neque pila libellos,
> Quis manus insudet vulgi Hermogenisque Tigelli;
> Nec recito cuiquam nisi amicis, idque coactus,
> Non ubivis coramve quibus libet ...

B., 83—86:

> On ne voit point mes vers, à l'envi de Montreuil,
> Grossir impunément les feuillets d'un recueil.
> A peine quelquefois je me force à les lire,
> Pour plaire à quelque ami que charme la satire.

Vom Verhängnissvollen der scherzenden, spottenden Dichtung (B., 1—8) spricht auch **Martial**, lib. II, epigr. **XXII**:

> Ecce nocet vati musa jocosa suo.

B.'s VII. Satire entspricht dem behandelten Gedanken nach auch der Satire I des **Juvenal**. Hier wie dort legt der Dichter gewissermassen sein satirisches Glaubensbekenntniss ab und spricht von Aufgabe, und Art und Weise der Behandlung der Satire. Juv. erklärt im Eingange, dass bei der immer wachsenden Menge von Dichtungen verschiedenster Gattung auch er zum Schreiben berechtigt sei; dabei werden gewisse Dichtgattungen und behandelte Stoffe genannt (1—18). B. gedenkt des häufig erwähnten Heldengedichtes (Pucelle, 30), nennt aus der Schar zeitgenössischer Poeten verschiedene unwürdige (Juv. aus der Augusteischen Zeit) und betont als Unsitte, wie ungestraft zahlreiche Gedichtsammlungen Blatt um Blatt vermehrt werden (44—46, 84; Juv., 17—18). Juv. beleuchtet verschiedene Unsitten Roms und nennt lasterhafte, durch Schurkereien hervorragende Persönlichkeiten (26—35); desgleichen, wenn auch weniger ausführlich, B. (37—40). Juv.: solche (22—50 geschilderte) empörende Schamlosigkeiten scheinen ihm als Stoff der Satire geeignet (51—52); B.: er triumphire, wenn er ein beissendes Spottgedicht gegen herrschende (37—45 geschilderte) Uebelstände zu verfassen habe (33—36, 47—48). Juv.: gefährlich zwar sei es, irgend eine oben (bei Nero) in Gunst stehende Persönlichkeit (Tigellin) mit Spott zu verfolgen, (156—157); B.: der Verspottende sei auf der Hut, dass nicht der Gegenstand seiner Dichtung, d. i. der Verspottete, in ihm die Gluth zu reimen ersticke (69—72). Juv. und B.: unbehelligt möge man Helden im Epos und Lobgedicht feiern, dem geisselnden Satiriker aber könne leicht sein Handwerk gefährlich werden, zumal, wenn der Hörer, heimlicher Schuld sich bewusst, die Zeichnung seiner eigenen Persönlichkeit in der Dichtung erblicke. Juv., 162—168:

> Securus licet Aeneam Rutulumque ferocem
> Committas: nulli gravis est percussus Achilles
> Aut multum quaesitus Hylas urnamque secutus.
> Ense velut stricto quoties Lucilius ardens
> Infremuit, rubet auditor, cui frigida mens est
> Criminibus; tacita sudant praecordia culpa,
> Inde irae et lacrumae . . .

B., 9—20:

> Un éloge ennuyeux, un froid panégyrique,
> Peut pourrir à son aise au fond d'une boutique,
> Ne craint point du public les jugemens divers,
> Et n'a pour ennemis que la poudre et les vers:
> Mais un auteur malin, qui rit et qui fait rire,
> Qu'on blâme en le lisant, et pourtant qu'on veut lire,

> Dans ses plaisans accès qui se croit tout permis,
> De ses propres rieurs se fait des ennemis.
> Un discours trop sincère aisément nous outrage:
> Chacun dans ce miroir pense voir son visage:
> Et tel, en vous lisant, admire chaque trait,
> Qui dans le fond de l'âme et vous craint et vous hait.

Es ergeben sich nach dem Vorstehenden:
1) als direct entlehnt:
   a. der fixirten Vorlage (Horaz, lib. II, sat. I) V. 1—2, 3—4, 19—20, 21—32, 49—50, 51—55, 58, 59, 61, 63—68, 69—81, 82, 87—88, 89—92, zusammen 5 5 Verse;
   b. anderweitigen Dichtungen (Hor., Juv., Mart.) V. 5—8, 9—18, 83—86, zusammen 18 Verse.
2) als entferntere Nachahmung:
   V. 33—36, 37—48, zusammen 16 Verse;
somit für 1) 73, für 2) 16 Verse, so dass übrig bleiben 7 Verse (von 96 Versen), nämlich 56—57, 62, 93—96 enthaltend den Gedanken, dass der Satiriker den Gecken verfolgt wie der Hund seine Beute, den Schlusssatz einer längeren Periode und vier abschliessende Verse.

Als getreue Nachahmung der Satire VIII des Juvenal ergiebt sich

Satire V.

Dieselbe ist ein schneidender Angriff gegen den Adel der Zeit der Satiriker. Beide verlangen Tugendreinheit als Merkzeichen eines jeden Adligen. Beide richten ferner ihre Dichtung an einen Adligen ihrer Zeit, Juv. an Ponticus, B. an D'Angeau, mit dem Gedanken einleitend, dass sich dem Geburtsadel der Seelenadel gesellen müsse, um zu dem idealen Begriffe des Adels zu gelangen. Juv., 1—18:

> Stemmata quid faciunt, quid prodest, Pontice, longo
> Sanguine censeri pictosque ostendere vultus
> Maiorum et stantes in curribus Aemilianos
> Et Curios jam dimidios humerosque minorem
> Corvinum et Galbam auriculis nasoque carentem?
> Quis fructus, generis tabula jactare capaci
> Corvinum, posthac multa contingere virga
> Fumosos Equitum cum Dictatore magistros,
> Si coram Lepidis male vivitur? Effigies quo
> Tot bellatorum, si luditur alea pernox
> Ante Numantinos? si dormire incipis ortu
> Luciferi, quo signa duces et castra movebant?
> Cur Allobrogicis et magna gaudeat ara
> Natus in Herculeo Fabius lare, si cupidus, si
> Vanus et Euganea quantumvis mollior agna;
> Si tenerum adtritus Catinensi pumice lumbum
> Squalentes traducit avos emtorque veneni
> Frangenda miseram funestat imagine gentem?

Weniger ausführlich schildert B. den verweichlichten, müssigen Adligen, 5—8, 13—20:

> Mais je ne puis souffrir qu'un fat, dont la mollesse
> N'a rien pour s'appuyer qu'une vaine noblesse,
> Se pare insolemment du mérite d'autrui,
> Et me vante un honneur qui ne vient pas de lui ...
> Que sert ce vain amas d'une inutile gloire,
> Si, de tant de héros célèbres dans l'histoire,
> Il ne peut rien offrir aux yeux de l'univers
> Que de vieux parchemins qu'ont épargnés les vers;
> Si, tout sorti qu'il est d'une source divine,
> Son cœur dément en lui sa superbe origine
> Et, n'ayant rien de grand qu'une sotte fierté,
> S'endort dans une lâche et molle oisivité?

Altem und hohem Adel eigne, wenn er unsere Anerkennung verlangt, Tugend- und Sittenreinheit! Juv., 19—20:

> Tota licet veteres exornent undique cerae
> Atria, nobilitas sola est atque unica virtus.

B., 1—4, 42:

> La noblesse, Dangeau, n'est pas une chimère,
> Quand, sous l'étroite loi d'une vertu sévère,
> Un homme issu d'un sang fécond en demi-dieux,
> Suit, comme toi, la trace où marchaient ses aïeux ...
> La vertu d'un cœur noble est la marque certaine.

Gewisse berühmte Vornehme sind dem Juv. das Ideal des Edlen; ein glorreiches Geschlecht rühme sich einer thatenreichen Geschichte (B.)! Juv., 21—23:

> Paulus vel Cossus vel Drusus moribus esto:
> Hos ante effigies maiorum pone tuorum.
> Praecedant ipsas illi te Consule virgas.

B., 9—12:

> Je veux que la valeur de ses aïeux antiques
> Ait fourni de matière aux plus vieilles chroniques,
> Et que l'un des Capets, pour honorer leur nom,
> Ait de trois fleurs de lis doté leur écusson.

Persönliche Verdienste, glänzende Geistesgaben, unbeugsamer Rechtssinn sind Tugenden, welche der Seelenadel erheischt. Juv. 24—26, 68—70:

> Prima mihi debes animi bona. Sanctus haberi
> Justitiaeque tenax factis dictisque mereris ...
> Ergo, ut miremur te, non tua, primum aliquid da,
> Quod possim titulis incidere praeter honores,
> Quos illis damus ac dedimus, quibus omnia debes.

B., 43—46, 49:

> Si vous êtes sorti de ces héros fameux,
> Montrez-nous cette ardeur qu'on vit briller en eux,
> Ce zèle pour l'honneur, cette horreur pour le vice.
> Respectez-vous les lois? fuyez-vous l'injustice? ...
> Je vous connais pour noble à ces illustres marques.

Ein blosser Name sei ein leeres Nichts, wenn der Träger desselben sich seines Geschlechtes unwerth zeige. Thöricht sei es, wenn sich ein Solcher, der ohne Tüchtigkeit und persönliches Verdienst mit grossem Namen prunke, im Stolze seiner Geburt blähe (Beispiel bei Juv.); aus einem besonderen Thone scheine ein solcher Hochmüthiger geknetet. Juv., 30—32, 39—43:

> ... Quis enim generosum dixerit hunc, qui
> Indignus genere et praeclaro nomine tantum
> Insignis? ...
> His ego quem monui? tecum est mihi sermo Rubelli
> Blande. Tumes alto Drusorum stemmate, tamquam
> Feceris ipse aliquid, propter quod nobilis esses,
> Ut te conciperet, quae sanguine fulget Juli,
> Non quae ventoso conducta sub aggere texit.

B., 39—41, 21—26:

> Pourquoi donc voulez-vous que, par un sot abus,
> Chacun respecte en vous un honneur qui n'est plus?
> On ne m'éblouit point d'une apparence vaine ...
> Cependant, à le voir avec tant d'arrogance
> Vanter le faux éclat de sa haute naissance,
> On dirait que le ciel est soumis à sa loi,
> Et que Dieu l'a pétri d'autre limon que moi.
> Enivré de lui-même, il croit, dans sa folie,
> Qu'il faut que devant lui d'abord tout s'humilie.

Ein Adliger ohne Verdienst sei einer verstümmelten Statue (Juv.), oder dem morschen Zweige eines gesunden Stammes vergleichbar (B.). Juv., 52—53:

> .. at tu
> Nil nisi Cecropides truncoque simillimus Hermae.

B., 70:

> (Je ne vois rien en vous ...)
> Et d'un tronc fort illustre une branche pourrie.

Ferner wird die Nichtigkeit blosser hoher Abstammung an dem Beispiele eines Rosses erörtert, welches, alt und abgetrieben, wenn schon von edler Race, an einen Beliebigen verkauft und gemeine Dienste zu verrichten gezwungen werde. Juv. 56—67:

> Dic mihi, Teucrorum proles, animalia muta
> Quis generosa putet, nisi fortia? nempe volucrem
> Sic laudamus equum, facili cui plurima palma
> Fervet et exsultat rauco victoria Circo.
> Nobilis hic, quocumque venit de gramine, cuius
> Clara fuga ante alios et primus in aequore pulvis:
> Sed venale pecus Corythae posteritas et
> Hirpini, si rara jugo Victoria sedit.
> Nil ibi maiorum respectus, gratia nulla
> Umbrarum: dominos pretiis mutare jubentur
> Exiguis tritoque trahunt epiredia collo
> Segnipedes dignique molam versare Nepotes.

B., 29—38:

> Dites-moi, grand héros, esprit rare et sublime,
> Entre tant d'animaux, qui sont ceux qu'on estime?
> On fait cas d'un coursier qui, fier et plein de cœur,
> Fait paraître en courant sa bouillante vigueur;
> Qui jamais ne se lasse, et qui dans la carrière
> S'est couvert mille fois d'une noble poussière.
> Mais la postérité d'Alfane et de Bayard,
> Quand ce n'est qu'une rosse, est vendue au hasard,
> Sans repect des aïeux dont elle est descendue,
> Et va porter la malle, ou tirer la charrue.

Eitles Bemühen sei es für den seines Namens unwürdigen Vornehmen, mit dem Ruhme der Vorfahren die eigene Schande verdecken zu wollen. Juv., 74—78:

> ... Sed te censeri laude tuorum,
> Pontice, noluerim, sic ut nihil ipse futurae
> Laudis agas. Miserum est aliorum incumbere famae,
> Ne collapsa ruant subductis tecta columnis.
> Stratus humi palmes viduas desiderat ulmos.

B., 63—66:

> En vain, tout fier d'un sang que vous déshonorez,
> Vous dormez à l'abri de ces noms révérés;
> En vain vous vous couvrez des vertus de vos pères:
> Ce ne sont à mes yeux que de vaines chimères.

Der wahre Adlige sei ein guter Soldat. Juv. 79:

> Esto bonus miles ...

B., 47—48:

> Savez-vous pour la gloire oublier le repos,
> Et dormir en plein champ le harnois sur le dos?

Nachdem V. 97—130 von Juv. in detaillirtester Weise ausgeführt ist, welche Verdienste der achtungswürdige Adlige aufweisen müsse, schliesst er, dass, wenn der Vornehme in der angegebenen Weise ehrenhaft gehandelt habe, derselbe auf seine Ahnenreihe mit Recht stolz sein und von den Höchstgeborenen seine Abstammung herleiten könne; ebenso B., welcher V. 42—48 (oben citirt) den Adligen auszeichnende Thaten anführt. Juv. 131—134:

> Tu licet a Pico numeres genus altaque si te
> Nomina delectant, omnem Titanida pugnam
> Inter maiores ipsumque Promethea ponas:
> De quocumque voles proavum tibi sumito libro.

B., 50—54:

> Alors soyez issu des plus fameux monarques,
> Venez de mille aïeux, et, si ce n'est assez,
> Feuilletez à loisir tous les siècles passés;
> Voyez de quel guerrier il vous plaît de descendre;
> Choisissez de César, d'Achille ou d'Alexandre.

Hier anschliessend Juv. und B.: ist dein Thun schmachvoll und ehrlos, so steht dein eigenes edles Geschlecht auf, deine Schande zu enthüllen. Juv. 135—139:

> Quod si praecipitem rapit ambitio atque libido,
> Si frangis virgas sociorum in sanguine, si te
> Delectant hebetes lasso lictore secures;
> Incipit ipsorum contra te stare parentum
> Nobilitas claramque facem praeferre pudendis.

B., 57—62:

> Mais, fussiez-vous issu d'Hercule en droite ligne,
> Si vous ne faites voir qu'une bassesse indigne,
> Ce long amas d'aïeux que vous diffamez tous
> Sont autant de témoins qui parlent contre vous;
> Et tout ce grand éclat de leur gloire ternie
> Ne sert plus que de jour à votre ignominie.

V. 142 beginnt Juv. ausführlich die Sittenverderbniss des römischen Adels seiner Zeit zu beleuchten, besonders das Unwürdige verschiedener Passionen und Gewohnheiten verdammend: Urkundenfälschung; Ehebruch, zu welchem Zwecke der Ritter sich in grobe Sklavengewandung (Santonische Kappe) hülle (142—145); übertriebene Pferdeliebhaberei und die Gewohnheit der Vornehmen selbst die Rosse vor dem Gefährt zu lenken (146—157). Anstatt seinem Berufe obzuliegen, ziehe der Feldherr es vor, in der entlegenen Schenke mit verworfenem Gesindel die Nacht zu durchzechen, eine Handlungsweise, welche dem geringen Sklaven zum Vorwurf gereichen würde (158—182). Nicht minder schamlos sei es, dass Adlige als Komödianten und Gladiatoren öffentlich aufträten (185—210). — Weniger eingehend stellt B. Missbräuche des Adels dar (100—134): verschwunden sei die Tugend, an ihre Stelle seien Hunderte von wohlklingenden Namen mit prahlenden Wappenschildern getreten; masslosem Luxus entspringen grosse Schuldenlasten; der davon bedrückte, stolze Vornehme beuge sich, von Noth schliesslich hart bedrängt, demüthigst, um nach einem feigen Uebereinkommen einem beliebigen Schurken seine Ahnen zu verkaufen; so werde die Ehre mit Hülfe gemeiner Niedertracht neu gekräftigt. Wenn der Glanz des Goldes edlem Blute nicht besondere Kraft verleihe, so strahle die Stellung, welche jenes in der Gesellschaft einnehmen wolle, nur matten Schimmer. Das Gold vermöge dem Rang- und Verdienstlosen hundert Ahnen zu verschaffen.

Berühmten adligen Verbrechern werden von Juv. (211—268) durch Tugend und Verdienst ausgezeichnete Bürger gegenübergestellt: dem blutdürstigen Tyrannen und Komödianten Nero Seneca (211—230), dem verrätherischen Catilina und seinen Genossen der wachsame vaterlandsliebende Cicero (231—244), den Söhnen des Consul Brutus, durch deren Verrath die Stadt fallen sollte, der Sklave Vindex, welcher ihr Verbrechen vereitelte, ferner die todesmuthigen Horatius Cocles und

Mucius Scaevola, die heldenmüthige Jungfrau Cloelia, die Decier, der letzte gute König und der kriegstüchtige Marius (245—268). Auch B. betont (87—96), wie einst jeder Einzelne nur in Unschuld und eigene Tüchtigkeit seinen Ruhm gesetzt habe, und wie solche Eigenschaften für Könige und den Adel überhaupt bestimmend gewesen seien, wie der Held ohne die Stütze einer hohen Geburt allein sich selbst seinen Ruf und sein Ansehen verdankt habe, wie aber jetzt, im Gegensatz zur Entsittlichung des Adels, Ehre und Sittenreinheit im Bürgerstande anzutreffen seien.

Juv.'s Schlussgedanke (272—275), dass die Urväter der Adligen Roms doch sehr zweifelhafter Natur gewesen seien, entspricht den Versen 80—86 bei B., wo trotz der langen Ahnenreihe eines Adelsgeschlechts der Vermuthung Raum gegeben wird, dass das reine Blut im Laufe der Jahrhunderte ein wenig durch einen frechen Eindringling getrübt sein könne.

Dem Zwecke, nicht des Königs Gunst zu verlieren, dienen die letzten Verse, 135—148, in B.'s Satire, welche den göttlichen Ludwig als bar aller der vorher gegeisselten, verabscheuenswürdigen Eigenschaften schildern [1].

In anderer Form wird der Grundgedanke dieser Satire behandelt von Horaz, lib. II, sat. VI [2]. Auch verurtheilt Persius in seiner III. Satire die Faulheit und den Hochmuth der jungen Edelleute seiner Zeit [3]. Persius, sat. III, 27 ff.;

> ... deceat pulmonem rumpere ventis,
> Stemmate quod Tusco ramum millesime ducis...
> Ad populum phaleras!
> Ego te intus et incute novi.

Ebenso B., 13, 19—20, 75.

Es ergeben sich so bei dieser Satire:
1) als direct entlehnt:
 V. 1—4, 5—8, 9—12, 13—20, 21—26, 29—38, 39—41, 42, 43—46, 47—48, 49, 50—54, 57—62, 63—66. 70, — zusammen 63 Verse.
2) als entferntere Nachahmung:
 V. 80—86, 87—96, 100—134, — zusammen 52 Verse.

Als selbstständiges Produkt bleiben übrig 33 Verse (von 148 Versen): einzelne überleitende Verse als Bindeglieder

---

[1] cf. Saint-Marc, p. 110, Commentar.
[2] Darüber Darpe, Boileau et la satire romaine, Gymnasialprogr. Rheine, 1871, p. 26: Quant à l'idée fondamentale de cette satire de Boileau, Horace traite la même matière, mais par rapport à lui-même, dans la VI. sat. du I. liv. S'adressant à Mécène il dit V. 7. s.: referre negas, quali sit quisque parente Natus, dum ingenuus; et de plus V. 63. s.: turpi secernis honestum Non patre praeclaro sed vita et pectore; il se félicite même de ce qu'il n'est pas le fils d'un grand seigneur (V. 130. s.).
[3] cf. Darpe, l. c. p. 26.

der entlehnten Gedanken (27—28, 55—56, 71—79, 97—99), eine niederschmetternde Invective in kraftvollen Ausdrücken (67—69), der Schlussdithyrambus, dem grossen Ludwig geweiht (135—148).

Einem Theile der III. Satire des Juvenal (von V. 190 ab) ahmt

Satire VI

nach. Sie befasst sich mit der Schilderung der Unbequemlichkeiten und Gefahren, welche dem ruheliebenden Manne (bei Juv. der Dichter Umbricius) aus dem Getriebe der Grossstadt erwachsen. Daselbst eines ruhigen Schlummers zu geniessen ist mit Schwierigkeiten verknüpft; schon in der Frühe beginnt das lärmende Treiben des täglichen Verkehrs. Juv., 232, 234—235, 236—238:

> Plurimus hic aeger moritur vigilando ...
> ... Nam quae meritoria somnum
> Admittunt? ...
> ... Redarum transitus arcto
> Vicorum inflexu et stantis convicia mangrae
> Eripient somnum Druso vitulisque marinis.

B., 1—2, 21, 53—56:

> Qui frappe l'air, bon Dieu, de ces lugubres cris?
> Est-ce donc pour veiller qu'on se couche à Paris? ...
> J'entends déjà partout les charettes courir ...
> Et, pour surcroît des maux un sort malencontreux
> Conduit en cet endroit un grand troupeau de bœufs.
> Chacun prétend passer; l'un mugit, l'autre jure,
> Des mulets en sonnant augmentent le murmure.

Das Gewühl des Strassenverkehrs hemmt die Schritte des eilenden Fussgängers. Juv., 243—246:

> ... nobis properantibus obstat
> Unda prior: magno populus premit agmine lumbos,
> Qui sequitur. Ferit hic cubito, ferit assere duro
> Alter; at hic tignum capiti incutit, ille metretam.

B., 31—34:

> En quelque endroit que j'aille, il faut fendre la presse
> D'un peuple d'importuns qui fourmillent sans cesse.
> L'un me heurte d'un ais dont je suis tout froissé;
> Je vois d'un autre coup mon chapeau renversé.

Für die Schilderung des in bequemer Sänfte dahergetragenen Reichen und des geschäftigen Gewühls bei der Sportelvertheilung, der Mahlzeit, welche der Patron den Clienten zukommen liess, findet sich bei B. die Darstellung der Steigerung des Strassengewühls durch einen des Wegs kommenden Leichenzug und sich prügelnder und schimpfender Diener. Juv., 239—240, 250—253:

> (Si vocat officium) turba cedente vehetur
> Dives et ingenti curret super ora Liburno ...

> Centum convivae: sequitur sua quemque culina.
> Corbulo vix ferret tot vasa ingentia, tot res
> Impositas capiti, quas recto vertice portat
> Servulus infelix et cursu ventilat ignem.

B., 35—38:

> Là, d'un enterrement la funèbre ordonnance,
> D'un pas lugubre et lent vers l'église s'avance;
> Et plus loin des laquais l'un l'autre s'agaçans,
> Font aboyer les chiens et jurer les passans.

Ein Lastfuhrwerk, mit mächtigen Baumstämmen beladen, schwankt heran und erhöht Verwirrung und Gefahr in der Menge. Juv. 254—256:

> ... longa coruscat
> Sarraco veniente abies, atque altera pinum
> Plaustra vehunt, nutant altae populoque minantur.

B., 43—44:

> Là, sur une charette une poutre branlante
> Vient menaçant de loin la foule qu'elle augmente.

Juv. erwägt die Grösse des Unfalls, wenn dieses Fuhrwerk plötzlich zusammenbräche; B. lässt dasselbe mit andern Wagen zusammenrennen und dadurch bunte Verwirrung entstehen. Juv. 257—260:

> Nam si procubuit, qui saxa Ligustica portat
> Axis, et eversum fudit super agmina montem,
> Quid superest de corporibus? quis membra, quis ossa
> Invenit? ...

B., 47—50:

> D'un carosse en tournant il accroche une roue,
> Et du choc le renverse en un tas de boue;
> Quand un autre à l'instant s'efforçant de passer,
> Dans le même embarras se vient embarasser.

Auch durch aus Fenstern geschleuderte Scherben und Gefässe, sowie durch von Dächern, auf welchen der Dackdecker thätig, herabfallende Steine droht dem Vorübergehenden Gefahr. Juv. 269—272:

> Quod spatium tectis sublimibus, unde cerebrum
> Testa ferit, quoties rimosa et curta fenestris
> Vasa cadunt; quanto percussum pondere signent
> Et laedant silicem ...

B., 41—42:

> Et des couvreurs grimpés au toit d'une maison
> En font pleuvoir l'ardoise et la tuile à foison.

Dem nächtlichen Strassenwanderer wird allerhand schlechtes Gesindel gefährlich; nicht nur der fühlbaren Unannehmlichkeit durchgeprügelt, sondern auch der Gefahr beraubt und ermordet zu werden, ist er ausgesetzt; ähnliche Vorgänge schildert B.; wie Juv. eine nächtliche Schlägerei, so hebt er den Einbruch verwegener Diebe in die Behausung des friedlichen Kaufmannes, der sich widerstandslos in sein Geschick ergeben muss, als schreckhafte Nachtscene hervor. Juv., 290—292, 302—305:

> Stat contra starique jubet; parere necesse est.
> Nam quid agas, quum te furiosus cogat et idem
> Fortior ...
> ... nam, qui spoliet te,
> Non deerit, clausis domibus postquam omnis ubique
> Fixa catenatae siluit compago tabernae.
> Interdum et ferro subitus grassator agit rem.

B., 93—96, 83—88:

> Bientôt quatre bandits, lui serrant les côtés:
> La bourse!.. Il faut se rendre; ou bien non resistez,
> Afin que votre mort, de tragique mémoire,
> Des massacres fameux aille grossir l'histoire ...
> Car, si-tôt que du soir les ombres pacifiques
> D'un double cadenas font fermer les boutiques;
> Que, retiré chez lui, le paisible marchand
> Va revoir ses billets et compter son argent;
> Que dans le Marché-Neuf tout est calme et tranquille,
> Les voleurs à l'instant s'emparent de la ville.

Darum gewährt eine von Menschen verlassene Stätte, der finsterste Wald bei Nacht mehr Sicherheit als die Stadt. Juv., 306—307:

> Armato quoties tutae custode tenentur
> Et Pomtina palus et Gallinaria pinus.

B., 89—90:

> Le bois le plus funeste et le moins fréquenté
> Est, au prix de Paris, un lieu de sûreté.

Die Schilderung der Schrecknisse einer Feuersbrunst findet sich bereits bei Juv., 197—202:

> Vivendum est illic, ubi nulla incendia, nulli
> Nocte metus. Jam poscit aquam, jam frivola transfert
> Ucalegon; tabulata tibi jam tertia fumant:
> Tu nescis. Nam si gradibus trepidatur ab imis,
> Ultimus ardebit, quem tegula sola tuetur
> A pluvia, molles ubi reddunt ova columbae.

B., 104—108, 111—112:

> Ou: le feu vient de prendre à la maison voisine
> Tremblant et demi-mort, je me lève à ce bruit,
> Et souvent sans pourpoint je cours toute la nuit.
> Car le feu, dont la flamme en ondes se déploie,
> Fait de notre quartier une seconde Troie ...
> Enfin sous mille crocs la maison abîmée
> Entraîne aussi le feu qui se perd en fumée.

So koste denn ein ruhiger Schlummer in Paris viel Geld. Dasselbe sagt Juv. schon bei früherer Gelegenheit über die römische Hauptstadt und lässt sich dabei über die Bequemlichkeit aus, welche dem Reichen die Sänfte gewähre (aus dieser Stelle oben einzelne Verse citirt); auch hierzu zeigt B.'s Satire am Schlusse correspondirende Verse, in welchen ausgesprochen wird, dass nur eine behagliche, geräumige Wohnung, fern liegend den Strassen der Stadt, die gewünschte Ruhe gewähren könne. Juv., 235, 241—242:

... Magnis opibus dormitur in urbe ...
Atque obiter leget aut scribet vel dormiet intus.
Namque facit somnum clausa lectica fenestra.

B., 116—118:

Ce n'est qu'à prix d'argent qu'on dort en cette ville.
Il faudrait, dans l'enclos d'un vaste logement,
Avoir loin de la rue un autre appartement.

Als aus andern lateinischen Dichtungen entlehnte Stellen ergeben sich:

Das Geschrei der Hähne und das Getöse der ihre Thätigkeit beginnenden Handwerker schildert Martial. lib. IX, epigr. 69:

Nondum cristati rupere silentia galli,
Murmure jam saevo verberibusque tonas.
Tum grave percussis incudibus aera resultant,
Caussidicum medio cum faber aptat equo.

Martial. lib. XII, epigr. 57:

Illinc paludis malleator hispanae
Tritum nitenti fuste verberat saxum.
... Quot aera verberent manus urbis.

B., 15—20:

Car à peine les coqs, commençant leur ramage,
Auront de cris aigus frappé le voisinage,
Qu'un affreux serrurier, laborieux Vulcain,
Qu'éveillera bientôt l'ardente soif du gain,
Avec un fer maudit, qu'à grand bruit il apprête,
De cent coups de marteau me va fendre la tête.

Das von B. in den oben citirten Versen (35—38) gezeichnete bunte Bild des feierlich daherschreitenden Leichenzuges, unterbrochen von schimpfenden Dienern und bellenden Hunden, in ähnlicher Form bei Horaz, lib. II, epist. II, 72—76:

Festinat calidus mulis gerulisque redemptor,
Torquet nunc lapidem nunc ingens machina tignum,
Tristia robustis luctantur funera plaustris,
Hac rabiosa fugit canis, hac lutulenta ruit sus.

Plötzlicher Regen strömt herab, so dass der Himmel in ein Meer verwandelt zu sein scheint, welches zu einer neuen Sündfluth auf der Erde sich zusammenballen will. Lucrez, lib. VI, V. 271:

> ... Disploea repente
> Opprimere ut coeli videantur templa superne.
> Omnis uti videatur in imbrem vertier aether,
> Atque ita praecipitans ad diluviem revocare.

Virgil, Georgius, I, V. 324: ·

> Ruit arduus aether.

Ovid, Metamorphosen, lib. 1:

> Fit fragor, et densi funduntur ab aethere nimbi.

B., 72—74:

> Souvent, pour m'achever, il survient une pluie.
> On dirait que le ciel, qui se fond tout en eau,
> Veuille inonder ces lieux d'un déluge nouveau.

Auch Martial: in der Stadt findet der Arme keine ruhige, friedliche Stätte, und B.: ein bequemer Aufenthalt daselbst erfordert Geldmittel (der Vers ist oben citirt). Martial. lib. XII, epigr. 57, 3—4:

> Nec cogitandi spatium, nec quiescendi
> In urbe locus est pauperi ...

Der Reiche vermag sich in der Stadt paradiesische Freuden des Landlebens zu verschaffen. Martial. lib. XII, epigr. 57, 18—21:

> Tu, Sparse, nescis ista nec scire potes,
> Petilianis delicatus in regnis,
> Cui plana summos despicit domus montes,
> Et rus in urbe est ...

B., 119—124:

> Paris est pour un riche un pays de Cocagne.
> Sans sortir de la ville, il trouve la campagne:
> Il peut dans son jardin, tout peuplé d'arbres verts,
> Recéler le printemps au milieu des hivers;
> Et, foulant le parfum de ses plantes fleuries,
> Aller entretenir ses douces rêveries.

Speciell für die VI. Satire bemerkt Desm. in Bezug auf B.'s Verhältniss zu seinem Muster, l. c. p. 48:

> Philène: ... Comme la sixieme Satyre (qui est toute des incommoditez de Paris, tant dans les maisons que dans les rues) n'est qu'une longue amplification de ce que dit Horace des incommoditez de la ville de Rome, quand il estoit obligé d'aller de sa maison à un autre qui en estoit éloignée.

Die Verse, um welche es sich hier handelt, sowie die betreffende Nachahmung B.'s wurden bereits citirt. Desm. bezieht sich auf lib. II, epist. II, 65—80, wo Horaz sich beklagt, dass der Nachsinnende, welcher von einem Gönner zu einem andern einen weiten Weg zurücklegen müsse, arg durch den regen Strassenverkehr belästigt werde, weshalb Schriftsteller und Dichter die Stadt zu verlassen pflegten, da ein ruhiges Schaffen des Geistes bei dem Nacht und Tag dauernden Lärme unmöglich sei. Besonders in Frage kommen hier die angeführten Verse des Horaz, 72—76, welche gewerbliches und industrielles Getriebe, unterbrochen durch weitere tägliche Strassenscenen einer grossen Stadt (Leichenbegängniss, bellende, beissende, heulende Hunde, Viehtransport), veranschaulichen, in vier Versen also dieselben Vorgänge schildern, welche uns B. in siebenzehn (sat. VI, 16—26, 35—39, 54) darstellt.

Eine fernere Beziehung zu Horaz, 77, findet sich bei B., 118: Die Schar der Poeten flieht die Stadt und sucht schattige Haine. Horaz, lib. II, epist. II, 77:

> Scriptorum chorus omnis amat nemus et fugit urbes.

B., 118:

> (Il faudrait, dans l'enclos d'un vaste logement,)
> Avoir loin de la rue un autre appartement.

Für Satire VI erweisen sich somit:

1) als direct entlehnt:
   a. der bestimmten Vorlage (Juv., sat. III): V. 1—2, 21, 31—34, 35—38, 41—42, 43—44, 47—50, 53—56, 83—88, 93—96, 89—90, 104—108, 111—112, 116—118, — zusammen 46 Verse.
   b. andern latein. Dichtungen (Hor., Mart.): V. 15—20, 72—74, 119—124, — zusammen 15 Verse.

2) als entfernte Nachahmungen keine.

Als selbstständiges Produkt bleiben übrig 65 Verse (von 126 Versen): es sind Erweiterungen des gegebenen Materials durch Häufung der Unzuträglichkeiten und Unfälle, welche den friedliebenden Bürger in seiner Behausung der Ruhe berauben (3—14, 22—26) und auf der Strasse an Leib und Leben bedrohen (39—40, 45—46, 51—52, 57—71, 75—82, 91—92, 97—103, 113—115). —

Satire I

hat den ersten Theil der III. Satire des Juvenal zur Vorlage. —

Die Satire ist eine Blosslegung und Geisselung mannichfacher Uebelstände der Hauptstadt auf socialem und anderem Gebiete aus dem Munde eines pessimistischen, mürrischen, verarmten Poeten (Juv. Umbricius, B. Damon), welcher sich vergeblich bemüht hat, in der Stadt auf ehrliche Weise sein Leben zu fristen.

Kunst und redliches Verdienst ist aus jenem Orte, welcher einst beiden gern die Thore öffnete, entwichen. Juv., 21—22:

> Hic tum Umbricius, Quando artibus, inquit honestis
> Nullus in Urbe locus, nulla emolumenta laborum.

B.. 21—22:

> Puis qu'en ce lieu, jadis aux muses si commode
> Le mérite et l'esprit ne sont plus à la mode.

Eine von des Mythus Dunkel verhüllte Stätte, einen unwirthsamen Felsen, den nie des Menschen Fuss berührt, will ich aufsuchen, der ich von der Last der Jahre noch nicht niedergebeugt bin und dem die Parze den Lebensfaden noch fortspinnt. Juv., 24—28:

> ... proponimus illuc
> Ire, fatigatas ubi Daedalus exuit alas.
> Dum nova canities, dum prima et recta senectus,
> Dum superest Lachesi, quod torqueat et pedibus me
> Porto meis, nullo dextram subeunte bacillo.

B., 25—32:

> Allons du moins chercher quelque antre ou quelque roche,
> D'où jamais ni l'huissier ni le sergent n'approche,
> Et, sans lasser le ciel par des vœux impuissans,
> Mettons-nous à l'abri des injures du temps;
> Tandisque, libre encor, malgré les destinées,
> Mon corps n'est point courbé sous le faix des années.
> Qu'on ne voit point me pas sous l'âge chanceler,
> Et qu'il reste à la parque encor de quoi filer.

Mag dort (zu Rom-Paris) leben, wer seine Existenz zu fristen und der Menge das Schwarze in das Weisse zu wandeln versteht! Juv., 29—30:

> ... vivant Artorius istic
> Et Catulus: maneant, qui nigrum in candida vertunt.

B., 33—34, 122:

> C'est là dans mon malheur le seul conseil à suivre.
> Que George vive ici, puisque George y sait vivre ...
> Ce qui fut blanc au fond rendu noir par les formes.

Correspondirend mit Juv., 31—40, wo von Leuten aus dem Abschaum der Einwohnerschaft die Rede ist, welche durch Verrichtungen und Beschäftigungen gemeinster Art sich Geld zusammengescharrt haben und nun nach Art gewöhnlicher Emporkömmlinge den Vornehmen zu spielen sich Mühe geben, sind bei B. die Verse 35—40, wo ebenfalls von Persönlichkeiten erzählt wird, welche durch berüchtigte Finanzstreiche zu reichen Männern geworden sind. Juv., 31—40:

> Queis (Artorio Catuloque) facile est aedem conducere, flumina, portus,
> Siccandam eluviem, portandum ad busta cadaver,
> Et praebere caput domina venale sub hasta.
> Quondam hi cornicines et municipalis arenae
> Perpetui comites notaeque per oppida buccae
> Munera nunc edunt et verso pollice vulgi
> Quem libet occidunt populariter: inde reversi
> Coducunt foricas; et cur non omnia? quum sint,
> Quales ex humili magna ad fastigia rerum
> Extollit, quoties voluit Fortuna jocari.

B., 35—41:

> Qu(e — George) 'un million comptant, par ses fourbes acquis,
> De clerc, jadis laquais, a fait comte et marquis:
> Que Jaquin vive ici, dont l'adresse funeste
> A plus causé de maux que la guerre et la peste;
> Qui de ses revenus écrits par alphabet,
> Peut fournir aisément un calepin complet
> Qu'il regne dans ces lieux; il a droit de s'y plaire.

Und über die närrischen Launen des Schicksals, 63—64 (Juv., 38—40):

> Et que le sort burlesque, en ce siècle de fer,
> D'un pédant, quand il veut, sait faire un duc et pair.

Was soll ich deshalb an diesem Ort vollbringen, der ich nicht zu lügen und zu heucheln verstehe und der ich, falls mir solche Gabe eigen, mich nie von derselben Gebrauch zu machen herbeilassen würde! Juv., 41, 44:

> Quid Romae faciam? Mentiri nescio: ...
> ... (funus promittere patris).
> Nec volo, nec possum: ...

B., 42—44:

> Mais moi, vivre à Paris! Eh! qu'y voudrais-je faire?
> Je ne sais ni tromper, ni feindre, ni mentir,
> Et, quand je le pourrais, je n'y puis consentir.

Weder zu verliebten Abenteuern, noch zu Diebesstreichen tauge ich, weshalb ich in dieser Stadt dem an Leib und Seele gebrochenen Geschöpfe gleiche. Juv., 45—48:

> ... Ferre ad nuptam, quae mittit adulter,
> Quae mandat, norunt alii: me nemo ministro
> Fur erit, atque ideo nulli comes exeo, tamquam
> Mancus et exstinctae corpus non utile dextrae.

B., 53—56:

> De servir un amant, je n'en ai pas l'adresse;
> J'ignore ce grand art qui gagne une maîtresse,
> Et je suis à Paris, triste, pauvre et reclus,
> Ainsi qu'un corps sans âme ou devenu perclus.

Aehnlich wie Juv. (im späteren Theil der Satire) von einem verarmten Dichter Codrus erzählt, so führt uns B. als Typus eines solchen Armen Saint-Amant vor. Juv., 203—209:

> Lectus erat Codro Procula minor, urceoli sex,
> Ornamentum abaci, nec non et parvulus infra
> Cantharus et recubans sub eodem marmore Chiron;
> Jamque vetus Graecos servabat cista libellos
> Et divina opici rodebant carmina mures.
> Nil habuit Codrus: quis enim negat? et tamen illud
> Perdidit infelix totum nihil ...

B., 97—100.

> Saint-Amant n'eut du ciel que sa veine en partage:
> L'habit qu'il eut sur lui fut son seul héritage;
> Un lit et deux placets composaient tout son bien;
> Ou, pour mieux en parler, Saint-Amant n'avait rien.

Wahre Ausbunde von Schuftigkeit und Gemeinheit sind dem Umbricius die in Rom weilenden Griechen: von Jahr zu Jahr nimmt ihre Zahl in der Hauptstadt zu; vermittels ihrer zahlreichen Talente und Fähigkeiten vermögen sie jegliche That zu vollbringen und gehorchen bereitwilligst dem Befehle dazu; unübertrefflich ist ihre Gewandtheit im Schmeicheln und als routinirte Schauspieler, auf der Bühne und im Leben, finden sie leicht Glauben bei Jedermann; bereit sind sie, Alles, was der Herr thut, und sind es Handlungen niedrigster Art, mit Lob zu überziehen. — Wie Juv. seine Griechen, so zeichnet B. die Schar der schmeichlerisch schmarotzenden, um die königliche Gunst buhlenden Dichter und Schriftsteller (81—95); wie es Umbricius für vergeblich hält, dass er nach Art der Griechen schmeichelnd einen Zweck erreichen wird, so verzichtet auch Damon darauf, mit jener Menge, Hornissen gleich, nach dem Preise zu streben, welchen des Königs Freigebigkeit den am ungestümsten Drängenden ertheilt. Juv., 86—93:

> Quid, quod adulandi gens prudentissima laudat
> Sermonem indocti, faciem deformis amici,
> Et longum invalidi collum cervicibus aequat
> Herculis, Antaeum procul a tellure tenentis?
> Miratur vocem angustam, qua deterius nec
> Ille sonat, quo mordetur gallina marito.
> Haec eadem licet et nobis laudare: sed illis
> Creditur . . .

B., 89—96:

> Et puis, comment percer cette foule effroyable
> De rimeurs affamés dont le nombre l'accable;
> Qui, dès que sa main s'ouvre, y courent les premiers,
> Et ravissent un bien qu'on devait aux derniers;
> Comme on voit les frelons, troupe lâche et stérile,
> Aller piller le miel que l'abeille distille?
> Cessons donc d'aspirer à ce prix tant vanté
> Que donne la faveur à l'importunité.

Juv. gedenkt sodann der Liederlichkeit, Gemeinheit und Lasterhaftigkeit der Griechen; B. (am Schlusse seiner Satire) wendet sich entrüstet gegen die verderblichen Sitten in Paris. Juv., 109—112:

> Praeterea sanctum nihil est et ab inguine tutum;
> Non matrona laris, non filia virgo, neque ipse
> Sponsus levis adhuc, non filius, ante pudicus.
> Horum si nihil est, aviam resupinat amici.

B., 129—131, 135—136:

> Quittons donc pour jamais une ville importune,
> Où l'honneur a toujours guerre avec la fortune;
> Où le vice orgueilleux s'érige en souverain . . .

> Où le seul art en vogue est l'art de bien voler;
> Où tout me choque; enfin, où... je n'ose parler.

An einem Beispiele wird die Treulosigkeit der Griechen erörtert (114—125) und, daran knüpfend, ihre Hinterlist im Amte gegeisselt: den Umbricius haben sie durch Intriguen und Kabalen um seine Stellung gebracht; überhaupt wissen sie (hier werden einige Griechen namhaft gemacht) den Römer da, wo er ihnen Concurrenz zu machen droht, stets unschädlich zu machen. — Diesen Schilderungen entspricht bei B. die Beleuchtung der verdrehten Verhältnisse auf dem Gebiete des Rechts, sein ausgesprochener Abscheu vor dem verkommenen, missbrauchten Berufe des Advokaten (113—128).

Beide Satiriker betreten religiöses Gebiet: Juv. verhöhnt den Mythus, nach welchem die zur Unterwelt wandelnde Seele den die Erde vom Schattenreiche trennenden Fluss zu überschreiten hat, am Beispiele eines Plebejers, der bei einem Strassenunfall ums Leben gekommen ist und nun am Ufer des Styx angstvoll des Fährmanns harrt, da er kein Geld hat, die Ueberfahrt zu bezahlen (264—267); B. zeichnet uns die Gefühle eines scheinheiligen Heuchlers, welcher nur in feiger Todesfurcht demüthige Frömmigkeit zur Schau trägt, sonst aber derartige menschliche Schwächen verlacht (153—156).

Zwei andern Satiren des Juv. hat B. einzelne Gedanken entlehnt. Launig und willkürlich ist das Schicksal. Juv., sat. VII, 197—198:

> Si Fortuna volet, fies de rhetore consul
> Si volet haec eadem, fies de consul rhetor.

B., 63—64 (citirt). —

An anderer Stelle ist von einem Verbannten die Rede, welcher, trotz seinem Unglück, Wohlthaten der erzürnten Götter zu geniessen scheint. Juv., sat. I, 47—50:

> ... et hic damnatus inani
> Judicio (quid enim salvis infamia nummis?)
> Exsul ab octava Marius bibit, et fruitur Dis
> Iratis; ...

B., 73, 76:

> Mais en vain pour un temps une taxe l'exile; ...
> Et jouir du ciel même irrité contre lui.

Bitterer Zorn genügt, Einen zum Dichter zu machen. Juv., sat. I, 79:

> Si natura negat, facit indignatio versum.

B. spinnt den Gedanken auf mehrere Verse aus, 139—144:

> Qui pourrait les souffrir? et qui pour les blâmer
> Malgré muse et Phébus, n'apprendrait à rimer?
> Non, non, sur ce sujet pour écrire avec grâce,

> Il ne faut point monter au sommet du Parnasse,
> Et sans aller rêver dans le double vallon,
> La colère suffit, et vaut un Apollon.

Nach diesen Ausführungen stellen sich uns dar:
1) als direct entlehnt:
   a. der bestimmten Vorlage (Juv., sat. III):
      V. 21—22, 25—32, 33—34, 35—41, 42—44, 53—56, 63—64, 89—96, 97—100, 122, 129—131, 135—136, — zusammen 46 Verse.
   b. andern lateinischen Dichtungen (Juv.):
      V. 73—76, 139—144, — zusammen 8 Verse.
2) als entferntere Nachahmung (Juv. III):
      V. 81—88, 113—121, 123—128, 153—156, — zusammen 27 Verse.

Als selbstständiges Produkt bleiben übrig 83 Verse (von 164 Versen): die Exposition: der herabgekommene, verkümmerte, arme Dichter, welcher, verachtet, finsteren Grolles Paris verlässt (1—20). Des Himmels Fluch lastet dort auf dem Poeten seines Schlages, die Tugend ist verschwunden (23—24). Er (Damon) versteht nicht, in feiger Schmeichelei einem Schurken zu dienen, Geradheit und Offenheit sind ihn zierende Eigenschaften (45—52). —

Parvenuthum wird bitterer Armuth entgegengestellt, mit Bezugnahme auf zwei Beispiele (57—62, 65—72, 74—75, 77—80). Um weiter des Jahrhunderts Ungerechtigkeit darzuthun, wird die Geschichte eines in seinen Hoffnungen bitter getäuschten Autors erzählt (101—112).

Träger kirchlicher Würden besonders fröhnen dem Laster; verödet liegt die Wissenschaft; dem ruhigsten Menschen müssen die verderbten Sitten der Hauptstadt die Zornesader schwellen (132—134, 137—138). —

Scheinheilige giebt es (Beispiel), welche sich von der Satire betroffen fühlen (145—152, 157—160). Er aber (Damon) ist von Gottgläubigkeit durchdrungen (161—164).

Von einem Gastmahle mit mancherlei tragi-komischen Zwischenfällen erzählt

Satire III

und ahmt Horaz nach, welcher den gleichen Stoff in lib. II, sat. VIII behandelt.

Hor.'s Dialogform, welcher sich von dem Freunde Fundanius das beim Nasidien stattgehabte Gastmahl schildern lässt, wird von B. beibehalten, ohne dass hier bestimmte Personen eingeführt werden.

Hor. führt uns in medias res, sogleich, nachdem wir erfahren haben, wo der Schmaus stattfindet, mit Aufzählung der Speisen beginnend (6); B. erklärt zunächst nähere Umstände der Einladung, dass ihn das Versprechen, Persönlichkeiten wie Molière und Lambert unter den Geladenen anzutreffen und gute Weine vorgesetzt zu erhalten, bewogen habe, der Einladung Folge zu leisten (14—28).

B. ist bei Schilderung seines Speisezettels (45) mehr als Hor. darauf bedacht, üble Eigenschaften einzelner Gerichte drastisch zu rügen und zu verspotten. Hor., 6—9:

> Inprimis Lucanus aper: leni fuit Austro
> Captus, ut aiebat coenae pater; acria circum
> Rapula, lacturae, radices, qualia lassum
> Pervellunt stomachum, siser, allec, faecula Coa.

B., 45—52:

> . . . Cependant on apporte un potage.
> Un coq y paraissait en pompeux équipage,
> Qui, changeant sur ce plat et d'état et de nom,
> Par tous les conviés s'est appelé chapon.
> Deux assiettes suivaient, dont l'une était ornée
> D'une langue en ragoût, de persil couronnée;
> L'autre, d'un godiveau tout brûlé par-dehors
> Dont un beurre gluant inondait tous les bords.

Feierlich, einer besseren Sache würdig ist der Ernst aufwartender Diener. Hor., 13—15:

> . . . ut Attica virgo
> Cum sacris Cereris procedit fuscus Hydaspes
> Caecuba vina ferens, Alcon Chium maris expers.

B., 151—152:

> Un valet le portait, marchant à pas comptés,
> Comme un recteur suivi des quatre facultés.

Grossprahlerisch ist der Gastgeber; renommirend preist er die Güte seines Weines. Hor., 16—17:

> Hic erus: Albanum, Maecenas, sive Falernum
> Te magis appositis delectat: habemus utrumque.

B., 21—24:

> . . . J'ai quatorze bouteilles
> D'un vin vieux . . . Boucingo n'en a point de pareilles:
> Je gagerais bien que chez le commandeur
> Villandry priserait sa sève et sa verdeur.

Preisend ergeht sich des längern Nasidien über die Beschaffenheit der aufgetragenen Schüsseln, wohl kundig scheint er der Auswahl und Zubereitung der Gerichte zu sein. Hor., 43—53:

> . . . Sub hoc erus: Haec gravida, inquit,
> Capta est, deterior post partum carne futura.
> His mixtum jus est, oleo, quod prima Venafri
> Pressit cella; garo de sucis piscis Hiberi;
> Vino quinquenni, verum citra mare nato,
> Dum coquitur — cocto Chium sic convenit, ut non
> Hoc magis ullum aliud —; pipere albo, non sine aceto,
> Quod Methymnaeam vitio mutaverit uvam.

> Erucas virides, inulas ego primus amaras
> Monstravi incoquere, illotos Curtillus echinos,
> Ut melius muria quod testa marina remittit.

Ebenso weiss B.'s Gastgeber Eigenschaften an seinen Gerichten hervorzuheben, wie solche bei leckeren Schüsseln von den Gourmets seiner Zeit gefordert wurden. 61—65, 119—126:

> Notre hôte cependant, s'adressant à la troupe,
> Que vous semble, a-t-il dit, du goût de cette soupe?
> Sentez-vous le citron dont on a mis le jus
> Avec des jaunes d'œufs mêlés dans du verjus?
> Ma foi, vive Mignot et tout ce qu'il apprête...
> Aimez-vous la muscade? on en a mis partout.
> Ah! monsieur, ces poulets sont d'un merveilleux goût.
> Ces pigeons sont dodus, mangez, sur ma parole.
> J'aime à voir aux lapins cette chair blanche et molle.
> Ma foi, tout est passable, il le faut confesser,
> Et Mignot aujourd'hui s'est voulu surpasser.
> Quand on parle de sauce, il faut qu'on y raffine;
> Pour moi, j'aime surtout que le poivre y domine.

Jedoch dem Erzähler behagt keines der Gerichte; Nichts entspricht dem übertriebenen Lobe des Hausherrn. Hor., 26—30, 85—91:

> ... nam cetera turba,
> Nos, inquam, coenamus aves, conchylia, pisces,
> Longe dissimilem noto celantia sucum;
> Ut vel continuo patuit, cum passeris atque
> Ingustata mihi porrexerat ilia rhombi...
> ... deinde secuti
> Mazonomo pueri magno discerpta ferentes
> Membra gruis sparsi sale multo non sine farre,
> Pinguibus et ficis pastum iecur anseris albae,
> Et leporum avulsos, ut multo suavius, armos,
> Quam si cum lumbis quis edit. Tum pectore adusto
> Vidimus et merulas poni et sine clune palumbes.

B., 89—100, 149—150, 155—156:

> Sur un lièvre flanqué de six poulets étiques,
> S'élevaient trois lapins, animaux domestiques,
> Qui, dès leur tendre enfance élevés dans Paris,
> Sentaient encor le chou dont ils furent nourris.
> Autour de cet amas de viandes entassées
> Régnait un long cordon d'alouettes pressées,
> Et sur les bords du plat six pigeons étalés
> Présentaient pour renfort leurs squelettes brûlés.
> A coté de ce plat paraissaient deux salades,
> L'une de pourpier jaune, et l'autre d'herbes fades,
> Dont l'huile de fort loin saisissait l'odorat,
> Et nageait dans des flots de vinaigre rosat...
> Sur ce point, un jambon d'assez maigre apparence,
> Arrive sous le nom de jambon de Mayence....
>   (et portaient deux assiettes,)
> L'une de champignons avec des ris de veau,
> Et l'autre de pois verts qui se noyaient dans l'eau.

Man beschliesst somit, sich durch kräftiges Zechen für die Ungeniessbarkeit der Speisen zu entschädigen. Hor., 33—35:

> Tum Vibidius Balatroni:
> Nos nisi damnose bibimus, moriemur inulti;
> Et calices poscit majores ...

B., 70—71:

> Pensant qu'au moins le vin dût reparer le reste
> Pour m'en éclaircir donc, j'en demande ...

Jedoch (bei B.) entsprechen die vorgesetzten Weinsorten nicht der Güte, welche die Etiquetten verheissen. Anerkennenswerth ist der Ruf, dessen sich die Weinsorten (bei Hor.) erfreuen; ärmlich und nichtssagend aber erscheinen sie, als der Wirth erklärt (16—18), noch weit berühmtere im Keller zu bewahren, und dieselben nicht auftragen lässt.

Hor. macht die Geladenen namhaft (20—23). B. zeichnet unter ihnen einige typische Gestalten. Dem Schlemmer und Schmarotzer Nomentan des Hor., welcher, ungeheuere Mengen vertilgend, dem Wirthe schmeichlerisches Lob zu Theil werden lässt, entspricht die Gestalt eines schmarotzenden Schwätzers bei B., 105.

Beide, wacker schmausend, rühmen die Gerichte. Hor., 23—26, 31—32:

> Nomentanus erat super ipsum, (Porcius infra,)
> Ridiculus totas simul absorbere placentas.
> Nomentanus ad hoc, qui, si quid forte lateret,
> Indice monstraret digito ...
> Post hoc me docuit melimela rubere minorem
> Ad lunam delecta: ...

B., 105—112:

> Surtout certain hableur, à la gueule affamé,
> Qui vint à ce festin conduit par la fumée,
> Et qui s'est dit profès dans l'ordre des coteaux,
> A fait, en bien mangeant, l'éloge des morceaux.
> Je riais de le voir, avec sa mine étique,
> Son rabat jadis blanc, et sa perruque antique,
> En lapins de garenne ériger nos clapiers,
> Et nos pigeons cauchois en superbes ramiers.

Bei Gelegenheit eines kleinen Unfalles während des Gelages spendet Nomentanus dem Gastgeber schöne Trostesworte; B. lässt seinen Schwätzer, dessen Auge unverwandt in schmeichlerischer Absicht an dem des Wirthes haftet, ein Hoch dem edlen Spender ausbringen. Hor., 59—63:

> ... Quis esset
> Finis, ni sapiens sic Nomentanus amicum
> Tolleret: Heu, Fortuna, quis est crudelior in nos
> Te deus? Ut semper gaudes illudere in nos rebus
> Humanis! ...

B., 113—114, 133—134:

> Et pour flatter notre hôte, observant son visage,
> Composer sur ses yeux son geste et son langage; ...
> Cependant mon hableur, avec une voix haute,
> Porte à mes campagnards la santé de notre hôte.

Ein anderer Tischgenosse in Hor.'s Satire dehnt die Trostesworte des Nomentan in ironischer Weise weiter aus (65—74), dabei besonders der Mühe gedenkend, welche es dem Wirthe gemacht habe, wohlgerathene Speisen vorzusetzen, und schliessend, dass etwaige Fährlichkeiten sein Feldherrnblick schnell zu überschauen vermöge. Diesem folgt eine Dankesantwort des Gastgebers, welcher die Ironie der Worte des Redners (Balatro) nicht erkennt (75—76). Weitere Gespräche werden an der Tafel nicht geführt. — Des Hin- und Herredens, des Diskutirens ist bei B. mehr. Nachdem man am wilden Gesange sich erfreut (141—148), beginnt man über Politik und, da dieses Thema erschöpft, über moderne Poeten und Schriftsteller zu reden (159—211). Heisser wird das Wortgefecht, bis ein Gast, der einem andern einen Teller an den Kopf wirft, das Zeichen zum Kampfe mit der Faust giebt; chaotische Verwirrung entsteht alsbald.

Ein der Schlussscene — die Tische sind umgeworfen und haben sämmtliches Geschirr unter sich begraben (221—224) — entsprechendes Tableau zeichnet Hor. (54—56): während der Ansprache des Hausherrn stürzt plötzlich ein über den Häuptern der Zechenden ausgebreiteter Teppich herab, ein Unfall, der Verwirrung erregt.

Dankbar nimmt der Gastgeber Schmeichelworte entgegen. Hor., 75—76:

> Nasidienus ad hoc: Tibi di quaecunque preceris
> Commoda dent! ita vir bonus es convivaque comis;

B., 103—104:

> Tandisque mon faquin qui se voyait priser,
> Avec un ris moqueur les priait d'excuser.

In der Beschreibung einzelner Bediensteten — bei Hor. ein Bursch, welcher Tafeln und Gemach zu reinigen hat, bei B. aufwartende Küchenjungen — zeigt sich einige Aehnlichkeit durch Hervorhebung des lächerlichen Aufzuges. Hor., 10:

> His ubi sublatis puer alte cinctus acernam.

B., 153:

> Deux marmitons crasseux, revêtus de serviettes.

Hor.'s Gäste und B.'s Erzähler entfliehen endlich dem unwirthlichen Hause, ihrem Unwillen über das schlechte Mahl Ausdruck gebend. Hor., 93—95:

> ... (dominus,) quem nos sic fugimus ulti,
> Ut nihil omnino gustaremus, velut illis
> Canidia afflasset peior serpentibus Afris.

B., 230—236:

> J'ai gagné doucement la porte sans rien dire
> Avec un bon serment, que, si pour l'avenir
> En pareille cohue on me peut retenir ...
> Je consens de bon cœur, pour punir ma folie,
> Que tous les vins pour moi deviennent vins de Brie,
> Qu'à Paris le gibier manque tous les hivers,
> Et qu'à peine au mois d'août l'on mange des pois verts.

Folgende Verse sind andern lateinischen Dichtungen entlehnt.

B.'s einleitenden Versen, in welchen neugierig der Erzähler von dem Freunde um den Grund seines verstörten Aussehens befragt wird, entsprechend, findet sich bei Juv. zu Beginn seiner IX. Satire, 1—4:

> Scire velim, quare toties mihi, Naevole, tristis
> Occurras fronte obducto, ...
> Quid tibi cum vultu, qualem deprensus habebat
> Ravola ...

V. 6—7:

> Non erat hac facie miserabilior Crepereius
> Pollio ...

V. 8—9:

> ... Unde repente
> Tot rugae.

B., 1—6:

> Quel sujet inconnu vous trouble et vous altère,
> D'où vous vient aujourd'hui cet air sombre et sévère,
> Et ce visage enfin plus pâle qu'un rentier
> A l'aspect d'un arrêt qui retranche un quartier?
> Qu'est devenu ce teint dont la couleur fleurie
> Semblait d'ortolans seuls et de bisques nourrie.

Woher bei dir eine so ernsthafte Miene, der du früher Freude strahltest? Juv. X, 10—12:

> ... conviva joco mordente facetus
> Et salibus vehemens ...
> Omnia nunc contra: vultus gravis ...

B., 7—10:

> Où la joie en son lustre attirait les regards,
> Et le vin en rubis brillait de toutes parts?
> Qui vous a pu plonger dans cette humeur chagrine?

Beschreibung einer Geflügel-Schüssel: **Martialis, lib. XIII, epigr. 51:**

> (Texta rosis fortasse tibi, vel divite nardo)
> At mihi de turdis facta corona placet.

B., 93—94:
> Autour de cet amas de viandes entassées
> Régnait un long cordon d'alouettes pressées.

Des Dichters Blätter dienen oft dem Krämer zum Einhüllen der verkauften Waare. Hor., lib. II, epist. I, 268—270:
> Cum scriptore meo capsa porrectus aperta
> Deferar in vicum vendentem thus et odores
> Et piper et quidquid chartis amicitur ineptis.

B., 127—128:
> (Pour moi, j'aime surtout que le poivre y domine:)
> J'en suis fourni, Dieu sait! et j'ai tout Pelletier
> Roulé dans mon office en cornets de papier.

Des Weines Zauberkraft vermag auch dem Stummen die Zunge zu lösen. Hor., lib. I, epist. V, 19:
> Fecundi calices quem non fecere disertum?

B., 161:
> Le vin au plus muet fournissant des paroles.

Der Poesie wird in den Gesprächen (der Tischgesellschaft) gedacht. Persius, Sat. I, 30—31:
> ... Ecce inter poculas quaerunt
> Romulidae saturi quid dia poemata narrent.

B., 169—170:
> Là, tous mes sots, enflés d'une nouvelle audace,
> Ont jugé des auteurs en maîtres du Parnasse.

Sonach zeigen sich:
1) als direct entlehnt:
   a. der bestimmten Vorlage (Hor., lib. II, sat. VIII):
      V. 21—24, 45—52, 61—65, 70—71, 89—100, 105—112, 113—114, 119—126, 133—134, 149—150, 151—152, 153, 155—156, 230—236, — zusammen 65 Verse.
   b. andern latein. Dichtungen (Juv., Mart., Persius):
      V. 1—10, 127—128, 161, 169—170, — zusammen 15 Verse.
2) als entferntere Nachahmung (Hor., lib. II, sat. VIII):
   V. 72—83, 221—224, — zusammen 16 Verse.

Uebrig bleiben als selbstständiges Produkt 140 Verse (von 236 Versen), enthaltend:
einen Theil der Exposition (11—20, 25—28); die Schilderung einzelner Momente des Gastmahles und der Gesellschaft, die Zeichnung einzelner Gäste, in deren Gesprächen es der Satiriker an boshaften Ausfällen gegen Dichter und andere Persönlichkeiten seiner Zeit nicht

fehlen lässt (29—44, 53—60, 66—69, 84—88, 110—104, 115—118, 129—132, 135—140). — Bacchischen Gesang entlockt der Geist des Weines den heiseren Kehlen der Tischgenossen (141—148); staunende Bewunderung über eine neu aufgetragene Schüssel lässt denselben verstummen, und eine lebhafte Unterhaltung über verschiedene Gegenstände beginnt (157—160, 162—168, 171—199); die Diskussionen werden immer erregter, bis endlich durch die handgreifliche Entgegnung eines anwesenden Schöngeistes das Signal zu allgemeiner Prügelei gegeben wird (200—228).

Für

Satire IV

ist zwar der Vorwurf gegeben; jedoch entlehnt sie nicht einer bestimmten Vorlage, sondern verschiedenen einzelne Gedanken.

Hor. in lib. II, sat. III lässt im Gespräche mit einem Stoiker Damasipp letzteren den Satz aufstellen und durch verschiedene Beispiele erhärten: alle Menschen sind mehr oder minder grosse Thoren (31—36, 41—48). B. verschmäht die Form des Dialogs; wir vernehmen aus des Dichters Munde jenen Ausspruch (35—40), nachdem vorher bereits (5—34) einige Argumente beigebracht worden sind.
Hor., 31—32:

    ... O bone, ne te
    Frustrere: insanis et tu stultique prope omnes.

B., 38—39:

    En ce monde il n'est point de parfaite sagesse:
    Tous les hommes sont fous,[1] ...

Hor.'s Stoiker, welcher die Lehren des Stertinius, eines Philosophen gleicher Richtung, verficht, sagt: falsche Scham sei es, in der Menge der Narren nicht als Narr gelten zu wollen (39—40), und B. (einleitend): der Unweise halte sich für den Weisesten (1—2) und mache seine Fehler und Schwächen zu Tugenden (50—52).

Hor. und B.: das Bestreben sich unter einander zu Thoren zu stempeln, sei für die Thoren bezeichnend. Hor., 46—48:

    ... Nunc accipe, quare
    Desipiant omnes aeque ac tu, qui tibi nomen
    Insano posuere ...

B., 3—4, 47—48:

    Et qu'il n'est point de fou, qui, par belles raisons,
    Ne loge son voisin aux petites maisons? ...
    Et tel y fait l'habile et nous traite de fous
    Qui sous le nom de sage est le plus fou de tous.

---

[1] Ueber den Vergleich von Horaz lib. II, sat. III und Boileau, sat. IV. cf. Darpe, l. c. p. 12 f.

Die Narren sind gleich im Walde Verirrten, welche derselbe blinde Irrthum auf verschiedene Abwege führt. Hor., 48—53:

> ... Velut silvis, ubi passim
> Palantes error certo de tramite pellit.
> Ille sinistrorum, hic dextrorsum abit, unus utrique
> Error, sed variis illudit partibus; hoc te
> Crede modo insanum, nihilo ut sapientior ille
> Qui te deridet, caudam trahat ...

B., 41—46:

> Comme on voit qu'en un bois que cent routes séparent,
> Les voyageurs sans guide assez souvent s'égarent,
> L'un à droit, l'autre à gauche, et, courant vainement,
> La même erreur les fait errer diversement:
> Chacun suit dans le monde une route incertaine,
> Selon que son erreur le joue et le promène.

Damasipp beginnt, V. 53, mit der Aufzählung einer Reihe von Thoren, zunächst zweier, deren Thun und Treiben durchaus conträr ist; der eine schwebe in steter banger Furcht vor Gefahren, der andere biete tollkühn denselben die Stirn (53—63). — Hiernach wird der geldgierigen Wucherer gedacht (65—76) und sodann, überleitend mit Erwähnung des Ehrgeizes, der Geldsucht, der Wollust, des Aberglaubens (77—81), in ausführlicher Detailmalerei der Habsucht, des Geizes (82—159). — Die entsprechende Schilderung des Geizigen schrumpft bei B. zu einem Auszug von sechs Versen zusammen (60—65). Nur in Vermehrung seines Geldes setze der habgierige Geizhals seinen Ruhm und seine Ehre. Hor., 94—99:

> ... omnis enim res,
> Virtus, fama, decus, divina humanaque pulchris
> Divitiis parent; quas qui contraxerit, ille
> Clarus erit, fortis, justus. Sapiensne? Etiam, et rex
> Et quidquid volet. Hoc, veluti virtute paratum,
> Speravit magnae laudi fore ...

B., 63—64:

> Et met toute sa gloire et son souverain bien
> A grossir un trésor ...

Zu einem richtigen Genuss und Gebrauch seiner Schätze sei der Geizige unfähig. Hor., 108—110:

> ... Qui discrepat istis,
> Qui nummos aurumque recondit, nescius uti
> Compositis metuensque velut contingere sacrum?

B., 60, 64—65:

> Un avare idolâtre et fou de son argent ...
> (A grossir un trésor) qui ne lui sert de rien.
> Plus il le voit accru, moins il en sait l'usage.

Er pflege sich, trotz vorhandenen Ueberflusses, Mangel und Entbehrung jeder Art aufzuerlegen. Hor., 111—119, 142—159. —

B. 61:
> Remontrant la disette au sein de l'abondance.

In den Versen 104—105 jener Schilderung (V. 82—159) wird auf eingebildete Kunstnarren hingewiesen, welche ohne natürliche Beanlagung irgend einer Kunst sich widmen. Hor., 104—105:

> Si quis emat citharas, emptas comportet in unum,
> Nec studio citharae nec Musae deditus ulli.

B., 90:
> Chapelain veut rimer, et c'est là sa folie.

Auch sei es Thorheit, Hor., 161—164, sich mit Krankheit behaftet zu glauben; dem entsprechend ist bei B. die Erwähnung eines medicinischen Misserfolges (31—32) anzusehen; an beiden Stellen wird die Persönlichkeit eines Arztes namhaft gemacht.

Im Folgenden betont, wie schon bei früherer Gelegenheit, der Stoiker die diametrale Verschiedenheit in der Handlungsweise des Geizigen und des Verschwenders, um dennoch beide als gleiche Narren zu verurtheilen (99—102, 166—167, 168—186): hier warnt ein sterbender Vater den ersten Sohn davor ein Verschwender, ein Schlemmer, den zweiten ein geldgieriger Geizhals zu werden. — Diesen Gegensatz hebt B. gleichfalls hervor: der Verschwender erkläre den Geizhals, der Spieler diese beiden für närrisch, und alle drei stehen der eine dem andern an Tollheit nicht nach (60—84). —

Vom Ehrgeiz, von der Ehr- und Ruhmsucht ist mit Heranziehung verschiedener Beispiele in den Versen 187—223 bei Hor. die Rede. —

V. 224—280 wird ein wiederum reiches, farbenprächtiges Gemälde von dem Laster der Verschwendungssucht, der Schlemmerei und Völlerei, von der Wollust und Ueppigkeit entworfen. B. benutzt einzelne Theile desselben zur Zeichnung der Verschwendung und des Spiels, V. 66—84:

Von sinnloser Verschleuderung der Erbgüter handeln die Verse Hor., 226—238, B. 66—71; die Grösse seines Vermögens werde dem Verschwender gewissermassen unbequem, weshalb er jedem Beliebigen allzu freigebig seine Börse öffne. Hor., 236—237:

> Segnis ego indignus qui tantum possideam: aufer!
> Sume tibi decies; tibi tantundem ...

B. 68—70:
> Qui jette, furieux, son bien à tous venans,
> Et dont l'âme inquiète, à soi-même importune,
> Se fait un embarras de sa bonne fortune.

V. 239—246 werden Beispiele des wahnsinnig verschwenderischen Luxus, der bei gewissen Gerichten römischer Gastmahle entwickelt würde, gegeben. — Als mit dieser correspondirend ist die von B. in den Versen 72—84 ausgeführte Unsitte des Spiels zu betrachten; wie sein Muster, nimmt er auf bestimmte Persönlichkeiten Bezug.

Wie ferner der Stoiker bei Hor. (247—280) die Liebe des Mannes zur käuflichen Dirne als Narrheit verwirft, so erwähnt auch B. (33—34) die Unmoralität seiner Zeit am Beispiele einer gewissen Courtisane.

Mit Anführung zweier Fälle wird bei Hor. (281—295) der Aberglaube als tadelnswerthe menschliche Thorheit bezeichnet: ein arg um sein Leben fürchtender Freigelassener, welcher die Götter anfleht, ihn mit dem Tode zu verschonen; eine Mutter, welche den kaum von schwerer Krankheit genesenen Sohn, um den Göttern in Demuth zu gefallen, todbringende Dankesübungen anstellen lässt. — Die beiden Gegenstücke des heuchlerischen Gläubigen und des den christlichen Glauben Verlachenden bieten bei B. die jenen entsprechenden Bilder (19—28).

Den Schluss der Horaz'schen Satire bildet eine Erörterung über die Frage, an welcher Thorheit der Dichter selbst kranke. Damasipp führt aus: neben seiner (des Dichters) Sucht, sich über Stand und Vermögen erhebend, es grossen Leuten gleichthun zu wollen, drücken ihm sein Hang zum Dichten, ohne dass er zum Dichter geboren sei, wie seine zahlreichen Liebeshändel den Stempel der Narrheit auf. Aber der Dichter zieht den letzten Trumpf, dadurch des Stoikers paradoxe Lehren ins Lächerliche ziehend: du grösserer Narr schone den kleineren. Auf dem hier dem Dichter über seine Talentlosigkeit gemachten Vorwurf (321—323) beruhen die denselben Gedanken behandelnden Verse 90—102 B.'s.

In lib. I, sat. I des Hor. heisst es vom Geizigen: wenn schon das Volk ihn verlache, spende er sich daheim beim Anblick der gefüllten Geldkisten selbst Beifall; ebenso wird bei B. der von der Kritik verurtheilte Dichter zum Lobredner seiner eigenen Persönlichkeit. Hor., lib. I, sat. I, 66—67:

> ... Populus me sibilat, at mihi plaudo
> Ipse domi ...

B., 91—93:

> Mais bien que ses durs vers, d'épithètes enflés,
> Soient des moindres grimauds chez Ménage sifflés,
> Lui-même il s'applaudit ...

Der in derselben Satire ausgeführte Vergleich des Geizigen mit dem zu seinen Qualen verurtheilten Tantalus findet bei B. gleichfalls Nachahmung. Hor., lib. I, sat. I, 68—73:

> Tantalus a labris sitiens fugientia captat
> Flumina ... Quid rides? Mutato nomine de te
> Fabula narratur: congestis undique saccis
> Indormis inhians et tanquam parcere sacris

Cogeris aut pictis tanquam gaudere tabellis.
Nescis quod valeat nummus? quem praebeat usum?

B.[1]):

Dites-moi, pauvre esprit, âme basse et vénale
Ne vous souvient-il point du tourment de Tantale,
Qui dans le triste état où le ciel l'a réduit,
Meurt de soif au milieu d'un fleuve qui le fuit?
Vous riez: savez-vous que c'est votre peinture,
Et que c'est vous par là que la fable figure?
Chargé d'or et d'argent, loin de vous en servir,
Vous brûlez d'une soif qu'on ne peut assouvir.
Vous nagez dans les biens; mais votre âme altérée
Se fait de sa richesse une chose sacrée;
Et tous ces vains trésors que vous allez cacher,
Sont pour vous un dépôt que vous n'osez toucher.
Quoi donc? de votre argent ignorez-vous l'usage?.

Auch in lib. I, sat. II, 4—11, gedenkt Hor. des oben besprochenen Gegensatzes zwischen Geizhals und Verschwender mit besonderer Hervorhebung des Umstandes, wie beide, der eine um nicht als Verschwender, der andere um nicht als Geizhals zu gelten, in potenzirtem Masse ihrer Leidenschaft fröhnen; cf. B., 60—71. In derselben Satire (24) findet sich der von B. (50—52) verwendete Gedanke, dass der Thor, um einen Fehler zu meiden, nur in den entgegengesetzten renne.

Die Erzählung von einer sonderbaren Sinnverwirrung eines Menschen ist dem Hor., lib. II, epist. II, 128—140 entlehnt:

Fuit haud ignobilis Argis, ...
Qui se credebat miros audire tragoedos
In vacuo laetus sessor plausorque theatro;
Cetera qui vitae servaret munia recto
More, bonus sane vicinus, amabilis hospes,
Comis in uxorem, posset qui ignoscere servis
Et signo laeso non insanire lagenae,
Posset qui rupem et puteum vitare patentem.
Hic ubi cognatorum opibus curisque refectus
Expulit helleboro morbum bilemque meraco
Et redit ad sese: Pol me occidistis, amici,
Non servastis, ait, cui sic extorta voluptas
Et demptus per vim mentis gratissimus error.

B., 103—112:

Jadis certain bigot, d'ailleurs homme sensé,
D'un mal assez bizarre eut le cerveau blessé,
S'imaginant sans cesse, en sa douce manie,
Des esprits bien heureux en tendre l'harmonie.
Enfin un médécin fort expert en son art
Le guérit par adresse, ou plutôt par hasard;

---

[1]) Die hier folgenden dreizehn Verse finden sich, bei V. 65 der Satire ansetzend, nur in den Ausgaben von 1666—1682, später fielen sie durch des Dichters eigene Hand. (Berriat-S. Prix.) Sie werden hier citirt, da Desmarets speciell auf dieselben zurückkommt.

> Mais voulant de ses soins exiger le salaire,
> Moi! vous payer! lui dit le bigot en colère,
> Vous dont l'art infernal, par des secrets maudits,
> En me tirant d'erreur m'ôte du paradis!

Eine directe Entlehnung aus einer Satire des **Juvenal** scheinen die schon erwähnten Verse 31—34 B.'s zu sein. Juv., Sat. X, 219—221:

> ... quorum si nomina quaeras,
> Promtius expediam, quot amaverit Hippia moechos
> Quot Themison aegros auctumno occiderit uno.

B., 31—34:

> Il compterait plutôt combien, dans un printemps,
> Guenaud et l'antimoine ont fait mourir des gens,
> Et combien la Neveu devant son mariage,
> A de fois au public vendu son p***.

Es ergeben sich hiernach:
1) als **direct entlehnt** den verschiedenen Vorlagen (Hor., lib. II, sat. III, l. I, s. I und s. II, l. II, epist. II, Juv., sat. X):
V. 3—4, 31—34, 38—39, 41—46, 47—48, 60, 61, 63—64, 64—65, 68—70, 90, 91—93, 103—112, — zusammen 37 Verse.
2) als **entferntere Nachahmungen** einzelner Vorlagen:
V. 1—2, 5—30, 35—37, 40, 50—52, 62, 66—67, 71—84, 94—99, — zusammen 61 Verse.

Als **selbstständiges Produkt** bleiben übrig **27 Verse** (von 128 Versen): derjenige ist im wahren Sinne des Wortes weise, welcher sich nicht dafür hält und ein strenger Kritiker seiner selbst ist (54—59). Doch ein süsses Gift pflegt seine Narrheit einem Jeden zu sein (85—89). Der Uebel grösstes ist gewöhnlich die Vernunft dadurch, dass sie uns in selbstvergessener Lust oft rauh in die Wirklichkeit zurückversetzt; eitles Bemühen ist es darum, wenn sie (die Vernunft) von Manchem zu einer Göttin auf Erden erhoben wird (113—128).

Der Vorwurf der

Satire VIII

ist (wie bei sat. IV) von Hor. in lib. II, sat. III gegeben[1]). Sie entlehnt ausserdem **ferneren Dichtungen** desselben, wie dem **Juv.** und **Persius** bestimmte Gedanken.

Zu Beginn der epist. IV, lib. I, betont Hor. die beglückende Eigenschaft, Nichts zu bewundern; B. spricht von der durch Nichts zu verwirrenden Seelengleichheit des Weisen. Hor., l. c., 1—2:

> Nil admirari prope res est una, Numici,
> Solaque, quae possit facere et servare beatum.

---

[1]) Cf. Darpe, l. c., 13—14; Gidel, II, 9—32; Berriat-S.-Prix, I, 159—184. —

B., 19—20:

> Qu'est-ce que la sagesse? une égalité d'âme
> Que rien ne peut troubler, qu'aucun désir n'enflamme.

Ueber die Thätigkeit der Ameise. Hor., lib. I, sat. I, 33—88:

> Parvula, nam exemplo est, magni formica laboris
> Ore trahit quodcunque potest atque addit acervo,
> Quem struit, haud ignara ac non incauta futuri.
> Quae simul inversum contristat Aquarius annum,
> Non usquam prorepit et illis utitur ante
> Quaesitis sapiens ...

B., 25—30:

> La fourmi tous les ans traversant les guérets,
> Grossit ses magasins des trésors de Cérès;
> Et dès que l'aquilon ramenant la froidure
> Vient de ses noirs frimats attrister la nature,
> Cet animal tapi dans son obscurité,
> Jouit l'hiver des biens conquis durant l'été.

Schwanken des menschlichen Herzens zwischen mannichfachen Wünschen: Hor., lib. I, epist. I, 97—99:

> ... quid, mea cum pugnat sententia secum,
> Quod petiit, spernit, repetit quod nuper omisit,
> Aestuat et vitae disconvenit ordine toto.

B., 37—39:

> Son cœur, toujours flottant entre mille embarras,
> Ne sait ni ce qu'il veut ni ce qu'il ne veut pas,
> Ce qu'un jour il abhorre, en l'autre il le souhaite.

Schilderung der Habsucht, welche, personificirt gedacht, den Menschen zur That antreibt: Persius, sat. V, 132—137:

> Mane piger stertis? surge, inquit avaritia; eia,
> Surge? Negas? instat: Surge inquit. — Non queo. — Surge. —
> En quid agam? — Rogitas? Saperdas advehe Ponto,
> Castoreum, stuppas, ebenum, thus, lubrica coa;
> Tolle recens primus piper e sitiente camelo:
> Verte aliquid; jura ...

B., 70—76, 79:

> Debout, dit l'avarice, il est temps de marcher.
> Hé! laissez-moi. — Debout! — Un moment. — Tu répliques! —
> A peine le soleil fait ouvrir les boutiques. —
> N'importe, lève-toi. — Pour quoi faire après tout? —
> Pour courir l'Océan de l'un à l'autre bout,
> Chercher jusqu'au Japon la porcelaine et l'ambre,
> Rapporter de Goa le poivre et le gingembre. ...
> Il ne faut épargner ni crime, ni parjure.

Einzelne Züge weisen hier auf die Darstellung der Habsucht und des Geizes bei Hor., lib. II, sat. III, 82—159 (s. Satire IV).

Hunger und Entbehrung angesichts des Ueberflusses: Hor., lib. II, sat. III, 111—114:

> Si quis ad ingentem frumenti semper acervum
> Porrectus vigilet cum longo fuste, neque illinc
> Audeat esuriens dominus contingere granum,
> Ac potius foliis parcus vescatur amaris.

B., 80—83:

> Il faut souffrir la faim et coucher sur la dure;
> Eût-on plus de trésors que n'en perdit Galet,
> N'avoir en sa maison ni meubles ni valet;
> Parmi les tas de blé vivre de seigle et d'orge.

Gierige Erben erst werden sich des Geizigen zusammengescharrte Schätze zu Nutze machen. Hor., lib. II, sat. III, 151—152:

> Ni tua custodis, avidus jam haec auferet heres.
> Men vivo? Ut vivas igitur, vigila: hoc age ...

B., 85—88:

> Et pour quoi cette épargne enfin? — L'ignores-tu?
> Afin qu'un héritier, bien nourri, bien vêtu,
> Profitant d'un trésor en tes mains inutile,
> De son train quelque jour embarasse la ville.

Der Ehrgeiz, von Hor. am Beispiele des Agamemnon, lib. II, sat. III, 187—223, gezeigt, wird von B. an dem des Alexander, 97—112 erörtert; gleich dem Juv. sagt B. von dem grossen Welteroberer: der Erdkreis sei ihm zu enge geworden. Juv., sat. X, 168—170:

> Unus Pellaeo juveni non sufficit orbis:
> Aestuat infelix angusto limite mundi,
> Ut Gyarae clausus scopulis parvaque Seripho.

B., 101—102:

> ... qui, de sang altéré,
> Maître du monde entier s'y trouvait trop serré!

Reissende Thiere derselben Art verfolgen einander nicht mit Hass und Kampf. Hor., epodon lib., carm. VII, 11—12:

> Neque hic lupis mos nec fuit leonibus
> Unquam nisi in dispar feris.

Juv., sat. XV, 159—164:

> Sed jam serpentum major concordia. Parcit
> Cognatis maculis similis fera. Quando leoni
> Fortior eripuit vitam leo? quo nemore umquam
> Expiravit aper majoris dentibus apri?
> Indica tigris agit rabida cum tigride pacem
> Perpetuam: saevis inter se convenit ursis.

B., 125—134:

> Voit-on les loups brigands, comme nous inhumains,
> Pour détrousser les loups courir les grands chemins?
> Jamais, pour s'agrandir, vit-on dans sa manie
> Un tigre en factions partager l'Hyrcanie?
> L'ours a-t-il dans les bois la guerre avec les ours?
> Le vautour dans les airs fond-il sur les vautours?
> A-t-on vu quelquefois dans les plaines d'Afrique,
> Déchirant à l'envi leur propre république,
> »Lions contre lions, parens contre parens,
> Combattre follement pour le choix des tyrans?«

Todbringendes Eisen schmiedet der Mensch (zum Kampfe gegen den Nächsten). Juv., sat. XV, 165—166:

> Ast homini ferrum letale incude nefanda
> Produxisse parum est ...

B., 153—154:

> C'était peu que sa main conduite par l'enfer
> Eût pétri le salpêtre, eût aiguisé le fer.

Bei Hor. legt der römische Knabe, bei B. der Sohn des Wucherers eine Probe seiner Rechenkunst ab. Hor., lib. de arte poetica, 326—330:

> ... Dicat (filius Albini)
> Filius Albini: Si de quincunce remota est
> Uncia, quid superat? Poteras dixisse. Triens. Eu!
> Rem poteris servare tuam. Redit unica, quid fit?
> Semis ...

B., 184—185:

> Cent francs au denier cinq combien font-ils? — Vingt livres. —
> C'est bien dit. Va, tu sais tout ce qu'il faut savoir.

Hor.: die Beschäftigung mit den Zahlen muss jede Vorliebe für die Poesie ersticken; B. (der Wucherer zum Sohne): lasse Bücher bei Seite, widme dich allein der hohen Wissenschaft der Finanzen. Hor., ars poet., 330—332:

> ... At haec animos aerugo et cura peculi
> Cum semel imbuerit, speramus carmina fingi
> Posse linenda cedro et levi servanda cupresso?

B., 183, 187—188:

> Prends-moi le bon parti: laisse-là tous les livres.
> Exerce-toi, mon fils, dans ces hautes sciences;
> Prends, au lieu d'un Platon le Guidon des finances.

Von der Alles beherrschenden Macht des Geldes heisst es: Hor., lib. II, sat. III, 94—98 (s. Satire IV); Hor., lib. I, epist. I, 53—59:

> O cives, cives, quaerenda pecunia primum est,
> Virtus post nummos! haec Janus summus ab imo
> Prodocet, haec recinunt iuvenes dictata senesque

>   Laevo suspensi loculos tabulamque lacerto.
>   Est animus tibi, sunt mores et lingua fidesque,
>   Sed quadringentis sex septem milia desunt:
>   Plebs eris ...

Hor., lib. I, epist. VI, 36—38:

>   Scilicet uxorem cum dote fidemque et amicos
>   Et genus, et formam regina Pecunia donat,
>   Ac bene nummatum decorat Suadela Venusque.

B., die drei Stellen verwendend, führt aus, 203—210:

>   Quiconque est riche est tout: sans sagesse il est sage;
>   Il a, sans rien savoir, la science en partage;
>   Il a, l'esprit, le cœur, le mérite, le rang,
>   La vertu, la valeur, la dignité, le sang;
>   Il est aimé des grands, il est chéri des belles:
>   Jamais surintendant ne trouva de cruelles,
>   L'or même à la laideur donne un teint de beauté:
>   Mais tout devient affreux avec la pauvreté. (V. lib. I, ep. I, 58—59.)

Hor., lib. II, sat. V, 10—17. (Tiresias zu Ulixes): strebst du nach Reichthum, so mache dich zum Freunde eines begüterten Greises, welchen du beerben kannst, sei er auch ein elender, niedriger Schurke; B., 191—196 (der Wucherer zum Sohne): willst du nicht als Unbemittelter dein Leben vertrauern, so versteinere dein Herz, sei ungerecht, grausam, falsch, treulos, mäste dich auf Kosten derjenigen, welche du elend gemacht hast.

Unbeständige Thätigkeit des menschlichen Geistes: Hor., lib. I, epist. I, 100:

>   Diruit, aedificat, mutat quadrata rotundis.

B., 257—258:

>   Son esprit au hasard aime, évite, poursuit,
>   Défait, refait, augmente, ôte, élève, détruit.

Von unbedeutenden Dichtern, welche ihr Grössenwahn zu Thaten, an Raserei grenzend, trieb, erzählt Hor., ars poet., 453—476; auch B. spricht von einem untergeordneten Poeten, welchen eine eitle Wuth immer und immer wieder zur Feder greifen liess, 239—246. Man meidet und flieht einen solchen tollen Jünger des Parnass. Hor., ars poet., 453—456, 472—474:

>   Ut mala quem scabies aut morbus regius urget
>   Aut fanaticus error et iracunda Diana,
>   Vesanum tetigisse timent fugiuntque poetam
>   Qui sapiunt ...
>   ... Certe furit ac velut ursus,
>   Objectos caveae valuit si frangere clathros,
>   Indoctum doctumque fugat recitator acerbus.

B., 240—246:

> N'écris plus, guéris-toi d'une vaine furie,
> Si tous ces vains conseils, loin de la réprimer,
> Ne font qu'accroître en lui la fureur de rimer?
> Tous les jours de ses vers, qu'à grand bruit il récite,
> Il met chez lui voisins, parens, amis, en fuite;
> Car lorsque son démon commence à l'agiter,
> Tout, jusqu'à sa servante, est prêt à déserter.

Vom Anbeten der Thiere als Gottheiten und von Menschenhand gefertigter Bildnisse: Juv., sat. XV, 1—4:

> Quis nescit, Volusi Bithynice, qualia demens
> Aegyptus portenta colat? Crocodilon adorat
> Pars haec, illa pavet saturam serpentibus ibin.
> Effigies sacri nitet aurea cercopitheci...

B., 267—272:

> ... la bête a vu l'homme ...
> Adorer le métal que lui-même il fit fondre;
> A vu dans un pays les timides mortels
> Trembler aux pieds d'un singe assis sur leurs autels;
> Et sur les bords du Nil les peuples imbécilles,
> L'encensoir à la main chercher les crocodiles.

Nach dem Vorstehenden zeigen sich nur:

1) als direct entlehnt den verschiedenen Vorlagen (Hor., Juv., Persius):
 V. 19—20, 25—30, 37—39, 70—76, 79, 80—83, 85—88, 101—102, 125—134, 153—154, 184—185, 183, 187—188, 203—210, 257—258, 240—246, 267—272, — zusammen 69 Verse.

2) als entferntere Nachahmungen einzelner Vorlagen:
 V. 97—100, 103—112, 191—196, — zusammen 20 Verse.

Uebrig bleiben als selbstständiges Produkt 219 Verse (von 308 Versen). Der gegebene Vorwurf: Geisselung menschlicher Thorheiten, wird in des Dichters eigener Weise verwendet.

Expositio: der Mensch als Thor und Sklave mannichfacher Leidenschaften ist das närrischste aller Geschöpfe, wenn schon er sich den vernunftbegabten Herrn und König der Natur nennt (1—14). — Die Beweisführung wird unternommen, indem verschiedenen menschlichen Handlungen, welche Untugenden und Leidenschaften dictiren, das rationelle und friedfertige Thun und Treiben einzelner Thiere entgegengestellt wird (15—18, 21—24, 31—36, 40—69, 77—78, 84, 89—96). — Als ein weiteres Moment wird das Leben des Menschen in der Gesellschaft, im Rechtsstaate ins Feld geführt, wo der Hass, der Kampf der Parteien und die Missbräuche der Rechtshandhabung ein nachahmenswerthes Gegentheil in der von der Natur gesetzten Gemeinschaft der Thiere sich gegenüber haben (113—124, 135—152, 155—160). — Der Satiriker greift Verhältnisse seiner Zeit an auf dem Gebiete der Finanzwirthschaft, Religion, Wissenschaft und Poesie (161—182, 186, 189, 197—201, 211—239). — Bar ist das Thier der Schwächen, wie Wankelmuth und Aberglaube, auf welcher letzteren der Götzendienst basirt (247—256, 259—266); es (das Thier) würde, plötzlich mit Vernunft und Sprache begabt, angesichts der zahlreichen Missverhältnisse der menschlichen Gesellschaft (Paris zu des Dichters Zeit) den Ausspruch thun: der Mensch sei ein Thier (273—308).

Satire IX,

deren Vorwurf in lib. II, sat. VII des Horaz gegeben ist, entlehnt, ausser andern Dichtungen desselben, dem Juv. und Persius bestimmte Gedanken.

Hor., lib. I, sat. III, 19—20, 25—28: man ist, obschon immer die Fehler Anderer erkennend und rügend, selbst nicht ohne Mängel, welchen die Andern gleich scharf nachspüren; dieselbe Wahrheit giebt B. (2, 7—18, 115—118) seinem Geiste zu bedenken (hier handelt es sich um poet. Begabung). Hor., lib. I, sat. III, 19—20, 25—28 [1]):

> ... Nunc aliquis dicat mihi: Quid tu?
> Nullane habes vitia? Immo alia et fortasse minora...
> Cum te pervideas oculis mala lippus inunctis,
> Cur in amicorum vitiis tam cernis acutum,
> Quam aut aquila aut serpens Epidaurius? At tibi contra
> Evenit, inquirant vitia ut tua rursus et illi.

B., 2, 115—118:

> Vous avez des défauts que je ne puis celer. ...
> Mais vous, qui raffinez sur les écrits des autres,
> De quel œil pensez-vous qu'on regarde les vôtres?
> Il n'est rien en ce temps à couvert de vos coups,
> Mais savez-vous aussi comme on parle de vous?

Hor., lib. I, sat. IV dient einem ähnlichen Zwecke wie die vorliegende Satire B.'s. Der Satiriker tritt Beschuldigungen zweierlei Art entgegen: er sei kein Dichter zu nennen, da er nur wenige Verse bislang verfasst habe; er sei durchaus boshafter Natur, da er, wenn es das Lachen des Hörers gelte, in seinen Satiren nicht einmal Freunde verschone. Er vertheidigt sich wie folgt: Schon alter Brauch sei es, da, wo es verdient sei, die satirische Geissel zu schwingen. Hor., lib. I, sat. IV, 1—6:

> Eupolis atque Cratinus Aristophanesque poëtae
> Atque alii quorum comoedia prisca virorum est,
> Si quis erat dignus describi, quod malus ac fur,
> Quod moechus foret aut sicarius aut alioqui
> Famosus, multa cum libertate notabant.
> Hinc omnis pendet Lucilius, hosce secutus.

---

[1]) Betreffs der übereinstimmenden Stellen cf. Darpe, l. c., 7—11; Gidel, II, 34—53; Berriat-Saint-Prix, I, 187—216.

B., 275—278:

> C'est ainsi que Lucile, appuyé de Lélie
> Fit justice en son temps des Cotins d'Italie,
> Et qu'Horace, jetant le sel à pleines mains,
> Se jouait aux dépens des Pelletiers romains.

Hor. will sich aus der Reihe ansehnlicher Poeten ausgeschlossen wissen; auch B. spricht seinem Geiste dichterische Fähigkeit ab. Hor., ibid., 17—18, 39—40:

> Di bene fecerunt, inopis me quodque pusilli
> Finxerunt animi, raro et perpauca loquentis . . .
> Primum ego me illorum, dederim quibus esse poëtas,
> Excerpam numero . . .

B., 15, 19—20:

> Je ris, quand je vous vois, si faible et si stérile . . .
> Mais répondez un peu. Quelle verve indiscrète
> Sans l'aveu des neuf sœurs vous a rendu poète?

Denn göttlicher Sinn müsse dem Dichter eigen, und mächtiger Bewegung müsse er fähig sein. Hor., 43—44:

> Ingenium cui sit, cui mens divinior atque os
> Magna sonaturum, des nominis huius honorem.

B., 21—22:

> Sentiez-vous, dites-moi, ces violens transports
> Qui d'un esprit divin font mouvoir les ressorts?

Blosse Gewandtheit im Versemachen aber, ohne dass der Sprache eine poetische Fülle, ein erhabener Schwung eigen, mache den Dichter nicht aus, Hor., 40—41, 45—48, 53—54; ähnlich B.: wie es der Zufall füge, reime er (der Geist) und er sei (durch die Lust am Tadeln) zum künstlichen Poeten geworden, er schweige deshalb am geeignetsten, da ein abgeschmacktes Schmeichelpoem weder dem besungenen Helden noch dem Autor zum Ruhme gereiche (45—50).

Hütet euch, pflegt man zu warnen, vor dem Satiriker; für den Preis der Lächerlichkeit, für ein passendes Wörtlein ist er bereit, den Freund zu opfern. Hor., 34—38:

> Foenum habet in cornu, longe fuge: dummodo risum
> Excutiat sibi, non hic cuiquam parcet amico,
> Et quodcumque semel chartis illeverit, omnes
> Gestiet a furno redeuntes scire lacuque
> Et pueros et anus . . .

B., 119—124:

> Gardez-vous, dira l'un, de cet esprit critique:
> On ne sait bien souvent quelle mouche le pique;
> Mais c'est un jeune fou qui se croit tout permis,
> Et qui pour un bon mot va perdre vingt amis.
> Il ne pardonne pas aux vers de la Pucelle,
> Et croit régler le monde au gré de sa cervelle.

Wer nun Tadel verdient und in des Satirikers Schilderungen ein Abbild seiner Mängel und Untugenden erblickt, der fürchtet ihn und fliehet ihn, wie der Dieb den Ankläger: Hor., 22—33 (26—32 Beispiele von Untugenden und Lastern), 63—70; auch B.: der Leser erzittert, welcher in der satirischen Darstellung eines Anderen die eigene Schlechtigkeit schaut, V. 141—142. Hor., 22—25:

> ... cum mea nemo
> Scripta legat vulgo recitare timentis ob hanc rem,
> Quod sunt quos genus hoc minime juvat, utpote plures
> Culpari dignos ...

B., 141—142:

> Rien n'apaise un lecteur toujours tremblant d'effroi,
> Qui voit peindre en autrui ce qu'il remarque en soi.

Dem Vorwurf, in boshafter, ungerechter Verspottung gefalle sich der Satiriker, wird Ausdruck gegeben: Hor., 78—79, B., 29—30, 52—54, 58, 87, 146—148.

Der Satiriker rechtfertigt sich: wahre Unsitten und Uebelstände zu beleuchten und tadelnswerthe Persönlichkeiten zu strafen, heisse nicht bissigen Spott an den Tag legen: Hor., 78—108, B., 101—112, 149—156 ff.; schwarze Hinterlist oder feiner Spott sei es, gewisse übelberüchtigte Persönlichkeiten in bestimmten Beziehungen namhaft zu machen. Hor., 93—101:

> ... Mentio si qua
> De Capitolini furtis iniecta Petilli
> Te coram fuerit, defendas, ut tuus est mos:
> Me Capitolinus convictore usus amicoque
> A puero est, causaque mea permulta rogatus
> Fecit, et incolumis laetor quod vivit in urbe;
> Sed tamen admiror, quo pacto judicium illud
> Fugerit. Hic nigrae sucus loliginis, haec est
> Aerugo mera; ...

B., 159—166:

> Si l'on vient à chercher pour quel secret mystère,
> Alidor à ses frais bâtit un monastère:
> »Alidor!« dit un fourbe, »il est de mes amis,
> Je l'ai connu laquais avant qu'il fût commis:
> C'est un homme d'honneur, de piété profonde,
> Et qui veut rendre à Dieu ce qu'il a pris au monde.«
> Voilà jouer d'adresse, et médire avec art;
> Et c'est avec respect enfoncer le poignard.

Der Grundgedanke der lib. II, sat. I, des Hor., — die Rechtfertigung des Dichters als Satiriker — entspricht (wie demjenigen der sat. VII B.'s, mit welcher sie oben ausführlich verglichen wurde) dem der vorliegenden IX. Satire unseres Dichters. Lib. II, sat. I, 10—12 wird dem Satiriker gerathen, Helden und ihren Ruhm, ihre Thaten zu besingen, 12—15 erklärt er seine Unfähigkeit dazu; desgl.

B., 29—51 (hier mit grösserer Ausführlichkeit und reicherem poetischen Schmuck als in sat. VII, 22—32).

Weit gerechter erscheint solches Lobgedicht wie die verhöhnende Satire. Hor., 21—22 (oben citirt), B., 55—58:

> Mais dussiez-vous en l'air voir vos ailes fondues,
> Ne valait-il pas mieux vous perdre dans les nues,
> Que d'aller sans raison, d'un style peu chrétien,
> Faire insulte en rimant à qui ne vous dit rien ...

Des Hasses der Gegeisselten muss der Satiriker stets gewärtig sein. Hor., 23, 60—62 (oben citirt), B. 84—86:

> Si vos vers aujourd'hui vous tiennent lieu de crime,
> Et ne produisent rien, pour fruit de leurs bons mots,
> Que l'effroi du public et la haine des sots?

Verdruss und Streitigkeiten entspringen oft der Lust am Verspotten. Hor., 80—83:

> Sed tamen ut monitus caveas, ne forte negoti
> Incutiat tibi quid sanctarum inscitia legum:
> 82—83 oben citirt.

B., 143—144, 243—244:

> Vous ferez-vous toujours des affaires nouvelles?
> Et faudra-t-il sans cesse essuyer des querelles? ...
> La satire, dit-on, est un métier funeste,
> Qui plaît à quelques gens, et choque tout le reste.

Wessen beflügelter Dichtergenius nicht den obersten Gipfel des Parnass zu erreichen vermag, der stürzt in die niedrigste Tiefe jählings hinab. Hor., ars poet., 378:

> Si paulum summo discessit, vergit ad imum.

B., 26:

> Qui ne vole au sommet tombe au plus bas degré.

Wie beim Vergleiche mit B.'s VII. Sat. gezeigt wurde (s. p. 24 f.) handelt auch Juvenal's I. Satire über die Berufung des Dichters zur Satire.

Wo so vieler Stimmen ertönen, fühlt auch er berechtigten Drang zum Reden (1—18, cf. p. 24); ebenso B., V. 191—192 (nachdem vorher, V. 149—190, die Gründe erörtert worden sind):

> Et je serai le seul qui ne pourrai rien dire!
> On sera ridicule, et je n'oserai rire!

Ferner erscheinen übereinstimmend: Juv. 79—80:

> ... facit indignatio versum
> Qualemcumque potest, quales ego vel Cluvienus.

B., 45—46:

> Mais pour Cotin et moi, qui rimons au hasard,
> Que l'amour de blâmer fit poètes par art. ...

Der Satiriker heuchelt sein Wort zurückzunehmen, um früher Getadeltes jetzt zu loben. Persius, sat. I, 110—112:

> ... Per me equidem sint omnia protinus alba;
> Nil moror. Euge; omnes, omnes bene mirae critis res
> Hoc juvat?

B., 284—288:

> Toutefois, s'il le faut, je veux bien m'en dédire,
> Et, pour calmer enfin tous ces flots d'ennemis,
> Réparer en mes vers les maux qu'ils ont commis.
> Puisque vous le voulez, je vais changer le style.
> Je le délcare donc: Quinault est un Virgile.

Ueber des Lucilius satirische Wirksamkeit: Persius, sat. I, 114—118:

> ... Secuit Lucilius urbem,
> Te, Lupe, te Muti, et genuinum fregit in illis.
> Omne vafer vitium ridenti Flaccus amico
> Tangit, et admissus circum praecordia ludit,
> Callidus excusso populum suspendere naso.

B., 275—278 s. oben p. 60.

Anspielung auf den Mythus vom König Midas von Phrygien, Apollo und Pan (Ovid, Metamorph., lib. XI, 182—193) bei Persius, sat. I, 119—121:

> Men' mutire nefas, nec clam, nec cum scrobe? — Nusquam.
> Hic tamen infodiam. Vidi, vidi ipse, libelle:
> Auriculas asini Mida rex habet.
> (Auriculas asini quis non habet?)

B., 221—224:

> Et, s'il ne m'est permis de le dire au papier,
> J'irai creuser la terre, et, comme ce barbier,
> Faire dire aux roseaux par un nouvel organe:
> »Midas, le roi Midas a des oreilles d'âne.«

Desm. bezeichnet des Hor. lib. II, sat. VII als Muster von B.'s IX. Satire und bemerkt über die Nachahmung, déf. du poème hér., p. 70:

Elle (la IXième satire) est estimée la meilleure et ce n'est presque qu'une traduction de la septieme Satyre du second livre d'Horace, où il feint son esclave Davus qui prend la hardiesse de lui dire ses veritez.

Wenn Boileau von seiner IX. Satire selbst sagt: cette satire est entièrement dans le goût d'Horace, — so gilt dieses in Bezug auf den mit der Satire beabsichtigten Zweck, auf Art und Weise der Darstellung, auf Scenerie besonders für lib. II, sat. VII des Horaz. Mängel und Untugenden, welche dem römischen Satiriker als dem Freunde reicher und einem üppigen Leben ergebener Männer, als dem Liebhaber raffinirt genussreicher Vergnügen selbst anhafteten, verfolgte er, der ursprünglich mittellose Lobredner der Armuth und

Mässigkeit, schonungslos mit dem Spotte seiner Dichtungen. Seinen zahlreichen Feinden, welche seine Art, nicht schlechtere Menschen als er selbst zu tadeln, ihm besonders zum Vorwurf machten, tritt er mit jener Satire entgegen: des Dichters Knecht Davus, das Hirn erfüllt mit den Lehren der tugendfaselnden Stoiker, tritt auf, um den Herrn der verschiedensten Ausschweifungen zu zeihen. Ganz so in B.'s IX. Satire, wo der Dichter die Rolle des Knechtes bei Horaz vertritt, um seinem Geiste (d. i. der Herr bei Hor.) die ihm von seinen Widersachern gewordenen Schmähungen vorzuhalten. In Betreff des behandelten Stoffes aber sind beide Satiren verschieden: Hor.'s Tugendprediger hat es mit Unsitten wie Schlemmerei und Völlerei, ehebrecherischem, buhlerischem Umgang mit Frauen und Dirnen zu thun; bei B. handelt es sich, wie wir sahen, lediglich um Gegenstände auf literarischem Gebiete. Als eine Uebersetzung der genannten Satire des Hor. dürfte daher die IX. Satire unseres Dichters nicht zu bezeichnen sein.

Es ergeben sich im Uebrigen:
1) als direct entlehnt den verschiedenen Vorlagen (Hor., Juv., Persius):
V. 2, 15, 19—20, 21—22, 26, 45—46, 55—58, 84—86, 115—118, 119—124, 141—142, 143—144, 159—166, 221—224, 243—244, 275—278, 284—288, — zusammen 53 Verse.
2) als entferntere Nachahmungen derselben (Hor.):
V. 29—30, 31—44, 47—50, 52—54, 87, 102—112, 146—148, 149—156, 167—192, — zusammen 70 Verse.

Uebrig bleiben als selbstständiges Produkt 199 Verse (von 322 Versen): die Angriffe gegen die Missstände auf literarischem Gebiete; zahlreiche Anfeindungen seitens zeitgenössischer Poeten gegen den Satiriker werden persiflirend erwidert, indem des Dichters Geist als Kläger gegen ihn auftritt (1, 3—14, 16—18, 23—25, 27—28, 43—44, 51, 59—83, 88—100, 113—114, 125—140, 145). Sodann geht der Satiriker vom Scheinangriff zum offenen über (157—158); eine Reihe von Dichtern und ihre Werke erfahren heftige Schmähung (193—220, 225—243). Gegenüber den üppig wuchernden Dichtgattungen der Zeit, welchen der verirrte Geschmack zuneigt, wird das Gute und Wahre der Satire hervorgehoben (245—274, 279—283). Zum Schluss erfolgt ein letzter harter Stoss gegen eine Anzahl dem Satiriker feindlicher Poeten (289—322).

Als originell in Ansehung des Gedankens und der Ausführung desselben erweisst sich

Satire II.

Nur einzelne eingeflochtene Gedanken sind Horaz entlehnt.
Der Dichter fühlt heissen Drang, seiner hehren Kunst sich mit ganzer Seele zu weihen.

Hor., lib. II, epist. I, 111—113:

>Ipse ego, qui nullos me affirmo scribere versus,
>Invenior Parthis mendacior et prius orto
>Sole vigil calamum et chartas et scrinia posco.

B., 26—30:

>Je fais mille sermens de ne jamais écrire.
>Mais, quand j'ai bien maudit et Muses et Phébus,
>Je la vois qui paraît quand je n'y pense plus:
>Aussitôt, malgré moi, tout mon feu se rallume;
>Je reprends sur-le-champ le papier et la plume.

Unbedeutende Narren dichten mit gewissem Wohlbehagen und loben sich selbst; der wahre Dichter aber ist seinen eigenen Werken ein strenger Kritiker und geneigt, dieselben zu tadeln. Hor., lib. II, epist. II, 106—110:

>Ridentur mala qui componunt carmina; verum
>Gaudent scribentes et se venerantur et ultro,
>Si taceas, laudant quidquid scripsere beati.
>At qui legitimum cupiet fecisse poëma,
>Cum tabulis animum censoris sumet honesti.

B., 87—94:

>Un sot, en écrivant, fait tout avec plaisir.
>Il n'a point en ses vers l'embarras de choisir;
>Et, toujours amoureux de ce qu'il vient d'écrire,
>Ravi d'étonnement, en soi-même il s'admire.
>Mais un esprit sublime en vain veut s'élever
>A ce degré parfait qu'il tâche de trouver;
>Et, toujours mécontent de ce qu'il vient de faire,
>Il plaît à tout le monde, et ne saurait se plaire.

Demnach stellen sich dar:
als direct entlehnte Gedanken nur:
V. 26—30, 87—94, — zusammen 13 Verse.
Uebrig bleiben 87 Verse (von 100 Versen): die ganze Ausführung des Gedankens: welche Schwierigkeit mit dem Auffinden eines regelrechten Reimes verknüpft sei; von Molière erbittet der Dichter die Gunst, ihn in jener Kunst zu unterweisen; einige Dichter werden verspottet (1—25, 31—86, 95—100).

Gesammtergebniss.

In den Satiren VII, V, VI, I erblickten wir eine mehr oder minder freie Uebersetzung des Originals, eine enge Anlehnung an dasselbe; Verhältnisse aus des Dichters Zeit, welche innerhalb seines Gesichtskreises lagen, wurden als correspondirend mit denjenigen aus den Tagen des benutzten römischen Dichters geschildert und gegeisselt. Eine freiere Benutzung des Gedankenganges der Vorlage zeigte sich in Satire III, es ergab sich hier stellenweise eine Erweiterung und sorgfältige Ausschmückung des vom lateinischen Dichter gegebenen Gedankens. In Satire IV excerpirte theils der Nachahmer, theils übersetzte er das Muster, theils fügte er selbstständig Gedanken hinzu. In freier und origineller Manier wurde in den Satiren VIII und IX ein mehrfach von römischen Satirikern behandelter Gedanke ausgeführt; verschiedenen Dichtern direct entlehnte Stellen wurden verwendet. Nur in Ansehung ihres Zweckes und der Art und Weise ihrer Darstellung konnte Satire IX als bestimmten lateinischen Dichtungen ähnlich bezeichnet werden. Satire II ergab sich stofflich und formell als original mit Ausnahme zweier, dem Horaz entnommener Gedanken.

Satire X würde in die Kategorie der vier erstgenannten, XI und XII würden in die der Satire II fallen; jedoch kommen sie, als ausserhalb der Kritik Desm.' liegend, hier nicht in Betracht; sie wurden 1692—1705 verfasst, während Desm.' Mund bereits 1676 für immer verstummte.

Drei Kategorien ergeben sich somit:
1) Der Gedankengang eines bestimmten Originals wird verfolgt; hierher gehören Satire VII, V, VI, I, III, (X).
2) Der Vorwurf ist gegeben; doch wird nicht eine bestimmte Vorlage benutzt: Satire IV, VIII, IX.
3) Der Dichter ist original bis auf einzelne fremde, eingefügte Gedanken: Satire II, (XI, XII).

Aus den gegebenen Zusammenstellungen erhellt, dass B.'s Werth als selbstständiger Dichter in den Satiren ein minimaler ist, dass Desm.'s Kritik also sich im Ganzen rechtfertigt. — Wir suchten in den Dichtungen nach selbst ersonnenen Stoffen, welche sich in Fülle dem in der zweiten Hälfte des 17. Jahrhunderts schreibenden Satiriker angesichts eines geschädigten, gedemüthigten Bürgerthums, aus dem er selbst hervorgegangen, angesichts eines sittlich verrotteten, verschuldeten Adels, welcher nur um den grossen König eine äusserlich glanzvolle Hofhaltung zu bilden diente, angesichts wirthschaftlicher Schäden, masslosester Corruption in allen Ständen, kriechenden Servilismus, elenden Parvenuthums, darboten [1]), — wir fanden kaum mehr wie

---

[1]) Im Anschluss an B.'s VI. Satire über den in der Satire zu behandelnden und von B. behandelten Stoff: De Muralt, lettres sur les Anglais et les Français, et sur les voyages; Cologne, 1725, lettre VII, 244: »Le génie de la satire devoit engager le poète à nous donner une déscription des désordres de Paris. Car la satire doit corriger les hommes de leur corruption, ou comme les habiles gens s'expriment là-dessus, „c'est un ouvrage fait pour reprendre, pour censurer les vices, les passions déréglées, les sotises, les impertinences des hommes" (dictionn. de l'Ac. frç.); Cependant jusqu'ici nous ne voyons rien qui répond à cette idée.« Ueber Muralt und die citirten Briefe hat gehandelt Eugen Ritter, Beat-Louis de Muralt, Ztschr. f. nfrz. Spr. und Lit. III, p. 187 ff. — Aehnlich wie Muralt lässt sich im Folgenden aus: Marmontel, œuvres, Paris, 1787, t. X: »éléments de littérature«, t. VI, p. 136 ff.: »N'y avait-il donc rien dans les mœurs du siècle de Louis XIV. qui pût lui allumer la bile . . . Boileau s'amuse à

Andeutungen, niemals eine Satire, ausschliesslich der Beleuchtung
solcher Zustände gewidmet, selten gewaltiges Emporschwingen oder
niederschmetternde Wuth und diese gewöhnlich nicht, ohne mildernde,
entschuldigende Worte, folgen zu lassen. Man erinnere sich der
V. Satire, der einzigen, in welcher Boileau auch da, wo er nicht
copirt, muthig gegen die Sittenlosigkeit des Adels zu Felde zieht;
den Schluss bildet eine Lobrede auf Ludwig, wenn schon er seinen
Höflingen ein leuchtendes Beispiel der Entsittlichung, der Selbstsucht,
der Prachtliebe, der Verschwendung gewährte. Die VI. Satire ist,
nachdem der Dichter sie von der I. getrennt, keine Satire mehr. Der
Stoff, sahen wir, gebührt dem Juvenal, bei welchem der mürrische
Umbricius über sociale und locale Verhältnisse Roms seinem Grolle
Luft machte. In dieser Form lassen wir uns das realistisch breite
und oft plumpe Schimpfen über Unbequemlichkeiten des Strassenlebens
schon gefallen, da sociale und lokale Missverhältnisse vorhanden sein
müssen, Einem den Aufenthalt in einer Stadt gründlichst zu verleiden,
und das auf regen Handel, reges Gewerbe, rege Industrie deutende Getriebe der Grossstadt einem menschenscheuen, durch allerhand schlimme
Erfahrungen erbitterten Poeten lästig fallen muss. Boileau's einziger
Act der Selbstständigkeit ist die Trennung beider Stücke; das abge-
trennte Stück der Darstellung Pariser Strassenbilder aber hört auf
Satire zu sein, wenn man nicht geneigt ist, in der Schilderung eines
räuberischen Ueberfalls eine Anspielung auf schlechte Sicherheitsbehörde zu
suchen. An Rechtfertigung seitens der Commentatoren fehlt es natürlich
nicht. Der ästhetisch feinfühlende Geschmack des Dichters, heisst es,
lässt nicht zu, dass die Schilderung des Pariser Strassenlebens im

---

nous peindre les rues de Paris! C'était l'intérieur et l'intérieur moral, qu'il
fallait peindre: la dureté des pères qui immolent leurs enfants à des vues d'ambition, de fortune, et de vanité; l'avidité des enfants, impatients de succéder,
et de se réjouir sur le tombeau des pères; leur mépris dénaturé pour des
parents qui ont eu la folie de les placer au-dessus d'eux, la fureur universelle de sortir de son état où l'on serait heureux, pour aller être ridicule et
malheureux dans une classe plus élevée; la dissipation d'une mère, que sa
fille importunerait et qui, n'ayant que de mauvais exemples à lui donner, fait
encore bien de l'éloigner d'elle, en attendant que, rappelée dans le monde
pour y prendre un mari qu'elle ne connait pas, elle y vienne imiter sa mère
qu'elle ne va que trop connaître; l'insolence d'un jeune homme enrichi par
les rapines de son père, et qui l'en punit en dissipant son bien et en rougis-
sant de son nom; l'émulation de deux époux, à qui renchérira, par ses folles
dépenses et par sa conduite insensée, sur les travers, sur les égarements, sur
les vices honteux de l'autre: en un mot, la corruption, la dépravation des
mœurs de tous les états où l'oisiveté règne, où le désœuvrement, l'ennui, l'in-
quiétude, le dégout de soi-même et de tous ses devoirs, la soif ardente des
plaisirs, le besoin d'être remué par des jouissances nouvelles, les fantaisies, le
jeu vorace, le luxe ruineux, causent de si tristes ravages; sans compter tous
les sanctuaires fermés aux yeux de la satire, et où le vice repose en paix;
voilà ce que l'intérieur de Paris présente au poète satirique; et ce tableau, à
peu de chose près, était le même du temps de Boileau.

Tone heiteren Scherzes vereinigt bleibe mit der Darstellung schmutziger Missverhältnisse im Tone finsteren Grolls, eine solche Disharmonie in der Färbung duldet er nicht[1]).

Die II. Satire ist allerdings ein Meisterstückchen der Reimkunst, aber Nichts weiter. Die sieben übrigen kommen hier nicht mehr in Betracht.

b.

Auch bei andern Dichtungen B.'s oder Abschnitten aus denselben wird seine Originalität von unserem Kritiker angezweifelt.

Die Verse 61—86 der Epistel I (au roi) ahmen einem Dialog zwischen Pyrrhus und Cyneas nach, welchen Plutarch berichtet in den *Βίοι*, ed. Theod. Doehner. Bd. I. Paris, 1846. Πύῤῥος, p. 466 f. Darüber Desm., l. c. p. 55 ff.:

> Sans examiner davantage cette Epistre au Roy, il suffit de considerer le Dialogue qu'il y fait entre Pyrrhus, l'un des plus puissants Rois du monde, et du plus grand sens pour la guerre, et Cyneas son confident, un des plus sages et des plus éloquens de l'antiquité, de qui Pyrrhus disoit, qu'il luy avoit gagné plus de villes par son éloquence, qu'il n'en avoit pris par la force: et ce n'est pas peu entreprendre que de faire parler deux tels hommes. Ce Dialogue est tiré de Plutarque en la vie de Pyrrhus, mais tout changé de bien en mal, et de serieux en ridicule. Il le commence ainsi.
>
> > *Pourquoy ces Elephans, ces armes, ce bagage,*
> > *Et ces Vaisseaux tout prest à quitter le rivage?*
> > *Disoit au Roy Pyrrhus un sage Confident,*
> > *Conseiller tres sensé d'un Roy tres imprudent.*
> >   (ép. I, 61—64.)
>
> Cela est bien bas de mettre en vers *au Roy Pyrrhus*, pour dire à *Pyrrhus;* mais le Poëte avoit besoin d'une syllabe pour son vers.
>
> Dorante. Cela est peu de chose.
>
> Philene. Mais cecy est bien contre le sens, de faire faire ces demandes à Pyrrhus par Cyneas son confident, qui sçavoit bien l'Ambassade que les Tarentins luy avoient envoyée, pour luy demander secours contre les Romains; et qui sçavoit bien aussi que c'estoit pour cela que Pyrrhus faisoit ces appresments, ayant accepté cette occasion de passer en Italie. Plutarque commence bien plus judicieusement son discours, faisant que Cyneas parle d'abord à Pyrrhus de la puissance et de la valeur des Romains.
>
> Voicy comme ce Poëte poursuit.
>
> > *Je vais, lui dit ce Prince, à Rome où l'on m'appelle.*
> >   (ép. I, 65.)
>
> Pyrrhus estoit appellé à Tarente, pour la deffendre contre les Romains, et n'estoit pas appellé à Rome.
>
> Dorante. Cela est contre l'histoire, de dire qu'il alloit à Rome . . .
>
> > *Quoi faire? L'assieger. L'entreprise est fort belle.*
> >   (ép. I, 66.)

---

[1]) cf. Saint-Surin, I, 156, note a.

Voilà faire parler le sage Cyneas à son Roy. *Quoi faire? L'entreprise est fort belle.* Pyrrhus ne pensoit pas encore à assieger Rome, puisqu'il sçavoit bien qu'avant cela il faudroit qu'il gagnast de grandes batailles. Aussi Plutarque ne le fait parler ainsi, et un sage confident ne se mocque pas de son Roy. Mais le Poëte parle selon son esprit Satyrique, et non selon le caractere de l'esprit de Cyneas . . .

> *Du reste des Latins la conqueste est facile*
> *Sans doute, ils sont à nous: est ce tout . . .*
> (ép. I, 69—70.)

Voilà comme un valet insolent parleroit à un autre pour se mocquer de luy . . .

> *La Sicile*
> *De là nous tend les bras, et bien tost sans effort,*
> *Syracuse reçoit nos vaisseaux dans le port.*
> (ép. I, 70—72.)

Puis il parle pour Cyneas.

> *En demeurez-vous là*[1]*).*

Cela ne vaut pas mieux que *Nous y voilà, suivons*, qui estoit dans l'Impression precedente de la lettre donnée au Roy. Car il semble que l'on entend parler Jodelet à son maistre sur le theatre: Et ce Poëte ne considere pas qu'il fait le personnage d'un homme sage parlant à son Roy, et non pas celuy d'un bouffon; et qu'il devoit écrire serieusement en une Epistre au Roy. Il fait que Cyneas se mocque ouvertement de Pyrrhus, de qui toutefois il ne se vouloit pas mocquer: car il vouloit le persuader; et l'on ne persuade pas un grand Roy en se mocquant de luy . . .

> *Desque nous l'aurons prise,*
> *Il ne faut qu'un bon vent, et Cartage est conquise.*
> *Les chemins sont ouverts: qui peut nous arrester?*
> (ép. I, 74—75.)

Tout cela est contre le sens. Pyrrhus sçavoit bien que les Cartaginois avoient une puissante flote. C'est pourquoy les chemins ne luy estoient pas libres pour aller à Cartage.

Dorante. Le Poëte ne sçavoit pas bien l'histoire . . .

> *Je vous entens, Seigneur, nous allons tout domter:*
> *Nous allons traverser les sables de Lybie,*
> *Asservir en passant l'Egypte et l'Arabie,*
> *Courir de là le Gange en de nouveaux païs.*
> (ép. I, 76—79.)

Tout cela est tourné en ridicule, et n'est point du caractere du sage Cyneas, qui mesme ne parla point à Pyrrhus, ny des pays au delà du Gange, ny des Scythes comme il dit après.

> *Faire trembler le Scythe aux bords du Tanaïs.*
> (ép. I, 80.)

On sçait bien que les Scythes sont prés du Tanaïs, et ce seroit mal parler que de dire, faire trembler les Romains aux bords du Tybre . . .

---

[1]) ép. I, 73 in Ausgaben 1674—1697; in ältester Fassung: Vous arrêtez-vous là . . ., in jüngster: Bornez-vous là vos pas . . .

> *Et ranger sous nos loix tout ce vaste hemisphere.*
> (ép. I, 81.)

Tout cela est trop vaste. Le sage esprit de Cyneas ne s'égaroit pas si loin...
> *Mais de retour enfin que pretendez-vous faire?*
> *Alors, cher Cyneas, victorieux, contens,*
> *Nous pourrons chanter, rire, et prendre du bon temps*[1]*).*
> *Ah! Seigneur, des ce jour, sans sortir de l'Epire,*
> *Du matin jusqu'au soir qui vous deffend de rire?*
> (ép. I, 82—86.)

Voilà faire bien faire parler un grand Roy, et un grand Philosophe à son Roy, de l'exhorter à rire du matin jusqu'au soir. Il a cru que le Roy et toute la Cour trouveroient ce discours fort facécieux, ne considerant ny la qualité de ceux qu'il fait parler, ny celle de son Maistre auquel il parle dans son Epistre...

Dorante. Il est vray que cette piece n'a pas eu l'approbation de la Cour; et il a esté reduit à en supprimer une partie à l'impression.

Verlangt man eine genaue Wiedergabe jenes Gesprächs, so ist dem Kritiker Recht zu geben, dass B.'s vier beginnende Verse eine unnütze Erweiterung sind. Bei Plutarch erfahren wir, dass Pyrrhus zum Feldzuge nach Italien gerüstet ist, um der Aufforderung der Tarentiner Folge zu leisten (cf. Döhner, l. c. I p. 466, Zl. 14—23). Cyneas drückt nicht in einer missbilligenden Frage seinen Unmuth über des Pyrrhus Zurüstungen aus, sondern leitet das Gespräch ein:

Πολεμισταὶ μὲν ὦ Πύῤῥε, Ῥωμαῖοι λέγονται καὶ πολλῶν ἐθνῶν μαχίμων ἄρχοντες· εἰ δὲ δοίη θεὸς περιγενέσθαι τῶν ἀνδρῶν, τί χρησόμεθα τῇ νίκῃ. (Döhner, l. c. I, 466, Zl. 38—40).

B. folgt sodann dem Plutarch genau:
> Du reste des Latins... etc.

Pyrrhus: οὔτε βάρβαρος ἡμῖν ἐκεῖ πόλις οὔτε Ἑλληνὶς ἀξιόμαχος, ψωμαίων κρατηθέντων, ἀλλ' ἕξομεν εὐθὺς Ἰταλίαν ἅπασαν, ἧς μέγεθος καὶ ἀρετὴν καὶ δύναμιν ἄλλα πού τινι μᾶλλον ἀγνοεῖν ἢ σοὶ προσήκει.
Cyneas: Ἰταλίαν δὲ, εἶπεν, ὦ βασιλεῦ, λαβόντες τί ποιήσομεν. (Döhner, l. c. Zl. 42—45, 46—47.)

> La Sicile
> De là nous tend les bras... etc.,
> Bornez-vous là vos pas...

Pyrrhus: Ἐγγύς, εἶπεν, ἡ Σικελία χεῖρας ὀρέγει, νῆσος εὐδαίμων καὶ πολυάνθρωπος, ἀλῶναι δὲ ῥᾴστη.
Cyneas: ἀλλ' εἰ τοῦτο πέρας ἡμῖν τῆς στρατείας, λαβεῖν Σικελίαν. (Döhner, l. c. Zl. 48—49.)

Auch bei Plutarch betrachtet Pyrrhus die Eroberung Carthago's als ein en passant auszuführendes Kinderspiel, dem sich keine grossen Schwierigkeiten in den Weg stellen:

---

[1]) In jüngster Fassung: nous pourrons rire à l'aise...

Boileau-Despréaux im Urth. seines Zeitgenossen Desmarets de Saint-Sorlin. 71

Pyrrhus: Τίς γὰρ ἂν ἀπόσχοιτο Λιβύης καὶ Καρχηδόνος ἐν ἐφικτῷ γενομένης, ἣν Ἀγαθοκλῆς ἀποδρὰς ἐκ Συρακουσῶν κρύφα καὶ περάσας ναυσὶν ὀλίγαις λαβεῖν παρ' οὐδὲν ἦλθεν. (Döhner, l. c. p. 467, Zl. 3—6.)

Aber nicht wie bei B.

Je vous entens, Seigneur, nous allons tout domter... etc.

nehmen bei Plutarch des Cyneas Worte einen so welterobernden Flug, um des Königs Eroberungslust zu verspotten:

Δῆλον γὰρ ὅτι καὶ Μακεδονίαν ἀναλαβεῖν καὶ τῆς Ἑλλάδος ἄρχειν ὑπάρξει βεβαίως ἀπὸ τηλικαύτης δυνάμεως. (Döhner, l. c. p. 467, Zl. 8—10.)

Den Ausspruch des Pyrrhus bei Plutarch vom heiteren Genusse der Friedenszeit und die Antwort des Cyneas hat B. im Wesentlichen wiedergegeben.

Pyrrhus: Σχολὴν, ἔφη, ἄξομεν πολλὴν καὶ κώθων, ὦ μακάριε, καθημερινός ἔσται καὶ διὰ λόγων συνόντες ἀλλήλους εὐφρανοῦμεν.

Cyneas: Εἶτα, ἔφη, τί νῦν ἐμποδών ἐστιν ἡμῖν βουλομένοις κωθῶνι χρῆσται καὶ σχολάζειν μετ' ἀλλήλων, εἰ ταῦτα ἔχομεν ἤδη καὶ πάρεστιν ἀπραγμόνως, ἐφ' ἃ δι' αἵματος καὶ πόνων μεγάλων καὶ κινδύνων μέλλομεν ἀφίξεσθαι πολλὰ καὶ δράσαντες ἑτέρους κακὰ καὶ παθόντες. (Döhner, l. c. p. 467, Zl. 12—20.)

Durchaus in der Absicht B.'s liegt es, wenn die Worte des Cyneas in satirisch spottender Weise gegeben werden. Der Vers

Du matin jusqu'au soir qui vous défend de rire?

mag eine Anspielung auf den sinnlosen Vergnügungstaumel des Königs und seines Hofes enthalten. — Die ganze Epistel wird an anderer Stelle wiederum zur Sprache kommen. Desm. schlägt folgende getreue Nachahmung des Dialogs bei Plutarch vor:

*Quand Pyrrhus des Latins meditoit la conqueste,
Son sage confident, voyant sa flote preste,
Les Romains, luy dit-il, sont prudens, indomtez,
Ils ont déja soumis leurs voisins redoutez.
Et si les Dieux amis t'en donnent la victoire,
Seras-tu satisfait d'une si grande gloire?...
Le Prince luy repond, si je puis les domter,
Nul peuple Ausonien ne peut me resister,
Lorsque de leurs Citez j'auray la plus puissante.
Ton ame, reprit-il, sera-t-elle contente?
De la Sicile alors je porteray l'effroy.
Ses peuples divisez ne demandent qu'un Roy*[1]*).
Quand tu possederas la féconde Sicile?
D'Afrique elle me rend la conqueste facile.
Et si tost que Cartage aura receu mes loix,
Du Maure et de Memphis j'asserviray les Rois.*

---

[1]) Bei Plutarch Pyrrhus über sicilische Zustände, l. c. p. 466, Zl. 50—52: στάσις γάρ, ᾦ κινέα, πάντα νῦν ἐκεῖνα καὶ ἀναρχία πόλεων καὶ δημαγωγῶν ὀξύτης, Ἀγαθοκλέους ἐκτίλοι πότος.

> *Seras-tu donc content d'un si puissant Empire?*
> *Dé-ja je passe en Grece, et la joins à l'Epire.*
> *Que ferons-nous enfin aprés tant de beaux faits?*
> *De nos travaux, dit-il, nous jouirons en paix.*
> *Des ce jour qui t'empesche, alors luy-dit le sage,*
> *De passer en repos le reste de ton age.*

Für die folgende Stelle wird der Dichter des Plagiats bezichtigt, l. c. p. 72:

> *J'entens dé-ja d'icy Liniere! furieux*
> *Qui m'appelle au combat sans prendre un plus long terme.*
> *De l'encre, du papier, dit-il; qu'on nous enferme!*
> *Voyons qui de nous deux, plus aisé dans ses vers,*
> *Aura plutost remply la page et le revers.*
> (ép. II, 8—12.)

Tout cela est pris d'Horace, sat. 4.

> *Crispinus minimo me provocat: accipe, si vis,*
> *Accipe jam tabulas; detur nobis laus, hora,*
> *Custodes, videamus uter plus scribere possit.*
> (lib. I, sat. IV, 14—16.)

Et cela n'est dit à M. l'Abbé que pour remplir l'Epistre, et pour en venir à son procés, et en suite à son conte de l'buistre. A qui a lû Horace, Juvenal, Vida et autres Poëtes cét Autheur ne paroist que copiste.

Ferner für einen Abschnitt des Lutrin, l. c. p. 109:

Toute la fiction de la Discorde est prise de l'Arioste, qui dit aussi qu'elle fut trouvée parmy des Moines qui tenoient un chapitre.

Die im Lutrin, I, 25—60 ausgeführte Allegorie von der Zwietracht, welche in irgendwelcher Verkleidung sich in die Sainte-Chapelle, den Schauplatz des Lutrin, begiebt, ähnelt nur in so weit derjenigen in Ariost's Orlando furioso, als auch hier der Engel, welcher die Zwietracht sucht, um dieselbe in das heidnische Lager zu entsenden, sie in einem Kloster unter andern personificirten Lastern antrifft[1]). Ariost, Orl. fur., c. XXVII, Stanze 37:

> Al monister, dove altre volte havea
> La discordia veduta, drizzo l'ali.
> Trovolla, che in capitolo sedea
> A nova elettion de gli officiali,
> Et di veder diletto si prendea
> Volar pel capo a frati i breviali.

B., Lutr., I, 25—27:

> Quand la discorde encor toute noire de crimes,
> Sortant des Cordeliers pour aller aux Minimes,
> Avec cet air hideux qui fait frémir la paix.

---

[1]) cf. Saint-Marc, II, 458 f., Commentar.

Aehnlich sind die folgenden Stellen, wo die Zwietracht und ihre Getreuen geschildert werden. Ariost, Orl. fur., c. XIV, Stanze 32, 83, 84:

> Di citatorie piene, e di libelli,
> D'essamine, e di carte di procure
> Havea le mani, e il seno, e gran fastelli
> Di chiose, di consigli, et di letture;
> Per cui le facultà de poverelli
> Non sono mai ne la città sicure.
> Havea dietro, e dinanzi, et d'ambi i lati
> Notai, Procuratori, e avvocati.

B., Lutr., I, 31—36:

> Elle (la discorde) y voit par le coche et d'Évreux et du Mans,
> Accourir à grands flots ses fidèles Normands;
> Elle y voit aborder le marquis, la comtesse;
> Le bourgeois, le manant, le clergé, la noblesse;
> Et partout des plaideurs les escadrons épars
> Faire autour de Thémis flotter ses étendards.

Was die Originalität der Episteln und des art poétique betrifft, so genügt es, hier das Resultat einer desbezüglichen Untersuchung zu citiren, und zwar e i n e r Untersuchung; denn die Autoren[1]), welche sich mit dem beliebten Gegenstande beschäftigen, kommen selbstverständlich immer zu d e m s e l b e n Schlusse, der recht günstig für den Dichter auszufallen pflegt.

Nach einer solchen Untersuchung ergiebt sich folgendes Resultat: Boileau imitateur d'Horace et de Juvénal. Par O t t o B e n e c k e. Prgr. des Progymn. zu Neuhaldensleben, 1879, p. 4:

> Les douze épîtres renferment un grand nombre de vers imités des satires et des épîtres d'Horace, p. c. Ep. II, 10 se trouve en latin dans Hor. Sat. I, 4. 14; Ep. III, 33 à 36 renferment le même sens que Hor. Ep. I, 16. 21 à 36; ensuite les beaux vers sur la vie champêtre VI, 39 à 42 sont l'écho de Hor. Sat. II, 6. 222; Ep. VI, 155 à 158 traduisent Hor. Sat. II, 6. 72 à 76. — Dans l'art poétique sur deux cent trente vers du chant premier se trouvent trente qui sont empruntés de la même œuvre d'Horace, la huitième partie du chant troisième est tirée de la même source.

Den Commentatoren zufolge (cf. S a i n t - M a r c, II, Remarques. S a i n t - S u r i n, II, Anmerkungen) ergeben sich ferner als entlehnt:
Ep. I, 3—4 — Virgil, egl. VI, 3—4. Ep. I, 160—162 — Horaz, lib. IV, ode IX, 25—28. Ep. I, 174 — Martial, lib. VIII, epigr. LVI.

---

[1]) Ausser der citirten Abhandlung von Darpe befassen sich mit dem Gegenstande:
> B o r n t r ä g e r, Boileau Despréaux comme poëte satirique. Prenzlau, G. u. R., 1873.
> G e r l a c h, ein Vergleich zwischen Horaz und Boileau. I. Theil. Rathenow, H. B., 1869.
> B i e l e f e l d, Boileau dans son rapport avec Horace. Dillenburg, P. G., 1874.

Ep. III, 56—68 — Virgil, egl. IV, 28 f., Georgica, lib. I, 127 f., Ovid., metamorph. lib. I, 100 f., 109—112, Horaz, epod. XVI, 43. 70 — Ovid, metamorph. lib. I, 119—120. 90 — Horaz, lib. II, sat. VII, 27. Ep. IV, 39—42 — Virgil, Aeneis, lib. VIII, 31—34. Ep. V, 2 — Persius, sat. IV, 5. 26 — Persius, sat. I, 7, IV, 23. 44 — Horaz, lib. III, od. I, 40. 54—56 — Horaz, lib. I, 28— 30. 61—64 — Persius, sat. II, 9—10. 85 — Horaz, lib. I, epist. I, 53. 89 — Juvenal, sat. I, 48. 99—101 — Horaz, lib. II, sat. III, 99—102.

Die übrigen Episteln (VI—XII) liegen ausserhalb der Kritik Desm.'s Zur Originalität des art poétique bemerkt Desm., l. c. p. 73:

Il faut considerer premierement s'il ne devoit pas plustost intituler cette piece traductions de l'art poetique d'Horace, de Vida, et de quelques autres, egayées par quelques Satyres contre quelques Poëtes François, tant du siecle passé, que du present.

Es erweisen sich nach den Herausgebern als dem Horaz und sonstigen lateinischen Autoren nachgeahmt:

I, 6 — Horaz, ars poet., 385. 11—12 — Hor. a. p., 38—40. (21—)22 — Martial, lib. XII, epigr. 62. 37—38 — Hor. a. p. 309. 61—62 — Hor. a. p. 337. 64 — Hor. a. p. 31. 66—68 — Hor. a. p. 25—28, 230. 75—78 — Hor. a. p. 343—345. 153—154 — Hor. a. p. 40, 311. 171—172 — Hor. a. p. 292—294. 173—174 — Hor. lib. I, sat. X, 72—73. 175—176 — Hor. lib. II, epist. I, 73, a. p. 351 ff. 178 — Hor. a. p. 152. 180 — Hor. a. p. 23. 183—188 — Hor. lib. II, epist. II, 106—110. 190—198 — Hor. a. p. 420—421, 424—433, 436. 199—207 — Hor. a. p. 445— 449, lib. II, epist. II, 111—113, 122—123. 219 — Persius, sat. I, 55. — Zusammen 51 Verse von 232 Versen.

II, 27—28 — Hor. a. p. 268—269. (35—)36 — Virgil, egl. IV, 3. 58—64 — Hor. a. p. 83—85. 69—70 — Hor. lib. II, od. XII, 26—27. 147—150 — Hor. lib. II, sat. I, 62—65, Juvenal, sat. I, 165—166, Persius, sat. I, 114. 162 — Juvenal, sat. X, 60 ff. 163—164 — Juvenal, sat. IV, 74. — Zusammen 19 Verse von 204 Versen.

III, 1—2 — einen Passus benutzend aus der Poetik des Aristoteles, cap. IV. (11—)14 — Hor. a. p. 190. (15—)16 — Hor. lib. II, epist. I, 211. 47 — Hor. a. p. 338—340. 49—54 — Hor. a. p. 180—188. 66 — Hor. a. p. 220. 67—70 — Hor. a. p. 275—277. 71—74 — Hor. a. p. 278—280. 110—112 — Hor. a. p. 119—127. 113—114 — Hor. a. p. 114—118. 124—126 — Hor. a. p. 125— 127. 132—134 — Hor. a. p. 105—107. 138 — Seneca (Tragiker), Troas, sc. I, 131—148 — Hor. a. p. 89—113. 185—187 — Virgil, Aeneis, lib. I, 125—126, 146—150. 269—286 — Hor. a. p. 136— 144. 298 — Ovid, metamorph. lib. XI, 102. 306 — Hor. a. p. 148.

335—349 — Hor. a. p. 281—284. 375—390 — Hor. a. p. 156—178. — Zusammen 104 Verse von 428 Versen.

Als entferntere Nachahmung werden bezeichnet: 359—370 — Hor. a. p. 309—322. — 12 Verse. IV, 29—38 — Hor. a. p. 367—373. 50 — Macrobius, Saturnales, lib. VI, cap. 7. 53—56 — Hor. a. p. 472—476. 87—88 — Hor. a. p. 343 f. 133—166 — Hor. a. p. 391—407. 181—184 — Juvenal, sat. VII, 59—62. 217—218 — Hor., lib. IV, od. IV, 51—52. — Zusammen 57 Verse von 236 Versen.

Es ist somit bezüglich der Originalität der genannten Stücke ein Tadel nicht in dem Umfange wie für die Satiren aufrecht zu erhalten.

B. Einzelne Ausstellungen.

Im dritten Dialog seiner Schrift beginnt Desm. eine ausserordentlich detaillirte Kritik. Bestimmte Dichtungen B.'s, Abschnitte aus denselben, einzelne Gedanken, Verse, Wörter werden mehr oder minder eingehender Besprechung unterworfen. Nach sachlichen Gesichtspuncten geordnet, werden wir diese Kritik im Folgenden vorführen und die Vorwürfe Desm.'s auf ihre Berechtigung prüfen.

Wir schicken die Worte voraus, mit denen die drei redenden Personen (Philene, Dorante, Damon) ihre Diskussion einleiten:

L. c. p. 23 ff.:

Philene. Voicy un pacquet que je viens de recevoir, qui pourroit bien nous dire quelques nouvelles de la censure dont nous a parlé Dorante: Car il me vient d'un amy qui avoit esperé de l'avoir pour m'en faire part.

Dorante. J'en avois oüy parler, mais je ne l'avois pas veu encore.

Philene. C'est la piece mesme, comme je le voy par le titre. *Censure des Satyres et autres œuvres de* . . . Il faut la lire ensemble avant que de nous separer. Mais je suis d'avis que nous sortions de cette salle, pour aller la lire, et nous reposer à l'ombre dans le jardin.

Damon. Voicy une heureuse rencontre. J'avois impatience de voir cette piece, et de juger avec de bons juges les jugemens qu'elle contient. Car qui ose corriger un homme de si haute reputation, s'expose aussi à estre jugé, et merite peut-estre luy-mesme une plus rude censure.

Philene. Nous parlerons en toute liberté. Seulement sois resolu, Damon, de ceder à la justice et à la verité, comme nous y sommes resolus Dorante et moy. Vous me laisserez lire tous deux, où vous m'interrompez tant qu'il vous plaira: car en fait de critique, les interruptions sont plûtost agreables qu'importunes. Donc puis que nous sommes en repos je vais commencer à lire. *Censure des Satyres et autres œuvres de* . . . pour le guerir s'il se peut de l'humeur de médire des autres, ou du moins pour luy aider à corriger ses fautes, s'il n'apprehende point le grand travail de la lime. Horace dit qu'il faut remettre sur l'enclume les vers malfaits.

Et male tornatos incudi reddere versus.

Puisqu'il dit qu'il a grande peine à faire des vers, il en aura encore une plus grande à les rendre parfaits. Mais le facile débit de la médisance flate merveilleusement un Satyrique, qui crois ses vers admirables quand une impression en a esté vendüe.

Il est content de sa composition, quand le Libraire l'est de sa vente; et il ne voudroit pas prendre la peine d'y corriger un vers.

Quand il aura veu ces remarques qui luy feront connoistre les bornes de sa capacité, il pourra se tenir asseuré qu'à mesure qu'il fera voir de ses ouvrages imprimez, et des regles de la Poësie, on les redressera aussi-tost avec une regle plus droite, qui lui apprendra à ne se plus mesler d'en faire, ou le moyen d'en faire de bonnes . . . Nul ne se doit faire maistre de son chef, et ne l'est jamais qu'après avoir fait des chefs-d'œuvres, et qu'après le jugement des maistres. Mais nul ne doit jamais presumer de sçavoir ny d'enseigner ce qu'il ne sçait pas faire.

Sume superbiam
Quaesitam meritis.

C'est à dire.

Sur le mérite seul il faut prendre l'audace.

Horace pouvoit se vanter de ses vers, et donner des preceptes de la Poësie: mais qui ne sçait faire autre chose que de le piller, doit plûtost se vanter d'estre grand voleur que grand Poëte.

Damon. Je demeure d'accord de tout cela; mais je l'attens aux remarques particulieres sur ses vers, dont jamais je n'ay crû qu'il y en eust un seul qui ne fust digne d'admiration.

Philene. Nous apportons icy chacun de nous un jugement libre, pour condamner ou pour deffendre.

Dorante. Croy, Damon, que nous n'epargnerons pas l'Auteur de cette censure, si elle ne nous satisfait pas partout.

Damon. Il me semble que je seray icy le seul pour deffendre les Satyres. Je me sens obligé pour soutenir les premiers sentimens que j'en ay eus.

I.

Beurtheilung des **Inhalts** bestimmter Stücke.

1) [1]) Ueber die I. Epistel, l. c. p. 62 f.

Philene. . . . Il faut finir avec luy comme il avoit osé finir avec le Roy, par son conte de l'huistre à l'écaille, qu'il avoit peschée dans une Comédie Italienne; et ayant compassion de la grande peine qu'il s'estoit donnée à faire de si méchans vers et de si pauvres contes, on pouvoit dire de luy.

O qu'il nous fait pitié, qu'il süe et qu'il travaille,
Pour couronner ses vers par une huistre à l'écaille.

Après son beau conte de l'huistre par lequel il finissoit, et ayant sceu qu'il estoit condamné mesme par ses amis, comme indigne d'estre presenté à

---

[1]) In jedem einzelnen Abschnitte werden die Kritiken unter **drei Rubriken** aufgeführt und zwar als
    1) Bemerkungen, welche Boileau zur **Aenderung der betreffenden Stelle** veranlasst haben.
    2) weiter zu **rechtfertigende Ausstellungen**.
    3) **haltlose und ungerechte**.

Die Anordnung nach sachlichen Gesichtspuncten veranlasste, dass auf die Reihenfolge der Kritiken und Bemerkungen in der Schrift Desm.'s keine Rücksicht genommen werden konnte und dass einzelne Ausstellungen, welche verschiedene Puncte betrafen, öfters wiederholt werden mussten.

un si puissant Roy, mais ne pouvant se resoudre à le supprimer, il aima mieux le deffendre, par des vers adjoutez à son Epistre, où il soûtenoit contre la verité qu'Horace faisoit en ses vers de pareils contes à Auguste. Il esperoit ainsi faire taire tout accusateur: puis sentant bien qu'il ne seroit pas admiré pour ce conte, il avoit adjouté.

> *Mais quoy? j'entens dé-ja quelqu'austere Critique,*
> *Qui trouve en cet endroit la fable un peu comique.*
> *Que veut-il? C'est ainsi qu'Horace dans ses vers*
> *Souvent délasse Auguste en cent sujets divers.*

Dorante. Cela n'est point vray qu'Horace ait jamais raillé en vers avec Auguste.

Philene. Ecoutez le reste. Ainsi il faisoit bien voir qu'on luy avoit conseillé de supprimer ce conte, toutefois il ne laissa pas de le presenter au Roy, mais il avoit esté obligé à le retrancher de l'Epistre à la precedente impression, par le bon goust et par l'authorité d'un grand Prince. Encore n'avoit-il pû se laisser ravir ce cher enfant qu'après luy avoir donné le dernier baiser, disant en la preface de cette Epistre, qu'il *avoit cru que la fable de l'huistre pourroit delasser agreablement l'esprit des Lecteurs qu'un sublime trop serieux peut enfin fatiguer* [1]. Il vouloit faire ainsi passer le ridicule Dialogue de Pyrrhus et de Cyneas [2]) pour un sublime trop serieux, auquel on voit bien qu'il pretend par son traité du sublime. Mais il peut s'asseurer qu'il ne fatiguera jamais le Lecteur par le poids d'un tel sublime, et d'un tel serieux, qui estoit aussi peu sublime et aussi peu serieux que la fable de l'huistre, qu'il disoit avoir esté loüée par plusieurs.

Ceux qui l'avoient tant loüée, peuvent juger de leur goust par celuy du Prince, qui luy a, dit-il, declaré, que la fable de l'huistre quoy que tres bien contée, ne luy sembloit pas digne du reste de l'ouvrage. Mais enfin ne pouvant perdre un tel plat qui avoit esté servy devant le Roy, et qui avoit esté trouvé digne de rebut, il a voulu dans cette derniere impression en faire un festin tout entier à l'Abbé ... en une Epistre qu'il feint de luy presenter, et sous le pretexte d'un procés, il luy a produit ce beau conte de l'huistre, que voilà conservé heureusement à la posterité. Icy finissent les remarques sur la premiere Epistre au Roy.

Dorante. Il n'est pas besoin d'y ajouster des reflexions. Il suffit que nous soyons prests, Philene et moy, et peut-estre aussi Damon, de souscrir à tous ces jugemens, qui sont justes, et dont nul esprit raisonnable ne peut disconvenir.

Die Fabel von der Auster wurde aus der I. Epistel entfernt und der II. (41—52) angewiesen; achtzehn Verse wurden völlig gestrichen, die vier citirten gehörten dazu. Es wird bestätigt (cf. Saint-Marc, II, p. 33, Remarques), dass die Fabel einer alten italienischen Comödie entlehnt sei. Auf den Dialog zwischen Pyrrhus und Cyneas wurde an anderer Stelle (s. p. 68 ff.) verwiesen.

Gegen die epische Dichtung Le lutrin erhebt der Kritiker folgenden Einwand, l. c. p. 108 f.:

L'Autheur, pour déguiser la matiere en publiant son ouvrage, et pour reparer en quelque sorte l'outrage qu'il avoit fait à un lieu si auguste et si Saint comme est la Sainte Chapelle de Paris, d'avoir voulu rendre tous ses

---

[1]) cf. Berriat-Saint-Prix, II, p. 7 »avis au lecteur«.
[2]) cf. épitre I, 61—90.

Officiers et ses Chanoines ridicules; a pris le nom de *Pourges*, qui est un village prés de Montlehery, où il feint qu'il y a une chapelle; et il a esperé qu'il se mettroit ainsi à couvert: mais il devoit aussi changer beaucoup de particularitez, qui convenoient à la ville de Paris, au Palais, et à la Sainte Chapelle, et qui ne conviennent nullement à ce village. Mais il n'a pas voulu étouffer ces enfans de sa Muse Heroïque et ridicule . . .

> *Quand la Discorde encor toute noire de crimes,*
> *Sortant des Cordeliers pour aller aux Minimes . . .*
> *S'arresta pres d'un arbre au pied de son Palais* [1]).

Comme il ne respecte point les lieux Saints, il ne respecte point aussi les Ordres Religieux. Il faut dont s'imaginer qu'à Pourges il y a des Cordeliers et des Minimes, et un palais. Tout cela convenoit à la ville de Paris, mais l'imagination ne peut souffrir que l'Autheur transporte tout cela à Pourges, et le transporte aussi pour y voir toutes ces choses.

Mesme on y verra Ribou avec sa boutique . . .

> *Accourir à grands flots ses fideles Normans,*
> *Elle y void aborder le Marquis, la Comtesse,*
> *Le Bourgeois, le Manant, le Clergé, la Noblesse* [2]).

Tout cela ensemble ne convient point au village de Pourges.

Lutrin, I, 3 lautete in den ältesten Ausgaben:

> *Dans Bourges autrefois exerçant son grand cœur.*

An Stelle desselben trat in Folge der von Desm. erhobenen Einwände in Ausg. 1675:

> *Dans P...;* später: *Dans une illustre église...*

Ebenso an anderer Stelle

> *Pourges voyait fleurir son antique chapelle*

von 1674—1682; sodann *P . . .* oder *P****; in Ausg. 1683 an allen Stellen *Paris . . .* [3]).

Bestimmte Versgruppen einzelner Dichtungen werden beurtheilt: l. c. p. 39:

> *. . . Qui prodigue du sien,*
> *A trois fois en dix ans devoré tout son bien,*
> *Et dont l'ame inquiete, à soy-mesme importune,*
> *Se fait un embarras de sa bonne fortune* [4]).

Tout cela est contre le sens. Premierement, *prodigue du sien*, n'est que pour dire, *prodigue*, car nul n'est prodigue que de son bien. Et un prodigue ne peut pas devorer trois fois tout son bien; puis que l'ayant devoré une fois, il ne peut pas le devorer encore deux fois. Et les emprunts qu'il fait en suite, et qu'il devore, sont du bien d'autruy et non du sien.

B. ändert die fraglichen Verse:

> *Qui jette furieux son bien à tous venans.*

---

[1]) Lutrin, I, 25—26, 28.
[2]) Lutrin I, 32—34.
[3]) cf. Berriat-Saint-Prix, II p. 285, n. 4. Saint-Surin, II p. 327. n. c.
[4]) Sat. IV, 67—70 in Ausg. 1666—1682.

L. c. p. 41:

> *Sers un si noble maistre, et fait voir qu' aujourd'hui*
> *La France a des sujets qui sont dignes de luy*[1].

... qui jamais a dit, *la France a des sujets*. Car un païs n'a pas de sujets, il a des habitans. C'est le Roy qui a des sujets; et la France est sujette au Roy.

Durch diese auf falscher Auffassung beruhende und an Absurdität grenzende Bemerkung veranlasst, verbessert B.:

> *Ton Prince a des sujets qui sont dignes de lui.*

L. c. p. 53 f.:

Philene. Mais en recompense les deux vers suivans sont admirables, où il se fait dire par Apollon.

> *Où vas-tu t'embarquer? regagne les rivages,*
> *Cette mer où tu cours est fameuse en naufrages*[2]).

Ces deux vers ont long-temps occupé ses amis, qui s'estant engagez à faire passer aupres du Roy cette Epistre pour quelque chose de rare, et voyant qu'il avoit mis d'abord *regagne le rivage*[3]), comme il estoit raisonnable, et qu'ensuite pour rimer il avoit mis, *celebre en naufrage*, ce qui ne valloit rien; ils jugerent qu'il falloit mettre *celebre en naufrages*, au pluriel; et sur cela il proposoient de mettre *regagne les rivages;* ce qui toutefois ne vaut rien: car il suffit à un vaisseau qui est en danger de gagner un port ou un rivage, sans en gagner plusieurs. De sorte qu'ils furent longtemps partagez là dessus, pour sçavoir s'il mettroit *rivage et naufrage*, ou *rivages et naufrages.*

Damon. Je me trouvay à cette conference, qui ne fut que de quatre, et mon avis fut pour *rivages et naufrages.*

Philene. Il fut conclu, dit nostre texte, pour *rivages et naufrages*, comme leur semblant plus supportable: parce que l'Autheur, pour la grande peine qu'il a dans les vers, ne pouvoit se resoudre à chercher un autre sens, et d'autres rimes.

Mais voicy un étrange malheur: c'est que pendant leur contestation ils ne prenoient pas garde au discours insensé et éperdu d'Apollon, qui disoit: *Ou vas-tu t'embarquer?* et ensuite luy disoit: *Regagne les rivages*: car puis qu'il luy disoit: *Ou vas tu t'embarquer?* il n'étoit pas embarqué; de sorte qu'il n'estoit pas besoin de luy dire *Regagne les rivages.* Et Apollon estoit bien fou de luy dire *Cette mer où tu cours*, puis qu'il luy conseilloit de ne pas s'embarquer; et par consequent il n'estoit pas encore sur la mer.

Dem Mangel an logischer Correctheit, welcher aus dem Bestreben, grammatisch correct zu sein, erwuchs, wurde durch die jüngste Umdichtung abgeholfen:

> *Sais-tu dans quels périls aujourd'hui tu t'engages?*
> *Cette mer où tu cours est célèbre en naufrages.*

---

[1]) Sat. V, 147—148 Ausg. von 1666 bis 1683.
[2]) Épître I, 5—6 Ausg. 1672—1698.
[3]) Ép. I, 6 in ältester Redaktion.

2) Die IV. Epistel (au roi) wird folgendermassen beurtheilt, l. c. p. 64, 67:

Philene. *Sur la seconde Epistre au Roy.*
Cette Epistre au Roy sur son glorieux passage du Rhin .... estoit une matière si belle, si grande et si serieuse, qu'elle meritoit bien d'estre traitée magnifiquement, s'il en eut eu l'invention et la force: mais son esprit Satyrique ne le luy permettant pas, il se met d'abord à faire des railleries sur les noms durs et barbares des Villes de la Hollande.

Man vergleiche den Anfang der Epistel, in dem der Dichter sich beklagt, dass die Namen holländischer Städte nur rauhe Silben liefern und den Wohlklang der Verse stören, und die folgenden Verse (10—16):

> Et qui peut sans frémir aborder Voërden:
> Quel vers ne tomberait au seul nom de Heusden?
> Quelle muse à rimer en tous lieux disposée
> Oserait approcher des bords du Zuiderzée?
> Comment en vers heureux assiéger Doësbourg.
> Zutphen, Wageningben, Harderwic, Knotzembourg,

Aprés son foible recit du glorieux passage du Rhin, par les guerriers dont il entasse tons les noms, et dont la noblesse et la valeur devoient l'animer à pousser des descriptions, des comparaisons et des figures Poëtiques, il se lasse aussi-tost ... Et dans la frayeur il s'enfuit jusqu'aux bords de l'Hellespont, où il va attendre le Roy dans deux ans. Ainsi il finit, et se sauve du combat, avec le Conique, ne pouvant soutenir plus long-temps un sujet de haute Poësie; et jamais il ne pourra ny commencer ny finir ses pièces que par la Satyre, ne pouvant entreprendre autre chose par manque de force et d'haleine; et ne pouvant jamais s'élever ny dans une riche description, ny dans une noble comparaison, qui sont les choses par les quelles on fait voir si l'on est Poëte.

Dorante. Voilà de bonnes leçons pour luy, s'il les veut bien apprendre.
Philene. Mais ces leçons ne luy donneront pas le genie de la haute Poësie, qui luy manque, et que nulle étude ne peut donner.

Die Schilderung des Rheinüberganges (v. 97—140) entbehrt in der That frischer Lebendigkeit und kriegerischer Begeisterung. Eine Reihe blosser Namen füllt eine Anzahl von Versen (99, 103, 106—107, 109, 111, 132) aus; ferner vergleiche man Wendungen wie

> ... le premier dans les flots
> S'avance soutenu des regards du héros (99—100).
> Marche des Cuirassiers l'escadron indompté (104).
> Vendôme, que soutient l'orgueil de sa naissance (109).
> Fendent les flots tremblans sous un si noble poids (112).
> Louis les animant du feu de son courage,
> Se plaint de sa grandeur qui l'attache au rivage (113—114).
> Du salpêtre en fureur l'air s'échauffe et s'allume (121).
> Mais Louis d'un regard sait bientôt la fixer,
> Le destin à ses yeux n'oseroit balancer (127—128).

Nicht unrichtig bezeichnet man einen Theil des Gedichts als einen versificirten Zeitungsbericht [1]. Die Verse, welche sich an den

---

[1] Für das bezügliche Citat von Sainte-Garde cf. Berriat-Saint-Prix, II, p. 48, n. 6.

König selbst wenden (113—114, 127—128, 153—172), enthalten entweder eine kühne Persiflage in Bezug auf seine Eroberungssucht und sein Feldherrntalent, oder steigern das Lob seiner Persönlichkeit zum vergötternden Dithyrambus.

Desm. giebt folgende Darstellung des Flussüberganges, l. c. p. 68:

Philene lit. S'il eut eu du genie, voicy à peu prés comme il devoit pousser une comparaison, digne du passage du Rhin, si glorieux pour le Roy, et pour ses guerriers.

Le grand Prince animoit ces genereux courages,
Comme le vent d'Afrique excite les nuages,
Les assemble, les presse, et de climas divers
Les pousse par monceaux dans le vague des airs.
Tous par un vol egal passent sur les campagnes,
Sur les hautes forests, sur les fieres montagnes;
Puis d'un mélange obscur ne formans qu'une nuit,
Attaquent de leurs eaux le pasteur qui les fuit,
Fondent sur la moisson, jusqu'à ce jour heureuse,
Abbattent ses tresors sous l'onde rigoureuse,
Et lançant tout à coup leurs humides fureurs,
Foulent en un moment l'espoir des Laboureurs.

Der Vergleich ist bezeichnend; man beachte das tertium comparationis: eine ungestüme Kraft, welche mit zweckloser Lust die Frucht strebsamen Fleisses vernichtet.

Einzelne Verse oder Versgruppen erfahren des Kritikers Tadel, l. c. p. 64:

Il y parle d'abord de Pegase, comme s'il portoit partout les Poëtes, de quoy les anciens n'ont jamais parlé; et comme s'il devoit luy aider à ce passage du Rhin, et il dit.

Pegase s'effarouche et recule en arrière[1]. Mais Pegase voloit; et rien de ce qui vole ne recule en volant. Et puis qu'il voloit, il ne refusoit pas de passer le Rhin. Il fait mesme faute au sixième vers de son art poëtique (ch. I), où il dit. *Et Pegase est retif.* Car il allegue souvent son Pegase, qui luy rend de grands services.

Dorante. Cela est justement repris; et cela est ridicule de parler du Pégase fabuleux comme d'un cheval retif. Peut-estre croit-il qu'il rüoit, parce qu'il fit sortir d'un coup de pied la source d'Hippocrene.

Damon. Je ne puis aimer ce Pegase retif.

Philene *continue*. Il s'estoit mocqué dans son discours au Roy au devant de ses Satyres, des Poëtes à qui Calliope dédaigne de parler, et pour qui Pegase refuse de voler.

Calliope jamais ne daigna leur parler,
Et Pegase pour eux refuse de voler[2].

Maintenant il dit que pour ce passage du Rhin Pegase recule pour luy en arriere. Ainsi il est refusé par luy aussi bien que les mauvais Poëtes.

---

[1] Ép. IV, 26.
[2] Discours au roi, v. 31—32.

Dem Olympier Zeus wird in derselben Epistel (IV) der König verglichen, an Gestalt und Antlitz soll er jenem ähnlich sein. Auch diese Uebertreibung erfährt Desm.'s Vorwurf, l. c. p. 66:

Il louë le Roy d'avoir la taille et le visage de Jupiter[1], qui n'a jamais esté representé ny beau ny de belle taille par les Poëtes Payens.
Dorante. Il faut choisir mieux les comparaisons, et cela n'est pas pardonnable de comparer un Heros Chretien à Jupiter, que nul ne vid jamais.

Dichter und Kritiker verfallen der Absurdität: dort hätte, um gewaltiger Erhabenheit Ausdruck zu geben, die Erwähnung des Gottes genügt; hier will engherziges Urtheil des Dichters Absicht nicht erkennen.

Der Rheingott erscheint dem Kritiker in unedler Weise personificirt, l. c. p. 66:

Philene *poursuit*. Puis il donne au Dieu du Rhin une *barbe limonneuse*[2], comme si c'estoit le Dieu de quelque marais bourbeux.

L. c. p. 77 f.:

Philene... Parlant du bon sens et de la rime, il dit.
L'un l'autre vainement ils semblent se haïr[3]. Pur galimatias, pour dire que quelquefois la rime ne s'accorde pas avec le sens. Mais pourquoy *vainement* qui est inutile?
Peut-estre veut il dire que quelques Poëtes travaillent vainement pour accorder la rime avec le sens, mais cela ne le dit pas.
Dorante. Toutes ces remarques sont justes.
Philene *lit*. Il parle de la rime, et dit.

> *Mais lorsqu'on la neglige, elle devient rebelle*[4].

On n'entend pas cela...

> *Ils croiroient s'abbaisser dans leurs vers monstrueux,*
> *S'ils pensoient ce qu'un autre a pû penser comme eux*[5].

Entende cela qui le pourra: pour moi je ne l'entens pas.

Die zwei letztgenannten Verse gehören zu einer bekannten Anspielung auf den Marinismus (art poét. I, 39—44).

Mangel an Klarheit des Ausdrucks wird ferner folgender Stelle vorgeworfen, l. c. p. 82:

Philene... ce qui suit n'est plus intelligible.

> *Sans la langue, en un mot, l'Autheur le plus divin*
> *Est tousjours, quoy qu'il fasse, un mechant Escrivain*[6].

Dorante. Il veut dire, s'il manque à bien parler; mais cela ne le dit pas.

L. c. p. 86:

> ... *Là souvent le Heros d'un spectacle grossier*[7].

---

[1] Ép. IV, 57. [2] Cf. ép. IV, 69.
[3] Art poétique, I, 29. [4] Ibid., 35. [5] Ibid., 41—42.
[6] Ibid., 161—162. [7] Ibid. III, 41.

On dit bien le Heros du Poëme, ou de la Tragedie, ou de la piece, mais on ne dit point *le Heros d'un spectacle*.

3) Bemerkungen über ganze bezüglich ihres Inhalts kritisirte Dichtungen schicken wir wiederum voraus, l. c. p. 51 ff., 61:

Philene... *Sur la premiere Epistre au Roy*.
Il est aisé de juger que lors que l'Autheur fit cette Epistre, il s'estoit imaginé que le Roy estoit las de la guerre, et qu'il n'y vouloit plus retourner: ce qui est la pensée la plus folle, et la plus injurieuse à la valeur de ce grand Prince, qui pouvoit entrer dans la teste de ce Poëte, qui crut qu'il n'avoit plus qu'à le flater dans sa resolution de ne plus sortir de son Etat, et de ne plus penser qu'à ses plaisirs. C'est pourquoy il luy parle des Heros de paix (qui sont des Heros de nouvelle institution). Et il se mocque sans cesse des Conquerans, comme de foux ridicules, et comme il avoit dé-ja condamné Alexandre le grand à estre mis par un Tuteur aux petites maisons.
Cette piece presentée au Roy est plûtost une Satyre qu'une Epistre, bien qu'il y proteste d'abord qu'il renonce la Satyre; mais il y fait bien voir qu'il ne sçait pas comment il faut parler, ny aux Princes, ny des Princes.
Il traite avec bien peu de respect et d'estime le grand Roy auquel il écrit, se meslant de luy conseiller le repos et les plaisirs; et il ose s'ériger en censeur des Conquerans et des plus grands Capitaines. Il parle de Pyrrhus comme d'un insensé, lequel toutefois est si estimé par Plutarque, de ce qu'ayant esté dépouillé de son Royaume estant enfant il le reconquit si tost qu'il put porter les armes; et fut si grand Capitaine, qu'il fit d'excellens écrits de l'Art de faire la guerre, et fut mis par Annibal mesme au second rang entre les grands Capitaines après Alexandre. Toutefois nostre Autheur veut le faire passer pour un fou, parce qu'il vouloit aller en Italie, pour y secourir les Tarentins, vaincre les Romains, et faire de plus grandes conquestes; et il veut faire croire que Pyrrhus devoit plûtost penser à rire et à passer le temps en Epire le reste de ses jours.
Par-là il pretend prendre le personnage du sage Cyneas, pour persuader au Roy qu'il doit plûtost penser à rire, et à passer ses jours en joye, qu'à poursuivre ses droits hors de la France, qu'à vanger ses injures contre les Hollandois, et qu'à secourir ses voisins. Et il veut faire croire à tous, que si le Roy fait jamais quelque pareille entreprise, voilà dé-ja sa Satyre toute faite en la personne de Pyrrhus. De sorte que Louis XIII. a eu grand tort d'aller conquerir le Roussillon et la Catalogne; Godefroy de Buillon a esté un grand fou de vendre et d'engager ses terres pour aller conquerir la terre Sainte; si selon les nouvelles regles de nostre Docteur, la seule gloire des Princes doit estre de demeurer dans leurs Estats, et d'y rire depuis le matin jusques au soir. C'est ainsi que les lâches voluptueux jugent des nobles entreprises des Princes justes et vaillans, et les estiment des extravagances; et un Poëte, qui est d'ordinaire paresseux, et méchant soldat, comme dit Horace, *Militiae piger atque malus*, ne loüe pas volentiers la vaillance, s'il n'a un grand genie qui embrasse les plus grandes choses...
Ou plûtost il faut laisser le reste de son Epistre, où il parle des *Heros de paix*, qu'il dit estre les plus glorieux. Il dit que les Conquerans sont les Heros plus vulgaires, et qu'il y en a dans chaque siecle. Il appelle ce Heros de paix *un Roy vrayment Roy*[1]), qui est une façon de parler en vers peu digne de la Poësie, et d'un censeur et Docteur des autres.

Nach Brossette's Angabe verfasste B. die I. Epistel auf Colbert's Bitte hin, um des Königs Sinn vom Kriegführen abzuwenden; daher

---

[1]) Ép. I, 103.

das satirische Gepräge, auf welches bei Besprechung des dem Plutarch entlehnten Dialogs zwischen Pyrrhus und Cyneas (cf. p. 71) hingewiesen wurde. Die Eroberer werden nicht als Narren betrachtet; es wird ihrem häufigen Vorhandensein in der Geschichte die seltene Erscheinung eines idealen Herrschers gegenübergestellt, welcher, da seine Machtstellung nach Aussen hin befestigt ist, im Innern sein Land durch eine in jeder Beziehung segensreiche Regierung beglückt. Pyrrhus dient eigentlich nur als Pseudonym für Ludwig.

Der IV. Gesang des art poétique wird beurtheilt, l. c. p. 105:

... Dans ce quatrième chant de son Art poëtique, on voit d'abord qu'ayant perdu le fil et la conduite des preceptes d'Horace, il tombe en des bassesses continuelles, et dans l'embarras, comme un aveugle qui a perdu son baston. Après son conte du Medecin, qui est si long et si inutile à son sujet, il n'y a rien qui ne marque son désordre.

Man vergleiche hiermit den Inhalt der Dichtung, welcher im Gerippe folgender ist:

Die an einem Beispiele erläuterte Moral, man solle sich demjenigen Fache widmen, auf welches Neigung und Talent hinweise, wird auf die Poesie angewendet.

Nur natürliche Beanlagung ist die Basis ruhmvollen Dichterberufes, verfehlt das Bemühen, denselben zu ergreifen, wenn Genie und Talent über die Mittelmässigkeit sich nicht erheben. Der wahre Dichter muss einen strengen einsichtigen Kritiker dem seichten Lobredner vorziehen und hat im Dienste des Guten, Wahren, Schönen mannichfache Vorschriften zu beachten (cf. v. 85—132). Die Geschichte der Dichtkunst zeigt, dass sie, ursprünglich eine hehre Kunst, nicht in materiellem Gewinne den Gipfel des Erfolges gesucht habe, bis sie zur Dienerin solchen niederen Zweckes herabgesunken sei. Die ideale Bestimmung der Poesie muss der wahre Dichter im Auge behalten und wissen, dass Apoll nur Namen und Lorbeeren spendet. Bei des Königs Freigebigkeit gegen die Dichter könne nur noch Begeisterung und nicht mehr Gewinnsucht die Triebfeder zum Dichten sein. Die Musen mögen darum alle Kraft zusammennehmen, um des Herrschers glanzumflossene Persönlichkeit würdig zu feiern und zu besingen.

Der ganze Stoff ist wohlgefügt und erschöpfend verarbeitet, und das vorangestellte Beispiel — ein Arzt, der zu seinem Berufe nicht taugt, zur Einsicht gelangt und ein tüchtiger Baumeister wird, — dem Ganzen durchaus angepasst.

Einzelne Verse und Versgruppen werden beurtheilt, l. c. p. 53:

... Mais ce qui est bien plus admirable en ce Poëte, c'est qu'en se mocquant de l'ambition des Conquerans, il est luy-mesme si ambitieux, qu'avec tant de méchants vers il prétend s'élever au dessus de tous les Poëtes, les quels il croit faire trembler. Mesme il dit qu'il fait trembler Apollon le Dieu des Poëtes, disant de luy-mesme.

> Qu' après avoir joüé tant d'Autheurs differens,
> Phebus mesme auroit peur s'il entroit sur les rangs¹).

Voilà un Poëte plus redoutable à tout le Parnasse, que Pyrrhus ne le fut aux Romains après deux grandes batailles gagnées.

D'abhord il veut persuader qu' Apollon s'interesse tellement pour sa gloire qu'il est *tout éperdu* de ce qu'il veut s'adonner à autre chose qu'à la Satyre.

Jene Verse werden falsch erklärt; der Zusammenhang ergiebt: selbst Apoll, wenn er nur Spottgedichte verfasst hätte, würde vor lobrednerischem Dichterhandwerk ein gewisses Zagen empfinden; erstaunt ist er, dass sein Jünger (man kann doch dem B. nicht übelnehmen, wenn er sich als solchen betrachtet), welcher bislang nur der Satyre oblag, sich nun zum Dithyrambus emporschwingen will (ép. I, 3—4).

L. c. p. 65:

> ... Puis il craint si fort d'ennuyer en termes magnifiques, qu'il dit aux Muses.
>
> *Vous savez des grands vers les disgraces tragiques:*
> *Et souvent on ennuye en termes magnifiques*²).
>
> Mais les grands vers n'ennuyent que quand on n'a pas le talent de l'invention. Et il n'y a rien qui divertisse tant les esprits de bon goust, que les divers ornemens de la Poësie, les narrations divertissantes, les descriptions pompeuses, et les nobles comparaisons, qui font que les Poëmes bien inventez et bien traitez n'ennuyent jamais.

Eben an Dichter bombastischer Verse, an solche Poeten, denen selbstschöpferische Kraft fehlt, denkt hier der Dichter; vorher (ép. IV, 32—36) ermahnt er die Musen, Alles zur Schilderung des grossen Ereignisses einzusetzen, nicht aber durch gehaltlosen Schwulst zu langweilen.

L. c. p. 66:

> ... Il veut (le Dieu du Rhin) aller exhorter les Hollandois à bien deffendre ses bords. Mais un Dieu doit se deffendre par luy-mesme, et ne doit pas aller demander du secours aux hommes: Il devoit soulever les flots et employer tout ce qu'il avoit de puissance.

Der Rheingott steht auf, um den Bewohnern seiner Gestade, den Holländern, welche in feiger Ergebung der Feinde harren, das Schimpfliche ihrer müssigen Ruhe vorzuhalten und sie entweder zum Niederlegen der Waffen oder zu erbittertem Kampfe aufzufordern (ép. IV, 69—92). Die Elemente kommen erst im späteren Verlaufe des holländischen Krieges den bedrängten Niederländern zur Hülfe.

L. c. p. 79:

> *Un stile trop égal, et toûjours uniforme,*
> *En vain brille à nos yeux, il faut qu'il nous endorme*³).

---

¹) Ép. I, 15—16.   ²) Ép. IV, 37—38.
³) Art poét., I 71—72.

Que veut dire cela? Il semble qu'il devoit plustost dire, il ne faut pas qu'il nous endorme. Mais le stile de Virgile est uniforme, estant tousjours égal; et Horace dit qu'il faut qu'un Poëme aille tousjours d'une mesme force, comme un beau fleuve qui coule tousjours avec mesme force et pureté.

Vehemens et liquidus, puroque simillimus amni[1]).

Mais parce que l'Autheur de cét Art Poëtique sent bien qu'il n'a pas cette force égale, qui est dans un Poëme qu'il tâche à détruire, il veut faire croire qu'il ne faut pas l'avoir, et dit ...

On lit peu ces Autheurs nez pour nous ennuyer
Qui toûjours sur un ton semblent psalmodier[2]).

Mais celui qui plaist tousjours par ses diverses inventions, qu'il soutient avec une égale force de diction n'ennuye jamais.

Dorante. On connoist bien qu'il a voulu blamer là ce qu'il ne peut faire, et qu'il veut donner pour precepte, le contraire du precepte d'Horace.

Saint-Marc widerlegt des Längern diesen Einwand. Er hebt mit Recht hervor, dass B. vor Einförmigkeit des Tones in der Erzählung warne, dass Horaz vom guten Stil drei Eigenschaften, Schnelligkeit, Flüssigkeit, Reinheit, verlange, dass Virgil ein ebenso sich gleich bleibender wie mannichfaltiger Schriftsteller sei. »Desmarets n'étoit pas en état de comprendre qu'on ne peint pas une Tempête des mêmes couleurs qu'une Bataille; et qu'il faut d'autres nuances pour l'Elisée que pour le Tartare«[3]).

L. c. p. 83:

... Le second chant traite d'abord de la naiveté de l'Idylle, mais ce n'est pas une merveille.

Qu'une bergere au plus beau jour de feste
De superbes rubis ne charge point sa teste,
Et sans mesler à l'or l'éclat des diamans[4]).

Car une Bergere n'a ny rubis, ny or, ny diamans. Ainsi la comparaison n'est pas juste pour l'Idylle; parce que le Poëte s'y doit abstenir de la pompe par art et par raison, et non par manque de force, et par pauvreté[5]).

L. c. p. 84:

L'ardeur de se montrer, plustost que de médire
Arma la verité du vers de la Satyre[6]).

Que veut dire, *l'ardeur de se montrer?* C'est pour dire, le desir de faire parler de soy; mais ce ne doit pas estre le but de la Satyre.

Die Auslegung der beiden Verse ist falsch; der Gedanke ist: wo Lüge und Heuchelei herrscht, ist die Wahrheit bestrebt ans Licht zu treten; als Werkzeug benutzt sie die Satire[7]).

---

[1]) Horaz, lib. II, epist. II, 120.   [2]) Art poét., I 73—74.
[3]) Cf. Saint-Marc, II 229. Commentar.   [4]) Art poét., II 1—3.
[5]) Cf. Saint-Marc, II 257. Commentar: Il est vrai que la comparaison est juste quant au fond; mais elle est fausse quant à la manière dont elle est proposée.
[6]) Art poét., II 159—160.
[7]) In demselben Sinne vertheidigt Saint-Marc den B., II 282. Commentar.

L. c. p. 96:

Voicy encore de beaux preceptes pour le Poëte Heroïque, afin qu'il fasse rire: parce qu'il croit que c'en est l'excellence, et non de se faire admirer.

Que tout y fasse aux yeux une riante image.
On peut estre à la fois et pompeux et plaisant[1].

Saint-Marc rechtfertigt B. wie folgt, II 367, Commentar: »Ce n'est assurément que le terme de *plaisant* du second Vers, qui-peut avoir choqué *Des Marêts*. Ce mot par un usage, qui subsistoit déja dans le tems que notre Auteur écrivoit, ne veut dire dans la signification propre, que *qui fait rire*. Nos anciens Ecrivains employoient toujours *Plaisant*, comme *Participe*, ou comme *Adjectif verbal*, venant du verbe *Plaire;* et ce mot chez eux signifioit par-tout, *agréable, qui plaît.* C'est dans cette signification surannée, que M. Despréaux s'en sert en cet endroit aussi bien, que dans le vers 76. du premier Chant, et dans le 83. du quatrieme.

Passer du grave au doux, du plaisant au sévere.
Par-tout joigne au plaisant le solide et l'utile«.

L. c. p. 104 f.:

Le reste n'est qu'une exhortation aux Poëtes pour chanter le Roy par les leçons.

Que sa Muse au Parnasse
Rapporta jeune encor du commerce d'Horace[2].

On void qu'il est bien jeune encore dans l'étude d'Horace, puis qu'il ne sçait pas encore luy-mesme en pratiquer les leçons. Mais pourquoy rapporter des leçons au Parnasse, puisque c'est plûtost du Parnasse que les amans de la fable apportent des leçons. Cela n'est pas intelligible, et doit être corrigé. Mais il luy sera difficile de remettre sur l'enclume tant de choses qu'on luy montre qui sont à réformer.

L. c. p. 110 f.:

... Puis parlant de la crainte de l'horlogere, il dit.

A ce triste recit tremblante et desolée,
Elle accourt l'œil en feu, la teste échevelée[3].

Cela n'a nul rapport, de mettre ensemble une femme tremblante, et ayant l'œil en feu. Les Poëtes doivent mieux representer les effets des passions.

Der Dichter giebt zwei einander folgenden Gemüthsbewegungen Ausdruck: das Weib erzittert in Furcht, als man ihm von dem, seinem Gemahle bevorstehenden Nachtabenteuer erzählt, und Wuth leuchtet aus seinem Auge, als es sich darauf anschickt, dem Gatten ob seiner Tollkühnheit bittere Vorwürfe zu machen.

L. c. p. 114:

Tous ses vallets tremblans quittent la plume oiseuse[4].

---

[1]) Art poét., III 288—289.   [2]) Ibid., IV 227—228.
[3]) Lutrin, II 9—10.   [4]) Ibid., IV 6.

Il eut esté bon de mettre *la plume oysonneuse;* car on la tire des oysons, et il a voulu marquer que ces vallets couchoient sur la plume.

Natürlich will der Dichter den an das Federbett knüpfenden Gedanken der Faulheit und Müssigkeit markiren.

L. c. p. 114:

Philene. *La Deesse guerriere.*
De son pié trace en l'air un sillon de lumiere[1]).

La Discorde devoit plustost remplir tout de tenebres, que tracer en l'air un sillon de lumiere. Puis il fait un grand honneur à M. le Prince, de le comparer à la Discorde. *C'est ainsi grand Condé . . .*[2])

Den drei das Chorpult suchenden Männern, welche eine Erscheinung jählings erschreckt, redet die Zwietracht Muth ein und erhellt, um der Verzagten Gemüther wieder ins Gleichgewicht zu bringen, die dichte Finsterniss (lutrin, III 103—140). In dieser Eigenschaft, als Beispiel des Muthes für die Zagenden, wird sie Condé, dem Sieger in der Schlacht von Lens (20. Aug. 1684) verglichen.

L. c. p. 39:

. . . Et dont l'ame inquiete, à soy-mesme importune,
Se fait un embarras de sa bonne fortune[3]).

. . . Mais comment après avoir devoré tout son bien, son ame peut elle se faire un embarras de sa bonne fortune, puis qu'il est alors dans la misère? C'est n'avoir pas le sens commun que d'écrire ainsi.

Das *se fait un embarras de sa bonne fortune* bezeichnet den Gemüthszustand des Verschwenders überhaupt, nicht etwa, nachdem er sein Gut verthan[4]).

L. c. p. 41:

Sers un si noble maistre, et foy voir qu' aujourd'huy
La France a des sujets qui sont dignes de luy[5]).

Cét *aujourd'hui* n'est qu'une cheville, pour rimer avec *luy.* Car *aujourd'hui* est pour dire *en ce siècle.* Et cela seroit impertinent de dire: en ce siècle la France a des sujets qui sont dignes du Roy. Car on sçait bien que les hommes des siecles passez, ny ceux des siecles futurs, ne sont pas des sujets pour le Roy (s. p. 79).

Der Dichter hatte in der V. Satire, deren Schluss jene Verse bilden, der Sittenlosigkeit des Adels seiner Zeit die Tugendreinheit der Ritter und Edlen vergangener Jahrhunderte entgegengestellt; **heute** nun, ermahnt er einen Adligen, solle er zeigen, dass noch die guten Sitten **früherer Zeit** anzutreffen seien.

---

[1]) Lutrin III 137—138.   [2]) Ibid. III 141.
[3]) Sat. IV 69—70.
[4]) Saint-Marc giebt an, das Ganze sei auf eine bestimmte Persönlichkeit, Abbé de B . . . H . . . gemünzt, welcher selbst geäussert habe, er sei unglücklich ein grosses Vermögen zu besitzen. Cf. I, 90, Commentar.
[5]) Sat. V 147.

L. c. p. 72:

> ... *A quoy bon reveiller mes Muses endormies,*
> *Pour tracer aux Autheurs des regles ennemies*[1]*.*
> *Penses-tu qu'aucun d'eux veuille subir mes loix,*
> *Ny suivre une raison qui parle par ma voix*[2]*).*

Quel galimatias? *tracer aux Autheurs des regles ennemies*, que veut dire cela? Entendra-ton *ennemies aux Autheurs*, ou *tracer aux Autheurs?* et de dire *qu'une raison parle par sa voix*, est-ce chose intelligible?

Schwer zu missdeuten ist der Sinn des Ganzen: die Schriftsteller seiner (des Dichters) Zeit sind den von ihm gegebenen Regeln abhold und gegenüber der von ihm gepredigten Vernunft taub.

L. c. p. 44 f.:

> ... *De sa vaste folie emplir toute la terre*[3]*).*

Alexandre remplissoit la terre de trouble, de terreur, et de tous les malheurs que la guerre apporte, mais non de sa folie de vouloir conquerir tout le monde, la quelle il ne communiquoit à personne.
Il continuë.

> *Heureux si de son temps, pour cent bonnes raisons,*
> *La Macedoine eut eu des petites maisons,*
> *Et qu'un sage Tuteur l'eut en cette demeure*
> *Par avis de parens enfermé de bonne heure*[4]*).*

Voilà un Poëte bien judicieux, de condamner aux petites maisons un si grand Roy, qui sortit de son état, ayant entrepris de vanger la Grece des ravages que Xerxès y avoit faits, et de domter l'Asie; et de ne considerer pas qu'il offense le Roy, qui est sorty de son état pour passer en Flandre, et dans la Hollande.

Schnöde allerdings verfährt der Satiriker mit der Heldengestalt des Makedonierkönigs; es gilt ihm jedoch, den Vorwurf des Ehrgeizes möglichst drastisch auszuschmücken. An anderer Stelle wird der Dichter dem Welteroberer gerecht, Alexander ist ihm ebenso gross in seinen Tugenden, wie in seinen Schwächen, denn von dem idealen Helden verlangt der Dichter:

> *Qu'il soit tel que César, Alexandre ou Louis*[5]*).*

Desm. macht auf den Widerspruch aufmerksam, l. c. p. 95:

> ... Comment veut-il que le Heros soit tel qu'Alexandre, puis qu'il l'a declaré digne des petites maisons.

L. c. p. 113:

> Philene. Voicy une admirable fiction. La Nuit apparemment estoit favorable à ceux qui vouloient tirer le Lutrin de la Sacristie, pour le replacer dans le chœur; cependant elle est representée icy comme ennemie de leur entreprise, et va, par une merveilleuse invention, prendre un hibou, pour le placer dans le Lutrin, afin qu'il fit peur à ceux qui le devoient enlever.

---

[1]) Ép. II 1—2.
[2]) Ibid. II 3—4.
[3]) Sat. VIII 108.
[4]) Ibd. VIII 109—112.
[5]) Art. poét. III 250.

Dorante. Puis que l'Autheur aime tant les Divinitez Payennes, et particulierement Minerve, il devoit lui faire porter dans le Lutrin, le hibou, qui est son oiseau.

Die Nacht will sich den drei thatenkühnen Helden von ihrer schreckhaften Seite zeigen. Mit einem ihr dienstbaren Geschöpfe, einer Eule, dringt sie in die Sakristei der Kirche, wo das alte, gewaltige Chorpult ruht; auf Geheiss der Herrin muss die Eule sich in demselben verbergen, um später angesichts der drei Männer als grauenvolles Gespenst daraus hervorzubrechen (Lutrin, III, 1—40).

L. c. p. 40 f.:

Philene. *Mais la posterité d'Alfane et de Bayard,*
Quand ce n'est qu'une rosse est venduë ou hazard[1]).

Mais cela est admirable de faire la posterité de quelques chevaux une rosse.

Dorante. Dy moi, Damon, n'as-tu jamais monté sur la posterité d'un bon cheval?

Man vergleiche für den Zusammenhang dieser mit den vorangehenden Versen p. 27 f.

L. c. p. 113:

Il attache une scie en forme de carquois[2]).

Une scie a plutost la forme d'un arc, que d'un carquois.

Wie der Bogenschütze den Köcher, so hängt der Held hier eine Säge um den Nacken.

II.

Ein grösserer Theil von Desm.' Kritiken und Erörterungen ist **phraseologischer Natur**. Redewendungen, poetische Schmuckmittel wie Vergleiche, Bilder, Metaphern, Epitheta werden als hinkend, unedel, unverständlich, platt und trivial angefochten; häufig schlägt der Kritiker eigene Verbesserungen vor.

1) L. c. p. 37 f.:

Philene. La comparaison d'un avare avec Tantale (cf. p. 51 f.), est toute prise d'Horace, qui la met en deux vers et demy. Et ce Poëte n'a pû la mettre qu'en six, mettant des vers entiers pour chevilles, comme on voit les deux premiers, qui ne sont que pour dire *Tantale:* Horace dit *Tantalus.* Voicy les vers de nostre Docteur des Poëtes.

Dittes moy, pauvre esprit, ame basse et venale,
Ne vous souvient-il point du tourment de Tantale[3]),

Et quelle misere, de dire, *esprit* et *ame* en mesme vers, *pauvre esprit, ame basse.* Tout cela est la mesme chose.

Qui dans le triste état où le Ciel l'a reduit,

---

[1]) Sat. V 35—36.   [2]) Lutr. II 88.
[3]) Die ganze Stelle, welcher die Verse angehören, ist citirt p. 51 f.

Troisième vers qui n'est encore qu'une cheville, pour rimer avec *fuit*, qui est au vers suivant.

> *Meurt de soif au milieu d'un fleuve qui le fuit.*
> *... Vous riez? Sçavez-vous que c'est vostre peinture,*
> *Et que c'est vous par-là que la fable figure:*

Que tous ces vers sont miserables! Que de redites et de paroles superflues? Quel *par-là* tres inutile, puis que c'est à dire, par la fable, qui est dans le vers? Et quelle repetition ennuyeuse. *C'est vostre peinture*, et en suite.

> *Et que c'est vous par là que la fable figure?*

Ce qui est la mesme chose dite plusieurs fois. Tout cela est pitoyable pour un Poëte si fier, qui se mocque tant des autres.

Dorante. Et qui se mesle de donner des leçons à tous les autres.

Philene. Tu n'avois jamais cru, Damon, que cét Autheur fist de si méchans vers, et eust tant de peine à chercher des rimes, et fut reduit à coudre tant de paroles ensemble, pour dire si peu de chose. Continuons à lire. Horace dit tout cela en deux vers et demy.

> *Tantalus à labris sitiens fugientia captat*
> *Flumina. Quid rides? mutato nomine de te*
> *Fabula narratur* . . (cf. p. 51).

Quelle grace dans cette brieveté? Quelqu'un eust pû reduire en deux vers françois ce beau sens d'Horace.

> *Tantale dans un fleuve a soif et ne peut boire.*
> *Tu ris? Change le nom. La fable est ton histoire.*

Dorante. Cela est juste et net, et peut servir de leçon au Satyrique, pour luy apprendre à serrer le sens, au lieu qu'il a tant travaillé pour l'allonger, par deffaut de force, et de sçavoir maistriser un sens.

Philene. Cela nous fait connoistre encore, que nostre langue est capable de serrer le sens, et plus mesme que la Latine.

Dorante. Cela doit estre de l'adresse de celuy qui travaille.

Philene. Il ne faut mettre dans les vers une seule parole inutile: Car autant d'inutilitez dans la Poësie, sont autant de fautes notables selon le precepte d'Horace.

> *Recideret omne quod ultra*
> *Perfectum traheretur.*

Dorante. Damon est tout confus, et n'est plus tant persuadé de l'excellence des vers de son Poëte.

Damon. J'avois pris pour abondance d'esprit, l'abondance des paroles, que vous estimez superfluitez et deffauts.

In den nach 1682 erscheinenden Ausgaben werden dreizehn Verse, zu denen auch die besprochenen gehören, völlig gestrichen (cf. Saint-Marc, I, p. 87, Commentar).

L. c. p. 42 f.:

> Philene. . . *Riche, gueux, ou content, je veux faire des vers*[1].

Ce *content* est bien mal placé; et tout seul il ne contente point. Il falloit luy opposer un mot comme *ou triste*. Car on ne sçait à quoy s'attache ce mot, *ou content*. Il falloit dire, riche ou gueux, content ou triste, pour faire les oppositions justes. Cela est pris et mal traduit d'Horace, qui fait toutes les oppositions necessaires, tant pour ce qui est d'estre vieux ou jeune,

---

[1]) Sat. VII 68.

riche ou pauvre, soit qu'il fust à Rome, ou en exil si la fortune le vouloit. Il dit. (Die Stelle ist p. 21 citirt.)
... il devoit dire pour imiter raisonnablement Horace.

> *Enfin, soit que m'attende une heureuse vieillesse,*
> *Soit que la mort m'arreste en ma verte jeunesse;*
> *Dans Paris, ou banny vaguant par l'univers,*
> *Riche ou gueux, triste ou gay, je veux faire des vers.*

C'est ainsi qu'il faut faire par tout les oppositions justes, pour imiter Horace, qui n'y manque pas et pour faire passablement des vers.

B. nimmt Notiz von dieser Kritik und verbessert, den letzten Vers Desm.'s fast copirend:

> *Riche, gueux, triste ou gai, je veux faire des vers* [1].

L. c. p. 26 f.:

Philene *continue à lire*. Mais les deux vers suivans ne valent pas mieux bien que changez, et autres que ceux qui estoient en la precedente impression, où il y avoit ce galimatias.

> *Et ma plume mal propre à peindre des guerriers*
> *Craindroit en les touchant de flétrir tes lauriers* [2].

Cela fait voir qu'il ne peut corriger mesme quand il le veut ... Il devoit changer le tout; et dire.

> *... Craindroit, dans son humeur, de mesler quelquefois*
> *Les traits de la Satyre à tes nobles exploits.*

Dorante. Ces vers sont nets et raisonnables.

Diese Bemerkungen veranlassen B. zu einer zweiten [3] Correctur:

> *Et dans ce haut éclat où Tu te viens offrir,*
> *Touchant à tes lauriers, craindroit de les flêtrir.*

L. c. p. 101 f.:

> *... Qu'écrivain du commun, et Poëte vulgaire.*
> *Il est dans tout autre art des degrez differens.*
> *On peut avec honneur remplir les seconds rangs,*
> *Mais dans l'art dangereux de rimer et d'écrire,*
> *Il n'est point de degrez du mediocre au pire.*
> *Les vers ne souffrent point de mediocre Autheur.*
> *Les écrits en tous lieux sont l'effroy dû Lecteur* [4].

Horace dit tout cela en un vers et demy, magnifiquement.

> *Mediocribus esse Poëtis*
> *Non homines non dii non concessere columnae* [5].

---

[1] cf. Saint-Marc, I 134, Commentar.
[2] Disc. au roi, 11—12 in den Ausgaben 1666—1669, cf. Saint-Marc, I 3, Commentar.
[3] Die erste Correctur in der Ausg. von 1674:
> Et de si hauts exploits mal propre à discourir
> Touchant à Tes lauriers craindroit de les flêtrir.
[4] Art poét., IV 28—34.   [5] Horaz, ars poet., v. 372 f.

Die zwei letzten Verse werden geändert in nach 1701 erscheinenden Ausgaben:

> *Qui dit froid Ecrivain, dit détestable Auteur.*
> *Boyer est à Pinchêne égal pour le Lecteur*[1]*.*

2) Einzelne Verse und Versgruppen werden als poetisch unschön, kraft- und schwunglos, schwerfällig und undeutlich angegriffen.

L. c. p. 29:

> *A l'ombre de ton nom ils trouvent leur azile*
> *Comme on void dans les champs un arbrisseau debile,*
> *Qui sans l'heureux appuy qui le tient attaché,*
> *Languiroit tristement sur la terre couché*[2]).

Il veut entendre l'appuy d'un bâton ou d'une perche, que l'on attache à un jeune arbre qui se courbe, pour faire qu'en croissant il se redresse. Mais quelle comparaison pour un grand Roy, qu'il devoit comparer à quelque chose d'élevé et de noble, qui porteroit ombre, puis qu'il dit qu'un chetif Poëte cherche l'ombre du Roy. Cependant il compare le Poëte à un arbre qui a vie, et le Roy à un baston qui n'a plus de vie, et qui ne porte point d'ombre. Et quelle image nous donne-t-il? Car qui pourroit avoir attaché le Roy à un Poëte, comme on a attaché un baston à un arbrisseau pour le redresser. C'est donner un bel employ au Roy.

Dorante. Cela est bien repris.

Philene. Encore, continuent les remarques, s'il eust comparé le Poëte qui cherche l'appuy et l'ombre du Roy, à un sep de vigne, qui s'attache à un orme, pour s'élever par luy jusqu'à ses branches, et pour en avoir le soûtien et l'ombre. Voicy en vers cette comparaison pour le Poëte et pour le Roy.

> *Comme un sep, qui rampant, dans les champs abbatu,*
> *Qui ne peut se hausser ny croistre que tortu,*
> *D'un grand orme s'approche, et l'embrasse, et le serre;*
> *Par l'appuy de son tronc s'eleve de la terre;*
> *Et ses pampres meslant aux grands feuillages verds,*
> *Fait voir de ses raisins tous les rameaux couverts.*

Unedel ist der Vergleich des Königs mit dem Stabe, welcher die Stütze der Poetenschar repräsentirt; der Dichter denkt wohl an die Renten und Pensionen, welche des Königs Gunst den sein Lob preisenden Poeten zukommen lässt. Das Schmarotzerhafte dieser Gesellschaft wird in Desm.'s Versen treffend gekennzeichnet.

L. c. p. 45 f.:

Philene. *. . Mais sans nous égarer dans ces digressions,*
> *Fraiter comme Senault toutes les passions,*
> *Et les distribuant par classes et par titres,*
> *Dogmatiser en vers, et rimer par chapitres*[3]).

On n'entend point cela, qu'après avoir long-temps resvé, et enfin deviné que le Poëte a cru que le mot *sans* pouvoit aussi servir pour le verbe *traiter,* et pour celuy de *dogmatiser*: mais cela n'est pas recevable. Car après avoir dit. *Sans nous égarer,* il falloit repeter le mot *sans,* et dire *sans traiter*

---

[1]) Cf. Saint-Marc, II 405, Commentar.
[2]) Disc. au roi, 45—48.
[3]) Sat. VIII, 113—116.

comme Senault toutes les passions. Et il falloit encore le repeter, et dire, *et sans dogmatiser.* Mais la peine qu'il y a à parler aussi clairement en vers qu'en prose, à cause de la contrainte de la mesure, fait qu'un Poëte qui ne sçait pas encore tourner et accomoder ses vers, se licencie, en supprimant ce qui est necessaire; et se rasseure dans l'esperance qu'on luy pardonnera, *intra spem veniae tutus,* comme dit Horace, et que l'on sous-entendra le mot qu'il n'a sceu fourrer dans le vers: Mais la Poësie Françoise n'est point licencieuse; et le siecle n'est point pardonnant, ny sous-entendant; au moins ceux qui se connoissent en Poësie. Les autres passent ces choses sans les entendre; et de peur d'estre estimez petits esprits, ne demandent pas comment cela peut estre entendu. Ils n'ont pas assez d'humilité pour cela; et ils demeurent fiers dans leur ignorance.

Die Härte der dreimaligen Auslassung von *sans* ist augenfällig. L. c. p. 82 f.:

Philene. ... Ce qui suit n'est pas plus intelligible.

Sans la langue, en un mot, l'Autheur le plus divin
Est tousjours, quoy qu'il fasse, un méchant Escrivain[1]*).*

Dorante. Il veut dire, s'il manque à bien parler; mais cela ne le dit pas. Et par toutes ces choses où il traite de nostre Poësie, comme de la cesure, et autres choses qu'il n'a pû prendre des anciens, on voit qu'il manque de force à s'exprimer, et qu'il tombe, par faute d'avoir eu le secours d'Horace ou de quelqu'autre.

L. c. p. 95:

En valeur éclatant, en vertus magnifique,
Qu'en luy jusqu'aux deffauts tout se montre Heroïque.
Que ses faits surprenans soient dignes d'estre oüis:
Qu'il soit tel que Cesar, Alexandre ou Louis[2]*).*

... Mais quelles façons de parler. *En vertus magnifique, des deffauts Heroïques,* et son *dignes d'estre oüis,* qui n'est que pour rimer à *Louis.*

L. c. p. 95 f.:

... Et comment ose-t'il nous presenter pour un vers *d'un ton aisé, doux, simple, harmonieux*[3]*).*

Je chante les combas et cêt homme pieux[4]*)* etc.

Il n'y a rien de si piteux que *cêt homme pieux;* car *homme* n'est pas égal à la force du *virum* de Virgile, et il devoit traduire le *fato profugus*, mais il n'en a pas eu la force.

Berriat-Saint-Prix rechtfertigt den Einwand: *pieux* entspricht nicht in seiner Bedeutung dem Aeneas häufig beigegebenen Epitheton *pius*; *fato profugus,* den Grund der Flucht des Aeneas angebend, musste übersetzt werden[5]); B.'s Verse lauten:

---

[1]) Art poét., I 161—162. Von den Versen war bereits in Abschn. I, p. 84 die Rede.
[2]) Art poét., III 247—250.   [3]) Ibid., 277.   [4]) Ibid., 278.
[5]) Cf. Berriat-Saint-Prix, II 235, n. 1. Daselbst wird ferner geltend gemacht (Pradon, Sainte-Garde) *Je chante les combats* est emprunté de Marolles. Par qui Enée est conduit?

> Je chante les combats etc.
> Qui, des bords Phrygiens conduit dans l'Ausonie,
> Le premier aborda les champs de Lavinie.

L. c. p. 102:

> Philene... *Qu'un amas quelquefois de vains admirateurs,
> Vous donne en ces reduits prompts à crier merveilles.*[1])

Des *reduits prompts à crier merveille.* C'est une façon de parler, dont la hardiesse ne sera jamais jugée raisonnable.

Réduits bezeichnet die Orte, wo Versammlungen von Schöngeistern nach dem Vorbilde des Hôtel Rambouillet zusammenzutreten pflegten. Gegen den Mangel an Präcision des Ausdrucks wendet sich auch Saint-Marc, II 411, Commentar: L'Auteur n'a dit et n'a pu vouloir dire, que *ces Réduits, où l'on est prompt à crier merveille!* Mais, outre que l'Ellipse est vicieuse, en ce que le sens ne se présente pas de lui-même; l'Epithete transportée des gens qui s'assemblent, au lieu dans lequel ils s'assemblent, est ici trop dure; et *Des Marêts...* a fort bien fait de dire: Des Réduits ...

Brossette, Berriat-Saint-Prix beziehen das *prompts à crier* auf *admirateurs* und rechtfertigen so die Construction der Verse[2]).

L. c. p. 87:

> *Il faut dans la douleur que vous vous abbaissiez.
> Pour me tirer des pleurs, il faut que vous pleuriez*[3]).

... pauvres vers bien que tirez de ceux d'Horace qui sont tres-bons.

> *Sivis me flere dolendum est
> Primum ipsi tibi.*

B.'s Verse sind eine trockene Erweiterung derjenigen des Horaz, ars poet., 102—103:

> ... *Primum ipsi tibi; tunc tua me infortunia laedent.*

L. c. p. 113:

> *Soufle dans tous les cœurs la fatigue et la guerre*[4]).

Phrase admirable, *souffler la fatigue;* et *souffler la guerre* ne vaut pas mieux.

Annehmbar ist das Bild: ein Dämon haucht in der Nacht den Herzen der Geschöpfe die Sucht zu kämpfen, zu rauben ein, welcher das Dunkel günstig ist.

L. c. p. 114:

> *Ah! plustost qu'un moment cêt affront m'obscurcisse*[5]).

---

[1]) Art poét., IV 42.
[2]) Cf. Saint-Marc, II 411, Commentar, Berriat-Saint-Prix, II 255, n. 1.
[3]) Art poét., III 141 f.
[4]) Lutr., II 122.   [5]) Ibid., IV 77.

Galimatias. Il faut deviner qu'il veut dire, *plustost que ce Lutrin m'obscurcisse*. Mais de dire, *plustost que cet affront m'obscurcisse*, il n'y avoit qu'un si grand Poëte capable d'une telle hardiesse.

Dorante. Mais ces hardiesses ne sont produites que par l'embarras d'un esprit qui ne sçait pas mieux s'exprimer.

Affront gleich »schimpfliches Ding« steht in etwas gewagter Metapher für Lutrin.

L. c. p. 32:

Philene. ... *Mon encens et mes vers*. C'est la mesme chose: car un Poëte n'a autre encens que ses vers. Il faut plûtost dire *l'encens de mes vers*, pour dire, des loüanges. Il fait la mesme faute.

... *Digne de nostre encens, et digne de nos vers*[1]).

Ein ἓν διὰ δυοῖν in antiker Weise liegt vor in den Versen:

De mes Sonnets flateurs lasser tout l'Univers
Et vendre au plus offrant mon encens et mes vers[2]).

L. c. p. 36 f.:

Philene. ... *La mesme erreur les fait errer diversement*[3]).

... Puis voilà un pur galimatias. *L'erreur les fait errer*.

Dorante. Damon avoit avalé tout cela, comme excellent et admirable. Car le galimatias est estimé quelque chose de beau par les esprits ordinaires, qui admirent ce qu'ils n'entendent pas.

Damon. J'avois entendu cela confusément, sans m'appliquer à l'entendre.

Horaz, lib. II, sat. III, 51 wird wortgetreu, aber nicht gerade geschickt übersetzt:

Error, sed variis illudit partibus ... (cf. p. 49).

Bestimmte Ausdrücke, Epitheta gelten dem Kritiker als abgeschmackt und gemein, oder in Folge häufiger Wiederholung als trivial:

L. c. p. 67:

... et pour la crainte qu'il a d'ennuyer ses Lecteurs par des vers magnifiques, il retombe dans le bas et dans la raillerie sur le nom du *Vurts*, qui luy semble si plaisant, et si capable de faire rire, qu'il le repete trois fois en deux vers.

Vurts l'espoir du pays, et l'appuy de ses murs
Vurts. Ah quel nom grand Roy quel Hector que ce Vurts[4]).

Et ce nom luy vient bien à propos pour se retirer de son pauvre magnifique, et pour se remettre dans son ridicule, sans le quel nom, *mal né*, dit il, *pour les oreilles*.

Il alloit à ses yeux étaler des merveilles[5]).

Mit dieser absurden Spielerei des Namens Wurts, will der Dichter seinem Könige die Erbärmlichkeit dieses holländischen Feldherrn möglichst klar machen, dessen Truppen bei dem zu besingenden,

---

[1]) Sat. VII 24.   [2]) Sat. I 47 f.   [3]) Sat. IV 44.
[4]) Ép., IV 143—144.   [5]) Ibid., 146.

gloriosen Rheinübergange beim Nahen der Franzosen die Flucht ergriffen [1]).

L. c. p. 35:

> ... *Pour m'empoisonner*
> *Je pense exprés chez luy m'a forcé de disner* [2]).
>
> ... *Cét exprés est bien bas* ...

Die Wörter *fat, grossier, affreux* erscheinen überaus häufig als Epitheta verwendet, was mit Recht vom Kritiker getadelt wird. *Fat*: L. c. pp. 28, 103, 84, 87:

> *Les loüanges d'un fat à celles d'un Heros* [3]).

Quel mot, *d'un fat,* pour estre presenté au Roy, à qui il ne faut offrir que des termes nobles. C'est faire des vers sans discretion, et il faut en faire de meilleurs pour un Roy, et quand on veut rendre un Poëte ridicule. Mais il offre souvent au Roy ce mesme mot de *fat.*

> *Un fat quelque fois ouvre un advis important* [4]).

Voilà encore ce mot de *fat,* qui luy plaist tant, et qui déplaist tant aux honnestes gens, et que toutefois il offre si *souvent* au Roy. Il l'avoit mis encore deux fois ...

> *Et mille fois un fat finement exprimé* [5]).

Et au 8. vers aprés.

> *Un honneste homme, un fat, un jaloux, un bisarre* [6]).
> *On ne fut plus ny fat ny sot impunement* [7]).

... et le mot de *fat* est si bas, qu'il ne devroit pas l'affecter comme il fait, aprés avoir donné pour precepte.

> *Quoy que vous escriviez, évitez la bassesse*
> ... *Chacun peut le traiter de fat et d'ignorant* [8]).

Que ce mot de *fat* est infame est bas, pour parler d'un Autheur. Mais ce mot luy plaist, bien qu'il déplaise aux honnestes gens.

Weitere Stellen, wo *fat* gebraucht wird, findet man sat. III 15, 201. V 5. VII 56. IX 89. 151. 199. Art poét., I 224.

Grossier: l. c. pp. 86, 28, 84:

> *Là souvent le Heros d'un spectacle grossier* [9]).

... le mot *grossier* est une épithete bien grossiere pour spectacle; et ce mot est trop grossier pour estre aimé et repeté si souvent. Il est encore repeté ...

> *La Tragédie informe et grossiere en naissant* [10]).

Et encore ...

> *De Pelerins, dit-on, une troupe grossiere* [11]).
>
> (Donne un lustre éclatant) *à leur veine grossiere* [12]).

---

[1]) Cf. Saint-Marc, II 70, Commentar. [2]) Sat. III 15.
[3]) Disc. au roi, 24. [4]) Art poét., IV 50. [5]) Ibid., III 357.
[6]) Ibid., III 364. [7]) Ibid., II 152. [8]) Ibid., III 149.
[9]) Ibid., III, 41. Der Vers wurde ausserdem besprochen Abschn. I, p. 82 f.
[10]) Art poét., III 61. [11]) Ibid., 83. [12]) Disc. au roi, 42.

Dorante. Cette epithete ne vaut rien.
Philene. Lisons. L'epithete de *grossiere* pour une veine, est grossiere, et n'est nullement propre: car la metaphore de veine est prise ou des veines du corps, ou des veines de la terre, comme sont les sources. Et de tout cela l'on ne dit point *veine grossiere*. Cela est bien grossier pour un homme qui veut se mocquer de la veine des autres Poëtes.

D'un jeu de mots grossier partisans surannez[1]).

Il devoit parler de cette grossiereté moins grossierement.

Grossier kommt ferner in folgenden Verbindungen zur Verwendung: *Artisan grossier* (disc. au roi, 60); *ame grossiere* (sat. I 50); *grossiere police* (sat. X 225); *ombre grossiere* (sat. XII 13); *Artisans grossiers* (ép. I 140); *grossier éloge* (ép. IX 12); *siècles grossiers* (art poét. I 117); *vers grossiers* (art poét. II 19); *Muse grossiere* (art poét. II 193); *grossiere equivoque* (art poét. III 424); *grossiere Nature, mensonges grossiers, Auteurs grossiers* (art poét. IV 135, 170, 234); *grossiers Ecrivains* (sat. XII 263); *tas grossier* (ép. VII 102).

Affreux: l. c. pp. 42, 85:

La mort d'un vol affreux vienne fondre sur moi[2]).

Le mot *affreux* ne convient qu'aux choses visibles, dont l'objet effraye: mais il l'employe à tout car il dit ailleurs *un critique affreux, des subsides affreux, un recit affreux* (ép. I 24, 138; ép. IV 48).

Dorante. Ce mot *affreux* n'est sans doute que pour les choses visibles.

Les ouvrages tous pleins d'affreuses veritez[3]).

... l'épithete d'*affreuses* ne vaut rien pour *veritez*; mais ce mot *affreux* luy sert pour toutes choses non visibles.

Faire Dieu le sujet d'un badinage affreux[4]).

Voilà ... son *affreux* mal joint avec badinage. Ce mot luy sert à tout quand il a besoin d'une rime; mais il est affreux quand il est employé aux choses non visibles.

Affreux kommt ausserdem noch in zahlreichen Verbindungen vor: *Science .. affreuse* (sat. I 133); *affreux Serrurier* (sat. VI 17); *(vol affreux* [sat. VII 64]); *tout devient affreux* (sat. VIII 210); *monstre affreux* (sat. X 270); *objets .. affreux* (sat. X 391); *l'affreux libertinage* (sat. X 526); S'il n'a point le cœur juste est *affreux* (sat. XI 111); *dogmes affreux* (sat. XII 316); *affreux lien* (ép. III 15); *coups affreux* (ép. IV 125); *affreux objet, affreux païs* (art poét. III 4, 137); *affreuse disgrace, affreux assauts* (art poét. IV 181, 210); *triangle affreux* (lutr. IV 31); *affreuse Grand' Salle, affreux détail* (lutr. V 33, 100).

---

[1]) Art poét. II 132.
[2]) Sat. VII 64.
[3]) Art poét. II 159.
[4]) Art poét. II 188.

Als Reimwort wird es benutzt: *déboire affreux* (sat. III 76); *stile affreux* (sat. IX 209); *Jaloux affreux* (sat. X 19); *nœud affreux* (sat. X 339); n'a plus *rien que d'affreux* (ép. IX 110); *ailes affreuses* (lutr. III 1); *transes affreuses* (lutr. VI 173). —

Ein anderes Epitheton, welches nach einem Zwischenraum von sieben Versen sich wiederholt (art poét. III 25—31) wird getadelt: l. c. p. 86:

> *D'un divertissement me fait une fatigue.*

Aprés avoir dit *justement fatigué* (art poét. III, 24) . . . il ne falloit pas mettre incontinant aprés, *me fait une fatigue.*

Wegen falscher Verwendung werden *éclatante* und *humble* gerügt: l. c. pp. 66 f., 101:

> *Du fleuve ainsi domté la déroute éclatante*[1]*).*

Qui jamais a oüy parler de la deroute éclatante d'un fleuve? Cette epithete est plus propre à la victoire qu'à la déroute . . . il parle de la Comedie.

> *Que son stile humble et doux se releve à propos*[2]*).*

Humble ne vaut rien en ce lieu là, pour dire *bas* ou *simple*. Car l'humilité estant une vertu; est autre chose que ce qui est propre à la Comedie.

Letzteren Einwand rechtfertigt Saint-Marc, II, 399, Comm.: Cette Critique (de Desmarets), quoique mal rendue n'est pas moins juste. Notre Auteur fait ici la même faute qu'il avoit déja faite, lorsque parlant de *l'Idylle* dans le second Chant, il a dit, v. 5:

> *Telle aimable en son air, mais humble dans son stile.*

Dans l'un et l'autre endroit, il traduit *l'humilem stilum* des Latins; mais en pareille matiere, *humble*, ne signifie pas la même chose qu'*humilis*. C'est *simple*, qu'il faut ordinairement pour rendre le mot Latin; et dans certains cas, il faut se servir du terme de *bas*, dont *Des Marêts* semble avoir ignoré la véritable signification.

3) Verse und Versgruppen werden erörtert.

L. c. p. 44:

> Philene. . . . *De Paris au Perou, du Japon jusqu'à Rome*[3]*).*

Il falloit opposer ville à ville, ou païs à païs, comme font les bons Poëtes pour marquer les éloignemens. C'est une faute par manque d'esprit et de force.

Dorante. Les bons Poëtes n'y ont jamais manqué.

Peru und Japan gelten dem Dichter offenbar als äusserste westliche und östliche Landestheile der Welt, Paris und Rom als Metropolen der alten Welt; auch mag die Alliteration *Paris-Perou* zur Verwendung der beiden Namen Anlass gegeben haben.

---

[1]) Ep. IV 141. [2]) Art poét., III 409.
[3]) Sat. VIII 3.

L. c. p. 73:

> *Luy de Charenton l'heretique douleur*
> *Et balançant Dieu mesme en son ame flotante*[1]).

Quel galimatias? Qui jamais entendit parler *d'une douleur hérétique*, pour dire, la douleur des heretiques de Charenton? Et est-ce *balancer Dieu*, que de balancer des raisons dans son ame?

Der Bedeutung jener Umschreibung wird durch B.'s kurze, poetische Wiedergabe nicht Abbruch gethan[2]). Nicht minder verständlich ist die Metapher des zweiten Verses, welche auch für Voltaire, Zaïre, IV, 2 belegt ist:

> *Tu balançais son dieu dans son cœur alarmé.*

L. c. p. 82:

> *Ny d'un vers empoulé l'orgueilleux Solecisme*[3]).

C'est un pur galimatias, car l'enflure du vers ne s'appelle pas un solecisme. Et il n'y a rien de si bas que le Solecisme, tant s'en faut qu'il puisse estre orgueilleux.

Ampoulé bezeichnet eine übergrosse Fülle an schönen und glänzenden Worten und sonstigen Schmuckmitteln, eine überreiche Darstellung eines geringfügigen Gegenstandes[4]). Ein überladener Stil kann nicht als Sprachfehler gelten. Dagegen ist das Epitheton *orgueilleux* um so passender, als es ein »Aufgeblasensein ohne Grund«[5]) voraussetzt, eine Eigenschaft also, welche sich mit dem Characteristicum des schwülstigen Stiles, bei innerer Hohlheit durch äusseren Pomp glänzen wollen, deckt.

L. c. p. 86:

> *D'un divertissement me fait une fatigue*[6]).

...*justement fatigué*... ne vaut rien, car il n'y a pas de justice à fatiguer ses Auditeurs... *me fait une fatigue*,... cette façon de parler ne vaut rien, pour dire, me fatigue.

justement fatigué: die Ermüdung des Zuschauers nach langathmigen Deklamationen im Drama (art poét. III 21—23) ist gerechtfertigt. *Fatigue* bezeichnet den Gegensatz zu *divertissement*; dieses setzt Beweglichkeit des Geistes, welcher aufmerkt, theilnimmt[7]), jenes Erschlaffung, Ruhe desselben voraus; darum wohl ist das Substantiv *fatigue* gewählt, gegen dessen Verbindung mit *me fait* sich allerdings auch Saint-Marc wendet, II, 302, Commentar: D'ailleurs

---

[1]) Ép. III 12 f.
[2]) Lafaye, Dictionnaire des synonymes de la langue française. Paris 1854, p. 661: Toutefois *hérétique* est aussi relatif à la doctrine, s'applique aussi à des choses abstraites, idéales, à des opinions, des sentiments, des propositions.
[3]) Art poét., I 160.   [4]) cf. Lafaye, l. c. p. 557.   [5]) Ibid., p. 557.
[6]) Art poét. III, 32.   [7]) cf. Lafaye, l. c. p. 857.

quoiqu'on puisse dire et qu'on dise en effet: *faire un travail, faire une peine;* il ne s'ensuit pas qu'on dise de même: *faire une fatigue.* L'usage n'a point encore adopté cette Locution.

L. c. p. 84 f.:

Il dit parlant de Juvenal.

Ses ouvrages tous pleins d'affreuses veritez,
Estincellent pourtant de sublimes beautez[1]).

... c'est mal parler que de dire *estinceller de beautez.* Il faut au moins sçavoir parler François, quand on s'établit en maistre de la Poësie Françoise.

Gegen jenes Bild lässt sich kaum etwas einwenden.

L. c. p. 104:

Trahissant la vertu sur un papier coupable,
Aux yeux de leurs Lecteurs rendent le vice aimable[2]).

Celuy qui écrit est le coupable, et non le papier qui est innocent et souffre tout.

Das Papier wird (mit)schuldig, da es zu so schlimmen Zwecken dient. Die Uebertragung ist durchaus verständlich.

L. c. p. 106:

Ne vous flétrissez point par un vice si bas[3]).

Se flétrir par un vice, est une étrange façon de parler.

Flétrir ist natürlich als *s'abaisser, se déshonorer* oder dergl. aufzufassen.

L. c. p. 111:

Philene. ... *Au nom de nos baisers* (jadis si pleins de charmes)[4]).

Il faut demander quel nom avoient les baisers de l'horloger et de l'horlogere.

Absurd! *au nom* ist Beschwörungsformel. Der Vers parodirt Virgil, Aeneis, lib. IV, 316: *Per* connubia nostra, *per* inceptos hymenaeos.

Einzelne Ausdrücke, Epitheta beanstandet der Kritiker:

L. c. p. 43 f.:

De tous les animaux qui s'élevent dans l'air[5]).

Bien que les oiseaux soient des animaux, on ne les appelle point ainsi en Poësie. Cela ne se dit que des bestes de la terre.

Dorante. Il est vray.

Der jenem folgende Vers, welchen der Kritiker nicht beachtet, zeigt, dass von lebenden Geschöpfen überhaupt die Rede ist:

Qui marchent sur la terre et nagent dans la mer.

---

[1]) Art poét., II 159 f.
[2]) Art poét., IV 95 f.
[3]) Ibid., 173.
[4]) Lutr., II 26.
[5]) Sat. VIII 1.

L. c. p. 77:

>... *C'est en vain qu'au Parnasse un temeraire Autheur*
>*Pense de l'Art des vers atteindre la hauteur* ...
>*Dans son genie estroit il est toûjours captif,*
>*Pour luy Phebus est sourd, et Pegase est retif*[1]).

... on ne dit point, la hauteur d'un Art. On ne dit point *genie estroit* ny *large*, mais *foible* ou *fort*. Et l'on a dé-ja remarqué que Pegase qui vole ne peut estre retif (cf. p. 81).

>*Courez du bel esprit la carriere épineuse*[2]).

C'est un galimatias. On ne dit point la carriere du bel esprit.

Für *hauteur* in jener Verbindung, von Saint-Marc gleichfalls verworfen (II, 222, Comment.), macht Gidel (II, 282, n. 1) geltend, dass vor B. De la Fresnaye-Vauquelin von einer *hauteur de la langue*, und nach ihm Pope von *heights of arts* (Ess. on crit. v. 220) gesprochen haben. *Bel esprit* hat hier weder die modernfranzösische verächtliche Bedeutung, noch die unseres deutschen Schöngeist; es bezeichnet *poète* überhaupt, *carrière* ist *vie*, *course*, *mètier*[3]) oder dergl. *Etroit* wird durch das *captif* gerechtfertigt; *faible* würde ein weniger anschauliches Bild abgeben.

L. c. p. 110:

>... *Le nom de l'horloger la Tour*
>*Ce nouvel Adonis, à la taille legere,*
>*Est l'unique soucy d'Anne son horlogere*[4]).

De dire que la femme d'un horloger soit *son horlogere*, cela est dit sans raison et sans esprit, pour dire *sa femme*.

Eine der Burleske zustehende Freiheit, wie den Titel des Mannes, so hier die Bezeichnung seines Handwerks auf die Gattin zu übertragen! Eine Umänderung B.'s entspricht nur Desm.' Kritik insoweit, als ein dem Weibe näher liegendes Handwerk gewählt wird:

>Le nom, le fameux nom du Perruquier l'Amour,
>Ce nouvel Adonis, à la blonde crinière,
>Est l'unique souci d'Anne sa Perruquiere.

Saint-Marc steht wiederum auf Desm.'s Seite: II, 477, Comm.: Le changement que l'Auteur a fait depuis de l'*Horlogere* en *Perruquiere* n'ôte rien à la solidité de la Critique de *Des Marêts*. Ce n'est ici qu'un froid jeu de mots, une ridicule imitation de cette mauvaise *Turlupinade* dans la *Remarque* sur l'*Epigramme* XIX:

>Et le pauvre Lustucru
>Trouve enfin sa Lustucrue.

---

[1]) Art poét. I 1—2, 5—6.
[2]) Ibid. I 8.
[3]) Cf. Sachs, Encyklop. Wörterb., Ausz. I, Berl. 1878, p. 718.
[4]) Lutr. I 216 ff.

Boileau-Despréaux im Urth. seines Zeitgenossen Desmarets de Saint-Sorlin.

L. c. p. 115:

Ainsi que Louis, pour briser cent murailles[1]. Mais *briser cent murailles*, ne vaut rien, n'en deplaise à sa qualité de Docteur.

Briser, d. i. mit **ungestümer Gewalt in Trümmer legen**, ist in ähnlicher Verbindung vielfach zu belegen (cf. Lafaye, l. c. p. 426 f.):

Racine: A su *briser* des Grecs les trop faibles *barrières* . . .
Brisa les fiers *remparts* et les portes d'airain.
Voulez vous que d'impurs assassins
Viennent *briser l'autel*, *brûler* les chérubins.

Rollin: Les machines (inventées par Archimède) ramenant *le vaisseau* vers la terre, après l'avoir fait pirouetter longtems, *le brisaient* et le fracassaient contre la pointe des rochers.

L. c. p. 40:

Philene. . . . *Mais la posterité d'Alfane et de Bayard,*
Quand ce n'est qu'une rosse est venduë au hazard[2].

Venduë au hazard, ne veut rien dire, et n'est que pour rimer à Bayard.

Dem Gedanken der ganzen Stelle (cf. p. 51) wird durch das *vendue au hasard* entsprochen; der Geringschätzung, der Nichtachtung des Werthes eines abgetriebenen Karrengauls wird besonderer Nachdruck verliehen.

L. c. p. 44:

Philene. . . . *Croit que Dieu tout exprés d'une coste nouvelle*
A tiré pour lui seul une femme fidelle[3].

Le mot *tout exprés* est tres bas, et tres inutile, puis qu'il y a en suite, *pour luy seul*.

Tout exprès verstärkt das *lui seul*; dem Zusammenhange mit den vorhergehenden Versen wird durchaus entsprochen (cf. sat. VIII 42—46. Saint-Marc, I, 144, Commentar).

L. c. p. 109:

. . . Dans la comparaison qu'il fait d'un taureau, il l'appelle *le superbe animal*[4]. Cette epithete ne convient pas à un taureau, qui est un animal pesant et triste.
Dorante. Il faut luy pardonner: car il n'est pas accoustumé à faire des comparaisons.

An den in der Freiheit aufgewachsenen Stier, nicht an den Arbeitsochsen denkt der Dichter.

---

[1] Lutr., IV 145 f.
[2] Sat. V 35 f. Eine andere Bemerkung über die Verse ist bereits citirt Abschn. I, p. 90.
[3] Sat. VIII 47 f. Das *exprès* in ähnlicher Verbindung wurde bereits von Desm. getadelt, cf. p. 97.
[4] Lutr., I 86.

L. c. p. 110:

> *Cependant cet oiseau qui prosne les merveilles*[1]*).*

Jamais on n'a appellé la Renommée un *oiseau*. Cela n'est point de la fiction Poëtique.

Der Vergleich findet sich in ähnlicher Form bei Virgil, welchem B. hier nachahmt.

Aeneis, lib. IV, 173 ff.

> *... Fama, malum quo non aliud velocius ullum ...*
> *Monstrum horrendum, ingens, cui quot sunt corpore plumae*
> *Tot vigiles oculi subter (mirabile dictu)*
> *Tot linguae, totidem ora sonant, tot subrigit aures ...*

III.

Lexikalisches.

Einzelne Ausdrücke werden als **falsch gewählt** und **falsch gebildet** verworfen, entgegengesetzte, von einander unabhängige Begriffe als pleonastisch getadelt; einmal betritt der Kritiker das Gebiet der Syntax.

1) Einige Ausstellungen haben den Dichter zur Verbesserung der betreffenden Stelle veranlasst: l. c. p. 32:

> Philene. ... *S'en est enfuy chargé de sa seule misere*[2]*).*

S'en est enfuy. C'est comme parle le menu peuple. Il faut dire. S'en est fuy.

In den Ausgaben seit 1682 lautet der Vers:

> *Vient de s'enfuir chargé de sa seule misere.*

L. c. p. 112:

> Philene. ... *Des reproches hargneux sans cesse t'affliger*[3]*).*

Quelle epithete de *hargneux* pour *reproches?* On dit bien un *homme hargneux, un esprit hargneux, une humeur hargneuse:* mais cela ne se dit point des paroles ny des reproches.

Dorante. *Reproches hargneux*, cela est ridicule. C'est ne sçavoir pas parler.

Der Vers gehört einer Reihe von 36 Versen an (Lutr. II 56 beginnend), welche der Dichter, durch Desm.'s und andere Kritiken veranlasst, nach 1682 strich (cf. Berriat-Saint-Prix, II 313, n. 1).

2) Einzelne Ausdrücke werden als in einer, ihrer Bedeutung widersprechenden Weise verwendet gerügt:

L. c. p. 30 f.:

> Philene. ... *Et nos vaisseaux domtant l'un et l'autre Neptune*
> *Nous aller chercher l'or malgré l'onde et le vent*[4]*).*

---

[1]) Lutr., II 1.   [2]) Sat. I 10.
[3]) Lutr., II?, seit 1682 gestrichen.   [4]) Disc. au roi, 126 f.

> Quelle pensée de dire que les vaisseaux vont aux Indes *malgré l'onde et le vent;* puisqu'au contraire ils n'y vont que par l'onde et par le vent?
> Damon. Il vouloit dire, sans craindre les tempestes qui peuvent survenir.
> Dorante. Mais les vaisseaux ne vont point malgré l'onde et le vent.

Der Kritiker fasst die Präposition *malgré* in ihrer richtigen, buchstäblichen Bedeutung gegen den Willen.

L. c. p. 47:

> Non, mais cent fois la beste a veu l'homme hypochondre[1].
>
> C'est fort mal parler que de dire *l'homme hypochondre,* pour dire hypochondriaque; car s'il est si sçavant en Grec comme il veut qu'on le croye, il doit sçavoir que le mot *hypochondre* ne signifie pas l'homme malade, mais la partie malade, ou plûtost la rate et les entrailles qui sont contenuës dans cette partie du ventre qu'on appelle *les hypochondres:* Il doit donc parler comme les sçavans et non comme les ignorans, qui corrompent les mots qu'ils entendent dire, et qu'ils n'entendent pas.
> Dorante. Cela est inepte de dire l'homme hypochondre; C'est comme qui diroit *un homme poulmon,* pour dire, pulmonique.

Berriat-Saint-Prix zufolge (I, essai sur Boileau, Nr. 137) gilt B. als der Erste, welcher *hypocondre* als Adjectivum gebrauchte; es soll von der Akademie mit Beifall aufgenommen und seitdem sanctionirt worden sein. Desm.'s Einwand entbehrt darum, als der eines Zeitgenossen, nicht wissenschaftlicher Richtigkeit; *hypocondre* als Substantivum ist die obere seitliche und hintere Bauchgegend[2], und *homme hypocondre . . . ainsi nommé parce que l'hypocondrie était* supposée avoir *son siége* dans *les hypocondres*[3].

L. c. p. 61:

> Philene *suit.* Puis il pretend *tracer les bastimens du Roy*[4], pour dire, les decrire; bien qu'on ne dise *tracer un bastiment,* que pour en tracer les fondemens.
> Dorante. Il faut parler des arts selon les termes qui leur sont propres.

Auf die Architektur angewendet hat *tracer* die Bedeutung: indiquer, marquer par une ou plusieurs lignes le contour de quelque chose . . . Tracer les profils d'un membre d'architecture[5]); und da es in Verbindung mit *batiment* gebracht ist, so denkt der Kritiker an Zeichnung eines architektonischen Gegenstandes in jenem Sinne.

3) Begriffe, welche von einander verschieden sind, gelten dem Kritiker als Synonyma.

L. c. p. 26:

> . . . *Mais je sçay peu louër, et ma Muse tremblante
> Fait de ce grand fardeau la charge trop pesante*[6].
>
> Pitoyables vers, et pur galimatias. Car premierement *la charge d'un fardeau,* et *le fardeau d'une charge* sont aussi peu raisonnables l'un que

---

[1]) Sat. VIII 267.   [2]) S. Sachs, l. c. p. 389.
[3]) Littré, Dictionnaire de la langue française, I 1. Paris 1863, p. 2076.
[4]) Ép. I 143.   [5]) Littré, l. c. p. 2292. II,   [6]) Disc. au roi, 9—10.

l'autre; puis que *fardeau* et *charge* sont la mesme chose. Il suffisoit de dire, *fuit ce fardeau trop pesant, ou cette charge trop pesante.*

Beide Ausdrücke sind in diesem Falle nicht synonym: *fardeau* bedeutet wohl Last in Gestalt einer Bürde, einer Tracht, *charge* das Gewicht, die drückende Schwere derselben, welche durch das Part. *pesante* weiter bezeichnet wird. In ähnlichem Sinne weist Saint-Marc (I, 2, Comment.) den Einwand zurück.

L. c. p. 32:

Philene, *suivons. Ny le ton, ny la voix assez forte*[1]).

Ton et voix sont la mesme chose pour la force.

Ton ist der Klang der Leyer, in deren Saiten der Dichter greift, *voix* seine Stimme, welche im Lobgesange des Königs Thaten erzählt.

Allons du moins chercher quelque antre ou quelque roche[2]).

Antre et roche, pour ce qui est d'un asile, sont la mesme chose.

Beide Wörter weisen auf durchaus verschiedene Begriffe, das erste einen Innenraum, eine Höhlung, das zweite etwas Vorragendes, übertragen Felsen, (cf. Diez, Etymolog. Wörterb., 4. Ausg. Bonn, 1878, p. 273) bedeutend.

L. c. pp. 41 f., 84, 43:

Maint Grec affamé, maint avide Argien[3]).

Grec et *Argien*, sont la mesme chose. C'est comme qui diroit, *maint François et maint Gaulois;* Car les Grecs sont appellez *Argives* ou *Argiens*, mais on ne dit guere Argien. Puis *affamé* et *avide* sont encore la mesme chose. C'est estre bien sterile que de faire ainsi des vers.

Argien-Grec, Art und Gattung parallel neben einander gestellt, ist ein Pleonasmus, die Singularbildung *Argien* aber nicht anfechtbar; *affamé* (lat. infamis) und *avide* (lat. avidus) bezeichnen verschiedene Eigenschaften und machen so den pleonastischen Gebrauch von *Grec* und *Argien* entschuldbar.

On ne fut plus ny fat ny sot impunement[4]).

Fat et sot sont la mesme chose.

Sot deutet auf absolute geistige Armuth hin; *fat* ist der seichte, hohle Schwätzer, der Eingebildete, sich ostentativ selbst Lobende[5]).

(Faisant couler des flots) *de fiel et d'amertume*[6]). C'est comme qui diroit, *de roses et de fleurs*, l'espece et le genre. Car le fiel est une espece d'amertume.

---

[1]) Disc. au roi, 134.   [2]) Sat. I 25.   [3]) Sat. VI 109.
[4]) Art poét., II 152. Man vergl. p. 97.
[5]) Cf. Lafaye, l. c. p. 959 f.   [6]) Sat. VII 78.

Widersinnig ist es, wenn man mit dem Kritiker beide Ausdrücke nicht figürlich fasst, *fiel* als eine Abart von Bitterkeit, eine concrete Substanz als Unterart eines abstracten Begriffes zu bezeichnen. Dem Dichter sind beide Ausdrücke in übertragener Bedeutung synonym.

Einen Ausdruck hält der Kritiker für falsch gebildet oder falsch gewählt, l. c. p. 85:

D'un Tyran soupçonneux pasles adulateurs[1].
Le mot *adulateur* n'est point François, et est écorché du Latin.

Adulateur ist gelehrtes, bereits für das XIV. und XV. Jahrh. belegtes Wort[2].

Mit folgendem Einwande berührt Desm. syntaktisches Gebiet, l. c. p. 96 f.:

Philene suivons.
*On diroit que pour plaire, instruit par la nature
Homer ait à Venus dérobé sa ceinture*[3].
... Il pouvoit mettre.
*Il nous semble qu'Homere, instruit par la nature
Pour plaire, ait à Venus dérobé sa ceinture.*

Aussi bien, pour dire, *ait*, il vaut mieux dire, *Il nous semble*, que de mettre, *on diroit*: car pour bien parler, on ne dit pas, *on diroit qu'il ait derobé*, mais *qu'il a derobé*, ou *qu'il auroit derobé*. Il faut parler correct en vers aussi bien qu'en prose: mais il n'a peu mettre *qu'il a* à cause de ce qui suit, *à Venus*, et il a cru qu'on souffriroit *ait*, qui s'accommodoit mieux avec *à Venus*.

Weder grammatisch noch logisch incorrect ist die Construction der beiden Verse.

»Nach bejahendem Hauptsatz, der den Inhalt des Empfindens, Denkens und Darstellens ausdrückt, findet sich seltener der Conjunctiv als der Indicativ. Der Conjunctiv am häufigsten nach *on dirait*, wo natürlich auch der Indicativ seine Stelle findet[4].

Der Gebrauch des ersten Futurs der Vergangenheit ist hier als im hypothetischen Satzgefüge statthaft[5].«

IV.

Metrik.

Mit dem uneingeschränkten Lobe, welches man Boileau als vollendetem Meister der Verstechnik zollt, ist unser Kritiker durchaus

---

[1] Art poét., II 164. [2] Cf. Littré, l. c. I, p. 60.
[3] Art poét., III 295—296.
[4] Cf. Mätzner, Franz. Grammatik, Berlin, 1877, p. 343, §. 118.
[5] Ibid., p. 330.

nicht einverstanden. In Bezug auf den syntaktischen, wie auf den rhythmischen Bau der Verse zeiht er B. verschiedener Verstösse und pflegt, wenn er einige mangelhafte Verse gefunden, hinzuzufügen, dass derartige Incorrectheiten um so mehr befremden müssen, als sie **zahlreich** anzutreffen seien und als B., ein Lehrmeister der Poeten, selbst die Vorschriften für den Versbau predige.

Desm.'s Ausstellungen auf metrcheism Gebiete betreffen die **syntaktische Caesur, Inversionen, den Reim und den Wohlklang des Verses.**

Wie weit Desm.'s Tadel für die genannten Punkte zu rechtfertigen sind, werden wir im Nachfolgenden zu entscheiden versuchen.

a) **Caesur.**

Desm. knüpft an die bekannte Vorschrift des Art poétique, l. c. p. 28, 115:

Toutefois il enseigne en son *Art Poëtique*, qu'il faut estre exact à la cesure.

Que toujours dans vos vers, le sens coupant les mots,
Suspende l'hemistiche, en marque le repos[1]*).*

Ne diriez-vous pas sur cela qu'il ne manque jamais à ce repos au milieu du vers, qui est la cesure: mais il en fait luy-mesme une grande quantité de méchantes, dont on marque quelques-unes parmy le grand nombre, pour faire voir qu'il n'a pas la force de suivre ses propres preceptes . . .

On ne sçauroit assez admirer comment il manque *si souvent* à la cesure, ayant donné une loy qui deffend d'y manquer: car tout son Recueil en est plein de fausses. Il y a de l'apparence qu'il ne sent pas quand il y manque.

In Betreff der von **Lubarsch** (Abriss der französischen Verslehre, Berlin 1879, p. 87 f.), **Tobler** (vom französischen Versbau alter und neuer Zeit, Leipzig 1880) und **Groebedinkel** (der Versbau bei Philippe Desportes und François de Malherbe. Französische Studien, I 1, p. 76 ff.) zusammengestellten und präcisirten Regeln, welche grammatischen Bestandtheile durch die Caesur getrennt werden dürfen, sind **fünf** Fälle zu berücksichtigen; für die meisten derselben erbringt Desm. Beispiele[2]).

Die Beispiele fehlerhafter Verse sind unter drei Gesichtspuncten[3]) zu ordnen:

1) solche, die zum Vorwurf der Inconsequenz berechtigen, da sie Dichtungen entnommen sind, deren Abfassungszeit zwischen die des Art poétique (1672) und der Kritik Desm.' (1674) fällt.
2) solche, die vor dem »Art poétique« entstandenen Dichtungen entlehnt sind.

---

[1]) Art poét., I 105—106.
[2]) Dieselben müssen nach der Ausgabe von Saint-Marc (Amsterdam 1772) citirt werden, da die Ausgabe von Berriat-Saint-Prix dem Verf. zur Zeit nicht zugänglich war.
[3]) Die in Abschn. I—III beobachtete Eintheilung ist hier zwecklos.

3) solche, die nach dem Erscheinen der Kritik verfassten Gedichten angehören und so ausserhalb derselben liegen.

Viermal trennt in unter 3) aufzuführenden Dichtungen die Caesur das conjunctive Personalpronomen von seinem Verbum, welchem es im Fragesatze unmittelbar folgt (cf. Lubarsch, p. 87):

>Cependant, *t'avoûrai-je* ici mon insolence. (Sat. X 470.)
>L'Honneur partout, *disois-je*, est du monde admiré. (Sat. XI 48.)
>Tout pêcheur . . . Mais où *vais-je* aujourd'hui m'engager.
> (Sat. XII 308.)
>
>Quelque fois, le *dirai je* un remords légitime. Ép. VIII 73.)

Coordinirte und subordinirte Satztheile können nur dann durch die Caesur getrennt werden, wenn das 2. Hemistich vom abgetrennten Theile völlig ausgefüllt wird.

    a) Appositionelle, attributive, adverbielle Bestimmungen werden vom zugehörenden Beiworte getrennt.

  1) Desm. tadelt folgende Verse:

>Faire Dieu le sujet d'un badinage affreux.
> (Art poét., III 188.)

Voilà (encore) une méchante cesure. (Déf., p. 85.)

>S'engraissoient d'une longue et sainte oisiveté.
> (Lutrin, I 20.)

Méchante cesure. Car deux epithetes ne devoient pas estre coupées par le repos du vers. (Déf., p. 108.)

>Que d'aller par un tas de confuses merveilles.
> (Art poét., III 35.)

Méchante cesure. Chacun croit qu'il n'a pas de discernement pour les sentir, puis qu'il y tombe si souvent. On pourroit en pardonner deux ou trois dans un grand ouvrage. (Déf., p. 86.)

>Ses ouvrages tous pleins d'affreuses verités.
> (Art poét., II 159.)

*   Méchante cesure. *Tous pleins.* (Déf., p. 85.)

In jedem der vier Verse ist der vorangestellten Vorschrift Rechnung getragen, die Caesuren sind correct. Wirkliche Verstösse gegen dieselbe sind nur vereinzelt zu constatiren:

  1) Mais ne nous chargeons *pas tous seuls* de sa ruine.
(Lutr. IV 98.)

Ein mehrsilbiges Adverb oder eine adverbielle Bestimmung steht in der Caesur; Desm. tadelt:

>Un Spectateur tousjours paresseux d'applaudir.
> (Art poét., III 22.)

Méchante cesure, *un spectateur tousjours* (Déf., p. 85).

>Que ces Autheurs tousjours froids et melancoliques.
> (Art poét., III 292.)

Ces autheurs tousjours, méchante cesure. (Déf., p. 96.)

Analoge Beispiele finden sich zahlreich und sind zwar hart, aber nicht incorrect, wenn wie hier die dem Adverbium coordinirte Bestimmung die zweite Vershälfte ganz ausfüllt; nach Desm. wäre zu tadeln:

1) Art poét. I 49. 91. 95. 125. 144. 185. 193. 199. 200. II 111. 170. III 30. 55. 101. 121. 143. 205. 206. 294. 314. 329. 356. 375. 410. IV 1. 13. 187, 223. 52. Lutrin I 25. 126. 183. 195. 215. II 107. 152. III 24. 42. 94. 126. 149. 172. IV 52. 95. 114. 152. 211. Ép. III 41. 77. 80. IV 36. V 31. 82. 135.

2) Discours au Roi, 31. 98. Sat. I 163. II 22. III 45. 53. 61. 66. 124. 145. 179. 185. IV 128. V 27. 77. VI 49. 51. 56. 63. 88. 79. VII 73. VIII 35. 173. 284. 303. IX 84. 319. Ép. I 19. 29. 174. II 18. 37. 46.

3) Ép. VI 12. 60. 82. 118. 124. 166. VII 15. 85. 97. VIII 37. 53. 90. 96. IX 52. 57. 65. 121. X 35. 78. 120. XI 67. 79. 95. 112. 114. XII 80. 103. 125. 148. Sat. X 102. 131. 157. 166. 177. 277. 287. 305. 313. 331. 374. 376. 453. 490. 509. 577. 586. 631. 715. 725. XI 33. 43. 54. 66. 136. 155. 201. XII 23. 37. 71. 138. 143. 173. 193. 238. 257. 318. Lutrin V 52. 57. 60. 61. 211. 236. VI 43. 136. 165.

Eine adverbielle Bestimmung folgt seinem Satze unmittelbar, ohne das 2. Hemistich ganz auszufüllen:

α) Je ne sçai pour *sortir de porte* qu'Hildesheim. (Ép. IV 152.)

Einsilbige Adverbien dürfen nur in der Caesur stehen, wenn sie nicht durch Tonsilbenstoss gedämpft werden, dasselbe gilt von einsilbigen Präpositionen und Conjunctionen; Desm. führt kein Beispiel der Incorrectheit an; herbeigeführt wird sie häufig durch zwei einander unmittelbar folgende einsilbige Adverbien:

1) Je ne pourrai *donc plus* être vu que de Dieu. (Lutr. IV 176.)
2) Sa vertu n'est *donc plus* qu'une vertu frivole. (Ep. XII 115.)
 Ton épouse *dans peu* sera la quatrieme. (Sat. X 45.)
 Dans cet erreur *dans peu* nâquirent plus de Sectes. (Sat. XII 225);

oder in Versen, wie:

1) Non, non, ne faisons *plus* de plaintes inutiles. (Ép. IV. 169.)
2) Oui, Grand Roi, laissons *là* les siéges, les batailles. (Ép. I 53.)
3) Ou je ne répons *pas* dans peu que ne te voye. (Sat. X 734.)
 Alors on ne *mit plus* de borne à la lézine. (Sat. X 301.)
 Pourvu que laissant *là* son salut à l'écart. (Sat. XII 299.)
 Tu sçus dirigeant *bien* en eux l'intention. (Sat. XII 287.)

β) Das Object wird vom Verbum getrennt, ohne das 2. Hemistich gänzlich anzufüllen.

Boileau-Despréaux im Urth. seines Zeitgenossen Desmarets de Saint-Sorlin. 111

1) Desm. tadelt mit Recht:

Et mesle en se vantant soy-mesme a tout propos.
(Disc. au roi, 23.)

Il falloit mettre en l'hemistiche, *se vantant soy-mesme*, et non pas le couper par la cesure. *Et soy-mesme à tout propos* fait encore un tres-méchant hemistiche.
D o r a n t e. Que dis-tu, Damon, de ce beau vers ... Il n'y a un seul des Poëtes dont il se mocque qui fasse de si méchans vers. (Déf., p. 27.)

Et toi-mesme donnant un frein à tes desirs. (Lutr. II 51.)

Méchante cesure, *Et toi-mesme donnant*.

Ferner sind fehlerhaft:

Par grace lui *laissa l'entrée* en l'Epigramme. (Art poét. II 126.)
Sophocle enfin *donnant l'essor* à son génie. (Art poét. III 75.)
J'aime à lui voir *verser des pleurs* pour un affront.
(Art poét. III 106.)
Ne faites point *parler vos Acteurs* au hazard. (Art poét. III 389.)
J'aurai fait *soutenir un siege* aux Augustins. (Lutr. I 48.)
Les arrête en *tirant un fusil* de sa poche. (Lutr. I 48.)
Je sçaurai *réveiller les Chanoines* sans vous. (Lutr. IV 124.)
Et n'osant *soupçonner sa femme* d'Imposture. (Ep. III 53.)
Qui ne puisse *arrêter un Rimeur* six semaines. (Ep. IV 18.)
2) Ainsi *recommençant un ouvrage* vingt fois. (Sat. II 51.)
Et l'eût-on vû *porter la mandille* à Paris. (Sat. V 132.)
D'Hôzier lui *trouvera cent Ayeux* dans l'Histoire. (Sat. V 134.)
Ne fait point *appeller un Aigle* à la huitaine. (Sat. VIII 140.)
Mais puisque vous *poussez ma patience* à bout. (Sat. IX 5.)
Et qu'Horace *jettant le sel* à pleines mains. (Sat. IX 277.)
Vous aurez beau *vanter le Roi* dans vos ouvrages. (Sat. IX 303.)
Syracuse *reçoit nos vaisseaux* dans son port. (Ep. I 72.)
3) Si tu veux *posséder ta Lucrèce* à ton tour. (Sat. X 196.)
Le soir *ait étalé son teint* sur la toilette. (Sat. X 198.)
Je me plais *à remplir mes Sermons* de portraits. (Sat. X 359.)
Mais eût-elle *sucé la Raison* dans Saint-Cyr. (Sat. X 364.)
Vrais Démons, *apporter l'enfer* dans leurs ménages. (Sat. X 370.)
Et pour faire *goûter son Livre* à l'Univers. (Sat X 459.)
Tes voiles *offusquant leurs yeux* de toutes parts. (Sat. XII 83.)
Chaque vice *emprunta le nom* d'une vertu. (Sat. XII 112.)
La Coquette *tendit ses laqs* tous les matins. (Ep. IX 134.)
Mais sans aller *chercher des vertus* dans les nues. Ep. IX 155.)
Ne l'a-t-il pas *écrit lui-même* à chaque page. (Ep. XII 176.)

Dehnt sich das Object mit einem von ihm abhängigen Relativsatze über das ganze 2. Hemistich aus, so ist die Caesur correct.

Mit Unrecht tadelt Desm.:

1) *Quand le premier rompant ce silence profond.* (Lutr. IV 168.)

Méchante cesure. *Quand le premier rompant.* (Déf. p. 115.)

Un lecteur sage fuit un vain amusement. (Art poét. IV 89.)

Méchante cesure. *Un lecteur sage fuit*. Les Autheurs qui liront tant de méchants vers ne presteront pas volontiers l'oreille aux instructions d'un tel Docteur. (Déf. p. 104.)

Nicht in der Caesur dürfen weiter stehen:

α) ein Hülfsverbum, ungeachtet ob ein Participium vorhanden ist oder nicht, ob es unmittelbar folgt oder nicht.

Desmarets rügt folgende Abweichung von dieser Regel:

2) *C'est un pedant qu'on a sans cesse à ses oreilles.* (Sat. IV 118.)
Quelle cesure. *Qu'on a.* (Déf. p. 40.)

An ferneren Uebertretungen der Vorschrift sind zu constatiren:

1) Qui sçait bien *ce que c'est* qu'un Prodigue, un Avare.
(Art poét. III 363.)
2) Croit toujours seul *avoir* la sagesse en partage. (Sat. IV 2.)
Et tel mot pour *avoir* réjoui le Lecteur. (Sat VII 7.)
Tous les piliers ne *soient* enveloppés d'affiches. (Sat. IX 112.)

3) Dans la rue en *avoient* rendu graces à Dieu. (Sat. X 292.)
Son mariage *n'est* qu'une longue querelle. (Sat. X 354.)
Souvent le cœur qui *l'a*, ne le sçait pas lui-même. (Ép. XII 83.)
Mais lui-même il *en est* l'ame et le fondement. (Ép. XII 126.)
Ma foi le plus sûr *est* de finir ce sermon. (Ép. XI 116.)

β) ein Verbum finitum, dem ein von ihm abhängiger Infinitiv unmittelbar folgt.

Desm. tadelt:

1) . . . et quel vers
Dans leur faux zéle iront chasser *l'Allégorie.*
(Déf., p. 94. Art poét. III 232.)

Aus demselben Grunde fehlerhaft sind:

Dont la chicane semble animer les ressorts. (Lutr. III 100.)
Que le Chantre sentit allumer dans son sang. (Lutr. IV 59.)

2) Desm.:

La mesme erreur les fait errer diversement. (Sat. IV 44.)

Autre méchante cesure. *Les fait errer* ne devoit estre coupé. (Déf., p. 36.)

Als incorrect sind ausserdem zu constatiren:

En un mot qui *voudroit épuiser* ces matières. (Sat. IV, 29.)
3) Je vieillis; et ne *puis regarder* sans effroi. (Sat. X, 80.)
Derriere elle *faisoit dire* Argumentabor. (Sat. X, 328.)
Je le voi bien tu *vas épouser* une Sainte. (Sat. X, 506.)
Ce Maquis à *sçavoir frauder* ses Créanciers. Sat. XI, 56.)
Ce fut sur-tout à *faire ignorer* la Justice. (Sat. XII, 126.)
Ce chef-d'œuvre *devoit couronner* ton adresse.
(Sat. XII, 261.)
Sans crime un prêtre *peut vendre* trois fois sa messe.
(Sat. XII, 298.)
Sour-tout ne la *pouvant sauver* d'une autre sort.
(Sat. XII, 305.)

> Le Saint Esprit *revient habiter* dans son âme. (Ép. XII 16.)
> Aux piés d'un Prêtre il *court décharger* sa mémoire.
> (Ép. XII 28.)

Nach Malherbe ist die Caesur auch nicht correct, wenn der dem Verbum finitum unmittelbar folgende Infinitiv von *de* oder *à* abhängig ist (cf. Groebedinkel p. 86); demgemäss wären bei B. zu tadeln:

> 1) La Comédie *apprit à rire* sans aigreur. (Art poét. III 350.)
> Bien-tôt ils *défendront de peindre* la Prudence.
> (Art poét. III 227.)
> Et de l'Art même *apprend à franchir* leurs limites.
> (Art poét. IV 80.)
> Le Perruquier *commence à regretter* son lit. (Lutr. III 72.)
> 2) L'autre en vain *se lassant à polir* une rime. (Disc. au roi, 25.)
> Qu'il ne m'est plus *permis de fermer* la paupière. (Sat. VI 100.)
> Le Moïse *commence à moisir* par les bords. (Sat. IX 93.)
> 3) Elle te *réduisoit à vivre* sans valet. (Sat. X 252.)
> Le fit enfin *songer à choisir* une Femme. (Sat. X 266.)
> Il vaut mieux *s'occuper à jouer* qu'à médire. (Sat. X 594.)
> Sans cesse vous *brûlez de voir* tous vos parens. (Sat. X 599.)
> Confus on se *repent d'avoir* bravé l'orage. (Sat. XII 334.)
> Le Vendangeur *ravide ployer* sous le faix. (Ép. VI 144.)
> Tu t'allois *engager à polir* un écrit. (Ép. XI 48.)

Einsilbige Pronomina oder Conjunctionen gewähren Füllwörter, so dass Verse wie

> Un Auteur ne peut-*il* pourrir en sureté. (Sat. IX 90.)
> Mais en vain j'espérois y regner sans effroi. (Lutr. II 147.)

fehlerlos sind.

γ) **Malherbe's** Vorschriften gemäss darf ein Prädikatsnomen (welches das 2. Hemistich nicht völlig einnimmt) oder ein Participium Perf. dem in der Caesur stehenden Verbum finitum nicht unmittelbar folgen (cf. Groebedinkel, p. 86). Nur ganz vereinzelt scheint B. diese Regel nicht zu beachten; Desm. erbringt dafür kein Beispiel.

> 2) Et que Dieu l'a *pattri d'autre limon* que moi. (Sat. V 24.)
> 3) Tel, qui hait à se *voir peint* en de faux portraits. (Ep. IX 161.)

Die Trennung mit *de* zusammengesetzter Präpositionen durch die Caesur rügt Desm. als fehlerhaft, ein Vorwurf, der nach Malherbe gerechtfertigt ist (cf. Groebedinkel, p. 87). B. macht sich in verschiedenen Versen des Verstosses schuldig:

> 1) Oüy, sans peine *au travers des Sophismes de Claude.*
> (Ép. III 1.)

(Voilà un *oüy* bien en l'air) avec la méchante cesure, *au travers des* (Déf., p. 73).

>Et bientôt, au *travers des* ombres de la nuit. (Lutr. III 83.)
>Et peignant, au *milieu de* leurs flots entr'ouverts.
>(Art poét. III 262.)
>
>2) *Tenoit à peine autour d'une table quarrée.* (Sat. III 54.)

Méchante cesure. Il ne falloit couper *autour d'une*, c'est faire des vers bien misérablement (Déf., p. 35).

>*Meurt de soif au milieu d'un fleuve qui le fuit.*
>(Sat. IV 68, seit 1682 gestrichen.)

Autre méchante cesure. *Au milieu d'un fleuve;* cela ne devoit estre coupé dans le vers (Déf., p. 37).

>C'est en vain qu'au *milieu de* ma fureur extrême.
>3) Le Fidele au *milieu de* ces troubles confus. (Sat. XII 203.)
>La Discorde, au *milieu de* ces Sectes altieres. (Sat. XII 237.)

Folgender Vers, in welchem die Caesur eine einfache Präposition von seinem Nomen trennt, wird auf Desm.'s Tadel hin von B. geändert.

>*Et n'allons point parmy nos ridicules songes.* (Art poét. III 235.)

Et quelle cesure. *Et n'allons point parmy*, un tel Poëte doit-il s'eriger en Docteur de Poësie (Déf., p. 94).

Seit 1698 lautet der Vers

>*Et fabuleux chrétiens, n'allons point dans nos songes*[1]).

In einigen Fällen trennt die Caesur *celui qui*, was, Malherbe zufolge, fehlerhaft ist. Desm. nennt kein solches Beispiel:

>1) Il n'est Fort entre *ceux que* Tu prens par centaines.
>(Ép. IV 17,)
>2) Oui, je sai qu'entre *ceux qui* t'adressent leurs veilles.
>(Disc., 53.)
>Le plus sage est *celui qui* ne pense point l'être. (Sat. IV 54.)
>Malheur donc à *celui qu'une* affaire imprévue. (Sat. VI 91.)
>Et garde qu'un de *ceux que* tu penses blâmer. (Sat. VII 71.)

Was für Malherbe's Zeit als die Trennung des Pronomens rechtfertigend angeführt wird, mag auch für B. noch in Kraft sein, dass nämlich *celui qui* noch nicht wie heute zu einem Begriffe verschmolzen gewesen sei (cf. Groebedinkel, p. 87).

Der Vers

>Les premiers jours *qu'Amour* range sous sa puissance
>(von Desportes)

wird von Malherbe wegen der Caesur getadelt und zwar nach Groebedinkel, weil der im Innern des Versgliedes beginnende Relativsatz am

---

[1]) cf. Saint-Surin, II, p. 251, n. a.

Schluss des Versgliedes nicht drei Silben vereinigt und so einer Forderung nicht genügt, die auch an den, im Innern des Versgliedes beginnenden Conjunctionalsatz gestellt wird (cf. Groebedinkel, p. 80). Analog diesem Falle wären bei B. zu tadeln:

  C'est un vice *qui suit* la mediocrité. (Art poét. IV 114.)
  Mais attendant *qu'ici* le bon sens de retour. (Art poét. III 329.)

Ferner vergleiche man:

1) Lutrin, III 49. 63. IV 119. 173. Ép. V 103.
2) Disc. au roi, 93. Sat. I 13. IV 118. V 17. VI 58. IX 83.
3) Sat. X 22. Ép. VI 15. VII 97. X 25. 55. 95. XII 40. 69. 70. 83. 143. Lutrin VI 149.

 b) Inversionen jedweder Art, Umstellungen einzelner Satztheile und ganzer Sätze sind bei B. überaus häufig, ein Umstand, welcher sich naturgemäss aus dem Bestreben ergiebt, dem syntaktischen Pausengebote möglichst gerecht zu werden.

Desm. Tadel richten sich gegen Verschiebung des Attributs und des Subjects, des Haupt- und Nebensatzes. Die Beispiele kommen hier nur in zwei Kategorien zur Sprache, 1) aus Dichtungen, welche innerhalb, 2) aus solchen, welche ausserhalb der Kritik Desm.'s liegen.
 Die, übrigens berechtigte, Umstellung eines Attributs wird von Desm. getadelt:

  1) *De ces maistres sçavans disciple ingénieux,*
   Regnier seul parmy nous formé sur leurs modeles.
            (Art poét. II 168 f.)

Il falloit placer le nom de *Régnier* avant l'épithete *disciple*, la Poësie Françoise ne souffre point ces transpositions de mots (Déf., p. 85).

  Ainsi lorsque tout prest à briser cent murailles,
  Louis la foudre en main abandonnant Versailles.
            (Lutr. IV 145 f.)

Il falloit mettre *Louis* devant *tout prest;* autrement la transposition de *Louis* qui vient après, n'est pas supportable. Il falloit dire.

  Ainsi lorsque Louis, pour briser cent murailles etc...
            (Déf., p. 114 f.)

Ferner tadelt Desm.:

  1) *On diroit que pour plaire, instruit par la Nature,*
   Homère ait à Vénus dérobé sa ceinture. (Art poét. III 295 f.)

Cette inversion est insupportable. Il falloit mettre *Homère* avant que de dire *instruit par la nature*. Ce n'est sçavoir pas faire des vers, que d'estre reduit à faire de telles inversions. S'il y croit de l'agréement et de la force. il est fort trompé, et il doit sur cela consulter les Maistres. Il pouvoit mettre.

> *Il nous semble qu'Homère, instruit par la nature*
> *Pour plaire, ait à Venus dérobé sa ceinture.* (Déf., p. 96 f.)
>
> *Mais d'un bouge prochain accourant à ce bruit*
> *Sa servante Alison la ratrape et la suit.* (Lutr. II 63 f.)

Cette transposition ne se peut souffrir. Il falloit mettre *sa servante Alison* avant *accourant* (Déf., p. 112).

In folgenden einzelnen Versen werden die Inversionen getadelt, weil sie zur Zweideutigkeit Anlass geben:

> *Et de l'art mesme apprent à franchir les limites.*
> (Art poét. IV 80.)

Méchant vers, tant pour la rude inversion, que pour l'équivoque. Car *apprend* semble se lier avec *de l'art mesme*, et toutefois le Poëte veut que l'on entende *franchir les limites de l'art mesme*, ce qui est une double faute, qui fait une trop grande obscurité (Déf., p. 103).

Dieser Einwand bewirkt eine Verbesserung (nach 1682): *leurs limites*, um erkennen zu lassen, dass dasselbe sich auf das *des régles prescrites* des vorangehenden Verses beziehen soll.

> *Trop resserré par l'Art, sort des regles prescrites.*

Derselbe Umstand, wie die ungeschickte Caesur, veranlasst folgenden Tadel:

> *Qui de l'honneur, en Vers infames déserteurs.* (Art poét. IV 94.)

L'honneur en vers ne vaut rien du tout (Déf., p. 104).

Aus gleichem Grunde mag die an und für sich correcte Caesur des Verses

> *Depuis le Ciel en vers fit parler les Oracles.* Art poét. IV 152.)

Quelle cesure. *Le Ciel en vers?* (Déf., p. 105) Vorwurf erfahren.

Nicht häufig begeht B. durch Inversion einen ähnlichen Verstoss:

> 1) *La Vertu d'un cœur noble est la marque certaine.* (Sat. V 42.)
> (*Mais enfin par le tems le Mérite avili*
> *Vit l'Honneur en roture, et le Vice ennobli)*
> *Et l'Orgueil d'un faux titre appuyant sa foiblesse.*
> (Sat. V 95 ff.)
> *J'irois par ma constance aux affronts endurci*
> *Me mettre au rang des Saints qu'a célébré Bussi.*
> (Sat. VIII 41—42.)

In folgenden Versen ist die Regel nicht beachtet, dass das von einer Präposition abhängige Substantiv durch Inversion nicht unmittelbar vor ein zweites Substantiv treten darf, falls eines derselben nicht von einem Beiwort begleitet ist (cf. Lubarsch, p. 91); Desm. führt kein solches Beispiel an:

1) Elle peint *des Amans la joye* et la tristesse. (Art. poét. II 41.)
Par tout joigne *au plaisant le solide* et l'utile.
(Art poét. IV 88.)
Sui-moi. Qu'à *son lever Soleil* aujourd'hui. (Lutr. IV 127.)
2) A permis qu'aux *Chrétiens l'Enfer* ait suscité. (Sat. XII 212.)

Die Umstellung von Haupt- und Nebensatz in folgenden Versen rügt Desm.:

Alors, sans consulter si Phebus l'en avoue
Ma Muse toute en feu me previent et te loue. (Disc. au roi, 129 f.)

Il falloit parler de la Muse, avant que de dire, *sans consulter*. Il falloit dire. *Alors ma Muse, sans consulter si Phebus l'en avoue.* Il faut attendre, *ma Muse*. La difficulté de faire des vers justes, et intelligibles, fait que les apprentifs se licencient, et suppriment ou transposent les paroles, faute de sçavoir les ranger (Déf., p. 31).

Kein Gesetz verbietet dem Dichter diese Umstellung; weder grammatisch, noch logisch, noch phraseologisch erleiden die Verse durch dieselbe Einbusse.

Auch für eine Inversion, durch welche ein Theil aus seinem Satze herausgenommen und in einen andern Satz gestellt wird, ist Desm.' Vorwurf nicht zu halten, da solche Inversionen, wenn schon als kühn, so doch nicht als fehlerhaft gelten, sofern nicht der Sinn des Verses durch sie zerrissen wird (cf. Lubarsch, p. 92):

... Car quel vers et quelle inversion
Et de si hauts exploits mal propre à discouvir.
(Disc. au roi, 11 in Ausg. v. 1704.)

pour dire, *mal propre à discourir de si hauts exploits*. Cela n'est pas supportable (Déf., p. 27).

Aehnliche Inversionen zeigen:

1) *Dans ses plaisans* accès qui se croit *tout permis*. (Sat. VII 15.)
2) *L'orgueil que* quelque fois *nous* cache une Bigote. (Sat. X 509.)
Aux usages reçus il faut qu'on s'accomode. (Sat. X 585.)
Qui lorsqu'à l'étaler notre rang *nous condamne*. (Sat. X 590.
Sur ce vaste sujet si j'allois *tout tracer*. (Sat. X 651.)
Ou je ne répons pas dans peu qu'on ne *te roye*. (Sat. X 734.)
L'Honneur en sa personne à ramer condamné. (Sat. XI 8.)
Mais loin de mon projet je sens *que je m'engage*. (Sat. XI 46.)
Encor par ce Dévot ne croi pas *que j'entende*. (Sat. XI 117.)
Dans les plus claires loix ton ambiguité
Répandant son adroite et fine obscurité. (Sat. XII 127 f.)
De son mortel poison tout courut *s'abbreuver*. (Sat. XII 195.)

c) Reim.

Den Forderungen des Reimes wird unser Dichter bei Weitem mehr gerecht, wie den behandelten syntaktischen Geboten. Eine Untersuchung der Dichtungen B.'s hat sich auch hier nothwendig gemacht, da Desm. ihn häufiger Vergehen bezichtigt.

Desm.'s Vorwürfe beziehen sich auf die Anwendung des reichen und genügenden Reimes:

Et aussi tost il neglige tellement la rime, qu'il rime *monstrueux* avec *comme eux*. (Art poét. I 41. Déf., p. 78.)

Encore y fait-il une rime d'escolier, ¡rimant *vie* avec *furie*. Il fait souvent de telles rimes. (Lutr. I 85. 86. Déf., p. 109.)

Il faut dans la douleur que vous vous *abbaissies*,
Pour me tirer des pleurs, il faut que vous *pleuries*.
(Art poét. III 141 f.)

Misérables rimes. (Déf., p. 86.)

Pitoyables rimes de *Raconis* et *d'AKempis*. (Lutr. IV 171. Déf., p. 116.)

Tadelnswerth ist nur das dritte Reimpaar [1]). In den zwei ersten Fällen macht der Dichter von der Erlaubniss Gebrauch, sich des genügenden Reimes bedienen zu können, wenn eines der Reimwörter einsilbig und vollbetont ist. Was *Raconis: D'Akempis* betrifft, so ist für Substantive und Adjective der Endung *is* der genügende Reim überhaupt statthaft.

Von der Vorschrift, für geschl. *e*, für *i* und *u* den reichen Reim zu verwenden, sofern nicht ein Reimwort einsilbig und vollbetont ist, finden sich wenig Abweichungen:

1) d'aujourd'hui: d'appui (sat. I 87),
descendue: charue (sat. V 37).

2) Noé: avoué (sat. X 35) [2]).

Sonst findet sich hier (wie für die einsilbigen Vokalverbindungen *ier, ei, ui*) stets reicher Reim; bei Reimen wie fausset: archet (sat. III 147), clapiers: ramiers (sat. III 111), grossier: derrier (art poét. III 41), Limoïs: Louïs (art poét. II 63), sommeil: soleil (sat. VI 71), conduit: instruit (sat. X 59) ist immer der auslautende Consonant hörbar.

Für kurzes *a*, ohne hörbaren consonantischen Auslaut, finden wir, sofern es sich nicht um Substantive, die auf *as* und *at* enden, oder die Conjunctivendung *ât* (cf. Lubarsch, p. 56) handelt, ausnahmslos den reichen Reim verwendet; in den Reimen original: Sofal (sat. VII 39), tribunal: monachal (sat. XII 343) gewährt der gesprochene Schlussconsonant Stütze.

Auch die Vokalverbindungen *eau* und *ou* reimen mit folgenden Ausnahmen reich, wiewohl genügender Reim hier nicht fehlerhaft ist:

---

[1]) Für die in Frage kommenden Reimgesetze cf. Lubarsch, l. c. p. 56 ff.

[2]) Die Beispiele werden auch hier in den Categorien 1) und 2) aufgeführt; cf. p. 115.

1) bureau: manteau (sat. I 3), Brodeau: Barreau (sat. I 115), tombereau: nouveau (art poét. III 69), nouveau: marteau (lutr. II 91), nouveau: barreau (lutr. III 107), nouveau: marteau (lutr. III 167).

2) j'avoue: Bourdaloue (sat. X 345), tableau: pinceau (sat. X 647), flambeau: Daguesseau (sat. XI 103), tableau: Hameau (ép. VI 3), Pinceau: tableau (ép. IX 165), rateau: niveau (ép. XI 59), nouveau: barreau (lutr. VI 167).

Selten ist ein Reim wie glori-eux: mieux (sat. IX 133), wo der Reimvokal *ieux* zweisilbig und einsilbig gesprochen wird:

1) odi-eux: lieux (lutr. III 15), mieux: furi-eux (ép. II 7).

2) pieux: envi-eux (sat. XII 311), lieux: caprici-eux (sat. XII 335).

Die Nasalvokale *an (en)* und *on* reimen stets reich mit zwei Ausnahmen:

2) Satan: roman (sat. X 163), menton: sermon (ép. XI 115).

In dem Reime bienfaisans: long-temps (ép. I 107) ist long-temps vielleicht als nicht zu einem Worte verschmolzen zu betrachten; ähnliche kommen nicht weiter vor.

Für den Nasalvokal *in* (resp. *ein, ain, ien*) wird durchweg der reiche Reim verwendet, wiewohl genügender Reim hier zulässig ist; Ausnahmen wie Parisi-en: Chretien (sat. X 719), wo die stützenden Laute ein vokalischer und consonantischer sind, sind vereinzelt.

Die selten vorkommende Unregelmässigkeit, dass die Stützconsonanten dadurch verschieden sind, dass der eine Dentalmedia, der andere Dentaltenuis ist (destin: jardin), hat wohl Desm. zu folgendem Einwande bestimmt:

Et son Apollon est si éperdu qu'il ne peut luy fournir qu'une méchante rime d'une seule lettre, rimant *éperdu* avec *tu* (éperdu: fais-tu ép. I 3. Déf., p. 53).

Uebereinstimmung im Klange der reimenden Vokale wird von B. streng beobachtet; Desm. zeiht ihn hier keiner Verstösse.

Für die Quantität der Vokale kommen folgende Reime in Frage: audace: Parnasse (sat. III 169); grace: échasses (sat. IV 97); face: entasse (sat. V 105); Horace: Parnasse (ép. II 5); audace: Parnasse (art poét. II 109); grace: lasse (art poét. III 299); disgrace: Parnasse (art poét. IV 187); Parnasse: Horace (art poét. IV 227); masse: place (lutr. I 181); grace: ressasse (lutr. I 225); masse: place (lutr. III 165); Horace: Parnasse (ép. X 101).

Wie weit Malherbe's Vorschriften, nach welchen, mit Ausnahme von audace: Parnasse, jene Reime sämmtlich incorrect wären, für B.'s Zeit noch in Kraft sind, lässt sich schwer bestimmen. Der Umstand, dass Corneille, Racine und Molière gleichfalls Wörter wie embarasse: Grâce mit einander reimen, rechtfertigt den gleichen Gebrauch bei B., wie wohl bestimmte Schlüsse für die Quantität des reimenden Vokals daraus nicht gezogen und Regeln über denselben nicht fixirt werden dürfen; man vergleiche Corneille, Horace: III 2 grâce: passe; Racine, Phèdre: chasse: face (I 1), embarasse: disgrâce (II 2). Athalie: embarasse: grâce (II 7), embrasse: menace (V 2). Molière, Misanthrope: grâce: fasse (I 1), lasse: race (I 1), embrasse: place (I 2), passe: grâce (II 1), race: passe (III 1), passe: grimace (III 3), face: fasse (III 5), grâce: s'embarasse (III 7), grâce: basses (IV 2), chasse: menace (I V 4), face: passe (V 1).

Reimt B. flamme mit âme, so deutet das darauf hin, dass auch zu seiner Zeit noch das *a* in flamme eine schwebende Quantität hatte (cf. Groebedinkel, l. c. p. 105); auch bei Corneille und Molière finden wir: âme: flamme (Horace I 2, Misanthrope III 7); dame: flamme (Misanthrope I 2). B. reimt: ame: enflamme (sat. VIII 19); enflamme: ame (ép. IV 93); ame: enflamme (ép. V 141); flamme: ame (art poét. IV 107); enflamme: ame (ép. XII 15); ame: flamme (ép. XII 91).

Was die Qualität der reimenden Vokale betrifft, so erklären sich die Reime effet: satisfait (sat. IV 127); palais: valets (sat. V 111); secret: fait (sat. VII 47); secret: sept (sat. VIII 213) aus der offenen Aussprache des *e* in effet, valet, secret ein Reim effet: efait ist für Malherbe (in der Ausgabe mit Orthographie von 1 6 3 0) belegt (cf. Groebedinkel, l. c. p. 105).

Weitere auffallende Unregelmässigkeiten sind hier nicht zu constatiren.

Der Inhalt der reimenden Wörter.

B.'s Verfahren auf diesem Gebiete ist im Allgemeinen ein weit freieres, als es sich nach Groebedinkel's Ausführungen bei Malherbe und in gleichzeitigen Dichtern darstellt.

Reime zwischen Simplex und Compositum, sofern nicht die Verschiedenheit der Begriffe beider Reimwörter ihre nahe Beziehung zu einander vergessen macht, finden sich bei B. nicht. Anstandslos reimt er Wörter wie commode: mode (sat. I 21), affront: front (sat. I 15), souvenir: venir (sat. II 31), voir: recevoir, séjour: jour, faux: défauts, jus: verjus u. s. w., deren Bedeutung unter einander durchaus verschieden ist.

. Gegensätze reimen nur in einem Falle: desole: console (sat. X 21).

Häufiger ist der Verstoss, Wörter gleicher grammatischer Bedeutung und zwar Adverbien der Endung -*ment* zum Reime zu verbinden:

1) autrement: tendrement (sat. III 187), vainement: diversement (sat. IV 43), confusément: vainement (sat. VI 61), franchement: doucement (sat. IX 157), clairement: aisément (art poét. I 153), noblement: aisément (art poét. III 405), rarement: sottement (art poét. IV 81).

2) improprement: innocement (sat. XII 303).

Homonyme Reime werden in folgenden Fällen verwendet:
1) pierre (Gattungsn.): Pierre (Personenn.) (sat. III 129), vaine (adj.): veine (subst.) (sat. VII 81, ép. VII 75, VIII 45), livres (Buch): livres (Pfund) (sat. VIII 183), neuf (Cardinalz.): neuf (adj.) (sat. IX 73), pleines (adj.): plaines (subst.) (ép. III 61); nue (adj.): nue (subst.) (art poét. I 67), livre: livre (sat. IX 67).
2) voye (subst.): voye (verb.) (sat. X 733), vaine (adj.): veine (subst.) (ép. X 1), termes (Ausdruck): Termes (Eigenn.) (ép. XI 53).

Dreimal reimt point (subst.): point (neg.) (sat. III 115, X 499. ép. XII 33).

Jedoch gefällt sich B., der Mannichfaltigkeit der Reime zum Nachtheil, in zahlreichen Wiederholungen bestimmter Reimwörter. Die angeführten Beispiele zeigen eine nicht geringe Anzahl von Reimen aus den Wörtern componirt: Horace, Parnasse, grâce, audace. flamme, âme, femme. papier, métier, quartier, Pelletier und andere Personennamen. nouveau, marteau, barreau. affreux (cf. p. 99).

Bis zur Langweiligkeit eintönig wegen ihres massenhaften Auftretens werden besonders mit vers, univers, divers, ferner mit incommode, commode, mode und cœur, rigueur, vigueur gebildete Reime; man vergleiche für vers etc.:
1) Disc. au roi, 43. 55. Sat. I 47. III 167. V 15. VII 11. 23. 67. IX 33. 205. 249. Ép. I 127. II 11. Art poét. II 119. III 237. IV 145.

2) Sat. X 63. 107. 459. XI 27. 75. 203. XII 51. 119. Ép. IX 97. 149.

commode etc.: 1) Sat. I 22. 109. VIII 51.
2) Sat. XI 193. Ép. VII 5.
cœur: 1) Disc. au roi, 71. 123. Sat. V 31. Art poét. IV 109.

d) Wohlklang des Verses.

In ausgiebigstem Masse machen B.'s Verse von dem Schmucke der Alliteration und Assonanz Gebrauch, sei es, um dem Ohre des Hörers wohlzuthun, sei es, um dem Gedanken des Verses oder der Gemüthsstimmung einer zufällig redenden Person markanten Ausdruck zu verleihen. Nicht selten aber verfehlt der Dichter seinen Zweck; gleich klingende consonantische oder vokalische Laute häufen sich, und der Vers klingt, zumal, wenn gleiche Laute unmittelbar einander folgen, schleppend oder hart. Wegen eines misstönenden Verses erfährt B. von seinem Kritiker folgenden Tadel:
L. c. p. 102:

Ce vers *il est dans tout autre art* (de degrés différens) (art poét. IV 29) n'est pas seulement d'un Poëte vulgaire, mais d'un tres-méchant Poëte: car il est si dur, que l'on ne peut le prononcer que l'oreille n'en soit cruellement offensée. Il a tant recommandé dans cét Art la douceur, et le vers aisé (cf. art poét. I 109—112): et il pourroit prendre luy-mesme ce qu'il dit en suite.

> *Les vers ne souffrent point de mediocre Autheur.*
> *Ses écris en tous lieux sont l'effroy du Lecteur.*
> (Art poét. IV 33.)

Il n'y a personne, quoy que peu docte en fait de vers, qui ne confesse pas que *dans tout autre art*, fait un vers qui est l'effroy du Lecteur. Un Medecin dont il se mocque ingratement parce qu'il sçait l'Architecture (cf. art poét. IV 1 ff.) n'offense point la Medecine, mais un Poëte qui fait de si méchans vers, offense les oreilles.

Am häufigsten findet sich bei dem Dichter die Wiederkehr von Dentalen und Nasalvokalen. Wenn auch oft Tonmalerei beabsichtigt ist, so muss die massenhafte Wiederholung von Versen, welche von jenen Lauten mit oder ohne Absicht angefüllt sind, unangenehm wirken. Nur auffallende Kakophonien seien aus der grossen Menge hier angeführt. Die Beispiele werden wiederum, wie beim Capitel Caesur, und aus demselben Grunde in drei Abtheilungen genannt werden. Der Kritiker bezieht sich auch hier auf eine Vorschrift des Art. poét., welche die Kakophonie verbietet (I 109—112):

> Il est un heureux choix de mots harmonieux.
> Fuyez des mauvais sons le concours odieux.
> Le Vers le mieux rempli, la plus nnble pensée
> Ne peut plaire à l'esprit, quand l'oreille est blessée.

Dentaltenuis und -media.

Desm. tadelt:
> Du sein d'un Prestre émeu d'une divine horreur.
> (Art. poét. IV 153.)

O! que Poëte. Cela fait un horrible enchaisnement de *du*, et *d'un* et *d'une*. (Déf., p. 105.)

1) *D*e *t*ou*t t*emps rencon*t*ré *de* zelés Par*t*isans.
   Change *tout d*onne à *tout* une face imprévue.
   *G*ar*dez d*onc *de d*onner, ainsi que *dans* Clélie.
   Chacun le peut *t*rai*t*er *de* Fa*t* et *d'*Ignorant.
   *Du D*ieu *de* verité faire un *D*ieu *de* mensonges
   Qui *d*i*t* froi*d* Ecrivain, *d*i*t d*é*t*estable Au*t*eur
   Qui *d*égoû*t*és *de* gloire; et *d'*argen*t* affamés.
     (Art poét. I 230. III 60. 115. 149. 236. IV 33. 130.)
   *T*an*t de* fiel en*t*re-*t*-il *d*ans l'ame *des D*évots.
   Ne sçauvoient *d*onc *t'*ô*t*er ce*tt*e ar*d*eur *de* courir.
   Sous vingt fi*d*eles clefs, gar*d*e et *t*ien*t* en *d*épô*t*.
   Fla*tt*e *d'*un *d*oux espoir son appé*t*it naissant.
     (Lutr. I 12. II 16. III 47. IV 160.)

> Des plus nobles vertus cette adroite ennemie.
> D'un tribut de douleurs paya son attentat.
> La vertu se contente, et vit à peu de frais.
> (Ép. III 17. 64. V 104.)

Man vergleiche ferner: Art poét. I 45. II 111. III 227. 231. 236. 329. IV 63. 216. Lutrin I 36. 77. 79. 81. 171. 215. II 24. III 83. 168. 85. IV 71. 99. 160. 211. Ép. III 80.

> 2) C'est là que bien ou mal on a droit de tout dire
> En me tirant d'erreur m'ôte du Paradis.
> Toi donc qui de mérite et d'honneurs revêtu.
> N'éteigne dans ton sang cette ardeur de rimer.
> Un Aigle, sur un champ prétendant droit d'Aubaine.
> De tes titres pompeux enfler leurs dédicaces.
> Un Docteur, diras-tu? Parlez de vous, Poëte.
> Décider du mérite et du prix des Auteurs
> Et peint, du nom d'Auteur tant de Sots revêtus.

(Sat. I 149. IV 112. V 135. VII 72. VIII 139. 200. 231. IX 9. 317.)

> Du débris des Traitans Ton épargne grossie.
> Des sottises d'autrui nous vivons au Palais.
> (Ép. I 137. II 51.)

Vergl. ferner: Disc. au roi, 12. Sat. III 69. IV 16. V 3. 12. 14. 20. 21. VIII 276. 285. IX 47. 61. Ép. I 15. 147. 175. Sat. V 145. 148. VI 79. VII 4. 88. VIII 5. 13. 47. 51. 87. 111. 165. 210.

> 3) Trouva. Tu sçais... Je sçai que d'un conte odieux.
> Aux vertus, m'a-t-on dit, dans Port-Royal instruite.
> D'un Tournoi de bassette ordonner les apprêts.
> Qu'ensemble composoient trois Thèses de satin.
> Digne ouvrage de l'art dont Hippocrate traite
> Lui sçauront bien ôter cette santé d'Athlete.
> Elle y reçoit leur plainte, et sa docte demeure.
> Aux Perrins, aux Coras est ouverte à toute heure.
> Combien y trouve-t-on d'impudentes Faussaires.
> D'être donnés peut-être à des Ames mondaines.
> Il ne lui fait bientôt, aidé de Lucifer.
> Sur ton chagrin déja contente d'elle-même.

(Sat. X 52. 126. 224. 324. 413. 414. 445. 446. 522. 605. 623. 725.)

> Qu'est-ce donc que l'Honneur que tout doit embrasser.
> N'est qu'un plus grand Voleur que Du Terte et Saint-Ange.
> Que du Pôle Antarctique au Détroit de Davis.
> D'être doux pour tout autre, et rigoureux pour soi.
> (Sat. XI 60. 78. 116. 132.)

Fut que *triste et* hon*teux de* voir sa nu*dité*.
Le Monde fut rempli *de Dieux de* tou*te* espece.
Et par-*tout* sa *doct*rine en peu *de temps* por*tée*.
Sor*tant* pleine *d'at*frai*ts de* sa bouche empes*tée*.
*De tes d*ogmes *t*rompeurs nourrissant son i*dée*.
Dans les villes, par*tout t*héâ*t*res *de* leur rage.
Et sans *d*istinction, *dans tout* sein héré*t*ique.
Que sans peur *dé*bi*tant tes dis*tinctions folles.
(Sat. XII 63. 94. 177. 194. 245. 250. 317.)
*Du D*iges*te* et *du* Co*de* ouvre-nous le *Dé*da*le*.
La *D*ise*tte* au *t*eint blême, et la *t*ris*te* Famine.
(Lutr. V 74. 41.)
*Tu d*ois là *tous tes* soins au bien *de ta* patrie.
*D*iscourir les ver*t*us *d*ont *tu* fais *t*on é*tude*.
Le Vicom*te* in*d*igné sor*t*oi*t* au second Ac*t*e.
Mais si-*t*ôt que *d'*un *t*rait *de* ses fa*t*ales mains.
*De T*on *T*rône agran*d*i por*t*ant seul *t*out le foix.
*T*an*t*ô*t dans* les ar*d*eurs *de* ce zèle incommo*de*.
*T*an*t*ôt *d'*une Enéi*de* Au*t*eur ambitieux.
(Ép. VI 133. 154. VII 28. 33. VIII 31. 5. 7.)

Ferner vergleiche man: Sat. X 131. 187. 196. 198. 212. 218. 312. 321. 363. 382. 424. 515. 577. 583. 586. 592. XI 73. 102. 192. 195. XII 25. Ép. VI, 117. VII 40. 41. 43. 44. 90. VIII 23. IX 3. 97. 161. X 69. 80. 118. XI 43. 103. XII 1. 57. 90. 137. 179. Lutr. V 9. 66. 137. 166. 196. 239. VI 3. 51. 90. 116. 150. 157. 174.

Gelungene Tonmalerei zeigen beispielsweise folgende Verse:

Errer *d*ans les *d*étours *d'*un *D*éda*l*e de Loix. (Sat. I 120.)

Jener weise Gastgeber der III. Satire (v. 175):

Impose à tous silence, et *d'*un *t*on *de d*octeur.

L'argen*t* à *t*out *d*enier se prê*t*a sans usure. (Sat. XII 290.)
*D*éfait, refai*t*, augmen*t*e, ô*t*e, eleve, *dét*ruit. (Sat. VIII 258.)

Nasalvokale.

1) Cepen*dan*t à l'en*t*en*d*re il chérit la Critique.
Au même *ins*tant pren*d* droit de se croire Poëte.
Fut long-*temps dans* la France *un* plaisir ignoré.
(Art poét. I 219. II 198. III 82.)
Fit placer à la fin *un* Lutrin *dans* le Chœur.
C'est *en* vain que le Chantre abusant d'*un* faux titre.
Sont au fond d'*un* bonnet par billets *en*tassés.

L'espoir d'*un* juste *gain* consolant ma langueur.
Ainsi lorsqu'*en un* coin, qui leur tient lieu d'azile.
  (Lutr. I 4. 5. 204. II 19. III 85.)
Et depuis ce Ro*main* dont l'*in*sol*ent* passage.
Tient *un temps* sur les eaux la fortu*ne* douteuse.
  (Ép. IV 58. 126.)

Man vergleiche ferner: Art poét. I 86. 161. II 104. III 127. 253. 416. IV 24. 225. Lutr. I 207. 220. 231. II 71. III 59. 65. 126. IV 175. 226. 134. Ép. III 59. 98. IV 21. 115. V 43. 44. 63.

2) Att*endant son* dest*in* d'*un* quatorze ou d'*un* sept.
Y *sont en* moi*ns* de ri*en* suivis de plus de mille.
Conduit *en* cet *en* droit *un* grand troupeau de bœufs.
Moi donc, qui doit souv*ent en* cert*ain* lieu me r*en*dre.
Tandisque *dans un* coin *en* grondant je m'essuye.
Muse, c'est donc *en* vain que la m*ain* vous demange.
Il tour*ne* au moi*n*dre v*ent*, il tombe au moi*n*dre choc.
Lui seul vivant, dit-*on*, *dans* l'*en*ceinte des villes.
Pr*ens* au lieu d'*un* Plat*on*, le Guid*on* des Fin*an*ces.
Plus de douze attroupés cr*ain*dre le *nom*bre *im*pair.
Et souv*ent dans un* coin r*en*voyés à l'écart.
Et tel qui m'*en* repr*en*d, *en* p*en*se autant que moi.
Et souv*ent sans rien* cr*ain*dre, à l'aide d'*un* b*on* mot.
  (Sat. IV 75. VI 52. 54. 63. 71. VII 21. VIII 53. 119. 188. 261.
      IX 77. 202. 273.)

Man vergleiche ausserdem: Sat. III 180. V 122. 137. VIII 15. 54. IX, 276.

3) Tout dépend, *en un* mot, du b*on* choix qu'*on* sçait faire.
Qui s'occup*ent* du bi*en en* tout t*em*s, *en* tout lieu.
Cep*en*dant, à l'*en*t*en*dre, il se soutient à peine.
Se trouve assez surpris, r*en*tr*ant dans* la mais*on*.
De voir que le portier lui demande *son nom*.
M*on* bi*en* se m*on*te à t*ant*: T*en*ez, voilà le vôtre.
J'*en*tens *un* faux Chréti*en* mal *in*struit mal guidé.
Qu'*un* s*en*tim*ent* impie, *in*juste, abomi*n*able.
Sans simonie, *on* p*ut* c*on*tre *un* bi*en* temporel.
  (Sat. X 78. 515. 561. 639. 640. 710. XI 119. XII 265. 291.)
Bati sûr le p*en*ch*ant* d'*un* l*on*g rang de collines.

(Die Häufung der Nasalvokale ist kaum im Stande die Vorstellung sanft gewellter Hügellandschaft zu erwecken.)

Ici *dans un* vall*on* born*ant* tous mes desirs.
Que l'Oppresseur ne m*on*tre *un* fr*on*t audacieux.
Ne fit point *dans* le m*on*de *un* lâche desaveu.
  (Ép. VI 5. 23. 135. Lutr. VI 120.)

Weiter ist zu vergleichen: Sat. X 113. 117. 304. 408. 560. 696. XI 196. XII 200. Ép. XII 155. Lutr. V 133. 139. VI 21. 67. 160.

In zahlreichen Fällen gelingt dem Dichter die Tonmalerei mit Nasalvokalen, meist um etwas Gewaltiges, Erhabenes zu bezeichnen, oder auch solches zu carrikiren. Verächtlich wird von mittelmässigen Poeten gesprochen:

> *Oo rampe dans la fange* avec l'abbé de Pure. (Sat. IX 28.)
> *Dont* les *noms en cent* lieux, placés comme *en* leurs riches
> *Vont* de vos vers mali*ns* r*e*mplir les hemistiches.
> (Sat. IX 99—100.)

Oder im Dialog wird eine parodirende Antwort gegeben,

> Sort d'Ayeux *dont* les *noms* . . . Je t'*entens* et je voi.
> (Sat. X 467.)

um Erhabenes lächerlich zu machen.

Mit grossem Geräusch wird die gewaltige Last des Chorpultes an des Cantors Platz geschafft:

> Et sur le *banc* du Cha*n*tre à gra*n*d bruit remo*n*té.
> (Lutr. III 154.)

Bedeutsam sagt einer der Klosterbrüder:

> Etudio*ns enfin*, il en est *temps en*core. (Lutr. IV 185.)

Man vergleiche hierfür ferner: Art. poét. II 101. III 93. 105. 316. Lutrin I 45. 107. II 81. III 141. IV 172. 177. V 3. 31. 216. VI 23. 72. 78. 173. Sat. III 44. VIII 36. V 123. 128. IX 65. 78. 213. 274. 299. X 72. 151. 394. 610. 628. XI 90. 182. 183. XII 105. 130. 296. 346. Ép. I 1. 25. 34. 76. II 9. 40. IV 110. 133. 170. 172. VI 97. VII 60. VIII 39. IX 107. X 70.

Weit seltener wie jene Laute häufen sich Labial- und Gutturaltenues und -mediae im Verse.

b, p:

1) Mais ce discours n'est *p*as *p*our le *p*eu*p*le ignorant.
(Ép. V 83.)

2) *P*rends le *p*as au *P*arnasse au dessus de Virgile.
Il faut *p*ourtant *p*asser sur ce *p*ont chancelant.
*P*rens moi le *b*on *p*arti. Laisse-là tous les livres.
A vos *p*ropres *p*érils, enrichir le Li*b*raire.
*P*eut *p*erdre impunement de l'encre et du *p*apier.
*P*eut-on si *b*ien *p*rêcher qu'il ne dorme au Sermon.
(Sat. IV 94. VI 78. VIII 183. IX 60. 106. 126.)

Man vergleiche ausserdem: Sat. I 111. VI 119. VIII 84. 85.

3) Dans sa charité fausse, où l'amour-*p*ropre a*b*onde.

Et la fourbe passa pour exquise prudence.
(Sat. X 629. XII 118.)
Et montre pour Paris si peu de passion.
Pourvû qu'ils puissent plaire au plus puissant des Rois.
Diffama le papier par ses propos menteurs.
(Ép. VI 128. VII 93. IX 142.)

Dem Gedanken wird durch mehrfache Wiederholung von *p* beispielsweise in folgendem Verse entsprochen:

Mais puis que vous poussez ma patience à bout.

g, k (c, q):

1) Que crois-tu qu'Alexandre, en ravageant la terre. (Ép. V 45.)
2) Soit que le Ciel me garde un cours long et tranquille.
Quoi? ce Critique affreux n'en sçait pas plus que moi.
(Sat. VII 65. Ép. I 24.)
3) Et qui de quelque somme, amassée au bon tems.
Mais pourtant confessant qu'il a quelque beautés.
L'orgueil que quelque fois nous cache une Bigote.

(Der Inhalt des letzten Verses wird nicht durch Häufung des *k*-Lautes markirt, wiewohl es beabsichtigt zu sein scheint.)
(Sat. X 295, 456. 509.)

Concluons qu'ici-bas le seul Honneur solide.
(Sat. XI 129.)
Qu'Apollon quelque fois daigne encor m'écouter.
Qu'à Chantilli Condé les souffre quelque fois.
Que si quelquefois las de forcer des murailles.
Qui regimbent toujours, quelque main qui les flate.
(Ép. VI 124. VII 94. VIII 25. IX 15.)

Ausserdem vergleiche man: Sat. X 85. 634.

Beabsichtigte und gelungene Tonmalerei zeigen z. B.:

C'est quelque air d'équité qui séduit et qui plaît.
Car quel lion, quel tigre égale en cruauté.
(Sat. XI 96. XII 255.)

Vom boshaften Weibe, dem der Gemahl die Auflösung der Ehe vorschlagen will, heisst es:

As-tu donc oublié qu'il faut qu'elle y consente?
Et crois-tu qu'aisément elle puisse quitter
Le savoureux plaisir de t'y persécuter?
(Sat. X 714—716.)

Aehnlich so Sat. X 499.

Auch *r, l* und *m* finden sich öfters im Verse gehäuft.

r, l:

1) Par grace à *l*ui *l*aissa *l*'entrée en *l*'Epigramme.
   On me ve*rr*a do*rm*ir au branle de sa *r*oue.
   C'est *l*à que *l*e P*r*e*l*at muni d'un déjeûner.
   (Art poét. II 126. Ép. V 135. Lutr. I 63.)

2) A*ll*er pi*ll*er *l*e mie*l* que *l*'Abei*ll*e distile.
   Et p*l*us *l*oin des *L*aquais *l*'un *l*'autre s'agaçans.
   (Sat. I 94. VI 37.)

3) Censurer *l*e *l*ieu *l*e p*l*us doux de *l*a terre.
   N'aimant que *l*e scanda*l*e et *l*'éc*l*at dans *l*e vice.
   Tous seu*l*s dans *l*eur *l*ogis *l*ibres et triomphans.
   (Sat. X 110. 182. 300.)

   Mais *l*aissons *l*à *l*e tort qu'à ses bri*ll*ans ouvrages.
   Et du butin acquis en vio*l*ant *l*es *l*oix.
   De *l*ui seu*l* i*l* prétend qu'on reçoive *l*a *l*oi.
   (Sat. XII 49. XI 107. 159.)

Folgende Verse zeigen, dass sich der Dichter mit Erfolg bemüht, mit Hülfe der genannten Laute die Form dem Gedanken anzupassen:

   Et *l*aissons *l*e Bur*l*esque aux P*l*aisans du Pont-Neuf.
   Il renvoye en *l*eur *l*ieu *l*es vers ma*l* arrangés.
   (Art poét. I 97. 202.)

   Les C*l*ercs, les Procu*r*eu*r*s, les sergens les greffie*r*s.
   Et je serai le seu*l* qui ne pou*rr*ai *r*ien dire.
   (Sat. VIII 302. IX 191.)

Vom Weibe:

   Sous *l*eur fontange altiere asservir *l*eurs maris
   L'un l'autre au moindre affront les force s'égorger.
   (Sat. X 372. XI 126.)
   Grand *R*oi, sans *r*ecou*r*i*r* aux Histoires antiques.
   (Ép. I 117.)

m:

1) En soi-*m*ê*m*e frémit de n'avoir point dîné.
   *M*es yeux en sont té*m*oins; j'ai vû *m*oi-*m*e*m*e hier.
   (Lutr. IV 144. 175.)

Man vergleiche ferner: Art poét. III 370. Lutr. I 141.

2) Pour *m*oi, fer*m*ant *m*a porte, et cédant au som*m*eil.
   F'inissons. *M*ais de*m*ain, *M*use, à recom*m*encer.
   Qui jamais *m*oins que l'Ho*mm*e en a connu l'usage.
   (Sat. VI 97. VII 96. VIII 24.)

3) Quelle char*m*e au *m*oindre *m*al qui vient nous *m*enacer.
   *M*a maison ni *m*on lit ne sont point faits pour vous.
   Tu verrois sous *m*a main des tô*m*es s'a*m*asser.
   Qui *m*'aimant le *m*atin, souvent *m*e hait le soir.

Fait *même* à ses Amans trop foibles d'estomac.
Il en est de milliers: mais *ma* bouche enfin lasse.
Qu'un *mortel* par lui-même au seul *mal* entraîné.
(Sat. X 15. 483. 652. 663. 671. 689. XII 148.)
Mais moi, dont le genie est *mort* en ce *moment*.
Mais de la *même main* qui peignit Tullius.
Moi-même en *ma* faveur, Seignelay, je *m*'abuse.
Mais lui-*même* il en est l'*a*me, et le fondement.
Et quand je leur demande en ce *même moment*.
(Ép. VI 95. VIII 91. IX 68. 120. XII 126. 186.)

Ausserdem vergleiche man: Sat. XII 6. 156. Ép. VII 55. XII 20. Lutr. VI 95.

In folgenden Versen gilt es, das Lächerliche, Unbedeutende bestimmter Werke zu markiren:

Le *Moï*se commence à *m*oisir par les bords. (Sat. IX 93.)
*M*ontre, *M*iroirs d'*A*mours, *A*mitiés, *A*mourettes.
(Ép. IX 64.)

Häufung von **Spiranten**:

1) *S*on menton *s*ur *s*on *s*ein de*s*cend à double étage.
Sont aux yeux de*s* Mortel*s chez* le *Ch*antre *c*achés.
(Lutr. I 66. IV 228. Cf. Saint-Marc, II 537, Commentar.)

2) Mais *s*ans examiner *s*i vers les Antres sourds
Il *f*aut sou*ff*rir la *f*aim, et coucher sur la dure.
Quoi donc? à *v*otre a*v*is, fut-ce un *f*ou qu'Alexandre.
*V*ous *v*erriez tous les ans *f*ructifier *v*os *v*ers.
Mais dussiez-*v*ous en l'air *v*oir *v*os aîles *f*ondues.
Le bel honneur pour *v*ous en *v*oyant *v*os ouvrages.
(Sat. VIII 61. 80. 99. IX 34. 55. 75.)

Man vergleiche weiter: Sat. IV 78. 79. IX 6. 7. 287.

3) N'a pas un des *d*é*f*auts que *v*ous m'a*v*ez *f*ait *v*oir.
Tout pê*ch*eur ... Mais où vais-*j*' aujour*d*'hui m'enga*g*er
En un mot, *f*aire *v*oir à *f*ond *d*éveloppés.
(Sat. X 703. XII 308. 315.)

Ausserdem zu vergleichen Sat. XII 313.

In zahlreicheren Fällen gelingt die beabsichtigte Tonmalerei, besonders mit der Dentalspirans; hierher gehört ein Vers, welchen Desm. mit Unrecht tadelt:

C'est un pedant qu'on *s*ans *cess*e à *s*es oreilles. (Sat. IV 118.)
... quel sifflement de tant d'S de suite, *sans cesse à ses*. (Déf., p. 40.)

Der Zischlaut soll den Flüsterton markiren. Er dient häufig zu einem ähnlichen Zwecke. Z. B. heisst es von einem Geisteskranken:

> S'imaginant sans cesse en sa douce manie. (Sat. IV 105);

von einem kalkulirenden Wucherer:
> C'est ainsi qu'en son cœur ce Financier raisonne.
> (Ép. V 34.)

v dient zu wohlklingender Alliteration:
> Resou-toi, pau*v*re Epoux, à *v*ivre sans couleu*v*res.
> (Sat. X 378);

ein anderes Mal verleiht es ruhmrednerischer Prahlerei Ausdruck:
> Un *f*aux Brave à vanter sa prouesse *f*rivole. (Sat. XI 53.)

Man vergleiche weiter: Art poét. I 173. III 357 Sat. I 108. 117. III 114. 223. IV 80. 82. 58. V 142. VII 27. VIII 56. 167. 292. X 713. 119. XII 324. Ép. X 30. 38 u. s. w.

Weniger häufig, wie consonantische, gereichen vokalische Laute durch Wiederholung und unmittelbares Aufeinanderfolgen dem Wohlklang der Verse zum Nachtheil.

1) On ne fut pl*u*s *ni* sot, *ni* fat impunément.
C'est un vice q*ui* s*ui*t la Médiocrité.
Leurs tas *au* m*a*g*a*sin cachés à la lumiere.
(Art poét. II 152. IV 114. III 331.)
Soit qu'*u*ne main la n*ui*t *eû*t haté sa r*ui*ne.
Et malgré la fray*eu*r dont l*eu*rs c*œu*rs sont glacés.
Ami l*ui* dit le Chantre encor pâle d'horreur.
(Lutr. I 170. III 95. IV 15.)
L*ui* dit: Si t*u* te rends, sçois-t*u* ce qu'on va dire.
Qui l'*eû*t cr*û*, que pour moi le Sort d*û*t se flechir.
(Ép. III 10. V 124.)

Ausserdem vergleiche man: Art poét. I 130, III 295. IV 134. 145. Lutr. III 42.

2) Va par tes cr*ua*utés mér*i*ter la fortune.
Loin de l*es* décr*ier*, je l*es ai* fait paroître.
On le veut, j'y souscris, et s*ui*s prêt de me taire.
(Sat. VIII 196. IX 195. 216.
Pour Toi s*eul* désormais j'avois fait v*œu* d'écrire. (Ép. I 2.)

Ferner zu vergleichen: Sat. VIII 138. IX 206.

3) Digne et f*u*n*e*ste fr*ui*t d*u* n*œu*d le pl*u*s affreux.
L'Hymen n'*ai*t jamais fait de Femme extravagante.
Va quatre f*oi*s par m*oi* se vanter à confesse.
La hai-t*u* pl*u*s, di-m*oi*, que cette Bilieuse.
Ne présume d*u* crime et, et ne trouve un péché.
Vous avez désormais épuisé la Satire.
(Sat. X 339. 366. 528. 542. 626. 632. 649.)

> Seul porter désormais le faix du Diadème.
> Sont des collets-montés et des vertuyadins.
> Ces Dieux nés du fumier porté dans ses jardins.
> On ne reconnut plus qu'usurpateurs iniques.
> Ou, si plus sûrement, tu veux gagner ta cause.
>   (Sat. XI 158. XII 40. 100. 121. 342.)
>
> Rit du bruit passager de leurs cris impuissans.
> Sa vertu n'est donc plus qu'une vertu frivole.
> Ne l'y rallume plus après notre trépas.
>   (Ép. VII 74. XII 115. 154.)

Weiter vergleiche man: Sat. X 468. 516. XII 55. 232. Ép. VIII 83.

Oft aber versteht der Dichter auch durch gleichlautende vokalische Laute dem Gedanken des Verses beredten Ausdruck zu geben: etwas lang Dauerndes wird markirt durch *toujours*, welchem die gedehnte Vokalverbindung *ou* folgt und vorangeht:

> Et trouve sous sa main des fleurs toujours écloses.
>   (Art. poét. III 176.)
> Souffrirez-vous toujours qu'un orgueilleux m'outrage.
>   (Lutr. I 133.)
> Qui toujours vous gourmande et loin de vous toucher.
>   (Sat. IV 119.)
> Vil Esclave toujours sous le joug du péché. (Ép. XII 29.)

In ähnlicher Weise ist *ou* verwendet: Lutr. III 157. Sat. IX 143. 173. 311. X 495. Ép. III 89. I 106. Sat. VIII 126. 255.

Ein unangenehm berührender Laut bezeichnet die Sitten schlechter Reimkünstler:

> Jamais, blessant leurs Vers, il n'effleura leurs mœurs.
>   (Ép. X 88.)

Einschläfernd soll der Schluss in dem Verse wirken:

> Mais je ne trouve point de fatigue si rude. (Ép. XI 81.)

Lebhaftigkeit aber malen z. B.:

> Peut aller au Parterre attaquer Attila.
> Mais à quoi s'attacha ta sçavante malice.
>   (Sat. IX 78. XII 125.)

Hierzu vergleiche man: Sat. IX 15. X 348. 165. Ép. XI 49. XII 132.

Auch verschiedene Laute, consonantische und vokalische, treten im Verse wiederholt auf. Es entstehen so Kakophonien, z. B.:

> 2) Attens-tu qu'un Fermier payant, quoiqu'un peu tard.
>   (Ép. II 19.)

3) De petits Citoyens *dont on* croit *être* Pere.
Que jamais *on* n'est *grand* qu'*autant que* l'*on* est juste.
Qu'infâmes scélérats *à la* gloire aspirans.
(Sat. X 14. XI 86. XII 123.)

Auch einige Beispiele gelungener Tonmalerei seien angeführt. Von unbedeutenden Poeten sagt der Satiriker:

En vain je veux au moins *f*aire grace à quelqu'*un*.
(Sat. VII 51.)

Dem ätzenden Spotte, mit welchem Jedermann einen betrogenen Ehegatten zu verfolgen pflegt, wird im Verse durch Zischlaut und Nasalvokal Ausdruck gegeben:

Je s*ç*ais que *c'est un texte* où chac*un* fait sa glose.
(Sat. X 62.)

Eine boshafte, unwirsche Gattin bezeichnet der Vers:

Peu*t*-*ê*tre ava*nt* de*u*x a*n*s ar*dente* à *t*e *d*éplaire.
(Sat. X 169.)

Ausserdem vergleiche man: Art poét. II 38. III 264. Lutr. III 95. 161. VI 139. Sat. X 179. 214. 439. XI 98. 110. XII 93. 174. Ép. VII 65. VIII 80.

Es erhellt aus dem Vorstehenden, dass nicht ganz mit Unrecht Desm. den Beifall eingeschränkt wissen will, welcher B. als dem Verstechniker par excellence zu Theil wird.

V.

Die noch übrig bleibenden Vorwürfe und Erörterungen Desm.'s gehen meist die Person des Dichters selbst an, welchen der Kritiker directer Beleidigungen des Königs oder schamloser Ketzerei zu bezichtigen versucht.

1)[1]) Für eine Stelle sind Desm.'s Einspruch und andere Rathschläge Veranlassung zu einer Correctur, l. c. p. 33 f.

Philene. Voicy encore d'étranges hardiesses contre ce qu'il y a de plus auguste dans les mysteres de nostre Religion.

Et riant hors de là du sentiment commun,
Presche que trois sont trois, et ne font jamais un[2]).

Voilà une belle leçon jettée en vers contre la creance d'un seul Dieu en trois personnes. Car bien que le Poëte fasse semblant de faire dire cela par un autre, il n'y répond qu'en se mocquant.

---

[1]) Die in Abschn. I—III beobachteten Unterabtheilungen (cf. p. 76, Anm. 1) werden hier wiederum aufgenommen.
[2]) Sat. I 155—156 in den Ausgaben 1666—1682.

> *Pour moy qui suis plus simple, et que l'enfer étonne,*
> *Qui crois l'ame immortelle, et que c'est Dieu qui tonne* [1]).

Car il ne veut point que l'on croye de luy qu'il est simple, ny que l'enfer l'étonne; Tout cela n'est dit qu'en raillerie, et l'on ne parle point ainsi. C'est le tonnerre qui tonne, c'est le soleil qui éclaire.

Die zwei ersten Verse lauten seit 1682:

> *Et toujours dans l'orage au Ciel levant les mains,*
> *Dès que l'air est calmé, rit des foibles Humains.*

Die sämmtlichen weiteren Erörterungen, welche die Beziehung des Dichters zu seinem Könige und seinen religiösen Standpunct betreffen, lassen deutlich das von Neid und Rachsucht dictirte Bestreben erkennen, B.'s Person bei seinem hohen Gönner völlig in Misskredit zu bringen. Gleich Anderen in seiner Zeit hat es auch B. nicht gewagt, ausser in einzelnen schüchternen Andeutungen, dem Könige die Stirn zu bieten; solche Andeutungen sind ihm, wie die Commentatoren erzählen, niemals vom Könige übel gedeutet worden. Auch verstand es der Dichter, zu geeigneter Zeit derartige kleine satirische Ausfälle durch einen wohlklingenden Dithyrambus zu paralysiren.

Nicht anders ist es mit der Religion. Des Dichters Ehrfurcht vor derselben war aufrichtig und tief; so berichtet sein ältester und zeitgenössischer Commentator Brossette.

Es seien ohne weitere Erläuterungen Desm.'s Anklagen gegen den Dichter (als unter 3) gehörig) hier angeführt. — Ueber des Dichters Verhältniss zum Könige lässt sich der Kritiker folgendermassen aus, l. c. pp. 25 f., 33. 115:

> *Grand Roy, si jusqu'icy par un trait de prudence,*
> *J'ai demeuré pour toy dans un humble silence* [2]).

Comment un homme peut-il se vanter d'un trait de prudence, et encore parlant à un Roy? Il faut dire, *par respect*, et non *par un trait de prudence*.

Dorante. Que dis-tu, Damon, de cette remarque? Voudrois-tu dire au Roy, Sire, je me tais par un trait de prudence.

Damon. Il est vray qu'il faut dire, par respect; et que nul ne doit se vanter d'avoir fait une chose par un trait de prudence.

> *Louis la foudre en main abandonnant Versailles* [3]).

Puis considerez l'honneur qu'il fait au Roy, de le comparer à Girot (cf. Lutr. IV 129—146) vallet du Chantre, qui avec la cresselle en main va réveiller les Chanoines endormis. Ainsi Louis au retour du printemps réveille les guerriers.

Dorante. Il ne se peut rien adjouter à ce beau parallele de Loüis avec le valet Girot. Et voilà ce que c'est que de vouloir faire des comparaisons,

---

[1]) Ibid. 161—162; V. 161 seit 1682:
> *Pour moi qu'en santé même un autre Monde étonne.*

[2]) Disc. au roi, 5—6.
[3]) Lutr. IV 146.

quand on ne sçait pas l'art d'en faire de nobles, et de justes, qui honorent la personne que l'on veut loüer, et qui ne l'offensent pas.

> *Et que le sort burlesque, en ce siecle de fer,*
> *D'un pédant, quand il veut, sçait faire Duc et Pair* [1].

Se peut-il rien adjouter à la hardiesse et à l'injustice de ce Satyrique, qui sans respect du grand et sage Roy sous lequel nous vivons, qui portant la guerre au dehors, nous fait jouir d'une si heureuse tranquillité au dedans, ose appeller injurieusement le siecle d'un tel Prince un siecle de fer, et condamner son choix dans les grandes dignitez qu'il donne; puis que cela ne se fait point par un sort burlesque, mais par le choix et par la volonté expresse du Roy.

Der Dichter wird der Verspottung der Religion, kirchlicher Institutionen, menschlicher Vernunft u. s. w. geziehen, l. c. pp. 105, 109 f., 116 f., 40, 49:

> *Depuis le Ciel en vers fit parler les Oracles* [2].

... comment veut-il s'ériger en Payen, disant, que le Ciel fit parler en vers les Oracles; puisque ces Oracles estoient de l'Enfer, et non du Ciel.
Dorante. Il faut luy pardonner, car il est en desordre, et il ne sçait ce qu'il dit.
Philene. Horace luy mesme n'en eut pas dit autant.

> *Alors de cent arrests tu peux le terrasser,*
> *Pour soutenir tes droits que le Ciel authorise,*
> *Abysme tout plustost, c'est l'esprit de l'Eglise* [3].

Quel transport de Satyrique, de dire que l'esprit de l'Eglise soit d'abysmer tout plustost que de ne pas soûtenir ses droits par cent Arrests? Car l'esprit de quelques particuliers, n'est pas l'esprit de l'Eglise, qui est en soy toute Sainte.
Dorante. Non, il est plustost indiscret qu'impie en cét endroit. Il a entendu dire, c'est l'humeur des Ecclesiastiques. Mais c'est manquer de jugement, que de parler ainsi de l'esprit de l'Eglise, sans mieux expliquer ce qu'il veut dire.

> *Ce coup part, j'en suis sûr d'une main Janseniste* [4].

Quelle hardiesse, de parler du nom de Janseniste aprés que le Roy a deffendu si expressement de parler jamais de ce nom, ny l'écrire? et pourquoy dire en suite.

> *Arnaud cét heretique ardent à nous détruire* [5].

Et encore ce vers:

> *Que chacun prenne en main le moëlleux Abely* [6].

Parce que M. Abely Evesque de Rhodés a fait un livre intitulé *Medulla theologica*. Tout cela est dit en raillerie contre les Chanoines qu'il introduit et qu'il veut rendre ridicules, comme peut-estre ayant esté contraires aux sentimens de M. Arnaud, à qui il a dedié une Epistre (III) toute à sa loüange. Mais comment ose-t-il réveiller ces debats, que le Roy a voulu assoupir avec tant de bonté et de sagesse: et pourquoy faire dire encore par un Chanoine qui veut abbattre le Lutrin.

---

[1]) Sat. I 63—64. [2]) Art poét. IV 152. [3]) Lutr. I 184—186.
[4]) Lutr. IV 174. [5]) Ibid. 177. [6]) Lutr. IV 188.

> *Que m'importe qu'Arnaud me condamne ou m'approuve?*[1]
> *J'abbas ce qui me nuit partout où je le trouve.*

Qu'avoit à faire le nom de M. Arnaud dans cette quérelle pour le Lutrin? Car il n'y en a là aucun sujet. Mais ce n'est que pour obliger M. Arnaud, et tous ses amis, et voulant rendre ridicules tous ceux qui leur ont esté contraires.

Dorante. Il a voulu leur faire connoistre le grand bonheur qu'ils ont d'avoir pour eux un si grand Poëte.

> *Souvent de tous nos maux la raison est le pire.*
> *C'est elle qui farouche, au milieu des plaisirs*
> *D'un remors importun vient brider nos desirs.*
> *La facheuse a pour nous des rigueurs sans pareilles;*
> *C'est un pedant qu'on a sans cesse à ses oreilles,*
> *Qui toûjours nous gourmande . . . etc. . . .*[2]

Quelle doctrine de libertinage, de se mocquer de la raison?

> *Ma foy, non plus que nous l'homme n'est qu'une beste*[3].

Quel emportement de faire jurer *ma foy* à un asne, et de se mocquer de tout honneur, de tout l'esprit humain, et de toute vertu; puisqu'il faut au contraire qu'un bon Poëte ait de bons et sages sentimens sur toutes matieres, pour faire des vers nobles et raisonnables, suivant le precepte d'Horace.

> *Scribendi recte sapere est et principium et fons.*
> *Rem tibi Socraticae poterunt ostendere chartae*[4].

C'est à dire.

> *De bons et nobles la source est la sagesse.*
> *Apprens ce que Socrate enseignoit à la Grece.*

Drei Bemerkungen allgemeiner Natur (gleichfalls unter 3) aufzuführen) mögen die Kritiken der poetischen Werke unseres Dichters beschliessen. L. c. p. 110:

> *Ils s'adorent l'un l'autre, et ce couple charmant*
> *S'unit long-temps, dit-on, avant le Sacrement*[5].

C'est pousser sans bornes la medisances contre deux personnes mariées.

Zur Rechtfertigung B.'s Saint-Marc, II, 477, Commentar: Anne de Buisson, seconde femme du sieur L'Amour. Ils vécurent toujours en bonne intelligence, avant et après leur mariage.

L. c. p. 47:

> *L'animal le plus fier qu'enfante la nature*
> *Dans un autre animal respecte sa figure*[6].

Cela n'est point veritable. L'on voit si un chien respecte sa figure dans un autre qui lui dispute un os. Les chiens, les chevaux, les loups, et plusieurs autres sortes d'animaux, se mordent et s'etranglent les uns les autres, sans aucun respect pour leur figure; et ont les mesmes passions que nous, sans qu'aucun frein les arreste; aussi n'ont-ils pas la raison que nous avons.

---

[1] Ibid. 201—202.   [2] Sat. IV 114—119.   [3] Sat. VIII 308.
[4] Horaz, ars poet. 309—310.   [5] Lutr. I 219—220.
[6] Sat. VIII 135—136.

L. c. p. 117 f.:

Philene. Voicy ce qui suit.

> La masse est emportée, et ses ais arrachez
> Sont aux yeux des mortels chez le Chantre cachez[1]).

On voit par ces derniers vers, que ce n'est icy que la moitié de l'ouvrage; puisque la victoire du Prelat et de l'Horloger, qui est le Heros du Poëme Heroïque, doit en faire la catastrophe. Le Poëte n'en a voulu donner que ces quatre chants, ayant dit en la preface de son *Lutrin*, qu'il eust bien voulu donner au public cette piéce achevée, *mais*, dit-il, *des raisons tres-secretes, et dont le Lecteur trouvera bon que je ne l'instruise pas, m'en ont empesché.* Et l'Autheur trouvera bon aussi que l'on croye, que ses seules raisons tres-secretes, sont qu'il n'a pû achever cét ouvrage; n'estant pas capable de faire jamais un corps qui ait toutes ses parties, ny de faire une conclusion.

Dorante. Je croy qu'il en a touché la veritable raison.

B. hat durchaus nicht, nachdem er vier Gesänge gedichtet, den Lutrin als vollendet betrachtet. In der Vorrede sagt er (cf. Saint-Surin, II, 316 f.), als neunhundert Verse (die vier ersten Gesänge) fertig vorlagen: je ne me serais pourtant pressé de le donner imparfait, comme il est, n'eût été les misérables fragments qui en ont couru. So wurden noch der V. und VI. Gesang hinzugedichtet, welche 1683 in die Oeffentlichkeit gelangten, während die vier ersten bereits 1674 erschienen waren (cf. Saint-Surin, II, 411 und 413).

---

[1]) Lutr. IV 227—228.

Anhang.

Boileau's Prosaschrift, die *traduction du traité du Sublime de Longin etc.* erfährt vom Kritiker folgende Ausstellungen l. c. p. 118 ff.:

Philene. *Remarques sur la traduction du Traité de Longin.*

Il ne reste plus à examiner, que sa traduction du traité du sublime: mais parce que c'est de la prose, et que l'on n'a eu dessein que d'examiner ses vers, il faut seulement admirer la belle pensée qu'il a eüe, sçachant bien qu'il n'a que le genie de la Satyre, qui est le plus bas de la Poësie, qu'il se feroit estimer un genie sublime, en donnant la traduction d'un traité du sublime. Chacun jugera mieux de son élevation par ses Poësies, que par son traité du sublime, dont il faut seulement voir quelques vers qu'il mesle dans sa prose, en traduisant ceux d'Homere, ou de quelques autres Poëtes Grecs. Voicy de ses premiers vers.

> *Pour déthroner les Dieux de leur vaste ambition,*
> *Entreprit d'entasser Osse sur Pelion* [1])*.*

Il a cru que ce premier vers pourroit passer sous l'ombre de sa reputation: mais il n'y a pas un Poëte, de tous ceux qu'il a voulu rendre ridicules, qui en ait jamais fait un si méchant, n'ayant fait le mot *ambition* que de trois syllabes, bien qu'il soit de quatre.

Damon. Je sens bien que le dernier hemistiche ne vaut rien, estant de sept syllabes, et il n'en doit avoir que six. Quelqu'un de ses amis l'eut averty de refaire ce vers, comme ils luy en ont fait corriger plusieurs pour cette traduction à un seul.

Philene. Lisons les remarques. Il faut admirer encore cette belle façon de parler, *déthroner les Dieux le leur vaste ambition*. Il ne peut pas s'excuser sur les vers d'Homere, qui ne disent rien du tout de celà, et qui disent seulement parlant Geants.

> Ὄσσαν ἐπ' Οὐλύμπῳ μέμασαν θέμε, αὐτὰρ ἐπ' Ὄσσῃ
> Πήλιον εἰνοσίφυλλον ἵν' οὐρανὸς ἀμβατὸς εἴη [2]).

C'est à dire.

> *Oserent sur Olympe, en leur rebellion,*
> *Porter le haut Ossa, sur Ossa Pelion,*
> *Pour s'elever aux Cieux.*

---

[1]) cf. Saint-Marc, IV, p. 310.   [2]) Homer. Odyss. XI 314 f.

Car il faut dire *Ossa*, et non *Osse*; comme on dit le *Mont Oeta*, *le mont Ida*, le mont *Sina*, et non pas *Oete*, *Ide*, et *Sine*. Nostre Poëte si fier devoit traduire, *porter Ossa sur Olympe*, *et Pelion sur Ossa*; mais il n'a pû fourrer dans son vers le mot Olympe, au lieu duquel il a mis un vers entier de galimathias.

Pour dethroner les Dieux de leur vaste ambition.

Dorante. C'est n'avoir pas la force de traduire les vers d'Homere, rapportez par Longin, ou n'en avoir entendu qu'une partie. Toutes ces remarques sont équitables.

Philene. *Autant qu'un homme assis aux rivages des mers*
Void du haut d'une tour l'espace dans les airs,
Autant des immortels les chevaux intrepides
En franchissent d'un saut[1]).

Pourquoy mettre dans ses vers, *du haut d'une tour*, puis que cela n'est pas dans son texte Grec, et qu'il y a seulement, assis sur un lieu élevé regardant vers la mer; et que cela se contrarie, et est superflu, de dire *du haut d'une tour*, après avoir dit, *assis aux rivages des mers.*

Il y a dans le texte Grec.

Ὅσσον δ' ἠεροειδὲς ἀνὴρ ἴδεν ὀφθαλμοῖσιν
Ἥμενος ἐν σκοπιῇ, λεύσσων ἐπὶ οἴνοπα πόντον
Τόσσον ἐπιθρώσκουσι θεῶν ὑψήχεες ἵπποι[2]).

C'est à dire.

Autant que peut un homme en regardant la mer,
Sur un rocher assis, voir l'espace dans l'air,
Les coursiers immortels autant d'un sault en passent.

. . . il dit.

L'enfer s'émeut au bruit de Neptune en furie.
Pluton sort de son thrône, il pâlit, il s'écrie.
Il a peur que ce Dieu, dans cét affreux sejour,
D'un coup de son trident ne fasse entrer le jour.
Et par le centre ouvert de la terre ébranlée
Ne fasse voir du Stix la rive desolée,
Ne decouvre aux vivans cét Empire odieux,
Abhorré des mortels, et craint mesme des Dieux[3]).

Que de choses qui ne sont point dans le texte Grec, par incapacité de serrer le sens. Il y a seulement.

Ἔδδεισεν δ' ὑπένερθεν ἄναξ ἐνέρων Ἀϊδωνεύς
Δείσας δ' ἐκ θρόνου ἆλτο καὶ ἴαχε, μή οἱ ἔπειτα
Γαῖαν ἀναρρήξειε Ποσειδάων ἐνοσίχθων,
Οἰκία δὲ θνητοῖσι καὶ ἀθανάτοισι φανείη,
Σμερδαλέ' εὐρώεντα, τά τε στυγέουσι θεοί περ[4]).

C'est à dire.

Pluton Roy des enfers de peur en fui attaint.
De son thrône il s'elance, il crie, il tremble, il craint

---
[1]) cf. Saint-Marc, IV, p. 319.　　[2]) Homer, Il. V 770—2.
[3]) Saint-Marc ib. p. 321 ff.　　[4]) Homer, Il. XX 61—5.

Que du coup de Neptune une large ouverture
Ne découvre l'horreur de sa demeure obscure,
Des mortels redoutée, et qu'abhorrent les Dieux.

Mais la difficulté de ne mettre dans le vers que ce qu'il faut, fait qu'un Poëte qui n'a pas la force de presser le sens, y joint des vers entiers, qui ne sont que des chevilles pour faire tenir le reste, et pour rimer à ce qui a esté dit, ou à ce qui doit estre dite en suite. On peut aider au vers par quelque mot adjouté, mais on ne doit pas y joindre des sens qui ne sont pas dans le texte. Car ne le faisant pas, ou ne pouvant pas le faire, on se fait voir Escolier, et bien bas, en mesme temps que l'on veut se faire le Maistre, et bien haut, par un traité du sublime. Il faut remarquer en passant la rare prudence du Traducteur, qui aprés avoir dit en son Art Poëtique.

Homere n'entend pas la noble fiction.

Se mocquant d'un de nos amis qui dans son traité des Poëtes Grecs, Latins, et François, avoit marqué quantité de ridicules inventions ou fictions d'Homere: maintenant il en produit luy-mesme de tres-pauvres, aprés avoir allegué des vers d'Homere de l'Iliade (liv. 10) où il parle d'un grand renversement de la nature, *où les choses mortelles et immortelles*, dit Longin, *tout enfin combattoit avec les Dieux, et il n'y avoit rien dans la nature qui ne fust en danger: mais il faut prendre*, dit-il, *toutes ces pensées dans un sens allegorique, autrement elles ont je ne sçay quoy d'affreux, d'impie, et de peu convenable à la majesté des Dieux*[1]).

Mais quel Lecteur pense a excuser Homere sur le sens allegorique, quand les choses sont ridiculement exposées? *Et pour moy*, poursuit Longin, *lors que je voy dans Homere les playes, les ligues, les suplices, les larmes, les emprisonnemens des Dieux, et tous ces autres accidens où ils tombent sans cesse, il me semble qu'il s'est efforcé autant qu'il a pû de faire des Dieux, de ces hommes qui furent au siege de Troye; qu'au contraire des Dieux mesmes il en a fait des hommes. Encore les fait-il de pire condition: car à l'egard de nous, quand nous sommes malheureux, au moins avons nous la mort, qui est comme un asseuré pour sortir de nos miseres: au lieu qu'en representant les Dieux de cette sorte, il ne les rend pas proprement immortels, mais éternellement miserables*[2])

Dorante. Il ne devoit pas alleguer ces pauvres fictions d'Homere, aprés avoir blamé l'Autheur du traité des Poëtes, d'avoir marqué plusieurs de ses ridicules inventions.

Philene poursuit . . . parlant encore d'Homere. *Mais*, dit-il, *je vous prie de remarquer, pour plusieurs raisons, combien il est affoibly dans son Odyssée, où il fait voir que c'est le propre d'un grand esprit lors qu'il commence à vieillir et à decliner, de se plaire aux contes et aux fables*[3]), etc. . . . *A tous propos il s'égare en des imaginations et de fables incroyables*[4]) . . . *Les esprits plus élevez tombent quelquefois dans la badinerie, quand la force de leur esprit commence à s'éteindre. Dans ce rang on doit mettre ce qu'il dit du Sac ou Eole enferma les vents, et des compagnons d'Ulysse changez en pourceaux*[5]). Virgile a fait une absurdité toute contraire, faisant changer des vaisseaux en Nymphes de la mer. Mais on s'est accoutumé à souffrir ces grandes inepties dans les anciens, dont la diction a eu de la grandeur. *Et de toutes ces absurditez*, poursuit Longin, *qu'il conte des amans de Penelope* . . .

---

[1]) Cf. Saint-Marc, IV, p. 323 f.
[2]) Ibid. p. 323 ff.   [3]) Ibid. p. 336 f.   [4]) Ibid. p. 340.
[5]) Ibid. p. 341: Les genies naturellement les plus élévés . . . la force de leur esprit vient à s'éteindre . . .

*En effet toute cette description est proprement une Espece de Comedie*¹). Voilà comment ce Rheteur ancien parle des pauvres fictions d'Homere. Cependant parce que dans *le Traité des Poëtes*, on en a remarqué quantité d'autres bien plus ridicules encore, les petits Poëtes envieux, qui ne sçavent ce que c'est que fiction, accusent de presomption ceux qui ont eu assez de goust pour distinguer ce que les anciens ont de bon, d'avec ce qu'ils ont de defectueux.

Dorante. Il y a sujet de blâmer le peu de jugement de celuy qui ne se souvenoit pas de ces deffauts d'Homere, qu'il avoit veus et traduits de Longin, quand il a accusé un Poëte de n'avoir pas approuvé toutes les fictions d'Homere.

Philene. Achevons...

> *Et des bras étendus, les entrailles emeuës*
> *Ils font souvent aux Dieux des prieres perduës* ²).

Méchantes rimes, *emuës* et *perduës*.

> *Que quiconque osera s'écarter à mes yeux.*

Il devoit dire *s'écarter de mes yeux.*
Mais il y a dans le Grec *quiconque ira ailleurs qu'aux vaisseaux je le tueray.*

> ... *Y viens-tu de la part de cette troupe avare.*

Autre méchante cesure, et basse façon de parler en vers, *y viens-tu de la part.*

> ... *Le mesme jour qui met un homme libre aux fers.*

Méchante cesure, et pauvre vers.

Damon. Nul de ses amis n'a jamais cru qu'il fit tant de méchans vers.

Philene *lit*. Aprés avoir fait voir tant de fautes de jugement, et de diction, tant d'ignorances pueriles, par deffaut de connoistre le monde, et de sçavoir comment on doit parler, soit aux Princes, soit des Princes, soit de toutes les autres choses dont ceux qui se meslent de faire des vers doivent écrire avec justesse et delicatesse; et après avoir admiré comment ses Auditeurs, étourdis par la voix, avoient pris tant de pauvretez et de miseres pour des merveilles, sans y avoir jamais refusé leurs applaudissemens; on luy peut dire les mesmes vers qu'il a faits pour d'autres.

> *Ne vous enyvrez point des éloges flateurs*
> *Qu'un amas quelquefois de vains admirateurs*
> *Vous donne en ces reduits prompts à crier, merveille.*
> *Tel escrit recité se soutint à l'oreille,*
> *Qui dans l'Impression au grand jour se montrant,*
> *Ne soutient pas des yeux le regard penetrant.*

Mais il faut estre Maistre, pour sçavoir bien juger des fautes: un petit éclair d'esprit qui paroist, éblouït l'Auditeur, et quelquefois mesme le Lecteur, qui dans son éblouïssement laisse passer quantité de deffauts, et les louë autant que ce qui luy a paru éclatant, par manque de finesse de goust. Mais il y a peu d'esprits assez forts, pour ne se pas laisser éblouïr par des éclats qui surprennent, qui passent, et qui font passer le reste, s'il est deffectueux.

Dorante. Il est vray qu'il semble n'avoir fait ces vers que pour luy-mesme; et il se les appliquera mieux quand il aura veu tous ces bons avis qu'on luy donne.

Philene. Finissons par la derniere des remarques.

---

¹) Cf. Saint-Marc, IV, p. 341 f.
²) Ibid. p. 352.

Bien que l'on n'ait pas voulu examiner cette traduction entiere, reservant à en parler quelque jour, il est impossible de ne pas remarquer le peu de jugement du Traducteur, d'avoir osé faire presenter au Roy ce traité, et de n'avoir pas consideré son dernier Chapitre, qui a pour titre *Des causes de la decadence des esprits*, et qui traite pourquoy il ne se trouvoit plus d'esprits qui s'elevassent fort haut dans le sublime, comme Homere pour la Poësie, et Demosthene pour l'éloquence; et il dit que *c'est le gouvernement populaire, qui nourrit et forme les grands genies; et qu'il n'y a rien qui eleve davantage l'ame des grands hommes, que la liberté, ny qui excite et réveille plus puissamment en nous ce sentiment naturel qui nous porte à l'émulation, et cette noble ardeur de se voir elevé au dessus des autres. Ajoutez que les prix qui se proposent dans les republiques, aiguisent et achevent de polir l'esprit*[1]) etc.

Mais nous continuë t'il, *qui avons appris à souffrir le joug d'une domination legitime, qui avons esté comme envelopez par les coutumes et les façons de faire de la Monarchie . . . et qui n'avons jamais gouté de cette rive et feconde source de l'éloquence, je veux dire de la liberté: ce qui arrive ordinairement de nous, c'est que nous nous rendons de grands et magnifiques flateurs . . . Car un esprit abbatu et comme domté par l'accoutumence au joug, n'oseroit plus s'enhardir à rien: tout ce qu'il avoit de vigueur s'evapore de soy-mesme, et il demeure tousjours comme en prison*[2]). Où est le jugement de cét homme, de rapporter la cause de la decadence des esprits à l'Etat Monarchique, et la cause de l'elevation des esprits à la liberté, à l'Etat Populaire, et aux prix que les Republiques proposoient; puis que vivant sous un bon et sage Roy, nous jouïssons bien plus de la liberté, que les peuples n'en jouïssoient dans leurs assemblées tumultueuses, et si sujettes aux seditions; et que le Roy fait plus de bien aux personnes de merite, que toutes les Republiques ensemble n'en proposerent et n'en donnerent jamais. Et il faut luy demander si la consideration du Roy luy a osté l'ardeur de s'élever au dessus de tous les Poëtes. Virgile et Horace furent bien plus riches par les bien-faits de l'Empereur Auguste, que ne furent jamais ny Demosthene, ny Homere, ny Hesiode, ny Pindare, ny Sophocle, ny tous les autres Poëtes Grecs ensemble. Et il n'y a rien qui eleve tant au sublime, que les frequentes actions Heroïques d'un grand Roy, et que ses vertus, qui sont bien plus grandes que ne furent jamais celles des Areopagites, ny celles des Ephores. Il se seroit bien passé de rapporter à la Monarchie les causes de la decadence des esprits, et des foiblesses du sien; et d'esperer son elevation par cette seule traduction du traité du sublime. On en fera voir plus à loisir les deffauts, et que souvent il n'en a pas entendu, ou le Grec, ou le sens.

On fera voir aussi un autre recüeil, aussi gros que celuy-cy (qui n'a esté fait qu'à la haste) de toutes les autres fautes, pour le sens, pour la langue, et pour les vers, afin de luy faire sçavoir qu'il doit s'instruire, avant que de vouloir enseigner les autres.

Dorante. Puis que c'est icy la fin des Remarques, il ne nous reste, avant que de nous separer, qu'à juger en gros de tous ces jugemens qui ont esté faits de son livre. Je connoissois assez la pluspart de ses deffauts, mais difficilement eussions nous pû les croire si grands, ny en si grande quantité, que nous les avons veus icy.

Damon. J'en suis le plus surpris de nous trois; car bien que je me fusse rendu au sujet du Poëme Heroïque, dont vous m'avez fait connoistre, la beauté et la grandeur, qui ne seront pas détruites par ses fausses maximes; toutefois j'estois encore prevenu de l'estime que plusieurs faisoient avec moy de ses Satyres, et de ses autres œuvres; et jamais je n'eusse pensé que l'on

---

[1]) Cf. Saint-Marc, IV, p. 531 f.
[2]) Ibid. p. 533.

eust pû me faire voir la moindre partie de tant de fautes de sens, de genie et de vers.

Philene. Il y a long-temps que je le connois tel qu'il est. Je l'ay oüy quelquefois raisonner sur des ouvrages de Poësie dont il falloit juger; comme de quelques pieces de theatre, ou d'autres. Et je le voyois parler avec un ton de Maistre, mais avec un jugement d'Escolier. Je l'ay trouvé sans goust, et sans discernement pour les choses les plus fines et les plus delicates, et s'attachant à loüer ce qui estoit le plus bas. J'admirois avec quelle asseurance il avoit osé écrire que la Satyre luy *inspira dés quinze ans la haine d'un sot livre*, puis qu'en l'âge où il est il n'a pû encore connoistre et corriger tant de fautes du sien.

Dorante. Enfin il est tombé en bonnes mains, ayant osé attaquer ceux qui pouvoient bien se deffendre, à qui toutefois il n'a pû reprocher ny un vers foible ou mal fait, ny un deffaut de sens. Mais je ne puis assez admirer comment il a pû avoir tant d'approbateurs.

Philene. Il n'est pas difficile d'en dire les raisons, dont la premiere a esté son artifice de lire hardiment en divers lieux, et de mandier des suffrages long-temps avant que de faire imprimer: C'est ce que ne font point les grands genies, qui exposent en secret leurs ouvrages à la lecture des bons juges; Comme Horace qui se contentoit de peu de Lecteurs qui fussent de bon goust. La seconde a esté la médisance qui estoit le sujet de ses Satyres, laquelle plaist d'abbord à tous, et qui estant bien receuë, engage en suite les esprits à soutenir l'approbation qu'ils luy ont donnée. La troisième a esté d'avoir fait valoir la grande peine qu'il avoit à faire des vers, pour faire juger de leur excellence par la grandeur de sa difficulté à les faire: au lieu que cette difficulté ne venoit que de manque de genie: car c'est le genie qui rend les choses faciles; Et la quatrième raison a esté que la pluspart de ceux qui l'écontoient, ont confondu l'esprit d'Horace et d'autres, avec le sien, et ont pris comme venant de sa source, tout ce qu'il prononçoit, et dont il recevoit la loüange comme si elle luy eut appartenu; n'ayant pas de genie pour luy meriter par luy-mesme; et estant reduit à aller servilement aux emprunts de tous costez, pour revestir sa misere. Il scait ce qu'Horace son Maistre a dit de tels emprunteurs les comparant à la corneille d'Esope dépoüillée par les oiseaux chacun luy ayant redemandé la plume qu'il luy avoit prestée.

Moveat cornicula risum
Furtivis nudata coloribus.

C'est à dire.

La corneille fut bien raillée,
Des plumes estant dépoüillée.

Dorante. Je sçay qu'un sçavant qui a du loisir, fera un recüeil aussi gros que le sien de tout ce qu'il a pris des Poëtes Anciens; outre celuy que l'on doit faire des fautes qui ont esté oubliées dans ces Remarques.

Damon. Cela pourra nous divertir encore quelque jour. Je seray bien aise d'apprendre quelquefois avec vous à me détromper, et à raffiner mon goust. Il est tard; et il y a longtemps que le carrosse nous attend.

Philene. La lune est dé-ja levée, et est sans nuages. Vostre Cocher ny vos chevaux n'auront pas besoin de flambeau.

Damon. Adieu Philene. Je me sens plus libre est plus leger en montant dans ce carrosse, que je n'estois en arrivant.

Dorante. Cela vient de ce que tu és déchargé des chaines de la prevention, qui sont bien lourdes, mesme à qui ne les sent pas.

Ein siebenter Dialog, in dem der Kritiker seine zahlreichen Tadel noch einmal und das in recht gedehnter Weise resumirt, beschliesst die Schrift. Der Geist Molière's erscheint vor Despréaux und verkündet, dass dem Ruhme, welchen man ihm (Despr.) jetzt gemeinhin zollt, schmachvoller Hohn und bittere Verachtung seitens des Publikums folgen wird. — Eine Reihe früher geltend gemachter Vorwürfe kehrt nun wieder, deren Aufzählung wir uns erlassen dürfen. Im Vordergrunde steht die Lust an der Medisance mit Bezugnahme auf bestimmte Persönlichkeiten; dann folgen die Mängel, welche schon früher an dem Dichter Boileau entdeckt wurden; als schwere Schuld wird es dem Satiriker nochmals angerechnet, dass er Molière als „bouffon" gegeisselt und viele achtbare Männer zu diskreditiren versucht habe; zum Schluss heisst es dann:

> *Superbe, parle donc, oseras-tu paroistre,*
> *Quand ton livre imprimé t'a si bien fait connoistre?*
> *Va te cacher encor: fuy, retourne à tes champs*
> *Donner des coups de lime à tes vers si méchans.*
> *Hé quoy? tu ne dis mot? Ta voix si magnifique*
> *Abandonne à ce coup ta veine Satyrique.*
> *Mais je veux me vanger en diverses façons.*
> *Je reviendray souvent te donner des leçons:*
> *Tu verras, pour punir tes fureurs ordinaires,*
> *Un Docteur Escolier dans les Visionnaires.*

W. Bornemann.

Register

der besprochenen und citirten Abschnitte und Verse aus den Dichtungen Boileau's.

A. Satiren.

	Seite
I	18, 41
v.: 10	104
„ 21—22, 25—34, 122	37
„ 25	106
„ 35—44, 53—56, 63—64 . .	38
„ 47	96
„ 50, 133	98
„ 63—64 40,	134
„ 81—100, 129—131, 135—136	39
„ 94	128
„ 73, 76, 113—128, 139—144, 153—156	40
„ 149	123
„ 155—156, 161—162	133
II 15, 18,	65
v.: 26—30, 87—94	65
„ 51	111
III	47 f.
v.: 1—6, 7—10, 230, 231—236 .	46
„ 14—28	41 f.
„ 15, 201	97
„ 21—24, 45—52, 151—152 .	42
„ 16—18, 70—71, 105—112 .	44
„ 54	114
„ 61—65, 89—100, 149—150, 119—126, 155—156 . . .	43
„ 76	99
„ 93—94, 127—128, 161, 169 bis 170	47
„ 103—104, 113—114, 133 bis 134, 141—148, 153, 159 bis 211, 221—224	45

	Seite
IV	18, 53
v.: 1—2, 3—4, 5—34, 35—40, 47—48, 50—52	48
„ 19—28, 72—84, 90—102 . .	51
„ 29	113
„ 31—34	53
„ 41—46, 60—65	49
„ 31—32, 60—84, 90	50
„ 44 96,	112
„ 50—52, 60—71, 65—77 (nur in alten Ausgaben), 103 bis 112	52
„ 54	115
„ 67—70	78
„ 68	114
„ 69—70	88
„ 75	125
„ 94	127
„ 105, 118	130
„ 119	131
„ 114—119	135
„ 57—69 (nur in alten Ausg.)	90
V	30 f.
v.: 1—20, 42, 43—46, 49 . . .	26
„ 5	97
„ 13, 19—20, 75, 80—96, 135 bis 148	30
„ 21—26, 39—41, 70	27
„ 24	114
„ 29—38, 42—48, 50—54, 63 bis 66	28
„ 35—36 90,	103

		Seite
v.:	42, 95—97	117
„	57—62, 100—134	29
„	132, 134	111
„	135	123
„	147—148	79, 88
VI.		35, 36
v.:	1—2, 21, 31—34, 53—56	31
„	16—26, 35—39, 54, 118	35
„	17	98
„	15—20, 35—38, 116—118	34
„	35—38, 41—44, 47—50	32
„	37	128
„	52, 54, 68, 71	125
„	72—74, 119—124	35
„	78	127
„	83—90, 93—96, 104—108, 111—112	33
„	91	115
„	97	129
„	100	118
„	109	106
VII		18, 25
v.:	1—2, 21—32, 49—50, 89—92	19
„	3—4, 13—14, 18, 58, 82	22
„	5—8, 28, 59, 83—86	23
„	9—20	23, 24
„	7	112
„	14	118
„	19—20, 38—45, 60—61, 87 bis 88	20
„	21	125
„	24	96
„	30, 33—48, 69—72, 84	24
„	51	132
„	51—55, 63—81	21
„	56	97
„	64	98
„	65	127
„	68	91
„	71	115
„	72	123
„	78	106
„	96	129
VIII		18, 58 f.
v.:	1—2	101
„	3	99
„	19—20, 25—30, 37—39, 70 bis 76, 79	54
„	24, 61, 80, 99	129
„	41—42	117
„	47—48	108
„	53, 119	125
„	80—83, 85—88, 97—112	55

		Seite
v.:	108—112	89
„	113—116	93
„	125—134, 153—154, 183 bis 185, 187—188	56
„	135—136	136
„	139, 200, 231	123
„	140	111
„	183	127
„	191—196, 203—210, 239 bis 246, 257—258	57
„	196	131
„	210	98
„	240—246, 267—272	58
„	267	105
„	302	128
„	308	135
IX		63 f.
v.:	2, 7—18, 115—118	59
„	5, 277, 293	111
„	9, 317	123
„	15, 19—22, 45—50, 119—124, 275—278	60
„	25, 29—51, 45—46, 55—58, 84—86, 143—144, 149 bis 192, 243—244	62
„	28, 99—100	126
„	29—30, 52—54, 58, 87, 101 bis 112, 141—142, 146 bis 148, 149—156 ff., 159 bis 166	61
„	34, 55, 75, 93	129
„	60, 126, 160	127
„	77, 202, 273	125
„	78	132
„	89, 151, 199	97
„	90, 93	113
„	112	112
„	191	128
„	195—216	131
„	209	99
„	221—224, 275—278, 284 bis 288	63
X v.:	14, 62, 169	132
„	15, 483, 652, 663, 671, 689	129
„	19, 339	99
„	45, 196, 198, 359, 364, 370, 459, 734	111
„	52, 126, 224, 324, 413, 414, 445, 446, 522, 605, 623, 725	124
„	78, 515	125
„	80, 252, 266, 328, 506, 594, 599	113
„	110, 182, 300, 372, 714—716	128

	Seite		Seite
v.: 225, 270, 391	98	v.: 158	131
„ 292, 354	112	„ 159	128
„ 295, 456, 509, 629	127	XII v.: 13, 263, 316	98
„ 339, 366, 528, 542, 626, 632, 649	131	„ 40, 100, 121, 342	131
„ 378, 703	130	„ 49, 225	128
„ 467, 561, 639, 640, 710	126	„ 63, 94, 177, 194, 245, 250, 317	124
„ 470	109	„ 83, 112, 225, 287, 299	111
„ 509, 585, 590, 651, 734	118	„ 95, 127—128	118
XI v.: 8, 46, 117	118	„ 118	127
„ 48	109	„ 123, 125	132
„ 56	113	„ 126, 261, 298, 305, 334	113
„ 53	103	„ 148	129
„ 60, 78, 116	124	„ 203, 237	114
„ 96, 107, 126	128	„ 212	117
„ 111	98	„ 265, 261	126
„ 119	126	„ 308	109
„ 129	127	„ 308, 315	130

B. Discours au Roi und Epitres.

Discours au Roi.		v.: 19	132
v.: 5—6	133	„ 51	123
„ 9—10	105	III v.: 1	114
„ 11—12	92	„ 10	130
„ 11, 129—130	117	„ 12	100
„ 23	110	„ 13	16
„ 24, 42	97	„ 15	98
„ 25	113	„ 17, 64	123
„ 31—32	81	„ 53	111
„ 45—48	93		
„ 60	98	IV.	80 ff.
„ 70	9	v.: 10—16, 99—100, 104, 109, 112—114, 121, 127—128	80
„ 126—127	104	„ 17	115
„ 134	106	„ 18	111
Epitres.		„ 32—38, 69—92	85
		„ 39 ff.	6
I	76 f. 183 f.	„ 57, 69, 113—114, 127—128, 153—172	81
v.: 5—8	79	„ 58, 126	125
„ 15—16	85	„ 125	98
„ 24	127	„ 141	99
„ 53	110	„ 143—144, 146	96
„ 61—86	68	„ 152, 169	110
„ 69—80	69		
„ 72	111	V v.: 34, 124	130
„ 81—86	70	„ 46, 83	127
„ 117	128	„ 104	123
„ 137	123	„ 135	128
„ 140	98		
„ 143	105	VI v.: 5, 23, 135	126
II v.: 1—4	89	„ 95	129
„ 8—12	72	„ 124, 128	127

Register.

147

	Seite
v.: 133, 154	124
„ 144	113
VII v.: 28—33	124
„ 93, 94	127
„ 102	98
VIII v.: 5, 7, 31	124
„ 25	127
„ 73	109
„ 91	129
IX v.: 12	98
„ 15, 142	127
„ 64, 69, 120	129

	Seite
v.: 110	99
„ 134, 155	111
„ 161	114
X v.: 88	131
XI v.: 48	113
„ 81	132
„ 116	112
XII v.: 16—28	113
„ 29	131
„ 83, 126, 176	112
„ 115	110
„ 126, 186	129

C. Art poétique.

I v.: 1—2, 5—6, 8	102
„ 29, 35, 39—44, 161—162	82
„ 71—72	85
„ 73—74	86
„ 75—78	16
„ 79, 94	7
„ 96	14
„ 97, 202	128
„ 105—106	108
„ 109—112	122
„ 117	98
„ 119—122	14
„ 160	100
„ 161—162	94
„ 219	125
„ 224	97
„ 230	123
II v.: 1—3, 159—160	86
„ 5	99
„ 19, 132, 159, 188, 193	98
„ 41, 88	117
„ 97	15
„ 126	111, 128
„ 151	106
„ 152	97, 130
„ 159	101, 109
„ 164	107
„ 168—172	14
„ 168—169	115
„ 198	125
III v.: 4, 137, 424	98
„ 21—23, 32	100
„ 22, 35, 188, 292	109
„ 25—31	99
„ 41	82
„ 41, 61, 83	97

v.: 75, 106, 389	111
„ 60, 115, 149, 236	123
„ 82	125
„ 115—119	15
„ 141—142	95, 118
„ 149, 364, 357	97
„ 160, 167, 189—190	4
„ 176	131
„ 191—197, 205—208, 217 bis 218	5
„ 219—226	6
„ 232—363	112
„ 227—236	6
„ 227, 350	113
„ 235, 262	114
„ 247—250	94
„ 250	89
„ 261—268	16
„ 277, 278	94
„ 288—289	87
„ 295—296	107, 116
„ 300 f., 306	13
„ 329	115
„ 331	130
„ 391—400	15
„ 409	99
IV.	84
v.: 28—34	92
„ 33	122
„ 33, 130	123
„ 42—43	95
„ 44—46	15
„ 50	97
„ 80	113
„ 80, 94, 152	116
„ 89	112
„ 95, 173	101

	Seite		Seite
v.: 114 . . . . 115, 130		v.: 153	123
„ 135, 170, 181, 210, 234 . .	98	„ 227—228	87
„ 152	134		

D. Lutrin.

I—VI	77 f.	v.: 83	114
I v.: 3, 25—26, 28, 32—34 . .	78	„ 85	125
„ 4, 5, 204	125	„ 95	130
„ 12	123	„ 100	112
„ 20	109	„ 137—138, 141	88
„ 25—60	72	„ 154	126
„ 48	111		
„ 63	123	IV v.: 6	87
„ 66	129	„ 15	130
„ 86	103	„ 31	98
„ 133	131	„ 77	95
„ 170	130	„ 98	109
„ 184—186	134	„ 124	111
„ 216—218	102	„ 127	117
„ 219—220	135	„ 145	103
		„ 145—146	116
II v.: 1	104	„ 144, 175, 228	129
„ 9—10	87	„ 146, 174, 177	134
„ 16	123	„ 160	123
„ 19	125	„ 168	112
„ 26	101	„ 171—172	114, 118
„ 41—42	8	„ 176	110
„ 51	111	„ 185	126
„ 63—66	116	„ 188, 201—202	135
„ 88	90	„ 227—228	136
„ 122	95		
„ 147	113	V v.: 33, 100	98
		„ 41, 74	124
III v.: 1	99		
„ 1—40	90	VI v.: 120	126
„ 47	123	„ 173	99
„ 72	113		

E. Traité du Sublime de Longin . . . . . . 137 ff.

Verlag von GEBR. HENNINGER in Heilbronn.

Altfranzösische Bibliothek.

Herausgegeben
von
Dr. Wendelin Foerster,
Professor der romanischen Philologie an der Universität Bonn.

Erschienen sind:

I. Band: **Chardry's Josaphaz, Set Dormanz und Petit Plet**, Dichtungen in der anglo-normannischen Mundart des XIII. Jahrhunderts. Zum ersten Mal vollständig mit Einleitung, Anmerkungen und Glossar-Index herausgegeben von *J. Koch*. geh. M. 6.80.

II. Band: **Karls des Grossen Reise nach Jerusalem und Constantinopel**, ein altfranzösisches Heldengedicht, mit Einleitung, dem diplomatischen Abdruck der einzigen verlorenen Handschrift und vollständigem Wörterbuch herausgegeben von *Eduard Koschwitz*. Zweite, vollständig umgearbeitete und vermehrte Auflage. (Unter der Presse.)

III. Band: **Octavian**, altfranzösischer Roman, nach der Handschrift Oxford, Bodl. Hatton 100. Zum ersten Mal herausgegeben von *Karl Vollmöller*. geh. M. 4.40.

IV. Band: **Lothringischer Psalter** (Bibl. Mazarine No. 798), altfranzösische Uebersetzung des XIV. Jahrhunderts mit einer grammatischen Einleitung, enthaltend die Grundzüge des altlothringischen Dialects und einem Glossar zum ersten Male herausgegeben von *Friedr. Apfelstedt*. geh. M. 6.—.

V. Band: **Lyoner Yzopet**, altfranzösische Uebersetzung des XIII. Jahrhunderts in der Mundart der Franche-Comté mit dem kritischen Text des lateinischen Originals (sog. Anonymus Neveleti) zum ersten Male herausgegeben von *Wendelin Foerster*. geh. M. 5.20.

Hiernach werden zunächst folgen:

VI. Band: **Das altfranzösische Rolandslied.** Text von Châteauroux und Venedig VII herausgegeben von *Wend. Foerster*. (Unter der Presse.)

VII. Band: **Das altfranzösische Rolandslied.** Nach den Handschriften von Paris, Lyon und Cambridge herausg. von *Wend. Foerster*. (Unter der Presse.)

Dazu ein Schlussband:

Das altfranzösische Rolandslied. Kritischer Text der ältesten erhaltenen Redaction mit Anmerkungen und vollständigem Wörterbuch, herausgegeben von *Wend. Foerster*.

Sammlung französischer Neudrucke.

Herausgegeben
von
Karl Vollmöller.

Erschienen:

1. **De Villiers' Le Festin de Pierre ou le fils criminel.** Neue Ausgabe von W. Knörich. Geh. M. 1.20.
2. **Armand de Bourbon Prince de Conti Traité de la comédie et des spectacles.** Neue Ausgabe von Karl Vollmöller. Geh. M. 1.60.
3—6. **Robert Garnier, Les tragédies.** Treuer Abdruck der ersten Gesammtausgabe (Paris 1585) mit den Varianten aller vorhergehenden Ausgaben und einem Glossar. Herausgegeben von Wendelin Foerster.
3. I. Band: Porcie, Cornelie, M. Antoine. Geh. M. 3.60.
4. II. Band: Hippolyte, La Troade. Geh. M. 2.80.
5. III. Band: Antigone, Les Ivifves. Geh. M. 2.50. (IV. Bd. Unter der Presse.)

FRANZÖSISCHE STUDIEN.

HERAUSGEGEBEN VON

G. KÖRTING UND E. KOSCHWITZ.

Erschienen sind:

I. Band. 1. Heft. (Einzelpreis M. 4.50.) Inhalt:
Syntaktische Studien über Voiture. Von *W. List.*
Der Versbau bei Philippe Desportes und François de Malherbe. Von *P. Gröbedinkel.*

2. Heft. (Einzelpreis M. 6.40.) Inhalt:
Der Stil Crestien's von Troies. Von *R. Grosse.*

3. Heft. (Einzelpreis M. 7.20.) Inhalt:
Poetik Alain Chartier's. Von *M. Hannappel.*
Ueber die Wortstellung bei Joinville. Von *G. Marx.*
Der Infinitiv mit der Präposition à im Altfranzösischen bis zum Ende des 12. Jahrhunderts. Von *H. Soltmann.*
Corneille's Médée in ihrem Verhältnisse zu den Medea-Tragödien des Euripides und des Seneca betrachtet, mit Berücksichtigung der Medeadichtungen Glover's, Klinger's, Grillparzer's und Legouvé's. Von *Th. H. C. Heine.*

II. Band. (Preis M. 12.—.) Inhalt:
Molière's Leben und Werke vom Standpunkte der heutigen Forschung. Von *R. Mahrenholtz.*

III. Band. 1. Heft. Ueber Metrum und Assonanz der Chanson de Geste „Amis et Amiles". Von *J. Schoppe.* (Einzelpreis M. 1.40.)

2. Heft. Die südwestlichen Dialecte der Langue d'oïl. Poitou, Aunis, Saintonge und Angoumois. Von *E. Görlich.* (Einzelpreis M. 4.80.)

3. Heft. Die Wortstellung in der altfranzösischen Dichtung „Aucassin und Nicolete". Von *J. Schlickum.* (Einzelpreis M. 1.60.)

4. Heft. Historische Entwickelung der syntaktischen Verhältnisse der Bedingungssätze im Altfranzösischen. Von *J. Klapperich.* (Einzelpreis M. 2.30.)

5. Heft. Die Assonanzen im Girart von Rossillon. Nach allen erreichbaren Handschriften bearbeitet von *K. Müller.* (Einzelpreis M. 2.40.)

6. Heft. Unorganische Lautvertretung innerhalb der formalen Entwickelung des französischen Verbalstammes. Von *Dietrich Behrens.* (Einzelpreis M. 3.20.)

7. Heft. Die Wortstellung in den ältesten französischen Sprachdenkmalen. Von *B. Völcker.* (Einzelpreis M. 2.—.)

IV. Band. 1. Heft. Nivelle de la Chaussée's Leben und Werke. Von *J. Uthoff.* (Einzelpreis M. 2.40.)

2. Heft. Die Quantität der betonten Vokale im Neufranzösischen. Von *J. Jaeger.* (Einzelpreis M. 2.40.)

3. Heft. Boileau-Despréaux im Urtheile seines Zeitgenossen Desmarets de Saint-Sorlin. Von *W. Bornemann.*

4. Heft. Vocalismus und Consonantismus des Cambridger Psalters. Von *Wilhelm Schumann.* (Unter der Presse.)

Pierer'sche Hofbuchdruckerei. Stephan Geibel & Co. in Altenburg.

FRANZÖSISCHE STUDIEN.

HERAUSGEGEBEN
VON

G. KÖRTING UND E. KOSCHWITZ.

IV. BAND. 4. HEFT.

VOKALISMUS UND KONSONANTISMUS

DES

CAMBRIDGER PSALTERS.

MIT EINEM ANHANG

NACHTRÄGE ZUR FLEXIONSLEHRE DESSELBEN DENKMALS

VON

WILHELM SCHUMANN.

HEILBRONN.
VERLAG VON GEBR. HENNINGER.
1883.

FRANZÖSISCHE STUDIEN.
HERAUSGEGEBEN VON
G. KÖRTING und E. KOSCHWITZ.

Wiederholt geäusserte Wünsche haben Veranlassung gegeben von dem bisherigen Gebrauch, mehrere Arbeiten in einem Hefte zu vereinigen, abzugeben, und jede derselben für sich auszugeben. Vorbehalten soll nur bleiben, dass etwa zusammentreffende gleichartige Arbeiten, deren Umfang für ein selbständiges Heft zu gering wäre, auch in einem Heft vereinigt werden können.

Zufolge dieser Aenderung werden künftig die Bände in eine grössere Anzahl von Heften eingetheilt sein als bisher, und werden diese letzteren in kürzeren Fristen ausgegeben werden, während daran festgehalten wird, dass im Laufe eines Jahres in der Regel ein Band ausgegeben wird.

Eine Aenderung an den Abonnementsbedingungen tritt nicht ein. Wie bisher werden die einen Band bildenden ca. 30 Bogen

<u>zum Abonnementspreis von M. 15.—.</u>

geliefert, und wird je dasjenige Heft das Schlussheft eines Bandes bilden, mit welchem diese Bogenzahl erreicht wird.

Die Hefte werden nach wie vor zu verhältnissmässig erhöhtem Preise einzeln käuflich sein.

Unter der Presse:

Elemente der Phonetik (deutsch-englisch-französisch) mit Rücksicht auf die Lehrpraxis. Von *Wilhelm Vietor*.

Rätoromanische Grammatik. Von *Th. Gartner*. (Sammlung romanischer Grammatiken.)

In Vorbereitung:

Die Aussprache des Latein, nach physiologisch-historischen Principien von *Emil Seelmann*.

FRANZÖSISCHE STUDIEN.

HERAUSGEGEBEN
VON

G. KÖRTING UND E. KOSCHWITZ.

IV. BAND. 4. HEFT.

VOKALISMUS UND KONSONANTISMUS

DES

CAMBRIDGER PSALTERS.

MIT EINEM ANHANG

NACHTRÄGE ZUR FLEXIONSLEHRE DESSELBEN DENKMALS

VON

WILHELM SCHUMANN.

HEILBRONN.
VERLAG VON GEBR. HENNINGER.
1883.

INHALT.

	Seite
Einleitung	1
I. Die Zweiteilung des Cambridger Psalters	1
II. Das Verhältnis der beiden Handschriften, der Cambridger (C.) und der Pariser (P.) zu einander	4
III. Das Verhältnis der dem Psalter beigefügten Stücke zum Psalter selbst	7
Vorbemerkung	12
A. Vokale.	
I. a	13
II. $\text{ę} = \breve{e}$	23
III. $\text{ę} = e, \text{í}$	28
IV. i	32
V. $\text{ǫ} = \acute{o}$	32
VI. $\text{ǫ} = \acute{o}, \hat{u}$	39
VII. u	43
B. Konsonanten.	
I. Liquidae	43
II. Labiales	45
III. Dentales	46
IV. Gutturales und Palatales	50
Nachträge zur Flexion des Cambridger Psalters	51

Vokalismus und Konsonantismus des Cambridger Psalters.

Einleitung.

Gegenstand der folgenden Abhandlung ist: Der Vokalismus und Konsonantismus des Cambridger Psalters[1]). Aber bevor wir dazu schreiten können, die Resultate zusammenzustellen, die sich für eine Lautlehre dieses Denkmals ergeben, müssen wir einige Fragen in genauere Erwägung ziehen, die bis jetzt einerseits nur oberflächlich berührt, andrerseits in ihrer Tragweite nicht gehörig erkannt worden sind, ohne deren Lösung man jedoch kaum über das Ganze des genannten Werkes in irgend einer Richtung sich auszulassen berechtigt sein dürfte.

Gegenstand der ersten Frage ist:

I. Die Zweiteilung des Cambridger Psalters.

Die Frage ist angeregt worden von Fr. Michel selbst, oder P. Meyer (vgl. Romania VII 346, Anm.), der sich p. IX seiner préface folgendermassen darüber ausspricht: »A partir du psaume CXVIII le français se détériore et les psaumes CXXXI—CXXXI et CL sont restés sans traduction: ce que l'on peut attribuer à la mort de l'interprète avant l'achèvement de son travail et à une reprise par un autre. A cette reprise la langue avait déjà changé, au moins quant à l'orthographe: *fedeeil*, *feeil*, *fedeil* étaient devenus *fetheil*; *suen* s'était transformé en *seone* (sic! muss natürlich *seon* heissen) signes du temps de Henri Ier d'Angleterre«.

Während Suchier bei seiner Recension der Michel'schen Ausgabe (Gr. Ztschr. I 568—572) des Psalters über diese Bemerkung mit Stillschweigen hinweggeht, heisst es bei Fichte (Die Flexion im Cambridger Psalter, Halle, Niemeyer 1879) S. 2, Z. 12: »Die nach

---

[1]) Die Dissertation von K. Dreyer, Der Lautstand im Cambridger Psalter, Greifswald 1882, von der nur ein Stück (der Vokalismus) bisher erschienen ist, war mir bei Abfassung meiner Untersuchung unbekannt.

dieser Lücke (d. h. nach Psalm 124) sich häufenden anglonormannischen Schreibungen geben Grund zu der Vermutung, dass ein anderer Schreiber die Fortsetzung geschrieben hat. Auch Fichte ist also auf Michels Ansicht nicht eingegangen, und da er ihr nicht widerspricht, sondern selbständig, ohne sie zu erwähnen, eine neue aufstellt, so müssen wir annehmen, dass er jene nicht gekannt hat.

Von den Beispielen, die Michel (resp. P. Meyer) für den Wechsel in der Orthographie nach Psalm 118 anführt, kommt kein einziges nach diesem Psalm im Psalter selbst vor, sondern *fetheil* und *seon* finden sich in den Cantica und *teon* Ps. 27_2. Dagegen steht ausserdem *heom* 1_1; *eorre* 16_4; *beoneuret* 1_1; *benetheit* 27_6.

Michel und P. Meyer haben vor allen Dingen nicht erkannt, dass der Verfasser der Canticā nicht identisch ist mit dem der Psalmen (s. u.) und werfen demzufolge beide Teile zusammen.

In zweiter Linie ist schwer einzusehen, welche Abweichungen sich von Psalm 118 an von den vorhergehenden zeigen sollen, da jeder Vergleich uns erkennen lässt, dass die Sprache von Ps. 118 bis zur erwähnten Lücke in keiner Beziehung eine andere ist, wie vor 118, weder in Bezug auf Grammatik, auf Orthographie, auf den Wortschatz, noch auf die Methode des Uebersetzens. Im Ps. 11_3 kommen allerdings auffallend viele Nominative lateinischer Neutra in der Accusativform vor, bei der Länge des Psalms vielleicht mehr, als im ganzen übrigen Psalter zusammen. Aber einerseits ist es Zufall, dass sich hier gerade so viele Neutra im Nominativ finden, andrerseits ist die Erscheinung, dass der Accusativ für den Nominativ der Neutra steht, nicht den Psalmen von 118 ab eigentümlich, sondern bis 124 allgemein. Weiter aber würde von 118—124 kaum eine Abweichung vom Vorhergehenden zu erkennen sein. Schluss: Die in der Einleitung zu unserer Ausgabe ausgesprochene Ansicht, dass von Psalm 118 an ein neuer Uebersetzer eintrat, ist zurückzuweisen.

Dass Michel und P. Meyer nicht, wie Fichte, nur einen andern Kopisten vermuten, mag daher kommen, dass das ganze Werk, Psalmen und Cantica, von derselben Hand geschrieben ist.

Von Psalm 131 ab dagegen finden sich zahlreiche Abweichungen jeglicher Art: Bonum, vorher mit einer einzigen Ausnahme *bon*, wird *bun*, *o* und *au* in offener Silbe, vordem in der Regel *u*, bez. *o*, erscheint als *ou*. Die Attraktion eines *i* im Hiatus, die vorher gemieden ist, wird jetzt Regel: *gloire*, *adversaire* für *glorie*, *aversarie*. *Anemis* steht weit häufiger wie *enemis*, einige Male *nuns* statt *nus*. *Quare*, bis dahin nur *kar*, wird *ker*. *D* statt *t*, bis 124 nur sporadisch auftretend, wird allgemein. Quod, Relativpronomen sowohl, wie Konjunktion, vorher fast ausnahmslos *que* geschrieben, wird zu *ke*. Die Schreibung *w* für *u*, bisher selten, wird gewöhnlich in jeder Beziehung (w = u, w = v) Lateinisches cor, sonst meist *quer*, hat von 131 ab, ausschliesslich die Form *cuer*.

Anima, idolum, virginem werfen den nachtonigen Vokal ohne Ersatz aus: *anme, idles, virgnes,* vorher *aneme, ideles, virgenes.* Ausfall des auslautenden *n* nach *r* in *jurn* u. a. nimmt überhand. Auslautendes *t* in den schwach gebildeten Participien Passivi und in den Femininen auf -tatem hat vollständigen Ausfall erlitten. Die inlautende Dentalis ist gleichfalls gänzlich gefallen. Dieselbe Regelmässigkeit zeigt sich in dem Beibehalten von anlautendem *h* in homo, habitare, (h)altus, haereditas. In den Ableitungen von permanere (s. u.): *parmenable* u. s. w. ist *a* immer zu *e* geschwächt. Qui und quare haben stets *k* im Anlaut, niemals *ch*, bez. *c*. Von Einzelheiten ist noch zu notieren: *chalunge* statt *chalenge, loials* statt *leals, criemanz* für *cremanz, vuiv* für *voiz* (vocem), *duignes* für *duinses, lengue* und *lengous* neben *langue, mm* für *m* in *cumment* 136$_4$, *sicumme* 143$_{12}$. 143$_{12}$. 147$_{5. 5. 6}$.

Dazu kommen einige **Abweichungen im Wortgebrauch**: *Desci ke* (cf. Suchier a. a. O.) für *dunkes* oder *gierres*; einmal *riens* neben *chose* 145$_4$; *parmenance* 144; neben *parmenabletet*; *charcre* 141$_7$ für *prisun*; *al main* 142$_6$ = *el matin*; *trestuz* (s. u.) = *tuz*; *estrumenz* 136$_2$ = *harpe*. Jusque, das vorher nur einmal neben dem häufig gebrauchten *desque* auftritt, wird die alleinige Form. *Frutefiere* 148$_9$ (s. u.) = *frutefiable*.

Die Deklination der Neutra ist, abweichend vom Vorhergehenden, gleich der der Maskulina. *Sire* steht häufig für den Nominativ statt *Sires* (s. u.). Der Nominativ Singularis der Feminina auf -atem geht immer auf *z* aus und auch die weiblichen Substantiva auf -onem haben ausnahmslos in diesem Falle das flexivische *s*.

Jedoch noch mehr auffallend, als die hier hervortretenden **Unterschiede in der Sprache**, ist die ausserordentliche **Konsequenz**, die von 131 ab herrscht im Vergleich zu der allseitigen Inkonsequenz im Vorhergehenden. Ausser den oben schon erwähnten Fällen sei noch bemerkt, dass die dritte Person Singularis im Perfektum der schwachen Konjugation, im Futurum und Indikativ und Konjunktiv Präsentis immer auf *d* endigt, dass es immer *els*, und *belte*, nie *eals* und *bealtet* (wie vorher daneben), immer *mun* (meum), nie *men* lautet.

Gestützt auf die genannten Unterschiede zwischen beiden Teilen (bei den Differenzen in der Sprache ist besonders der ganz neue konsequente Gebrauch der Form *ker* statt *kar* und das gelegentliche Abweichen im Wortgebrauch von Wichtigkeit) könnte man leicht zu dem Schlusse gelangen, dass für den zweiten Teil der Psalmen ein neuer Uebersetzer anzunehmen sei. Ferner liegt die Vermutung nahe, dass das Original nur bis 124 gereicht hat, und dass es der Kopist der 124 ersten Psalmen selbst gewesen ist, der nach dem Muster derselben die Uebersetzung der übrigen hinzufügte, da die meisten der erwähnten Neuerungen vereinzelt schon bis Ps. 124 auftreten. Im Uebrigen aber ist der Lautbestand der 124 ersten Psalmen von den letzten mindestens ebenso verschieden, wie der des Cambridger Psalters vom Oxforder, an Alter, Dialekt und Orthographie, so dass wir vor besagter Annahme nicht zurückzuschrecken brauchen. (Warum die Psalmen 125—130 und 150 fehlen, kann nach den Notizen, die uns der Herausgeber von der Beschaffenheit des Kodex giebt, nicht ermittelt werden.)

Gesetzt aber, derselbe Schreiber habe auch nicht den zweiten Teil selbst verfasst, sondern alles abgeschrieben, so kann er es kaum ohne Unterbrechung gethan haben. Nach dieser hätte er dann seine Vorlage prinzipiell mit grösserer Freiheit seiner eigenen Sprache angepasst. Diese Ansicht scheint mir indes wenig für sich zu haben, weshalb ich mich zu der ersteren bekenne. Vermittelst derselben lässt sich beim ersten Teil manches leicht herausfinden, was der Schreiber am ursprünglichen Texte geändert hat (s. o.).

Noch eine Bemerkung zum ersten Teil. Es wird schon häufig aufgefallen sein, dass hier nicht nur zwei, sondern häufig drei und mehr verschiedene Wortformen neben einander vorkommen. So lesen wir bald *jo*, bald *jeo*, bald *je*; *ceo*, *co* und *ce*; *car*, *kar* und *quar*; *ki*, *chi*, *qui*; *ovre*, *uvre*, *oevre*, *uevre*, *eovre*; *ai*, *ei* und $e = a + J$: ϱ in offener Silbe, kommt ausser als *ou* auch als *o* vor. Die dritte Person Singularis endigt auf *t*, oder *d*, oder die Dentalis ist ganz gefallen. Ein ähnliches Verhältnis findet statt in den schwachgebildeten Participien und den Substantiven auf -*atem*, *salut* u. a., wo *t* ausserdem zuweilen *th* geworden ist. Auch die inlautende Dentalis, die meist vollständigen Ausfall erlitten hat, kommt einmal als *th*, an 50 mal als *d* vor. Aus alledem geht nicht nur die unbestrittene Thatsache hervor (vgl. Suchier, Fichte a. a. O.), dass der erste Teil nicht Original ist, sondern ferner lässt sich vermuten, dass der Schreiber, mit dem wir es hier zu thun haben, selbst nur eine Kopie vor sich hatte.

Die zweite Hauptfrage betrifft:

II. Das Verhältnis der beiden Handschriften, der Cambridger (C) und der Pariser (P) zu einander.

Während Michel, P. Meyer und Suchier geneigt sind, anzunehmen, dass C und P von einem und demselben Original abgeschrieben sind, hält Fichte (a. a. O. S. 4) vorsichtiger Weise dafür, dass eine endgültige Entscheidung kaum möglich sei, »da die korrekteren Lesarten der Hs. B (P) dem Texte von A (C) gegenüber sowohl von dem Schreiber der Hs. B (P), der den lateinischen Text vor Augen hatte, als aus dem gemeinsamen Originale stammen können.« Diese beiden Möglichkeiten aber sind auch von den andern erwogen worden. Alle sind indes mit Recht darüber einig, dass weder C (s. o.) noch

P Original ist. Als Beweis dafür führt Suchier in Bezug auf C das ausserordentliche Schwanken der Sprachformen an (s. o.), welches er durch das Beispiel *methesme* S. 264_9 neben *meme* S. 292_4 charakterisiert. Diese Stellen aber sind nicht aus dem Psalter, sondern aus den Cantica. Es soll weiter unten gezeigt werden, dass sie aus diesem Grunde nicht gut gewählt sind.

Sehen wir nun von den korrekteren Lesarten, die P vor C voraushat, ab, da diese zur Beantwortung unserer Frage nichts beitragen können, und betrachten die andern Differenzen zwischen P und C, so gelangen wir ebenfalls zu keinem Resultat, da es entweder graphische, zeitliche oder dialektische Unterschiede sind, die P ebenso gut in das Original selbst hineingebracht, als der Vorlage entnommen haben kann, oder Aenderungen in der Verszahl, oder (sehr selten) im Wortschatz, von denen dasselbe gilt, z. B. ist P eigentümlich das Setzen von *rr* für *r* in den Futurformen von *ire* und *essere: *irrai*, *serrai*, *oe* für *ue* in *poeple*, *feus* für *fous*, *queor* statt *quer*, *dulur* für *dolur*, *chaschun* für *chascun*, *uu = w*, *lange = langue*.

Es bleibt uns nur noch ein Mittel zur Lösung unserer Frage, nämlich die in P und C übereinstimmenden Wörter zu untersuchen. Diese Uebereinstimmungen nun sind häufig so auffälliger Natur, dass es kaum anders denkbar ist, als dass sie einem beiden gemeinsamen Original entnommen sind und die Schreiber von P und C sie unabhängig von einander aus demselben ebenso abschrieben. Andere Fälle tragen augenscheinlich das Gepräge einer spätern Zeit, wie im übrigen die Sprache der Uebersetzung, und, wenn dieselben wirklich in beiden Handschriften enthalten sind, so können sie nur einem Kopisten entgangen sein, dessen Manuskript die Schreiber von P und C vor sich hatten. Zu den letzteren zähle ich u. a. die vereinzelte Vokalisierung des *l* in *essaucie* 37_{16} und *fous* 72_{22}, das Vorkommen von *oi* für *ei* in *desvoiement* 77_{17} u. a. (vgl. Suchier a. a. O.), die seltene Vertauschung der Imperfektendungen -abam und -ebam, den vollständigen Ausfall des *t* in der dritten Person Sing. Ind. der ersten und Konj. der übrigen Konjugationen: *prenge* 7_2, *aprienge* 7_5, *cuevre* 19_1, *enveie* 19_2, *perde* 33_{16}, *guarde* 33_{20}, *parsiwe* 34_7, *prufite* 36_7, *demaine* 58_{13}, *tranglute* 68_{18}, *munte* 73_{23}, *entre* 87_2, *esjoisse* 96_1. Ich bin der Meinung, dass, wenn der Uebersetzer schon so gesprochen hätte, z. B. wenn das *t* der Endung zu seiner Zeit schon völlig verstummt gewesen wäre, er sowohl häufiger keine Dentalis mehr gesetzt haben würde, als auch besonders die Abschreiber öfters so verfahren wären. Vor allen Dingen ist zu bemerken, dass beide Handschriften in diesem Falle immer übereinstimmen, während man doch erwarten sollte, dass sie gerade hier auseinander gehen würden. Bei P ist hervorzuheben, dass dort die Abweichungen meist jüngere Formen haben, wie in C. Von einzelnen auffallenden Lesarten, die P und C mit einander gemein haben, nenne ich:

stout 1_1, wo wir *estout* erwarten sollten (s. u.), *cume fust*, *lequel* 1_2 statt *liquels*, *tuit ceo* 1_4 für *tut*, *iceste* 3_2 == *icest*, *oth* 4_1, (sonst *oi*), *car* 5_1 == *kar*, *le eswardement* == *l'esguardement* 5_4, *enferm* 6_2 == *enferms*, *elevet* 7_6 == *eslevet*, *le dolur* 7_{14} == *la dr. juget* 9_8 == *judicabit*, *destrucment* 9_{15} == *destruiement*, *le uevre* 9_{18}, 27_4 == *l'uevre*, *salf mei* 11_1 == *salf me fai* resp. *salve mei* (s. u.), *levre trecherus* 11_2 == *trecheruse*, während gleich darauf in P und C das Richtige steht; *iloc* 13_8 == *iluec* 14_1 steht in beiden Manuskripten über *peregrinabitur*: *vel herbergerat*; *chi* 14_6 == *ki*, eine in P äusserst seltene, vielleicht hier vereinzelte Form, *warde* 15_1 == *guarde*, *eovre* 16_4 == *oevre*, *uevre* oder *ovre*; *amerei* 17_1 == *amerai*, *le oscurté* 17_9 == *l'oscurté* oder *la oscurté*, *ki ceinst mei force* == *de force* 17_{32}, *asquels* 18_3 == *desquels*, *la crieme nez* 18_9 == *nette*, *aiude* 19_2 == *aïe*, *serum* 19_7 == *serums*, *seruns*; *veneurs* 21_{17} == *veneur*, *luing* 21_{20} == *luin*, *luinz*; *soultive* 21_{21} (s. u.) == *sultive*, *ke* (s. o.) 21_{32} == *que*; *il* 24_5 == *eles*; *une* == *une chose* 26_5, *destrueras* 27_5 == *destruiras*, *santeiez* 27_8 == *santeifs* (s. u.), *seient feit mut levres* 30_{19} == *feites mutes*, *toz* 31_7 == *tuz*, *quar* 32_{21} == *kar*, *ruiurunt* 33_5 (s. u.), *jeunie* 34_{14} (s. 68_{12}) *tranglutums* 34_{26} == *transglutums*, *agrevez* 37_4 == *agrevees* (s. u.), *mes illiers sunt empliz* 37_7 (s. u.), *a tei* 37_9 == *de tei*, durch lat. a te veranlasst; *desque dementiers que* 38_2, Pleonasmus für *desque* oder *dementiers que*, *el* 38_6 == *ele*, *sane* 40_4 == *saine* (s. u.), *beneiz* 40_{12} == *beneeiz* (s. Suchier S. 571 a. a. O.), *apareille* 41_1 == *apareillee*; *tarrai* 41_4 == *terrai*, *teirai* oder *tairai*; *regehirum* 43_8 == *regehirums*, *travaillz* 45_1 == *travails*, *ad* 48_{17} == lat. *ab* für *de* (s. 37_9), *aiez* 56_1 == *aies*, *enveirat* $56_{3·4}$, == *enveierat* (s. u.), *ciels* 56_{12} == *ciel* (s. u.), *seied* 61_{10} == *seies* (s. u.), *sudeiement* 63_4 == *sudeincment*, *oieanz* 64_2 == *oanz* oder *oianz*, *serum* 64_4 == *serums*, *esleecerum* 65_5 == *esleecerums*, *sus* 68_2 == *suz*, *junie* 68_{12} s. 34_{14}, *tranglute* 68_{18} == *transglutet*, *prof* 72_2 == *pruef*, *ma sperance* 72_{28} == *ma esperance*, *le salu* 77_{29}, *parmistrent* 77_{37} == *parmestrent*, *reeinst* 77_{42} == *ra(i)enst*, *manachad* 77_{52} == *minavit* in der Bedeutung »führte«, woraus man schliessen muss, dass der Uebersetzer den Sinn der Stelle nicht verstanden hat; *ignelement* 78_3, sonst *isnelement*, *esclergis* 79_7 == *esclerzis*, *ce* 80_4 == *ceo* oder *co*, *s'espalde* 80_6 == *sa esp.*; *dejez* 83_{10}, sonst *dejetez*; *fras* 87_{10} (s. u.) == *feras*, *warnissemenz* 88_{41} == *garnissemenz*, *la reproce* 88_{51}, *ampleies* 89_{11} == *ampleis*, *travalz* 89_{11} == *travailz*, *le ovre* $89_{13·18}$ (s. 9_{16}), *diseincordei (?)* 91_3 u. s. w. Seltsame Uebereinstimmungen der Art liessen sich noch um eine beträchtliche Anzahl vermehren. Doch dürfen wir wohl schon auf Grund vorstehender Thatsachen schliessen, **dass P und C Kopien desselben Originals und darum für die Kenntnis des Cambridger Psalters von gleicher Bedeutung sind, dass dagegen P nicht von C direkt abgeschrieben sein kann.** Diese Erkenntnis wäre wiederum wichtig für eine kritische Ausgabe des Psalters, da man durch

Zusammenstellung der in P und C verschiedenen Lesarten einen
Anhalt zur Erkenntnis der Lesarten des Originals gewinnen kann.

Der dritte Punkt, den ich einer eingehenden Betrachtung unterziehen will, ist:

III. Das Verhältnis der dem Psalter beigefügten Stücke[1]) zum Psalter selbst.

Michel und Suchier schweigen darüber, während Fichte das
Verdienst gebührt, erkannt zu haben, dass die sechs ersten Gesänge
auf dieselbe Quelle, wie dieselben ersten sechs Gesänge im Oxforder
Psalter (O) zurückgehen. Diese Erkenntnis, die besonders hervorgehoben werden muss, die aber Fichte leider nicht benutzt hat,
zeigt uns zuvörderst, in welchen Beziehungen der Kopist
von C von den drei übrigen Handschriften abweicht:
Für en steht ζ_{51} an, wie anemis ζ_{64} für enemis. C hat Seignur
statt Segnur $\alpha_{4\cdot 6}$, β_{15}, $\gamma_{1\cdot 13}$. ε_{29}, $\zeta_{3\cdot 6\cdot 12}$, cose für chose $\gamma_{4\cdot 5}$,
$\zeta_{35\cdot 42\cdot 50}$, r für rr in pere δ_5, piere δ_{19}, tere ε_4, ζ_{18}, terre 2_7 (æ für
unbetontes e). In regeïrai α_1 und regeirat β_{14} fehlt hat; ou für o
in repous ε_{25}; jes = des $\beta_{6\cdot 7}$ und jesque = desque γ_8; u für o in
Seignur β_{15}, γ_1, α_6, sul ζ_{58}; heom γ_{14} = huem; e steht auffällig
in peais β_{11}, nn für n in rameinned und demeinne γ_9; puples =
poples α_5; s für z in remembres α_5 ices $\zeta_{6\cdot 42\cdot 50}$; e zu eo gebrochen
(wie im Altenglischen vor r) in feorm δ_{20}, enfeorm γ_6, enfeormethe
γ_8; ns = ms in canteruns β_{15} und cantuns δ_1; ensemen = ensement δ_4; mei = meie $\alpha_{3\cdot 3}$. β_5; auffälliger Weise ceaceassent =
chacassent, cachassent ζ_{44}, eine Schreibung, die sonst O geläufig ist,
C aber nicht hat. Inlautend steht häufig th für t (d) in den weiblichen Part. Pass. desturnethe β_4, trenchethe β_5, enfeormethe γ_8,
magnifiethe δ_6, asemblethes δ_7, desertethe ζ_{13}, exfermethe ζ_{54}. Dazu

---

[1]) Die Bezeichnung derselben ist die von Fichte gewählte, S. 5 a. a. O:

Canticum Jsaie Prophete .... mit	α
» Ezechie .... »	β
» Anne .... »	γ
» Moysi (Exod. XV) .. »	δ
» Abbacuc .... »	ε
» Moysi (Deut. XXXII) »	ζ
Ymnus trium puerorum .... »	η
Te Deum laudamus ...... »	ϑ
Proph. Zachariae .... »	ι
Canticum St. Mariae ...... »	ϰ
» Simeonis .... »	λ
Gloria in excelsis .... »	ϱ
Oratio dominica .... »	μ
Symbolum apostolicum ..... »	ν
Fides catholica .... »	ξ
Psalmus CLI .... »	σ

kommen: *lignethes* ι_{13}, *methesme* (s. o.), *espethe* ζ_{61}, *eslethescad* γ_1, *muntethur* δ_1, *fetheilz* ζ_6 und *fitheil* ζ_{30}, auslautendes *th* in *vescuth* β_{11}.

Ausserdem weicht C gelegentlich vom Wortlaut der andern Hss. ab (wie auch jede der letztern zuweilen von dem der übrigen): *cunvertiz ies* α_1 = *conversus est furor tuus*, *curuciez* α_1 = *iriez*, *fuire* δ_7 = *fuirur* (s. u.), *entrainnerent* = *entarierent* (vgl. Suchier a. a. O.), *ço* α_6 = *iceste chose, at fait* α_6 = *fist*. Fehlerhaft sind die Stellen: δ_9 *en* für *e*, δ_{16} *purvindrent* statt *purtindrent* δ_{17}, *purteon* = *purtint* (vgl. Suchier a. a. O.), ι_3 *ferat* = *feras*, ι_4 *ovrit* = *covrit*, ι_8 *esguarde* = *esguarderat*, ι_{16} *el lune* = *e la lune*, ζ_{16} *estables* = *escables (scapula)*, das der Schreiber nicht verstanden zu haben scheint, vielleicht auch *cururst* ζ_{51} (s. u.).

Diese Zusammenstellungen geben uns ein drittes (s. o.) Mittel an die Hand, Rückschlüsse auf die Aenderungen des Kopisten am ersten Teil der Psalmen zu machen. Das Setzen von *ns* in *seruns* u. s. w., *œ* für tonloses *e*, das Fehlen des nachtonigen *e* in *mei* u. a., das Auslassen des *h* in *regehir* und die Form *heom* 1_1 rühren daher wohl von ihm her. Andere Erscheinungen, wie *a* für *e* in *anemis*, *ou* in *repous*, *puples* sind uns aus dem zweiten Teil der Psalmen bekannt (s. o.). Merkwürdig jedoch ist das häufige Vorkommen der Interdentalis zwischen Vokalen im Widerspruch mit den andern Hss. Der Schreiber hat die Dentalis sicher nicht mehr gesprochen. Dieser Umstand, ferner die wiederholte Brechung des *e* in *firmum*, die Formen *jes* und *jesque*, endlich die Orthographie *ceaceassent*, fordern uns auf, da auch hier überall kaum Aenderungen unseres Kopisten vorliegen, anzunehmen, dass derselbe eine andere Vorlage hatte, wie die übrigen.

Aus der Thatsache, dass die ersten sechs Cantica nicht zu C, sondern zu O gehören, müssen wir vor allen Diogen die Folgerung ziehen, dass sie einerseits bei keiner Frage, die den Cambridger Psalter angeht, erwähnt werden dürfen und daher auch Fichte nicht berechtigt war, sie in seine Arbeit mit aufzunehmen. Aus diesem Grunde daher sehe auch ich mich gezwungen, sie bei Aufstellung der Lautlehre des C zu ignorieren. Andrerseits aber muss, falls eine neue Auflage von Meister's Abhandlung [1]) notwendig werden sollte (und dasselbe gilt von Harseim's Vokalismus und Konsonantismus des Oxforder Psalters, Rom. Stud. IV, S. 273 ff.), ebenso auf die Lesarten der Cantica des C., wie auf die des Cotton- und des Corbie'schen Psalters Rücksicht genommen werden.

---

[1]) Die Flexion im Oxforder Psalter. Halle. Niemeyer 1876.

Als viel verwickelter stellt sich die Sache bei Betrachtung der übrigen dem Psalter angefügten Stücke hinsichtlich ihres Verfassers heraus. In Folge des im Vorhergehenden gewonnenen Resultates thun wir am besten, sie einzeln darauf hin durchzugehen. Denn da der Verfasser der ersten sechs Cantica ein andrer ist, wie die (s. o.) des C, so liegt a priori die Vermutung nahe, dass auch die folgenden Stücke nicht von einem Autor des C stammen, sondern der Kopist dieselben, sei es vom O oder einer andern Quelle, entnommen hat. Da ferner nicht bezweifelt werden kann, dass O, Cott. und Corb. bis inclusive der sechs ersten Gesänge dasselbe Original zu Grunde gelegen hat, und da O das Folgende fehlt, während dieselben Stücke in Cott. und Corb. (s. u.), wie leicht zu zeigen ist, von verschiedenen Uebersetzern herrühren, so ist von vorn herein auch wahrscheinlich, dass sie nicht in demselben Originalmanuskript standen wie O, und dass sie andere Uebersetzer, wie den dieses Werkes, haben.

Wenden wir uns zum C, so stellt Fichte für das Verhältnis der folgenden Teile des C zu denen des Corb. und Cott. folgende Sätze auf:

1) »Cott. weicht in den übrigen Stücken ganz von Corb. und Camb. ab (S. 3), ist demnach, was diesen Teil anbelangt, für sich zu stellen.«

2) Der Cambr. und Cott. haben nur vier Gesänge ι, $\varkappa$, λ, ζ, von denen sich gemeinsamer Ursprung nachweisen lässt.

3) In den übrigen Stücken sind Cambr. und Corb. ebenfalls von einander unabhängig.

Der erste und dritte Satz sind unanfechtbar und nur der Vollständigkeit halber erwähnt worden, der zweite jedoch nicht stichhaltig, da sich leicht nachweisen lässt, dass Cott. und Cambr. hier mindestens in gleichem Grade auseinander gehen, wie Cambr. und Corb., d. h. die Stücke nach ζ sind von Cambr., von Cott. und von Corb. selbständig hinzugefügt worden.

Somit können wir zur Untersuchung der einzelnen Cantica des C übergehen.

η.

Dass der Kopist von η derselbe ist, wie der des Psalters, geht, abgesehen davon, dass η von derselben Hand, wie die Psalmen, geschrieben ist, aus Schreibungen, wie *glorious*, *lout*, *cuer*, *souressalcies*, *lowm*, *wevres*, *anmes*, *humle*, *humme* (s. o. *sicumme*) hervor. Neu sind die Wörter *bisses* 15 = pecora, *chaus* 6 = aestus, *rimee* 7 = pruina, *freidours* 6 und *freidure* 7 = frigus, *giel* 7 = gelu. Von diesen steht das erste statt *bestes* 106_{38} u. s. w. allerdings der Abwechselung wegen; aestus und gelu kommen im Psaltertext nicht vor. Warum jedoch pruina nicht mit *pruine* und frigus nicht durch das gewöhnliche *freit* des Psalters wiedergegeben wird, ist nicht ersichtlich, und, wenn sich auch innerhalb des Psalters Beispiele für den Fall finden in beiden Teilen, dass für dasselbe lateinische Wort an verschiedenen Orten auch verschiedene Uebersetzungen gebraucht sind, so können wir doch nicht mit positiver Sicherheit behaupten, dass der Uebersetzer von η identisch ist mit dem der Psalmen, resp. dem des zweiten Teiles derselben[1]).

9.

An den zweiten Teil des Psalters erinnern die Formen: *henoured* 2, *angle* 3, *ordnes* 4, *gloire* 6. 14. 17, 20, *plain* 6, *lowed, glorious, cuers* 7, *enourable* 12, *soul* 12, *houme, hisdour, virgne* 15, *ke* 19, *towe* 21, *jusque* 22. Abweichend sind ausser den Orthographien *reignes* 16 und *pecchie* 25 (wie im O): *en parmanable* 28 statt *en parmanabletet*, oder *en parmenance* (wenn nicht fehlerhaft) *sucur* 19 statt des häufigen *aïe, chascuns* 23 = *sengles* 62$_7$. Ferner ist 27 *misericorde* mit *mercis* übersetzt, während sonst dafür immer *misericorde, mercis* dagegen für miseratio steht und ausserdem in der Phrase: *aveir merci*. Diese Formen und besonders die offenbar fehlerhafte Uebersetzung von quemadmodum mit *se nun ceo que* (Uebergang des *l* zu *n* kann doch hier schwerlich angenommen werden und dann bliebe noch immer für die damalige Zeit der Abfall des *c* zu erklären) statt *selunc ceo que*, die auf einem Missverständnis beruhen mag, machen die Identität des Uebersetzers mit dem (resp. denen) der Psalmen zweifelhaft.

ι.

Dem Kopisten kommen zu *beneeid* für *beneeiz, seon, people* 1; *nuns, seon* 2; *secle* 3; *trestud, nuns* 4, *pechied* 10, *nuns* 11. Dagegen würde statt *revisdad* 1 im Psalter das Lehnwort *visitat* stehen. Vers 9 wird enim mit *acertes* statt *kar* wiedergegeben, während *acertes* sonst nur = autem steht. Daher ist der Ursprung von ι nicht mit Sicherheit festzustellen. Zu notieren ist noch *sient* statt *sieent* 12 und *devant iras* 9 statt *devanciras*.

---

[1]) Der Vokativ Plur. *fuildre* η₉ kann nur Maskulinum sein, dem Anscheine nach also abweichend von 96₄: *les fuildres*. Doch berechtigt uns 96₄ nicht zu dem Schluss, dass *fuildres* hier Fem. sei. Es kann, da fulgura Neutrum ist, auch die Accusativform statt des Nominativ vorliegen (s. u.) Dazu vergleiche man den von Suchier richtig wiederhergestellten Nom. Plur. *li tuen esfuildre*.

ϰ.

Vom Schreiber stammt: *anme* 1, *espirid* 2, *ker* 3, *humles* 7. An O erinnert *l* für *ll* und *s* für *ss* in: *orguilus*, *desparpeitat* 6, *fameilanz* 8, *puisanz* 4, *puisance* 6, *leisad* 8, sowie die Schreibung *esalcead* 7 (s. o. zu *ceaceassent*). Auffallend ist *la pense* (vgl. Suchier a. a. O.) gegen: *en mun pense* 54_2, *tuz les pensez* 9_{24}. Eine bestimmte Entscheidung wäre daher gewagt.

λ.

Ker 2, *puples* 3, 4 verraten den Kopisten. Ueber einfaches *l* und *s* in *leisas* 1 und *apareilas* 3 s. ϰ. Neu ist *revelatiun* 4. Für *or* steht vorher nur *ore*. Darum und wegen der Kürze des Stückes lässt sich kein sicheres Urteil fällen.

ϱ.

hat C allein. Bekannt sind Orthographien, wie *houmes* 2, *nuns* 11_1 13 (= *nos*) *aourums* 4, *gloire* 6, 17, *ker* 14, *souls* 14. 15. 16. Statt *engenuid* 9 steht 88_{28} *engendre* und ν_1 *uniel*. Im Psalter ist Amen entweder beibehalten oder wie 71_{19} mit *confermeement* übersetzt, hier 17 mit *certeinement*. Schluss, wie vorher. Auffällig *æ* für *a* in *græces* 6.

μ.

Neu sind die Worte: *avienget* $_2$, *chaskejurnel* 4, *detes* und *deturs* 5. *Issi seit* = *amen* s. ϱ. Statt *temtaciun* 94_8 steht 6 die volkstümlich gebildete Form *tenteisun*; *hoi* 4 lautet sonst *hui*. Fehlerhaft ist wohl *le* in *le tuens regnes* 2. Ursprung von μ fraglich.

ν.

Zu *criatur* 1 cf. O *creatur* ζ_{27}, wo ζ *feitur* hat; *uniel* 1, wie O 24_{17} u. s. w. *Seit feit* = Amen s. ϱ; ebenso O 40_{14}. 71_{28}. 88_{51}. 105_{46}. Alles das spricht sehr für den Verfasser von O, von dem ν auch der Grammatik nach stammen könnte. *Seveliz* 3 ist auffallend statt *enseveliz*.

ξ.

Dieses Stück macht den Eindruck, als sei es von einem andern Verfasser, als jedes der vorhergehenden, wie vor allem der Verfall der Deklination zu zeigen scheint, es müsste denn der Kopist hier mit der grössten Nachlässigkeit abgeschrieben haben: *li Espirit* 7, *le Pere* 10 nom. sing., *le Seind Espirit* nom. sing. 10, *tres deus* nom. pl. 16, *tuz humes* nom. pl. 40, *treis seinurs* nom. pl. 18, *chascun* nom. sing. 2. *Filius* hat, abweichend von C u. s. w., sein stammhaftes *s* auch im acc. sing. und nom. pl.: *del Fiz* 5, 6, *treis fiz* 24. — Ausserdem hat es in C immer sein *l* behalten. Darauf, dass ξ nicht vom Uebersetzer des C stammt, weist ferner der wiederholte Gebrauch von *ne-mie* für *ne-pas* 4. 11. 18, *puanz* 13, alles, wie im O, *ewels* 33 neben *ueles* 26, *alme* 37 neben *anme* 32, *reidnable* 32. 37, eine ächt anglo-normannische Form. Zu *peainnes* 38 vgl. *peais* und *demeinned* oben. Neu sind: *avenement* 40 und *demenies* 40 = *propriis*. Also ist auch hier nichts zu konstatieren, als einige Aehnlichkeit mit O.

σ.

Zu *demeniement* vgl. ξ$_{40}$. Für *defors* stand in C *estre*, statt *jusnes* 1 *juvencel*, für *paroït* 4 *oit*; neu ist *petringneth* (Gloss. *petringueth*?), folglich muss σ einen andern Verfasser haben, wie O. *Demeniement, fiz* 8, der nom. pl. *mes freres bons e grans* 6, *il meme* 5 nom. sing. zeigen einige Verwandtschaft mit ξ, also indirekt mit O, wozu noch das Imperfekt *ere* 1 für *esteie* kommt. Hervorzuheben ist noch, dass *psalme* hier deutlich weiblich gebraucht ist. *Ajustet* und *feit*, die wir darauf zu beziehen haben, sind fehlerhaft flectiert. Die Form *meme* 4 und 5 rührt ohne Zweifel von einem Kopisten her: der Psalter hat nur *meesme* oder *meisme*.

Schluss: Da somit von keinem der den sechs ersten folgenden Stücke mit Bestimmtheit die Identität seines Verfassers mit dem der Psalmen behauptet werden kann, so berechtigt uns der alleinige Umstand, dass alles von derselben Hand geschrieben ist, und im selben Kodex steht, nicht, auch nur eins derselben in Sachen des C heranzuziehen.

Vorbemerkung.

Was die Anordnung meiner Arbeit anbetrifft, so schliesse ich mich im Grossen und Ganzen dem von Harseim seiner oben erwähnten Abhandlung zu Grunde gelegten Schema an. Nur wo es mir notwendig oder praktisch erschien, bin ich in der Einteilung von ihm abgewichen. Fälle daher, wie *plaisir* und *complaisee* (Harseim S. 280 und 281) habe ich absichtlich nicht getrennt, da eine Präposition ohne Einfluss auf die Gestaltung des mit ihr zusammengesetzten Wortes ist, so lange sie vom Volke als solche gefühlt wird. ē und ĭ des klassischen Latein habe ich unter geschlossenem e (ẹ), ĕ und æ unter offenem e (ę), ō und ŭ unter o zusammengefasst, ŏ und an aber getrennt behandelt, weil die Resultate ganz verschiedene sind. Auch halte ich es für einen nicht unbeträchtlichen Gewinn an Kürze und an Uebersichtlichkeit, wenn man die Vokale in allen Tonstellungen unter jedem einzelnen Gesichtspunkt möglichst zusammen behandelt. Die nachtonigen Vokale erwähne ich nur dann, wenn sich Abweichungen vom gemeinfranzösischen Sprachgebrauch zeigen. Auch für den Cambridger Psalter stellt sich die Richtigkeit der Beobachtung Harseim's heraus dass die Vokale in erster alleiniger Silbe vor dem Ton sich nach denselben Gesetzen entwickeln, wie in zweiter Silbe vor demselben, weshalb ich mit ihm beide Stellungen unter der für den ersten Fall freilich nicht recht passenden Bezeichnung, nebentonig zu vereinen, kein Bedenken trage. Im Uebrigen habe ich möglichst zu beherzigen gesucht, was Groeber, Ztschr. IV, 464 an Harseim's Arbeit, die ich im Folgenden fortwährend berücksichtigen werde, auszustellen hat, obgleich ich nicht glaube, dass man, ohne unvollständig zu sein, für den Buchstaben a mit einer halben Seite auskommen würde. Auf die Aussprache kann ich darum nur mit Vorsicht eingehen, weil es an einem Hauptkriterium derselben, den Reimen, fehlt.

A. Vokale.

I. a.

a) a in geschlossener Silbe bleibt unter und vor dem Ton in allen Stellungen, z. B.:

1) betont: *salf* 3_7 *art* (ardet) 9_{22}; *asnes* 103_{11} *espalde* 20_{12}; Belege auf jeder Seite. Hierher gehören die bekannten Fälle, wo Konsonant + i Position bildet: *laz* 2_3 (*lacium = laqueum), *braz* 9_{36} (*bracium), *faz* 31_5 (facio), *face* (*faciam = faciem, Diez) 5_9 u. a., *tache* 14_2, *sages* (*sabius) 48_{10} (einzige Form in C, während O daneben, z. B. an dieser Stelle, *saives* hat), nebst dem Suffix -aticum (atium, adium, adǧe) *age*, für das unser Denkmal nur wenige Beispiele: *cusinages* 21_{28}, *damage* 54_{11}, *pelerinage* 60_4, *servage seignerages* 138_{19}. 103_{23} und das Adjektiv *salvages* 103_{11} aufweist. Auch *bl* schliesst die Silbe: *table* 22_5, *diables* 105_{36}, nebst ungefähr 30 verschiedenen Adjektiven auf abilem. [So erklärt Harseim hier das Beibehalten von a nach Diez, Gramm. I^4 148_1; dagegen spricht sich Groeber a. a. O. aus, ohne jedoch eine andere Erklärung zu geben.]

2) nebentonig: *argues* 6_1, *suatume* (suavitudinem) 44_4, *salvas* 21_4, *esfacas* 9_5 — *arguer* 37_1, *chastier* 37_1, *salterele* 104_{34}, *esracerat* 51_4 u. s. w. Das einzige Beispiel, wo l zu a wurde und sich mit a zu

au verband, ist *essaucie* 37$_{16}$ (sonst immer *eshalciet* 11$_8$ u. s. w.), weshalb anzunehmen ist (s. o.), dass der Autor noch *al* gesprochen hat. Vereinzelt hat sich *a* vor *s* impurum zu *e* geschwächt in *deguestet* 72$_{19}$, *nesquissent* 89$_2$, *chescuns* 38$_{13}$.

3) vortonig: *restablid* 17$_{24}$, *establit* 39$_2$; *manachad* 77$_{52}$, *manacad* 105$_9$; daneben *manecans* 7$_{11}$. Ebenso trat vereinzelt Schwächung des *a* zu *e* ein in *raacheterre* 77$_{35}$.

b) *a* in offener Silbe ausser vor *m* und *n*.

1) betont wird *a* meist *e*; vor *r* z. B. in den Infinitiven auf are = *er* (F^1) 7) und der dritten Pers. Plur. Perf. auf arunt = *erent* [F. 43]. Zu *amere* 63$_3$ sind *amertet* 6$_7$ und *amertume* 140$_5$, zu *clere* 25$_7$, *esclergis* 79$_7$ und *esclergisset* 66$_4$ analog gebildet^2). *Preiere*, welches Harseim S. 276 mit hier aufführt, gehört nicht hierher, sondern zum Suffix arium. So wird *a* auch *e* vor ursprünglichem *tr* in *frere* 34$_{15}$ u. s. w. (F. 75). In den Nominativen Sing. der lat. Substantiva auf -ator (F. 78) steht auch gelegentlich *ie* statt *e*: C *raachatierre* 18$_{14}$, C *recevierre* 61$_2$, P *remembriere* 73$_{16}$. $_{22}$, *cumbaticre* 21$_9$, *abitierre* P 21$_3$. Dergleichen Formen liessen sich schliesslich als Analogien zu denjenigen Substantiven auf ator = *iere* erklären, wo *ie* etymologische Berechtigung hat, da deren Zahl im Psalter ziemlich gross ist, wie *aidiere*, *jugiere*. Da jedoch in P *ie* für *e* auch in andern Wörtern steht, wie in *mier* 94$_5$, *biers* 21$_6$ und *lievre (labra)* 21$_7$, so thun wir besser, W. Foerster beizutreten, der, Ztschr. f. nfr. Spr. S. 88, *ie* für *e* überhaupt als eine normannische Eigentümlichkeit bezeichnet. Dort wird auch der Endung ator Erwähnung gethan. In *seierres* 98$_1$ und *purscierre* 15$_5$ (Stamm sed von sedere — ator) können wir das *i* als des Hiatus wegen eingeschoben betrachten. Dass von 1$_7$ bis 124 *kar* sein *a* behält, resp. dass *a* erst nachträglich wieder aus *e* entstanden ist, könnte allerdings das *r* bewirkt haben (vgl. Harseim, der die Litteratur dazu anführt: Rom. Stud. I 626, IV 279, Mall, Comp. 53), doch möchte ich den Umstand eher der Tonlosigkeit des Wörtchens zuschreiben. — *a* vor *l*: *eles* 16$_8$, *lequel* 1$_5$ u. s. w. Das Suffix alem behält sein *a* in manchen Wörtern, wie in *matinal* 45$_5$, *especial* 47$_2$, *leal* 80$_4$, *loials* 144$_{14}$, *reial* 131$_{11 \cdot 12}$ durch Einfluss des *l* (und dadurch ist auch *l* in malum, -am geblieben 7$_{4 \cdot 9}$ u. s. w., wie in O, unter allen Umständen), in andern ist alem zu *el* geworden (O hat nur *el*): *dreiturel* 24$_7$. 31$_{12}$, *nuturnele* 89$_4$, 90$_5$, *uelment* 33$_3$ (durch Analogie *ueltes* 16$_2$, *auelinet* 48$_{12}$), *asiduelment* 9$_5$, *reitel* 57$_4$ (rectale oder *regitale) und vermöge Suffixvertauschung in *cruel* 34$_{11}$, *altel* 25$_6$. 117$_{28}$

---

^{1}) F. bezeichnet ein Citat aus Fichte's Flexion des C.
^{2}) Andere nehmen an, dass in diesem Falle das *r* den Uebergang des *a* zu *e* herbeigeführt hat.

(nach Tobler, neben *alters* 88_3). Zu *dreituriel* P 31_{12} vgl. ob. *raachatierres*. *a* vor Dentalen haben wir in den Endungen: *atum*, *atam* = *et*, *ee* (F. 53 sq.), der Endung *atis* der 2. Pers. Plur. des Präs. Ind., Konj., Imp. und Futur. (F. 20) = *es*, in den Abstracta auf -*atem* = *et*: *voluntet* 1_2 u. s. w., in *espee* 7_{12}, *het* (*hatit) 10_6, vor s in *nes (nasum)* 113_{13}, dazu *tres* 32_{14} und *remesilles* (analog *remes*, O *remasilles* 16_{19}. 20_{12}. 75_{10}. β_2) 16_{14}. 75_{10}, nicht aber *enfes* $36_{25}.118_9$, das den Ton auf der ersten Silbe hat und aus *infas* entstanden, dessen *a* demnach nachtonig ist. Selten findet sich *ei* für *e* in C, vor femininem *e* in *sudeiement* 63_4 (subitata mente), in P *incurveie* 34_{15}, *espeie* $43_{3.6}$. 58_7.88_{44}, *forseneiement* 37_{12}. Neben *derestrent* 73_6 steht 77_{37} die bekannte normannische und anglo-normannische Form *parmistrent* (per mäserunt, ebs. O *remist* 105_{11}). *a* vor Labialen: *leve* 50_2, *esleve* $50_{1. 10}$, *nefs* 47_7 *(naves)*, *sevent* 118_{79} und mit Ausfall der Labialis vor folgendem *s* oder *t*: *sez* $68_{7. 22}$, *set* 38_8, *es* (apes) 117_{12} (O *seis* 684 und *seit* 72_{11}.88_{15} neben *set* $38_{10}.93_{11}$; vgl. Ztschr. f. nfr. Spr. I, 88), vor br: *levre* 11_2. Hierzu kommt *eves* $17_4.32_7$, wo *k* von *qu* (kw) spurlos gefallen ist.

Das von K. Bartsch entdeckte Gesetz, nach welchem in den bekannten Fällen *ie* statt *e* eintritt, wird beliebig befolgt oder nicht (vgl. G. Paris, Alexius 79 sq.). Zahlreiche Beispiele bei F. 7 sq. 43 sq., 53 sq. Iratus kommt in C nur in der Form *iriez* vor. Doch hat hier nicht das betreffende Gesetz, sondern höchstens Analogie zu demselben gewirkt. Jenes *ie* wird einmal zu *i*, wie im Pikardischen und im ganzen Osten (Foerster, Ztschr. I, 146: *ie* = *iee* dialektisch, nicht zeitlich): *pechith* C 40_4, wenn anders dieses kein Fehler ist (P hat *pechai*), vielleicht auch in *escumeniiement* 138_{22} (oder *escumenjiement* zu lesen) und ähnlich im Substantiv *dechiement* 49_1. Doch lassen die beiden letzten Beispiele noch eine andere Erklärung zu (s. u.), wenn wir nicht *ie* sondern *ié* betonen.

2) Nebentoniges *a* bleibt *a*: *salut* 3_9 etc., *barun* *4_2, *draguns* 43_{19}, *avans* 37_{14}, *ravi* 68_6, *saveie* 80_5, *saveir* 93_{10}, *travail* 9_{35} [2]), *laur* [3]) (latum + orem) 30_3. In *haies* 96_{10} steht *i* des Hiatus wegen. Dasselbe leistet *r* in *avuiltres* 49_{18} [4]) und, da letzterer

---

[1]) *l* für *a* findet sich O 38_{15} in *iraignee, iraignede* 89_{10} (= araneata), welches von Harseim nicht erwähnt wird. Vgl. Diez, Wörterb. II, 206_1.

[2]) In *agreves* O 37_4 (cf. Harseim 906) hat weder die Silbe *gre* die Bedeutung der Darmesteter'schen protonique, noch ist seine Ableitung von gravis wahrscheinlich, da das Adjektiv *grief* auf grěvem weist; *agraves* 37_9 in P beweist nichts dagegen und ist wohl nur latinisiert.

[3]) In *matin* steht *a* in geschlossener Silbe, nicht, wie Harseim l. c. dafürhält, S. 279, in offener.

[4]) Die Annahme von G. Paris, Romania X 60, Anm. 8, aus adulterum sei vom Volke abulterum und hieraus *avoutre* gebildet, ist darum zurückzuweisen, weil das Volk die lateinische Präposition ab nicht mehr kannte und demgemäss auch nicht zu Neubildungen verwenden konnte, geschweige denn in so künstlicher Weise, wie Paris annimmt.

Vorgang häufiger vorkommt, möchte ich auch *havenge* 118_{128} der Schreibung *hauengc* der Michel'schen Ausgabe vorziehen. De ab ante hat immer die Form *devant* 5_9; dagegen ab ante = *avant* 72_7; *avancierent* 17_5. Auch steht 6_6, wie gemfrz., *noer*, das ich, weil mir kein Fall bekannt ist, wo dieses *o* in betonter Silbe diphthongiert, eher von einem Typus *nautare (*navitare) als *notare* herleiten möchte, trotzdem wir ein Gegenstück dazu in *noël* haben *(natalem)*. — Fernere Beispiele: *saulé* 16_{14}, 58_{15}, *saulat* 80_{15}, *laverai* 25_6, *paveillun* 14_1, *travaillai* 6_8, *chalemel* 67_{31} u. s. w.

Besondere Besprechung erheischt der Fall, wo dem *a* im Lateinischen ein anlautendes *c* vorhergeht. Darum gebe ich im Folgenden ein vollständiges Verzeichnis der Beispiele: *chevals* $19_7.31_{10}.32_{17}.75_6$, *chevols* 68_5, *cheveistre* 31_{10}, *chalice* 10_7. $15_5.74_8$ sq., *chalur* 18_6. sq., *chalim* 96_2, *chalenge* 61_{10}, *chalengent* $118_{121\cdot122}$, *charoles* 19_5, *charuines* $78_2.109_7$, *chalt* 9_{16}, *chairent* 15_6, *chaere* 1_1, *cheanz* 144_{15}. So scheint es, als wäre es das Regelmässige, wenn *a* auch in dieser Stellung erhalten bleibt. Allein wir dürfen in *chevals* u. s. w. keineswegs eine blosse Abschwächung des *a* zu *e* sehen, sondern der Uebergang des *a* zu *e* in dieser Tonstellung ist ganz analog dem des *a* zu *ie* in *chief* u. a., d. h. die Bildungen *chevals* u. s. w. sind die naturgemässen. Die Fälle aber, wo *a* geblieben ist, machen vielmehr eine leicht zu erklärende Ausnahme, indem teilweise *l* und *r* darauf folgen, welche die Kraft haben, das *a* zu erhalten, teilweise die Setzung von *e* für *a* aus Gründen der Dissimilation unterblieben ist.

3) Vortoniges *a* wird zu tonlosem *e*: *salterele* 77_{46}, 104_{34}, *chanteur* 67_{26}, *habiteur* 48_1, *veneurs* 21_{17}, *engendreure* 21_{10}, *letreures* 70_{15}, *doleures* 73_6 [dolaturas für dolatoria], *santeifs* [1]) $41_{5\cdot11}$, in den Futurformen der 1. Konjugation u. s. f. In *plentiif* 91_{10} haben wir Assimilation des *e* zu *i* zu sehen; davon ist *plentivitet* 64_9 wohl mit Zusammenziehung der zwei *i* in eins entstanden. Vielleicht steht *volenterif* 109_4, wie ich, da es Nom. Plur. Masc. ist, statt *volenteris* der Ausgabe lese [2]), statt *volenteif* = voluntatem + ivas (vgl. Tobler, Ztschr. I, 480 Mitte; Romania VI, 129 sq.; weiteres bei Scheler, Anhang zu Diez, S. 64), eine Form, die auch andere Texte haben. Dieses *e* ist dann weiter in *volentrive* $67_{10}.118_{108}$ (= *volenterive*) synkopiert worden.

---

[1]) Dies ist wohl auch 27_8 für *santeies* einzusetzen, welches auch Suchier als falsch bezeichnet, indem er *santeïves* substituiert. Da jedoch an den beiden andern Stellen unter ganz denselben Umständen *santeifs* steht und da andrerseits der nom. pl. fem. eines Adjektivs nie substantivisch, ohne *chose*, in C vorkommt, so ziehe ich *santeifs* hier vor.

[2]) In ähnlicher Weise vermute ich *jufnes* statt *jusnes* σι (adolescens), sonst *jueſnes*), obgleich man allenfalls *s* in diesem Worte als unorganisches Einschiebsel auffassen könnte.

Ueberall wo für *a* in betonter Silbe *ie* stehen kann oder muss, steht in vortoniger *e: piteables* 85_5, *pecheurs* 1_1, *premerein* 77_{51}, *trecherus* 11_2 u. s. w. In *esparnierat* dagegen bezeichnet *i* den mouillierten *n*-Laut. Die O unbekannten Schreibungen *annuncierai* 37_{18}, *annuntierai* 74_9 sind Latinismen.

Vortoniges *a* fällt regelmässig in den Futuren von donare und minare (nach Koschwitz [1]) Ztschr. II 482 Analogiebildungen), fakultativ, wenn *c* zwischen zwei einfache *r* zu stehen kommt z. B. *esperrunt* 39_4 neben *espererunt* 35_7 (Koschwitz l. c. erklärt den Vorgang durch die unbequeme Aussprache der letzteren Form); ebenso wie *esperer* verhalten sich einige andere Verba, während manche, wie *jurer*, das *e* behalten, vereinzelt wird *e* auch nach Diphthongen, selten nach einfachem Vokal ausgeworfen: *enveirad* $56_{3.4}$. 147_7, *enveiment* 77_{49}, *esneirad* 118_9, *depreiment* 142_1, *deveras* 39_{13} (de-vetare), P *agueiturs* 26_{13}. Dazu ist jedenfalls auch das Futurum von *laissier* zu rechnen, welches auf einen Infinitiv *laier zurückzugehen scheint. *Estras* erklärt Koschwitz l. c. 482 als Bildung von *estre;* doch vergleiche man damit Formen, wie *fras*, 87_{10}, *frat* P 28_8 und W. Foerster, Rich. l. B. 154 Z. 4, Chev. II E. XXXVIII, wo dieser Ausfall von *e* vor *r* als allgemein pikardisch bezeichnet wird (*trai, briller*).

c) *a* vor einfachem *N* [2]).

1) *a* in betonter Silbe wird *ai*, wofür auch häufig *ei* erscheint. Bei manchen Wörtern wiegt das eine, bei manchen das andere vor: *aimes* 50_7, *aimet* 32_5, *aiment* 5_{13} [3]), *saine* 6_2 u. s. w. [*sane* 40_4 ist, ebenso wie *mans* P 17_{34}, fehlerhaft, vielleicht ein Latinismus], *sained* 102_3. 146_3, *parmains* 101_{12}, *remeindre* 80_{11}, *feim* 104_{16}. *reims* 79_{20} — Suffix: anum: *escrivein* 44_1, *sudein* 63_7, *lointeine* 64_5, *premerein* 77_{51}. 88_{28}, *dereine* 47_{14}. 60_2. 87_6, *guardains* $120_{4.5}$, *fontaine* 35_9. 67_{27}, *fonteine* 41_2 u. s. w,

Geht jedoch dem *a* ein *c* voraus, so wirkt das Bartschsche Gesetz: *chiens* 67_{24}, *chienes* 70_{18}; sonst steht *e* für *ai (ei)* nach Hiatus -*i* oder -*e*: *ancien* 43_2. 76_5, *Ismaelitiens* 82_6, *meens* 67_{14}. 105_{22}, nicht aber in *pruceines* 21_{11}, *procein* 148_{15}, weil hier das *i* konsonantisch geworden, während *dedenzeines* 5_{10} u. s. w. vom fertigen *dedenz* gebildet ist. In *liens* 2_3 steht *i* = *ii*, resp. *e* = *ie*.

b) *a* in nebentoniger Silbe bleibt, z. B. *sanas* 29_2, *amez* 4_2 (cf. 10_6. 25_8. 44_7. 10_8. 108_5), *ami* 59_5, *amere* 63_3, *manieres* 77_{45}, *desramee* 77_{16}, *amerci* 17_1, *amistié* 108_6, *amiablement* 32_3,

---

[1]) Recension von Meister's Arbeit.
[2]) *N* = *m* oder *n*.
[3]) Die Beispiele für das Verb gebe ich absichtlich möglichst vollständig der verschiedenen Wandlung des Wurzelvokals wegen bei stamm- und endungsbetonten Formen.

amertet 6_7, fameillent $106_{5.9}$, fameillerent 33_{10}, fameillus 145_6, sursaneures 37_5 [1]). Daran schliessen sich die einsilbigen Wörter *ja*, *ma*, *ta*, *sa*, *la*, vereinzelt *se* und *le* (s. F. 95), wie im Pikardischen.

3) *a* in vortoniger Silbe wird *e*: *chalemel* 67_{21}, *orfenin* 67_5, *serement* 104_9 und in allen andern Substantiven auf *amentum*, nebst Analogien (*imentum* u. s. w. vgl. Darmesteter, Romania V 140 sq.). Hieran schliesst sich *enemi* (*in-amicum), dessen *a* nur *e* werden konnte, weil das Bewusstsein, dass es ein Kompositum von *amicum* sei, im Volke nicht mehr lebendig war [2]). (Vgl. Vorbemerkung; die Form *enimi*, welche sporadisch in C vorkommt, nie in P, ist latinisiert.) Aehnlich wurde *parmanable* 15_{11} zu *parmenable* 9_{16}, *parmanabletet* 9_7 zu *parmenabletet* 28_{10}; so *parmanand* zu *parmenand* (s. u.) und *parmanance* zu *parmenance* 144_1, welche sämmtlich von *manere* kommen.

d) *a* + gedecktem *N* bleibt. Beispiele:

1) betont: *quant* 4_2, *grant* 56_{12}, *chambre* 18_5 u. s. w., ferner die Part. Präs. aller Konjugationen (F. 36 sq.). Eine Ausnahme macht, wie gemeinfrz., *ainz* 38_{15}.

2) nebentonig: *mandas* 7_6, *santet* 37_3, *santeïfs* 27_8, *chancelerent* 72_2, *ampletet* 17_{19}. Vereinzelt wurde *a* zu *e* abgeschwächt in *menjuicent* 58_{15} (s. u.).

---

[1]) Harseim S. 280 findet in O heraus, dass vor *m* und *n* in nebentoniger Silbe *a* verschieden behandelt wird. Vor *n* stehe stets *ai*, vor *m* nur *a*. Dies ist jedoch nicht richtig, da auch vor *n* einfaches *a* steht; so *sanas* O 29_2; andrerseits lassen sich Fälle, wie die von ihm erwähnten: *parmainderunt, deilerainetez, sovrainetet, humainetet*, die auf Analogie beruhen, nicht mit *ames* vergleichen. In *mameles* endlich steht *a* nicht vor einfachem, sondern geminiertem *m*.

[2]) In als adversative Partikel scheint überhaupt nicht volkstümlich gewesen zu sein und sich demgemäss nur in Lehnwörtern erhalten zu haben. In unserm Denkmal wenigstens lässt sich ganz deutlich erkennen, dass den Anglonormannen diese Bedeutung des Präfixes in ʃfremd war; indem es überall auf irgend eine Weise ersetzt wird:
1) durch *nient: nientcreable* 104_{28} (incredulі), *nient enseinniez*: indoctus 48_{10}, *nient estable* 108_{11} = instabilem, *nient macules* 17_{20} und *neient marguillied* 36_{18} = immaculatus; *nient movable* 95_{10} = immobilis; *nient nuisable* 14_5 = innoxium; *nient numbrables* 67_{18} = innumerabilis, *nient pituse* 42_1 = immisericors; *nient profitables* 77_{37}.
2) durch *nun* (sonst hat non immer die Form *ne, nen* zuweilen vor Vokalen, seiner Tonlosigkeit wegen) *nun sareir* 38_8 = ignorare; *nun sages* 93_8 und *nun savanz* 73_{18} = insipiens; *nun vaillant* 87_4 = invalidus; *nun veiable* 106_{30}.
3) durch *des* oder *mes: descreiable*: invia 62_2, *desdeinans*: indignans 7_5, *mescreables* 65_9 = increduli.
4) durch Umschreibung: insultant: *esleecent par mal* 34_{25}, daher einfaches *esleecat* 40_{10} = insultavit fehlerhaft ist.

Für ádhuc, ádhunc + hac hora hat der Psalter durchgehend die Form: *uncore* 36_{10}.

e) $a + I^{1}) = ai$, seltener *ei*, selten *e*.

1) betont: *fai*²) 3_7. 16_7 u. s. w., *mais* $1_{2.5}$ u. s. w., *meis mes* nur 43_3 und 117_{17}. Auch *atrai* 35_{10}, *forstrai* 34_3 ³) u. s. w. zählen hierher (dagegen steht *sustraet* 7_2 = *sustraiet*), *pais* (*pacem*) 4_{10}, *peis* 84_{10}; *plaised* 39_{16}, *plaist* 50_{17}, *taiset* 29_{14}, *tais* 61_5 ³). [Dagegen, wie gemfrz. *facet* 13_2 u. s. w.] — *feis* 37_4. 80_6 (*fascem*), *faisses* (* *fascias*) 44_{13}, *peis* (*pasce*) 27_{10}, *neistre* 73_8, *naistre* 77_6. 146_8, *pleinte* 29_{13} — *fait* 13_2 u. s. w., *feit* 1_4 ff., *faites* 81_3, *fetes* nur 65_7. 102_{29}. 104_1, *fere* 102_{18}; *maistres* 83_6, *aigle* 102_5. (Harseim's Erklärung von *aquila* wird von Groeber a. a. O. für ungenügend gehalten. Wegen der andern romanischen Sprachen und wegen der Erhaltung des *g* müssen von *acquila* ausgehen; *quaquila* dagegen giebt *quaille* 104_{40}), *eslaise* 80_9, *deleisses* 26_{11}, *lesse* 36_8; *lacrima* erscheint immer als *lerme* 38_{14}. 41_3. Dasselbe Schicksal hat deutsches *a* in: *agueitet* 9_{29}, *agueiz* 5_{10}, *meintes* 70_{20}.

2) nebentonig *saietes* 7_{13} u. s. w., *saietent* 10_2, *plaiez* 68_{29}; dafür kann wegen eines folgenden *e* auch *a* stehen, *saetes* 44_5. 56_5. 119_4, da sich beide Formen in der Aussprache kaum unterscheiden (Suchier bezeichnet dergleichen Fälle als agnorm., doch wohl mit Unrecht, da sie sich ebenso gut in andern Dialekten, z. B. häufig in den Dialogen Gregors, finden). Das scheint vor *i* Regel zu sein: *saim* 62_8, *pais* 77_{43}. — *saietassent* 63_4, *apaiement* 5_{14}, *flaelez* $72_{5.14}$; *taisance* 38_2, *teisance* 21_4. 38_3, *plaisir* 39_{10}. 68_{15}, *pleisanz* 18_{14}, *faisanz* 28_8 u. s. w., *feisanz* 36_1, meist jedoch *fesanz* 9_{16} u. s. w. (O hat nur *faisanz*) u. s. w. — *vaissel* 2_9 u. s. w., *veisels* 30_{13} (Michel: *ueisels*, im Glossar fälschlich mit *avis* übersetzt; vgl. Suchier, Ztschr. I S. 572), *naistrat* 21_{32}, *paistrat* 48_{14}. (So beruht auch *paistures* 22_2. 78_{14} statt *pasture* 94_7. 99_3, da *a* vor *st* nicht *ai* werden kann, auf Anlehnung an *pasci*, desgleichen *paistilz* 77_{46}, woraus weiterhin *pestilz* 64_{13} wurde), *nessement* 45_5. 49_1. 112_3;

---

¹) Unter *I* fasse ich alle *i*-haltigen, unter *U* alle *u*-haltigen Konsonanten zusammen. Bei *I* mit Harseim verschiedene Gruppen zu machen, ist, da das Resultat für alle ein gleiches ist, unpraktisch.

²) lacum giebt nicht *lai*, wie man erwarten sollte, sondern *lac*, scheint also im Agnorm., wie nfr., Lehnwort zu sein. Dass es dem Uebersetzer nicht geläufig war, geht aus einer Stelle besonders hervor, wo *vel fosse* daneben steht.

³) Wir müssen von * trago ausgehen (cf. Perf. traxi, ebenso * destrugo + destruo. Vgl. W, Foerster Chev. II E. LIX). Dadurch findet auch die Erhaltung des *e* im Infinitiv seine Erklärung als Stütz-*e* : gre.

⁴) *plaiset*, *taiset* u. s. w. nach Harseim S. 278 analog *taisuns* : *tacet* verhält sich zu *taiset* wie : *justesse* zu *justise* (s. u.).

aleitanz 8_2, *alaiterent* 77_{39}, *laissai* 80_{11}, *esleissai* 49_{19}, *lessai* 7_4; *tairad* 75_8, *teir(r)at* 49_3, 61_1 (in *tarrai* steht *a* durch Einfluss des *r*) *detrairat* 40_6, *detreirat* 55_7, *atrerrat* 9_{30}, immer *ferat* 1_4 u. s. w., *aidiet* 40_{11}; *traiterunt* 2_2, *saintedet* 29_4, *serement* 104_9, *aguetanz* 9_{28}, *agueitez* 61_3.

3) vortonig: *iraisseit* 123_3, *iraisez* 4_4, *iraistrat* 111_{11}.

Im Anschluss hieran behandeln wir: *a* vor $\tilde{\imath}$ und $\tilde{n}$, welches in betonter und nebentoniger Silbe immer bleibt, ein Zeichen, dass *i* hier nur die mouillierte Aussprache des Konsonanten bezeichnet. Wenn daher vortonig einige Male in *travailler* e statt *a* steht, so ist dies als Schwächung des *a* oder als Dissimilation aufzufassen, da es nur vorkommt, wenn sowohl in der vorhergehenden, wie in der folgenden Silbe *a* steht. Beispiele:

1) betont: *repostailles* 9_{28}, *devinaille* 48_4, *travail* 9_{35} (P 24_{16} *traveil!*), *cenailz* 103_2, *definail* 36_{37}, *quaille* (s. o.), *bataille* 17_{34}, *defaillent* 67_2, *entrailles* 50_{11}·54_4, *almailles* 67_{11}, *contruvailles* 76_{12}. Einen weitern Beweis für die Integrität des *a* könnte die Schreibung *travalz* 89_{11} liefern; vor $\tilde{n}$: *compaigne* 85_{14}, *cumplaignent* 108_{11}, *cunstraigned* 140_5 [1]). In *alge* 54_7 neben *ailles* 31_3 dagegen und *estrange* 53_3 ist *i* Konsonant geworden.

2) nebentonig: *defaillent* 62_2, *entailliee* 96_7, *entailleures* 73_6 [*intaleaturas*], *defailleit* 76_3.

3) vortonig: *travaillie* 106_{39}·68_{20} u. s. w., *travaillante* 67_{10}; *traveillanz* 26_{14}, *traveillat* 55_1.

f) *a* + Konsonant + Hiatus *i*.

1) betont. Aus der Form *gladive* 36_{14} in P statt *glaive*, C 36_{15}. 79_{14} (die freilich auch fehlerhaft sein kann), liesse sich die letztere erklären. Zu *abaient* 58_6·$_{14}$. vgl. W. Foerster, Ztschr. V. Wie aus *adbassiant* 21_7 *abaissent*, so wird aus *incrassiet* 140_5 *engraist*, aus *crassea* *la craisse* 16_{10}·72_7·80_{15}, auch in den Formen *creisse* 62_6 und *greisse* 35_8·64_{12}·118_{10}, dagegen wird *crassum*, -am natürlich zu *cras* 19_3·21_{30}·77_{31}; *crasse* 91_{13}; vgl. *bas*, *basse* und *la baisse*, Subst. verb. von *baissier*. Harseim erklärt in *craisse* S. 277 und 279 das *i* durch Einfluss des folgenden Sibilanten, wie oft im afr., was nicht nur für unser Denkmal und O nicht gestattet ist, sondern überhaupt bei Vokal + *ss* nie vorkommt.

Das Suffix *arium* ist noch ziemlich streng von *aris* geschieden. Es fand hier keine Vertauschung mit *erium*, wie P. Meyer annimmt, statt, sondern Umlaut (W. Foerster, Ztschr. IV):

---

[1]) Hierzu stellt Harseim S. 278 auch den Konj. *parmainent* wegen Cott. *parmaignent*. Dies ist jedoch in Hinblick auf Konjunktive, wie *criement* neben *criengent* bedenklich.

solier $9_{4.7}$, 92_2. 96_2, *ureisunier* 27_2, *muriers* 77_{47}, *maniere* 77_{45}, *lectieres* 103_{22}, *chaldiere* 107_9, *taisniere* 103_{18}, *lumiere* 43_3, in den Adjektiven *parcunier* 98_{20}. 118_{63}, *premier* 104_{36}, *torcenierement* 105_6, vielleicht auch in *legiere* 5_{10}, obwohl hier *ie* auch auf dem palatalen $\bar{g}$ beruhen kann, wie mir z. B. *mencungier* 34_{20} darum von *mencunge* + *aris* gebildet zu sein scheint, weil das Adverb *mencungierment* und nicht *mencungierement* lautet 37_{19}, Das feminine *e* in *mencungiere* 118_{118} beweist nichts gegen diese Annahme, da es später angehängt sein kann. Nur *ovrers* C 93_{16} (P liest *ovriers*) steht für operarios vermöge der agnorm. Schreibung *e* für *ie*; ebenso *feiterement* 41_1; *millers* 3_6. 83_{10}. 90_7. -*arius* neben *aris* (und *alis*) haben die Ableitungen von *dreiture* : *dreiturer* 7_{10}. 10_2 u. s. w. häufiger wie *dreiturier* 16_1. 32_1; zu dem vereinzelten *dreiturire* 13_3 vgl. ob. *pechith*. In *fiers* 104_{33} hat *i* den Wert von *ii*. (Das Suffix *aris* haben wir in: *buclers* 44_{14}, *mascheleres* 57_6, *senglers* 79_{13}). In den später eingedrungenen Wörtern haben die ersten 124 Psalmen noch *arie* : *saintuarie* 67_{36}. 72_{17}. 73_5. 73_3 u. s. w. *aversarie* 8_3. 34_1. 43_5. 70_{13}. $73_{10.23}$, 108_{30} u. s. w., wogegen von 131 ab nur *aire* steht (s. o.), *aversaire* 138_{23} und so *luminaires* 135_7, *cuntraire* 34_3 ist vermutlich durch die Kopisten hineingekommen. Daran reihen sich: *repaire* 12_3. 79_{14}, *repairt* 108_{15}, *aire* 41_1, *aitres* 64_4. 83_2. 83_{10}. 91_{12}, *air* 107_4.

Hier sind auch zu erwähnen: *aies* 6_2 u. s. w., *ait* 66_1, *aient* 69_2, *ai* 40_4 u. s. w., *sai* 49_{11}; ebenso die Endung *ai* der 1. Pers. Sing. aller Futura (F S. 8 sq.), die sehr selten *ei* geschrieben wird, wie denn auch nur sporadisch *ei* in der 1. sing. perf. der *a*-Konjugation.

2) nebentonig *encressat* 22_5, *encreisset* 118_{70}. Neben *dequasse* 45_2 von *dequassatum* steht 45_6, *dequaissié* von *dequassiatum*; *maisun* 5_7 u. s. w. (sehr selten *ei*: 26_5. 104_{21}. 111_3; *maisnees* nur 95_7, *maisnice* $134_{19.20}$, *entrebeiscrent* 84_{10}; *repairet* 7_7, *repairez* 89_3, *repairans* 103_{29} — *achaisun* 34_8. 118_{154}, *acheisun* 118_{161}.

3) vortonig *malvaistie* 81_{11} (?), *ureisun* 4_1. 6_9 (wovon *ureisunier*), *mueisuns* 9_{11}, *furmeisun* 102_{14}, *planteisun* 143_{12} und *veneisun* 131_{15}.

g) $a + U = (\rho u)\ ou,\ \rho$.

1) betont: das normannische Imperfekt der ersten Konjugation endigt auf *oue* (*owe* s. u.), das sich zu *oe* vereinfachte (F 23 sq.); fernere Beispiele: *pout* 77_{72} (= pavuit, auf das wir zurückgehen müssen, anstatt auf *pavit*, da *v* nur *u* wird, wenn darauf *o* oder *o* folgt, vgl. clavem : *clef*, clavum ; *clou*) apud : *ot*, *paroles* 5_1 u. s. w., *parolet* 9_{26}, *parolent* 34_{21} und vor *l*: *paroillent* 33_{13}. Analog *out* (habuit), wo nachtoniges *u* in die betonte Silbe getreten ist, ist *stout* 1_1 gebildet, die agnorm. Form für stetit, die (z. B. Brandan 77, Rom. Stud. I) mit *out* reimt, in Fällen, wo sie der Zusammenhang

nicht als Imperfekt auffassen lässt, während *estut* (F. 61) analog *fut* zu erklären ist. Aehnlich verhält sich 37_{11} *estourent* zu *esturent*. Für unseren Psalter können wir sogar die Formen mit *u* als verderbt ansehen (so Harseim l. c. 279), wie *desplut*, *plurent* 94_{10} statt *desplout*, *desplourent* (s. u.). Zur Stütze der Annahme, dass *stout* eine Analogiebildung zu *out* ist, kann man ferner den Konj. Impf. *estoust* heranziehen 105_{22}. Während *hábuerunt* regelrecht *ourent* 77_{23} wurde, ist *ou*, um einen Triphthongen zu vermeiden, in *oi* 27_7 zu *o* vereinfacht.

In der Kombination $a + c\ (K) + u$ ist *c* gefallen und im Uebrigen die Entwicklung ganz wie vorher; daher *plourent* 61_4 (*plut* und *plurent* sind bereits besprochen), aber *toi* 31_3 und *ploi* (F. 49).

Schliesslich mögen hier die singulären Bildungen *vois* 41_9. 42_2, *voise* 38_{15}. 55_{13}. 85_{11} jedoch nach Ps. 124 *veis* 141_3 und *veise* 142_{10} (vgl. Willenberg, Rom. Stud. III, S. 433 sq., wo die Formen mit *ei* fehlen, und W. Foerster, ibid. III, S. 181 Anm. 10) Erwähnung finden.

Streitig ist man sich noch über die Entstehung der Endung *ums* der 1. Pers. Plur. (F. 12. 14. 16. 20. 23 sq.), von *unt* 48_6 (habent), welches zugleich die Endung der 3. Pers. Plur. aller Futura ist (vgl. W. Foerster, Ztschr. f. nfr. Sprache 87 zu Chabaneau, Théorie 98) und von *vunt* (vadunt) 118_1, *estunt* 118_{91}, *funt* 5_{10} u. s. w. Dass hier überall *u* und nicht *o* steht, bewirkte das folgende *n*.

Auch von *ore* 11_5 u. s. w., *lores* 2_5 u. s. w. und *uncore* 36_{10} existiert noch keine unbestrittene Deutung (vgl. Foerster, Roman. Stud. III, S. 178).

2) nebentonig *a*: *poür* 88_{41} (*pavorem*), *poüt* 36_3 (part. pass. v. pasci), *oüst* 123_4 (*estoussent* s. o.), *poüst* 77_{71}, *oüssent* 104_{25}. $123_{3 \cdot 5}$, *espoentez* 55_3 u. s. w., *forjoes* 49_{20}, *toüt* (part. pass. v. tacere) 48_{20}. Schwächung des *o* zu *c* in: *eusse* $80_{13 \cdot 13}$, *pleus* 101_{14}. $146_{10 \cdot 11}$, Captivum giebt wie gemfrz. *chaitifs* 87_{15}, *cheitive* 67_{19}; davon *chaitivetet* und *cheitivetet* 34_9.

3) vortonig ist zu *o* entwickeltes $a + U$ gefallen in den endungsbetonten Formen: *parlez* 57_1 u. s. w,

Anhang: Nachtoniges *a*.

Nachtoniges *a* fällt ausnahmsweise einigemal im Imp. Sing. der 1. Konjugation: *guard* 16_8, *salf* 11_1, *aur* 44_{11}; *record* 73_2, was als Analogie zu den übrigen Konjugationen gelten mag (vgl. Koschwitz 483 l. c. zu *dnn*). Wo nachtoniges *a* geblieben ist, wie in *preicusa* 35_7, liegen Fehler vor.

Fälle, wo ein solches *a*, resp. *e*, im Auslaut nach Vokalen, meist nach Diphthongen fällt, sind als agnorm. Eigentümlichkeiten zu bezeichnen und wohl auf Rechnung des Schreibers zu setzen; *tu* 30_{16}, *mei* 38_{14}. 56_7, P 7_5. 21_{16}. 25_9, *esjoi* 105_5, *estei* 117_{13}, *esdreciés* 23_9

(= *esdreciees*, wo allerdings auch $i = ie$ sein kann, *agregie* P 31_4, *pursies* P 36_{34}). Ebenso O: *essai* 25_{25}, *ferei* 39_{11}, *mei* 7_5.

Habeat = *ait*, wie O trotz G. Paris' Angabe im Alexius: Aiet est l'orthographe constante du psautier d'Oxford. Vgl. Meister l. c. 61.

II. ẹ.

a) ẹ in geschlossener Silbe bleibt immer. Beisp.:

1) betont: *set* 11_6, *serfs* 18_{11}, *vespre* 29_6, *bele* 15_6 u. s. w. Im Suffix *ellum* (W. Foerster, Ztschr. I, S. 564) bleibt *e* intakt, so lange dem *l* kein flexivisches *s* folgt: *vaissel* 2_9, *oisel* 10_1, *chael* 16_{12}, *veel* 21_{12}, *nuvel* 32_3, *chalemel* 67_{31}, *muncel* 77_{13}, *escamel* 109_9 nebst *pel* 103_2; tritt jedoch besagter Fall ein, so erleidet *e* zuweilen Brechung zu *ea* (häufiger, wie in O) und dieses wird weiter zu *a* vereinfacht: *oiseals* 49_{11}. 77_{28}. 48. 83_3, *vedeals* 67_{31}, *murcalz* 47_{14}; *vaissels* 7_{13}. 30_{13}. 70_{22}; *juvencels* 77_{63}, *mantels* 108_{20}, *russeals* 64_{10}, *ruiseals* 77_{16}. 44 und *ruisals* 1_3 (vgl. W. Foerster, Ztschr. V, S. 97 und *ruga* bei D. — C. i. d. B. canalis), *munceals* C 78_1. Beisp. für *ae*: *prestet* 36_{26}.

2) nebentonig: *ferrine* 2_9, *legiere* 5_{10} u. s. w. (P 5_{10} *ligiere*), *cessez* 45_{10}, *merciable* 4_3; *ae* = *aesmames* 47_{10}. Ob in *asmas* 49_{21} *a* unter dem Einfluss des *s* wie *aste* für *este* in O direkt aus dem *e*, oder ob es durch Zusammenziehung von *aesmas* resp. *aasmas* (nach Assimilation des *e* an *a*) entstanden ist, lässt sich nicht entscheiden. Auch hier haben wir Brechung des *e* vor *l* + Kons. in *bealté* 15_{11} u. s. w.; *belteth* 44_2 und 144_5. 12 *e* für *a* steht vor *r* + Kons., wie in O, in *escharn*, *escharnir* und *escharniseur* (s. Glossar), sowie in dem tonlosen *par* = per, welches Harseim irrtümlich als offene Silbe bezeichnet. Zu *e* = *a* cf. Ulbrich, Ztschr. II, S. 544.

Durch eine folgende Labialis ist *e* zu *ou* verdumpft in *prouveirre* 131_9 (neben *preveires* 131_{16}. 98_7). Aehnliche Fälle dieses Vorgangs sind: *trubachanz* 61_3, *trubacherunt* 63_8 (O *tribuche* 54_9, *tribuchemenz* 109_7). Besonders häufig findet sich diese Erscheinung in offener Silbe und wird, Ztschr. II, S. 343, Z. 10 u., als agnorm. bezeichnet. So: *busuinanz* 39_{21}, *busuignes* 39_8 u. s. w. mit vorhergehender Labialis[1]) (vgl. W. Foerster, Rom. Stud. III, S. 188).

3) vortonig *flaelé* 72_5, *tempestet* 54_8 [2]).

---

[1]) Zur Stütze der Herleitung von *selon* aus secundum (W. Foerster, Ztschr. I S. 564), das hier in den Formen *sulunc* und *selunc* vorkommt, möchte ich bemerken, dass *e* auch vor Gutturalis + *u* oder *v* (*qu*) *u* wird, worauf diese ebenso fallen kann, wie die Labialis, cf. Brandan V. 121, Rom. Stud. S. 568 *suurance* (securantia). So könnte man schliesslich auch das *u* in den Formen *parsuir* und *uel* erklären.

[2]) In *poureté* O 30_{13} ist nicht die Schliessung aufgehoben (so Harseim

b) ę in offener Silbe.

1) **betont wird** $ę = ie$, selten bleibt e (agnorm.) $= piez\ 8_7$ u. s. w., $lief\ 24_1$, $liere\ 4_8$. 9_{33}. 40_{10}. 131_3, $lieves\ 17_{49}$, $pursiees\ 36_{34}$; $pierre\ 17_2$, $palpiere$ ($palpetra$) 131_4, $liepre\ 37_{17}$ (auch vor $\bar{g}$ und ch: $siege\ 32_{14}$, $pieche\ 38_1$), $fiergent\ 36_{14}$ (analog $fierté$: cf. W. Foerster, Chev. II E XXXVII. Zu $ierc$, $iert$, $ierent$ cf. id. Ztschr. f. nfr. Sprache I. S. 87. — Auch es (du bist) wird behandelt, als stände e in offener Silbe, da die gewöhnliche Form ies, es aber selten ist. $ae : siecle\ 9_{37}$ u. s. w., $secle$ nur 118_{152}. 132_3, $ciel\ 13_3$ u. s. w., cel nur 88_{30}, $quiert\ 36_{32}$, $quierent\ 34_4$ u. s. w., $quier\ 33_{14}$ u. s. w., $querent\ 39_{20}$ u. s. w. (F. 22).

Von čgo (eo, ío, ió, jo (jeo), je) sind die gewöhnlichen Formen jo, jeo und je. Im Gebrauch derselben gehen die beiden Hss. sehr auseinander. Jo kommt in C fast nur in den ersten 17 Psalmen vor. In jeo gehört das e nicht zum o, so dass $o = eo$ wäre, sondern zum j, d. h. jeo verhält sich zu jo, wie ceo zu co, wie $menceunge$ (O) zu $mencunge$ (C). Jeo ist nichts, als eine durch das Englische herbeigeführte Schreibung. Daneben treten vereinzelt die Formen $jeu\ 88_1$ und $joe\ 121_1$. 144 auf. Nur an einer einzigen Stelle hat der Vokal Elision erfahren (in O nie).

2) **neben.** e bleibt: $levat\ 40_9$, $leves\ 23_7$ u. s. w., $leverai\ 27_2$ ($eslievement\ 9_9$. 9. 88_9 dagegen neben $eslevemenz\ 140_2$ ist analog den stammbetonten Formen, resp. den ähnlich gestalteten Adverbien auf $mente$ gebildet), $seeient\ 68_{14}$, $assegement\ 65_9$ (P $assiegement$ cf. $eslievement$), $esmeré\ 17_{30}$, $agrevez\ 37_4$ (s. o.), $feris\ 68_{29}$, $ferid\ 77_{30}$, $deveai\ 118_{101}$, $deveeie\ 76_4$. $ae : querant\ 4_2$, $querez\ 68_{35}$, $esleecums\ 117_{24}$.

e ist zu o geworden in $moules\ 65_{13}$ (welches im Uebrigen regelrecht aus $medullatum$ gebildet ist und nicht mit $mouiller$ verwechselt werden darf. So bei Thierkopf, »Der stammhafte Wechsel«. Halle 1880).

a steht statt e in $acraventee\ 45_6$, wenn die von Diez angenommene Etymologie richtig ist, a statt ae in $arein\ 17_{34}$.

3) **Vortoniges** e ist in sog. *positio debilis* erhalten in $tenebruses\ 17_{11}$ und $halegriras\ 20_6$, während in $halagrer\ 103_{15}$ entweder Einfluss des Latein oder Assimilation stattgefunden hat.

Im Hiatus steht i statt e immer in $creare$: $crias\ 88_{12}$. $_{48}$ u. s. w. (so auch unter den Ton $crie\ 50_{11}$, häufig auch in $liun\ 7_2$. 56_4 u s. w. neben $leun\ 33_{10}$. 34_{18}. Diez, X, Grm. I⁴ 152).

---

l. c. 286) da es nicht von *paupertatem*, sondern von *pauperitatem*, resp. von *povre* gebildet ist.

c) ρ + einfachem N; Resultate dieselben wie bei b.
Beispiele:

1) betont: *bien* $13_{2\cdot 4}$, *vien* 79_2, *sustien* 16_5, *crieme* 2_{11}, *criemet* 32_8, *crient* 111_1, *criendre* 48_{16}; dazu *fiens* (nach W. Foerster, Chev. II E XXXVII gemfrz.), *fiente* 82_{10}, *frieute* 64_7, *aprient* (*premitum s. u.) $9_{9\cdot 39}$, *sustienge* 54_{12}, *criengent* 32_8, *aprienge* 7_5. Neben *criems* 118_{120} und *criemst* 118_{161} heisst die 3. Pers. Plur. C 52_5 *creinstrent* (dazu vgl. Thierkopf l. c.). Unterlassen ist die Diphthongierung in *aprenstrent* 87_{16}. Zu nennen ist hier noch *mien* (meum), wofür ausser *men* 88_{29} (P häufiger *mens* 2_7. 5_1. 1. 6_8) einmal *meins* 12_4 und einmal *mieins* 17_{34} vorkommt, Formen, die P nicht hat und die jedenfalls verderbt sind, da *ie* und *ei* in unserm Text nicht verwechselt werden.

2) nebent. *fremist* 36_{12}, *venez* 45_8, *venir* 70_{18}, *teneies* 72_{23}, *cuntenanz* 67_{28}, *cremanz* 14_4 u. s. w. (*criemanz* analog den stammbetonten Formen 144_{20}; so öfter in O), *cremez* 33_9, *fremisseient* 34_{17}, *atenued* 78_8.114_7.

d) ρ vor N + Kons. bleibt intakt, ist also streng von a + N + Kons. geschieden. Beispiele:

1) betont: *venz* 1_5, *gent* 2_1, *entent* 5_1 u. s. w.
2) nebent.: *tendit* 7_{12}, *tremblerent* 73^4, *atendement* 9_{18} u. s. w.
3) vort.: *turmentant* 41_9, *argentines* 67_{31} u. s. w.

e) ρ + J.

1) betont wird $\rho = i$ durch die Zwischenstufe $\widehat{iei}$ (W. Foerster, Rom. Stud. I, S. 609 ib. III S. 180 Anm.; Thomson, Rom. V, S. 66 sq.; Koschwitz l. c. 481): *pri* 79_{14}.$117_{2\cdot 3\cdot 4}$ u. s. w., *depri* 5_1, *dis* (decem) 32_2. Dazu *pris* (*precium) 43_{12} (nach Harseim 283 fälschlich aus *preis*) — *liz* 4_5, *eslit* 17_{26}, *eslist* 104_{26}, *prufit* 29_{10}, *prufite* 36_7, *despit* 20_7, *despist* 21_{25}. 68_{36}. *parsiwe* 34_7, *parsiwet* 7_5. In *parsiu* (nach Suchier, Ztschr. I S. 572 statt *parsui* zu lesen) vokalisierte das auslautende *w* und verband sich mit *i* (aus *iei*) zum Diphthongen. Doch ist hierfür (s. u.) noch eine andere Erklärung möglich.

Neben *isset* 16_2 steht nach Analogie der endungsbetonten Formen 108_8 *eissed*. Mit ecce gebildet sind *eistesvus* 131_6, sonst nur *estevus* 32_{18}. 133_1 und *estetei* 7_{14} (O *astetei*, *astevus*, *aitevus* vgl. Harseim S. 285) [1]).

---

[1]) Unter ρ + J dürfen nicht die Formen *neie* 18_{12}, *esneie* 50_2, *esneiai* 72_{13} u. s. w. aufgezählt werden (so Harseim S. 282, Z. 4 u.); als wäre *esneier*

2) nebent. $ę$ wird zu ei: *preicre* 6_9, *preiables* 89_{14}, *depreiai* 118_{58}, *depreiant* 26_8, *depreierunt* 44_{12}, *depreierai* 29_9, *deprei(e)ment* 139_7. 142_1, wozu sich *preanz* 105_{43} verhält, wie oben *saete* zu *saiete: deneaient* 80_{14}.   nec + entem, ursprünglich *neient* 36_{18} wurde ebenso *neent* und dann durch Dissimilation *nient*, oder *neient* wurde direkt *nient*. Nec ipsum erscheint als *neis* 37_{10}. 107_1. 138_{11}; *nees* 134_{17}, *naes* 138_{12}, das tonlose nec allein als *ne*; *leitieres* = lectaria 103_{23}.   Formen mit *i*, wie *eslirrad* 24_{11}, *girrai* 138_9 u. s. w. gehen auf die stammbetonten Formen zurück. So sind auch *istras* 43^9. 59_{10}, *istrad* 103_{22}, *issuz* 104_{23} neben *eistras* 107_{11}, *eisseies* 67_8, *eissist* 80_5. 113_1, *eississent* 104_{38}, *eissu* 88_{35} als Analogiebildungen zu erklären; desgleichen *deliterai* 118_{47}, *deliterunt* 36_{11}, *profitables* 77_{57}, *parsivez* 70_{11} u. s. w., *parsiwanz* 7_1 (O dagegen *parsuanz* aus *parsewanz*, *parsuwanz* und ähnlich hier *parsuid* = *parsewid*; *parsuwoid* 108_{15} nach Foerster, Rom. Stud. III S. 188).   In Zusammensetzungen wird ecce zu *iç* in *icist*, *icil* u. s. w. (s. F. 92), *ici* 131_{14} u. s. w., seltener *issi* $1_{5 \cdot 5}$, 140_7 geschrieben (Harseim S. 284 leitet *eissi*, *issi* mit Diez, Etym. Wb. S. 141 von aeque sic ab. Die Bemerkung Diez's, der *ici* mit *ainçi* zusammenstellt, dass »an eccum zu denken, der Begriff nicht leide«, ist unverständlich).

Aus aequalem wird *uel*, *oel*: *uelment* 36_{38}, *oelment* 52_3. 70_{10}. 73_6. 82_5, u. s. w., *ueltes* 9_8. 16_2, *auelinet* 48_{12}. 88_6, *auelinanz* 17_{43}, *auelinees* 64_{14} ¹).

ę vor *l* und *n̄* ist geblieben in *veilz* 104_{22}, 118_{100}, wogegen in *viel* 148_{10}, wie in *miels* 64_3 u. s. w. Diphthongierung eingetreten ist; nebent. in *meillur(e)* $62_4 \cdot 118_{72}$, *veillesce* 70_{18}, *enveilli* 36_{25}, *Seignur* 2_{11} u. s. w., *seignurie* 71_8, *seignurerent* 105_{40}.

f) $ę$ + Kons. + Hiatus - *i*.

Ecclesia haben wir in der Form *eglise* 21_{23}, indem das vulgärlat. *ĕ* statt des klassisch-lat. *ē* zu *ie* diphthongierte, sich mit dem Hiatus-*i* zu *īeī* verband, worauf Zusammenziehung des Triphthongen in *i* erfolgte. Aehnlich ward aus *medium mi* 80_3, das ferner in *demi* 101_{23}, *miliu* 21_{23}, *midi* 36_8 und *mi-partirunt* 54_{25} vorkommt.

Das Suffix *erium* blieb *erie* in gelehrten Wörtern, wie

---

von necare oder negare gebildet, obgleich die Bedeutung mundare wenig Schwierigkeiten machen würde. Es ist vielmehr *neīe* u. s. w. zu lesen und von *nitidiare auszugehen (mundus in C immer mit *net*, *nette* wiedergegeben, munditia : *nettedet*). Ein sicherer Beweis dafür ist die Form: *esnediement* 88_{43} und *esnediemenz* ibid. Cott. neben Corb. *esneement*.

²) Zu *oelte* vgl. Harseim S. 297. Dafür, dass *uel* ähnlich zu erklären ist wie *parsuans*, sprechen die Formen *ewels* S. 291 V. 33 und *ewed* Cott. 88_7, während man durch *aved* O 88_7, auf Grund dessen ich vorschlagen möchte, *avelinet* u. s. w. zu lesen, auf eine andere Deutung von *oel* hinweist ($av = au = o$). Im ersten Falle wäre *uel*, im letztern *oel* die ursprüngliche Form.

desiderie 9_{38} sq. Daneben kommt 77_{30} die volkstümlich gebildete Form *desiier* vor (über *desirier* 105_{13} und *desirer* 9_{23} s. u.). Nicht gehört wohl *refrigerie* 65_{10} hierher, obwohl es lat. refrigerium übersetzt, da nach Brandan V. 1461 der Ton auf dem *i* liegt, wie in *desverie* 30_9 u. s. w. Maceria erscheint in der Form *meisere* 61_3. 88_{41} (agnorm. = *meisiere*); ächt populär sind ferner die Bildungen: *saltier* 80_2. 91_3 (psaltĕrium = ψαλτήριον cf. o. eglise), *dementiers* 38_2 und *dementieres* 141_3. — Imperium wurde zunächst *emperie* 28_1, daraus weiter *empirie* 58_{16}.

g) $\rlap{\,}e + U$.

Die einzigen Beispiele sind, wie gemfrz. *Deus*, *Deu* nie mit diphthongiertem *e*, *ceus* (caecos = *cieus*) 145_7 (O *cius*). In derselben Weise liesse sich auch *parsiu* erklären (s. o.).

Anmerkung 1. Absorbirung eines vortonigen *e* im Hiatus durch den folgenden Vokal (von Suchier, Ztschr. I S. 569 als agnorm. und zugleich als Zeichen jüngeren Alters von C vor O bezeichnet) hat einigemal statt gefunden: *eslecerat* 13_{10}, *eslecies* 27_1, *eslecad* 104_{38}, *bonuret* $40_{4\cdot 2}$, *beneiz* 40_{12}, 88_{53}.

Anmerkung 2. Häufig finden wir ein *e*, das keine etymologische Berechtigung hat, zwischen Konsonantengruppen zur Erleichterung der Aussprache eingefügt. Dieses Verfahren wird von Koschwitz l. c. S. 482_{15}, wie im Indischen, als Svarabhakti bezeichnet: 1) zwischen vr: *receverad* 23_5, *receveras* 50_{20}. 72_{24}, *descuverans* 28_9, *uverans* P 5_5, *viverat* 21_{30}, *suzsiverad* 22_6, *ensiverunt* 93_{15}; 2) rdr: *arderat* 45_9. 49_3. 78_5; 3) ndr: *espanderai* 141_2, *descenderai* 29_{10}, *prenderai* 15_4, ganz auffallend in *reinderat* 48_{15}, *repundereient* 63_5 und 4) ldr: *tressalderai* 17_{29}; 5) str: *isterai* 59_8 (in O weit häufiger; von W. Foerster, Chev. II E als pikardisch bezeichnet und als Analogie zu *chanterai* aufgefasst. In ähnlicher Weise ist wohl *u* wegen einer Labialis in C *esburucied* 34_{24} (P *esbrucied*; cf. *esbruce* 43_{23}, *esbrucerai* 56_{10}) gesetzt. (Die Etymologie dieses Wortes ist mir nicht bekannt. Es findet sich noch Q. L. D. R. 42. 298.)

Anmerkung 3. Statt eines unbetonten *e*, gleichviel welchen Ursprungs, schreibt der Kopist von C (P nie) oft das verschlungene, dem Englischen eigentümliche, Zeichen æ, das auch im Druck beizubehalten und nicht durch ae auszudrücken ist; *iræ* 2_5, *estærat* 23_3, *suflæ* 25_2, *guardæ* 36_{37}, *terræ* 40_2, *annuntiærat* 50_{16}, *palmæs* 62_5, *færai* 65_{15}, *portæras* 67_{20}, *læ* 74_4, *fæsant* 100_3, *parlærai* 118_{25}, *dunæs* 144_{16}, *pærre* 38_{14}, — *pærdissent* 118_{25} — *ramænas* 84_1, *æidant* 47_3, *mæie* 34_2.

III. ę (klass. lat. ĕ und ĭ).

a) ę in geschlossener Silbe bleibt. Beispiele:

1) betont: *bestes* 8_8, *festes* 73_3. 1: *eles (illas)* 61_{10}, *saietent* 10_2 u. s. w. Statt *cercle* C 17_{15} hat P *ciercle*. Das *i* ist wohl durch das *c* hervorgerufen, wie in *recieverre* P 61_2. Brechung fand vermittelst Analogie an *els* (s. o.) statt in *eals, ceals, iceals* neben *els, cels* (von Psalm 131 ab steht nur *els*), zu *eo* in *iceols* 42_3 und analog dazu im Singular *iceol* 93_{15} (?). Hierher gehört vielleicht auch das auch sonst in französischen Texten nachweisbare *chevols* 39_{15}, 68_5 (O. *chevels*), dessen *o* bis jetzt noch nicht erklärt ist. Stipula (vgl. Diez, Wörtb. s. *stoppia* und Schuchardt, Voc. II 227) muss schon vulgärlat. stupula gelautet haben; daher *estuble* 82_{13}.

2) nebent. *verté* 24_4 (daneben häufig *verité*); 1: *vertut* 32_{16}, *fermet* 32_6 — *vergugnie* 34_{27}; 1: *letreures* 70_{15}, *verdiant* 36_{25}. Silvaticus wurde (gemfrz.) *salvages* 103_{11}.

3) vort. 1: *saietassent* 63_4, *seelant* 106_5 u. s. w. *Coveitise* 77_{30} ist, wie *cuveiterad* 44_{11}, Analogiebildung. Die volkstümliche Entwicklung von haerēditatem u. s. w.: *heritet* 15_5, *heriteras* 81_3 wechselt mit dem Lehnwort *hereditet* 15_6 u. s. w.

b) ę in offener Silbe.

1) betontes *ę* wird zu *ei*, selten zu *ai*: *mei* 2_3, *espeire* 36_3, *espeirent* 2_{13}, *espeiret* 33_3, *ardeir* 7_{13}, *segrei* 26_6, *reit* 9_{15}, *crei* 26_{15} (credo), *deseivre* 36_{27} (cf. Darmesteter l. c. desepĕra), dazu *peises* 61_9 (pensas), *meis* 80_5 (mensem) und *esteilles* 8_4. 146_4 (Diez, I⁴ 153 Anm., Schuchardt, Voc. I 339). *Fedeeilz* C 30_{24} für *fedeil* (11_1) u. s. w. ist jedenfalls, wie *saveeie* P 34_{16}, fehlerhaft. *ai* steht zuweilen im Imperfekt auf ebam: *disaie* 93_{18}, *disaient* 77_{19}, *siuaie* 37_{20}, *deneaient* 80_{14}, *plaisait* 100_7 (meist jedoch steht *ei*). *Susteniet* 93_{13} und *fuient* 30_{12} sind inkorrekt. *preie* 123_6 ist aus prĕda für praeda entstanden. 1: *veie* 1_1 (zu *voie* 100_2 s. o.), *enveied* 147_4, *purquei* 2_1, *vei* 24_{17}, *veit* 137_6, *veid* 88_{49}, *receif* 53_2, *parceif* 16_1; *received* 108_9, *beivent* 103_{11}, *beivre* 77_{15}, *eire* 1_7. In *guerre* dagegen ist die Diphthongierung unterblieben, weil es tonloses Präfix ist (s. Glossar = *guereduner*), daher auch der vereinzelte Uebergang des *e* zu *a* vermöge des folgenden r. — *guarredurrat* 30_{24}. Statt *cheveistre* 31_{10} hat O. *chevestre*. — Mit Harseim *flurir*, *tenir* u. s. w. hierher zu stellen, trage ich Bedenken, da die Erklärung des *ir* durch Uebergang dieser Verben durch Analogie zur vierten Konjugation natürlicher ist.

2) nebent. bleibt *e*: *creant* 67_{19}, *creï* 115_1, *creïd* 77_8, *creirent* 77_{23}, *deserves* 21_{14}, *deservai* 17_{22}, *pesez* 57_2, *pesant* 37_4.

1: *vedeir* 15_{10}, *reez* 33_8, *vedeies* 49_{13} u. s. w., *bevant* 74_8 (mit verdumpftem *e*: *boussent* 77_{44}), *parcevez* 48_1, *recevanz*[1]) 146_6; *espererai* 17_2, 56_1 u. s. w. *feunees* 77_{71} (fēnum = foetum + onem), *abeverras* 35_8, *seelant* 106_5 — *enveias* 43_2, *enveiad* $77_{26 \cdot 45 \cdot 49}$; 104_{20} u. s. w. und *nunveiable* 106_{55}, *desvoiement* 77_{17} (s. o.) sind an die stammbetonten Formen von inviare und an *veie* angebildet. Neben *diable* 75_3, 105_{36} steht *daiable* 40_8, 73_{14} (*daible* 103_{26} ?), während *deeblie* 17_4 von diabolía kommt.

Das Präfix *re* wird zuweilen aus Gründen der Assimilation oder Dissimilation vor Vokalen zu *ra*; *raachaterre* 77_{55}, *raachatanz* 48_7, *raachatas* 73_2, woraus *rachatad* 105_{10}, andrerseits: *raendrat* 33_{22}, 48_7, 54_{19}. In *raienst* (so auch O Harseim S. 287) 135_{12} tilgt *i* den Hiatus. Aus redemptionem wurde vermittelst *reencun* und *raencun*: *raancun* 48_8, indem das *e* von emere dem *a* von *ra* angeglichen wurde. In *raamænas* 84_1 gegenüber *reamerrat* 52_6 ist *e* vom folgenden *a* absorbirt worden; ähnlich in *reinderat* von *ei* 48_{15}. Doch finden sich daneben auch Formen wie *recinst* 77_{42}.

c) *e* + einfachem *N*.

1) betontes ē wird *ei*, selten *ai*: *pleine* 9_{27} u. s. w., *plains* nur 72_{10}, *frein* 31_{10}, *reins* 7_9, 15_7 u. s. w. (agnorm. *rens* 25_2), *fein* 71_{16} (fēnum = foenum). 1: *forsmeine* 24_{15}, *demeine* 5_8, *demeines* 79_1, *demaines* 88_9, *maine* 138_{26}, *meins* 8_6, 93_{17} (minus, jedoch unbetont in Komposita *mes*; *mescreables* 67_7, *mescunuist* 34_9, *mesfaiz* 67_{22}), *sein* (sīnum) 34_{14}. Sine dagegen wird, weil es tonlos ist, zu *senz* 15_1 (*sanz* = sine in O verschiedene Male vorkommend neben *senz* fehlt an dieser Stelle bei Harseim S. 286. Doch erwähnt er es S. 314). Redīmo giebt: *reeim* 68_{21}; daher das Perf. regelrecht *recinst* 77_{42} aus dem Stamm + *s* gebildet ist, *e* für *ei* in *reemst* 106_2 ist agnorm. Schreibung. In *raienst* dürfen wir nicht willkürliche Umstellung des *ei* zu *ie* annehmen, sondern die Entwicklung ist folgende: *reeinst, raeinst, raieinst* (*i* zur Hiatustilgung, worauf *ei* zu *e* vereinfacht wurde). — rem = *rien* 145_5, wie gemfrz.

2) nebent. *e* bleibt: *semence* 17_{51}, *refrenanz* 64_7, *menas* 65_9, *menistre* 102_{21}, *cenailz* 103_3, *penanz* (pēnantes = poenantes) 34_1. 1: *menad* 22_3, *menistrout* 100_6, *amenuisant* 8_6; *a* steht vereinzelt in *manecans* 7_{11}, *manachad* 77_{52} und *anemis* (s. o.)[3]).

---

[1]) *arunde* für hīrundinem O 233 Cant. Ez. 8, das auch im C und den andern Hss. vorkommt, hat Harseim ausgelassen.

[2]) Die Bezeichnung: Analogienbildungen für Formen, wie *esperez*, *esperance* (Harseim S. 307) ist unpassend, die Erklärung jedoch richtig.

[3]) O 17_{46} *amenuserai* fehlt bei Harseim. Meister citiert es als *amenuiserai* S. 5, obgleich es nicht von ihm durch seine Kollation verbessert ist. Daneben steht O 28_6 *amenuiserat*, *aminuserad* C 106_{33} ist eine latinisierte Form.

d) $e + N +$ Kons. (wie $ę + N +$ Kons.) bleibt e in allen Tonstellungen. Beispiele:

1) *sentes* 8_9, *loenges* 9_{14} u. s. w., *haenge* 104_{26}, 138_{24}, *temple*; 1: *asembles* 17_{48}, *venques* 50_5, *venge* 53_1, *cendre* 101_9.

2) nebent. *plented* 23_1, *vengierres* 8_3, *vengeur* 98_{10}, *lengous* 139_{12}, wozu das Substantiv 139_3 *lengue* heisst, während die gewöhnliche Form in O wie gemfrz. *langue* ist, woraus man jedoch eben so wenig, wie aus *raancun* (s. o.) schliessen darf, dass *en* schon nasale Aussprache hatte. — *vendengerent* 79_{12}.

3) vort. *vendengerent* 79_{12}, *blastengad* 73_{10} u. s. w.

e) $ę + J$.

1) betont $ę = ei$: *lei* 1_2, *reis* 2_6, *creisent* 57_9, *creistre* 104_{24}; *dreit* 5_{10}, *cuilleit* 34_{16}; 1: *feiz* 118_{164} (vicem), *ree — reie* (rīga) 18_{10}, *maleeit* 36_{22}, *beneeis* 67_{20} u. s. w., *deiz* 8_4, *freit* (frīgidum statt klass. lat. frĭgidum) 147_6, *ceinz* 17_{29}, *ceinst* 17_{32}, *feintes* 34_{17}, *esteintes* 117_{12}, *empeinstrent* 26_3 u. a. m.

2) nebent. $ę$ würde ebenfalls ei: *veisin* 14_3, 37_{11} u. s. w. (vīcīnum statt vĭcīnum), *reial* $131_{11\cdot 12}$. Zu *loials* 144_{14} cf. Einl. Wie bei $a + J$ ist auch hier vor Vokalen oft die Diphthongierung unterblieben resp. reduciert: *leal* 80_4, *geant* 87_{10}, *reuns* 64_{11} (rīga + onem), *scur* 4_{10}, *jeunie* 34_{14}, woraus weiter *junie*[1]) wurde 68_{12}; *fiede* 12_4, $93_{2\cdot 3}$, 88_{36}, 105_{41} — *creissanz* 143_{12}, *reitel* 57_4, *dreiture* 24_{19}, *dreiturers* 7_{10} u. s. w.[2]); Ij *meistrad* 74_3, *peissun* 8_9 u. s. w. *ceinture* 108_{20}.

Eine besondere Stellung nehmen die Verben auf icare nebst ligare ein, indem sie in den endungsbetonten Formen ihr 1 behalten und diesen analog die stammbetonten bilden: *multipliat* 17_{14}, *multipliet* 15_5 u. s. w., *deslias* 29_{13}, *lierent* 21_{17}, *multiplie* 64_{11}, *deslie* 36_5. (Die Wörter auf icare sind zum grössten Teil Lehnwörter.) Eine Ausnahme von jener Regel machen *empleierent* $118_{61\cdot 69}$ und *pasteianz* 139_{10}. Neben *verdiant* 36_{35} steht 51_7 *verdeant*. In den Schreibungen *liiez* 67_7, 145_7, 101_{13}, *aliied* 67_{13}, *humiliice* 80_{13}, *affebliied* 87_9, 141_6, *justifiiez* 142_2, *frutefiiere* 148_9 statt *liez* u. s. w.

---

[1]) Auch O schreibt *junie* 34_{16}, welches von Suchier S. 570 l. c. als Schreibfehler bezeichnet wird für *jejunie*. Doch steht es nach Meister's Kollation zu urteilen, im Manuskript. *Jejunie* in O einzusetzen, wäre um so mehr misslich, als *jejunie* 68_{13} sich als fehlerhaft für *junie* herausgestellt hat. Mithin wäre dieses Beispiel kein Zeichen für grösseres Alter von O obgleich sich deren noch andere finden.

[2]) *defire* und *despire*, die von Harseim S. 291 auf *deficere* und *despicere* zurückgeführt werden, gehen mit grösserer Wahrscheinlichkeit auf die Typen *de-fecere*, *de-specere*, wie *gire*, dessen *i* man auch aus der Natur der Palatalis *g* erklärt, auf *jecere* zurück. Zu letzterem cf. Ztschr. II 178.

ist das zweite *i* nicht aus dem *c* (*g*) direkt entstanden, sondern bezeichnet die Wirksamkeit des Bartschschen Gesetzes, was man daraus erkennen kann, dass nur, wo *a* regelrecht *e* geworden ist, nie aber vor andern Vokalen, zwei *i* stehen.

ę vor *l* und *ñ* bleibt, wie man aus der konsequenten Schreibung *a* erkennt; das *i* bezeichnet wie bei *ai* nur den mouillirten Laut. Beispiele: *soleil* 18_4, *summeil* 131_4, *cunseil* 1_1, *veille* 89_4, *esveille* 43_{23}, *veilles* 8_8, *oreille* 9_{38}, *corbeille* 80_6, *merveilles* 9_1, *esparpeilled* 147_6; *enseigne* 24_4, *enseignet* 118_{130}, *ensegned* 143_1, *teigne* (tinea) 38_{13}, *cunstrein* 31_{10}, *defrein* 57_6 — nebent. *veillai* 101_7, *esveillat* 77_{65}, *esveillant* 72_{40}, *veillerai* 16_{15}, *verseillerai* 56_9, *versellerai* 143_9, *fameillerai* 49_{12}, *sumeillerat* 120_4, *esparpeillerat* 28_6 (von papilio); *feinnanz* 32_{15}, *enseignoent* 118_{99}, *enseignerai* 33_{11}, *enseigneras* 93_{12}, *seignurere* 11_4, *seignurerent* 105_{40} u. s. w., *desdeinanz* 7_6, *feignement* 34_{17}, — vort. *fameillerent* 33_{10}, *verseilliez* 65_1, 67_4 u. s. w. Dass von *aporeiller* (it. aparecchiare) daneben Formen mit *ai* vorkommen: *aparailled* u. s. w. 5_9, $56_{9 \cdot 9}$, 107_1, 111_8, *apareillet* 58_4, *aparellie* 131_{17}, *aparaillas* P 8_4, könnte uns vielleicht von dem Schlusse zurückhalten, dass *ei* nicht Diphthong ist. Doch liegt hier vielleicht Assimilation vor.

f) Umlaut cf. W. Foerster, Ztschr. Nr. 87 sq. 92_{59}.

1) Von ille, iste und Komposita finden sich für den nom. sing. und plur. masc. die Formen: *il, cil, cist* (cf. F. 87, 94) ohne Ausnahme (s. u.).

2) gehören hierher die Perfekta: *fis* 7_3, *sis* 25_4, *quis* 33_4, *vinc* 68_3, *sustint* 3_5 u. s. w. (cf. F.).

3) *i* = ibi 61_{10}, 70_3.

4) *ivres* 106_{27} (ging nach Harseim durch die Zwischenstufe *eivre* S. 286 l. c.; unwahrscheinlich, Beleg?), *enivre* 64_{11} (dazu vortonig *ivrece* 77_{65}, *enivret* 35_8, *enivranz* 22_5. — Die gewöhnliche Form für metipsimum ist *meesme* $9_{6 \cdot 8}$, 18_9, 41_6, 43_4, 49_6, 63_8, 65_6, 86_4, 99_3, 101_{26}, 104_7, 106_5, selten *meisme* 86_4 (nach Harseim durch *mecisme* unter Einwirkung von *s* und *meteis*?). Zu nec ipsum sind die Formen schon erwähnt.

5) In *surcilz* [1]) 10_5 hat vielleicht auch, wie in cera, das voraufgehende *c* (scharfe Sibilans) den Vokal gehoben. Für *i* statt *e* vor *l* liessen sich noch einige Beispiele beibringen: *remesilles* 16_{14}, *grundillent* 34_{21}, *grundillocnt* 40_7, *grundillement* 5_1, *pestilz* 64_{13}, *gupilz* 62_{11}.

---

[1]) *Aisil* 68_{24} wird von Diez (Wörtb.) schlechtweg als entstellt aus acetum hingestellt. Man kann vielleicht mit Bezugnahme auf Tobler's Erklärung von *eissil* i. d. B. Zerstörung (nebst *essilier*) aus excidium, Ztschr. II S. 481 Z. 1, auf ein acidium anstatt acidum zurückgeben und das *i* in *aisil*, wie das in *ciglio* erklären.

Von invidia kommt in C nur das Lehnwort *envidie* vor 68_{11} u. s. w. (P hat nur *envie*), dagegen das Verb ist volkstümlich gebildet: *envies* 36_1, nebent. *enviai* 72_8, *envier* 77_{58}.

6) Für das Suffix itium, itiam hat der Psalter folgende Beispiele: Für die Maskulina: *juise* 1_6 und *sacrefise* 4_6, für das Femininum: *delices* 35_8, *malice* 51_3, *primices* 104_{36}, *avarice* 9_{27}, *fundice* 105_{18}; *justice* nur 110_3 — *justise* 4_1 u. s. w., *coveitise* 77_{30}, *cuintises* 48_3, 77_{72} — *leece* 4_8, *duresce* 30_{21}, *basseces* 62_{10}, *profundesces* 67_{23} und *parfundesces* $68_{2 \cdot 8}$, *haltesce* 73_8, *fieblescc* 76_{10}, *fortesce* $21_{16 \cdot 20}$, *veillesce* 70_9, *tristesce* 118_{28}, *grandesce* 67_2, *sechereces* 104_{41}, *ivresce* 77_{65}, *saulece* 77_{26}, *nublesces* 76_{17}, — *richeises* 36_{16}, $48_{6 \cdot 10}$, 51_6, 61_{10} u. s. w. nebent. *veisus* (vitiosum, wie Suchier l. c. für *ucisus* liest). P hat *aieisus*. Der Kopist hat vielleicht an *aaisier* gedacht.

7) Vokalsteigerung durch scharfe Sibilans in *cire* 21_{25}, *merci* 6_2 u. s. w. nebst den Ableitungen: *merciable* 4_3 u. s. w. und *merciere* 102_8, durch *n* in *venims* 139_3, durch *n* und *c* in *pulcins* 83_5, nach eingetretener Ersatzdehnung in: *pais* 77_{43}, *pris* 9_5 (*presum), *prist* (presit) 36_{21}, *Sires* 1_7 u. s. w.

IV. i [1]).

Raveine C 34_{21} ist wohl fehlerhaft statt des korrekten *ravine*, wie P liest; ebenso *ravine* 61_{10}.

Vortoniges i wurde wie gemfrz. *e* in den Ableitungen von primum: *premerein* 88_{28} und *premier* 104_{36}, sowie in *merveilles* 144_5 u. ä.; dagegen bleibt es in *primices* 104_{36}. Auch hat C *finir*, O dagegen *fenir* (Mussatia, Ztschr. III, 71 Anm.). *Si* wenn, behält bald diese Form 40_6 u. s. w., bald ist es $=$ *se* $7_{3 \cdot 3 \cdot 4}$ u. s. w. — Für *ruiurunt* 33_5 liest Suchier l. c. *ruvirunt*. Spīrĭtus hat die durch Reime gesicherte Form mit dem Ton auf der letzten Silbe; *espirits* 10_7 sq., nach 124 gewöhnlich *esperiz* 134_{17}, 141_3 u. s. w. (vgl. Knauer, Ztschr. I, 472).

V. ǫ = ŏ.

a) ǫ in geschlossener Silbe bleibt[2]). Beispiele:

1) betont: *prospre* 1_4, *nostre* 3_4, *voz* 4_5, *os* 6_2, *oz* 23_{10}, *fosse* 39_2; *mort* 6_5, *fort* 7_{11}, *recordes* 8_5, *portes* 9_{13}, *porches* 9_{28}, *forces*

---

[1]) i und ǫ behandle ich darum so kurz, weil sie gemfrz. keine Veränderung erleiden.

[2]) Ich gebe hier mehr Beispiele, wie bei *a* und *e* unter demselben Gesichtspunkte, um den Unterschied zu zeigen, der sich hier in der Behandlung von ǫ und ǭ zeigt (ç und ę waren zusammengefallen).

9_{31} u. s. w., *corde* 10_2, *dorme* 12_3, *corne* 17_2 — *moles* 54_{23}, *envoldre* 140_4, *tol* 38_{12}, *roche* (it. rocca, Litt. bei Harseim S. 293). Ein einziges Mal vokalisiert *l* vor *s* in *fous* 72_{32} (s. o. *essaucié* und Einl.), statt dessen sonst nur *fols* steht: 48_{10} sq. Statt *repost* (repositum) 37_9, 68_7, 100_5, 77_4, 55_6 u. s. w. steht einmal, 10_2 *repust* in Anlehnung an das *u* aus $\bar{o}$ im Präs., Perf. und der andern Partizipialbildung: *repuns* 31_1, 54_{12}.

Ecce hoc hat meist die Formen: *ico*, *co*, *iceo*, *ceo*, seltener *ice* 118_{127} und *ce* 37_{30} (vgl. F. 92).

Im stammbetonten Verbalsubstantivum von *reprocher* (*repropiare) diphthongiert ϱ zuweilen zu *ue* (vgl. W. Foerster, Rom. Stud. III. S. 189), trotzdem die Silbe durch Konsonantieren des Hiatus -*i* geschlossen wurde (wie bei *f*) *repruece* 38_{10}, 43_{13}, 49_{20}, 68_9, woraus dann (agnorm.) *repruce* ward 21_6, 88_{42}, P 30_{12}. Die gewöhnliche Form ist jedoch: *reproce* 14_3 u. s. w. (an 20 Mal).

2) nebent. *dormi* 3_5, *dormirai* 4_{10}, *fortesce* 21_{16}, *torrent* 35_8, *portai* 68_9, *porterre* 59_7, *corbeille* 80_6, *recordement* 6_5, *orfenin* 9_{55}, *toldrat* 48_{17}, *colee* 105_{29} (Nackenschlag). Vor ç und *rr* hat ϱ die Neigung *u* zu werden: *pruceine* 21_{11}, *aprucassent* 26_3 neben *procein* 148_{15}, *aprocier* 72_{28}, *aprocerent* 118_{150}, *aprocans* 54_{19} — *purrai* 100_5, *purrat* 77_{19}, *purrunt* 17_{39} neben *demurrad* (v. morare) 24_{12} u. s. w. und *murrai* (von mori) 117_{17} u. s. w. Dieses *u* findet sich aber nur in Wörtern, deren stammbetonte Formen *ue* haben, resp. haben können. U in *purvuchoent* 105_{42}, *purvuchierent* $77_{40.56.68}$, 5_{12}, 105_{31} u. s. w. lässt sich durch das vorausgehende *v* erklären. Immer steht *u* wegen folgender Labialis vor 124 in *oblitare* u. s. w.: *ublies* 43_{24}, *ublie* 44_{10}, *ublient* 58_{11}, *ublierent* 9_{17}, *ubliet* 9_{39} (P hat zuweilen *o*), doch von 131 ab auch *ou*: *oublies* 136_5, *oubliance* 136_5.

3) vort. *aposté* 52_1, *avortad* 57_8.

Anmerkung. Die Präposition *ob* war ebenso wenig volkstümlich wie *ab* und, wo sie sich noch erhalten hat, wie in occidere, obstare u. s. w., war sie dem Volke nicht mehr als solche fühlbar. Daher vertauschte man sie mit anderen Präpositionen und vornehmlich mit *ad*, wofür unser Denkmal folgende Beispiele aufzuweisen hat: *acheisun* 9_4 etc. (*ad—casionem), *acutement* [ad + cubitamentum = occubitum] , *acuterunt* [adcubitare 103_{22} = occumbere habent], *apricnt* $9_{9.39}$ [ad — prēmitum = oppressum], *amui* $38_{8.11}$ [ad — mutivi = obmutui], *assurdisses* 38_{14} [ad — surdiscas — obsurdiscas], *assegement* [ad — sēdimentum = obsidio] 65_9 etc. In diesen Wörtern kann von einem Uebergang des *o* zu *a* (Harseim S. 314, Z. 3) nicht die Rede sein.

b) ϱ in offener Silbe.

1) betontes ϱ wird zu *oe* (einmal *eo*) oder *ue*, das sich (agnorm.) zu *u* vereinfachen kann, oder *o* bleibt.

Nyrop erklärt[1]) die Orthographie *oe* statt *ue* als ein Mittel, das Lesen von *vevres* zu vermeiden. Jedoch das Vorkommen von *oe* in andern Wörtern, wo die gleiche Gefahr nicht vorliegt, wie in *poeple* (P) *troevet*, *proef* u. a. zeigt uns die Hinfälligkeit dieser Erklärung. Ueber den Lautwert von *ue*, *oe*, *eo* vgl. Rom. Stud. III, S. 34. — Beispiele:

Vor Labialen wird ϱ fast ausschliesslich *ue* in *pueple* 2_1, 3_6, 7_8, $17_{27 \cdot 44 \cdot 45 \cdot 48}$ u. s. w. (O hat nur *pople*, P meist *poeple* $88_{20 \cdot 51}$; *pople* nur 13_8, $_{10}$, *puple* $148_{11 \cdot 14}$) in *buef* 68_{34}, 105_{19}, *bues* 65_{13}, *prueve* 25_2, 138_{25}, *pruevet* 10_6, *pruevent* 10_5 (dagegen *proef* = *pröpe* 118_{151} und *prof* $72_{8 \cdot 2}$), *oe* in *troevet* 83_3, 118_{162}, *ue* und *oe* in movere: *muevent* 21_7, *cummuef* 79_2, *cummoevet* 35_{11}. Ue (auch *we* geschrieben), *oe* und *o* wechseln in opera, operare, operire, cooperire, indem die undiphthongierten Formen vorwiegen: *uevres* $8_{4 \cdot 7}$, 9_{16}, $27_{4 \cdot 4}$, 43_1, *oevre(s)* $32_{4 \cdot 15}$, *eovre* 16_4 [2]), *ovre(s)* $27_{5 \cdot 5}$ (ca 32 mal), *vevres* besonders nach 131: 138_{15}, 142_6, $144_{9 \cdot 10 \cdot 18 \cdot 17}$, *uevret* 14_2, *oevret* 73_{12}, *oevrent* 30_{24}, *ovrent* 13_8 u. s. w. (9 mal), *awevres* 144_{17}, *cuevre* 19_1, 16_8, *cuerred* 146_9, *covrent* 103_9, *descovre* 118_{18}.

Vor *l*: *oe* und *ue*: *vuels* 50_{17}, *vuelt* 21_8, 34_{28}, *vuelent* 39_{18}, 67_{32}, *voelent* 34_{28}, 69_2 (O nur *volent*, Harseim S. 292).

In volare fliegen wird gemfrz. *o* nicht zu *ue*, vielleicht um Kollisionen mit *volere zu vermeiden (Harseim citirt S. 296 die Erklärung von Luecking, Mundarten S. 169, der es von *vollare ableitet. Dagegen vgl. W. Foersters Bemerkung Rom. Stud. III, S. 179): *vole* 54_6, *tresvole* 10_1.

Vor *r*: *cuers* 40_6, meist *quers* geschrieben (s. o., in P ist *queor* die gebräuchliche Form, wo *o* = *eo* ist, *qu* nur geschrieben, um die Aussprache *ceor* zu vermeiden; s. unter *q* *vesqued* u. a.), *demuerje* 54_7 (P *demurje*), *demuerges* 39_{22}, 69_5, jedoch *muirged* 108_{16} (von *mŏri* durch ūei): *foris* diphthongiert nie seiner Tonlosigkeit wegen und findet sich meist als Präfix, auch vom Verbum getrennt: *fors* 77_{16} u. s. w. (einmal *u* in *fursenerie* 37_1; sonst *forsenerie*).

In devorare ist, wie auch sonst in französischen Dialekten ϱ anzusetzen (O hat *devoret*, Litt. bei Harseim S. 292. Dazu Ztschr. II, S. 545, Anm.); daher: *devured* 82_{14}, *devurent* 13_8 (ebenso nebent. *devuranz* 17_8, *devurer* 43_{11}, 51_4.

---

[1]) Litteraturbl. f. germ. u. rom. Philol. 1880, VI.
[2]) Michel druckt Ps. 89_{1313} und 63_9 *le ovre*, 61_{11} *se ovre*. In Anbetracht von *la covre* 16_4 sind wir daher nicht wenig versucht, die Richtigkeit der von ihm gewählten Schreibung anzuzweifeln, um l'*eovre* und s'*eovre* [vgl s'*espalde* 80_4, de m'*esperance* 98_{22}] dafür einzusetzen. [Daneben steht l'*ovre* 101_{24}]. Andrerseits finden sich sonst jedoch nur die Formen *oevre*, *uevre*, *uvre* P, *oevre* und ähnlich verhält es sich mit den Verbalformen. Ferner lesen wir: *le oscurté* 17_9, *le eglise* P 25_8, *le (h)ereditet* 36_{18} und 77_{65}. Ausserdem endlich steht *le uevre* 9_{16}, 27_4. Jedenfalls liest Michel richtig, dem Ms. gemäss.

Vor t: *ruede(s)* 67_{31}, 76_{18}, 82_{13} (P *roe*), *puet* 118_{92}, $123_{3.4.5}$, vielleicht ist auch *fluet* 41_7, *fluez* 64_7, 68_3 u. s. w. hierherzuziehen, das unmöglich auf fluctus zurückgehen kann. Andere halten es für eine Bildung mit -ettum.

2) nebent. Vor Labialen schwanken die Schreibungen *o* und *u* (selten *ou*), gleichviel, ob *o* im Anlaut oder im Inlaut steht: *uvranz* 5_5, *uvrez* 6_8, *uvrat* $7_{13.15}$, *ovrerent* 23_2, *ovras* 43_1, 67_{29}; *ovranz* 63_2, *ovre* 30_{20}; *ovrers* 93_{161}; *ouvranz* $140_{4.9}$, *uvroe* 37_{13}, *ovrid* 77_{24}, 104_{41}, *ovri* 118_{131}, *ouvrirent* 21_{13}, *auvrans* 5_{10}, *auvrit* 7_{15}, *aovri* 38_{11}, *aovrirent* 34_{22}, *uverrad* 137_8, *aoverrai* 77_2, *aoverras* 50_{16}, *cuvrit* 54_5, *cuvris* 139_8, *descuvert* 17_{15}, *descuveranz* 28_9, *cuverrunt* 138_{12}, *covrit* $68_{3.9}$, 77_{53}, 105_{10}, *covris* 43_{19}, 84_2, 88_{46}, 103_6, *covert* 79_{10}, 103_2, 108_{30}, *couverrad* 139_{10}; *cuverture* 30_{21}, 101_7 — *provai* 80_7, *provas* 65_8, *provat* 104_{19}, *proverent* 94_9, *pruvet* 11_6, *pruvas* 16_3, *pruverre* 7_9, *reprovat* 54_{12}, 73_{10}, 73_{13}, *reproverent* 88_{52}, *reprovoent* 101_8, *repruverent* 41_{10}, 78_{13}, *truvai* 39_7. (Die Etymologie turbare wird von W. Foerster, der sie Rom. Stud. III (nach ihm G. Paris, Rom. VII, S. 418) verwirft, festgehalten. Es hat also nach ihm hier Uebergang des *ü*, ϱ zu ϱ stattgefunden, weshalb die Formen des Verbums hier zu nennen sind), *truves* 45_1, *contruvad* 93_9, *truvast* 35_2, *truvames* 131_6, *truvas* 16_3, *truvanz* 31_7, *contruvaille* 76_{12}, *contruvemenz* 27_4; *nuvel* 32_3, 39_3, 143_9, *novel* 97_1, *nuvelté* 80_3, *renouvelee* 102_5, *ueilles* 8_8, *oeilles* 77_{70}, *cummovement* 43_{14}. — Folgt dagegen ein *u* auf die Labialis, so darf, nachdem diese gefallen ist, nie *u* stehen: *mou* 81_5 u. s. w. (F. 59, 60), dass sich nur 9_{26} in *meut* abschwächt (cf. W. Foerster, Ztschr. f. nfr. Spr. S. 88).

Vor *r* sind die einzigen Beispiele: *curune* 102_4, 44_9, 88_{10}, *curuned* 102_4, *curuneras* 5_{14} (vgl. W. Foerster, Rom. Stud. III, S. 188, 189), *demurance* 68_{28} (afr. auch ϱ, vergl. Foerster l. c.).

Vor *l* bleibt *o* in der Regel, wie in O (cf. Foerster l. c. S. 189) *solier* 9_4, *columb* 54_6, *columbe* 67_{14}, *columnes* 74_3, *olive* 51_7, *volume* 39_9, *dolur* 7_{14} (P häufig *dulur*), *dolens* 68_{32}, *dolut* 54_4, *volames* 89_{11} (s. o.), *volant* 148_{10}, *doleures* (s. o.) 73_6, *violerai* 88_{35}, *volentrives* 118_{108} u. s. w.; einzige Ausnahme: *desculurai* 138_{23}.

Vor Dentalen bleibt *o* in *poanz* 17_{17}, *poeste* 8_7, *poested* 144_{13}. Die Formen von fodere haben, wie auch in anderen Texten, *u* neben *o*: *fuis* 39_8, *fuit* 7_{15} (Perf.), *fuit* (Part.) 93_{13}, *fuirent* 118_{85}, *foirent* 34_3. 56_8; über *ow* in *esfowed* $136_{7.7}$ s. u.

c) ϱ + einfachem *N*.

1) betont diphthongiert ϱ in *suen* 9_{16} (sŏnum) u. s. w., in *tuent* (tŏnet) 95_{11}, 97_8, *uem* 8_6 u. s. w. Hier sind ferner die betonten Formen von suum, tuum zu nennen: *suen*, *tuen* (s. F. 91), die häufig zu *tun*, *sun* vereinfacht sind, während statt des tonlosen *tun* einige Male *ten* vorkommt 79_{18}, 88_{17}, 118_{103}, das sich zu *tun*

verhält wie *men* zu *mun* (s. u.); *ten* findet sich nur einmal, *le ten* 85$_9$, mit Artikel und ist wohl zu verbessern, da sich sonst nie *ue* zu *e* vereinfacht. Statt *o* steht ferner drei mal *eo*; *heom* 1$_1$, *beoneuret* 1$_1$, *teon* 27$_2$. — Bonum jedoch behält sein *o* in den ersten 124 Psalmen s. o. 2$_{13}$, 31$_2$, 33$_8$, 39$_5$ u. s. w. mit einer einzigen Ausnahme, dem Kompositum *bunplaisir* C 68$_{15}$ (P *buenplaisir* = beneplacitum) des lat. Textes), während nachher *bun* steht: 132$_2$, 136$_9$, 145$_4$. — *Benoures* C 31$_1$ kann auf *bene auguratum*, wie in O, zurückgehen; ŏ bleibt ferner in *comes* 79$_{11}$, welches vielleicht, wie *thrones*, Lehnwort ist.

2) nebent. *o* bald *o*, bald *u* (in Uebereinstimmung mit O): *tuncire* 80$_7$, 103$_7$, *toncirie* 76$_{18}$, *entunat* 17$_{13}$, 28$_3$, *sunanz* 45$_3$, *resunerai* 54$_{18}$, *sunerunt* 113$_{14}$, *sonement* 39$_2$, *tumulte* 63$_2$; vereinzelt neben *honur* 44$_8$, 48$_{12\cdot 20}$ u. s. w., *enourable* 138$_{19}$.

d) $\rho + N +$ Konsonant fast immer $= u$.

1) betont: *encuntre* 2$_2$, *munt* 2$_6$, *recunte* 9$_{14}$, *muntet* 67$_{34}$, *sunge* 72$_{20}$, *hume* 5$_5$ (in O nach Harseim S. 283 allgemeines Schwanken zwischen *o* und *u*). Ausnahmen sind selten: *mondz* 45$_3$, *mont* 132$_3$, *home* 48$_2$, 145$_2$. So ist auch das *u* in *mustres* 15$_{11}$ durch das *n* von monstra entstanden, welches dann fiel. Dominum ward zu *Domne* 72$_{28}$, sonst *Damne*, von Harseim in dieser Verbindung mit Unrecht als nebentonig bezeichnet. *D-Deu* 80$_9$, 131$_{11}$, 133$_1$, 135$_6$, 135$_8$, 139$_8$, 145$_4$, wie domina *dame* 122$_2$. (Harseim citiert Luecking, Mundarten S. 166, vgl. Mommsen, Röm. Gesch. I⁴, S. 43, Ramnes und Romani.)

2) nebent. *muntat* 17$_8$, *demunstranz* 76$_{14}$, *funteines* 103$_{10}$, 106$_{33}$ u. s. w. (das *o* in *fonteine* 73$_{15}$ kann Latinismus sein), *sumellai* 3$_5$, *cunterad* 86$_5$ u. s. w. Auffälliger Weise hat bonitatem nur *u*: *buntet* 30$_{20}$ u. s. w.

Anmerkung. Für das Präfix *con* lässt sich für C durchaus keine feste Regel aufstellen, obgleich einerseits ein Streben, *o* in Lehnwörtern beizubehalten und andrerseits häufige Einwirkung der dem Präfix folgenden Konsonanten nicht zu verkennen ist. Die Aufzählung einiger Beispiele wäre, da sie kein Bild von der Sache giebt, zwecklos, und die Anführung aller würde zu weit führen.

e) $\rho + J$ giebt meist *(uei) ui*, Vgl. $\rho + J = \widehat{iei} = i$.

1) betont: *buie* 104$_{18}$ (W. Foerster, Rom. Stud. III, S. 181 Anm. 10; G. Paris, Rom. 1881 nimmt dafür ŏ an, was unmöglich richtig ist), *nuit* 1$_2$, 6$_6$ (cf. $\widehat{nueite}$ Doon d. M. anc. poët. frç. V. 7942), *vuiz* 7$_4$ (vŏcitus, cf. vŏcivus für vacuus, Mommsen l. c. S. 43), *vuide* 106$_9$, *esvuides* 140$_8$, *quisse* 44$_3$ statt *cuisse*. Boehmer, Rom.

Stud. I, S. 191 giebt die Entstehung aus coxa nicht zu und glaubt ein Etymon coxea annehmen zu müssen, erstens wegen des it. coscia, wozu man jedoch lasciare — laxare u. a. vergleichen möge, und zweitens, weil es keine Triphthongierung hätte erfahren können; jedoch haben wir denselben Fall mit proximum und Ableitungen, wovon wir folgende Beispiele haben: *aproisme* 68_{21} [P *aprusme*], ohne Diphthongierung des o, *pruesme* 11_2 aus *prueisme*, *aprisment* 31_7 (vgl. W. Foerster, Rom. Stud. III, S. 184 Anm. 13. Dagegen Harseim S. 294, der jedoch im Grunde genommen genau dasselbe sagt; P *apruisment*) 31_{10} aus *aprueisment* durch die Form von P — *apresmet* P 90_{10} vermittelst *apruesmet* aus *aprueismet* (O hat *pruesme, pruisme, presme, prisme, aprisment*).

2) nebent. *nuisant* 9_{28}, 17_{25}, *nuisable* 14_5, *nuisance* 25_6 [*nusant* 105_{37} und *nusantment* 17_{25} sind agnorm. Schreibungen]; *cuintises* 48_3; *aprismerent* 106_{18} (aus *apruismerent*), *apresmerad* $90_{7.10}$ (*aprismera* O 90_7 nach Harseim S. 299 Anbildung an *aprisme*; wohl eher umgekehrt) ist aus *apruecmerad* vereinfacht (P *aprosmerad* aus *aproismerad*). Von *nuit* ist *nuiternel* 90_6 und *nuturnele* 89_4 (s. *nusant*) gebildet. Nur *octaginta gab *oitante* 89_{10}.

ρ vor *l* und *ñ* bleibt meist, diphthongiert selten oder wird durch den mouillierten Laut zu *u* vertieft; betont: *voeilles* 102_2, *vuilles* 36_1, *voilles* 9_{33}, $36_{7.8}$, 40_{10}, 84_6 u. s. w., *voillet* 33_{12}; *ueil* 10_5 (P *uil*, citiert von W. Foerster, Rom. Stud. III, S. 177), sonst immer *oilz* bis auf *wilz* (= *uilz*?) 134_{16}; *despueilles* (ders. das. III, S. 183, P *despuilles*, O *espuilles* und *despoilles*), nur o in *foille* 1_4 (O *fuille*) und *u* im Suffix *olium*: in *orguil* 9_{23}, $30_{19.24}$ u. s. w. (s. u.); vor *ñ*: *esloignent* 72_{27}. Obwohl sich *loin* 54_7, 87_8, *loinz* 118_{155} u. s. w., *luin* $21_{1.11}$, *luins* 87_{18}, 102_{12}, *luinc* 37_{11}, *luing* 21_{20} aus *longe* (wie *moine* aus *monacum*) erklären liessen, müssen wir doch wegen der Form *luein* 9_{21} (citiert von W. Foerster l. c. S. 180), vielmehr auf einen Typus *lonium zurückgehen. *long* lang ist offenbar seiner Form nach ein Lehnwort. Man beachte vor allem die unregelmässige Bildung des Feminins *longue* (O *lunghement* 12_2, darum wohl auch *g* in *lungement* C 71_5, 103_{33} guttural ist), — *busuignes* 39_8 — nebent.: *fueillant* 91_{13} ist Analogiebildung an die betonten Formen dieses Verbs; daneben *foillees* 117_{28}; *voillei* 61_{10}, 94_8, $74_{4.4.5}$, $104_{16.15}$, *voillans* 5_3; *u* in *vuilles* 4_4, *vuillied* 145_2 durch Einfluss des *v* oder des *l*; *cuilleit* 34_{16}, *acuillit* 26_{12}, *enorguillisanz* 45_3, *despoilié* 75_5. ñ: *purluignas* 4_1, *purluignad* $77_{59.62}$, *enluignet* 34_{23}, *esluignee* 108_{18}, *busuignus* 36_{14}, 69_5, 73_{21}, *busuinanz* 39_{21}. — vort.: *orguillus* 75_5, 85_{14}, 88_{10}, 100_5, *enorguilisse(n)t* 9_{39}, 48_6 und *orgeillus* 18_{13}, 25_4, *orgeillusement* 16_{10} sind sämmtlich vom fertigen *orgueil* abgeleitet. Andrerseits könnte man annehmen, die Fälle der ersten Art beruhten auf Umlaut durch *i*, und die der zweiten beständen in einfacher Schwächung des *o* zu *e*.

f) ϱ + Kons. + Hiatus - i.

Der Beispiele sind nur wenige: i wird meist nicht attrahirt in oleum: *olie* 88_{21}, 91_{10}, 103_{15}, $108_{19 \cdot 25}$, 54_{23}, dessen ϱ sogar einmal 44_7 diphthongiert ist: *uelie*, *oile* steht nur 22_5. Hierher gehören auch die Wörter auf *orium*, die gemfrz. ϱ haben: *glorie* 3_3 (über 20 mal); nach 131 tritt Attraktion ein (s. Einl.): 137_5, 144_{11}, 148_{14} (nur 144_{12} *glorie*), *memoire* 144_7, *victoire* 73_4 (P *victorie*), *glories* 51_1, *memorie* 9_6, 82_4, 96_{12}, 108_{15} — *hodie* wird *hui* (durch $\widehat{huei}$ (W. Foerster l. c. S. 181); *sudpuied* 144_{15}, nebent. *supuiand* 53_4.

Hierher zählen ferner die Konjunktivformen von posse und *turbare (s. o.): *puissent* 39_7, 58_{13}, *truisse* 131_5, *truist* 20_8 (W. Foerster, Rom. Stud, III, S. 431 und 181) nebst *puissant* 23_8, 131_2 und *puissance* 45_3.

g) ϱ + $U = \varrho u$, ϱ.

1) ϱ + Labialis: *mourent* 108_{16}, *(es)commourent* $77_{41 \cdot 58}$, 105_{28}.

2) $\varrho + t + u$: *pourent* 20_{11}, *poi* 39_{14} (s. o. *oi* zu *out*).

3) $\varrho + c + u$[1]): *liu(s)* 23_3, 25_8, 36_{10}, 43_{19}, 102_{22}, 103_8, 138_{10}, *leu* 21_{10}, [59_6. s. 9, 104_{39}, 131_5, *aluet* [ad-löcat] 112_2, *aliut* [ad-locet] 7_5, *mileu* 137_7, 147_2; sonst *miliu* 35_1, 134_9 u. s. w. Dagegen *iluec* 121_4 u. s. w. (Jahrb. XII, 193, *iluc* 132_3, *iloc* 13_8; *fou(s)* 10_7, 11_6, $17_{8 \cdot 12 \cdot 13 \cdot 30}$, 20_9, 38_4, 49_3, 139_{11}, 148_8 *fu(s)* 28_7, 65_{10}, 67_2, $77_{14 \cdot 63}$, 96_3, 103_4, 104_{39}, 72_{21}, *feu* in C nur 20_9 (in P *fues* 78_5).

Nebent.: 1) *commous* 59_2,
2) *poust* 77_{71},
3) *noust* 104_{14}, *aluad* $77_{55 \cdot 60}$, *juasses* 103_{26}, *languste* 108_{24} — locusta.

Anhang: Der Diphthong *au* (cf. Einleitung).

Au wird fast durchgehends *o*. Ausnahmen finden sich nur von Ps. 131 an vor s; *repous* $131_{3 \cdot 8 \cdot 14}$, *chouses* 134_6, *pousad* 147_3; vor Vokal: *louent* $148_{5 \cdot 13}$, wofür auch *ow* steht, *lowenge* 131_{16}, *lowerunt* 131_{16}. Hieran knüpfe ich eine Bemerkung über den Gebrauch des Zeichens *w* in unserm Text, welches nie für lat. *v* steht, sondern 1) = *u*: *awrnement* 102_5, *wvrerent* 24_2, *parsew* 142_2; 2) = germ. *w*: *eswarderai* (s. u.) u. s. w.; 3) für den zweiten Bestandteil von *qu*: *(par)siwoanz* 15_3, 7_1, 34_3, *parsiwet* 7_5 u. s. w., *ewes* 22_3, 31_7 u. s. w., in welchem Falle nie *v* steht; 4) *ow* = *ou* (P auch *ouu* 34_{12}, 34_{16},

---

[1]) Wegen der umfangreichen Litteratur zu locum, focum, iocum habe ich mich auf die Darlegung des Thatbestandes beschränkt.

euues 32_7, *uu* = *w*; darum vermute ich, dass statt *parsuivant* P 34_8 *parsiuuant* zu lesen ist), vor Vokalen, besonders im Imperf. und *expaventare: *espowenterad* 51_4 u. s. w., so auch in *lowenge*; 5) nach einfachem *o* oder *u* im Hiatus: *towe* (s. u.), *tuwe* (s. u.), *conuwe* 142_{10}, *esfowed* (s. o.); 6) für vortoniges *u* in *swatume* $17_{36 \cdot 36}$ (neben *suatume* 44_4).

Loient 34_{28} wird von Fichte S. 27 für falsch gehalten. Es kann jedoch eine Konjunktivbildung mit *i* vorstellen, wie sich deren auch in der ersten Konjugation finden. So wird *au* + Kons. + Hiatus-*i* immer *oi*: *oient* 33_2, *joient* 39_{30} u. s. w. Ebenso ϱ + *J*: *poi* 104_{12}.

VI. $\varrho = \bar{o}, \breve{u}$.

a) ϱ in geschlossener Silbe.

b) betont: Für ō sind die einzigen Beispiele: *ordre* 39_7, 109_5 und *nobles* 4_2 u. s. w., die gemfrz. *o* = ϱ haben, und *tottum*, das fast nur die Form *tut, tute* hat, ausgenommen *toz* 31_7, *tote* 24_4, 31_4, 34_{29}, 36_{26}, 47_2. Lat. ŭ dagegen erscheint fast nur als *u*: *jur* 1_2, *puldre* 1_5, *mult* 3_1, *vult* 4_8, *sulfres* 10_7, *curres* 19_7 u. s. w., einmal ist *ou* geschrieben (s. u.) 139_{14}. Statt des gewöhnlichen *pur* 1_6 findet sich hier und da *por* 27_1, 39_6, 131_{10}, *porvertirad* 145_{10}. Neben *gurz* 45_3 (P *gorz*) steht sonst die gewöhnliche Form *gort* 41_7, 88_9, 92_3, 106_{25} (D. C. *gordus*), dessen *o* nicht nur im Agnorm., sondern auch in andern Dialekten bald mit ϱ reimt, bald mit φ. *Adulterum* giebt *avuiltre* 49_{18} (mit auffälligem *i*). Vielleicht ist das *i* in *duilz* 18_{10}, 54_{14} u. s. w. (P immer *dulz*) ebenso und nicht aus dem lat. *c* zu erklären.

2) nebent. wird ō bald *o*, bald *u* in *formare: formas* 103_{26}, *furnas* 138_6, *furmerent* 94_5, *furmé* 138_{17}; daran schliessen sich: *turnas* 43_{10}, *turnerent* 77_9, *tresturnat* 65_5 u. s. w., wohl auch *turmentet* 14_4, *turmentant* 41_2, *turmentas* 87_7, 89_{16}, *turmenter* $37_{6 \cdot 8}$, *tormenterad* 88_{23}, *tormenterunt* 93_{11}, *tormentad* 101_{22}, *tormentant* 42_2, *tormenterent* 104_{18}, *tormentoucnt* 45_5 — *u* steht immer in den Futura von *orare, adorare* und in *ornare*: *urrunt* 71_{15}, *aurrunt* 21_{38}, 71_{11}, 85_9 u. s. w., *aurné* 143_{12}, *aurnement* 102_5 (s. o.), *ou* in *ourdis* 138_{14}, in *soultive* 21_{21} und *soultivetez* 45_8 (neben *sultifs* 67_6, 101_7, *sultives* 9_6, 34_{16}). *Ou* ist in den beiden letzten Formen sehr auffallend, so dass wir uns fragen müssen, ob *ou* hier nicht aus *ol* entstanden und das *l* nur graphisch beibehalten worden ist. Obgleich der Psalter einige Beispiele für Vokalisierung des *l* vor Konsonanten bietet, so glaube ich doch die Frage verneinen zu müssen, erstens weil auch vor *r* in *ourdis ou* statt *o* eingetreten ist, und zweitens, weil auch *solus* Formen mit *ou* hat, *soultive* u. s. w. also dem analog gebildet sein kann. Eher wäre der Fall schon für *voult* anzunehmen. ŭ bleibt immer: *purri* 30_{11}, *curez* 33_5, *curvé* 94_6, *dutai* 118_{39},

aculement 103$_{19}$, *reduterai* 26$_2$, *esculterai* 90$_{15}$, *curverunt* 21$_{30}$ u. s. w. Ausnahme: *decoreit* 37$_{10}$.

3) vort. nur Beispiele für ü, welches fast überall bleibt: *saulé* 16$_{14}$, *moulez* 65$_{13}$, *nuturnele* 89$_4$ (*nuiternele* 90$_5$), *curucer* 84$_5$ (neben *curecierent* 105$_{15}$, *curecast* 68$_{23}$), betont *curuzt* 2$_{12}$, nebent. *curuceras* 78$_5$, *curucerad* 102$_9$.

b) ρ in offener Silbe.

1) betont wird ρ meist *u*, selten *o* oder *ou* geschrieben, für welches letztere die Aussprache *u* anzunehmen ist; *ou* findet sich besonders von 131 an. Beispiele: vor *r*: *pecheurs* 1$_1$ (F. 78 sq.), *Seignur* 1$_2$, *lur* 2$_3$, *tremblur* 2$_{11}$, *ures* 3$_2$, *clamur* 5$_1$, *dolur* 7$_{14}$, *chalur* 18$_6$, *errurs* 18$_{12}$, *lungur* 20$_4$, *laur* 30$_8$, *plur* 30$_{10}$, *esbaisur* 30$_{23}$, *uret* 31$_7$, *plusurs* 39$_7$, *honur* 44$_8$, *aur* 44$_{11}$, *hisdur* 47$_6$, 118$_{62}$, *savur* 118$_{66}$ u. s. w., *o* (in O fast ebenso häufig wie *u*) nur in: *Seignors* 2$_2$, 106$_{32}$, *clamor* 101$_1$, *lor* 48$_{11}$, *dolors* 38$_5$ (P immer *o*), *ou* (wie in O): *habiteour* 23$_1$, 32$_8$, *our* 132$_2$ (Boehmer, Stud. III, S. 190, übersetzt oram), *pluisour* 138$_{20}$, *purseweours* 142$_6$;

vor *s*: *nus* 2$_3$, *vus* 2$_{10}$, *huntusement* 4$_2$, *merveillus* 4$_3$, *merveilluses* 138$_{15}$, *trecherus* 11$_2$, *suffraitus* 11$_5$ u. s. w., *estudius* 13$_2$, *fiancusement* 15$_9$, *tenebruses* 17$_{11}$, *espus* 18$_5$ (spōsum = sponsum), *precius* 18$_{10}$, *torcenuse* 24$_{17}$, *veisus* (s. o.) 34$_{11}$, *busuignus* 36$_{14}$, *curius* 39$_{21}$, *pituse* 42$_1$, *propitius* 64$_3$, *sudusement* 72$_{19}$, *gloriuses* 86$_2$, *joius* 88$_{15}$, *noisus* 118$_{113}$, *fameillus* 145$_6$ (nicht aber *piús* 85$_{15}$ u. s. w., wie nfr. *pieux* zu betonen, sondern *pius*; vgl. Brandan V. 91 den Reim *liu*: *piu*; ferner ibid. 35, 1437, 1809, *arused* 105$_{15}$, *o* in: *nos* 43$_{11.13}$, 46$_3$, 47$_{10}$; *ou* in: *vigorouse* 135$_1$, *orguillous* 135$_{19}$, 139$_6$, *merveillouse* 138$_7$, *lengous* 139$_{12}$, *anguissous* 141$_3$, 142$_5$, *cusencunnous* 142$_5$ (cf. Tobler, Ztschr. III, 571), *besuignous* 139$_{13}$;

vor *l*: *sul(s)* 24$_{14}$, 50$_4$, 85$_{10.11}$, *sule* 70$_{16}$, *sulement* 38$_8$, *sols* 71$_{18}$, *soul(s)* 52$_3$, 135$_4$, 138$_{18}$;

vor *t*: *vuz* 21$_{26}$, 115$_{5.9}$, *vut* 131$_2$; ü: *escou* 57$_6$;

vor Labialen: *u* 41$_3$ u. s. w., *ou* 138$_{8.8.16}$;

an Hiatus: *tue*, *sue* (s. F. 91, 92), *tuwe* 134$_{18}$, *towe* 137$_{2.8}$, 142$_1$, *twe* 136$_3$, 138$_{11.15}$, *toe* 34$_{29}$, *does* 61$_{11}$ (P *deus*).

2) nebent. ρ wird gleichfalls meist zu *u*. Beispiele: vor *r*: *plurante* 34$_{15}$, *pluree* 77$_{64}$, *plurowe* 118$_{158}$, *aurez* 2$_{12}$ u. s. w. (*aoorums* 131$_7$ ist verderbt statt *aourums*?), *flurid* 89$_6$, *flurirat* 131$_{18}$, *ureisun* 4$_1$, 6$_9$ u. s. w., *muriers* 77$_{47}$ (O *moriers* von Harseim mit *glorie* zusammengestellt. Er scheint es daher von moriarium statt von morarium abzuleiten); *o*: *florirent* 91$_7$, *orowe* 108$_6$, *oreisun* 53$_2$ u. s. w.; *ou*: *plourames* 136$_1$. Statt *furur* steht häufig *fuirur* (wie in O) 6$_1$, 7$_6$ u. s. w., dessen *ui* durch furia: *fuire* (S. 278, V. 7 der Ausgabe), furiosus u. a. zu erklären ist;

vor s: *rusee* 109_4, *arusas* 64_9, *arusanz* 71_6, *arusemenz* 41_1, *aruserai* 6_6, — *rosee* 132_3;
vor t: *vuez* 75_{11}, *vuad* 131_2, *vuement* 55_{12}, 64_1; dagegen: *voemenz* 49_{14}. Ohne Ausnahme steht o:
vor l in *soleil* (vgl. Harseim S. 298), aber *culet* 11_6;
vor Labialen: Aehnlich wie aus *movutum *meu* werden konnte (s. o.), so wird o regelmässig zu e geschwächt in *coneus* 30_7, $138_{3\cdot 5}$, *cuneude* 97_8 u. s. w. (F. 60). Dieses e übertrug sich dann durch Analogie auf die stammbetonten Formen: *cuneui* 70_{15} für *cunui* 40_{19}, *cuneut* 89_{12} u. s. w.; ŭ: *juvente* 102_5, *jovente* 88_{46} (P u).

3) vor t. ist o nur in Analogiebildungen erhalten von Substantiven auf *orem*, zuweilen als e; *seignurerent* 105_{40}, *seignurie* 71_8, *seignurere* 8_1 u. s. w. Daneben *seignerage* 58_{13}, 138_{19}, *odererunt* 113_{13}, *enourable* (honorem) 138_{19}, *desculurai* 138_{23}.

c) ϱ vor einfachem n meist $= u$. Beispiele:

1) betont: *feluns* 1_1 und die übrigen Substantiva auf *onem*, *duns* 25_{10}, *repunet* 18_6, *curune* 20_3, *avirunet* 33_7; *num* 5_{13}; ŭ: *sumes* 19_8. — ō = o: *felon* $70_{4\cdot 4}$, 72_{12} (o viel häufiger in O vgl. Harseim S. 295), P *leons* 34_{18}.

2) nebent. *dunas* 4_8 u. s. w., selten o: *pardonee* 31_1, *donad* 148_6; *curuneras* 5_{14}, *avirunement* 25_6. Schwächung des u zu e in *dementieres* 141_3 (dum interea) u. s. w.

3) vortoniges ō kommt nur in Ableitungen vor (s. b. 3) als u in *feunees* 77_{71}, *parcunier* 93_{20}, *felunies* 5_{12} u. s. w., woneben mitunter *felonie* 6_8 u. s. w. und *felenic* 7_3, $139_{4\cdot 4}$, 140_9 u. s. w. steht. Immer haben e die Ableitungen von tortum, *tortionem: *torceneries* 57_2, *torcenuse* 24_{17}, *torcenierement* 105_6 u. s. w. (Harseims Erklärung, dass o hier wahrscheinlich durch den Einfluss des vorhergehenden o, also durch Dissimilation, zu e diffrenziert sei, könnte zwar durch Fälle, wie *odererunt* (s. o.), *volentet* (s. u.) gestützt werden und umgekehrt durch *enourable* (s. o.), ist jedoch nicht probabel: *seignerage*, *chalengier* u. s. w. sind wohl eher als einfache Schwächung des o resp. u zu bezeichnen, wie sie bei allen Vokalen der Vortonsilbe beliebt ist. — Ein solches u ist vollständig gefallen in *taisniere* 103_{18}, *maisnees* 95_7 u. s. w.

d) ϱ + gedecktem N wird ebenfals u.

1) betont: *repunjet* 83_3, *menchunge* 4_2, ŭ: *sunt* 3_1, *unches* 12_3, *parfund* 16_4, *dunt* 18_{11}, *umbre* 22_4 u. s. w.

2) nebent. ŭ: *grundillent* 34_{21}, *surundant* 18_{10}, *surunderunt* 31_7, *plungé* 9_{15}, *cunfundu* 6_{10}, *annuncez* 9_{11}, *anumbrer* 39_7, *rumpit* 108_{15}; ō ist geblieben in *abomerat* 5_5, welches ein Lehnwort zu sein scheint.

3) vort. *vergundissent* 82_{17}, *abundance* 29_7; neben *voluntet* 15_2, steht ebenso häufig *volentet* 19_4; so auch *volentrive* 118_{108}, 67_{10}, *volentrivement* 53_6. Aus dem *e* für *u* in den endungsbetonten Formen von *calumniare* pflegt auch das *e* der stammbetonten: *chalengent* $118_{121 \cdot 122}$ und von *chalenge* 61_{10}, 72_8, 102_6, 118_{134} erklärt zu werden (*chalunge* 145_6). Doch könnte hier auch Analogie an das synonyme *blastenge, blastengier, haenge, loenge* u. s. w. vorliegen.

e) $\rho + J = ui$.

1) betont: *fuie* 141_4, *fuient* 67_1, *fuit* 21_8, *fuildres* 96_4, *esfuildres* 76_{18}; *mescunuist* 34_9, *cunuissent* 81_5 u. s. w.; ebenso vor $n + J$: *desjuint* 57_7, *juinst* 82_8, *uinst* 44_7, *uins* 88_{21}, *compunt* (= *compuint* 108_{17}); dagegen *oi* in *voie* 5_1 u. s. w. (*vuiz* nur $141_{1 \cdot 1}$), *doit* 77_{20} und *duitz* 17_4; dagegen nur *duitre* 30_3 (vgl. W. Foerster, Rom. Stud. III, S. 182).

2) nebent. *fuirunt* 103_7 (*fuierunt* 63_8 geschrieben, vgl. *esjoiessemenz* 95_6, *obeierunt* 83_7, *oieanz* 64_2), *fuit* 113_2, *fuis* 113_4 mit einfachem *u* wegen eines folgenden *i*; *ruianz* 21_{13}, *cunuistrai* 118_{125} u. s. w., *cunuistrunt* 13_8, *cunuissiez* 4_3 (zu *i* vereinfacht in: *cunissiez* 45_{10}), *quidieth* 43_{22} (= cuidieth, cogitatum).

ρ vor $\bar{l}$ und $\bar{n}$ wird regelmässig zu *u* vertieft; betont: *genuil(z)* 94_6, 21_{30}, 108_{95}, *turuilz* 106_{16}, *puil* 104_{31} (= *peuil*, pedŭculum = pedīculum), *bruilled* 82_{14} (?), *duignes* 139_9, *verguigne* 34_{27}, 82_{16} (*vergoigne* 34_4), *charuines* 78_2; nebent. *buillid* 104_{30}, *suillerad* 54_{22}, *bruillement* 47_7, *brullerad* 96_3, *cuignees* 73_5; vort. *marguillerent* 73_7, 78_1 (?), *vergugnie* 34_{27}.

f) ρ + Kons. + Hiatus-*i*.

Testimonium kommt in C nur mit *o* vor: *testimonie* 24_9 u. s. w., *testimones* 88_{38} (doch P 34_{12} *testimoine*). *Babylonie* 86_3 neben *Babiloine* 136_1. Attraktion des *i* findet sich ferner in *tuisun* 71_6, *fuirur* (s. o.), *guitrun* (*gutturionem; vgl. *guitre*) 5_{10}, 68_4, 113_{14}, 118_{103} u. s. w.

g) Umlaut.

Umlaut haben wir ausser in den bereits erwähnten Fällen in: *tuit*, wie gemfrz. 31_{12}, 46_1 u. s. w. in *cunui* 40_{10}, durch Hiatus-*i* in: *oür*, welches im Kompositum: *bonoürez* u. s. w. zu erkennen ist 31_1 u. s. w., *puiz* 54_{25} (dafür agnorm, *puz* 68_{18}), *anguisse* 9_{21}, *rasuir* 51_2 [*rasur* P cf. W. Foerster, Rom. Stud. III, S. 182; doch können beide Formen für unser Denkmal dasselbe Etymon haben; cf. *puz* und *puiz*], *fluive* $92_{3 \cdot 8}$ neben *fluvies* 73_{15}, 77_{14}, *refuige* 93_{22} (und *refuge* 58_{17}, 70_3, 103_{18}). Diluvium und studium erscheinen hier als Lehnwörter.

VII. $\bar{u}$ (vgl. Anm. zu i) bleibt u.

Von excommunicare finden sich die Formen: *escuminierunt* 88_{22}, *escumeniiement* 138_{22}, *escuminias* 88_{40}; ebenso prov.; hier auch *comminal* u. s. w.

$u + J = ui$ wie gemfrz. Dazu ist auch *luiserne* 42_3 zu rechnen (klass. lat. lūcerna), analog *luisist* 104_{29} u. a. Statt *ui* häufig *u* (agnorm.) *aguscrad* 7_{12} neben *aguiserent* 63_3, 139_3, *aminuscrad* 106_{38} neben *amenuisant* 8_6 u. s. w. Aus ructavit wurde vielleicht ähnlich *rutat* 44_1, wozu das Fut. *ruterunt* 144_7. (Doch lässt es sich auch anders erklären *ct = tt*.)

Attraktion des *i* ist nicht eingetreten in *jeunie* 34_{14}.

Die Entstehung von *aie* aus *aiude*, die von Cornu aufgestellt wird, billigt Groeber, Ztschr. III, S. 153; hier meist *aie* 11_5 u. s. w., *aiude* 19_2, *aiue* 118_{21}.

In *useras* (= *usuras*) 43_{12} ist der Vortonvokal analogisch erhalten (*usure* 71_{14} u. s. w.).

B. Konsonanten.

I. Liquidae.

a) *l* vor Konsonant ist ausgefallen in dem germanischen *fuc* 78_{14}, 76_{20}, *fug* 43_{11} (Volk, folgen) ohne Ausnahme, vereinzelt in *quescumques* (qualescunquam) 134_6, sonst bis auf wenige Fälle, wo es vor Konsonant vokalisierte, erhalten (s. o.). In *fieblesce* 76_{10}, *affebli* 34_{14}, *affebliied* 87_9, 141_9, in *lumblis* 68_{26} (welches weiter zu *lumbris* wurde, P 65_9, vor lumbulum + iculus, vgl. *ombril* von umbeliculum) neben *lumblilz* 65_9, 72_{21}, sowie in *gupilz* 62_{11} wurde *l* wegen eines *l* in der Nachbarsilbe des Wohlklangs halber unterdrückt; erhalten ist es jedoch noch in *pulceles* 67_{26}. Metathesis liegt vor in *multun* 65_{13} (multilum + onem) und *espalde* 20_{12}. Michel druckt 74_2 *lendit* in ein Wort; jedoch wird man wohl mit Rücksicht auf das hohe Alter unseres Textes noch *l'endit* trennen müssen. Zu dieser Aenderung veranlasst mich besonders das Fehlen des Artikels.

b) *r*. Dissimilation fand, wie gemfrz., statt in *pelerins* 36_3 und *pelerinage* 60_4 (neben *peregrins* 68_{10} Lehnwort), Metathesis in: *pernez* 80_2, *apernez* 93_8, *pernanz* 21_{13}, *repernemenz* 37_{14} (gegen *prennez* 70_{11}), *furment* 4_9 u. s. w., *purnele* 16_8 und besonders in den Futurformen der ersten und vierten lateinischen Konjugation (vgl. W. Foerster, Ztschr. f. nfr. Spr. I zu Chabaneau), wenn dem *e* oder i des Infinitivs muta + liquida voraufgeht, *enterrai* 5_7 (weit. Beisp. F. 67). Dadurch stossen zwei r zusammen, wofür häufig nur einfaches r steht: *offerai* 65_{13}, *offerunt* 67_{30}, 71_{10}, *enterai* 131_3, *demusterai* 49_{25}, *musterai* 31_9. Wenn die muta jedoch vorher gefallen ist, wie in *repairerunt* 103_{29}, kann auch keine Metathesis statt haben. Andrerseits: *estreperent* (exstirparunt 105_{33}). Vielleicht ist *repruverent* 41_{10}, 43_{16} u. s. w. aus reprobrare statt exprobrare, welches es wiedergiebt, zu erklären (vgl. it. *esprobare* neben *esprobrare*, *propio* neben *proprio*), ähnlich wie gupilz aus gulpilz, worauf es dann ganz mit reprobare zusammen fiel. Gefallen ist r in *desus* (de-surrum 73_5. Ein unetymologisches r ist im Anlaut angetreten an t in *tresor* 32_7, ferner im gemeinrom. *desparpeiller* (s. o.) und *esparpeillier*, r ist gefallen in *detriers* 138_6, de-retrarium. Dieses tr assimilierte sich weiter zu *rr: derrein* 138_{10}, worauf sich rr zu r vereinfachte: *derein* 47_{11}. — In P ist die Form *gloseiller* statt *groseiller* 57_9 zu bemerken, sowie die Verdoppelung des r in den Futura[1]) estre, ire u. a., z. B. *destruirras* 5_5.

c) *m* vor stammhafter Sibilans, Palatalis und Dentalis wird regelmässig, vor flexivischem *s* selten zu *n: cumpriems* 88_9, *reims* 79_{10}, *nums* 15_4 u. s. w., *flums* 88_{26}, *reemst* 106_2 neben *raienst* 135_{12}, *criemst* 118_{161} neben *creinstrent* 52_5, *chans (campus)*. In *dorz* fiel *m*, nachdem es zu *n* geworden 43_{23} (s. u.). Noch seltener wird auslautendes *m* zu *n*, wie in: *nun* 28_2 (meist *num* 5_{13} u. s. w.) und *arein* 17_{34} (P *arcim*). Zwischen *mr* und *ml* wird *b* eingeschoben, ausser in *humle* 137_6, *humeles* 112_6. Eine andere Entwickelung zeigen *raendre, cumpriendre, criendre* (jedoch *tremblur*).

d) *n*. Dissimilation hat gewirkt in *venims* 139_3, nicht aber in *orfenins*. Assimilation in *almailles* 67_{11}, 103_{25}. Ein unetymologisches *n* wurde eingeschoben in *languste* 108_{24} vor Gutturalen, ferner in *hanste* 5_{14} (W. Foerster, Ztschr. V, S. 84) und sporadisch in *nuns* (= nos) 131_6, 135_{12}, $136_{8. 3. 3}$. Auch das *n* in *engres* 14_4 wird gemeiniglich so erklärt (Diez, Wörterb.; Ulbrich. Ztschr. II, S. 546; W. Foerster, Chev. II, E. L.). Doch sind die Ansichten über die Herkunft von *engres* sehr geteilt; vgl. die Wörterbücher von Du Cange, Roquefort, Raynouard, Gachet zum Chevalier au Cygne und die Glossare zu Gautiers verschiedenen Ausgaben des Rolandsliedes. Für unser Denkmal macht der Ableitung von agrestem weniger der Auslaut, als das *e* des Anlauts Schwierigkeiten, da *en* und *an* hier noch nicht confundiert sind. Doch vergleiche man dazu das frühe *encore*, wenn seine Herkunft ádhunc + hac hora richtig ist. *n* ist gefallen in *tuisun* 71_6, *maisuns* 5_7 und so häufig vor stammhaftem, bei *rn* meist auch vor flexivischem *s*, nachdem es den Uebergang derselben zu *s* veranlasst hatte. Es ist daher nicht richtig,

---

[1]) Ich sage absichtlich nicht von *estre*. Vgl. Suchier, Ztschr. III, S. 151, Z. 18.

die Schreibung *s* für *s* einfach als ein Zeichen für den Ausfall irgend eines Konsonanten zu bezeichnen; so immer *jurz*. Für den Uebergang von *rns* zu *rz* die Beispiele: *charns* 62_2, *desturns* 131_{10}, *charz* 144_2. In illum giebt, wie gemfrz., *cl*, wofür noch einige Male *enl* steht: 36_{19}, 57_{10}, 60_7, 62_5, 70_9, 105_4, 137_3, in illos (illas), es: $9_{4 \cdot 22}$ u. s. w., einmal *ens* 95_{10}. *Duist* statt *duinst* 19_4 dürfen wir wohl mit Fichte als falsch betrachten. In *estorras* 103_{30} (instaurabis), *estruc = instrue* 118_{125} könnten wir schliesslich statt Ausfall des *n* Präfixvertauschung mit *ex* resp. das Simplex annehmen; doch scheint erstere Erklärung durch *estrumenz* (instrumenta) gesichert 136_2. Während auslautendes *n* ohne *s* in den ersten 124 Psalmen nach agnorm. Brauch mit wenigen Ausnahmen bleibt, fällt es nachher fast überall: *jurn* 7_{11} u. s. w., *jur* 1_2, 21_2, 31_4, $43_{2 \cdot 10}$, 55_3, 95_2, 137_3, 138_{17}, $139_{2 \cdot 8}$, 143_4, *charn* 15_9, 26_3, 37_3, 49_{13}, 55_4, 64_2, 77_{31}, *char* 37_7, 135_{26}, *enfern* 6_5, 9_{17} u. ö., *enfer* 48_{14}; *n* bleibt stets in: *corn* $74_{4 \cdot 5}$ u. s. w. (statt des häufigeren *la corne*), *ivern* 73_{17}, *furn* 20_9, *escharn* 43_{13}, 78_4, aber *entur* 47_{13}. Der Kopist scheint es nicht gesprochen zu haben. *nr* assimiliert sich zu *rr* in den Futura (der ersten Konjugation) von *duner* und *mener* (vgl. F, seltener bleibt *nr*), während sonst *d* zwischen *n* und *r* eingeschoben wird; *engendrai* 2_7 u. s. w. Eine Ausnahme bildet, wie gemfrz. *Sires* 1_7 u. s. w. Das *n* in gemrom. *rendre*, *rent* 50_{13} kann auf Analogie zu *vendere* u. s. w. beruhen. Das Präfix *con* verliert zuweilen sein *n* vor *v* und *s*: *cuvenable* 9_9, *cuverteient* 77_{24}, *convertis* 59_1, *cunvertanz* 18_7, *cusinages* 21_{28}, *cunstrein* 31_{10}. Die Erscheinung in O, dass die freie Präposition *en* zu *em* wird vor Labialen, kennt C nicht: *em parduns* O 34_8, *em batemenz* O 88_{32} (Harseim druckt gegen den Sinn *embatemenz*), ähnlich *mum pechiet* O 24_{12}. Doch in Komposita findet sich *m* neben *n*: *emfes* 36_{25} neben *enfes* 118_9, *emblanchiz* 50_8 neben *enblanchie* 67_{15}.

Mouilliertes *n* wird bezeichnet durch: *igni*, *ign*, *gn*, *inn*, *nni*, *in* (nach *i* einmal durch *ngn*): *Seigniur* 21_{24}, *Seignor* 2_3, *Seinnur* 3_9, *Seinur* 2_{11}, *purprennient* 78_8, *ensegned* 143_1, *oringnes* 44_{13}.

II. Labiales.

a) **Anlautendes** *v* **wird**, wie gemfrz., zu f in *feis* und *fiede* (s. o.), zu *g* in *gupile* (s. o.) und zu *gu*, wahrscheinlich unter deutschem Einfluss, in *guaster*, da *gu* sonst nur germanisches *w* bezeichnet, welches nur wenige mal beibehalten ist: *eswarderai* 5_2, *eswardement* 5_4, *warde* 15_1, *warnissemenz* 88_{41}. *pr* wird zu *br* in *brullerad* 96_3, wenn die Ableitung von *perustulare (Diez) richtig ist, *p* fällt im Anlaut vor *s*: *salmes* 76_8 und *saltier* 80_2.

b) **Inlautende Labialis**, gleich viel, ob surda oder sonora, schwächt sich zu *v*, welches selbst bleibt. Ausfall derselben ist dagegen nur in der Nachbarschaft eines u oder c möglich: *ueilles* 8_8, *nues* 17_{11}, *pluies* 64_{11}, *treüt* 71_{10}. Man vergleiche *bevant* 68_{14} neben *boussent* 70_{44}, *receut* 62_9, *cunceude* 7_{14} und *recevez* 81_2, *receverre* 17_2, *decevables* 32_{17}, *muevent* 21_7, *cummovement* 43_{14} und *mout* 9_{26}, *cummous* 59_2, *parsiwans* 7_1, *parsiweient* 68_6 gegen *parsew* 142_3 (*parseü* zu lesen), *parsuirent* 118_{161}. Fernere Beispiele für die Erhaltung der Labialis sind: *paveillun* 77_{60}, *devant* 9_{19}, *avancierent* 17_5, *ensevelist* 78_3, *acraventee* 45_6, *vived* 88_{49}, *vivanz* 51_4 u. s. w. *Viande* ist daher unregelmässig und kann sein v vielleicht unter dem Einfluss von *vita* verloren haben. In der Imperfektendung *ebam*: *eie* ist die Labialis gefallen; in *espoentez* 55_3 hat erst v das a zu o verdumpft, worauf es selbst gefallen ist. Vgl. *espowentables* 67_{36} zu *espoentables* $65_{2.4}$. Statt des sonst nicht bekannten *cspouterent*, wo v + Konsonant (expavitarunt) der Vokalisierung unterlegen sein würde, giebt das Glossar 17_4 *esponterent*, welches, wenn es richtig ist, durch Synizese aus *espoenterent* entstanden wäre. Umgekehrt ist v zur Hiatustilgung eingetreten in: *avuiltres* 49_{18} (s. o.), *havenge* 118_{128} (s. o.) und *ajuverres* 29_{12}, 58_{18} für *ajuerres* 21_{11}. O kennt nur die letztere Form. Inlautendes p wird zu b in dem bekannten *dcsrube* 73_{15}, 82_9 (wo es Suchier aus *desrub* verbessert).

c) Auslautendes b fällt in ν 41_3 und i 61_{10}, es bleibt auffallender Weise in *columb* 54_6, wo es wohl nur orthographisch durch Einfluss des Latein steht. v wird zu p in *corp* (corvum) 146_9. Gewöhnlich steht statt auslautender Labialis f: *lief* 24_1, *suef* 21_{27}, *chief* 7_{16}, *rechief* 70_{20}, *parceif* 16_1. Vor flexivischem s muss f nach Vokalen und Konsonanten fallen: *bues* 65_{13}, *cers* 28_9, 47_7; *nefs* und 17_{33} *cerfs* sind Analogien zum obl. sing.

Inlautende Labialis + l vokalisiert nie. *pl* dagegen sinkt zu *bl*; *estuble* 82_{13}, *duble* 11_6, *treblement* 79_6. Eine Ausnahme macht durch Einfluss des Lateinischen, wie gemfrz. *populum*, *parole* geht auf älteres *paraula* zurück.

Inlautende Labialis vor und nach r wird v: *delivre* 7_1, *levre* 11_2, *enivrans* 22_5, *povres* 9_{12}, *cuevre* 16_8 u. s. w.; *merveilles*, *encurver* 56_7. Doch bleibt b in *teniebres* 17_{11} und *corbeille* 80_6, p in *liepre* 37_{11}, wie gemfrz.

Die Labialis fällt vor Sibilanten, Palatalen und Dentalen, wie gemfrz., so auch p in *hisdur* (von hispidum + orem 47_6).

ph wird entweder orthographisch beibehalten oder durch f ersetzt: *orfenin* 9_{35}, *orphenin* 9_{39}.

III. Dentalis.

a) Anlautend steht, wie gemfrz., c für t in *criendre*, *crieme* neben *tremblur*.

Eine eingehende Betrachtung erfordert die inlautende (darüber Dissertation von Roeth, Halle 1882) und die auslautende Dentalis.

b) Erstere ist in unserm Denkmal noch nicht ganz geschwunden, dagegen in O in einer bedeutend grössern Anzahl von Fällen erhalten (Zeichen für grösseres Alter von O) und nur in ca. 50 Beispielen als d, ein einziges mal als th: *benetheit* 27_6. Doch hat sie jedenfalls im Original eine grössere Ausdehnung gehabt, wenngleich die Möglichkeit ausgeschlossen werden muss, dass der Autor sie immer geschrieben und erst der Schreiber sie beseitigt hat. Denn dagegen spricht der Umstand, dass es nur bestimmte Fälle sind, wo die Dentalis in unsrer Hs. noch steht: immer in *fiede* (6 mal), in *ruede* (3 mal), in *sechedez* 67_7, in *saintedet* und *netteded*, sowie in *vede(a)l(s)* je 2 mal, 4 mal in *videre*, 2 mal in *sedere*, 2 mal in *lignede*, 4 mal in *fidelem* und *benedictum*, im Part. fem. auf *atam* 6 mal, auf *utam* 9 mal, auf *itam* einmal, vereinzelt in *aiude* 19_2, *espede* 21_{21}, *nede* 96_{11}, Letzteres ist daher nicht, wie Roeth angiebt, das einzige Beispiel aus C für *ede* aus *atam*.

c) Auslautende Dentalis bleibt immer in *piet* 65_5 u. s. w., in *nid* 83_3, 103_{17}, *seid* 106_{33}, *let* 90_7 und nach Konsonanten (hier bald t bald d geschrieben; *nien* 1_5 und *enfanten* 9_{95} sind Schreibfehler), fällt dagegen ausnahmslos in *afi* 12_5 u. s. w., *rei* $24_{16\cdot 17}$, in *v* 13_3, 29_{11}, *crei* 26_{15}, *vi* 36_{95}, *segrei* 54_4, 82_3, *que* (quod) und *a* (ad). Schwanken findet statt in *fidem*: *feit* 36_3, *feid* 91_2, 95_{13}, 99_5, *fei* 32_4, *merci* 4_1 u. s. w. (21 mal), *mercit* 9_{13} u. s. w. (5 mal), *rei* (rete) 30_4 u. s. w., *reit* 9_{15} u. s. w. je 3 mal. — In den Part. Pass. auf *atum* ist t als solches ungefähr ebenso oft erhalten, wie ganz gefallen; ein gleiches Verhältnis herrscht bei den Abstrakta auf -*atem* — aber beide Fälle periodenweise, indem t in 1—72 und 111—124 weit häufiger bleibt, in 73—110 und von 131 ab häufiger Ausfall erleidet, jedenfalls durch Willkür des Kopisten. Die dritte Pers. Sing. Ind. und Konj. Präs., Perf. und Fut. endigt in den beiden ersten Perioden vorzugsweise auf t, in den andern auf d (Ausfall des t findet nur im Präs. an ca. 12, im Fut. an 6 Stellen statt). — Die Part. pass. auf *utum* behalten ihr t in drei Viertel der Fälle, und nur in einem Viertel ist es ganz gefallen; bei denen auf *itum* hält sich beides das Gleichgewicht. — Salutem hat 35 mal die Form *salut* und nur 3 mal *salu*, 3 mal *vertut*, 1 mal *vertu*. Daneben finden sich an 50 Participialformen und 30 Formen von Substantiven auf *atem* mit d; dazu 7 mal *salud*, *palud* 17_{43} (neben *palut* 39_2). Da nun d einerseits, z. B. im Acc. Sing., blosses t vertritt, andrerseits gleich s stehen kann (s. u.), so kann man den letzten Fall mit Sicherheit nur für den Plural der Substantiva und den Acc. Plur. der Participia konstatieren, da im Nom. Sing. der erstern häufig das Flexions-s fehlt, während bei letztern mitunter eins gesetzt ist. Z. B. finden sich Formen, wie *vertet*, für den Nom. Sing. vor 124 27 mal, von flectierten dagegen nur eine: *vertez*, während nachher der Nom. nur auf z ausgeht; ausserdem 7 mal *verted* u. s. w. für den Acc. Die Entscheidung für den Wert des d im Nom. Sing. solcher Substantiva ist daher schwer und die Richtigkeit der Erklärung Fichte's, dass d hier $= z$ (auf Seite 81) mindestens fraglich. Doch steht d früher $= z$ in: *seied* 61_{10}, *corned* 80_3, *jurd* 89_4, *nod* 94_6; besonders oft aber (24 mal) nach 124: 132_2, $135_{2 \cdot 3}$, $136_{7 \cdot 7}$, 138_{19}, 139_5, $144_{15 \cdot 15 \cdot 19 \cdot 19 \cdot 21}$, $145_{2 \cdot 8}$, $146_{7 \cdot 7}$, $148_{1 \cdot 2 \cdot 2 \cdot 3 \cdot 3 \cdot 4 \cdot 7}$. Ein solches d ist folgendem l assimiliert in *sulleverad* 106_{41}, da *ll* nicht direkt aus *zl* hervorgegangen sein kann (vgl. *suzlevas* 88_{44}). Drei mal steht *dz* dafür: *mondz* 45_3 (montes), *paisibletedz* 54_{22}, *dedendz* 44_{13}. Dagegen *tz* in *duitz* 17_4 P und: *dreitz* 18_5, *netz* 18_9, *multz* 30_{14}, 33_{19}, *jumentz* 48_{12}. — Neben *fud* 104_{23} und *surfud* 105_{10} findet sich *fu* 77_{72} (welches O nicht hat), einmal *at* 9_{32} (*habet*) und 10 mal *ad*. *Th* steht selten für auslautende Dentalis: *multiplieth* 3_1, *oth* 4_1, *heriteth* 15_5, *heredieth* 15_6, *saullableteth* 15_{11}, *quidieth* 43_{22}, *belteth* 44_2.

d ist durch Analogie zu erklären in *resurdet* 40_8 (nach *surdre* 181_7) und in *repondirent* (Inf. *pondre*) 141_3, wie d in solchen Verben, die es schon im Lat. hatten.

d bleibt vor v in *vedve* (wie O) 67_5, 77_{64}, 93_6.

Verte 36_2 ist nicht von viridem, sondern vom Masc. *vert* mit Anhängung eines femininen *e* gebildet.

t ist zu *d* gesunken nach *r* in *enherdid* (von hirtus) 118_{120} nach *j* in *aidier*, nach *g* in *quidieth*, nach *c*, wenn die Ableitung von vócitum richtig ist, in *vuide* und *esvuides*. In *sudein* 63_7 u. s. w. war die Tenuis bereits in die media d übergegangen, ehe sie mit der Labialis zusammentrat und mit ihr zu *dd* assimilierte (vgl. *suddement* 6_{10}) worauf sich schliesslich *dd* zu *d* vereinfachte.

t'd wurde durch *tt* zu *t* in *nete*.

t ist zwischen Konsonanten gefallen in *forment* 6_{10}, 20_1 (O *fortment*), jedoch in den Adverbien der Participia auf *antem* erhalten: *vaillantment* 9_{31}, *nusantment* 17_{25}.

nd wurde zu *nn* in: *prennez* (s. o.). Nach Eintreten der Metathesis und im Auslaut müsste einfaches *n* eintreten.

d) *s*.

Vor *s impurum* fehlt selten das prothetische *e*: *science* 18_2 ist ein Lehnwort, *specialment* 4_{10} wohl auch kaum volkstümlich, statt *ne stout* ist vielleicht *n'estout* 1_1, statt *la meie sperance* 70_7, 90_2, *la mei esperance* zu lesen, und damit wären alle Fälle erschöpft. Ob prothetisches *i*, in gemfrz. *ismel* 36_2 steht, ist unsicher, da die Herkunft des Wortes noch dunkel ist.

Vor Konsonanten erleidet *s* zuweilen Ausfall, so immer in *trebuchier* 68_{25} u. s. w. *Elevet* statt *eslevet* 7_6 ist jedenfalls Latinismus, resp. fehlerhafte Lesart. *Derumpums* 2_8, *demerrat* u. a., die Harseim (S. 323 l. c.) hierher zieht, beruhen vielmehr auf Vertauschung der Präfixe *dis* mit *de*, sind also keine Ausnahmen, ebenso wenig *dejuget* 81_1, *deperdrad* 77_{38}, umgekehrt *dis* für *de* in: *desiert* 22_1 und *desserat* 33_{10}.

Statt eines *ss* zwischen Vokalen ist häufig einfaches *s* gesetzt, wenn jenes aus *x* resp. *sc* entstanden ist, selten für ursprüngliches *ss*: *iraisez* 4_4, *creisent* 57_9; ebenso $7_{13\cdot 35}$, $18_{4\cdot 5\cdot 6}$, 31_{10}, 43_2, 57_3, 80_9, 96_{12}, *puisanz* 23_8.

S bleibt vor *n* erhalten in *asnes* 103_{11}, meist auch in *isnel*; nur steht 36_2 *inclement*, welches den Uebergang zu *ignelement* 68_{20}, 78_8 bildet; ebenso wurde in O *maisnies* durch *mainiées* zu *maignees* 21_{30}.

Folgendem *l* hat sich *s* assimiliert in *illes* 71_{10} neben *isles* 96_1, *mellez* 74_8, 105_{34}, nach Diez auch in *brullad* 96_3, *brullant* 103_4 (s. o.), dessen Formen mit *ui*: *bruilled* 82_{14}, *bruillement* 47_7 vielleicht mit *avuiltres*, *duilz* (s. o.) zusammengestellt werden dürfen. Nach agnorm. Weise steht *dl* in *pedles* (pessulum) 147_2; *sti* wird durch *sci* vor Vokal zu *ss* in *anguisse* 9_9 (it. angoscia); *sf* (*sph*) zu *st* in *blastengad* 73_{10} u. s. w.

Statt eines auslautenden flexivischen *s* tritt *z* ein nach mouilliertem *l* und *n*: *travailz* 30_7, *cunseilz* 12_2, *soleilz* 83_{11}, *mielz* $117_{8\cdot 9}$, *filz* 13_8 (*fils* nur 106_{15}), *perilz* 108_4, *oilz* 49_{21}, *turuilz* 106_{16}, *luinz* 87_{18}; nach *nn* in *anz* 76_5, nach *rn* s. o., selten nach einfachem *n*: *declinz* 140_4; nach *l* in *murealz* 47_{14}, *cielz* 56_{12}; vereinzelt in *sez* $68_{7\cdot 22}$ (sapis) nach ausgefallener Labialis; *oz* (ossa) 33_{20}, 34_{11} (sonst *os* 37_3 u. s. w.), *fiz* 118_{121} (feci), sonst *fis*. Umgekehrt steht *s* für *z* aus *ts* oder *sts* in *vuilles* 4_4, *vos* 4_5, *manecans* 7_{11}, *nos* 43_{13}, 78_{18}, *gens* 78_4, *vendus* 104_{17} und *huhans* 101_6.

z steht ferner für lat. *c* im Auslaut, in den Substantiven auf *icem*, *vertiz* (O noch *berbiz*, und *caliz* 115_4, weshalb ich *calice*, wenn es nicht Latinismus sein sollte, das dort daneben und hier ausschliesslich dafür steht, von einem Typus *calicium ableiten zu müssen glaube, wie vitium, indicium), *ci* und *ti* + Vokal: *braz*, *laz*, *faz*, *esleez* 105_5, ferner in *salz* 136_2. Auch vor flexivischem *t* bleibt *z* erhalten in *curuzt* 2_{19}, geht jedoch weiter in *s* über: *esleest* 117_{12}, *escerst* 108_{12}. Zuweilen ist auch *zst* geschrieben: *eslcezst* 103_{15}, 104_3. Aehnlich wurde *judicet*, *juğ't* zu *juzst* 49_4. Dass pacem immer auf *s* ausgeht, nur P 28_{11} *paiz*, *voiz* dagegen nur auf *z*, ist vielleicht aus den Ableitungen *paisible* u. a. zu erklären, wo *c* zwischen Vokalen steht und deren vocem keine hat. Jenes *z* scheint dieselbe Aussprache gehabt zu haben, wie in den lat. Wörtern: lacerare, satiare, sizera; vgl. *delazret* 7_2, *sizre* 68_{14}, *sazied* 102_5, *sazies* 144_{17} (statt des volkstümlichen *sauter*). Ebenso ist *c* aus *ti* nach *n* wie *ts* ausgesprochen worden: *raancun* 48_8, *mencunge* 5_5, 7_{14} (daneben *mensunge* 16_1 und *menchunge* 4_2) wie die Schreibungen: *mentsunge* 118_{29} (Suchier, Ztschr. I, 294 u. 295) und *devantceient* $118_{14\text{ff}}$ erkennen lassen. Dagegen hat *ti* resp. *ci* zwischen Vokalen früher ein *i* entwickelt und sich zu sonorem *s* geschwächt in der Endung *ationem* (*eisun* s. o.) in *justise*, *sacrifise* (s. o.) in *amenuisier* 77_{50}, $106_{38\cdot 39}$

und *aguisier* und allen vortonigen *c*; in den andern Substantiven auf *itia* hat *ti* Position gebildet und ist zur stimmlosen Sibilans geworden, meist *sc* neben *c* geschrieben (s. o. *es* in P 24_1 *esleezcent*); ebenso ist stimmloses *s* in *face*, *grace*, *place*, *traces*, *glace* u. a. zu erklären. Ferner ist Schwächung dieses *s* nicht eingetreten in: *malice*, *delice*, *avarice*. Denselben Wert hat *sc* vor hellem Vokal: *descenderai* 29_{10}, *dessend* 143_5, *decendent* 54_{15}, nicht jedoch *c* in *sacent* 9_{20}, *sace* 38_5, *sacet* 73_9, *saches* 138_{25}, wo $c = \check{c}$ ist.

IV. Gutturales und Platales.

Anlautendes *c* vor *a* und *au* wird mit wenigen Ausnahmen (*escarnirent* 79_6, *cantike* 136_4, *carbun* 139_{11}, *cante* 147_1) *ch* geschrieben, dessen Aussprache sich aus unserm Denkmal allein nicht bestimmen lässt. Ich verweise auf die Arbeiten von Varnhagen: Das altnormannische C, Ztschr. III, 160—177 (Cornu's Urteil: V. n'en a tiré qu'un maigre os à ronger) und Buhle: Das C im Lambspringer Alexius, Oxforder Roland, und Londoner Brandan, Greifswald 1861, wo sich die weitere Litteratur dazu findet.

In Ableitungen von *calcare* ist *c* der Dissimilation wegen einige mal geblieben: *calchanz* 56_3, *calcheras* 90_{13}, *decalcherat* 59_{12}, *decalcherent* 55_2 (zur Orthographie *decalcat* 55_1 vgl. in Bezug auf das zweite *c* *escercowe* statt *escerchowe* 76_6.) Umgekehrt steht einmal *chalchet* 67_{24}, durch Assimilation (*calcet*), wo man nach *chalcement* 59_8, 107_9 (*calceamentum*) *chalcet* erwartet. Dem entsprechend wird auch *cc*, weil das zweite *c* eine Silbe anfängt, über *cch*, wie O noch häufig schreibt, (*pecchai* 40_4, 50_5 u. s. w.) = *ch*: *buche* 53_2, *roche* 113_7, *atuchat* 37_2, *assechad* 21_{16}. Nach Analogie des letztern steht *ch* auch in *sechedez* 67_7 u. s. w. (P *secchetez*, *siccatatem*) und auslautend in *sech* 65_5, 94_6, 101_4, wo die Aussprache natürlich eine andere (= k) gewesen ist. Auch deutsches und keltisches *kk* wird *ch*: *lecherunt* 71_9, *trecheruses* 11_3. Vielleicht müssen wir auch *purvuchierent* 5_{12} u. s. w. auf ein *voccare* zurückführen.

Anlautendes *c* vor *i* wird $\check{g}$ in *enginnat* 49_{19} (? *concinnavit* übersetzt). Im Uebrigen bleibt *c* vor *e* und *i*, nur einmal steht neben *escerchanz* 63_6 *ch* in *eschercherent* 63_6.

Statt des in Lehnwörtern sonst erhaltenen *ct* steht einmal *tt*; *contredittiun* 30_{21} und einmal *cc*: *acciuns* 94_2.

Auslautendes *c* (inlautendes ist nebst kombinirtem *c* unter den einzelnen Vokalen besprochen) fällt wie gemfrz. in *si* (sic), *ne* (nec), *ceo* oder *iceo* (ecce hoc), *di* (dic).

Lateinisches *qu* scheint im Anlaut die Geltung von *k* gehabt zu haben, wie die vereinzelten Schreibungen mit blossem *q*: *purqei* 67_{17}, *chesqun* 38_{13} und mit *k*: *kar*, *ki*, *ke* resp. *c*: *car*, sowie das Eintreten von *qu* und *ch* (wo *h* nur graphisches Zeichen ist) für *c* wegen eines folgenden hellen Vokals beweisen: *vesqued* 108_9, *venques* 50_5, nach Umstellung von *ks* in *sk*: *beneisquit* 44_2, *bencisquimes*

117_{27}, *nesquissent* 89_2; *chi* = *qui*, besonders häufig in den ersten 17 Psalmen, nachher seltener, nie nach 124, *unches* 12_3 u. s. w., vielleicht auch in *mascheleres* 57_6 (maxillaris, maskillaris). Doch ist hier wohl vielmehr *ch* für *c* als in derselben Weise gesetzt zu betrachten, wie in *eschercherent* (s. o.) in Hinblick auf das it. *dente mascellare.* Andrerseits könnte jedoch *mascheleres* = maskeleres, maskleres, masculares sein. Von *maxillares* sollte man *maisseleres* erwarten. — In andern Fällen jedoch, wo *qu* nicht ursprünglich ist, gehört das *u* nicht zum *q*, sondern ist erster Bestandteil eines Diphthongen: *quisse* 44_3, *quidieth* 43_{22}, *quer* neben *cuer* (s. o.).

Joie verhält sich zu gaudia, wie *chose* zu causa. Anlautendes *g* wird, wie gemfrz. zu *v* in *aviruner* und Ableitungen: *avirunt* 7_7 (gyronem): Zu *imagene*, *virgenes* und *angeles* vgl. W. Foerster, Rom. Stud. Gall. it Pr.

Lat. und germ. *j* wird beliebig *g* und *j* geschrieben, vgl. Glossar: *degeter* und *regehir*.

Das *h* in *halt* 7_7 ist germanischer Abkunft, wie denn in deutschen Wortstämmen *h* gemfrz. erhalten, in romanischen oft gefallen ist; vgl. W. Foerster, Ztschr. II, S. 166; so auch ausnahmslos in *haltesce*, während *altisme* ebenso häufig, wie *haltisme* steht. Anlautend steht *h* noch in *habundance* (abundantia) P 29_7, *habundanz* P 67_{18}, welche man fälschlich mit habere in Verbindung gebracht zu haben scheint, und *halegriras* 20_6, *halagrer* 103_{15} (durch Einfluss von hilarem?). P *abhomerat* 5_6 (vielleicht hat man es mit homo in Zusammenhang gebracht).

In *huhans* 101_6 dient das zweite *h* zur Bezeichnung des Hiatus (wie in P ausserdem in *hahirent* 43_{10}, 67_1, *esjohisses* 32_8, *vehis* 34_{23}; nach Harseim zur Silbentrennung).

Nachträge zur Flexion des Cambridger Psalters.

Die folgenden Bemerkungen sind veranlasst worden durch Fichte's Abhandlung: »Die Flexion im C. P. Halle, Niemeyer 1879«, einer Schrift, deren wiederholentlich in Zeitschriften als einer empfehlenswerten Arbeit gedacht worden ist (z. B. Nyrop im Litteraturblatt für germ. und rom. Phil. 1880, Nr. VI; Herrig's Archiv t. 63, p. 458, Romania 1880: Travail utile et soigné), ein Beweis, dass die betreffenden Recensenten entweder diese Abhandlung oder den Psalter selbst nicht genügend gekannt haben. Im Allgemeinen gilt jede Art des Tadels, die von Koschwitz a. a. O. gegen Meister erhoben worden ist, mehr oder weniger auch für Fichte.

Wenn eine derartige Sammelarbeit, wie sie die ersten 60 Seiten bieten, überhaupt Wert haben soll, so ist bei Aufzählung der Verbalformen die erste Grundbedingung Sorgfalt und daher Vollständigkeit, wie wir sie z. B. bei Meister's Flexion, Fichte's Vorbild, finden, hier jedoch keineswegs, da über 100 zum Teil sehr wichtige Formen in den Tabellen nicht enthalten sind[1]):

apareiler 9₁₀; *aprocier* 72₁₈, *sudplanter* 139₆, *surdre* 131₁₇, *faire* auch im Psalter selbst 74₄, *veillerai* 16₁₅, *repairera* 34₁₄ (wofür im Glossar *repairierat* steht), *enumberrad* 90₄, *repundrai* ζ₂₉, *respondrat* β₉, *establirai* 88₄, *irad* 84₁₂, *regehirat* 6₃, 29₁₁, β₁₇.₁₄, *devancirad* 58₁₀, 87₁₃, *fuirunt* 103₃, *busuignes* 39₃, *guaris* 143₁₀, *enrichist* γ₁₀, *recunt* 72₂₈, *entre* 70₈, *duirres* 103₂₇, *deleisses* 26₁₁, *envies* 36₁, *remembres* 24₆, *poses* 25₉, 38₁₀, *reposes* 82₁, *entre* 87₃ (3. Pers. sing,), *esleest* 47₁₂, *esleezst* 103₁₅, *habitet* 84₉, *chalchet* 67₂₄, *juzst* 49₄ (P *juget*), *reposet* 8₃, *salvet* 21₃, *turmentet* 14₄, *eshalcent* 106₂₂, *mendient* 108₁₁, *paroillent* 33₁₈, *deseivrent* γ₅ (grade hier beim Konj. Präs. der ersten Konj. ist das Fehlen von Formen sehr zu beklagen), *parmaine* 38₁₅, *rie* 38₁₅, *confundes* 118₃₁, *venques* 50₈, *prenge* 7₂, *cuevre* 19₁, *fiergent* 36₁₄, *derumpums* 2₃, *respund* β₉, *vaiant* 58₁₅, *verdeant* 51₇, *loanz* 62₆, *enfantante* 47₆, *trespassanz* (fem.) 89₈, *vivanz* 51₄ u. s. w., *cumbatantes* 118₆, *vivante* 41₂, *sincante* 77₄.₆, *creanz* 9₁₆, *forsmenei* 80₉, *afiai* 30₆, *laissai* 80₁₁, *mellai* 101₉, *deciras* 59₁, *esfacas* 9₆, *essamplas* (s. u.) 118₃₂, *formas* 103₂₆, *useras* 43₁₂, *escultad* 65₁₇, *enginnat* 49₁₉, *fumat* 73₁, *obscurad* 104₂₈, *urad* 105₂₉, *busuignerent* 33₁₀, *detriblant* β₆ (fehlerhaft — *detriblat*), *fameillerent* 33₁₀, *deguasterent* 118₈₇, *murmurent* fehlerhaft statt *murmurerent* 105₂₄, *adunerent* 70₁₀, *anuncerent* 96₄ (P *cie*), *chairent* 15₆, 26₃ u. s. w., *chaït* 7₁₅, 9₁₆ u. s. w. (haben nirgendwo einen Platz finden können), *atendit* 32₂₀, 65₁₇, *estendit* 54₂₂, *rumpit* 106₁₄, *tendit* 7₁₂, *Resplendiet* 17₂₈, *creirent* 77₂₈. ₃₂, 105₁₁. ₂₃, *espandirent* 78₈. Auch bei den Perf. auf *di* war Vollständigkeit sehr notwendig. Die Bildungen auf *dedi* sind z. B. in O viel zahlreicher: *ovri* 118₁₈₁, *issi*[2]) 6₇ (cf. Suchier, Ztschr. I, S. 571), *emplis* 16₁₄, *parsvid* 108₁₇, *fuis* (= fugisti) 113₄, *fuit* (von fodere) 7₁₅, *criemst* 118₁₆₁, *escumbatirent* 108₄, *plourent* 61₄, *escommourent* 77₄₁, *dolut* 54₄, *valurent* 64₃, *aidied*[3]) 85₁₇, *briset* 36₁₇, *comparet* 27₁, *empenez* 77₂₈, *esgenet* 36₂₄, *estupé* 62₁₂, *liiez* 67₇, 68₃₆, 101₉, *cumpassē* 92₁, *marguillied* 36₁₈, *merveillié* 47₈, *naffré* 88₁₀, *apaisié* 45₉, *plaiez* 68₂₉, *pechith* 40₄ (P *pecchai*), *repaire* 7₇, *revilé* 36₃, *deveed* ξ₃₀, *desramée* 79₁₆, *detriblé* ε₈, *entailliée* 96₇, *trublée* 2₁, *creuz* 9₁₃, *venu* 9₁₃, *rendut* 64₁, *perdue* 118₁₇₀, *gluti* 123₂, *enaspriz* 68₃, *engenuid*[4]) ρ₉, *ravi* 68₆, *haït* 54₁₂, *sevelis* ν₈, *remplie* 25₁₀, *fraiz* 78₁₁, *reposte* 52₉, *compunt* 108₁₇, *covert* 108₃₀ u. s. w., *descuvert* 77₁₅, *aoverte* 105₁₆, *retenue* 108₁₉, *sustenut* 70₆.

Ein zweites Erfordernis für eine solche Arbeit ist, dass man nicht nur auf den Buchstaben, sondern auch auf den Sinn achtet; ein drittes, gründliche Bekanntschaft mit der afr. Formenlehre. Eins von beiden fehlte in den folgenden Fällen, die als grobe Versehen verbessert werden müssen:

Verfasser leitet *deveerai* (verbieten) und *enveerai* (schicken) von demselben Stamme ab (p. 9), während ersteres bekanntlich von *vetare*

---

[1]) Die Anordnung ist dieselbe wie bei Fichte.

[2]) Mit Recht ist Fichte von Meister darin abgewichen, dass er *sissit* u. s. w. zur vierten Konjugation anstatt zur dritten stellte, wenn auch zuweilen ein Inf. *issir* in der afr. Litteratur auftritt, da auch andere Denkmäler den Inf. *issir* und Fut. *istrai* zeigen (Jahrb. IX, 227). Koschwitz S. 483 l. c. bemerkt zu Meister S. 75, der *cissit* im Cott. für den Konj. hält, *cissit* sei ein Ind., von dem Kopisten für den Konj. gesetzt. Er hätte hinzufügen sollen: Perfekti, da es sonst den Anschein hat, als meine er das Präsens, welches bekanntlich *cist*, *ist* heisst.

[3]) *aviet* 27₉, von Meister p. 53 ebenso erwähnt, muss natürlich *aiuet* gelesen werden. Im Allgemeinen sei hier bemerkt, dass O seine Formen nur von *aiuer*, C fast ausschliesslich von *aidier* bildet).

[4]) cf. Tobler, Jahrb. II, p. 82.

kommt, was teils durch die Bedeutung, teils durch das *ie* der stammbetonten Formen, teils durch Formen wie *devederai* im O u. s. w. bewiesen ist, letzteres von *via*. Derselbe Fehler kehrt wieder S. 12 bei *deveerad* und *enveirad*.

Espirerad 147₁ wird irrtümlich unter *despirrad* mit angeführt, obgleich die Uebersetzung spirabit dergleichen doch unmöglich machen sollte, abgesehen davon, dass es lautlich unter keinen Umständen mit despicere zusammengebracht werden konnte.

Obgleich *ierc* 145₁ sum wiedergiebt, so ist es doch nicht die erste Pers. Sing. Präs., sondern Fut., trotz des lateinischen Textes, wie die Formen *iert* und *ierent* (F 15, 16) beweisen. Der Uebersetzer ist hier, wie auch sonst, von seiner Vorlage ein wenig abgewichen, vielleicht um im Ausdruck genauer zu sein, wie das Original.

Curust 104₃₈ soll Konj. Präs. von *curucier* sein. *Curust par ire* übersetzt das lateinische irruerat. Es ist unschwer einzusehen, dass Verfasser durch das Wörtchen *ire* erst recht auf Irrwege geraten ist, während dieses jedoch nur dazu dient, die intensive Präposition *in* auszudrücken, ganz in derselben Weise wie 37₁₂ irruebant mit *cureient forsenciement* übersetzt ist. (Ueberhaupt werden in unserm Text dergleichen Präpositionen in Zusammensetzung mit Verben häufiger durch Umschreibung wiederzugeben, s. o.) Wir müssen uns ferner wundern, dass Fichte nicht durch den Fehler, der seiner Erklärung gemäss gegen die consecutio temporum entstanden sein würde, darauf gebracht worden ist, in *curust* den Konj. Impf., oder vielmehr an dieser Stelle den Konj. Plusq. von *currere* zu erkennen, der hier, wie sonst für den Ind. Plusq. steht, weil letzterer zu jener Zeit schon ausgestorben war.

Cururst (S. 27) hat ebenfalls nichts mit *curucier* zu thun, wie hier vor allem der Sinn zeigt, sowie die Form des O (die Fichte sogar in Klammern beifügt), sondern ist die dritte Pers. sing. konj. praes. von *culurgier*, welches hier statt des gebräuchlicheren *esculurgier* (*excollubricare) steht und bis auf das erste *r*, das fehlerhaft, wenn nicht aus *l* entstanden, ist, ganz normale Bildung hat.

Aprienge kann nicht von apprehendat kommen, wie Fichte zu glauben scheint, wie sehr auch die Uebersetzung dazu verlockt, es so aufzufassen. Denn einerseits findet sich *apprendre* im Französischen nie in dieser konkreten Bedeutung, und andrerseits wäre im vorliegenden Dialekt die Diphthongierung des *e* zu *ie* in diesem Falle unmöglich. Es ist dasselbe Verbum, von dem der Psalter noch die Formen: *aprenstrent* und *aprient* aufzuweisen hat, und von *prĕmere* (s. o.) abzuleiten. Der Sinn von apprehendere endlich lässt sich mit dem von opprimere leicht in Einklang bringen.

Trotz der Uebersetzung vagentur sieht Fichte in *vaient* (S. 30) den Konjunktiv eines Verbums der dritten Konjugation, vermutlich vadere, während bekanntlich der Konjunktiv hierzu *voise*, *veise* heisst, Formen die auch C hat (s. o.). Zur weitern Bestätigung sei noch das Part. *vaiant* 58₁₅ hinzugefügt, das (s. o.) bei Fichte nicht steht (cf. übrigens W. Foerster, Chev. II E. LVII zu *roie* V. 5140).

Verfasser verwechselt S. 32 *levare* und *lavare*. *Lieve* gehört bekanntlich zum erstern, *leve* und *esleve* zum letztern [(aus)waschen delere]. Derselbe Fehler findet sich bei Thierkopf l. c., der die korrespondierenden Stellen aus dem O sowohl bei levare, wie bei lavare anführt. Zum Beweise: *eslaved* 108₁₄, *eslavee* 108₁₅.

Permenand ξ₃₂ leitet Fichte von minare ab. Es kommt jedoch, wie seine Bedeutung zeigt, von manere, wie *parmenable* (s. o.).

Refrenanz 64₇ ist ein Derivat von frenum, der Zügel, und daher von frangere zu trennen und zur ersten Konjugation zu stellen.

Parmistrent = *permánserunt* giebt Fichte fälschlich als Kompositum von mittere statt manere an.

In *plut* erkennt Thierkopf l. c. 32, wie es scheint, das Präsens, während Fichte den Fehler begeht *desplut* als ein Kompositum desselben d. h. *plut* als das Perf. von placere hinzustellen. Es ist natürlich zu trennen: *plut* = pluit (er hat regnen lassen) und *desplut* = dis-placuit. Dass hier nicht etwa eigenmächtiges Verfahren des Druckers vorliegt, beweist der Umstand, dass Verfasser S. 71 Z. 23 *plut* und *desplut* zusammen agnorm. Inkorrektheiten nennt, was nur für das letztere richtig ist.

S. 14 scheint Fichte *decireras* von scindere abzuleiten. Es ist aber bekanntlich das nfr. *déchirer* und wahrscheinlich germanischen Ursprungs, am wenigsten jedoch, wie die Form verbietet, ein Verbum nach der dritten Konjugation.

Die Vernachlässigung des lateinischen Textes hat Fichte ausserdem noch zu folgenden geringern Inkorrektheiten geführt:

auelinet 88₄, das übrigens mit *d* zu schreiben ist, ist nicht Präs., sondern Part. Pass.;

pos 109₂ (s. u.), *reposet* 8₃, *aprisment* 31₇ und *chalengent* 118₁₂₂ sind nicht Indikative, sondern Konjunktive;

tais (S. 22) steht = retice, ist demnach Imperativ;

criat 21₂₅ und *criat* 33₄ sind von Fichte zusammengeworfen worden; ersteres ist von *quiritare, letzteres von creare gebildet; demnach sind beide, wie bei Meister geschehen ist, zu trennen;

trespast 5₁₉ ist nicht Konj. Impf., wie S. 51 steht, sondern. Präs., wie es auch Verfasser dort richtig erwähnt. Nur muss S. 27 *trepast* in *trespast* geändert werden.

Wie Fichte S. 57 zu einem Part. Pass. *furmi* nach der vierten Konj. kommt, ist uns räthselhaft. Es steht vor 138₈ *furme*.

In *ensampliz* S. 57 ist das *s* fett gedruckt und das Wort auch so alphabetisch eingestellt, als sei es ein Kompositum von *in* und einem Verbum *samplir*, dessen Existenz Verfasser wol ebenso unbekannt sein dürfte, wie uns. Indessen ist die Etymologie durch das lat. dilatare, das ihm entspricht, leicht zu finden. *Ensampliz* steht statt *enssampliz* (cf. W. Foerster, Ztschr. II, S. 84; Chev. II E, L; Ztschr. I, S. 560) mit der bekannten Einschiebung von *n* vor *s* und kommt von ex-amplare. Noch mehr mag Fichte durch das Fem. *assamplie* (S. 58) beirrt worden sein. (Hier steht *a* in ähnlicher Weise, wie O *astetei* = estetei.) Auch dieses ist also unter *am* einzurücken.

Esguarde es (S. 32) ist nicht Imp., sondern fehlerhafte Lesart für *esguardad*.

Ebenso wenig ist *conturbe* 143₆ S. 33 Imp., sondern gleichfalls inkorrekt statt *conturbes* = conturbas.

Vergoigne 34₄ (S. 56) ist nicht Part., sondern Subst. in der Verbindung: *aient vergoigne* = revereantur, da dieses Verb höchstens mit *estre* konstruiert werden kann.

conchiee 105₃₅ ist nicht Fem., sondern Fehler für *conchié* durch vorausgehendes *conchiée* veranlasst, und statt *aturnee* 29₅ (lat. ad motum) ist (vgl. Gloss.) *a turnee* zu lesen.

S. 60 *beneissed* η₁₆ ist die dritte Konj. Sing. — benedicat und nicht Plur. Imp.

Ferner: *peisteie* (S. 25) lies: *peisseie, pardunanz* S. 37, l. *pardurans, decurg* (S. 29), l. *decurge, parsivet* (S. 29), l. *parsiwet, beivrent* S. 29, l. *beivent', ferut* S. 58, l. *feruz. Eslecerat* 13₁₀ (S. 11) ist einzurücken. Statt *apresmerad* 90₁ liest P *aprosmerad*, 90₁₀ *apresmet*. — *argues* (S. 26) steht nicht 66₁ sondern 6₁; *repunjet* 83₂ ist (S. 29) als nicht vorhanden zu streichen. *purvindrent* ist (S. 51) fehlerhaft statt *purtindret* (s. o.). Statt *parsui* war mit Suchier *parsiu* zu lesen.

Fichte ist ferner entgangen, dass sich auch der Uebersetzer zuweilen hat Versehen zu Schulden kommen lassen, weil er nur dem Buchstaben nach übersetzte, z. B.:

hais 5₅, 44₇, 49₁₇ hält Fichte erstens für das **Präsens**, zweitens für eine **Inchoativform**. Was die erste Stelle angeht, so verlangt der Sinn hier allerdings das Präsens und darum hat auch Meister im O *hais* hier ebenso aufgefasst. Odisti ferner hat im Lateinischen ebenso gut Präsens- wie Perfektbedeutung. (Auch könnte es aus odivisti zusammengezogen sein) und in diesem letzteren Sinne steht es, wie der Zusammenhang beweist, 44₇: *tu amas justise e haïs iniquitet*, vielleicht auch 49₁₇: *ki haïs disciplane e jetas*. In 30₆, welches Fichte übersehen hat, ist *haïs* sowol als Präsens, wie als Perfekt denkbar. Meister hat die drei letzten Stellen jedenfalls der besagten Koncinnität halber als Perfekta erwähnt. Unser Uebersetzer aber, mag er es nun nicht anders gewusst oder nicht darauf geachtet haben, über- setzt odisti in allen Fällen als Perfekt. Zum Beweise können wir 67₂ heran- ziehen, wo *oderunt* nur präsentische Bedeutung haben kann, der Autor aber nichts desto weniger unter dem Einflusse des Buchstabens *haïrent* setzt. Odit dagegen kann der Form nach als Präsens, wie als Per- fektum betrachtet werden, daher es 10₆ mit *het* wiedergegeben wird. — Was die Form von *hais* anbelangt, so weicht hier Fichte mit seiner Ansicht von Meister ab, ohne es zu motivieren; letzterer sieht nämlich 5₅ darin keine Inchoativ- sondern eine einfache Bildung. Eine solche wäre nur als Analogie z. B. an *fais* (facis), wie *haced* (= facet) denkbar, aber wohl im Afr. beispiellos, da das Präs. Ind. von *hair* regelrecht *e* hat in den stamm- betonten Formen: *haz — hez, het — haons, haez, heent*. Das nfr. *hais*, *hait* darf selbstverständlich nicht zum Vergleich herangezogen werden. Jene Auf- fassung, dass *hais* stammbetonte Präsensform ist, findet sich ebenso bei Thierkopf a. a. O. 13. Mehr zu billigen wäre die Annahme Fichte's, dass *hais* Inchoativbildung sei, da der O z. B., um eins der gleichzeitigen Denk- mäler anzuführen, wenn auch nicht im Ind. Präs., so doch im Part. *haïssant* (neben *haant*) dieselbe aufweist. Aber im C kommt keine derartige Form vor, und der dritten Pers. Sing. gemäss würden wir auch hier *hez* haben. Also auch die Form zwingt uns, *hais* in allen Fällen als Perf. auf *īvī* anzusehen. In der Ausgabe ist überall ein Trema über das *ï* gesetzt, woraus man jedoch die Ansicht des Herausgebers nicht erkennen kann. Fichte ist vielleicht auch dadurch beeinflusst worden.

109₂ wird ponam mit *pos* übersetzt, wo der Sinn das Futurum verlangt. Der Uebersetzer aber ist hier nicht absichtlich ungenau verfahren, da er höchstens umgekehrt ein Futurum, um genauer zu sein, für das Präsens setzt, sondern er übersetzt schlechthin ponam, das ja auch Konj. Präs. sein kann. Dergleichen Verwechselungen von den im Lat. so ähnlich, resp. gleich lautenden Futura und Konj. Präs. der 3. und 4. Konj. sind in beiden Psalterien anzutreffen (so z. B. C scribantur: *serunt escrit* 68₃₁, exaudiat: *excultera* 65₁₆, ingrediatur 23₁ = *entret*, dormiet 120₃ — *sumeilt*, impinguet 140₅ = *engraist*.) Meine Auffassung wird geteilt von Willenberg, Roman. Stud. III, S. 380.

Festes 117₂₃ als Verbalform zu erklären, ist zwar eine sehr anspre- chende Konjektur, die in Bezug auf das *s* der Endung anstatt *z* ja Ana- logien hätte. Indessen scheint uns, abgesehen davon, dass man besser thut, dergleichen Ausnahmen zu vermindern, wie zu vermehren, Michel nicht ohne Grund bemerkt zu haben, dass »obligate« ohne Uebersetzung geblieben ist. Das Manuskript wird ihn jedenfalls zu dieser Notiz veranlasst haben. Wir vermuten, dass dem Uebersetzer hier, wie in zahlreichen andern Fällen, mo- mentan kein entsprechendes Wort für obligate eingefallen ist und dürfen daher vielleicht nach Analogie von *festes celebrant* 41₄ *celebrez* ergänzen. Zu dieser Ansicht bestimmt uns noch mehr der Umstand, dass *festes* auch noch an einer andern Stelle für solemnitates steht. 73₈.

Man wird erstaunt sein, *confermez* 87₇ S. 56 von Fichte als Femin. angegeben zu finden. Wir haben es hier mit einer **häufig wieder- kehrenden, durch die Interlinearübersetzung hervorgerufenen**

Nachlässigkeit unsres Autors zu thun. Die betreffende Stelle nämlich lautet:

confirmatus est furor tuus
— cunfermez est la tue forsenerie,

d. h. unbekümmert um das Beziehungswort, hat der Uebersetzer einfach confirmatus wiedergegeben. Um noch einige Belege dafür anzuführen, dass prädikative Part. oder Adj. nicht richtig flektiert sind, erwähnen wir z. B. 7₁₆: *Serat returnet sa dolur;* 68₃₇: *tute la chose que est mout;* 30₁₉: *seient feit mut levres;* 71₁₉: *serat emplit tute terre;* 93₁₉: *seit fuit la mort* 108₁₄, *seit feit la derainitet;* 91₅: *sunt faiz magnifiees les tues ovres;* 111₂: *la generatiun seit beneid;* 111₁₀: *la corne serat eshulciet;* wohl auch 121₃: *Jerusalem ki ies edifiet.* Hier steht überall im Lat. eine einfache Zeitform; bei 7₁₆, 30₁₉, 71₁₉, 91₅, 93₁₉, 111₂ wirkte ausserdem die Stellung des Wortes vor dem Beziehungs-Substantiv mit, die 87₇, allein die Ursache ist; ebenso 101₁₄: *pleuz firent les pierres* = Plautos fecerunt lapides, wo Fichte *pleuz* ebenfalls als Fem. bezeichnet. Desgleichen ist *signez* ʒ₃₀, obschon es *signata* übersetzt, nicht Fem., wie bei Fichte steht, sondern Neutr. Plur., welches absolut gebraucht wie auch die Subst. neutr. (s. u.) ein *s* im nom. plur. annimmt. Darauf beruhen z. B. die Fehler: *mes iniquitez sunt agravez* (nach Fichte masc.), *mes illiers sunt empliz* 37₁. Ganz auffallend steht 117₂₂: *la pierre faiz est* = lapis factus est und 18₉: *la crieme nez* = timor mundus. (So auch O 4₁: *seignet est la lumiere consummede seit l'ordeet* 7₁₀ u. s. w.).

An zwei anderen Stellen dagegen hat der Autor ganz richtig übersetzt nur hat Fichte sich nicht bemüht, ihn zu verstehen und ihm Fehler untergeschoben, die er nicht gemacht hat:

S. 57 zunächst ist *embatues* unter den Masc. mit aufgezählt. Es heisst an der fraglichen Stelle: *sunt embatues enz lur plaies,* was natürlich nicht heissen soll: sie wurden in ihre Wunden geschlagen, wie Fichte zu meinen scheint, sondern wie das lat. plagae eorum inseruntur beweist: Ihre Wunden werden (hinein) geschlagen, d. h. *enz* ist hier nicht Präposition — und als solche kommt es im ganzen Psalter nicht vor — sondern zur Verstärkung von *en* in *embatues* in gleicher Weise verwandt, wie *foris* in *estreperent fors* zur Verstärkung von ex. cf. introduxisti 65₉ = *enz menas.*

Auch *establid* 88₃₃, das S. 58 genannt ist, ist kein Fem., sondern wie der Uebersetzer richtig erkannt hat, auf *thronus* in V. 88₃₇ zu beziehen.

S. 36 *parseverans* und S. 38 *pleisanz* von Fichte unter den Masc. genannt, sind auf Fem. bezogen. Jedoch ist es im Hinblick auf das vorhin Bemerkte hinsichtlich der Gleichheit der lat. Form für beide Geschlechter, immerhin misslich, dergleichen Beispiele einem bestimmten Genus zuzuweisen, da hier ebenso gut Fehler vorliegen können, wie dort. Dasselbe gilt von *cunvertanz* 18₇.

Der Beachtung empfehlen wir ferner folgende Punkte:

S. 7 stellt Verfasser *desirier* 105₁₃ ohne Weiteres zu den Infinitiven, indem er darin einen substantivierten Infinitiv sieht. Es verhält sich bekanntlich so, dass die Formen des Verbs *desiderare,* welche lat. betontes *a* haben, mit *a,* das Substantiv *desirier* dagegen mit *ie* reimt. Um einige Beispiele anzuführen, die ganz frappant sind, verweisen wir auf Guid. Bourg. V. 29 mit 1353 und Doon d. May 3284, 5500, 6723 mit 7333 (in der Ausgabe der anc. poët.). Diez leitet daher *desirier* von einem Typus *desiderarium ab (Gramm. I⁴ S. 354). Es ist der Stamm des Verbs desiderare + Suffix arium.. Ausserdem hat unser Psalter den substantivierten Infinitiv *le desirer* 9₂₃, der bei Fichte fehlt neben dem aus desidĕrium volkstümlich entwickelten *desiier* 77₃₀, 139₉ (s. o.). Gewöhnlich das Lehnwort *desiderie* 9₃₈,

20₃, 37₉ u. s. w. Auffallend ist 105₁₂ besonders, dass *desirier, desirerent* hier dicht hinter einander steht.

S. 15. Das Verbum *esse* hatte als vollkommen unregelmässiges, seine Formen aus verschiedenen Stämmen bildendes, weit eher, als die S. 60 u. 61 aufgeführten, eine separate Stellung verdient. Zumal haben Futurformen, wie *iert*, hier nicht den richtigen Platz. Es ist unbegreiflich, warum Fichte hierin von Meister abgewichen ist.

S. 24 wird *estout* 32₉ als Impf. genannt, obwohl es hier ebenso gut stetit übersetzt, wie an den andern Stellen, die Fichte richtig als Perfekta bezeichnet. Sein Verfahren muss daher mindestens als inkonsequent hingestellt werden. Lautlich wäre gegen *estout* = *stabat* nichts einzuwenden.

Nuisant giebt Fichte S. 38 als Inchoativform an, verbessert sich aber in der Vorbemerkung dahin, dass das Verbum der dritten Konjugation angehöre, ohne seine Aenderung zu motivieren und den Kernpunkt seines Missgriffs hervorzuheben. Vielleicht hat ihn die Erkenntnis des letztern zu dieser radikalen Aenderung veranlasst. Doch schlagen wir vor, gestützt auf den Inf. *nuisir* 88₂₇, 104₁₃ im O *nuisant* bei der vierten Konjugation zu lassen und es nur zu den einfachen Formen zu stellen.

Auch ist nicht einleuchtend, warum *defulteras* S. 14 das ausserdem *defaltreras* heissen muss, zur vierten Konjugation gestellt wird, da das Unterlassen der Metathesis dies nicht nötig macht.

enviezti (B. enviezei) 37₈ versieht Verfasser mit einem Fragezeichen (P. Meyer übersetzt es im Glossar unter falscher Angabe der Stelle fälschlich mit evigilavi). Im O findet sich das Verbum häufiger: *enviezirat* 48₁₅, *enviezi* 6₇, *envegirunt* 101₂₇ (Cott. *envezirunt*, Corb. *enviezirunt*) *enviegi* 17₄₉ (Cott. *enviege*). Meister hält es S. 45 a. a. O. für identisch mit *enveillir*, indem er *enviezi* unter *envielli* einrückt. Es ist jedoch nicht mit vetulus in Verbindung zu bringen wegen des Provençalischen, obgleich der Sinn: alt werden = schlecht werden, es schon zuliesse. Es übersetzt 37₈ evilni ganz ähnlich, wie das bekannte Substantiv *vielte* vilitatem bedeutet und das Verb *avieuter* wörtlich = vilem reddere ist und alle diese Wörter sind daher (cf. Suchier, Ztschr. I, S. 430) von vilem abzuleiten. *l* ist vor *z* (resp. *g*) ausgefallen, wie in *fiz* (= *filius*) u. a. Die Formen mit *q* und *z* sind nicht eine aus der andern entstanden, sondern verschiedenen Bildungen entsprungen: *envie(l)zir* = *invilicire* (so von clarum: *esclerzir*) daraus *enviezier* und *enviegir* = *enviegier* aus: *invilicare* (esclergir = esclergier, delgiez = delicatus u. a.). Was endlich die seltsame Kombination *zt* angeht, so ist sie = *tz* = *z* zu schätzen. Auch *enviezi* in P braucht nicht als Fehler aufgenommen zu werden, da es für *enviezai* stehen kann, wie auch sonst *ei* im Perf. = *ai* steht (s. o.). Der Ableitung von větus widerspricht besonders das *l* der provençalischen Formen: *envilzir, envielzir* und der von vitium¹) stehen ausserdem grosse lautliche Schwierigkeiten entgegen.

S. 46 hätte wenigstens irgendwie angedeutet werden müssen, dass *fuis* 39₈ = fodisti, *fuit* 21₈ dagegen = fugit ist, während andrerseits *fuis* 113₄ fugisti, *fuit* 7₁₅ fodivit übersetzen. Uebrigens ist *fuit* hier Präsens im Zusammenhange, wie es auch Michel aufgefasst hat (er setzt kein Trema über das *i*), Perfektum dagegen 113₂. Auf S. 47 wäre daher bei *fuirent* für den Leser ebenfalls eine Andeutung erwünscht, indem dieses, wie *foïrent*, von fodere kommt. S. 52 *fuissent* von fugere.

---

¹) So Burguy, Gramm. d. l. Lg. d'oïl III sub vice. Er übersetzt *enviezier* mit *se divertir, s'amuser*, wie *enceiser* und *envoiser*. Die Stelle aber, die er als Beleg bringt II, 378 lautet: *Car davant la façon de l'onction de Christ ne porat esteir nule enfermetez de cuer, cum enviezies k'ele soit* (S. d. S. Bernh. S. 532), wo es geradezu: veraltet bedeutet, was wieder für *vetus* sprechen würde.

Bonourez u. s. w. S. 54 ist zwar wie ein Participium gebildet, jedoch überall prädikatives Adjektivum. (Aus demselben Grunde scheint Fichte inkonsequenter Weise eine ganze Anzahl von Participien s. o. weggelassen zu haben, wozu der Infinitiv vorhanden ist.) Dasselbe gilt von *iries*, das übrigens eher als Participium zu *iraistre* zu beziehen wäre, wie *né* zu *naistre*.

In der alphabetischen Ordnung häufen sich besonders Inkonsequenzen aller Art. Ausserdem heben wir folgendes kurz hervor: *auerai* S. 8 ist als Komp. von *urer* unter *u* zu stellen, *querduneras* S. 10 unter *d*, *debruserat* S. 10 unter *b*, ebenso *esbuillisset* S. 31 u. s. w. Zu allen diesen kommt im Psalter selbst das Simplex vor.

Umgekehrt dürfte ein Simplex *vancir* wohl schwerlich existiren, weshalb *devanciras* S. 17, *devancirunt* 88₁₄ u. s. w. bei *d* zu erwähnen waren.

Der zweite Theil von Fichte's Arbeit enthält:

Anmerkungen zu den Formentabellen.

Zunächst herrscht, wie bei Meister (s. Koschwitz l. c.), vielfach Ungenauigkeit im Ausdruck.

Fichte giebt an: Betontes lat. *ŏ* wird *ue* oder *oe* (s. o.). Hinzuzufügen ist: in offener Silbe. Die Form *vult* (1. 28 kann auch anders erklärt werden (cf. Koschwitz l. c. S. 481; Ztschr. II, S. 509; W. Foerster, Rom. Stud. III, S. 189).

Betontes lat. *a* wird nicht nur *e* bei *saveir* und *hair*, sondern stets in offener Silbe, ausser vor einfachem *N*. Ein ferneres Beispiel ist z. B. *esleve, leve* (s. o.) — Auch wird nur *a* + einfachem *n* oder *m* in der betonten Stammsilbe zu *ai*, wofür (s. o.) auch zuweilen *ei* geschrieben ist. — Das Bartsch'sche Gesetz hätte Berücksichtigung finden müssen: *chiecet* 34₄₉.

Betontes lat. *ē* und *ĭ* haben zusammenzufassen. In *eslevet* u. s. w. darf man kaum das Umgekehrte sehen, wie in *criendrai* u. s. w., d. h. nicht Anlehnung an die endungsbetonten Verbalformen, sondern hier wurde, wie bei *secle, cel* u. s. w., die Diphthongierung nach agnorm. Weise (s. o.) unterlassen. Nicht für *preier* allein, sondern für *e + J* überhaupt war ein besonderer Abschnitt zu machen und die Erklärung hinzuzufügen, dass in den stammbetonten Formen *i* aus *iei* hervorging. Dazu gehören ferner *persequere, *jecere, *specere, *fecere.

ei für betontes *ĭ* wird zu *ai* nur vor *n* zuweilen (s. o.), wie denn die Beispiele nur von dieser Verbindung entnommen sind.

Es ist nicht richtig, wenn Verfasser sich ausdrückt: »Der Einfluss des Worttones bekundet sich ferner darin, dass ein bei endungsbetonten Formen unterdrückter Vokal bei veränderter Betonung wieder zum Vorschein kommt«, sondern umgekehrt: darin, dass ein in den stammbetonten Formen erhaltener Vokal in den endungsbetonten unterdückt wird.

Ausnahmen wie *voler* und *devorer* (s. o.) hätten erwähnt und erklärt werden müssen. Allgemein ist noch zu sagen, dass die Behauptung Thierkopfs l. c. S. 6 hinsichtlich Vernachlässigung des »stammhaften Wechsels« für den C durchaus falsch ist und auf Missverständnissen beruht (cf. *leve, esleve, hais, plut* u. s. w.)

Darauf bespricht Fichte:

Die Personalendungen.

Es war die allgemeine Bemerkung vorauszuschicken, dass die Personalendungen im Grossen und Ganzen den allgemeinen Lautgesetzen entsprechend aus den lateinischen [Endungen gebildet werden. So musste das *o* der ersten Pers. Sing. Präs. wie jedes *o* in nachtoniger Silbe fallen und ebenso alle andern nachtonigen Vokale der Endung ausser *a*, das sich zu *e* schwächte. Im Anschluss hieran waren dann die Ausnahmen und anderweitigen Bemerkungen hinzuzufügen.

Die Beispiele dafür, dass flexivisches *s* Ausfall von Konsonanten bewirke, sind schlecht gewählt. Denn die Erklärung, "dass in *vas* = *vadis* eine Dentalis vor *s* gefallen sei, ist sehr wohlfeil und falsch, da eine solche in diesem Falle nie fallen kann, sondern sich immer mit *d* zu *s* verbindet. Auch die Erklärung, in *vas* stände *s* für *z*, wie sonst gelegentlich (s. o.), ist wegen der allgemeinen Verbreitung dieser Form im Französischen zu verwerfen, so dass nichts übrig bleibt, als darin eine analoge Bildung zu *estas* zu sehen (Mall Comp. 110, Einl.; W. Foerster, Chev. II E, LIX^{xxx}). Hervorzuheben war, dass die dritten Personen hier *vait* und *estait* heissen. — In *dorz* ist *m* nicht vor *s* gefallen, sondern vor *z*, nachdem dieses aus *s* wegen des *m* resp. *n* entstanden war (s. o.). Dagegen waren hier Fälle zu erwähnen, wie *as*, *sez* 68$_1$. $_{28}$. Letzteres ist in Bezug auf das *z* vielleicht als Analogie zu Formen wie *siez*, *chies*, *hez*, *veiz* u. s. w. anzusehen (Mall l. c. erklärt es wie *dorz*). *Diz* verhält sich hier zu regelmässigem *dis* wie O *faiz* zu *fais* (Meister S. 70 l. c., Koschwitz l. c.). Die Form *aiez* 50$_1$ und 55$_1$, wozu noch 56$_1$. $_1$ kommt, ist wohl kein Schreibfehler für *aies*. Sie steht ferner O ϑ27. 27, überall in der Phrase *aiez merci* und zwar immer in der Anrede an Gott. Die Annahme liegt daher nahe, dass hier der pluralis majestaticus steht. Gestützt wird dieselbe dadurch, dass die Form *aiez* sich unter denselben Umständen auch sonst in afr. Texten findet und dass ähnlich 79$_1$ Gott mit *seiez demustre* = demonstrare und 25$_1$ mit *jugiez* = judica angeredet wird; ferner, dass es 56$_1$ im selben Verse zweimal vorkommt. Dagegen spricht, dass im selben Verse die zweite Person Singularis gebraucht wird 50$_1$, 56$_1$. Mag immerhin *seiez* als feblerhaft gelten, *jugiez* ist durch sein *i* als richtig gesichert und dass *aiez* kein Schreibfehler ist, dafür spricht der häufige Gebrauch der Form um denselben Ausdruck. *Aiez merci* ist vielleicht formelhaft gewesen.

S. 65 Z. 10 sq.: »bei zahlreichen Formen der dritten Pers. Sing. Ind. und Konj. Präs.«, genauer: der dritten Pers. Sing. Konj. Präs. der ersten und Ind. Präs. der übrigen Konjugationen. Z. 15 u. fehlt, dass *t* auch Ausfall von Labialen veranlassen kann (s. o.). Nach Fichte wäre *serum* das einzige Wort, wo *s* in der Endung *ums* gefallen ist, während es thatsächlich noch in drei andern Beispielen fehlt: *regehissum* 105$_{47}$, *esleecerum* 65$_8$, *regehirum* 43$_8$, von denen allerdings nur das erste S. 31 genannt ist (s. o.).

S. 66. Beim Infinitiv hätte auf Doppelformen (cf. Foerster, Ztschr. II, S. 170 zu V. 499) hingewiesen werden können, wie: *assechi* 101$_{11}$ und *assechad* 21$_{10}$, *halegriras* 20$_8$ neben *halagrer* 103$_{15}$, *seignurirad* 102$_{19}$ und *seignurerent* 105$_{40}$, *germerunt* 91$_{19}$ neben P 71$_7$ *germirad*, und so auch auf *finir*, *auner*, *devancir*. — Zu *revilad* 21$_{25}$, 106$_{18}$ cf. Tobler Aniel, Anm. zu V. 397 *avilir*. Zu *beneissed* 71$_6$ (s. o.).

Daran schliessen sich Betrachtungen über die Bildung der einzelnen Tempora, die auch zu manchen Ausstellungen Anlass geben:

Dass *e* nach *d*, *r*, *ss* *ie*, werde, wenn die vorhergehende Silbe ein *i* enthält, ist darum ungenau ausgedrückt, weil dieses *i* kein ursprüngliches reines *i* sein darf (wohl aber *i* + *j*).

S. 67. *e* zwischen *n* und *r* wird nicht schlechthin synkopiert (Z. 3), sondern zunächst nur bei *duner* und *mener* nebst Kompos., wie z. B. bei *suner*, *aviruner*. — Während *devurer*, *durer*, *estorer*, *mesurer*, *urer* nur Formen mit synkopiertem *e* zeigen, *aurer*, *esperer* und *demurer* bald *e* eliminieren, bald nicht, finden wir bei *jurer*, *murmurer*, *oderer*, *espirer* das letztere allein.

S. 68. Die zweite Pers. Präs. Ind. Sing. *dunas* und *visitas* dürfen nicht als alterthümlich bezeichnet werden, sondern sind Latinismen. Zu den einfach flektierenden Verben der vierten Konj. kommt noch *hair* hinzu. Z. 8 u. Die Fälle *atend, estent, deperd* lassen sich nicht mit *crei* vergleichen. Die Vertauschung der Imperfektendungen führt Suchier und mit ihm Fichte (S. 5) als ein Kriterium jüngeren Alters von C vor O an. Aber hier kann einerseits ebenso gut eine blosse Dialektseigenthümlichkeit vorliegen, andrerseits ist das, was beide in Bezug auf O behaupten, nicht ganz richtig, da wir dort *rujowe* 37s statt *rujeie* C lesen, eine Form, zu der Littré unter *Rugir* (Dictionn.) bemerkt: »Rujowe represente une forme barbare rugiabam«, während Meister es zur ersten Konj. stellt, ohne im zweiten Teil etwas dazu zu bemerken.

S. 69. Dass nicht nur in zwei Formen in der ersten Pers. Sing. Konj. das *e* fehlt, ist oben gezeigt. (Im Allgemeinen cf. Koschwitz l. c. zum Konj.) Was Verfasser Z. 23 vom Verbalstamme sagt, kann sich nur auf die auslautenden Konsonanten desselben beziehen. Wenn derselbe (Z. 28) auf *l* und *ng* endigt, tritt immer, wenn auf einfaches oder doppeltes *n*, gewöhnlich Mouillierung ein (O dagegen hat *parolgent* 33₁₃, *tolges* 50₁₂, *tolgent* 39₁₀ u. s. w. Für *n* für *ng* (cf. Foerster, Chev. II E, LI). Lat. *p + i* der Endung (Z. 33) ergiebt nicht *c* oder *ch*, sondern *i* konsonantiert und palatalisiert vielmehr, worauf *p* fallen muss. *Siecet* u. s. w. nach Foerster Chev., II E LVII, id. Ztschr. für nfr. Spr. I, S. 85 picardisch. Neben diesem und *estaced* ist noch *chiecet* zu nennen. Bei der von Fichte aus Diez citierten Stelle (II, S. 235) fand ich keine Erklärung von *estaced*. Willenberg, Rom. Stud. III, S. 427 sieht darin Analogie zu *hace* — warum nicht lieber *face*?[1]) — Ob *truisse* u. s. w. auf Ind. mit *s* zurückgehen, steht nicht fest (cf. Diez II, S. 236 Anm. Willenberg a. a. O. 429.)

Die Pluralformen des Imperativ gleichen im C denen des Konj. Präs. ebenso sehr, wie denen des Ind., da sich beide hier nicht unterscheiden. Die Heranziehung der adhortativ gebrauchten ersten Plur. des Konj. (denn Ind. kann es, da der Uebersetzer sich überall streng an den Wortlaut hält und im lat. Text immer der Konj. steht, nicht sein) ist nicht zu empfehlen. Auch hat diese künstliche Scheidung Fichte zu Inkonsequenzen verleitet, z. B. in 94₆: Venite, adoremus et curvemur .. flectamus

— *Venez aürums e seiums curve .. flechisums*,

stellt er *aurums* zum Imp., *flechisums* zum Konj. Wenn daher überhaupt, so hätte Fichte wenigstens so trennen müssen, dass er die Fälle, wo der Konjunktiv von *que* abhängig ist oder von einer andern Konjunktion, zum Konjunktiv, die absoluten Konjunktive oder Adhortative aber zum Imperativ setzte. Daher, dass sich Fichte darüber nicht recht klar war, ist es gekommen, dass er dasselbe Beispiel, *creuns* §₂₀, sowohl beim Konjunktiv wie beim Imperativ nennt, obgleich es nur zum ersteren gehören kann. Die Form *travaille* scheint uns viel eher fehlerhaft, wie merkwürdig zu sein für *travaillei* (s. o.) oder *travaille ai*. Zu *esguarde* s. o., vielleicht = *esguarde at*, wie *orre as = ovras*.

Die Perfekta: *beneisquit*, *beneisquimes* (F. 60) und *nesquissent* (F. 61) hätten auch in den Anmerkungen erwähnt werden müssen, zumal da neben *beneisquit: beneid* 147₂ steht (cf. Koschwitz l. c. II, S. 483). Ersteres ist vom Infinitiv *beneistre*, wie *nasqui* von *naistre*, letzteres von *beneïr*, wie *finir* und die Inchoativa gebildet (als picard. bezeichnet von Foerster, Chev. II E, S. LX).

---

[1]) *Estoist* 108s O hat Willenberg l. c. 438 als bei Meister fehlend bezeichnet. Jedoch findet es sich, wenn auch an der unrichtigen Stelle in den Formentabellen, seltsamer Weise bei der zweiten (!) Konjugation S. 25, während es ausserdem daselbst S. 75 erwähnt wird. Ebenso ist *desestait* 102₁₉ dort bei den Verben der zweiten Konjugation angegeben.

Statt: „Die 2. Pers. Sing. von *vi* lautet *veis*", war besser allgemein zu sagen: Wo die stammbetonten Perfektformen in der Tonsilbe (1. und 3. Pers. Sing. und 3. Pers. Plur.) auf *i* ausgehen, wird dieses *i* in den endungsbetonten zu *e*. Ausnahmen: *afflisis* 43₂, *requisis* 39₈. O auch *parfisis* 39₉, *prisis* 64₄.

Dass *s* in *purseis* ausgefallen sei, ist eine sehr oberflächliche und falsche Bezeichnung, da bekanntlich *s* zwischen Vokalen niemals Ausfall erleiden kann; vielmehr ist *purseis* eine Anbildung an Perfekta, wie *veïs* u. s. w.

Dass einmal in *detruissis ss* statt *s* steht, darf uns nicht Wunder nehmen, da *ss* aus *x* entstanden ist. In Formen wie *desis, afflisis* u. a. ist dagegen dieses *s* entweder vereinfacht oder die Endung *is* an die erste Person angehängt worden, oder endlich die Vereinfachung beruht auf Analogie.

Deficere wegen der dritten Pers. Plur. *defistrent* unter eine andere Klasse zu zählen, wie das Simplex *firent*, lässt sich nicht rechtfertigen wegen der ersten und dritten Pers. Sing. Im Vergleich zu den Formentabellen S. 47 ist Fichte Inkonsequenz vorzuwerfen, indem daselbst richtig *defist* und *defistrent* bei *fist* und *firent*, also beide unter der ersten Klasse angegeben werden.

Es ist, wie Suchier mit Recht l. c. sagt, nur für einen Anfänger zu befürchten, dass er sich durch die in der Ausgabe verkehrt gesetzten Tremas verwirren lässt. Leider muss konstatiert werden, dass Fichte's Satz: „In den übrigen Formen dieser Perfekta tritt der lateinische Stammvokal als Silbe auf, und zwar als *o*: *plous* 43₃, *pout* 77₁₂, 80₁₅, *ourent* 77₁₃" auf einen Missgriff dieser Art schliessen lässt, da Fichte Formen wie *plous* 43₃ und *pout* 77₁₂ (welches Suchier noch obendrein als Beispiel aufzählt) mit einander vergleicht, offenbar nur, weil im Text *poüt* gedruckt ist, während er richtig *ourent* hat. Abgesehen davon scheint Fichte die Betonung bei der starken *ui*-Klasse und überhaupt Suchiers Aufsatz: „Ueber die Mundart des Leodegarliedes", nicht verstanden zu haben. *Pout* nämlich ist einsilbig, *ourent* zweisilbig und beide sind mit derselben Regelmässigkeit und in gleicher Weise wie *oi* (s. o.) gebildet. Demnächst ist es unmöglich, von einer Klasse von Perfekta mit der *u*-Bildung zu sprechen, deren erste Pers. Sing. allein stamm-, die andern Personen endungsbetont sind, was Fichte seinen Beispielen nach zu urtheilen, zu glauben scheint. Zu *plut* und *displut* s. o. — Es ist nicht richtig, wenn *cuneut* u. s. w. als agnorm. bezeichnet werden, da das Eindringen des *e* der endungsbetonten Formen in die stammbetonten ebenso gut in andern Dialekten vorkommt. In *mourent* kann *o* übrigens ähnlich stehen, d. h. es kann dreisilbig sein. — Zu *estout* s. o.

S. 72. Für unsern Dialekt dürfen venio und teneo nicht hier unter den mit *u* gebildeten Perfekta, sondern müssen bei den *i*-Bildungen erwähnt werden wegen: *conteuis, vindrent.*

Die Diez'sche Bezeichnung: „halbstarke Perfekta" hat übrigens keinen Sinn, da die Perfektformen jener Klasse *valui* u. s. w. sämmtlich endungsbetont sind, und man nur stammbetonte Formen stark gebildet nennt. Daher wäre folgende Einteilung vorzuschlagen:

1. Schwache Bildung.
    a) auf *avi*; b) *ivi*; c) *u(v)i*.
2. Starke Bildung.
    a) auf *i*; b) *ui*; c) *si*.

Dass man den Konj. Impf. durch Anhängung eines *se* an die zweite Pers. u. s. w. erhalte, ist kein Ausdruck für eine wissenschaftliche Abhandlung, sondern: der franz. Konj. Impf. wurde vom latein. Konj. Plusquamp. gebildet. Von einer starken und schwachen Bildung desselben kann man nur mit Rücksicht auf die entsprechenden Perfekta sprechen, da alle Formen den Accent auf der Endung haben. Für *recordissums* ist Chabaneau's Erklärung (S. 50 seiner Konjug.) vorzuziehen. Dazu Anm. von Foerster, Ztschr. für nfr. Spr. S. 82. — *Feisse* 39,10 u. s. w., worin Fichte eine regelmässig gebildete Form zu sehen scheint, ist Analogie zu *reïst* u. s. w. Wir sollten *fesis* gemäss *fesisse* erwarten.

S. 73. Was die Beurteilung der Formen *trenchie* und *agregie* angeht, so ist Fichte darin Koschwitz gefolgt l. c. S. 484 Z. 21 u. Angesichts jedoch von Fällen, wie *pechith, dreiturire* u. s. w. thäte man wol besser, für unser Denkmal Meister's Erklärung beizubehalten, dass hier *i = ie* ist. Indess das Latein. hat *abscindetur*, und das erinnert uns an Fälle, wie die S. 74 f. erwähnten, zumal *abscindetur* von *beste* getrennt ist und im Latein. *pecus* steht. Darum würde ich lieber hier sowohl, wie im O *trenchié* lesen. Hatte der Kopist das Fem. bezeichnen wollen, so würde er wahrscheinlich in O *trenchede* wie *β s*, in C *trenchethe* (*β s*) gesetzt haben. Endlich wäre Abfall des weiblichen *e* denkbar (s. o.). Als Vergleich zu *trenchie* aber *turbe* heranzuziehen 103,29 ist vollkommen verfehlt. Denn dass hier dem Uebersetzer das frz. Subjekt: *tutes choses* nicht mehr (vorschwebt, beweist deutlich der Umstand, dass auch V. 27 und 28 das Pronomen *els* darauf bezogen wird. — Statt *aprient = apremtum*, besser *aprémitum*, da *e* nur in offener Silbe diphthongiert.

Wir gehen über zum dritten Teil:

Die Deklination im Cambridger Psalter.

Den von Koschwitz l. c. gegebenen Rat, auf die Behauptung von G. Paris hin, dass „für die Gestaltung des frz. Vokativs im Allgemeinen der latein. Vokativ massgebend sei," denselben besonders zu behandeln, ignoriert Verfasser absichtlich, indem er die unbewiesene, und, wie wir sehen werden, nicht überall zutreffende Behauptung vorausschickt, dass derselbe überall mit dem Nominativ zusammenfalle.

Einige Worte über das Geschlecht der Substantiva wären wohl erwünscht gewesen (einiges allerdings findet sich unter dem Paragraphen Heteroclita), zumal da C davon mitunter vom O abweicht: z. B. C *almailles petites* 103,25; O *almaille = petiz* 103,27; C 67,11 *les tues almailles;* O ebenso; dagegen *tuit almaille* O 148,10. *Dent* ist Fem., wie nfr., wie *denz mascheleres* 57,6 zeigt; ebenso ein Subst. auf *age : tutes les cusinages* 21,22. Dagegen *li seignerages* 138,10, *sun servage* 103,22. *Chalenge* kommt nach Diez s. v. von *calumnia*. Mir ist allerdings ausser *del chalenge* 118,134 keine Stelle gegenwärtig, wo *chalenge* mit Artikel u. s. w. steht. Deshalb wäre ich geneigt, wenigstens in diesem Falle es für ein subst. verb. masc. zu halten von *chalengier*, obgleich ja auch hier, wie in *del dereine part* (s. u.) Schreibfehler resp. die bekannte agnorm. Geschlechtsvertauschung vorliegen kann.

Als erste Deklination der Maskulina wäre besser die umfangreichste, die *o*-Deklination hingestellt worden. Dass Fichte die andere zur ersten machte, scheint sich daher zu schreiben, dass er *propheta* von der latein. ersten Deklination hinzurechnet. *Propheta* aber ist durchaus nicht hierher gehörig; denn, abgesehen davon, dass seine Deklination nicht mit der von *pater* u. s. w. identisch ist, kann man für unsern Psalter nicht einmal das Geschlecht wissen, welches afr. bekanntlich ebenso gut weiblich wie männlich sein könnte. Allenfalls dürften daher die subst. masc. auf *a* als eine besondere Deklination erwähnt werden. Indessen ist es natürlich und praktisch sie wegen ihrer Form zur ersten Deklination der Feminina zu schlagen, wie im Latein.

profete kommt auch einmal in den Psalmen 73,9 als Nom. Sing. vor. 104,15, 18, 9,8 ist es nicht Nom. Pl., wie Fichte angiebt, sondern Cas. obliq.

Die Zahl der Beispiele für die Fichte'sche erste Deklination kann noch um einige vermehrt werden: *li ventres* 43₂₅, *li maistres* 83₆; das Substantiv: *li povres* 9₁₈.₁₈.₂₂, 33₆, 48₂, 73₂₁. Der Nom. Sing. des Adj. *povres* steht ausserdem noch 69₈. Auch *li prestre* 77₄₄ Nom. Pl. und *prestre* 109₈, welches als Nom. Sing. prädikativ steht, ist hierher gehörig. — *sulfres* 10₇ könnte uns glauben lassen, der Uebersetzer habe der Concinnität wegen den Acc. Pl. statt des Sing. gesetzt. Jedoch scheint uns, da im Ganzen absichtliche Aenderungen vom latein. Wortlaut äusserst selten sind, dass derselbe *ignis* buchstäblich und darauf ebenso *sulfur* als Nom. Sing. übersetzt hat (s. o.).

Das Beispiel *rei* für die zweite Deklination Fichte's ist schlecht gewählt; eins von der latein. zweiten Deklination, wie *murus*, wäre eher zu empfehlen.

Was die Beispiele angeht, in denen im Nom. Sing. das Flexions-*s* fehlt (von den den Cantica entnommenen sprechen wir vorläufig nicht), so hat die Unterlassung der Flexion immer diesen oder jenen Grund. So ist unflektiertes *lur* die Ursache in *lur arc*, *lur guitrun*, *lur piet*, *lur sanc*, vorausgehendes *cume* in *just* 1₃, *fug* 48₁₄, *oisel* 123₇, *chien* 58₁₄. *Criket*, *pot* 59₈ und *fuc*, welches letztere Wort übrigens, da es die Bedeutung *grex* hat, nicht unter *fu* = *focum* einzurücken war, sind germanischen Stammes; *chief, delit, despit, mem, quer* sind als Neutra besonders zu nennen. Zu *haltisme* und *abisme* 41₇ cf. Koschwitz l. c. *fruit* steht beide Male und ebenso *fu*, ohne Artikel. *Jurn*, zumal an den citierten Stellen, ist immer Nom. Pl., nie Nom. Sing., da einmal der Plural des Prädikats *trespassent*, das andere Mal der Sinn die Annahme eines Sing. nicht zulässt. Denn dies kann bekanntlich im Lat. ebenso gut Nom. Plur., wie Sing. sein. — *Le rei* ist nicht Nom., wie der Artikel beweist, sondern Accusativ, ein Fehler, der auf einem Missverständnis beruht. *chief* 3₃ ist Accusativ, *saltier* Vocativ. *Fust* 148₉ ist vielleicht des Stammauslauts *st* wegen ohne Flexion geblieben. *Saint* 21₃, 70₂₂ ist Vocativ. *Li soleil* 71₃ ist somit der einzige Fall, wo ein Masc. mit Artikel ohne sichtbaren Grund nicht flektiert und somit wohl fehlerhaft; *soleilz* steht 83₁₁. Dagegen hat andrerseits der Nom. Sing. der Mask. dieser Deklination an 200 Mal das Flexionszeichen.

Bei den Neutra dieser Deklination war die Andeutung des Zusammenhanges, in dem sie vorkommen, unerlässlich (cf. Koschwitz l. c.). Mit dem Nom. Sing. des bestimmten Artikels oder Pron. poss. findet sich der Nom. Sing. neutr. in 23 Fällen flektiert; die drei Beispiele, in denen trotzdem kein *s* steht, sind jedenfalls fehlerhaft; denn gewöhnlich steht beim unflektierten Nom. Sing. neutr. auch der Acc. des Artikels oder Pronomens (18 Mal). Ohne Artikel, wo das Neutrum meist prädikativ steht, verhält sich die Zahl der flektierten Substantiva zu der nicht flektierten, wie 1 : 2.

Von latein. Neutra anderer Deklinationen flektiert fast regelmässig im Nom. Sing. *cor* und *nomen*, ersteres 33, letzteres 11 Mal.

Die Formen der Nom. Plur. Masc. sind mit solcher Konsequenz nicht flektiert, dass die Aufzählung der Beispiele zwecklos wäre. Im Nom. Plur. Neutr. tritt Flexion ein, wenn der Artikel die Form des Acc. *les* hat; bei *li* steht das unflektierte Substantiv. In den drei Beispielen 45₆, 81₈, 18₈ ist *s* fehlerhaft. — *Li purpensemens*, das Fichte beim Plur. erwähnt, ist Sing. Wenn *li ciels* 68₃₇ überhaupt richtig ist, so können wir es unbeschadet der Syntax und des Sinnes als Sing. auffassen. Der Formen ohne *s* im Nom. Plur. Neutr. sind nur 5 resp. 8 (s. o.), der mit *s* 25 resp. 22, daher die Angabe des Verhältnisses beider zu einander bei Fichte falsch ist. — Der Einwand, welchen Fichte gegen Meisters Neigung, für die Neutra eine besondere Flexion anzusetzen, erhebt, ist darum nicht stichhaltig, weil das, was hier vom agnorm. Dialekt gesagt ist, dass nämlich schon im 12. Jahrhundert die Accusativform für den Nom. üblich wurde, sich auf die latein. Mask. ebenso gut, wie auf die Neutra bezieht, und wir diesen Vorgang im C nur bei den letzteren finden. Dass ferner in Bezug auf unsern Psalter Meister's Ansicht eine nicht unbedeutende Anzahl von Maskulinformen widersprechen, ist eine sehr zweifelhafte Behauptung, da sich, wie wir gesehen haben, kaum ein einziges sicheres Beispiel für die Maskulina aufweisen lässt. Wie können aber vor Allem Maskulinformen ein Argument gegen Meister liefern, die ebenso flektieren würden (sic!) wie die Neutra! Welcher Bedingungssatz soll da ergänzt werden? — Ueberdies sind die Maskulina der zweiten Deklination gar nicht einmal in der Minderzahl in beiden Psalterien, sondern bei weitem in der Ueberzahl. Man bedenke nur, wie oft die Nom. Plur.: *oil, rei, enemi, aversarie, reisin* vorkommen!

Die Formen der häufig wiederkehrenden Maskulina hätten nicht erwähnt zu werden brauchen.

S. 78 *filz* ist nicht Nom., sondern Vok. Pl.

Mit *mort* (?) meinte der Uebersetzer jedenfalls mortem; sonst würde er wohl *des* statt *de* gesetzt haben; daher kein offenbarer Druckfehler.

Bisher haben wir nur die Neutra bis Ps. 124 in Betracht gezogen. Es ist schon in der Einleitung bemerkt worden, dass sie von 131 ab, wie die Maskulina behandelt werden. In zwei Fällen nur fehlt *s* im Nom. Sing. in prädikativer Stellung.

Es wäre nicht unwahrscheinlich, dass die Form des Accusativs bei den Neutra statt des Nominativs einzig und allein durch die Interlinearübersetzung hervorgerufen ist, indem sich der Uebersetzer nicht weiter darum kümmerte, ob ein Nominativ oder Accusativ zu übersetzen war. Er gab schlechthin z. B. *iudicium* oder *iudicia* wieder, welches dem Buchstaben nach ja sowohl Nominativ als Accusativ sein kann. Jedenfalls kann man aus einer so fehlerhaften Interlinearübersetzung, wie der vorliegenden, nicht auf eine besondere „volkstümliche" Deklination der Neutra schliessen, zumal da nie in der frz. Sprache eine Trennung von Maskulinum und Neutrum, und am wenigsten beim Volke bestanden hat.

Das unkorrekte *s* in *veneurs* kann seinen Grund einerseits in dem von *venatores* des latein. Textes haben, andrerseits können die beiden folgenden Worte, welche flexivisches *s* haben, der Anlass gewesen sein.

S. 79 fehlt die seltsame Verbindung eines Nominativs mit einem Accusativ nach *cume: dı hume cumbatere* (im O richtig). — *Duitres* steht noch 60z. Statt *jugerres* l. *jugierres* 9₄.

Dass *prestre* nicht hierher gehört, ist weiter oben schon angedeutet worden. Obwohl das Wort *presbyter* im Latein. ein Imparisyllabum ist, so ist er doch der von Gautier im Glossar zum Rolandslied aufgestellten Deklination

Nom. Sing. *prestre,*   Nom. Pl. *preveire*
Acc. Sing. *preveire,*   Acc. Pl. *prrveires*

mit Zweifel zu begegnen, indem es wohl kaum ein Denkmal giebt, wo diese Deklination streng durchgeführt wäre; wie unser Psalter, schwankt eine Anzahl alter Texte zwischen beiden, andere gebrauchen *prestre* oder *preveire* konsequent für alle Kasus, so dass wir zu der Annahme berechtigt sind, dass zwei Bildungen neben einander bestanden, die eine von présbyter resp. présbytrum mit der Deklination:

Nom. Sing. *prestre(s)*   Nom. Pl. *prestre*
Acc. Sing. *prestre*   Acc. Pl. *prestres*

und die andere von presbyterum (πρεσβύτερον),

Nom. Sing. *preveires*   Nom. Pl. *preveire*
Acc. Sing. *preveire*   Acc. Pl. *preveires.*

Wenn Fichte *prestre* zu den Imparisyllaben zählte, durfte er es wenigstens von *pruveirre* 131₉ (d.'s übrigens *prouveirre* gedruckt ist) nicht trennen. Wäre Gautier's Theorie richtig, so wäre presbyter das einzige ursprüngliche und im Frz. beibehaltene Imparisyllabum nach der zweiten latein. Deklination.

Ausser allem Zusammenhang mit den andern hier genannten Formen steht jedoch *pruverre* 7ᵥ. Es übersetzt probator und ist regelmässig daraus gebildet. Wenn sich auch der Sinn von *pruverre*, dem von presbyter anpassen liesse, wenigstens der von probator cordis, so verträgt sich doch eine Form *pruverre* von presbyterum nicht mit den Regeln der Phonetik, indem *i* (y) vor tr in unserm Denkmal *ei* wird: *eire* 1₇.

Der Vok. Plur. *preveire* η₁₇ ist ausgelassen.

Sires findet sich bis Ps. 124 nicht nur oft, wie S. 78 und nicht nur vorherrschend, wie S. 79 gesagt ist, für den Nom., sondern fast ausschliesslich 150 Mal *Sires* gegen 9 Mal *Sire*, die Beispiele für *Sires* als Vok. sind durch Nachbarschaft vieler flexivischer *s* verderbt. — Nach Ps. 131 steht bis 139 nur *Sire* (9 Mal) für den Nom. Sing., von da ab wieder *Sires* allein (4 Mal).

S. 80 fehlt der wichtige Nom. *li rengierres* 8₃.

In *Seignures* und *venquerere* hat Fichte auffallender Weise vergessen, Schreibfehler zu konstatieren.

Meillur 118₁₂ ist ebenso wenig Acc. Sing., wie *meillure* 62₄, denn die Stellen lauten: *Meillur est à mei la lei* und *Meillure est la tue misericorde*. Ferner ist zu tadeln, dass dabei nicht das Geschlecht angegeben ist, indem der Nom. Sing. Mask. im Gegensatz dazu *mieldre* heisst. Schliesslich ist nicht zu behaupten, dass die Form *meillure* falsch ist und durch P berichtigt wird, da das *e* des Femin. auch analogisch angehängt worden sein kann.

Neben *remembrere* 135₂₄ u. s. w. ist noch *merciere* 102₈ zu nennen, da es wegen des End-*e* nicht als Mask. eine Bildung von *aris* oder *arius* sein kann. Das Wort kommt viel häufiger vor im O. — Dagegen der Nom. Plur. *frutifiiere* 148ᵥ ist fehlerhaft statt *frutifiier* nicht hierher gehörig.

heom steht ausser γ₄ noch 1₁, *hume* δ₄, nach *cume* s. o.

Dass *umes* nicht so häufig ist wie *humes* ist für die Flexionslehre sehr unwesentlich und ausserdem Zufall.

S. 81 *batailles* 75₃ (= *bellum*) braucht nicht notwendig ein fehlerhafter Sing. zu sein, da Sinn und Grammatik gestatten, es für den Nom. Plur. zu halten.

In Bezug auf *d* für *z* in den Substantiven auf *atem* s. o.

Von Femininen der zweiten Deklination hätten noch aufgezählt werden können die Nom. Sing. *la saluz* 3₀ u. s. w., *mers* 68₃₁, 94₈, 97₈ neben *mer* 95₁₁, 103₂₈, *charn* 108₂₈, 55₄, 118₁₂₀, *la gent* 32₁₂, *la veit* 34₀, *la feit* 35₈, 99₈, *lei* 36₃₁, *mort* 54₁₅, 93₁₂, 105₈, *la neif* 148₈.

Salu steht ferner noch 69₄ als Mask. Es übersetzt niemals salutem, sondern immer salutare, wozu auch zuweilen *la salut* verwandt wird. *La salu(t)* ist bei weitem die häufigere Form. Daran, dass *salu* Mask. wurde, scheint mir vielmehr die Endung schuld gewesen zu sein, indem man es wie ein Part. auf *utum* (*solu* u. s. w.) behandelte (cf. *été* = *aestatum statt aestatem*. J. Rothenberg, Vertauschung des Suff. in der frz. Sprache, S. 37. Göttingen 1880).

Welches Geschlecht *psalme* im Psalter selbst hat, ist nicht zu erkennen (O Mask. *bons salme* 146₁).

Was Tobler's Erklärung von *tute jurn* (Ztschr. II, S. 628) anbetrifft, so ist dieselbe aus einem lautlichen sowohl, als wie aus einem syntaktischen Grunde unhaltbar. Denn tota die kann afrz. nur (a) *tut le jurn* heissen, nie aber *tut a jurn*; noch weniger aber kann sich die Präposition *ad* zu e schwächen. Vielleicht können wir annehmen, dass *tote jurn* im Frz. ähnlich weiblich gebraucht ist, wie im Latein. dies beiderlei Geschlechts sein kann. Da jedoch *jurn* nur in dieser bestimmten, weit verbreiteten Wendung als weiblich erscheint, so wäre es wohl natürlicher, dasselbe als Analogie zu den synonymen Ausdrücken *tuteveie*, *tutes ures* zu betrachten.

Es fehlt *la repruce* 88₆₁, *de tun reproce* 73₂₂, *mun reproce* 118₃₉ (ebenso O: *la reproce* 78₁₃, *les repruces* 68₁₂, *des tuens reproces* 73₂₃, *le mien reproce* 118₃₉, *del reproce* 88₄₉).

S. 83. Die hier gegebene Tabelle der weiblichen und männlichen Adjektive ist zwecklos, da man nur durch Vollständigkeit beiderseits einen Ueberblick darüber erhalten kann, in welchem Verhältnis die Zahl der weiblichen Adjektiva mit *e* zu der der weiblichen Adjektiva ohne *e* steht. Vor allen Dingen ist ein Vergleich derselben mit den Mask. unnütz. Ferner haben die Beispiele, aus dem Zusammenhang herausgerissen, vollends keinen Wert, da man so weder Kasus, noch Numerus, weder prädikative, noch attributive Stellung, weder Stellung vor, noch hinter dem Adjektiv erkennen kann.

Fälle, in denen das attributive Adjektiv nicht mit dem Nomen übereinstimmt, sind ausser den genannten: *tut li miens desideries* 37₉, *en mult eglise* 39₁₁, *li verms fait purrit* 57₈, *levre trecherus* 11₂, *mult fiedes* 105₄₁, *de Babiloine savanz mei* 86₃ (durch latein. sapientis), für das prädikative Adjektiv noch: *la crieme nez* (s. o.), *je sui enferm* 6₂, *fern ester* 36₁₀, *vois jeo triste* 42₂, *Jacob estrange fud* 104₂₃, *estrange je sui* 118₁₀, *parcunier je sui* 118₆₃, *Hi est semblable a tei* 70₃₉ (keins derselben ist auf ein Nomen mit Flexions-*s* bezogen!)

Der Grund der Nichtübereinstimmung beim Part. Pass. kann ein mannigfacher sein. Von Einfluss ist besonders, ob die zu übersetzende latein. Zeitform eine einfache oder eine zusammengesetzte (Part. Pass. mit esse) ist. Im erstern Falle fehlt das Flexions-*s* in bei weitem der Mehrzahl der Beispiele, im letztern verhältnismässig selten. Dann kommt in Betracht, ob das prädikative Part. Pass. seinem Beziehungsworte vorausgeht. Auch dadurch wird gelegentlich die Flexion vernachlässigt und endlich auch, wie schon beim Adjektiv angedeutet wurde, wenn das Subjekt kein flexivisches *s* hat, z. B. beim Pronomen *je*, *ki* u. s. w. Darüber, dass Abweichungen häufiger sind, wie Verfasser glaubt, s. o.

S. 85. Bei der Bildung der Adverbia hätte auch Umschreibung verloren gegangener latein. Adverbien, sowie Bildungen mit dem Adverbial-*s* erwähnt werden müssen.

Unter den Beispielen nennt Fichte u. a. *cloin* 118₁₆₀, welches zu trennen und nach *en luin sunt* 9₂₆ und *en loin fexis me* 87₈ in *en loin* zu ändern ist (Fichte ist hier dem Beispiel Michel's gefolgt.). Denn eine Bildung von ex und longe resp. *esloignier* hätte (s. o.) *esloin* lauten müssen.

Zu *mieldre* s. o.

S. 86. B. *dues* l. *deus*.

Das Citat *millers* 3₆ erweckt den Glauben, dass es Nom. Plur. sei, wie auch *milliers* 67₁₃, 143₁₄. Ob *milia* 67₁₈ Nom. oder Acc. ist, hat der Uebersetzer sich offenbar nicht bemüht zu erkennen. 3₆ und 143₁₄ steht der Cas. obliq.

Mil war im Zusammenhange anzugeben 90₇ und ζ₄₄ ist es Substantiv, 89₄ und 104₈ Adj.

Milium ist natürlich blosser Latinismus.

Bei den Zahlwörtern ist noch hinzuzufügen: *treblement* 79₈, *a set duble* 11₆, 78₁₃ (septuplum) und die Umschreibungen: *set feiz* 118₁₀₄ (septies), *une fiede* 88₃₆ (semel), *mult fiedes* 105₄₁ (saepe), *per quantes fiedes* 77₄₀ u. s. w. (quotiens).

S. 87. Für *ele* steht *el* 38₈.

Das disjunktive Personalpronomen Mask. heisst auch einmal *li* 74₈ in *les lies de li*, wo *li* nur auf vorausgehendes *chalices* oder *vin* gehen kann.

S. 88. J. 61₁₀ = in eas. Der Plur. Fem. zu *cals* heisst entsprechend *eles* 117₉, welches bei Fichte fehlt.

S. 89. Beim Pron. Poss. sind verschiedene Nom. Mask. genannt, die vielmehr auf Neutra in der Accusativform bezogen sind: *mun delit* 118₁₄,

(3₃ *eshaleanz mun chief* (s. o.) ist nicht Nom., sondern Acc.), ebenso *mes* 34₁₁, 37₁, *tes, ses, le mien* u. s. w. in den angeführten Fällen.
Die Formen *mis* und *mes* sind gleich häufig, wie auch im Acc. *men* und *mun* (s. u.).

S. 90 fehlt *s'espalde* 80₆, *sulunc se orre* 61₁₁, *ses* 30₂₄ in der Verbindung: *tuit ses merciables* ist nicht Nom., sondern höchstens Vokativ. Jedoch die Stelle lautet: Diligite Dominum omnes misericordes eius, woraus man vermuten könnte, dass der Uebersetzer die Stelle nicht verstanden hat, indem er sich ein Komma hinter Dominum dachte und *amez* zu *tuit* ergänzte.

Men und *mien* dürfen nicht durcheinander geworfen werden. Denn erstens findet sich der Accusativ *men* nicht mit dem Artikel, folglich ist *men* nicht als disjunktive Form aufzufassen, und ausserdem kommt *mien(s)* bei der grossen Anzahl der Stellen nur ein einziges Mal 118₉₇ in nicht prädikativer Stellung ohne Artikel vor. Drittens steht *mens* nie absolut prädikativ, sondern immer *miens*. Andrerseits wird *men* bis Psalm 124 in ganz derselben Weise und fast ebenso oft wie *mun* (nachher überhaupt nicht mehr, s. o.) gebraucht. Ferner entspricht dem Accusativ *men* ganz in lautlicher und syntaktischer Hinsicht der Nom. *mes*, wie *ten* zu *tes* und *sen* zu *ses* gehört. Endlich kommen auch *ten* und *sen*, die analogisch zu *men* gebildet sind, nie mit Artikel vor, und P hat, wo er vom C abweicht, statt *men* immer *mun*. Die einzige Ausnahme *men* für *mien* verhält sich zu *mien* wie etwa *secle* zu *siecle*, und man braucht keinen Anstand zu nehmen, *mien* dafür einzusetzen.

S. 91. *Suen* 9₁₆ Z. 1 u. ist nicht = suum, sondern = sŏn(it)um.

S. 92. *Cest est li jurz* 117₂₄ darf nicht als Beispiel dafür gelten, dass die Accusativform hier statt *cist* stehe; sondern *cest* steht hier vielmehr für *ceste*, wie in *cest est la reie* 48₁₃ in Folge sinnloser buchstäblicher Uebersetzung des Latein. haec est dies, wie 118₉₇: *cest est miens purpens* (= haec meditatio mea) und 131₁₄ *iceste est li miens repous* 131₁₄ = haec est requies mea, *ceste est le gueredun* 108₂₁ = haec contributio (beide bei Fichte als Fem. angegeben), *iceste changement* = haec mutatio 76₁₀, welches man allerdings mit Fichte auch als Schreibfehler bezeichnen könnte.

Beim Possessiv fehlt die isolierte Verbindung: 144₂₀ *la lur clamur*.

Ices 83₁₁ ist nicht Nom. Plur., sondern Casus obliq. Die Stelle: „Nec prohibebit bonum ab his qui: *ne devecerad bien ad ices ki*" ist korrumpirt.

S. 92. Der Accusativ Plur. Mask. *ces* und ebenso *ices* gehört nicht zu *cist*, sondern vielmehr zu *cil*, wofür ein deutlicher Beweis die Verbindung desselben mit *ki* ist. Nie findet sich z. B. die Zusammenstellung *cist ki*, sondern nur *cil ki* (so noch afrz. nur *ceux qui*, nie *ces ki*). Nicht einmal *cez* 102₁₈ und *icez* 24₉, 146₁₁ brauchen daher von *cist* zu kommen, was vielleicht angenommen werden könnte, wenn ein besonderer Nachdruck auf dem Demonstrativpronomen läge, sind daher wahrscheinlich fehlerhaft und aus *celz, icelz* statt *cels, icels* entstanden (s. o. *murealz*). *ces* kommt nur als tonloses, *ceals* daneben (z. B. 43₇) als betontes Pronomen im C vor.

In *cist felon* 72₁₂ Nom. Plur. und in *de ceste generatiun* 11₇ steht das Demonstrativum adjektivisch. *Iceste duible* 103₂₀ ist fehlerhaft.

In *de ceste chose in cel altre* ist *cel* entweder fehlerhaft für *cele* (einfach phonetische Schreibung vor Vokal), oder der Fehler beruht auf der Interlinearübersetzung von ex hoc in illud, so dass *cel* Neutrum ist: cf. *puet cel estre* 118₉₇, 119₃, ₄, ₅.

3₂ hat Fichte wohl übersehen: Multi dicunt animae meae: Non est salus huic in Deo: *Mult dient a la meie aneme: N'en est salut a ices en Deu*. Huic ist nämlich hier vom Autor fälschlich auf anima anstatt auf den Sprechenden bezogen worden, an dessen Seele die Worte gerichtet sind.

47₁₆. Quia iste Deus Deus noster = *Kar il Deus li nostre Deus*. Hier ist *il* natürlich nicht wie *cil* adjektivisches Pronomen, sondern der Autor hat übersetzt: Quia iste Deus, noster Deus est.

Das Neutr. Plur. ea wird gewöhnlich mit *chose* umschrieben, wie die substantivierten Adjektiva. *Icels* steht dafür 113,15 und ebenso ist *icels* 103,12 zu erklären.

S. 93. *Li quels* 72,10 hat Fichte nicht verstanden, da es weder adjektivisch noch fragend, sondern relativisch und substantivisch = si quis = *cil ki*. Möglich, dass der Uebersetzer selbst jenen Sinn hineingelegt hat (cf. Vogels, Temp. Modi b. Larivey, S. 496, Z. 6 ff.).

77,3 ist *quels choses* Relativ, nicht Interrogativ. *del quel* 108,20 ist zwar der Form nach Gen. Mask., doch *ceinture del quel* ist fehlerhaft statt *de laquele* durch Einfluss des latein. Textes: *cingulum quo*.

Lequel 1,3 ist nicht Nom. Sing. Mask., sondern übersetzt quod.

Lequel 1,5, welches auf *puldre* zu beziehen ist, ist fehlerhaft und durch das latein. quem entstanden.

S. 94 fehlt *quant que* = quod 89,11.

Dass *tuit* 1,4 für das neutr. Sing. steht, scheint Fichte nicht aufgefallen zu sein.

Das Kompositum *trestut* findet sich nicht nur in den Cantica, sondern auch einmal im Psalter 134,18.

Tuz, das 65,14 als Nom. angegeben ist, ist Vokativ und an den beiden andern Stellen Neutrum 65,14.

S. 95. *En l'orguil* 9,22 kann nicht mit *enl* in 57,10 vor Konsonant verglichen werden. In noch grösserem Masse tritt diese falsche Auffassung der Elision beim-bestimmten Artikel in der Verbindung mit *de* und *a* hervor in den angeführten Beispielen: *de l'inspiratiun* 17,13, *de l'espalde* 21,21, *de l'umbre* 79,10 (wo die Ausgabe auch *del* zusammendruckt), *de l'ire* 84,2, *a l'aneme* 26,4 und 40,2. Ausserdem steht im Text noch *al estrace* 69,2, *al ureisun* 79,4, *al oreisun* 101,17 gegen *la oreisun* im selben Vers. *Le* statt *la* steht einmal vor Konsonant; so auch *del dereine part*. 60,2.

Im Anschluss hieran mögen noch einige Nachträge zu Suchier's Bemerkungen über das Glossar ihre Stelle finden:

Zu *acertes* S. 297 ist enim P Z. 9 hinzuzufügen.

S. 298. Zu *adunerent* 70,10 war *aunassent* von S. 298 zu stellen, da beide zu demselben Infinitiv gehören (von unus), wie die Uebersetzung beweist (cf. dtsch. vereinbaren).

Ainz allein heisst nicht antequam, sondern *ainz que*; ebenso areola = la petite aire.

Asenbleement l. *assembleement*.

S. 299. *Assechi* und *assechad* kommen nicht vom halben Infinitiv.

Assigement l. *assiegement*.

Avienzet l. *avienget*.

S. 301 *ceals* l. eos, hos statt ei, hi.

Cerceassent fugent l. *Ceaceassent*: fugarent.

Citeains l. *suzciteains* 2 C M 47.

S. 304. *cunchie* l. *conchie*.

Oureient add.: *forseneement* (s. o.) = irruebant.

Ourez add.: *ensemble* = confluite.

S. 306 *defere* bess. *defire*. P. Meyer giebt an *demenrunt* = copulabuntur, was *demener* allein nie bedeuten kann. Copulabuntur ist an der betreffenden Stelle vielmehr mit *guastine demenrunt*, einer im Afrz. häufigen Phrase übersetzt, woraus hervorgeht, dass der Uebersetzer an populabuntur gedacht hat.

S. 307. *descie que* = donec.

S. 308. *desparsist* kann nicht von *desperser*, sondern muss von *despardre* kommen.

S. 309. *Deus* 61,11 l. 61,10.

S. 310. *Enaspriz* ist keine Kompos. von *prendre*, sondern von *asper* = lat. *exasperitum*. Infinitiv also *enasprir*.
S. 311. 1. *Enseignement* A *enseigneement* B. *Entarcherai* l. *entarierai*.
S. 312. Dele: *Voyez escrillant* bei *Esculurgement*, da beide verschiedenes Etymon haben.
S. 313. Dele: *Esdesuz citiaenz* (cf. o. 301). *Exjo* 105₅ l. *exjoi*.
S. 315. *esraceras* l. *esracerat*.
S. 317. *freideurs* l. *freidours*.
S. 320. *leed* l. *led*.
S. 322. *maiures* l. *maiurs*. *Meiser* l. *meistre*.
S. 324. *Nums* T. D. 8 l. *numbres*.
S. 326. *pernans* l. *la pernance*. *Peis* 61₉ = *statera*. Der Hinweis auf *pais* ist zu streichen, da *peis* nicht von pax, sondern von pensum kommt. Ausserdem steht hier nicht *peis*, sondern das Femininum *peises*.
S. 327. *pleintivitet* l. *plentivitet*.
S. 331 ist *revisdad* angezweifelt, ganz unnötig cf. Corb. und Cott. ibid. *risdat*. Später wurde daraus das sehr gebräuchliche *revider*.
S. 338. 1. *wvrerent* für *wvrent*. Zu *ueisels* s. o:

H

Verlag von GEBR. HENNINGER in Heilbronn.

Altfranzösische Bibliothek.

Herausgegeben von
Dr. Wendelin Foerster,
Professor der romanischen Philologie an der Universität Bonn.

Erschienen sind:

I. Band: **Chardry's Josaphaz, Set Dormans und Petit Plet**, Dichtungen in der anglo-normannischen Mundart des XIII. Jahrhunderts. Zum ersten Mal vollständig mit Einleitung, Anmerkungen und Glossar-Index herausgegeben von *J. Koch*. geh. M. 6.80.

II. Band: **Karls des Grossen Reise nach Jerusalem und Constantinopel**, ein altfranzösisches Heldengedicht, mit Einleitung, dem diplomatischen Abdruck der einzigen verlorenen Handschrift und vollständigem Wörterbuch herausgegeben von *Eduard Koschwitz*. Zweite, vollständig umgearbeitete und vermehrte Auflage. geh. M. 4.40.

III. Band: **Octavian**, altfranzösischer Roman, nach der Handschrift Oxford, Bodl. Hatton 100. Zum ersten Mal herausgegeben von *Karl Vollmöller*. geh. M. 4.40.

IV. Band: **Lothringischer Psalter** (Bibl. Mazarine No. 798), altfranzösische Uebersetzung des XIV. Jahrhunderts mit einer grammatischen Einleitung, enthaltend die Grundzüge des altlothringischen Dialects und einem Glossar zum ersten Male herausgegeben von *Friedr. Apfelstedt*. geh. M. 6.—.

V. Band: **Lyoner Yzopet**, altfranzösische Uebersetzung des XIII. Jahrhunderts in der Mundart der Franche-Comté mit dem kritischen Text des lateinischen Originals (sog. Anonymus Neveleti) zum ersten Male herausgegeben von *Wendelin Foerster*. geh. M. 5.20.

VI. Band: **Das altfranzösische Rolandslied**. Text von Châteauroux und Venedig VII herausgegeben von *Wend. Foerster*. geh. M. 10.—.

Hiernach werden zunächst folgen:

VII. Band: **Das altfranzösische Rolandslied**. Text von Paris, Lyon Cambridge und Lothr. Fragm. herausg. von *Wend. Foerster*. (Unter der Presse.)

[Dazu ein Schlussband:
Das altfranzösische Rolandslied. Kritischer Text der ältesten erhaltenen Redaction mit Anmerkungen und vollständigem Wörterbuch, herausgegeben von *Wend. Foerster*.]

VIII. Band: **Orthographia gallica**. Aeltester Tractat über französische Aussprache und Orthographie nach vier Handschriften vollständig zum ersten Mal herausgegeben von *J. Stürzinger*. (Unter der Presse.)

Sammlung
französischer Neudrucke.

Herausgegeben von
Karl Vollmöller.

Erschienen:

1. **De Villiers' Le Festin de Pierre ou le fils criminel.** Neue Ausgabe von W. Knörich. Geh. M. 1.20.
2. **Armand de Bourbon Prince de Conti Traité de la comédie et des spectacles.** Neue Ausgabe von Karl Vollmöller. Geh. M. 1.60.
3—6. **Robert Garnier, Les tragédies.** Treuer Abdruck der ersten Gesammtausgabe (Paris 1585) mit den Varianten aller vorhergehenden Ausgaben und einem Glossar. Herausgegeben von Wendelin Foerster.
  3. I. Band: Porcie, Cornelie, M. Antoine. Geh. M. 3.60.
  4. II. Band: Hippolyte, La Troade. Geh. M. 2.50.
  5. III. Band: Antigone, Les Juifves. Geh. M. 2.50.
  6. IV. (Schluss-) Band: Bradamante. (Unter der Presse.)

FRANZÖSISCHE STUDIEN.

HERAUSGEGEBEN VON
G. KÖRTING UND **E. KOSCHWITZ.**

Erschienen sind:

I. Band. 1. Heft. (Einzelpreis M. 4.50.) Inhalt:
  Syntaktische Studien über Voiture. Von *W. List.*
  Der Versbau bei Philippe Desportes und François de Malherbe. Von *P. Gröbedinkel.*
  2. Heft. (Einzelpreis M. 6.40.) Inhalt:
  Der Stil Crestien's von Troies. Von *R. Grosse.*
  3. Heft. (Einzelpreis M. 7.20.) Inhalt:
  Poetik Alain Chartier's. Von *M. Hannappel.*
  Ueber die Wortstellung bei Joinville. Von *G. Marx.*
  Der Infinitiv mit der Präposition à im Altfranzösischen bis zum Ende des 12. Jahrhunderts. Von *H. Soltmann.*
  Corneille's Médée in ihrem Verhältnisse zu den Medea-Tragödien des Euripides und des Seneca betrachtet, mit Berücksichtigung der Medeadichtungen Glover's, Klinger's, Grillparzer's und Legouvé's. Von *Th. H. C. Heine.*

II. Band. (Preis M. 12.—.) Inhalt:
  Molière's Leben und Werke vom Standpunkte der heutigen Forschung. Von *R. Mahrenholtz.*

III. Band. 1. Heft. Ueber Metrum und Assonanz der Chanson de Geste „Amis et Amiles". Von *J. Schoppe.* (Einzelpreis M. 1.40.)
  2. Heft. Die südwestlichen Dialecte der Langue d'oïl. Poitou, Aunis, Saintonge und Angoumois. Von *E. Görlich.* (Einzelpreis M. 4.80.)
  3. Heft. Die Wortstellung in der altfranz. Dichtung „Aucassin und Nicolete". Von *J. Schlickum.* (Einzelpreis M. 1.60.)
  4. Heft. Historische Entwickelung der syntaktischen Verhältnisse der Bedingungssätze im Altfranzösischen. Von *J. Klapperich.* (Einzelpreis M. 2.30.)
  5. Heft. Die Assonanzen im Girart von Rossillon. Nach allen erreichbaren Handschriften bearbeitet von *K. Müller.* (Einzelpreis M. 2.40.)
  6. Heft. Unorganische Lautvertretung innerhalb der formalen Entwickelung des französischen Verbalstammes. Von *Dietrich Behrens.* (Einzelpreis M. 3.20.)
  7. Heft. Die Wortstellung in den ältesten französischen Sprachdenkmalen. Von *B. Völcker.* (Einzelpreis M. 2.—.)

IV. Band. 1. Heft. Nivelle de la Chaussée's Leben und Werke. Von *J. Uthoff.* (Einzelpreis M. 2.40.)
  2. Heft. Die Quantität der betonten Vokale im Neufranzösischen. Von *J. Jaeger.* (Einzelpreis M. 2.40.)
  3. Heft. Boileau-Despréaux im Urtheile seines Zeitgenossen Desmarets de Saint-Sorlin. Von *W. Bornemann.* (Einzelpreis M. 5.—.)
  4. Heft. Vocalismus und Consonantismus des Cambridger Psalters. Von *Wilhelm Schumann.* (Einzelpreis M. 2.40.)

Pierer'sche Hofbuchdruckerei. Stephan Geibel & Co. in Altenburg.

FRANZÖSISCHE STUDIEN.

HERAUSGEGEBEN

VON

G. KÖRTING UND E. KOSCHWITZ.

IV. BAND. 5. (SCHLUSS-)HEFT

GESCHICHTLICHE ENTWICKLUNG

DER

MUNDART VON MONTPELLIER

(LANGUEDOC)

VON

WILHELM MUSHACKE.

HEILBRONN.
VERLAG VON GEBR. HENNINGER.
1884.

Abonnementspreis
der
FRANZÖSISCHEN STUDIEN
pro Band von ca. 30 Bogen 15 Mark.

Einzelne Hefte werden zu erhöhtem Preise abgegeben.

Diesem Hefte, welches den Schluss des Bandes bildet, ist der Titel und Inhalt zum IV. Bande der Französischen Studien beigegeben.

Hierzu ferner drei Beilagen, betreffend:

Französische Sprache und Litteratur. Romanische Sprachen. Verlag von Gebr. Henninger in Heilbronn.

Antiquarische Offerte ausgewählter Werke aus dem Verlag von Gebr. Henninger in Heilbronn.

Grammatisches Übungsbuch der Französ. Sprache von Dr. R. Sonnenburg. Verlag von Julius Springer in Berlin.

FRANZÖSISCHE STUDIEN.

HERAUSGEGEBEN

VON

G. KÖRTING und E. KOSCHWITZ.

IV. BAND. 5. (SCHLUSS-)HEFT.

GESCHICHTLICHE ENTWICKLUNG

DER

MUNDART VON MONTPELLIER

(LANGUEDOC)

VON

WILHELM MUSHACKE.

HEILBRONN.
VERLAG VON GEBR. HENNINGER.
1884.

INHALT.

	Seite
Einleitung	1
I. Lautlehre	10—92
A. Vokalismus.	
a. Allgemeine Erscheinungen.	
1. Die Accentgesetze	10
2. Elision von Vokalen	21
3. Hinzufügung von Vokalen	21—22
b. Die Vocale im Einzelnen	23—45
B. Konsonantismus.	
Die Liquiden	46—53
Die Nasalen	53—61
Die Dentalen	61—74
Die Gutturalen	75—88
Die Labialen	88—92
II. Flexionslehre	93—166
A. Deklination.	
Substantiv	94—103
Adjektiv	104—108
Numerale	108—109
Pronomen	109—131
B. Konjugation.	
Allgemeine Bemerkungen	131—134
Infinitiv	134—136
Futur und Kondicionale	136—138
Praesens Indikativ	139—143
Imperfektum Indikativ	143—145
Die schwachen Perfekta	145—147
Konjunktiv Praesens	148—151
Imperfektum Konjunktivum	151
Imperativ	151—152
Participium Praesens	152—153
Schwaches Participium Perfektum	153
Starke Verbalflektion	153—166

Geschichtliche Entwicklung der Mundart von Montpellier (Languedoc).

Von allen romanischen Idiomen hat sich das Provenzalische zuerst, und zwar in der Lyrik, eine Kunstsprache geschaffen, die ihren spezifisch einheitlichen Charakter einem einheitlichen Ursprung verdankt. Bestimmend, wie im nördlichen Gallien die francische, ist für die ältere Schwester im Süden die Mundart von Limousin geworden; sie bildet die Quelle der Troubadoursprache, die dreita parladura, und musste von den Meisten, die Anwartschaft auf die dreita manieira de trobar machten, schulmässig erlernt werden. Kann es daher Wunder nehmen, wenn zuweilen sogar die Heroen unter den occitanischen Dichtern unwillkürlich Formen einfliessen lassen, die von den rein »klassischen« abweichen? Und wenn R. Vidal solche u. A. bei Bernhard von Ventadorn belegt und tadelt, so ist ihre Entstehung keineswegs auf Nachlässigkeit oder Sprachverderbnis zurückzuführen, sie verdienen vielmehr als dialektische Eigentümlichkeiten die höchste Beachtung.

Weit stärker als in der Lyrik, die als Kunstsprache sich doch immerhin im Allgemeinen ihrer Aufnahme verschloss, begegnen solche Formen, bald mehr, bald minder, in den volkstümlicheren Denkmälern, Epen, Legenden u. s. w., so dass bei manchen der dialektische Sprachcharakter sogleich in die Augen springt. Das Erlöschen der Kunstsprache zwang naturgemäss die provenzalische Muse, sich in das bescheidene mundartliche Gewand einzuhüllen, und wie hoch man den Aufschwung auch schätzen mag, den sie in der Neuzeit wieder genommen, wie hoch die Schönheit und Farbenpracht, die sie immer mehr entfaltet, sie hat es zwar allmälig verfeinern, aber noch nicht ablegen können.

Diese Thatsachen genügen, um die Bedeutung der Dialekte für die literarischen Erzeugnisse des südlichen Frankreichs, beides, in alter und neuer Zeit, zu verstehen. Berücksichtigt man ferner, welch' wichtige Resultate bereits dialektische Forschungen im Allgemeinen für die Linguistik ergeben haben, eine wie einflussreiche Stellung endlich das Provenzalische in der romanischen Sprachwissenschaft einnimmt, so muss eine gründliche Untersuchung der einzelnen südfranzösischen Mundarten in ihren verschiedenen Entwicklungsstadien dringend geboten erscheinen. Leider ist das Provenzalische in dieser Hinsicht, namentlich im Vergleich zur nördlichen Schwestersprache, wo man die Kette der dialektischen Untersuchungen an manchen Stellen als schon geschlossen ansehen kann, allzu stiefmütterlich behandelt worden. Zwar wurden von den neueren Mundarten bereits einige in musterhafter Weise grammatisch behandelt, — es sei hier nur erinnert an die »Grammaire limousine« von Chabaneau (Revue des langues Romanes II ff.), Aymeric »le dialecte rouergat« Zeitschrift für rom. Philol. III 321 ff., oder an den »Sous-dialecte du Rouergue« von Constans — für die ältere Sprachperiode indessen fehlt es unseres Wissens an ähnlichen zusammenhängenden Arbeiten noch ganz, und dieser Mangel muss um so tiefer empfunden werden, als eine genaue Durchforschung der einzelnen Mundarten in ihrem mittelalterlichen Zustande namentlich für die schriftlichen Denkmäler aus dieser Zeit, z. B. bei der Entscheidung über Ort und Zeit ihrer Abfassung, von grosser Wichtigkeit sein wird.

Nachstehend ist nun der Versuch gemacht worden, den historischen Entwicklungsgang eines der provenzalischen Dialekte darzulegen. Die Wahl war hier nicht schwer. Der in manchen Punkten scharf ausgeprägte konservative Sprachcharakter, die Reichhaltigkeit des überlieferten Materials entschied zu Gunsten der Mundart von Montpellier, um so mehr, als diese Stadt auf dem besten Wege ist, die geistige Metropole des französischen Südens zu werden: hier ist der Sitz der Société pour l'étude des langues romanes, hier tagen die Félibres du Languedoc, und mit der Errichtung eines Lehrstuhles für die heimatliche Philologie an der faculté des lettres ist diese Thatsache so zu sagen offiziell anerkannt worden.

Der Schwerpunkt unserer Untersuchung liegt in der älteren Sprache. Es versteht sich somit von selbst, dass die eingeschlagene Methode der von Chabaneau und Constans befolgten entgegengesetzt sein wird, indem bei beiden die neuere Mundart das Hauptinteresse beansprucht. Die letztere sollte ursprünglich nur dann in Betracht kommen, wenn es die älteren Laut- und Flexionsformen zu ihrer Erklärung und Stütze unbedingt erforderten. Schliesslich entschlossen wir uns indessen dazu, dieselben in ihrer Gesammtheit bis in die Gegenwart weiter zu verfolgen, so weit das benutzte Material dies ermöglichte. Da dieses jedoch nur ein beschränktes ist, uns auch die Gelegenheit fehlte, dem lebenden Patois persönlich näher zu treten, so kann in diesem Punkte auf Vollständigkeit kein Anspruch erhoben werden; immerhin erlaubten aber die zahlreichen Reime eine Reihe sicherer Schlüsse zu ziehen.

Hiernach möge man die vorliegende Abhandlung beurteilen! — Aus dem bereits Gesagten folgt, dass literarische Denkmäler nicht dazu angethan sind, zuverlässiges Material für das Studium der älteren

Entwicklungsperiode unseres Dialekts zu liefern. Anders verhält es sich mit denjenigen, die aus den Bedürfnissen des öffentlichen und häuslichen Lebens ihren Ursprung herleiten: Lehns- und Dienstseide, Testamente, Quittungen, Inventare, Kaufakten, kurz die verschiedentlichen Rechtsurkunden sind die sichersten Quellen dialektischer Untersuchungen. Freilich gilt es auch hier vorsichtig zu sein! Hat man doch häufig mit einer schulmässigen, klassisch angehauchten Orthographie der Notare und Kopisten zu rechnen, die von dem wirklichen Sprachzustande in wesentlichen Punkten abweicht und namentlich durch ihren ausgesprochen konservativen Charakter auffällt. Diese schreibkünstlerischen Schrullen würden die Untersuchung sehr erschweren, wenn sich nicht der Kopist manchmal vergessen und, natürlich gegen seinen Willen, eine phonetische Orthographie angenommen hätte; seine Nachlässigkeit aber ist unser Glück; denn sie ermöglicht einen Blick hinter die Coulissen zu werfen und den wahren Lautbestand zu erfahren.

Mit der Zeit jedoch geriet das überlieferte System in Verfall, so dass sich aus den jüngeren Urkunden bereits merkliche Abweichungen verzeichnen lassen, die durch den Untergang der Troubadoursprache und das stetig zunehmende Eindringen des Französischen veranlasst wurden, und als letzteres gar nach der Mitte des 16. Jahrhunderts ausschliesslich bei der Abfassung von Urkunden Verwendung fand, ging die schulmässige Orthographie ganz in die Brüche.

So nur lässt sich die überraschende Thatsache verstehen, dass die jüngsten Urkunden (15. u. 16. Jahrh.) in ihrem Sprachcharakter von den ältesten (11. u. 12. Jahrh.) weniger abweichen, als von den zeitlich näherliegenden Gedichten aus dem 17. Jahrhundert.

Fremdsprachlichen Einflüssen hat sich der Dialekt von Montpellier ebenso wenig entziehen können, wie die übrigen südfranzösischen Mundarten. Vor allem sind die massenhaft eingedrungenen französischen Formen dazu angethan, denselben zum Patois herabzudrücken und dieses wiederum der Vernichtung preis zu geben. Die hierdurch eingetretene Sprachverderbnis ist natürlich in der Stadt selbst grösser als auf dem Lande, und auch die neueren Dichtungen haben mehr oder weniger an ihr zu leiden. Klingt es nicht geradezu ironisch, wenn A. Guiraud in der Font Putanella (Rev. d. l. r. IV 153) das von dem Theaterdirektor gegen die Aufführung des Stückes gemachte Bedenken:

»Il est à craindre, toutefois
Que ce baragouin de patois
N'ait un effet désagréable.
Ceux du pays l'entendront bien
Mais l'étranger n'y comprend rien.« —

durch den »cap de jouven« Ratalet mit den Worten beschwichtigt:

»Aco's aco que vous chagrina?
Nostre patouès es presque tout francés
E, s'un mot n'es pas ben coumpres,
Un vesi coumplesen l'expliqua à sa vesina.«

Dem Französischen gegenüber ist der Einfluss der anderen Mundarten kaum von Belang. Nicht unerwähnt bleibe indessen, dass eine Anzahl Provinzialismen in die literarischen Denkmäler der Neuzeit Eingang gefunden hat. Selbstverständlich reicht unsere Mundart weit über das Weichbild der Stadt hinaus und ist an lokalen Verschiedenheiten reich, die mit dem Grade der örtlichen Entfernung zunehmen, um den Uebergang zu anderen Dialekten zu vermitteln. So weit wir solchen lokalen Abweichungen in den Urkunden begegneten, sind sie berücksichtigt worden, ein Eingehen auf ähnliche Erscheinungen in neueren aus der Umgebung stammenden Dichtungen fand indessen nur selten statt.

Im Folgenden geben wir die Liste der benutzten Texte, mit Beifügung einiger Notizen über ihre Bezeichnung, ihren Inhalt, Wert, event. auch Verfasser.

Die ältesten Urkunden enthält eine Sammlung, die sich selbst den Namen »Liber instrumentorum memorialium« gibt, die man später als »Mémorial des Nobles« bezeichnete, eine Bezeichnung, die, als die gewöhnliche, auch hier beibehalten ist in der Abkürzung =M.«. Für den Historiker wie für den Philologen ist dies Sammelwerk von gleich grosser Wichtigkeit, weil es beinahe die einzige Quelle für die Geschichte und Sprache Montpelliers vor dem Beginne des 13. Jahrhunderts ausmacht. Die ersten Notizen über die Handschrift gab F. R. Cambouliu im Jahrbuch III 359: »L'écriture et divers autres indices prouvent que le manuscrit date du commencement du XIII* siècle, époque où la seigneurie de Montpellier passa, comme on sait, à la maison d'Aragon. Il est probable même que ce fut en prenant possession de leur nouveau fief, que les princes de cette maison firent ainsi compiler dans un nouveau registre les pièces de date antérieure qu'ils trouvèrent dans les archives et qu'il leur parut utile de conserver«. Von den einzelnen Urkunden stammen die ältesten aus dem ersten Viertel des 11. Jahrhunderts, die letzten aus dem Anfange des 13. Jahrhunderts. Die Ordnung ist keine chronologische, sondern eine sachliche. Von 613 ist ungefähr ein Fünftel in der Volkssprache abgefasst, und diese sind von A. Montel veröffentlicht worden: Rev. d. l. r. IV 480—501, V 40—79; 237—273, VI 39—67. Wir legen diese Ausgabe zu Grunde und citieren nach der Nummer der Urkunden[1]). In ihrer Mehrzahl sind es Gelöbnisse der Treue, welche Vasallen ihrem Lehnsherrn leisten, und da diese an verschiedenen Orten wohnten, so erklären sich die mannigfaltigen Varianten der Sprache als lokale Verschiedenheiten.

Bei weitem die Meisten und für die Geschichte des Gemeinwesens von Montpellier wichtigsten Aktenstücke sind zu einem grossen

---

[1]) Für gewöhnlich sind die Belege nach der Seitenzahl gebracht worden, und nur das Gegenteil wird hier angemerkt.

Manuskripte vereinigt, dessen einzelne Hefte zu den verschiedensten Zeiten verfasst und geschrieben worden sind. Eine unbekannte Hand hat auf eins der ersten Blätter geschrieben: Thalamus parvus, unter welcher Bezeichnung diese voluminöse Sammlung immer citiert wird (T). Eine Gesammtausgabe veranstaltete die Société archéologique de Montpellier 1840, doch verdient hier gleich bemerkt zu werden, dass die Ausgabe vom philologischen Standpunkte nicht zu den besten zählt und einer Kollation dringend bedarf.

Aus den Trümmern des Westgothenreiches hervorgegangen schwang sich Montpellier nach dem Untergange der Karolinger unter der Herrschaft der Wilhelme zu einer der blühendsten Städte des südlichen Frankreichs auf. Als 1202 der letzte dieses Herrscherhauses starb, brach eine Revolution zu Gunsten der ältesten Tochter desselben aus. Diese vermählte sich 1204 mit Peter von Aragonien, und beide beschworen in demselben Jahre die »Consuetudines et Libertates Ville Montispessulani«, eine carta von 123 Artikeln, die 1205, 1212, 1221, 1223 wichtige Ergänzungen empfing. Alle diese lateinischen Originalurkunden wurden in der zweiten Hälfte des 13. Jahrhunderts in die Volkssprache übertragen. Die Uebersetzung führt den Titel: »Las costumas e las franquesas de Montpeylier«, und sie, erhalten in einer Handschrift aus dem Ende des 13. Jahrhunderts, bildet mit dem lateinischen Originale den ersten Teil des Thalamus (1—91), gewöhnlich als Coutumes citiert, welche Bezeichnung wir adoptieren (Cout.).

Von derselben Hand rühren die ersten der Urkunden her, welche den zweiten Teil des Thalamus parvus ausmachen und die unter dem Gemeinnamen der Etablissements (Et) aufgeführt werden. Sie entrollen ein erfreuliches Bild von den municipalen Institutionen und dem öffentlichen Leben der Kommune von Montpellier unter der Herrschaft der Königsgeschlechter von Aragonien, und — seit 1383 definitiv und für immer — Frankreich, ein erfreuliches, sagen wir, weil hier ein freiheitlich organisiertes und wohlgeordnetes Staatsleben erscheint, wodurch auch Montpellier sich zählen darf zu den »républiques locales sous le patronage d'un seigneur« (Guizot: Histoire de la civilisation en France V 221). Wichtig, wie für den Historiker, ist diese grosse gegen 150 Folioseiten umfassende Sammlung (in der Ausgabe des T 92—244) aber namentlich für den Philologen. Von einigen wenigen lateinischen oder französischen abgesehen sind sämmtliche Urkunden in der Volkssprache verfasst, und die einzelnen Handschriften, in denen sie enthalten sind, lassen uns die Entwicklungsgeschichte der Sprache von Montpellier vom Ende des 13. bis Ende des 16. Jahrhunderts verfolgen: die jüngste Urkunde stammt aus dem Jahre 1584, die ältesten sind zwar schon im 12. und in der ersten Hälfte des 13. Jahrhunderts abgefasst, aber nicht im Original erhalten, in der Ueberlieferung überwiegt die Sprache des späteren (Ende des 13. und 14. Jahrhunderts) Kopisten. In den Urkunden aus dem 15. u. 16. Jahrhundert tritt der Einfluss des Französischen immer deutlicher zu Tage.

Mit den Etablissements hängen die Serments, der dritte Teil von T, eng zusammen. Wie der Name besagt, ist es ein Verzeichniss von Eiden, welche die Municipalbeamten bei ihrem Amtsantritt zu leisten hatten. Die Sprache ist ausschliesslich der Dialekt (T 246—312). Der grössere Teil rührt in der Sammlung des Thalamus von ein und derselben Hand her, deren Schriftzüge auf den Anfang des 14. Jahrhunderts hinweisen, während sich in einem kleineren der schriftliche Charakter des 15. und 16. Jahrhunderts ausprägt.

Den vierten Teil von T bildet die Chronique Romane (Chr. 313 bis 475). Sie kennzeichnet die Sprache von Montpellier von der Mitte des 14. bis gegen die Mitte des 15. Jahrhunderts. Die Blätter der Kollation, auf denen sie steht, sind von mehreren Händen beschrieben; die ältesten zugleich mit dem einleitenden Kalender, der 1333 verfasst wurde. Es findet sich hier eine Aufzählung aller der Ereignisse, welche auf die Geschicke der Herrschaft von Montpellier eingewirkt haben und für den Bürger dieser Stadt von näherem Interesse sein mussten, oder, wie einer der Herausgeber sich ausdrückt: »des événements, qui se sont succédés dans notre ville depuis le XI° siècle, des querelles de nos pères, de leurs passions, de leurs joies, de leurs malheurs, des gestes de leur souverain et de leurs consuls, de la fondation de leurs monuments religieux et scientifiques«.

Der Thalamus schliesst mit der Chronique française, einer Fortsetzung der Chronique Romane; wir brauchen indessen auf sie nicht weiter einzugehen.

Nach T und M kommen für die ältere Sprachperiode namentlich die folgenden vier Texte aus den Archiven von Montpellier in Betracht, die von dem verdienten Stadtarchivare Achille Montel in der Rev. d. l. r. Bd. II—IV herausgegeben wurden[1]).
1. Le Livre des Priviléges de la Commune Clôture (P. Cl) Rev. II 86—108. Der grösste Teil ist 1264 verfasst und für die Sprache von grosser Wichtigkeit, weil sie hier die Mitte hält zwischen M (Anfang des 13. Jahrhunderts) und T (Ende des 13. Jahrhunderts u. folg.); kleinere Ergänzungen traten 1304, 1309, 1369 hinzu. Den Inhalt der drei übrigen Texte bilden Inventare. Die Namen besagen das Nähere. Sie charakterisieren den Sprachzustand unserer Mundart im 14. Jahrhundert.
2. L'Inventaire des Archives du Consulat (C) Rev. III 9—67. Es verdankt seine Entstehung der Notwendigkeit, den wachsenden absolutistischen Gelüsten der Krone gegenüber nachdrücklich an die städtischen Privilegien zu erinnern. Dieses Verzeichnis, dessen charakteristischer Anfang lautet: »Aysso es l'eventari dels prevelegis e de las cartas de las franquezas de la vila de Monpeslier« — ist uns in einer Handschrift aus der ersten Hälfte des 14. Jahrhunderts erhalten. Seinen Zweck teilt es mit den beiden letzten der Inventare,

---

[1]) Wir citieren nach der fortlaufenden Nummer der kleineren Abschnitte.

die man als zusammengehörig betrachten kann und die auch in derselben Handschrift überliefert sind, nämlich:
   3. L'Inventaire des Archives de la Commune Clôture (Cl), Rev. III 146—176, entstanden 1377.
   4. Le Catalogue des Chapellenies (Ch), Rev. III 292—310, IV 5—43. 1378 verfasst. Ueber den Namen bemerkt der Herausgeber: »On nommait Chapellenies des fondations de rente perpétuelle, établies dans le but de faire dire des prières pour les morts. Je n'ai pas besoin d'ajouter que ces établissements n'avaient lieu, dans le plus grand nombre des cas, qu'en vertu de clauses testamentaires et d'après les indications des défunts«.

Zur Darstellung der älteren Sprachverhältnisse wurde ferner eine Reihe von Urkunden benutzt, die, mit lateinischen untermischt, als »Pièces Justificatives« Anhänge zu den einzelnen Bänden von Germain's »Histoire du Commerce de Montpellier« (2 Bd. G_1. G_2) und »Histoire de la Commune de Montpellier« (3 Bd. Co_1. Co_2. — Der 2. Band enthält nur lateinische Urkunden) bilden und zu den verschiedensten Zeiten, indessen nicht vor Ende des 13. Jahrhunderts, verfasst sind.

Nicht unerwähnt bleibe schliesslich, dass die »Lois Maritimes antérieures au XVIIIe siècle« von Pardessus (6 Bände) uns kein neues Material lieferten; sie enthalten an Urkunden aus Montpellier nur im 4. Band 253—256 einige Auszüge aus den Coutumes und Etablissements des Thalamus Parvus.

Um einen Einblick in die neueren Sprachverhältnisse zu gewinnen, benutzten wir in möglichster Vollständigkeit das ebenso reichhaltige wie gewählte, die Sprache von Montpellier betreffende Material, wie es durch die höchst dankenswerten Bestrebungen der Société pour l'étude des langues romanes in den einzelnen Bänden der Rev. d. l. r. auch dem Fremden bequem zugänglich gemacht ist. Speziell wurden die folgenden, in der chronologischen Reihenfolge ihrer Verfasser aufgeführten Werke herangezogen:

Aus dem 17. Jahrhundert: Œuvres choisies de Roudil, ed. L. Gaudin Rev. I 249—265; 334—346 (Rou). Dieselben zeichnen sich vor anderen dialektischen Erzeugnissen durch die grosse Reinheit der Sprache aus. »C'est le patois naturel et fluide, élégant et familier à la fois, qui était alors d'un usage général dans les meilleures sociétés de Montpellier, à une époque, où bien peu de privilégiés encore se trouvaient initiés à la langue française«. Roudil, 1612 geboren, starb wahrscheinlich 1684. Die Ausgabe umfasst 10 Gedichte, in denen namentlich die genau durchgeführte Accentbezeichnung bei e von Wichtigkeit ist: è bezeichnet den offenen, é den geschlossenen Laut[1]). Die Titel der einzelnen Stücke sind: I Baroun de Caravetas. II Pintoulet. III Satira contra la Razou de l'home. IV Einige

---

[1]) Es wird nach den Zeilen der einzelnen Nummern citiert.

Sonetten. V Eine Bearbeitung der Horazischen Ode: Audivere Lyce. VI Epitapha Histouriqua de Dona Catarina, Baralhèira de Pignan (in Pignan starb der Dichter). VII Zwei Epigramme. VIII Lous Coumpagnous Arches. IX Lou Testamen daou Sage (des bekannten in der ersten Hälfte des 17. Jahrhunderts lebenden Dichters). X Epitapha daou Sage — Su las fouliès daou Mèma. (Die *Fouliès* sind das Hauptwerk von Sage.)

Dem Ende des 17. und dem Anfange des 18. Jahrhunderts gehören die »Poésies patoises de Nicolas Fizes« an, ebenfalls herausgegeben von L. Gaudin. Fizes war Professor der Mathematik an der Universität von Montpellier, wo er 1718 starb. Seine literarische Thätigkeit fällt zwischen 1679—1716. Sorgfältigkeit in der Wahl der Ausdrücke und grammatische Reinheit zeichnen seine Gedichte aus, von denen die Opera de Frontignan (fr) Rev. II 223—281 hervorzuheben ist. Die anderen Dichtungen sind satirischen Inhalts (fi) Rev. III 92—112; 220—248.

Das 18. Jahrhundert kennt als den bedeutendsten Dichter im Dialekt von Montpellier den Abbé Favre, geboren 1727, gestorben 1782 als Prior in Celleneuve. Seine poetischen Erzeugnisse sind von gesundem, urwüchsigem Humor getragen; leider gewährt er dem Französischen einen etwas zu grossen Einfluss. Benutzt wurden die Nachahmungen zweier Horazischen Satiren, nämlich der 3.: »Ibam forte via sacra« und der achten: »Olim truncus eram«, die mehrfache Uebertragung der beiden Epigramme des Martial, 9,5:

»Nubere vis Prisco, non miror, Paula, sapisti;
Ducere te non vult Priscus, et illc sapit«.

7,72: »Eutrapelus tonsor, dum circuit ora Luperci
Expingitque genas, altera barba subit«.

Rev. X 6—14 (f); endlich die Auszüge, welche Dr. Noulet in seiner »Histoire des Patois du Midi« gibt, Rev. VI 216—227, die grösstenteils Favre's »Siége de Cadaroussa« betreffen (f°).

Demselben Gelehrten verdanken wir einige Auszüge aus den Gedichten der Gebrüder Rigaud (R°) (Auguste und Cyrille R.) Rev. VII 186—190, die gegen das Ende des 18. und den Anfang des 19. Jahrhunderts entstanden sind. Der erstgenannte der Beiden fügte einem Briefe an das französische Konventsmitglied Grégoire, vom 28. Januar 1791 datiert, eine kleine Sammlung von Sprichwörtern und zwei Gedichte bei: »L'Amour pounit per una abeïa«, und die Fabel »La cigala et la fourniga« (siehe *Lettres à Grégoire sur les patois de France*, ed. A. Gazier, Rev. V 424—425).

Alle folgenden dialektischen Erzeugnisse fallen in das 19. Jahrhundert:

A. Guiraud (Gui) 1778—1849. Sein Hauptwerk: »La Font-Putanella«, wurde zum ersten Male 1808 in Montpellier aufgeführt, Rev. IV 142—195; 321—337; ferner: »Que i'a de nòu«, Rev. IV 634—649, beide ediert von A. Glaize.

Brunier (Br), Advokat. Das einzige von ihm erhaltene Stück ist seine »Imitacioun anacreountiqua (L'Amour mouillé)«, ed. L. Gaudin, Rev. XVI 29—31.

Poésies Languedociennes de Léon Rouvière (1810—1848 — R) ed. C. de Vallat. Seine Hauptleistung ist eine Travestie des ersten Gesanges der »Aeneide«, Rev. XIX 183—199; 242—251[1]). Zwei kleinere Gedichte sind betitelt: »La Couqueta daou bilache« (la coquette du village) und »Lou Poutou« (le baiser), Rev. XIX 251—252.

Poésies Languedociennes de Guiraldenc (G). Der Herausgeber, A. Roque-Ferrier, hat die Orthographie nach den von der Société des Langues Romanes aufgestellten Gesichtspunkten geregelt. In wertvollen Noten gibt er die handschriftlichen Varianten und Abweichungen vom heutigen Sprachgebrauche. G's Leben war ein unglückliches, und so ist es erklärlich, wenn ein düsterer Zug seine Dichtungen durchweht. Er starb 1869. Die einzelnen Gedichte tragen als Titel: XVII 220—225: Souveni d'una journada de mai. XVIII 90—99: La Masca. XXII 80—88: La Blanda. 89—93: A Madoumaisela. 281—283: A la Mount-Pelieirença. 283—285: Lous nouvels Troubadous *(Serenada)*. 285—288: Lou Poutou. 289—291: Lou Roussignòu.

Der bedeutendste Dichter der neueren montpelliesischen Mundart ist unstreitig Octavian Bringuier (1829—1875). Seine Werke sind es, die dieselbe eigentlich erst zur Literatursprache erhoben haben. Das moderne Patois reichte hierzu vermöge seiner Unfähigkeit, Ideen und Gefühle auszudrücken, allein nicht aus: es mussten daher, sei es aus der mittelalterlichen, sei es aus einer anderen romanischen Literatursprache, neue Wörter entlehnt und nach den für den Dialekt von Montpellier geltenden Gesetzen umgebildet werden, namentlich galt es auch, die Sprache von den zahlreichen französischen Fremdwörtern zu reinigen und sie durch die ungebräuchlich gewordenen echt volkstümlichen Wörter zu ersetzen. O. Bringuier hat beides mit grossem Geschick verstanden, und somit ist seine Bedeutung für Montpellier dieselbe, wie diejenige Mistral's durch Mirèio und Calendau für das Provenzalische der Rhônemündung. Die besten seiner Dichtungen sind in der Revue von ihm selbst, mit französischer Uebersetzung und historischen Notizen versehen, herausgegeben worden, die Orthographie wurde nach dem von der Société angenommenen Systeme, das die Mitte hält zwischen dem etymologischen und phonetischen[2]), geregelt. Es sind die vier folgenden:

1. Prouvença (BP), Rev. I 126—145; 320—333.

Namen und Inhalt erklärt der Dichter selbst in einer Anmerkung: »Nous donons ce titre vague à un travail qui ne fait qu'effleurer les points culminants de notre histoire. Par Provence, nous entendons

---

[1]) Nach der Verszahl wird citiert.
[2]) A. Montel Rev. I 40—41 »de l'Orthographe«.

cette vaste étendue de territoire de France et de Catalogne où notre vieille langue a resplendi et demeure en honneur«. Als Einleitung gibt Ch. de Tourtoulon eine gedrängte Vergleichung der neueren Mundart von Montpellier mit dem Neuprovenzalischen, speziell dem der Rhône (Rev. I 121—125).

2. Un michant rêve (Rev. II 282—289. — BM). Die Heldin, Madalèna, eine ebenso tugendhafte wie anmutige arme Waise von funfzehn Jahren, ist eine der glänzendsten dichterischen Schöpfungen, die Schilderung hochpoetisch, schwungvoll und farbenreich.

3. Lou Roumieu, Legenda dau tems das Comtes de Prouvença (Rev. III 191—204; 360—368. IV 95—111. — BR). Der Dichter geisselt hier die Undankbarkeit der Fürstenhöfe; seinen Stoff entnahm er der Histoire et Chronique de Prouence von Caesar Nostradamus.

4. A. Perpaus de Petrarca (Rev. VI 270—277. — BPe), ein Beitrag zur 500jährigen Gedächtnisfeier Petrarca's, welche 1874 in der Vaucluse veranstaltet wurde.

Es wurden endlich einige Contes Populaires (CP) in den Kreis der Untersuchung gezogen, wie sie von A. Montel im zweiten Band der Revue 290—309 überliefert sind: »Lou pelerinage de la paura fournigueta, lou cami dau paradis«, und, »Lou cant de l'aucelou«.

I. Lautlehre.

A. Vokalismus.

Allgemeine Erscheinungen.

1. Die Accentgesetze.

1) 1. Von den vortonigen Silben bleibt die anlautende in der Regel: *levar* Co₁ 359. 20, *emina* (hemína) Co₃ 461. 14; auch bei Zusammensetzungen mit Präpositionen: *enquerre* T 39. 14, *trametre* Co₄ 359. 15, *acosselhar* Co₁ 365. 12, *descofit* T 367. 20, 368. 15 (de-ex-confectum).

2. Aphaeresis ist in den folgenden Fällen zu verzeichnen:

Bei vokalischem Anlaute: *Millau* 330₂₂ T (Aemiliacum), *botiga* 166. 6 T, *Polha* 339. 36 T (Apulia), *Gili* 119. 22 T, *doncs* Co₃ 459. 20 neben *adoncs* Co₃ 461. 17, *gliea* Co₁ 359. 11 (ecclesia), *pistola* 37. 26 T, *bisbe* 72. 17 T (episcopum), *gien* 281₆ T (ingĕnium), *sa* T 101. 6 (ecce hac), *si* T 416. 25 (ecce hic), *li* (illic) 340. 23 T, fra 116. 13 M (infra), tro Co₃ 457. 6 (intro). Ferner kommen in Betracht die mit *ille* gebildeten Pronomina, der bestimmte Artikel, die mit *ecce* gebildeten Demonstrativa (siehe das Nähere in der Flexionslehre); vor einer Labialis in *bot* (nepotem) 249. 2, C *mergue* (dominicum) in der Zusammensetzung mit dies: *dimergue* G₁ 514. 12.

3. Bei konsonantischem Anlaute fiel der Vokal der 1. Silbe.
vor r: *dreg* T 3. 14 (dirĕctum), *cridar* T 77. 12 (quirītare), *vraye* T 424. 7 (*veracum), *crotle* 332. 26 T (corrotulum).

2) Silben zwischen dem Neben- und Haupttone:
1. a bleibt: *sagramen* Co₁ 359. 6, *pargamin* 95. 14 T, *Sarrazin* 329. 20 T, *meravilha* 412. 2 T, *-atórem* = *adór*: *emperador* 5. 1 C, *demandador* 7. 12 T; hervorzuheben sind die Futur- und Konditionalformen der a-Konjugation: *donaray* T 7. 13, *cargara* 35. 25 T, *juraran* 115. 27 T, *mudaria* 85₆ T; vereinzelt wird für a ein e geschrieben (siehe vortoniges a 11₃). Zweifelhafter Ausfall begegnet in *vaislet* 364. 23 T (*vassalittum?), *comprat* 94₄ M, bei vorheriger Schwächung von a zu e (*comperatum).

2. Die anderen Vokale, gleichgültig ob kurz oder lang, fallen:

ĕ: *obrier* 262. 1 T (*opĕrarium), *derrier* G₂ 312. 8 (de rĕtro + arium), *liourar* 118. 9 M (libĕrare), *trempar* 302. 6 T (temperare); ebenso beim Futur und zweiten Konditionale der latein. dritten Konj. und solchen Verben, die sich ihr angeschlossen haben:
Sing. 1, *requerrai* 50. 5 M, 3. *molra* 281. 29 T, *escoumoura* T 87. 15. Plur. 1. *recebrem* 115. 33 T, *metren* 285. 5 T, Cond. 3. *perdria* 296. 6₁, pl. 3 *metrion* 119. 5 T.

ē: *almorna* Co 485₁₈ (elēmosina), *costuma* G₁₁ 469. 7, *vergonha* 138. 12 T (verēcundia), im Fut. und Kond. der latein. 2.:
Sing. 1. *sabray* 266. 2 T, *poyray* 113. 29 T, 3. *deura* 13. 1 T, *calra* T 182. 32, pl. 1. *tenrem* 17, 14 M, *volran* 9. 14 T, cond. 1. *tenria* 12. 20 M, 3. *deuria* 296. 7 T, pl. 1. *poyriam* 107. 12 M, 2. *comonrias* 39. 9 M, 3. *devrian* 434. 27 T.

ĭ: *ostal* 119. 11 T, *vertat* 470. 7, *segurtat* 17. 14 T, *amistat* 5. 10 T (*amicitatem), *enemistat* 5. 10 T, *mermar* 111. 16 T (minimare), *setmana* 391. 14 T (septĭmana), *donzel* Co₁ 420. 6 (dominicellum).

ī: *mounier* C 225. 1 (molīnarium), *Sauzet* Co₁ 286. 21 (salīcētum), von Futuren der latein. 4. nur in *partray* 250₈, *morra* 29. 22 T, *venran* Co₁ 359.

ŏ: *emblar* 13. 14 T (invŏlare), *colgar* 283. 1 T (collocare).

ō: *onrat* 106₁₀ T (honōratum), *membrar* 107₃₃ T (memōrare), *colzar* 286₂₁ T (colōrare), *laurador* 312. 30 G₁₁ von labōrare, *maynada* 9. 14 T (*mansiōnata).

ŭ: *Monpeslier* Co₁ 364. 31 (Montem Pessularium), *bailon* Co₁ 365. 12 (bajulonem), *rutlar* (rotulare) 100. 20 T, *contar* G₁₁ 312. 1 (computare), *mailhada* 163₄ T (maculata), *jutglar* 142₈ T (jocularem).

ū: *matin* 116. 8 *T* (matūtinum), *nayral* T 129. 1 (natūralem), *aitori* 114. 8 M (adjūtorium).

Das von Darmesteter (*La protonique non initiale non en position*. Romania V 140 ff.) aufgestellte Gesetz kommt also auch im Dialekte von Montpellier zur Geltung.

3. Massgebend für das Bleiben dieser Vokale sind die folgenden Gesichtspunkte:

a) Vermeidung schwer- oder unsprechbarer Konsonantengruppen: *lendeman* Co_1 359. 5, *pelegrin* Co_1 382. 2, *governar* Co_1 365. 3, *sebelir* 330_{16} T, *emperador* C 5. 1, *albirar* 45. 3 T (arbitrare), *corporal* 17. 17 T, *volontat* Co_8 467. 14 — *enfranheray* 1. Fut. 55. 28 M, *conoycheran* 67. 20 T, *pertenheran* 278. 28 T, 3. pl. *creysserian* 164_1 T.

Es ist begreiflich, dass der Vokal in geschlossener Silbe (vor Doppelkonsonanz) in der Regel bleiben wird, weil der Ausfall gerade hier am leichtesten eine schwer sprechbare Konsonantengruppe entstehen lässt, namentlich wenn bereits eine geschlossene Silbe unmittelbar vorangeht. Die Untersuchung, welche Konsonantengruppen sprechbar sind und welche nicht, bleibt einem späteren Kapitel (Konsonanten) vorbehalten.

b) Die im Volksbewusstsein noch lebendige Erinnerung an das Stammwort hindert die organische Entwicklung des Derivativums. atum: *cossolat* 103. 26 T, *acostumat* Co_1 359. 6.

arium: *uzurier* 9. 4 T, *teinchurier* 423_{30} T, antia: *ordenanza* 444. 18 T (von *orden* = órdinem), Verbum *adordenar* G_{II} 312. 1. Itia: *layronessa* Co_8 463. 21 (*layron* = ladronem). iscum: *homenesc* 77. 23 M von *homen* (hóminem), ia: *baronia* 41_8 C.

Ebenso beim Verbum: Vom Infinitiv beeinflusst hat sich der vortonige Vokal erhalten bei den Formen des Futur und Kond. der latein. 4. Konj. und bei den Ableitungen auf mentum, torium, torem: *suffrirai* 55. 29 T, *seguira* 21. 14 T, *elegiran* 45. 12 T . . . (einige wenige den Accentgesetzen folgenden Belege sind bereits unter 2 erwähnt.) — *establimen* Co_1 359. 10, *compliment* 7. 19 T, *cossentiment* 118. 18 T, — *tenedor* 127. 5 Ch, *sabedoyra* 100. 17 T, *fazedoyra* 53. 10 C, — *crezedor* 47. 2 T, *enqueredor* C 356. 1, *elegidor* 116. 23 T.

4. Spätere Bildungen und Fremdwörter, die sehr zahlreich in den Urkunden vertreten sind, entziehen sich den aufgestellten Regeln: *comunicat* 3. 9, *veritat* 89. 1 (neben volkstüml. *vertat*), *calitat* 15. 15, *utilitat* 101. 14, *espital* 117. 3 (neben *ostal*), *nominar* 155. 3 Co_8 (*nommar* 190. 20 T) u. s. w.

3) 1. Nach dem Accente sind alle latein. Paroxytona, deren Stamm auf einfache Konsonanz ausgeht, und deren flexivischer Vokal ein anderer als a ist, zu Oxytonis reduciert worden: so sind die schwachen Infinitivendungen: *ar, er, ir* — *ley* 31. 21 T, *hom.*

5. 26 T, *razim* 294. 31 T; a blieb: *cauza* 5. 19 T, mit der Neigung, sich dem e zu nähern (siehe nachtoniges *a* 11. 2).

2. Geht der Stamm auf mehrfache Konsonanz aus, so bleibt a, die anderen Vokale schwinden, werden aber durch ein Stütz-e vertreten, wenn der letzte der Konsonanten eine Liquida oder Nasalis ist: *vila* 3. 9 T (vīlla) — *art* 7. 16 T, *sal* Co$_1$ 365. 4 (salvum), *mars* Co$_1$ 359. 5 (martis) — *doble* T 41. 28, *issemple* 162. 2 T — *fabre* Co$_1$. 378. 2, *logre* 17. 10 M, *negre* Co$_1$ 383. 21 — *digne* 100. 20, *signe* 107. 9. *reyne* 360. 2 T (regnum).

Auch die Verbindung rr erhielt ein Stütz-e: *ferre* 33. 28, *carre* 389. 22 T, *verre* Co$_1$ 382. 2, *terre* 329. 14 T, welches in jüngeren Urkunden vereinzelt durch Apokope beseitigt wurde: *fer* 369. 16, *tor* 355. 18, 407. 24 T.

Andere Verbindungen zweier Liquiden oder Nasalen kennen es nicht: *dan* (damnum) 27. 11 T, *an* (annum) 43. 20 T.

3. In einer Reihe von Fällen haben sich die nachtonigen Vokale der Apokope entzogen, um entweder auf die betonten einzuwirken, oder mit dem stammauslautenden Konsonanten eine Verbindung einzugehen; es betrifft dies die Vokale i, o, u.

i: *dui* 29. 22, *cui* 5. 21, *lui* 61. 4 T, *fis* (fēci) 57. 2, *quais* 11. 19 (quasi) T, *ilh* (illi) 53. 21 T, *aquilh* 53. 2 T, *tug* 27. 25 T oder *tuch* Co$_3$ 457. 5 (*tŏtti) — o: *iƒu* 5. 25 T (*eo = ego). — u: *Millau* 336. 23 T. Die 3. Pers. plur. Praes. Ind. von *estar* und *aver*: *estaun* 6. 11 M, *stau* 125. 14 M (*staunt), *aun* 6. 10 M (habunt). Weitere Beispiele unter e + u (18. 3).

4) Proparoxytona werden zu Paroxytonis reduciert, und zwar:

1. Durch den Fall der Paenultima, dem auch a in dieser Stellung nicht widerstehen kann, während es in der Flexion bleibt: *gauta* 48. 2 PCl (gabata) — *arma* 33. 9 T (anima), *isla* 29. 1 M (insula). Die übrigen Vokale der letzten Silbe fehlen ohne Ersatz, wenn die vorhergehende Konsonantengruppe sich zusammensetzt aus:

a) Muta + Muta: *net* 301. 20 T (nitidum), *put* 15. 11 T (putidum).

b) Liquida + Muta: *caut* 33. 27 T (callidum), *clerc* 201. 29, *carc* 23$_{14}$ *T* (carricum).

c) k + l in *vielh* Co$_1$ 359. 6. Ferner in Suffixen:

ĭculum: *elh-vermelh* 49. 28, *parelh* 183. 21 T, *solelh* 283. 3 T.
ĭculum: *ilh-perilh* 29. 4 T, ŭculum: *olh-ginolh* 163$_{25}$ T.

d) cr in *far* 3. 14 T, 56. 19 M (*fare = facere), *dir* 19. 20 T (*dire = dicere), *aucir* 17. 17 T (abcidere). Hier machte die früh eingetretene Synkope des stammauslautenden Konsonanten den stützenden Vokal überflüssig.

Dieser wird angefügt:

a) stets, wenn das letzte Glied der Konsonantenverbindung eine Liquida oder Nasalis ist: *poble* 171. 32, *bayle* 53. 11 (bajulum), *noble* 149. 13, *estable* 161. 16 T, auch bei cl, wenn ein Konsonant vorhergeht: *avuncle* 34. 8, *celcle* 274..10 T (circulum), *trayre* 49, 22 T (*tragere), *estruyre* Co$_1$ 359. 14 (*strugere), *paure* 3. 24 T, *autre* Co$_1$ 365. 7, — *faire* (neben *far*) 187. 21 T, *dire* 182. 20, 332. 27 T (neben dir) — *Jacme* 103$_6$ T (*Jacomum = Jacobum) — *ordre* 160. 8, 399. 5 T (ordinem), *timbre* 226. 12 T (tympanum), *jalne* 137. 12 T (galbinum), endlich bei einigen Wörtern auf cl mit vorhergehendem Vokale, die eingedrungen sind, nachdem der Prozess ihrer organischen Entwicklung vorüber war: *segle* 73. 14 T (saeculum), *resticle* 285. 12 T, *miracle* 332. 25 T.

b) auch, wenn dasselbe eine Muta ist, nämlich in Wörtern, die erst in späterer Zeit zu Paroxytonis reduciert wurden. Letzteres beweist die Gruppe rc in *clergue* 19. 26, *canorgue* 27. 13, *morge* 27. 25, *dimergue* 120. 17 T, indem c als zu g geschwächt erscheint. Da diese Schwächung im Hiatus gewöhnlich eingetreten ist, so bestand also der Vokal der vorletzten Silbe, i, noch; als sodann derselbe fiel, bedurfte die Verbindung rg des Stützvokales. Die echt volkstümlichen Formen von clericum sind *clerc* oder *cler* und *clier*, je nachdem c blieb oder fiel (siehe c im Auslaute 66).

c) Den Stützvokal bedingen ferner Kombinationen von Labialen und Dentalen: *deute* 41. 17 T (debitum), *dupte* 17. 30, 25. 30 T (dubitum) — *compte* 3. 12 T, *hoste* 140. 25 T (hospitem), *comte* 103. 27 T (comitem), *malaute* Co$_3$ 456$_9$ (male hábitum). Durch Apokope konnte er wieder beseitigt werden; so reimen bei G *malaut* mit *espitau* (hóspitalem) 226$_{20}$ und mit *mau* (malum) 90$_6$.

d) Stellenweise tritt der paragogische Vokal als zu i — oder besser wohl zu einem Mittellaute zwischen e und i — verschärft auf, beides in Par- und Proparoxytonis: *jutgi* Co$_1$ 435$_{13}$, *usatgi* 116$_6$ Ch, *carri* 322. 23 BP, *libri* 123. 30 T, auch in der Verbalflexion (siehe 124), ohne dass diese Erhöhung Fuss fassen und durchdringen konnte, wie im provenzalischen Dialekte.

2. Wurden sie zu Paroxytonis reduciert, indem der Vokal der Endsilbe fiel, der Vokal der vorletzten aber entweder blieb, oder geschwächt wurde. Der Sturz des Vokales zog nicht selten den der unmittelbar vorhergehenden Konsonanten nach sich.

Die Sprache schlug diesen Weg der Reduktion dann mit Vorliebe ein, wenn durch die Synkope des vorletzten Vokals un- oder schwersprechbare Konsonantengruppen entstehen würden, namentlich nach einer Palatalis oder Sibilans und vor n.

a: *Esteve* 117. 28, *Rose* 357. 4 T, 128. 17 BP (Ródanum), *Lazer* 387. 19 T, *fege* 93. 13 G (*fidicum).

e: *tenher* 49. 22, *destrenher* 63. 25 T — *naisser* 161. 16 T, *creysser* 161. 30, *esser* 7. 20, *cozer* (*cocere = *coquere) 128. 13, *torser*

411$_{24}$ *T* (*tórcere = *tórquere) — *jove* 133$_{11}$, 339. 23 T — *archangel* 323. 17 und mit Erhöhung von e zu i unter Einfluss der vorausgehenden Palatalis: *angil* 379. 34, *angils* 161. 23, 413. 16 T.

    i: *homen* 117$_2$ M (hóminem); die jüngere und gewöhnliche Form ist *home* 19. 26 T ... *áser* 407. 5 (asinum) neben *áze* 226. 20 T, *verge* Co$_1$ 456. 11, *orre* 379. 17 T (hórridum), *orde* 43. 26 T, *emage* 464. 17 Co$_1$ und mit Erhöhung zu i: *imagi* 430. 10 T, *lume* Co$_1$ 483$_9$; unter dem Einfluss einer vorhergehenden Labialis wurde e zu o verdumpft in *colpaol* 35. 9 T (culpabilem), *movevol* 11. 14 T. Selbst gelehrte Wörter fügen sich der Regel, halten aber i fest: *sendic* 225. 2 C (sýndicum), *public* Co$_1$ 359. 11 (publicum).

    o ist geblieben in *apostol* 161. 26, 283. 3 T, zu e geschwächt: *avesque* 21. 7, *diague* 373. 12 T (diaconum), gefallen in *con* Co$_1$ 359$_2$ (quomodo) — *cum* 114$_1$. 136$_{20}$ T.

    u: *titol* 118. 12, *pobol* 3. 7, *tremol* 342. 14, 290. 4, *discipol* 123$_{84}$, *capitol* 123. 34 T, e: *capitel* 391$_8$ T, *fólzer* 388. 21 T (fulgurem), *quáter* G$_{11}$ 312$_1$ (*quatter = quatuor).

    War der Vokal der letzten Silbe aber a, so musste er unter allen Umständen bleiben, so dass in diesem einzigen Falle die latein. Proparoxytona erhalten sind: *lagrema* 399. 8 T, *vergena* 455. 4 Co$_3$, *cedula* 355. 26 T, *femena* 17. 5 M, *femina* 119. 5 M, später durch Kontraktion *femna* 352. 16, 441. 22 T, *fenna* 394. 26 T; sekundär, eine Angleichung an die a-Deklination, ist das a in *ymagina* 80. 4 Cl, *emagina* 441. 3 T.

    Anmerkung: Zuweilen verkörpert ein und dasselbe Wort beide Reduktionsmethoden:

    catre — quater; homme — homen, home; ordre — orde; bisbe — avesque ... Man sieht, wie sehr die Sprache an die Gesetze des Wohlklanges gebunden ist: Beide Entwicklungswege genügten denselben in diesen und ähnlichen Wortformen, und so konnten beide eingeschlagen werden.

    5) Die tonlosen Vokale im primären (latein.) Hiatus. In Betracht kommen i und u; e assimilierte sich dem i.

    Die Sprache in ihrer organischen, echt volkstümlichen Entwicklung geht dem primären Hiatus soviel als möglich aus dem Wege. Die späteren Bildungen und die gelehrten Wörter freilich scheuen ihn nicht; denn als sie aufgenommen wurden, war der Prozess der Hiatustilgung bereits vollendet. Somit sind die verschiedenen Mittel ins Auge zu fassen, die zur Beseitigung des Hiatus Verwendung fanden:

    1. Gänzlicher Ausfall ist Regel

    1) bei i nach einem stimmlosen Zischlaute, dem ein Konsonant vorherging, während bei vorhergehendem Vokale i sich auch mit demselben verbinden bez. auf ihn einwirken konnte.

a. In vortoniger Silbe: ationem *-azon* : *razon* 7. 1, *sazon* 57.16, *mudazon* 35. 20 T, itionem *-ezon* : *vendezon* 33. 23 T, itionem *-izon* : *partizos plur.* 355. 1 C. — *alsar* 6. 31 M (altiare), *crosat* G_{II} 314. 19 (cruciatum), *Prohensal* Co_1 380. 12 (Provincialem), *atuzar* 391. 31 T (zu titio), *empezar* 286s T (zu picem), *encaussar* 115. 20 T (*incalciare). Gelehrte Wörter hielten das i: *oration* 19. 1, *collation* 107. 35. T, *condicio* 514. 1 G_1, *vendition* 77. 18 T — *denunciar* G_{II} 322₂₇, especialmens Co_1 359. 10, *essien* 278. 7 T (scientem) u. s. w.

b. Nach dem Accente; entia *-enza* : *conoissenza* 33. 17 M, *presenza* 118. 19 M, *auzensa* 6. 24 M, antia *-ansa* : *esperansa* 107. 8, *ordenansa* 161. 1 T, *balansa* G_{II} 315. 9, itia *-eza* : *forteza* 38. 3 M, *longueza* 35. 6 Cl, *egaleza* 41. 18 T; itium hat dagegen das nachtonige i erhalten, welches zugleich das betonte ę zu i erhöhte: *servizi* 3. 19 T, *ufizi* Co_1 365. 10, *jusizi* 25. 19 T, — aceum *-as* : *femoras* 58. 1 T. Andere Belege: *fransa* 106. 10, *Proensa* 333. 18, *onsa* 128. 17, *ters* 29. 24 T, *plassa* 203. 16 T (*platea), *graça* 93. 21 G, *pessa* C 23. 1, *pres* 9. 11, *las* (*lacium statt laqueum) 145₈, *bras* (*bracium = brachium) 369. 15 T, eine Reihe von Konj. Praes. *leza* 19. 21, *fassa* 3. 9 T, *plassa* Cos 475. 5, *iassa* 180. 6, *noza* 153. 6 T. Allen diesen volkstümlichen Bildungen stehen auch hier eine grosse Anzahl von Fremdwörtern zur Seite, u. a. *licensia* 276. 23, *apparensia* 63. 10, *justizia* 5. 9 T, *gracia* 7. 5 T, *pecia* 8. 1 M.

2) Vereinzelt fiel i (e) auch nach anderen Konsonanten: *Jorgi* 2.3 Ch (Georgium) — *paret* 23. 14 T (parietem) — *camiza* 143. 12 T (camisia), *Danis* 353. 24 T.

3) In anderen Fällen ist i zwar ebenfalls beseitigt worden, nicht jedoch ohne vorhergehende Einwirkung auf den betonten Vokal: *cuer* 285. 1 T (cŏrium), *Melguer* 21. 9 T; in den Suffixen arium und ěrium, deren echt volkstümliche Form als *ier* erscheint; *mascip* 2. 9 PCl (mancipium).

4) u ist gefallen in *febrier* 100. 24 T (februarium), *dotze* 120. 23 T, *lenga* 87. 20 T; in *lengua* 353. 19 T findet sich zwar noch u geschrieben, in der Aussprache aber wird es in diesem Falle stumm gewesen sein (man vergl.: *Leys d'amors* I. 20).

2. Der unbetonte Vokal im Hiatus schützte sich vor dem Ausfall dadurch, dass er von dem Vokal der vorhergehenden Silbe, namentlich wenn dieselbe eine offene ist, afficiert wurde. Der vorhergehende Konsonant kann sein:

a) r: vortonig ariata = *airada* : *cartayrada* 19. 4 Ch, *sestayrada* 14. 1 Ch, arionem = *airon* : *cartayron* 256. 4 C, *Calvayron* Co_1 423. 3, ariacum = *ayrac* : *Vayrac* Co_1 419. 25; nachtonig: aria = *ieyra* : *carieyra* 36. 3 C, *manieyra* G_1 516. 11, ōria = *oyra* : *sabedoyra* 100. 17 T, *vayra* 142. 20 T, *mueyron* (*mŏriant) 353. 33 T; gelehrt ist *memoria* 20. 1 PCl.

b) n: Uebertritt von u in *teuneza* 4. 8 PCl (*tenuïtia). Dagegen ist den wenigen hier in Betracht kommenden Fällen mit i eine volkstümliche Entwicklung abzusprechen: *domayne* 333. 2 C, *fontayna* Co₁ 396. 22; französischer Einfluss wird anzunehmen sein.

c) d, welches vor i synkopiert wurde: *puiar* 81. 23 T (pŏdiare), *Poiet* 103. 1, 104. 3 M. — *joia* 145. 8 T (gaudia), *enveia* 187. 16 T (invĭdia), *puey* 149. 1 T (pŏdium), *mieia* 128. 16 T (mĕdia), *huey* 101. 26 T (hŏdie); vor u hat es sich in diesem Falle zum stimmhaften Sibilanten geschwächt: *veuza* 418. 18 T (vĭdua).

d) s: *mayzon* 27. 20 T, *ocaison* 102. 16 M, *baissar* 6. 3 M, *meysso* 347. 1 T (messionem), *preizon* 33. 4 M, — *glieyza* Co₃ 424. 11, *palais* 106. 29 T, *malvays* 438. 10 T, *Girvais* 21. 4 M; gelehrte Bildungen dulden den Hiatus: *mession* 25. 28 T, *possession* 5. 16 T, *confession* 25. 22 T.

e) eine Labialis: *sai* (sapio) 62. 21 M. — Metathese von u nach p begegnet in den starken Perfektbildungen von *saber* (*sapĕre) und *recebre* (recipere) (siehe Flexionslehre 144) — *deia* 45. 4 M (debeat), *deion* 473. 17 G₁, *roia* Co₁ 388. 10 (rubea); ferner eine Anzahl von Formen des Konj. Praes. von *aver:* sing. 1. *aia* 107. 6, 3. *aia* 3. 21 T, pl. 2. *aiatz* 9. 9 M, 3. *aion* 33. 4 T, ... *plueia* 272. 16, 332. 15 T (*plŏvia).

f) eine Gutturalis: *essai* 299. 26 T (exagium).

Anmerkung. Die durch die Affektion von *i* entstandenen Diphthonge oder Triphthonge sind oft zu Monophthongen oder Diphthongen reduziert worden. Das Nähere ist unter den einzelnen Vokalen angeführt.

3. *i* und *u* nahmen konsonantischen Charakter an.

1) i wurde zu j und schloss sich als solches an den vorausgehenden Konsonanten an, indem es sich einem r assimilierte, l und n erweichte: *corratier* G₁₁ 322. 25 (corium + attum + arium), — *melhor* 103. 33 T (meliorem), *pabalhon* 160. 31 T (papilionem) — *filh* 383. 7, *orguelh* 161. 23 (*orgŏlium), *fuelha* 146. 15 T — *senhor* 27. 8, *estranhada* 13. 26 T, *Calvinhac* Co₁ 385. 19, — *engenh* 7. 17, *Cataluenha* 348. 5 T, *vergonha* 138. 12 T.

2) u konsonantierte zu v: *janvier* 114. 38, 130. 24 T. In den Perfekten der 3. starken Konjugation hat dieses aus u entstandene v die Behandlung eines deutschen w gefunden (siehe 144).

4) Der konsonantische Laut des i schloss sich nicht an den stammauslautenden Konsonanten an, sondern entwickelte sich selbständig, teils zur palatalen, teils zur velaren Gutturalis. Der palatale Laut wird im Anlaute gewöhnlich durch j bezeichnet: *jorn* Co₁ 359. 5, *Jeromme* 323. 18 T (Hieronymum), selten ist i gedruckt: *iorn* 170. 5 T. Im Inlaute wechseln g und j: *orgier* 209. 3 C (hordiarium), *Poget* 105. 2 M (zu pŏdium), *megan* 474. 22 T (medianum), *conget* 452. 7 T — *greuge* 27. 3 (*grevium), *galge* 165. 19 (vadium), *assetge* 329. 13 (*adsedium), *miega* 128. 16, *tremuega* 282. 22 T (von mŏdium) —

pojar 344. 7 T (podiare), *sarjan* 349. 24 T (servianum), *Gaujosa* 69. 2 M, *Orjaria* 9. 1 PCl (*hordiaria), *mejan* 254. 5 T, *assetjar* 339. 8 T, *sounjù* 221. 32 G (somniare) — *plueja* 332. 15 T, *estranja* 93. 6 G, 9. 120 Rou *eveja* (invidia), 2. 67 Rou *mieja* 195. 17 BR; auch im Konj. Praes. von *aver* mischen sich Formen mit g und j: sing. 2 *agas* 10. 6 M, 3. *aja* 101. 30 T, plur. *agon* 156. 11 T, *ajon* 202. 19 T. Wie im Anlaute ist auch hier vereinzelt i gesetzt worden, und zwar in einigen Belegen aus dem Thalamus; *meian* 172. 2 T, *greuiar* 27. 4, *comiat* 43. 20, *oriaria* 271. 30, 290. 4, ohne dass an der palatalen Aussprache zu zweifeln ist[1]). Im Auslaute überwiegt in den Urkunden g: *pueg* 46. 3 Cl, *mieg* 47. 6 Cl, *estrang* 111. 4 T, seltener ist gh: *muegh* 395. 16 T, oder ch: *miech* 424. 25. Die neueren Denkmäler stellen ihn, dem Stärkegrad eines auslautenden Konsonanten entsprechend, durch ch (č) dar: *pioch* 195. 12 BR (pŏdium), *mioch* 199. 7 BR, *gauch* 234. 1 Fi.

Die Entwicklung des i zur velaren Gutturalis kennen nur die Formen des Ind. Praes. 1. sing. und Konj. Praes. bei gewissen Verbis, deren Stamm auf n ausgeht. Zuweilen ist, um die »rein gutturale« Aussprache auch für das Auge hervortreten zu lassen, nach g ein u eingeschoben. Oder dürfen wir in diesem u eine Weiterentwicklung des g, dem Catalanischen und Spanischen entsprechend, erblicken?

Ind. Praes. 1. sing. *tenc* (teneo) 290. 1 T, *convenc* 53. 3 M, — *conveng* 21. 4 M (daneben *conven* 58. 1 M, *manten* 105. 10 M). Konj. Praes. sing. 3. *tengua* 29. 3, *contengua* 107. 3 T, *vengua* 23. 10 T, *somonga* 7. 15 M, *retenga* 11. 23 T, *permanga* 69. 18 T, *prenga* 51. 2 T (daneben *sortenha* 144. 28 T, *remanha* 41. 7 C), plur. 3. T, *tengon* 47. 15, *pertengon* 51. 13, *prengon* 53. 5, *permangon* 17. 7.

6) Die Sprache hat in manchen Fällen den tonlosen Vokal erhalten; es handelt sich indessen in der Mehrzahl der Belege um spätere Bildungen, die zu einer Zeit entstanden, in der die tonlosen Vokale bereits die Wirkung der Accentgesetze erfahren hatten.

1. Hier kommen vor Allem die zahlreichen latein. Proparoxytona mit der Endung ium in Betracht. Als sie dem Sprachschatze einverleibt wurden, waren nachtoniges u und m bereits verstummt, und so konnte i als reiner Vokal bleiben. Dementsprechend erscheinen die späteren Bildungen mit den Suffixen arium, ĕrium, orium, als *ari*, *eri*, *ori*; *clavari* 166. 1 T, *contrary* 202. 17 T, *bestiari* Co₁ 365. 21, plur. *mercennaris* 35. 17 T, — *cimeteri* 330. 16 T, *aitori* 114. 8 M, — *juli* 177. 6 Ch — *evangelis* 33. 19 M, *prevelegis* 21. 24 T, — *Antoni* Co₁ 384. 11, *genni* 99. 5 M (ingĕnium), *lanis* 49. 22 T — *siri* 400. 24 (cĕreum), *propri* 111. 3, 55. 23 T — *Gili* 119. 22, *remesi* 33. 9,

---

[1]) Man muss sich hier nur die Frage vorlegen: Was berechtigte denn die Herausgeber des Thalamus, die Unterscheidung von i und j zu treffen? Ein palaeographischer Grund für dieselbe dürfte schwerlich vorhanden sein; sie verdient also auch als einer willkürlichen, den Handschriften fremden, keiner weiteren Beachtung.

ordi 128. 34 (hordeum), *gazi* 5. 22 T oder *guadi* 5. 14 M (vadium) — *ufizi* Co₁ 365. 10, *juzizi* 25. 19 T, *negossi* 20. 4 PCl, *Bonifazi* Co₁ 378. 8, *vicis* 161. 23 T (vïtios) — *savi* 102. 26, *dolovi* (diluvium) 424. 24, *cambi* 77. 12 T. Seltener erscheint i zu e getrübt: *aitore* 103. 8 M, *servise* ·257. 23, *office* 192. 34 T, *albire* 18. 26 PCl, plur. *aitores* 105. 7 M, *evangeles* G₁₁ 469. 6, *previleges* 164. 25 T.

2. Auch wenn der folgende Vokal in der sprachlichen Entwickluug blieb, also unter dem Accente, und in der Endung als a, findet sich i oft erhalten, namentlich nach einer Labialis und nach r. Indessen sind die anzuführenden Wörter mehr oder minder unvolkstümlich.

a) in vortoniger Silbe, nach Labialen: *cambiador* G₁₁ 312. 7, *Capion* 18. 64 PCl, *derrapiar* G₁ 516. 11, *recipiám* 1. pl. Konj. Praes. 109₆ T, *Servian* Co₁ 359. 4, *greviar* 378. 20 T. Die Komparative *levior* 110. 5 und *grevior* 110. 6 T; nach *r* in *curial* 3. 15 T, *Auriol* Co₁ 382₅, *memorial* 1. 13 Cl, *muriamen* 111. 8 T; nach *t* in *crestian* 27. 17, 329. 4 T, *celestial* 162. 17 T, *questio* 136. 4 C.

b) nachtonig vor a: nach Labialen in den Konjunktivformen *sapia* 13. 19 T, *percepia* 103. 16 T, pl. *recepion* 91. 11 T, *plevia* 63. 1 T. Bei den Substantiven *vendimia* 295. 26 T, *guabia* 457. 11 T (cavea?), *bestia* 118. 3 T und ähnlichen kann man zweifelhaft sein, ob nicht eine Einwirkung des Suffixes ia anzunehmen sei. Hiervon, sowie von einigen Verbalformen abgesehen, erscheint i vor einem Vokale nur in Ableitungen; wieder ein Beweis für die Richtigkeit des bereits ausgesprochenen Satzes: **Der volkstümlichen Sprachentwicklung in unserer Mundart ist der primäre Hiatus zuwider.** Sie tilgt ihn daher; über das Wie? entscheidet der vorhergehende Konsonant: fiel derselbe, so verband sich i mit dem Vokale der vorhergehenden Silbe, blieb er, oder fiel er erst nach der Konsonantierung des i zu j, so fiel i nach einer stimmlosen Sibilans und mit Einwirkung auf den betonten Vokal, in Proparoxytonis auf ium, trat in die vorhergehende Silbe über nach r und s (stimmhaft oder stimmlos), wenn der folgende Vokal blieb, verband sich mit l und n zum son mouillé, mit den übrigen noch nicht erwähnten Konsonanten zur gutturalen Palatalis (vereinzelt sogar nach n) und erhärtete sich in gewissen Verbalformen zur velaren Gutturalis.

3. u blieb nach dem Tone in *continu* 125. 5 T, plur. *continus* 83. 26, 125. 30 T, als o in *vezoa* 41. 8, 399. 9 T, *Jenoa* 333. 3 T (Genua) (freilich ist auch hier u zu sprechen — siehe unter *ρ* 26.), vor dem Tone erscheint es in den Ableitungen *victual* 347. 2 C, *perpetual* 183. 3 C, ferner als Halbvokal in *januier* 11. 6 Cl (neben *genoyer* 160. 7 T), *estatuem* Praes. Ind. 1. pl. 177. 8 T, endlich mit Uebergang zu i in *siau* 94. 30 G (suavem).

7) Gerade die Behandlung der tonlosen Vokale im primären Hiatus lässt die Wörter, welche den Urstock der Sprache bilden und die, welche erst später derselben zugeführt wurden, einander gegen-

übertreten. Man vergleiche nur die folgende Zusammenstellung:
julh — juli, gatge — gaxi oder *guadi, sarjan — servian, gien,
genh — genni, bareg — prevelegi, veuza — vezoa;* von Suffixen:
ier — ari, ier — eri, or — ori. Allein auch die echt volkstümlichen
Wörter haben nicht immer in derselben Wortform dieselbe Behandlung gefunden, indem es die Sprache liebte, stellenweise verschiedene
Entwicklungswege einzuschlagen: So kennt der Konj. Praes. von *aver*
neben Formen, in denen b frühzeitig gefallen und hierdurch i mit
dem Stammvokale zu einem Diphthong verbunden ist, solche, in denen
sich das b so lange hielt, bis i konsonantierte und sich zur Palatalis
verstärkte.

ß) **Sekundärer Hiatus**, herbeigeführt
1. durch **Zusammensetzung**: Hier ist nichts besonderes
zu sagen: der Hiatus wird getilgt durch Elision des ersten Vokales:
cubert 368. 23 T, Part. Perf. zu *cubrir* = *cooperire — dont* 7. 2 T
(deunde), *dins* 41.3 (de-intus), *davan* 3.18 T (de abante); abweichend
blieb das e der Praeposition als stimmhafte Palatalis in *jusques*
188. 34 T (de usque + adverb. s.), womit *jorn* = *diurnum* zu vergleichen ist.

2. durch die **Synkope** von Konsonanten[1]) wird **geduldet**:
maon 112. 26 T eine Kontraktion aus *mansionem*, *piatge* 239.10 T
(pedaticum), *aost* 57. 23 T (augustum), *autreant* 75. 5 T (auctoricantem)
— *coa* (*cōda) 407.8, *proa* 13.8 T (probat) —, ja, wird in der
Schrift noch hervorgehoben durch das Vorsetzen eines *h*: *ahost* 347. 7,
472. 16, *coha* 269. 26, *prohat* 15. 11, *Prohensa* 352. 25 — T.

Während nun beim primären Hiatus die Tilgung Regel ist, hat
die Sprache sie hier nur vereinzelt eintreten lassen, und zwar:
a) durch **Synärese** in *age* 411. 23 T (*aetaticum — e — age,
a — age), *maistre* 118. 25 M, 11. 5 Cl .. neben *maestre*, zugleich mit
Accentverschiebung. Will man direkte Verschiebung annehmen und
einen Typus *mágister zu Grunde legen, so würde die Quelle des i
die stimmhafte Gutturalis sein. Mit Rücksicht auf die erwähnte Nebenform ist indessen die erstere Erklärung vorzuziehen.

Belege aus den neueren Texten: *rèina* 130. 6 BP, *pòu* 222₂₄ G
(pavorem — *pau-or* — *po-oú* —) und mit Accentverschiebung
pòou oder *pòu*). Die Synärese ist in der modernen Periode durchweg beim Suffix ia erfolgt, nach zuvoriger Schwächung des nachtonigen a zu e: *fouliè* 96. 5 fi, *malautiè* 222. 25 Gui, plur. *fouliès*
Rou X, *fripounariès* 97. 13 Fi. Die Schwächung von a zu e ist hier
auch den Urkunden nicht fremd: *fustarie* 54. 5 Cl, *senhorie* 3. 4 Cl,
capellanie 3. 5 Ch, *notarie* 121. 1, *companhie* 122. 25, *draparie* 99.13 T,
baylie Co₁ 435₁₄, *Marie* 482s III, in Urkunden aus dem 14. Jahrh.,
ob aber schon zu dieser Zeit die Accentverschiebung von i auf e erfolgte, ist zum mindesten zweifelhaft.

---

[1]) Die folgenden Bemerkungen betreffen zum Teil auch den betonten Vokal.

Geschichtliche Entwicklung der Mundart von Montpellier (Languedoc). 21

Eine ähnliche Erscheinung im II. Kond. und Imperf. Ind. der II. und III. Konj. übergehen wir an dieser Stelle[1]).
b) durch **Aphärese**: *hurous* Rou IX 26, *malhurous* Rou IX. 14 (Ableitungen von augŭrium).
c) durch **Einschiebung eines Konsonanten**, sehr selten: v in *glavi* 359. 6 T (gladium); r in *sarentras* G_1 516. 19 (ecce hac in trans).

2. Elision von Vokalen.

9) Nach der Schrift zu urteilen ist die Neigung, den Hiatus zwischen zwei Wörtern durch die Elision zu beseitigen, nur gering. Dieselbe kann eintreten z. B.: *l'ostal* 119. 11 T, *l'us* 3. 22 T, *l'autre* 22. 2 C, *s'arma* 33. 8 T, notwendig, selbst gewöhnlich, ist sie indessen nicht: *sa honor* 33. 9, *la una* 13. 6, *lo us* 166. 9, auch wenn beide Vokale identisch sind: *la appellation* 27. 2 T, *la aministracion* 5. 27 T, für die Aussprache muss aber auch in diesen Fällen die Elision angenommen werden. — Einige Texte suchen diesen Hiatus zuweilen durch die Einschiebung eines d zu beseitigen:
M *que-d-a* 33. 3, *que-d-apellat* 62. 23, T *que-d-aurie* 233. 12 T, das sich auch, wie dieses inlautend zwischen Vokalen Regel ist, zum stimmhaften dentalen Schleifer schwächen konnte: *que-z-a* 30. 2 M, *que-z-ieu* 11. 1 M, womit die neufranz. Umgangssprache bei *parle-s-en*, *pren-s-en*, *quatre-s-yeux* . . . zu vergleichen ist.

3. Hinzufügung von Vokalen.

10) 1. **Prosthese** des e vor einem s impurum ist gewöhnlich eingetreten: *Esteve* 117. 28 T, *estam* 285. 17 T, *estopa* 273. 14 T . ., selten wurde es zu *i* erhöht, oder besser, wurde das *i*-haltige *e* als *i* in der Schreibung ausgedrückt: *istarai* 116. 11 M, *yste* 172. 21 (3. s. Konj. Praes.), *ystat* 172. 22, *istat* 175. 2 T.

Durch **Aphärese** konnte e wieder fallen, indessen zeigt sich dieselbe nicht häufig: In den älteren Urkunden kaum: M *stau* 125. 14 (*staunt); die Cout. bieten kein Beispiel, die ältesten Et. nur *scrig* 100. 27, 117. 31, wo e zur Beseitigung des Hiatus fiel: *sobre scrig* 100. 27, *enfra scrig* 117. 31 T . ., häufiger in den jüngeren: abgesehen von den Eigennamen *Steve* T 159. 14, 355. 29, *Co*1 378, 9, 423. 4 . . . und Fremdwörtern, wie *speceyre* G_{II} 323s, *specialmens* C 18. 4, *scriptura* Cl 1. 10, *sperit* 28. 2 Cl, *sperital* 409. 28 T, namentlich in ächt volkstümlichen, ohne dass ein Vokal vorherzugehen braucht: *stat* G_{II} 186. 23, *scrieure* 1. 17 Cl, T: *scudier* 186. 23, *stada* 196. 30,

---

[1]) Wir bemerken, dass lautliche Erscheinungen, die ausschliesslich Flexionssilben betreffen, in der Regel im 2. Hauptabschnitte (Flexionslehre) erörtert werden.

scabel 465.25 (scamnellum), *spondieyra* 424.29, *stet* 3. Perf. 398.5. — Die Analogie riss sogar das e einer Vorsilbe hin bei *scobat* 9.1 Cl (*excolpatum), *sturment* 196. 32 T (instrumentum).

Immerhin ist die Neigung, dies e zu beseitigen doch nur eine vereinzelt wirkende geblieben. Die neuere Mundart hat ihr keinen weiteren Spielraum gegeben, vielmehr das prosthetische e festgehalten: *espaza* 103.17 BR, *estima* III, 21 Rou ...

2. Epenthese eines e findet sich manchmal zur Beseitigung schwer sprechbarer Konsonantengruppen verwandt: *sepetémbre* 323.1 T, *véspera* 426. 8 T, *canónegue* 78. 18 M, *deceberai* 101. 2 M, i in *merímar* 110. 5 T. für *mermar* 27. 5, 45. 5 T (minimare), abgesehen von euphonischen Gründen e in *menes* 3. 10 PCl statt *mens* (*menespreza*), *senes* (sine + s) statt *sens* M 34. 6, 99. 9 — *sanes* 98. 9 M. i: *meteissa* 156. 5 T, für regelmässiges *meteissa* (ebenso u in *metueus* 431. 18 T für meteus), *establiem* 1. pl. Praes. Ind. 115.9, 117. 31 T. Von allen diesen Fällen ist wohl das Setzen von i und u nach gewissen Konsonanten und vor gewissen Vokalen zu trennen. Die Epenthese ist hier weiter nichts, als ein graphisches Mittel, um die Natur des Konsonanten auch in der Schrift hervortreten zu lassen. Konsequent durchgeführt ist sie aber nicht. _ i steht selten in Verbindung mit lh oder ll zur Bezeichnung von l̃: *mieilh* 275. 33 T, *molhier* 139. 3 C, *fillia* 97. 1 M, *vieill* 117. 28 T, mit nh zur Bezeichnung von ñ; *senhior* G₁₁ 515. 22, *estranhia* G₁₁ 514. 1, *destrenhier* 166. 25 T — *companiha* 468. 27, *anihel* 240. 5, *senyhor* 430. 11 T; nach g als reiner Parasit in *congiet* 379. 9 T neben *conget* 452.7 T, selten nach ch (č): *dichia* 513.28 G₁, *empachiar* 514. 2 G₁, *ostatgia* 432.5 T. u findet sich manchmal vor e oder i zur Bezeichnung des rein gutturalen Lautes: *porgue* G₂ 318.17, *clergue* 38. 3 C, *dimergue* 120. 17 T, *diague* 373. 12 T — *loguier* 73. 23 T, *preguieyra* 106.11 T, *Balaguier* Co₁ 384. 24.

3. Paragoge: Die Urkunden hängen in einigen Fällen, gewiss aus Analogie zum Stütz-e, ein unorganisches *e* an den Stamm: *sangte* 11. 14 M (sanctum), *benezette* 161. 21 T, *vraye* 424. 7, *dicte* 194.10, *acte* 187. 8. Grössere Wirkung übte die Analogie in der neueren Mundart: *crime* 102.29 fi, plur. *crimes* 105.1 fi, *triste* 91. 6 G, *mounde* 112. 9 Fi, *embe* R 337 und *enbe* R 327 (*apum für apud), *ounte* (unde) G 221.14, mit Apokope *ount* G 221. 35. — a in *couma* 1.39 Rou. Diesen paragogischen Fall kennen bereits die Urkunden: *coma* 159. 3 C, *comma* 468.25 G₁₁ für älteres *com* oder *con* (quomodo). — Andere Wörter mit einem paragogischen Vokal werden in der Flexionslehre begegnen. Stammeserweiterung durch i kennen die 3. s. Ind. Praes. *vay* 461. 8 T, *estay* 172. 22 T. — *vey* III 57 Rou, *crey* III 45 Rou.

A.

11) Die Aussprache des a ist eine sehr offene und neigt zu ę hin. In der Schreibung wird zwar die etymologische gewöhnlich bevorzugt, in manchen Fällen aber auch der Laut vom Schreiber geradezu als e gefasst. Die Thatsache, dass sich die letztere in betonter Silbe seltener, nach und vor Allem vor dem Accente dagegen häufiger findet, lässt vermuten, dass das betonte a nicht so offen war und dem reinen (neutralen) Laute näher stand als das unbetonte. Im Einzelnen erscheint e für a:

1. unter dem Accente vor l in *tel* 193.21 T, *tinel* 379.11, 467.14 T, *quel* 412.9, *fiel* 301.20 T, vor n: *sen* 300.9 T (sanum) *en* (annum) 185.6 Ch, *Ytalien* 396.33 T; vor t: *conget* 452.7 T, *donet* 452.7 T part. perf. Dass die Orthographie in diesen Wörtern von der französischen beeinflusst wurde, ist um so unbedenklicher anzunehmen, als sie in Urkunden enthalten sind, von denen die ältesten aus der zweiten Hälfte des 14. Jahrhunderts stammen. Ein früherer Beleg ist *peilla* 13.3 PCl (13. Jahrh.), ein charakteristischer aus der Neuzeit die Form *ten* (tantum) R 150.

2. nach dem Accente hat e in der Paenultima der latein. Proparoxytona völlig die Oberhand gewonnen: *Esteve* 117.28, *Rose* 357.4 T (Ródanum), *Laser* 387.19 T, und besteht noch heute: *Rose* BP 128.17. Anders in der Endung der Wörter, welche die 1. Deklination ausmachen. Der flexivische Vokal blieb bis heute bestehen: *obra* 3.7 — *causas* 5.19, *costumas* 3.3 T. Indessen ist die Neigung, denselben zu schwächen, in den Urkunden sowohl wie in den neueren Texten nicht zu verkennen, und wenn sie auch heute in Montpellier selbst nicht mehr zum Ausdruck gelangt, so ist sie doch in der Umgebung noch jetzt nicht verschwunden (s. Rev. d. l. r.). Am seltensten begegnet sie in den ältesten Urkunden: M *carte* 124.16, *terre* 8.8. Der Teil des Thalamus, welcher dem 13. Jahrhundert angehört, enthält an Belegen: Cout *nature* 15.13, *malafache* 19.24, *teules* 23.18, *leudes* 27.24, Et *notarie* 121.1, *companhie* 122.25, *draparie* 99.13, *aventure* 136.10. Häufiger ist sie in den Urkunden aus späterer Zeit: T *baronie* 187.24, *cause* 197.12, *ville* 198.7, *fiance* 263.2, *libre* 269.29 — *Aygues* 199.17, *armes* 349.24 T, C *cartes* 348.1, *religioses* 28.2, Cl *bulle* 2.3, *senhorie* 3.4, *fustarie* 54.5, Ch *capellanie* 3.5 — pl. *capellanies* 1.14 (sogar die gewöhnliche Form in diesem Texte), *Blanquarie* 80.2, *cartayrade* 151.4, Co₁ *baylie* 435.14.

Dass auch die Umgegend, wie heute, schon im Mittelalter die Neigung des a, sich zu e zu schwächen, kennt, zeigen zwei von dem Abbé L. Vinas edierten Proklamationen: die eine aus Assas (Rev. I 97) aus dem Jahre 1483 duldet e neben a: *persona-e, licensa-e*; in der anderen, betitelt »Crides de la court de M. de Lauzière« (1610)

(Rev. I 201) findet sich nur e: *Marie* 202. 8, *terre* 205. 16, *armes* 205. 20 . . .

Wie gross nun immer die Neigung gewesen sein mag, a dem e zu nähern, die Herrschaft des a in dieser Stellung ist heute begründet und damit dem Dialekte von Montp. vor allen übrigen neuprovenz. Mundarten ein altehrwürdiges Aussehen verliehen.

3. in vortoniger Silbe war a sehr offen, und so lässt es sich erklären, dass es hier am verhältnismässig häufigsten durch e vertreten ist, namentlich vor Nasalen und Liquiden: *benhar* 423. 13 T (von balneum), *embaishador* 117. 18 T (von *ambaxus), *condempnat* 176. 2 C; bei der Vorsilbe trans: *trespassar* 197. 24 T, *tresportar* Ch. 1. 10, *trebalh* 103. 17 T, *tremetre* 463. 16 T, — nach n: *monestier* Ch 108₁; vor r: *Bertolmieu* 79. 3 PCl, viel häufiger als *Bartolmieu* Ch 176. 2; nach r: *sagremen* 214. 1 C neben *sagramen* 219. 3 C; auch im Futur und 2. Kond. T: *gardera* 195. 18, *absentera* 79. 1, M: *vederai* 59. 11, 101. 13, *ajuderai* 119. 8, *donera* 5. 10, *fera* Cos 455. 17; ferner nach č und ǧ: *chevalier* 187. 23 T, *bachelier* 434. 18 Co₁ (bachalier 176. 15 T), *genoyer* 160. 7 T; nach diesen Konsonanten konnte die Erhöhung sogar das höchste Mass erreichen: *bachilier* T 170. 20; i steht ausschliesslich in *chi* (canem), nur aus neueren Texten belegt, so BP 140. 4 im Reime mit dem Infinitiv *ligì*, plur. *chis* R 644 ⌣ *peis* (*pagésem), eine Ableitung ist *chiničì* 322. 24 BP (caniculum). Massgebend für die Annäherung von a zu e ist namentlich ein folgendes i, dem sich a zu assimilieren suchte. An dieser Stelle kommt das i in der folgenden (betonten) Silbe in Betracht: *peis* BP 142. 21 R 48 (*pagésis), die Imperfekta *fesia* 413. 20, *velia* 339. 21 T.

12) Mit i hat sich a zum Diphthonge ái verbunden, der bis heute besteht. Als Quelle von i erscheint:

1. eine Konsonantenverbindung, deren erster Bestandtheil ein Gaumen- oder Zungenlaut ist:

cr: *faire* 187. 21 T; cs: *fais* 138. 17 (*faksem), *biais* 138. 12 BP (bifax?), *paisser* 251. 16 T (*paksere = *pascere), *naysser* T 161. 16, vortonig: *laissar* 1. 22 M, *vayssela* T 277. 17 (*vaksella = vascella), ct: *fait* 203. 29 T, *plait* 123. 35 M (*plactum), auch die Verbindung von t mit dem gutturalen Nasallaute in *sayn* T 436. 15 (sanctum), *sainz* 14. 15 M; orthographische Variante: *sainct* 482. 5 Co₂; cm: *faym* 139. 8 T (fákimus); kv: *ayga* 33. 28 T, *aigage* 80₂ G; gr: *trayre* 49. 12 T (*tragere), *ayrar* 411. 20; gs: *mays* 3. 11 T; jl: *baylon* 3. 8 T, *bayle* 53. 11 T; jt: *aitori* 114. 8 M (adjütorium); tr: *payre* 1. 5 PCl, *fraire* 58. 4 M, *maire* 67. 2 M; Suffix átor: *comprayre* 11. 9 T, *logayre* 33. 22 T, *apellayre* 25. 29 T, vortonig in *payron* 29. 17 T, *nayral* 129. 1 T (natüralem); dr: *rayre* Cos 455. 13; vortonig: *lairun* 6. 2 M (ladronem), *cayron* 141. 30 T, *cayra* 288. 9 T; Futur von *cazer*; sl: *vailet* 364. 23 T (*vassalittum).

2. ein einfacher konsonantischer Laut:

k: *veray* 139. 3 T, *say e lay* 4. 2 Cl (ecce hāc et illāc), *fay* 31. 23 T (fakit), *play* 175. 21 T (*plakit); J: *mai* 118. 28 T (majum), ein dentaler Reibelaut: *salvayzina* 297. 12 *T* von *silva*, *grays* 305. 1 *T* (crassum); die Liquida r: *Aisivella* 41. 1 M (Arcivella), *ayries* 163. 12 T (adretrarius), *estayran* 188. 7 T 3. pl. fut. neben *estaran* 111. 20 T, *continuayrai* 276. 32 T — einer Nasalis: *bain* 35. 2 PCl neben *ban* 30. 4 Cl. Die Wörter *cappellain* 191. 9, *souverain* 261. 7, *lendemain* 426. 14 T sind in jüngeren Urkunden belegt, und so wird französischer Einfluss für ihre Gestaltung massgebend gewesen sein; dasselbe gilt von den Verbalformen von amare, wie *aimà* 221. 27 G, Infin. Praes. 3. sing. *ayma* IV 5. 12 Rou. Die ältere Sprache kennt hier den Diphthongen nicht. Bei den Gutturalen ist die Auflösung zu i Regel. Die übrigen Konsonanten sind i-haltig; so schien dem Kopisten in den obigen Fällen bei der Artikulation ein i durchzuklingen, und dem gab er in der Schrift Ausdruck. Das Gewöhnliche indessen ist, in der Graphie bei diesen Lauten keine Veränderung eintreten zu lassen, d. h., wenn man sich — mit Unrecht natürlich — an den Buchstaben klammert, a rein zu erhalten (aus der Unsicherheit in der Darstellung erklären sich die Formen mit und ohne i).

So scheint es uns auch nicht korrekt zu sein, behaupten zu wollen, in Formen wie *batailha* 342. 3, *trebailh* 181. 18, 200. 7. *tailha* 186. 28, vortonig *esmailhada* 163. 4, *defailhiran* 7. 4 T, habe i keinen anderen Zweck, als mit lh den erweichten l-Laut zu bezeichnen; wie in den oben erwähnten Fällen war es die (freilich matte) Epenthese eines i (unter der Einwirkung von ḻ entstanden), die dem Schreiber, der gewöhnlichen Graphie entgegen, stark genug erschien, um ihr in den angeführten Belegen sichtbare Gestalt zu geben.

3. ein tonloses i im Hiatus:

betontes a in *palais* 106. 29 T, *malvays* 438. 10 T, *Girvais* 21. 1 M (Gervasium), *vayra* 142. 20 T, *sai* (sapio) 62. 21 M.

vortonig: *baysamen* 152$_{16}$ T, *baissar* 6. 3 M von *bassum*.

Suffix — arium + onem: *Calvayron* Co$_1$ 423. 3, *cartayron* 256. 4 C, *fougayrou* V 8 Rou — arium + ata: *cartayrada* 19. 4 Ch, *sestayrada* 14. 1 Ch; — iacum: *Vayrac* Co$_1$ 419. 25, — *ocaison* 102. 16 M, *mayson* 27. 20 T, *maynada* 9. 14 T (*mansionata).

Durch Synärese entstand *aire* 7. 6 T aus *aerem*; *magistrum* gibt nach Ausfall von g *maéstre* 8. 4, 9. 3 Cl, 160 3 T, Co$_1$ 422. 1. Doch schwankte der Accent schon in vorhistorischer Zeit: durch seinen Uebergang auf a und Contraktion von de zu *ai*, wie in *aire*, entstand *máistre*, die gebräuchlichere Form der Urkunden PCl 14. 1, M 118. 25, Cl 11. 5, 19. 4 ... eine Vermittelung in der Orthographie bildet *maiestre* 26. 2, 50. 5 Ch.

Bemerkenswert ist endlich *cays* 83. 2 T oder *quais* 11. 19 T (quasi).

13) 1. Auch in der Verbindung mit i stand a in seinem Lautwerte dem offenen e nahe; in dem Streben, sich dem i möglichst anzugleichen, ist der Grund unschwer zu erkennen. Die Schreibung trägt dem nicht selten Rechnung, doch auch hier häufiger in vortoniger als in toniger Silbe: *peyre* 112. 14 T, *lieyre* G_{II} 322. 17 (legator), *specieyre* G_{II} 323. 3, *sey* 437. 28 T (ecce hāc), *veychel* 274. 10 T, *Monpesleiret* 80. 3 PCl, *sesteirada* 83. 20 G, *Eymeric* 105. 5 T (neben *Aymeric* 36. 2 Cl), *enfreinrém* 1. pl. fut. 173. 5 T.

2. Das Streben nach Vereinfachung des Diphthongen durch Preisgabe des unbetonten Elementes, wie sie im Catalanischen gewöhnlich eingetreten (siehe Mussafia, Die catalanische Version der 7 weisen Meister VIII) und auch volkstümlicheren Gedichten, z. B. dem Kindheitsevangelium (siehe Kressner, Herrig's Archiv 58, 303) bekannt ist, machte sich auch im Dialekte von Montpellier so fühlbar, dass es in den mittelalterlichen Texten den Schreiber zuweilen zwang, ihm in der Darstellung Rechnung zu tragen: a für ái in *nasser* 159. 19 T, -*embassador* 379. 34 T, -*batsar* 6. 21 M (bassiare), *ocazon* 280. 9 T, *maon* 112. 26 T, *Montpeylaret* 95. 9 T. — e für éi: *mestre* Ch 79. 2, 118. 6, Co₁ 430. 15 ... *sent* (sanctum) 116. 5 Ch, *esso* 5. 13 M (ecce hoc).

Wenn dagegen neuere Denkmäler u. a. neben *fait* 9. 76 Rou, *fèt* Rou III 51, neben *air* Rou IV 3. 10, T 12. 27, *èr* Rou V 12, G 92. 11, R 7. 20, BP 142. 3, neben *paire*, *maire*, *fraire* — *pèra*, *mèra*, *frèra* aufweisen, so sind dies französische Formen, die in der Stadt die gebräuchlichen geworden sind, während auf dem Lande die echt volkstümlichen gesprochen werden, oder wenigstens noch den Vorrang wahrten.

magis erscheint in seiner Anwendung als Konjunktion in der Form *mès*, wo s nur in der Liaison gesprochen wird; als Adverb ist der Diphthong bis heute erhalten: *mèi* Rou 1. 6, G 221. 7, R 6, fr 232. 12, — *mai* fr 231. 4, G 222. 12.

14) Mit u verbindet sich a zu dem Diphthonge *au*. Wie bei *ai* liegt auch hier der Accent entschieden auf dem a, und so kann auch hier Reduktion von áu zu a eintreten, die in einigen Fällen früh erfolgt und durchgedrungen ist. Mit der engen Verbindung von a und u geht die Einwirkung des letzteren auf a Hand in Hand. War dasselbe im Diphthonge ái entschieden e-haltig, so neigt es in der Verbindung mit u eben so entschieden zu o hin, hat also durch Angleichung an u einen bestimmten Grad von Vertiefung erlitten. Dass die Aussprache des a von der gewöhnlichen in diesem Falle abweicht, beweist indirekt die Schreibung, indem für a nie e eintritt. Auf der anderen Seite war sie doch noch von dem offenen o-Laute so weit verschieden, dass das Zeichen desselben in den Urkunden nie die Stelle von a vertritt, wie es in den neueren Gedichten zuweilen der Fall ist: *voou* III. 21 Rou, 7. 32 F (valet) — *foou* 9. 8 f (falit), fut. *foudra* 11. 7 F.

Als ein u-Element tritt uns entgegen:

1. l bei folgenden Konsonanten: *Gaufres* 44. 4 M (Galfredus), *Guiraus* 107. 1 M (Gueraldus), *autre* G₁ 473. 17, *auna* (*alena, goth. aleina) 41. 21 T, *caut* 33. 27 T (callidum) — in der späteren Mundart auch einfaches l: *animaou* Rou III 110, *oustaou* G 226. 13, *maou* 228. 6 fr, *saou* 93. 5 G.

2. eine Labialis in Verbindung mit einem Konsonanten: *taula* 17. 10 T, *paraula* 15. 8 T, *gauta* 48. 2 PCl, *malaute* Co₈ 456. 9, — *claus* 116. 27 T (clavos), *naus* 297. 25 T (naves); vortonig: *aucir* 17. 17 T = *abcidere; (Pictavos dagegen erscheint als *Peitieus* T 334. 20), *daun* M 6. 18, 101. 7 (damnum), daneben aber schon früh *dan* 33. 12 M, welches durchdrang; auch wenn der Labialis eine Gutturalis vorausging, konnte sich ein u entwickeln: *sauma* 226. 26 T (sagma), *Jaume* Co₁ 446. 2, Co 482. 5. Bei der Verbindung von Labialis + Dentalis ist der zu erwartende Diphthong *au* stets mit *ai* vertauscht in *caissa* Co 1. 3, T 281. 17 ... (capsa); vortonig: *caytieu* T 474. 12 (captivum); ganz vereinzelt trat sogar, der Natur des folgenden Konsonanten (m) entgegen, eine solche Vertauschung ein bei *Jaume: Jaime* Co₁ 446. 31. Die gewöhnliche Form in den Urkunden ist freilich auch nicht *Jaume*, sondern *Jacme*.

3. ein tonloses o oder u der folgenden Silbe, das sich nach dem Ausfalle des trennenden Konsonanten mit a zu au verband. Es versteht sich, dass diese Synkope sehr früh stattgehabt hat.

a + o: *vau* 82. 10 G (*vao), *fauc* T 300. 12, 308. 6 (*fao + analogem c, siehe 126. 2), *aras* 7. 3 T, sing. *ara* 141. 27 T, 17. 3 Cl wird aus der adverbialen Verbindung *háchora erklärt. Kompositum *ancara* 123. 49 M, *encaras* C 236. 3, G₁ 473. 25.

a + u: In Betracht kommen hier die 3. Personen des Plur. Ind. Praes. gewisser Verba, deren Stammesauslaut früh durch Synkope beseitigt wurde, nämlich die Formen von habere, stare, facere, vadere. Demnach sind als Praesensformen zu erwarten: *aun, estaun, faun, vaun*. Von ihnen sind indessen nur die beiden ersteren belegt, und auch sie nur in den allerältesten Urkunden, nämlich in M: *estaun* 6. 11, *stau* 125. 14 — *aun* 6. 10, in Verbindung mit dem Infinitiv als Futur: *juraraun* 114. 12, mit Apokope von n: *estarau* 125. 14, *cargarau* 125. 15, *portarau* 126. 5, *trametrau* 126. 5, *ixirau* 125. 15. Im 12. Jahrhundert trat bereits die Reducierung ein; schon M kennt sie: *seran* 13. 2, 21. 6, und im 13. Jahrhundert ist der Diphthong dem Monophthonge völlig gewichen: T 7. 26 *an*, *estan* 117. 4 T — *fan* 3. 17 T, *van* 149. 7, 182. 26 T, *faun* und *vaun* sind auch in M nicht zu finden. Hiermit stimmt das, was P. Meyer in seinem Aufsatze über die 3. plur. im Provenz. (Rom. IX 192—216) sagt: »Je doute fort qu'au XIII s. on puisse constater aucun exemple de la forme .au' en Provence, ni même à Montpellier«.

15) Das Suffix **arium** muss, der Analogie aller romanischen Sprachen zu Folge, durch eine Art von Umlaut, für die bis jetzt eine genügende Erklärung noch nicht gegeben ist, in vorhistorischer Zeit zu **ĕrium** übergegangen sein; a ist also in diesem Falle wie offenes e behandelt. Die ältesten Urkunden, wie sie in M vereinigt sind, schwanken: ę hat sich teils rein erhalten, teils zu ię diphthongiert. Die Diphthongierung ist also in Montpellier bereits am Anfange des 13. Jahrhunderts, vielleicht noch etwas früher, erfolgt. So finden wir neben *dener* 1. 2, 34. 8, *Monpesler* 21. 2, *Monferrer* 17. 3, *Berenger* 99. 6, *dreiturer* 103. 7, *cavaller* 5. 9 auch *Monferrier* 20. 2, *Berenguier* 78. 21, *Monpestlier* 117. 1, *dreiturier* 114. 8, *dénier* 1. 4...

In den übrigen Texten ist sie Regel:
T *Montpeylier* 3. 4, *cavalier* 13. 8, *denier* 9.4, *loguier* 73.23... C *orgier* 209. 3, Cl *escalier* 35. 6, Co₁ *Balaguier* 384. 24, *primier* 359. 5; auch in der späteren Sprachperiode mit Abfall des auslautenden r: *premiè* 1. 19 Rou. Von einer vorhergehenden Palatalis erscheint der i-Vorschlag der Darstellung zu Folge absorbiert:
mezalher 119. 26 T neben *mezalhier* 119. 25, *cosselher* 126. 8 T, *cavalher* 126. 8, *cosselher* 346. 29, *agulher* 98. 10 T, namentlich auch in modernen Dichtungen: Rou reimt: *milhè* I 53 — *abelhiè*, *Mounpelhè* Gui 322. 1, nach č, ğ: *bouchè* BM 288. 11, *estrangè* Gui N 648. 4, *estrangès* BP 144. 14. Ein vorstehendes l wird durch denselben erweicht, der son mouillé in diesem Falle gewöhnlich durch li ausgedrückt: *Montpeylier* 3. 4 T..., zuweilen genügte einfaches l: *Monpeyler* 89. 2 Ch, *bacheler* Co₁ 434. 18 neben *bachelier* 422. 19 Co₁ oder *bachilier* 421. 9 Co₁.

Vereinzelt ist die Endung *eir* in *Monferreir* 27. 3, *Monpestleir* 9. 4 M. Man darf nach der in der Einleitung gegebenen Bemerkung über den Entstehungsort dieser Urkunden die Folgerung wagen, dass derartige Formen der Sprache von Montpellier selbst fremd sind. Sie bestehen in Auvergne und Quercy (P. Meyer, Romania III 434). Zu erwägen bliebe freilich, ob sie nicht aus dem Feminin abstrahiert sind. Wegen des folgenden a konnte das i der Endung *ĕria (für aria) nicht fallen, musste sich vielmehr mit dem betonten Vokale verbinden. So tritt uns das Suffix in seiner ältesten Gestalt als *eira* entgegen, und zwar ausschliesslich so in M: *Brugueiras* 34. 11, *Posqueiras* 55. 4, *maneira* 102. 10, *dretureira* 105. 6. Der nächstälteste Text, PCl, steht im Allgemeinen noch auf dem Standpunkte von M: *peireira* 37. 2, *carreira* 82. 2, *primeiramens* 78. 6; abweicht *manieira* 4. 13, sie genügt um zu folgern: Kurz nach der Mitte des 13. Jahrhunderts diphthongierte das e der Endung *eira*. Die Behandlung des Feminins war also von der des Maskulins verschieden, wo die Diphthongierung mindestens ein halbes Jahrhundert früher erfolgte. In den Urkunden, die gegen das Ende des 13. Jahrhunderts geschrieben sind, steht *ieira* bereits fest:

T: *ribieira* 55. 20, *manieyra* 17. 19, 33. 11, *plenieyra* 55. 20; Co₁: *Vaquieyras* 401. 22, *Cabrieyra* 381. 15; in den späteren natürlich erst recht: T *logadieira* 140. 25, G₁ *manieyra* 516. 11, G₁₁ *ribieyra* 315. 21, C *carieyra* 36. 3, Cl *portalieyra* 31. 3, Ch *heretieira* 61. 2, 89. 3; auch in der jüngeren Mundart: R: *oubrieira* 25, *fresquieira* 490 . . . Findet sich in diesen Texten die Form *eira*, so ist sie als aus *ićira* reduciert anzusehen, wie *er* aus *ier*: ̣T *pregueira* 437. 13, *carreyra* 422. 32, Cos *Rouveira* 461. 18; nach ì: *baralhèira* Rou VI 1; nach g̣: *bergeyra* 249. 12 fr (vervicaria), *laougeyra* 247. 14 fr (levicaria). Zuweilen fiel das nachtonige i des Triphthongen: *maniera* 197. 30 T, *primiere* Cos 483. 10, *primieramens* Co₁ 359. 4.

Anmerkung. Die Entwicklung der später dem Sprachschatze zugeführten Wörter ist von der volkstümlichen verschieden: a ist nicht mit ę vertauscht worden; das nachtonige i konnte in dieser Stellung verbleiben, wie in *clavari* T 166. 1, *contrary* 202. 17 T, *notari* G₁₁ 314. 14, oder in die betonte Silbe übertreten und mit a den Diphthong ái bilden: T: *notaire* 200. 24, *leudaire* 225. 1, *ordinayre* 171. 7.

16) aticum erscheint — der Darstellung zu Folge — in der älteren Periode in zweifacher Gestalt:

1. als *atge* oder *age*, indem c frühzeitig fiel und i, als im Hiatus stehend, nach vorheriger Schwächung von t zu d sich zur stimmhaften Palatalis verstärkte (ġ), — das t in *atge* ist etymolog. Schreibung: T: *viatge* 63. 6, *uzatge* 15. 17, *coratge* 106. 16; PCl: *coratge* 18. 48, *messatge* 1. 1 . . . *age*: T *obrage* 162. 27, *viage* 306. 19, *dampnage* 171. 24, 188. 29, — *usagi* 159. 5 Ch (*usatgi* Ch 116. 6), *atica* : *atga* — *estatga* 39. 24 T — *ostatgia* 432. 5 T — *aga* : *estaga* 105. 12 T.

Wie bei anderen i-haltigen Konsonanten hat der Schreiber selten auch den unbestimmten, den Uebergang aus der Artikulation von a zu der von g vermittelnden Laut, als i gefasst: *personnaige* 198. 22, *dommaige* 198. 27 T (analog: *gaige* 168. 5 neben *gatge* 165. 19 T).

Aehnliche Formen belegen die bereits erwähnten Crides de la Court de M. de Lauzière. Der Herausgeber führt sie an, begnügt sich aber damit, zu sagen: »nous serions porté à penser qu'on prononçait ‚a'« (Rev. I 201). aticum erscheint in den modernen Texten als *age*: Rou *poutage* 2. 4, *froumage* 9. 78 oder, der veränderten Aussprache von g gemäss, ebenfalls als *ache*: R *ourache* 121, *passache* 122, *biache* 29 (viaticum) (siehe 62. 4).

2. als *atgue* oder *ague*, eine Gestaltung, die die Annahme rechtfertigen könnte, dass c nach erfolgter Schwächung als stimmhafte Gutturalis blieb, das i der Paenultima fiel, und t sich dem Stärkegrade von g accomodierte. M *mesatgue* 17. 13, *ostatgue* 126. 31, *sestairalatgue* 5. 33; *sestairalague* 5. 29, T: *messatgue* 280. 29, *avantatgue* 286. 29. Nun belegt zwar Constans in seinem Dial. d.

Rouergue 211 aus den Coutumes de Saint-Antonin: *salvatgue*, in den Franchises de Prades: *messatgue*. — Da aber die herangezogenen neueren Denkmäler diese Form des Suffixes nicht kennen, auch die Urkunden dieselbe nicht häufig verzeichnen, so glauben wir, gestützt auf die Vergleichung aller romanischen Sprachen, berechtigt zu sein, der Schreibung entgegen die Annahme ihrer Existenz überhaupt zu verwerfen.

17) Charakteristisch für die Sprache von Montpellier ist, wie aus den vorstehenden Bemerkungen hervorgeht, die Vorliebe für ę, die Abneigung gegen ǫ. Damit sondert sich dieselbe von den übrigen Dialekten der Languedoc, ja selbst von den übrigen Unterdialekten, die dem Gebiete der Provinz Languedoc zugehören[1]), scharf ab.

Wenn sich dem gegenüber ganz vereinzelt o geschrieben findet, so liegt Nachlässigkeit oder Einfluss eines anderen Dialektes vor: *toto* 349. 18 T, *horo* 65. 10 M, *ordenados* 430. 22 — *ozordenanza* 144. 18 T.

Gemeinprovenzalisch ist dagegen der Uebergang von a zu o in *aperire : obrir* 152. 2 T, und zwar wurde a zunächst zu ǫ, dieses unter dem Einfluss der folgenden Labialis zu ǫ; geschlossenes o aber hat den Lautwert von u (franz. ou), und dem entspricht die Darstellung bei *hubrir* 266. 27 T, partcp. *ubert*. 15. 2 C, *uberta* 91. 25 T. Denselben Uebergang von a zu o vor dem Tone und vor einer Labialis belegt Favre: *comi* (camínum) 11. 23, *offeblirai* 11. 28.

Offenes E.

18) Betontes ę bleibt. Vor einem i- oder u-Elemente diphthongiert es zu ię. Im Einzelnen:

1. in palataler Position:

vor l — *miels* 123. 67 M (melius), *miels* 7. 6, 45. 13 T;

vor r — *estiers* 25. 22 T (*extĕrius), *tiers* 450. 5 T, *tiersa* 164. 6 Ch. -ĕrium = *ier : Desdier* Co₁ 384. 7 (Desiderium), *Mondesdier* 112. 1 M, *mestier* Co₁ 359. 25 — *monestier* 368. 29 T. Auch das ē in clericum wurde wie ein offenes behandelt. Einem Typus *clĕrium (mit Ausfall von c) entspricht *clier* 179. 7 T und *cleir* Co₁ 436. 20; gelehrt ist *cimeteri* 330. 16 T.

vor n: *engien* 23. 6, 69. 6 M, *gien* 1. 6 M, *giens* 351. 9 T (*gĕnius), *Congienhas* Co₁ 381. 21, d : *miey* 25. 1, 333. 6 T (medium).

Trat der nachtonige Vokal in die betonte Silbe über, so entstand der Triphthong ięi: *mieia* 128. 15 T, *glieyza* Co₂ 424. 11 (*ecclĕsia), mit Ausfall von s: *glieya* Co₂ 130. 16, T 57. 28 — *quieyran* 58. 4 T (quaereant), *requieiron* 185. 17 T.

2. vor einer i-haltigen Konsonantenverbindung, deren erstes Glied eine Gutturalis oder Dentalis ist:

ct: *lieg* T 329. 23, *proficg* 55. 22 T; gr: *entieyra* 256. 3 C,

---

[1]) Cantagrel Rev. d. l. r. I 313: »A partir de Beziers tout l'ouest du Languedoc emploie la finale o pour caractériser le genre feminin des noms, des adjectifs, et la 3ᵉ personne du sing. des verbes«.

43. 1 PCl, *entieyramens* 13. 19 T (von intégra); cl: *vielh* 202. 2 C (*vĕclum), *vielha* 326. 1 C; cs: *sieys* G$_{II}$ 312. 3, *yeys* 407. 16 T (exit) — Conj. *yesca* 264. 29, *yescon* 136. 4 T — dr: *cadieyra* 186. 13 T; tr: *dericyra* Co$_1$ 391. 14.

3. mit primärem u (o) verband es sich zum Triphthong ięu. *ieu* 5. 25 T, *Dieu* 7. 22, *romieu* 19. 1, *juzieu* 166. 32 T, *mieu* G$_I$ 474. 1; in Eigennamen: *Mathieu* 101. 11 T, *Bertholmieu* 186. 24 T, *Andrieu* 325. 17 T, *Timotieu* 322. 22 T Eine Eigentümlichkeit der Coutumes ist die Darstellung des vokalischen Vorschlages von e nicht, wie gewöhnlich, durch i, sondern durch u, wenn nicht damit zwei i (ii) gemeint sind, was palaeographisch wohl möglich ist: *juzucu* 7. 3, 27. 17, *corrucu* 77. 11 T, *jusueva* 427. 16. 20 T. Daneben freilich auch *ieu*: *romicu*, *Dieu*.

Vor sekundärem u bleibt hingegen ę von der Diphthongierung frei: *greu* 110. 12 T (*grevem), *breu* T 124. 32 (brevem).

19) 1. Dem gegenüber kennen die ältesten Texte in den erwähnten Fällen noch Formen, in denen e unverändert besteht.

M: *esters* 126. 6, *engen* 17. 6, — *eu* 17. 1, *Deus* 13. 13, *Romeu* 33. 28, *feu* (feodum); PCl *mey* 85. 4, *eis* (éxit) 78. 8, *Andreu* 18. 16; Co$_1$: *cler* 427. 15, *gleyza* 377. 5, *Mateu* 394. 1, *Deu* 446. 15. Doch stehen ihnen bereits solche mit diphthongiertem e zur Seite (18).

2. Jüngere Urkunden zeigen die Neigung, den vokalischen Vorschlag zu beseitigen und zum reinen Laute zurückzukehren: *monester* 354. 33 T, *gen* 364. 17, *meia* 232. 14 T (media), *Andreu* 470. 17, *Bertalmeu* 469. 1 T, *tersa* 232. 5 Ch; selbst in den Coutumes findet sich bereits die Schreibung: *ters* 29. 22 T, *tersa* 13. 15, *enreyre* 57. 3.

3. Bei *Peyre* 67. 24 T, Co$_1$ 423. 6, *peyra* 516. 10 G$_1$, 265. 10 T ist die Diphthongierung stets unterblieben. Eine echt volkstümliche Behandlung haben somit diese Wörter nicht gefunden.

4. Der Triphthong ięi kann selten das nachtonige i aufgeben: *glica* Co$_1$ 359. 11, *syes* 354. 28 T (sex).

5. Statt zu ię zu diphthongieren konnte ę unter der Einwirkung einer Palatalis oder Sibilans, auch durch den Einfluss eines im Hiatus befindlichen i der folgenden Silbe, unmittelbar durch ę hindurch zu i erhöht werden. Die Sprache liebte es zuweilen, bei demselben Worte beide Wege der Entwicklung einzuschlagen, indessen hat der letztere (ę zu i) wenig Anklang gefunden und beschränkt sich in den Urkunden auf folgende Fälle: *gin* 1. 12 M (neben gien), *gis* 357. 33, 396. 29 T (neben giens), *avangili* 394. 12 T — *iss* (exit) 57. 1 PCl, *yscon* 19. 20 T (neben yescon), *dis* G$_{II}$ 312. 6 (dĕcem) — *cofida* 271. 12 T (confĕcta), *descofit* 367. 20, 368. 15 T — *glya* 387. 16 T.

6. Verbreiterung zu a begegnet einige Male unter dem Einfluss von l: *Guilhalma* 134. 7, 189. 5 Ch, 79. 3 Cl (neben *Guilhelma* 175. 5 Ch), *savals* 87. 30 T (si vel + s); diese Belege genügen, um vor l eine dunklere Färbung des Vokals annehmen zu dürfen. a erscheint ferner in *arayre* 162. 15 T (adretro), neben gewöhnlichem

e, z. B. in *enreyre* 57. 3 T, nur orthographische Variante, wozu der Schreiber um so eher geführt wurde, als a, wie wir gesehen, namentlich in der Verbindung mit i dem ę nahe stand. Suffixvertauschung in *poissansa* 197. 24 T.

20) Die aufgestellten Gesetze gelten in den wesentlichen Punkten auch für die neuere Mundart. Die Laute ie, iei, i erscheinen unter denselben Bedingungen: *miel* 9. 10 F (mĕlius), *mieja* 93. 18 G, *liech* 111 55 Rou, *despiech* BPl 271. 20, *vièlhessa* III 54 Rou. — *fieira* R 753, Fr 247. 9, *mestieirau* 136. 9 PP (ministerialem), *siei* (sex) 180. 8 G, 1. 7 R — *gleiza* 756 R, *peira* R 389 — *gis* 9. 161 Rou (*jĕcis). Nur den Triphthong ièu duldet sie nicht. In *ieu* (*éo = égo) ist, der Accentbezeichnung bei Roudil zu Folge, e geschlossen: *iéou* 1. 3; im Uebrigen erscheint er als zu *íu* reduciert, indem zunächst, wie schon in den jüngsten Urkunden, der Vorschlag von i aufgegeben, e geschlossen und schliesslich zu i erhöht wurde: i̭ę ęę i.

Was die Graphie des neuentstandenen Diphthongen anbelangt, so steht in den Handschriften iou; ihren Principien gemäss musste die Revue ieu drucken, was auch in einigen Ausgaben geschah: *Diou* 10. 5 Rou, *dious* R 46, *Bertoumiou* 1. 47 Rou, Gui 115. 1, *mious* 222. 34 G (meos), *siou* R 272 (*séum = suum), *Jasiou* 13. 2 F. (judaeum). Auch hier verbreiterte sich e unter der Einwirkung von l: *Guilhaoume* 1. 56 Rou, und blieb vor sekundärem u: *bèu* (bellum) 221. 8 G, nicht ohne Ausnahme: in *pourcieu* (sprich: pourcíu) 138. 15 BP (porcum + ellum) hat sich auch in diesem Falle ę zu i erhöht.

Vor m und n ist e geschlossen. Rou. kennzeichnet diesen Lautwert von e auch äusserlich, indem er dem e hier stets den accent aigu gibt, zum Unterschiede vom accent grave, das Merkmal der offenen Aussprache (éla 1. 13, sourél 2. 30, richéssa 2. 32, auf latein. ī zurückgehend): *bén* 1. 3, *pensamén* 1. 13., *téms* 1. 5, *ensén* 7. 3.

Da nun der Donatus provincialis, abgesehen von einem fremdländischen Eigennamen (Jerusalems) nur rimas auf ems und ens estreit (geschlossen) verzeichnet, so ist der Schluss berechtigt: Vor m und n war das e, welches einem latein. kurzen e entspricht, ebenso wie das geschlossene e (latein. ē, ī), stets geschlossen.

21)   Geschlossenes E

bleibt. 1. Suffixe: Issa — essa: *duguessa* 137. 4 T, *comtessa* 7. 18 M, *layronessa* Cos 463. 21, *pastoressa* 125. 26 T, — Iscum: *parentesc* Cos 460. 9, *homenesc* 77. 23 M; Itia — *exa: forteza* 38. 3 M, *longueza* 35. 6 Cl, *largueza* 35. 7 Cl. *egaleza* 41. 18 T, *riqueza* 5. 20 T, — Ilium — *elh : cosselh* 3. 10 T oder *conseilh* 162. 15, 189. 12 T; Iculum — *elh : vermelh* 49. 28 T, *parelh* 183. 21 T, *solelh* 283. 3 T — Icula: *aurelha* 178. 7 T, — Ittum — *et : vailet* 364. 23 T; *esem (ensem) *frances* 329. 5 T, *Genoes* 115. 18 T, *marques* 355. 6 T; ēnum (Distributivsuffix): *seysen* G_{II} 312. 29, *nonen* C 97. 2 — *ochena* 89. 32 T, *dezena* 81. 32 T.

2. ẹ bleibt ebenfalls — und hierin liegt der einschneidende Unterschied zwischen der Entwicklung von offenem und geschlossenem e und zugleich der deutlichste Beweis von der verschiedenartigen Aussprache, — vor einem i- oder u-Elemente, um in Verbindung mit ihnen die Diphthonge ẹi beziehentlich ẹu entstehen zu lassen. Latein. ĕ schliesst sich dem in vortoniger Silbe an, wo es als ein geschlossenes behandelt wurde.

a) ẹ + J = ẹi: vor einer Konsonantenverbindung von Gutturalis und Dentalis: *peys* 167.14 T (*piksem = piscem), *creysser* 161. 30 T (*creksere — crescere) — *Beneseit* 472. 13, ebenso vor dem Tone[1]): *deys* (de ex) 86. 4 Cl und mit Vertauschung von ei und eu: *deus* 21. 12, 93.11 M, *teysseire* G$_{II}$ 315. 17, *eissir* 76.18 M, *eyssi* 199.8 T (ecce hic) — *leytieyra* 439. 6 T, *dreiturer* 103. 7 T, — vor tr: *veyre* 265. 11 T (vitrum), in der Nominativendung ìtor = *éyre*: *crezeyre* 25.10 T, *vendeyre* 11. 9 T, *fazeyre* 33.12, 47.3 T, *offendeyre* 17.19 T, vortonig: *Peyron* 163.1 M, *veyray* 113. 32 T, Fut. zu *vezer* (vidēre), — vor einer einfachen Gutturalis: *rey* 55. 16 T, *ley* 31. 21 T — *autreia* 120. 2 C (*auctorícat), vortonig: *reial* 155. 24 T, *reyalme* 430. 3 T, *leial* 7.13 T, beim Suffix ïcare: *autreyar* 33.22 T, *mercadeiar* 203.5 C, perfect. *autreiéron* 137. 4 C.

Andere i-haltige Konsonanten sind r, n, s. Die Verhältnisse liegen hier genau so, wie bei a (siehe 12, 2); auch hier erscheint i als unbetontes Element des Diphthongen in der Schreibung nur in einer beschränkten Zahl von Wörtern: *sobeyran* 3. 7 T, *sobeyranetat* 386.33 T, *soteyrana* 23. 13 T, *Beyrenguier* 430. 17 Co$_1$ — *ageinolhar* 422.29 T; vor guttur. Nasalis in *teinchurier* 423. 30 T, — *Montpeylier* 3. 4. T, *Montpeylayret* 96. 5 T; auch vor den erweichten Lauten: *conseill* 11. 5 M, *conseilh* 162. 15, 189. 12, — *conseilhier* 233. 21 T, *pareilhement* 234. 19 T, — *seignor* 322. 12 G$_{II}$, *seignat* 376$_1$ C (signum). Man mag über den Zweck des i streiten: dass sich zwischen dem Vokale und dem erweichten Laute bei der Artikulation ein flüchtiger i-Laut bemerkbar macht, steht fest, und so sehen wir in dem i weit lieber den Repräsentanten des Parasiten, als in der Kombination mit lh oder ll resp. nh, gn, den des erweichten Lautes (siehe 12, 2). Kann der Beleg *conseulhier* T 431. 19 (Schwanken von *ei* und *eu* ist ja nicht ungewöhnlich, ebenso wenig wie das Schwanken von *ai* und *au*) als direkte Stütze für die Existenz eines Diphthongen vor erweichten Lauten dienen? — Als i-Element dient auch hier endlich ein Hiatus-i der folgenden Silbe: *meyns* 183.18 T (*minius), die archaistische Form für die kontrahierte minus, — häufiger steht *mens* T 25. 5, 43. 25, — *preizon* 33. 4 M, *meysson* 347. 1 T (*messionem), *conreisaire* G$_{II}$ 315. 7 (zu goth. raidjan?).

---

[1]) Um unliebsamen Wiederholungen vorzubeugen, möge dieser Fall an dieser Stelle seine Erledigung finden.

b) ę + u = ęu: ę + Labialis — *ceu* 285. 6 T (sēbum), *neu* 336. 5 T (nĭvem), *beure* 167. 1 T, *deu* (debet) 3. 12 T — *eus* 263. 18 T (ipse), *eussa* 21. 12 T, in dem Kompos. *negueus* 115. 19 T, *meteus* 330. 22 T, 407. 9 C₀₁, *mezeusa* 33. 23 T; unter dem Einfluss der Sibilans wurde eu in dieser Verbindung ebenso häufig mit ei vertauscht: *eis* 17. 11 M, *eissa* 76. 4 M, *meteys* 19. 9 T, *mezeys* 33. 22, 103. 28 T, *mezeycha* 153. 27 T.

ę + gedecktes l: *Matheus* 57. 3 T (Mathildis), *feseutat* 219. 3 C, bei vorausgehendem g in *teules* 23. 18 T (*tĕgulas, nicht tēgulas).

ę + u + Voc : *veuza* 418. 18 T (vĭdua), *feual* 29. 3, 85. 24 T (feodálem), in den starken Formen von *recebre* (1. Abth. d. III. Klasse): *receup* 3. Perf. 156. 27, 386. 32 T, Part. Perf. *receuput* 35. 7, 79. 20 T.

3. Wie ai zu a, kann ęi zu e reduciert werden. Die Zahl der Belege ist gross genug, um auch hier das Streben der Sprache erkennen zu lassen, namentlich vor dem Ton, die schweren Diphthonge zu vermeiden: *cresser* 371. 18 T, — *dreturer* 103. 7 M, *arerage* 189. 3 T, *arenan* 3. 19 T (Ableitungen von retro), — *conresaire* 120. 4 T, *prezon* 384. 21 T, *apresonar* 429. 11 T.

Noch verbreiteter ist eine andere Aenderung: Vor dem Tone wurde e so häufig zu a verstärkt (Dissimilation), dass man berechtigt ist, anzunehmen: die Aussprache beider Vokale in dieser Stellung (ę + J) ist dieselbe, um so mehr, als a in der Verbindung *ai*, wie erwähnt, dem ę nahe stand, was der umgekehrte Wechsel von a und e beweist: *derayran* 31. 2, 73. 26 T, *darrayratge* 183. 22 T, *domayzela* 422. 8, 433. 1 T (dominicella), *maysso* 423. 8 T, *menestrayral* 167. 23 T.

22) Charakteristisch ist für ę eine sehr geschlossene Aussprache, die dasselbe dem i nahe brachte. Die Regel trifft mehr noch den vortonigen als den Tonvokal. So ist es a priori begreiflich, dass es nur der Nachbarschaft eines i-haltigen Konsonanten bedarf, um ę dem i zu assimilieren. Dem trägt die Schreibung in so weitgehendem Masse Rechnung, dass kein Zweifel bestehen kann: Vor und nach einer Palatalis, Sibilans und sehr häufig vor n hat ę den Lautwert von i, oder, will man genau und vorsichtig sein, wenn auch nicht den vollen, so doch wenigstens den annähernd gleichen. Die Orthographie in den neueren Dichtungen lässt uns für diese Sprachperiode zu demselben Schlusse kommen. Auch in diesem Falle folgt ę dem e in vortoniger Silbe. Belege:

1. e vor oder nach einer Palatalis: *milhou* 90. 19 G (mĕliorem), *issilh* 110. 8 T, *essil* 87. 20 T, *consillier* 203. 20 T — *convinhable* 89. 28 T (aber *convenen* 83. 27 T), *convenable* 87. 19 T), *assignat* 118. 5 T, *predesignat* 174. 11 T, — *elig* 334. 19 T (neben *cleg* 149₁₆. 291. 10 T, etymologische Schreibung = elēctum), *ligir* 73. 14 M, *delic* 115. 3 C, (das c ist eine schlechte, aber doch nicht ungewöhnliche Bezeichnung für č). — *eligiron* 3. pl. Perf. C₀₁ 408. 12, *eligit* C₀₁ 424. 12,

despichousa G 91. 17, *michan* R 29, Rou 2. 10, *aginolhamen* 159. 1 C, *girman* Cos 456. 18, *Girona* 386. 7 T, *Girvais* 21. 1 M. (*Gervais* 34. 3 Ch), *gitar* 39. 24 T, *profichosa* 198. 24 T.

  2. e vor und nach einer Sibilans: *liçon* 252. 18 R, *sizen* 423 R (von sex), *Allissandria* 419. 9 T, *Sarrazin* 15. 13, 329. 20 T, *razim* 294. 31 T (wir sehen also in dem scharfen sibil. c-Laute die Ursache der Vokalerhöhung, nicht in der folgenden Labialis), *sirmonia* 471. 14 T (ceremonia), *sirven* Cos 455. 12, *sirian* 43. 9 M, 3. pl. Kond. *siris* 400. 24 T oder *ciris* 273. 8 T (cereos), *vicis* 161. 23 T (vĭtios), *tapistz* 227. 8 T (tapĕtium), *fis* 57. 2 T (feci), wo auch das nachtonige i der Flexion mitgewirkt haben kann (cfr. *cais* = quasi, *tug* = *tŏtti); ein gleiches gilt von *mascip* 2. 9 PCl (mancĭpium) und *recipion* 3. Konj., von *recebre* 123. 24 T, ebenso beim Suffix Itium, das immer als *izi* erscheint (das Fem. stets als *eza*; der Unterschied erklärt sich vielleicht aus dem frühen Fall des i vor a): *servizi* Co₁ 365. 8, *ufizi* Co₁ 365. 10, *juzizi* 25. 19 T; indessen ist es schon wegen des erhaltenen nachtonigen i zweifelhaft, ob dieselben echt volkstümliche Bildungen sind; — *ismar* 221. 20 G (aestimare), Komp. *azismar* 5. 1 PCl, *Mondisdier* 114. 2 M (Montem Desiderium), *sigut* 306. 11 T, namentlich in der Vorsilbe ex — *is: issemple* 162. 2 T, *yssir* G₁ 473. 17, *yssil* 176. 3 C, *ischillar* 19. 4 T, *yssugar* 29. 12 T.

  3. e + n: *pargamin* 95. 14 T, *intron* 3. pl. 67. 24 T, *dins* (de intus) 41. 3 T, *verin* 81. 36 G (venēnum), *pais* 365. 12 T, *sire* 187. 24 T, *infra* 175. 32 T, — *Beringuier* 387. 11 Co₁, *domingal* Cos 455. 23, *diniè* (denarium) 228. 4 fr., plur. *diniès* 2. 39 Rou, *convinent* 77. 21 M, *consintement* 21. 8 M, *sines* (sine + s) 55. 12 M; namentlich auch die Vorsilbe in: *insturment* 376. 1 C (instrumentum), *ingen* 101. 5 M, *intrar* 15. 3 C, *indugon* 89. 4 T, *injoncha* Konj. 356. 8 T.

  Alle diese Belege werden genügen, um die aufgestellte Regel über die Erhöhung von ę zu i zu rechtfertigen. Wenn dieselbe sogar der Schrift zufolge vor dunkler gefärbten Konsonanten, hier aber nicht häufig, eingetreten ist, so ist dies ein neuer Beweis für die geschlossene Aussprache des Vokals. So erscheint i vor l und nach einer Labialis in *previlegi* 3. 1 C, *Milger* 126. 5 M, nach einer Labialis und vor r in *sobirana* 401. 29 T, *albirar* 45. 3 T, *albire* 15. 24 T, vor einer Labialis in *timon* 274. 11 T (tēmonem), *vendimia* 295. 26 T (vindēmia). Endlich konnte ein tonloses i im Hiatus auf ę einwirken: *prizon* 407. 24 T, *mitat* 91. 7 G, 2. 1. Rou (medietatem), j in *pire* R 145 (péjor). Ein Fremdwort ist *botiga* 166. 6 T (apothēca).

  Zahlreiche gelehrte Bildungen sind in den Urkunden aufzuweisen; sie behalten den latein. Vokal bei, u. a.: *discipol* 35. 18, *titol* 118. 12, *capitel* 391. 4, *ministre* 388. 2, *domicili* 105. 19 T, *bisbe* 72. 17 M...

  Anmerkung. Andere Veränderungen hat ę unter dem Accente kaum erfahren. Eine lautliche Ausartung zu éa, vielleicht unter dem Einfluss des folgenden l, zeigt *teala* 469. 7 T (tela). Suffixvertauschung ist anzunehmen in *fiel* 301. 18 T, *fizaltat* Cs 457. 11, neben *fiel* 301. 20 T und *fezeutat* 7. 18 T. Desgleichen in *monada* 303. 5, neben *moneda* 303. 2 T. Drei Wörter liessen ein Schwanken von ẹ und ę vermuten: *meticissa* 156. 5 T, *teyssieyre* 75. 1 C, *vierge* Cos 482. 3. Da aber die regelmässigen Formen *meteissa*, *teysseire*, *verge* zugleich die gewöhnlichen sind, liegt fehlerhafte Schreibung vor.

23) ę vor dem Tone entspricht im klassischen Latein drei verschiedenen Vokalen: ĕ, ē, ĭ. Während nun, wie gesagt, in betonter Silbe aufs schärfste zwischen ę (latein. ĕ) und ẹ (latein. ē, ĭ) geschieden wird, ist vor dem Accente die Unterscheidung gänzlich aufgegeben, ę und ẹ zu ẹ verschmolzen. Dasselbe gilt für ǫ und ọ. Die Entstehung von ei und i wurde des besseren Anschlusses halber bereits unter betontem ẹ erörtert. Es erübrigt noch die folgenden Erscheinungen ins Auge zu fassen:

1. Der ausgesprochenen Neigung, ẹ so geschlossen als möglich in seiner Aussprache zu gestalten, steht die nicht minder entschiedene, nicht minder volkstümliche entgegen, ihm den höchstmöglichen offenen Lautwert zu geben, nämlich a. Konnten wir diesen Wechsel bereits, aber nicht zu häufig, in dem Diphthongen ei, selten auch unter dem Tone bei einfachem ę verzeichnen, so trifft er doch weit mehr den vortonigen Vokal. Entscheidend, wie für den Uebergang von ę zu i, ist auch hier die Natur der umgebenden Konsonanten: die Labialen und Liquiden veranlassen die Verbreiterung von ę zu a, nachdem es zuvor zu ẹ geworden war. Auch auf die neuere Periode erstreckt sich dieser Lautwandel. Unser Dialekt teilt ihn mit dem Catalanischen, von dem Mussafia sagt: »a für tonloses e in anlautender Silbe, ein bekannter gemeinromanischer Vorgang, ist nirgends so häufig zu finden, wie im Catalanischen« (siehe Mussafia »Die sieben weisen Meister«. V.). Der Vorgang beschränkt sich indessen nicht auf den Anlaut.

a) Einwirkung einer Labialis: *testamoni* 68. 2 C, *enamistat* Cos 486. 26, *desamparar* 77. 7 T (daneben etymol. Schreibung: *dezemparar* 49. 7 T), *tramblamen* R 264, — *avangeli* 102. 20 M, Cos 455. 5, T 250. 11, 394. 12, *avesque* 21. 7 T, *avescat* 21. 7 T (*evesque* 153. 18 T), *Sabastia* 437. 31 T, *laugeyra* 249. 14 fr (von levis), *dau* 138. 3 BP (deversus), *paballion* 160₃₁ T).

b) einer Liquida: 1 — *balansa* G$_{II}$ 315. 9, *almorna* Cos 482. 14, *salvayzina* 297. 12 T, *Barsallona* 18. 3 PCl, *prevalegi* 2. 1 Cl, *salada* 227. 11 T (caelata), *candalier* 160. 29 T, *sagalar* 355. 27 T, *jaladura* 85. 27 G (von gelu).

r: die Vorsilbe per erscheint als *par: partanher* 175. 16 T. Die Präposition ebenso: Ch 222. 3, G$_{II}$ 516. 17, T 149. 3, 193. 26. — *Barnart* Co₁ 438. 27, *alberc* Cos 459. 2, (althd. hereberga), *pargami* 68. 1 C, *sarjan* T 349. 24, *marchan* 353. 4. 18 T (*merchan* 189. 24, 353. 13 T), *albaran* 305. 27 T (arbiter + anum), *espardansa* 127. 12 T, von expertum, *lantarnier* 203. 6 Ch (*lanternier* 148. 4 Ch), *encamarat* 271. 32 T zu camera, *vas* (versus) PCl 78. 8,

T 125. 25, 356. 15, *sarai* 1. fut. 105. 7 M, *saran* 3. pl. 7, 3 T (für gewöhnlich *serai, seran*). Belege aus modernen Dichtungen: *darriès* 83.1 G, 246.1 Fr, *marcandejà* 328.13 R, *entarrat* 9. 43 Rou, *Mountfarriè* 9. 92 Rou, *naissaran* 157. 7 Gui fut. 3. pl. Wenn nun auch die Zahl der etymologischen Schreibungen überwiegt, die schulmässige Graphie dieselben stützt, so kann nach allen diesen Belegen, die sich übrigens bedeutend an Zahl vermehren liessen, darüber kein Zweifel bestehen: Unter dem Einflusse einer Labialis und Liquida ging ę zu a über. Wie nun ę durch Assimilation von einem tonlosen Hiatus-i der folgenden Silbe zu i erhöht wurde, so erfolgte bei einem folgenden u (o) eine Angleichung durch den Wandel von e zu a. In Betracht kommen einige Eigennamen: *Austaci* 397. 30 T (*Eustacium*), *Daunisi* Co₁ 435. 17, *Daunizi* T 95. 18, auch *Daonisi* geschrieben, Co₁ 435. 17, durch Monophthongisierung *Danis* 353. 24, 357. 17, 396. 33 T, vereinzelt begegnet die gelehrte Form *Dionisi* 337. 1 T, *Dyonisi* 322. 24 T. — *Claufas* 410. 17 T neben *Cleofas* 418. 20 T, *Audoart* 395. 4 T (Eduardum).

c) Wenn auch nicht so oft wie in den vorstehenden Fällen kennt e der Schreibung zufolge den Uebergang zu a selbst vor n, welches gewöhnlich die Erhöhung von ę zu i veranlasste. Die Präposition sine erscheint häufig als *sans* (adverb. s): 79. 9 M, 183. 23, 202. 4, 464. 21 T, *sanes* 98. 10 M, *sas* 9. 13 M; die Präposition in als *an* 112. 6, 234. 26 T, *an* für gewöhnliches *en* (Titel) 127. 29 T, 100.2 M. — *Anric* 417. 20 Co₁ (*Enric* 417. 20 Co₁), *manar* 297.30 T (minare), *landeman* 381. 20, *espavantable* 438. 1, 474. 16 T, *ordanansa* 197. 26 T, — *sans* Rou III. 14, G 227. 6, *ansin* R. 200, Rou II. 31, *anfin* VI 70 Rou, R 518. Somit weisen die Texte vor n die folgenden Schreibungen auf: e, ei, i, a, ein trefflicher Beweis für die Willkür, zugleich aber auch für die Beweglichkeit und den Reichtum eines Volksidiomes, das sich an keine pedantischen Vorschriften bindet, unbekümmert seine eigenen Wege geht, ein rechtes Naturkind! So begegnet a ausschliesslich vor ğ in *sagel* G_{II} 249. 9 . . (*sigel* ist nicht belegt). Dass endlich derselbe Laut vor der velaren Gutturalis für e eintreten kann, wird nicht befremden: *Sagobia* 461. 8 T (trotz der vorhergehenden Sibilans!), *navagar* 298. 7 T, zumal hier eine Labialis vorhergeht.

Zusammenfassend dürfen wir also die Regel feststellen:

Unter dem Einfluss eines Lautes von dunkeler Schattierung neigt ę zu a hin, unter dem eines Lautes von hellerer Färbung, zu i.

2. o für e ist ganz vereinzelt gesetzt: *ronhon* 167. 9 T, wenn es von *rēnionem kommt; in *dous* 23. 15 T für *daus* (deversus) und *dovon* Co₂ 160. 7 für regelrechtes *devon* (*debunt = debent) mag die Labialis eine Verdumpfung von ę herbeigeführt haben, die Ursache für die Schreibung *do* statt *de* Co₁ 411. 29, und *ordonensa* 435. 12 T, in der flüchtigen Artikulation des Vokales zu suchen sein.

3. Durch den Einfluss der Labialis wurde ę zu u verticft in *ufern* 447. 29 T (infernum — aus dem Churwälschen belegt Ascoli *uffiern* — Saggi Ladini 45), *agulon* 341. 20 T (*akvilonem); in den verschiedenen Verbalformen von *beure* (bibere) kennt diesen Laut auch die jüngere Sprache: Praes. Ind. 2. pl. *buvès* 323. 12 Gui, Imp. 3. *buviè* Rou VI 14, pl. *bubièn* 81. 20 G, Perf. 3. pl. *buguèrou* CP 302. 4, Futur. 3. s. *abuoura* 86. 2 G, 1. pl. *buouren* R 718, Part. Praes. *buguèn* 324. 4 G. — Ferner erscheint er hier in *budels* (vitellos) R 484. — Vor einer Sibilans in *atuzar* 391. 31 T (Ableitung aus titio).

1.

24) 1. Betontes geschlossenes i (klass. latein. ī) bleibt in offener und geschlossener Silbe: Suffix ia: *baronia* 41. 3 C, *senhoria* 27. 16 T, *Orjaria* 9. 1 PCl. (Ueber die Weiterentwicklung dieser Ableitungssilbe siehe 8. $_{2a}$.) -īculum: *perilh* 29. 24 T. Beispiele für ī in geschlossener Silbe: *mil* 236. 3 C (mille), *vila* 3. 9, 358. 9 T, Part. *vist* G_1 474. 3, *escrit* 118. 25 M.

2. Wenn in verschiedenen Wörtern für i ein ę eingetreten ist, so liegt der Grund in dem Schwanken der Volkssprache zwischen klass. latein. ī und ĭ: *freg* 365. 4 T (frĭgidum für frīgidum), *trent* 5. 18 M, statt des gewöhnlichen *filh* begegnet Cl 47. 2 *felh*, einem dictum, analog nach dico gebildet, entspricht *dig* 37. 1 T, in der Verbindung mit bene steht e: *benezette* 161. 21 T, fem. *benezeta* 319. 4 T, also auf dictum zurückgehend.

3. Aus der Verbindung mit u geht der Diphthong íu hervor: *viu* 43. 9 M, *escriure* 34. 12 M, *liura* 234. 1 C. Von den Urkunden des Thalamus ist er am besten gewahrt in den Coût.: *liura* 21. 14, *escriure* 67. 25, *vius* 39. 1 (vivos), ebenso in vortoniger Silbe[1]): *liurat* 21. 29, *deliuramens* 23. 14 T, nur selten in d. Et: *estiu* 165. 13, *excessius* 162. 12 — *ciutat* 162. 2, in den Ser. und der Chr. findet er sich nicht. Schon früh, im 13. Jahrhundert, wird er mit dem Triphthong ięu (e + u pl.) vertauscht; während ihn die ältesten Denkmäler, die Urkunden in M, noch nicht kennen, erscheint er in den Coût. bereits: *poestadieu* 21. 20 (īvum), *lieurada* 53. 7, Et. *lieura* 110. 30 — und ist im 14. Jahrhundert durchgedrungen, Cos 482. 11 *vieus*, G_{11} 322. 33 *lieura*; in C (erste Hälfte des 14. Jahrhunderts) noch *liura* 234. 1 C neben *lieura* 45. 3, T *estieu* 143. 29, *excessieu* 181. 3, *escrieure* 182. 7, *rieu* 436. 22, *nadieu* 418. 7, *cieutat* 446. 21, 470. 10, *caytieu* 474. 12, mit Vertauschung von ieu mit iei: *escrieysi* 105. 10 T, Perf. 1. s. dto *escrieychí* 262. 20 T, Reduktion: *escreysc* 154. 26 T, 3. *escrieis* 57. 30 T.

---

[1]) Auch hier sei des besseren Anschlusses halber das Einteilungsprincip (nach der Betonung) durchbrochen.

Den Gedichten aus dem 17. Jahrhundert ist, soweit man sich auf die Schreibung verlassen darf, der Triphthong nicht fremd: Rou. *estiéou* III 25, *descrieourd* 3. fut. IX 76, Fr. *estieou* 230. 11, *micougrana* 228. 14. Später trat die bereits bei ę erläuterte Vereinfachung zu ſu (geschrieben *iou*) ein, auch hier druckt die Rev. d. l. r. manchmal ieu: *vioure* 90. 25 (ed. *vicure*), *viou* 947; Gui: *estiu-viu* 323. 5—8, bereits Rou. *viou* IV 1. 2.

4. Indem man von dem Falle ī + u ausging, übertrug man den Diphthong ię auch auf andere Wörter, deren konson. Stammesauslaut nicht zu u vokalisieren konnte. Die Thatsache, dass dies ie in verhältnismässig jungen Urkunden erscheint, in denen der Diphthong iu dem Triphthong ieu bereits gewichen ist, dass M, PCl, Coût. es noch nicht kennen, stützt die gegebene Erklärung: *Remieg* 324. 2 (Remigium), *vięla* 299. 14, 353. 6, 386. 24, *abriel* 377. 9, 384. 19, *civiel* 465. 22 T, Co₁ *miel* 426. 9, *abriel* 11. 5 Ch, mit Verstärkung von e durch l: *vialla* 232. 33, 234. 17 T. Auch späterhin hat sich der Diphthong erhalten: *ie* (= ībi) G 81. 29, R 42. 99, Gui 323. 8 — *fielandieira* 8. 2 f und *esfialat* Rou I 51 — *chiniẹi* 322. 24 BP (caniculum) mit Vokalisation des l (aus ł reduciert) zu u und Vertauschung von u mit i.

5. Wie toniges bleibt auch vortoniges i bestehen: *filat* T 146. 14. Enthält dagegen die folgende Silbe ein i, so tritt zumeist Dissimilation zu e ein: T *devin* 127. 11, *fenit* 106. 2, *rebieyra* 378. 16, 392. 13, *vezin* 89. 18, *besina* R 802 (vicina), sogar in Fremdwörtern: *vesitar* 141. 21 T, *Trenitat* 106. 9 T. Natürlich ist die Erhaltung von i nicht ausgeschlossen: *primier* G$_{II}$ 312. 7 neben *premier* T 386. 7, 404. 17, *privilegi* 10. 2 C und *prevelegi* 1. 1 C oder *previleges* pl. T. 104. 25, *difinis* 13. 5 sing. 3. — *defeniscon* 3. 23 T 3. pl. Vereinzelt kann e für i stehen, auch dann, wenn die folgende Silbe einen anderen Vokal hat: *vendemia* 437. 7 T — *vindemia* T 296 1, *meravilha* 412. 2 T.. sic als Konjunktion erscheint kaum anders als *si* in der älteren Periode; *se* 150. 33 T ist heute die gewöhnliche Form: G 222. 31, R 131, BP 130. 2; *cosse* 166. 10 C (quomodo sic).

Andere Vokale: a in *savals* 87. 30 T (si vel + adverb. s), o durch Assimilation in *dolovi* 424. 24 T (dīlúvium), u unter dem Einfluss von m: *prumieyramens* 160. 19, 299. 21 T (*premieyramens* 312. 7 G$_{II}$, *primieyramens* Co₁ 359. 4), in neueren Texten: *prumiès* R 183. 5, fem. *prumieira* R 717, BP 136. 8.

Offenes O

25) 1. ǫ entspricht in seiner lautlichen Gestaltung dem ę, indem es vor einem i- oder u-Elemente diphthongiert. Wie ę zu ię, wird ǫ zu uǫ diphthongieren. Dies trifft zu vor U:

a) ǫ + c + u: *luoc* 17. 5, 29. 4 T, 184. 4 Ch, *fuoc* 87. 14 T,

388. 18 T, 290. 3 Ch, etymol. Schreibung ist ebenso häufig: *loc* 180. 5 T, 183. 7 Ch, 434. 23 Co₁, 6. 28 M — *foc* 472. 29 T.

b) ǫ + v + u: es entsteht der Triphthong uóu: *huou* 429. 5 T (ŏvum), *nuou* 114. 19, 333. 11 T, *buou* Co₁ 378. 4, etym. Schreibart *nou* 29. 9 T. Folgt dagegen ein anderer Vokal, oder ein Konsonant, so bleibt o unverändert: *mou* 328. 10 T (mŏvet), *moure* 63. 8 T, *jous* 186. 32 T (jŏvis). Man sieht also, u veranlasste die Diphthongierung.

2. In Verbindung mit J konnte der Laut eine hellere Färbung annehmen, um schliesslich in den entsprechenden Vokal der i-Reihe, ę, überzugehen: uḟ und mit nachtonigem i: uęi.

a) In palataler Position: *Cataluenha* 307. 2 C, *fuelha* G₁₁ 316. 7, *Boluenha* Co₁ 431. 31, *Torcuelhas* 79. 2 Ch, *Guascucnha* 437. 22 T, *orguelh* 161. 23 T, Konj. Praes. *vuelha* Co₃ 456. 13, pl. *vuelhon* 3. 23 T — *pueg* 16. 3 Cl, 426. 20 Co₁, *muegh* 395. 16 T (mŏdium) — *cuer* 285. 1, 226. 20 T (cŏrium), *sueffra* 3. Konj. 145. 3 T — *plueja* 332. 15 T (*plŏvia).

b) Vor einer i-haltigen Konsonantengruppe: *hueg* G₁₁ 311. 22 (ŏcto); *nueg* 15. 2 C, 19. 2 T, *cueg* 128. 34 T, fem. *cuecha* 289. 12 T — *luenh* 296. 4 T (longum) — *luen* Co₃ 483. 17, — *uelh* 110. 3 T (ŏculum). — cr: *suegra* 143. 14 T - - *puesca* 270. 2 T — *puescon* 23. 4 T — Metathese von ks zu sk.

c) Belege für den Triphthongen: *huey* 101. 26 T, *Puey* 149. 1 T, *pueia* 232. 10 T (pŏdiat) - - Konj. Praes. 3. s. *mueyra* 397. 25 T 3. pl. *mueyron* 353. 33, 380. 17 T — *nuey* 359. 3 T (noctem), *prueysme* 33. 15 T (próximum), *trueia* 47. 23 T (trŏja), *plueia* 272. 16, 332. 15 T. Hierhin gehört auch: *pueys* 9. 18 T, 473. 5 G, für welche Form ein rätselhafter Typus possium oder poxum (post) anzusetzen ist.

d) Reduktion des Diphthongen nach v in *velha* 3. Konj. 447. 30 T — *velhon* 439. 18 T; womit sich die Vereinfachung von ię zu e nach einer Palatalis vergleicht, nach m in *mevon* 185. 21 T (mŏveant), des Triphthongen *despues* 251. 28 T (de ex + *possium).

3. Die Analogie hat den helleren Diphthong in einigen Fällen auf ǫ bei folgendem u-Elemente übertragen: *luec* 3. 14 PCl, *fueg* 354. 28 T, *Capdebueu* 18. 62 PCl.

Der ältere Lautstand, den uǫ bezeichnet, ging indessen auch bei folgendem i-Elemente keineswegs unter, wurde vielmehr in einigen Gegenden unseres Sprachgebietes selbst in dieser Stellung gewahrt, um der Schreibung in den Urkunden zufolge im Laufe des 14. Jahrhunderts auch in Montpellier selbst wieder hervorzutreten und allmälig die hellere Schattirung (uę) ganz zu verdrängen. Dass die Orthographie sogar in den jüngeren Texten dennoch ue im Allgemeinen bevorzugt, kann bei dem ausgesprochen konservativen Hange, welcher die Schreibung der mittelalterlichen Sprachdenkmäler charakterisiert, nicht befremden. Doch bietet namentlich die Chronique

romane eine Reihe von Belegen mit phonetischer Darstellung:
Cataluonha 392. 11 T, *nuog* 344. 13, 357. 3, 378. 17 T, *puosqua* 371. 18 T, *Agrifuolha* 378. 11 T (neben *Agrifuelha*) 378. 4 T, *pluoja* 379. 17, 424. 14 T, *puoys* 333. 8, 368. 17 T, *huoy* 371. 18 T, *Puoy* 356. 21 T, Monophth. *ploja* 428. 18 T.

Spätestens in der zweiten Hälfte des 14. Jahrhunderts wurde demnach ue durch uo verdrängt. Auch andere Urkunden tragen der veränderten Aussprache in der Schreibung stellenweise Rechnung. Co₁ *puog* 424. 30 — *puoch* 436. 3 Co₁ — T *puosqua* 166. 7, *suogra* 142. 22, *huoy* 103. 24, gewöhnlich aber behalten sie, wie gesagt, dem wahren Lautwerte entgegen, ihrem konservativen Charakter getreu (siehe Einleitung), das Zeichen *ue* bei. — Im Laufe der Entwicklung ging dann der tonlose Bestandteil des Diphthongen (u = ü) zu i über (denselben Wechsel weist bekanntlich auch das Churwälsche auf), uǫ also zu iǫ, und io besteht bis heute, auch in den Texten des 17. Jahrhunderts, und die einzig belegte Form in den Urkunden: *lioc* 233. 18 T, genügt, da sie 1584 abgefasst ist, also zu einer Zeit, wo die schulmässige Orthographie bereits in die Brüche gegangen, die Volkssprache kaum noch als Geschäftsmittel im staatlichen Verkehr verwendet wurde, um zu folgern: Schon im 16. Jahrhundert ist der Lautwert von ǫ derselbe, wie in der neueren Mundart. Beispiele aus den Dichtern: Rou *pioch* 1. 39, *mioch* 9. 73, *iol* III 56 (ŏculum) — *nioch* 2. 22 — *lioc* III 68, *fioc* 2. 23 — *ioy* IV. 3. 1, *pioy* I 24, *despioy* IV 3. 14. — *biòou* 2. 11 (*bovum), *iòou* 2. 18 — G *ioch* XVIII 90. 5, *iol* 222. 7, *lioc* 221. 8, *fioc* 222. 7, *pioi* 222. 8, *ioi* 90. 26. R *qior* 938 (cŏrium), *quioissa* 673 (cŏxa), BP *nioch* 142. 19, *ioch* 322. 4, *fiolha* 324. 6. *iou* 324. 13, BR *pioch* 195. 12, *nioch* 199. 7. Der i-Vorschlag ist zuweilen aufgegeben: *joc* Rou 3. 4, plur. *jos* G 233. 10, *ploja* Rou IV 2. 1, G 95. 32, *nòu* G 90₈ ‿ *dòu* (dolet), *Castelnòou* Rou 1. 34.

4. Die Sprache liebte es auch bei ǫ + J oder U neben dem gewöhnlichen Entwicklungsgange der Diphthongierung einen anderen einzuschlagen: Auch hier entsprechen sich ę und ǫ. Konnte, wie gesagt, ę um zwei Stufen erhöht werden: ę — e — i, so kann o um zwei Stufen vertieft werden: ǫ — o — u. Der Grad der Schwächung ist also bei beiden Lauten der gleiche: *Melgur* 7. 5 M, T: *cuyssa* 357. 7, *huit* 309. 24, *puys* 413. 32, *vulhon* Cos 463. 28, *puscon* 41. 5 M (3. pl. Konj. Praes.) 1. s. Ind. Praes. *pusc* 105. 9 M (*póssio mit analogem c der 1. Person) — *lug* 7. 10 M (lŏcum).

5. In einer Reihe von Belegen aus M hat sich ǫ vor J rein erhalten: *Melgor* 53. 3, *pos* 76. 18, 102. 17 und *pois* 33. 14, *melgoires* 34. 8, *posca* 77. 22, *vollas* 58. 4 (*vólias 2. Konj.) — Cos *posca* 483. 5, *pos* 460. 24. Diese Verschiedenheit ist auf eine lokale zurückzuführen.

Anmerkung. Vor dem Tone wird ǫ wie o behandelt. Von einer Diphthongierung kann keine Rede sein: *coyratier* 96. 19 T zu cŏrium

(cŏrium + attum + arium), ebenso wenig wie in Fremdwörtern: *odi* 167. 24 T u. s. w.

6. Verstärkung zu a, bei ę nicht ungewöhnlich, vermissen wir; *dama* 381. 28 T ist, dem gewöhnlichen und regelmässigen *dona* gegenüber, als Fremdwort zu betrachten, *tresparton* Ch 1. 10 für *tresporton* (transportant) wohl nur ein Schreibfehler.

7. Abgesehen von dem Falle: ǫ + J oder U blieb ǫ in Schrift und Sprache; vor Nasalen wird es, wie ę, geschlossen gewesen sein, ohne dass die Orthographie einen Unterschied macht.
hom 47. 1 T — *bon* 5. 7 T, *son* 167. 34 T (sŏnum) — vor Liquiden: *cor* 187. 12, 354. 10 T, *mor* 9. 20 (*morit) — *Tilhol* Co₁ 408. 28, *sol* 11. 8 T (sŏlum), *vol* (*vŏlit) 7. 28 T, später vokalisierte das auslautende l zu u: *dou* (dŏlet) G 90. 4 im Reime mit *nòu* (novum) — *pot* 7. 27 T (3. s. Praes.) — *nova* 383. 27 T, in geschlossener Silbe: *don* 154. 16, 336. 15 T (dominum) — *dona* 57. 24 T — *mort* 11. 5, *porta* 49. 1, *nostre* 103. 9 T — *roc* 10. 1 Rou (*rŏccum).

Geschlossenes O.

26) 1. Der Unterschied zwischen ǫ und ó ist ebenso scharf ausgeprägt, wie der von ę und ẹ: ǫ diphthongiert nicht. Dennoch hat es bereits in vorhistorischer Zeit einen charakteristischen Lautwandel erfahren, indem es zu dem u-Laute des Systems vertieft wurde. In der Regel freilich halten die Urkunden an der Schreibung o fest, auch, wenn ǫ dem klass. latein. u entspricht: indessen ist die Zahl der Belege in betonter sowie unbetonter Silbe gross genug, um uns über den wahren Lautwert von ǫ, den zuerst P. Meyer erkannte — (»Phonétique provençale o« in: Mémoires de la Société de Linguistique I 157), auch im Dialekte von Montpellier nicht zu täuschen. Die vielen Beispiele in M sprechen für das hohe, vorhistorische Alter des Lautwechsels. Die Bezeichnung betreffend genügte den älteren Urkunden »u«, unter dem Einfluss der französischen Orthographie tritt bereits in der 2. Hälfte des 14. Jahrhunderts »ou« auf, welche Schreibung in den jüngsten Urkunden und in allen neueren Texten die regelmässige ist:

1) in betonter Silbe: M *Ugun* 103. 1, *Peyrun* 105. 1 (*Peyron* 103. 1), *fazun* 103. 8 (factionem), *sazun* 105. 7, *lairun* 6. 2 (*lairon* 6. 20), *Raimuns* 20. 1, *avuncle* 34. 8, *sun* 17. 3 (*son* 21. 3 = sunt); auch in Fremdwörtern: *deceptiun* 17. 9 (*deception* 17. 10), *messiun* 6. 15, C: *bulla* 57. 1, Cl: *plump* 2. 4, Ch *desutz* 119. 4 (subtus), T: *plusurs* 198. 22, *suma* 35. 11 (*soma* 61. 10, 75. 20), *munt* 162. 15 (*mon* 172. 12), *segunda* 410. 11 (*segon* 173. 17), *dupte* 17. 30, 25. 30, *Columpna* 343. 7 (*Colompna* 342. 10) — *ou:* T *nous* 196. 21 (*nos* 101. 9), *vous* 306. 17 (*vos* 107. 11), *vous* 468. 19 (vocem) — *vos* 159. 15, *amour* 310. 17, *jour* 201. 23 (*jorn* 85. 14), *aoust* 359. 18

(*aost* 57. 23), *tout* 169. 12 (*tot* 19. 13), Ch: *jour* 174. 9, Co₂: *honour* 482. 2, *court* 482. 3 (*cort* Co₁ 364. 31), *touta* 482. 3 (*tŏtta), *senhour* 482. 4 (*segnor* 482. 18), *jour* 482. 25.

2) In vortoniger Silbe: Wie ę dem ẹ, so folgt auch hier ǫ dem ọ: M *un* (unde) 52. 8, *nun* (non) 101. 3, *cunsel* 101. 6, *subre* 103. 2, *voluntat* 118. 11, *cum* (quomodo) 5. 5, — *con* 17. 13, *tulgues* 101. 6, 3. Konj. Imp. PCl *puscas* 16. 2 (2. pl. Konj. Praes.), *pusquesson* 37. 3 (3. pl. Konj. Imp.), Co₁ *ufisi* 365. 10, *Jugoros* 394. 16, *Columbier* 414. 25 (*Colombier* 421. 19), *Rubert* 436. 3 — *amelhuramen* Co₂ 456. 12. — *pouder* 483. 35, *coustume* Co₂ 482. 14, G₂: *subre* 313. 12, *rullar* 312. 6 (*rotulare*), *coustuma* 469. 7, *acoustumat* 314. 10, C *bullada* 53. 1 (*bollada* 70. 1), *escumergar* 94. 2, *ajinulhamen* 190. 4. T: *uffert* 124. 9, *suffert* 13. 22, *cuberta* 143. 27, *trubar* 171. 18, *subre* 161. 10 (*sobre* 170. 24), *uffici* 67. 10 (*offici* 69. 24), *escumergar* 154. 27, *rutlar* 100. 20, *jutglar* 142. 8 (*jotglar* 142. 9 = jocularem), *uchoire* 330. 3 (*ochoire* 336. 25) — *sus* 188. 27, *cum* T 114. 9, 136. 20, ou: *gouvernador* 187. 24, *Borgounhon* 470. 23.

Belege aus der Neuzeit: Rou: *baroun* 1. 1, *humou* 1. 25, *amourous* 1. 43, *houra* 2. 47 — G *aucelou* (ōnem) 22. 12, *flou* 221. 3 (flōrem), *oura* 221. 31 ... Die älteren Texte bevorzugen indess, im Gegensatz zur phonetischen Schreibweise, die Bezeichnung durch o. z. B. Suffixe: ōnem — *Peyron* 103. 1 M, *preizon* 33. 4 M, *baron* 65. 12 M; ōrem: *honor* 3. 7 T, *deutor* 11. 16 T; ōsum: *curos* 253. 9 T, *jogos* Co₁ 383. 24 — *profechoza* 104. 28 T, *lebrosa* 47. 22 T; ūculum: *ginolh* 163. 25 T.

2. Der Regel entgegen findet sich diese Bezeichnung auch zuweilen in neueren Denkmälern, so schreibt Favre: *onte* 6. 11 (unde), *dos* 7. 14 neben *dous* 7. 34, *ongla* 7. 27, *segond* 14. 3, *compaire* 12. 33, die Pronomina Possessiva *mon* 10. 12, 12. 8, *son* 10. 15 — G 227. 26, Fr *dos* = (duos) 244. 8 im Reime mit ecce hoc + adv. s.: *ayços*.

An Beziehungen zum »klassischen« Schreibsysteme ist nach dem in der Einleitung Bemerkten nicht zu denken. Man könnte geneigt sein, französischen Einfluss anzunehmen, wenn die Neigung ou durch o zu ersetzen in der Umgebung der Stadt nicht grösser wäre, wie in Montpellier selbst (siehe die einleitenden Bemerkungen von Ch. de Tourtoulon zu einem Gedichte Langlade's aus Lasargues bei Montpellier. Rev. d. l. r. IV 427).

3. ǫ + J (palatale Position, oder eine i-haltige Konsonantenverbindung).

1) ǫ wird zu ọ, d. h. der geschlossene Laut nahm unter der Einwirkung von i eine mehr offene Färbung an; nic wird u geschrieben — ōria = oira : *fazedoyra* 53. 10 C, *gardadoyra* 101. 24 T; *sabedoyra* 100. 17 T — ōrium = or (wie bei arium, erium, musste nachtoniges i fallen — siehe 5.a): *terrador* 50. 3 C, *tenedor* 127. 5 Ch,

nicht volkstümlich: *aitori* 114. 8 M, mit Vertauschung von u und i: *coyre* 265. 2 T (cupreum), *ochoyre* 135. 21 T.

2) ǫ wird durch i zu u vertieft — also der entgegengesetzte Vorgang: *dui* 29. 22 T, *amdui* 102. 2 M, *tug* 3. 12 T (*totti), *cuia* 47. 3 T (cōgitat) — *diluvi* 436. 16 neben *dolovi* 424. 24 T, vortonig *cujar* 353. 28, *puiar* 81. 23 T, *culhir* 29. 12, *reculhir* 251. 29 T, *culhier* 227. 25 T, eine Ableitung von cóchlear.

4. Auf französischer Einwirkung beruht die Schreibung eu, die sich vereinzelt in jüngeren Texten findet: *plusieurs* 186. 30 T, *Seigneur* 200. 26, 310. 17 T, *leur* 185. 9, 201. 28, 233. 10 T, *glorieuse* 482. 3 Cos, *monsegneur* 482₉ Cos (neben *monsegnor* 482. 68 Cos).

5. Verstärkung zu a vor l in *Bertalmeu* 461. 1 T, *uutrage* 470. 8 T von ultra. *Saudan* 471. 9 T (*Sultanem) — *can* T 134. 26, 435. 3, für gewöhnlich. *con* (quomodo) — vereinzelt *ant* 135. 25 T (unde) statt *ont* oder *unt* — *campanhia* 302. 8 T, vielleicht unter Anlehnung an *campum*.

6. Für o trat e ein durch Dissimilation in *seror* 119. 12, *redon* 120. 12 (rotundum), *Enori* 461. 7, *secors* 469. 21, *Bergonhos* 472. 19 T (Burgundiones); durch Praefixvertauschung in *escur* 410. 12, *escura* 153. 33 T — vereinzelt im Neutrum *se* 152. 14, 276. 26, 426. 22 T für *so* (= ecce hoc), *Jehan* Co₁ 435. 6 — gelehrt: *espital* 117. 3, 172. 19 T für das volkstümliche *ostal* 119. 91.

Somit betrifft der Wechsel von ǫ mit a oder e nur den tonlosen Vokal.

U (latein. ū).

27) Für latein. ū findet sich in allen sprachlichen Denkmälern u geschrieben: *sus* 104. 34 T (*süsum = sursum), *desus* 91. 1 T, *fruch* Rou IV 1. 8, *frucha* 56. 6 Cl, *destrug* 385. 18 — *destrucha* 354. 31 T, auch vor dem Tone: *uzurier* 9. 4 T, *agulhier* 96. 23 T. Mit i verbunden entsteht der Diphthong úi: *cui* 5. 21 T, *lui* 61. 4, *fruit* 392. 27 T, *produysh* 124. 17 T, *counduire* III 68 Rou, *estruyre* Co₁ 359. 14 (*strūgere). Monophthongisierung ist selten: *conclure* III 209 Rou, *destrusseron* 403. 24 T (3. pl. Perf.). Als Abweichungen sind die folgenden Fälle zu verzeichnen: Den Diphthong úi ersetzte der Triphthong uéi in *conclueyre* 165. 10 C, — cūlum erscheint als *cuou* R 112, f° 218. 3, *queou* 226. 6 fi, *mũla* 97. 28 fi, BR 360. 12 als *miola*, lautliche Ausartungen, die sich auch an anderen Stellen des südfranzösischen Sprachgebietes nachweisen lassen (siehe Constans: »Sous-dialecte du Rouergue« 31), — latein. jūdáeum entspricht in der älteren Mundart als regelrecht entwickelt *jusieu* 166. 32, 415. 20 T.., in der jüngeren *jasiou* 13. 2 F, 322. 8 BP. Neben *comuns* 65. 6 T (communes) steht *comons* 29. 10 T, vortonig *cominal* T 139. 8, 395. 15, PCl 18. 4, *cominaleza* 6. 3 PCl. Dem gegenüber weisen die ver-

schiedenen Formen von jüngere auf ein latein. kurzes u hin: *enjoins* 435. 3 T (injunxit), *jons* 33. 3 M (junctos), *injoncha* 356. 10 T, in *juncha* 454. 7 T, *enjung* 126. 6 T begegnet phonetische Schreibung für ǫ.

Es fragt sich nun: Welchen Laut stellt das Zeichen u dar, den des Lateins oder den des Französischen? In der neueren Sprachperiode den letzteren, auch in der älteren? Nach Diez (Gramm. d. rom. Spr. I[4] 391) muss es bei den Alten ›den reinen Laut des südlichen u gehabt haben, weil es mit v wechselt: *blau — blava, estiu — estiva*. Es ist also dasselbe u wie im Catalanischen, welcher Sprache die provenzalische in der Phonetik näher liegt als der französischen. Rochegude, Gloss. occ. p. XLIX, gibt zu, dass provenzalisches u nach einem andern Vokal wie französisches ou gelautet habe, legt ihm also in den übrigen Fällen den Wert des französischen u bei, ohne ein Wort über diesen Widerspruch zu verlieren.‹

Ob man der Ansicht Diezens beistimmen darf, oder nicht, lassen wir dahingestellt. Jedenfalls, meinen wir, sollte man über die Frage nach der altprovenzalischen Aussprache von u (latein. ü) nicht so leicht hinweg gehen!

au.

28) Dieser Diphthong blieb im Allgemeinen bis heute. Einem vulgärlateinischen Typus *agustum entspricht *aóst* 57. 23 T (vergl. ital. agosto, altfranz. a-ost), daneben mit Schwächung von g zum bilabialen Schleifer (v): *auost* Co₁ 391. 14, auch schlecht *avost* gedruckt: T 67. 21, 127. 2. In der Verbindung von áui+a blieb der Diphthong erhalten (natürlich mit dem konsonantischen Werte von i), in *auia* 81. 13 T (audiat); durch Assimilation verschmolzen in diesem Falle beide Elemente des Diphthongen zu ǫ: *joia* 145. 8 (gaudia), *Savoya* 363. 18 T (Sabaudia). Vor dem Tone kann diese Verschmelzung auch ausserhalb der Verbindung mit i eintreten; wie immer nimmt ǫ in dieser Stellung geschlossenen Charakter an: aut — *o* 5. 5 T — *u* 101. 6 M — *ou* 170. 16, 187. 31 T, 221. 22 G. Die volkstümliche Form für aurum ist *aur* 146. 8 T, die aus dem Französischen entlehnte *or* 196. 4 BR. Composita: *oriolet* Co₈ 485. 24, *tresorier* 200. 13 T (beide in sehr jungen Urkunden), daneben das einheimische *tresaurier* 205. 7 T.

B. Konsonantismus.

Die Liquiden.

L.

29) I. Anlaut: l bleibt; gemeinromanischer Uebergang zu r in *roussignou* G 289. 1 (*lusciniolum).

II. Inlaut: 1. Nach Vokalen, vor Konsonanten.

a) Nach a vokalisierte l zu u:

M: *autra* 33. 7, *Gaufres* 44. 4 (Galfredus), *Guiraus* 107. 1 (Geraldus), *Arnaut* 118. 21. — G_1 *autre* 473. 17, G_2 *aussi* 469. 6. — Co_1 *autar* 359. 18, *Gautier* 378. 18, *Sauzet* 386. 21 (Salicetum), *Raynaut* 378. 2, C: *autre* 56. 6, *deffaut* 156. 6, — T: *auna* (*álena) 41. 21, *aut* 366. 27, *mortaudat* 339. 22, *encaussar* 115. 20 u. s. w.

Etymologische Schreibweise ist daneben nicht selten:

M: *altre* 62. 21, *Arnalz* 109. 1, *Aldiarz* 20. 1, *Girald* 8. 3, *Raimbalt* 57. 1, PCl *alcun* 17. 13 — Ch *altramen* 231. 6, Co_1 *Albert* 378. 9, *Salvayre* 378. 14, *altar* 434. 27, — *fizaltat* Co_3 457. 11 — T *jalne* 137. 12, *alta* 465. 1, *altre* 386. 10 — sogar *ul: faulta* 188. 30, *aulta* 203. 16, *aulcune* 233. 34. Charakteristisch ist, dass PCl und die Coûtumes von T, beide nach der Mitte des 13. Jahrhunderts abgefasst, abgesehen von *altre* 19. 3, welches dem gewöhnlichen *autre* gegenüber nicht in Betracht kommt, keinen Beleg für diese etymologische Schreibung bringen. Berücksichtigt man ferner, dass in M, dessen Handschrift aus dem Beginne des 13. Jahrhunderts datiert, die Schreibung mit u bereits überwiegt, so liegt der Schluss nahe: Schon im 12. Jahrhundert vokalisierte nach a das l zu u. — Ausfall von l: *atressi* PCl 3. 16 — *atretal* 77. 21 M (nie aber *atre*) — *ban* (balneum) 30. 4 Cl — *banhar* 458. 19 T.

b) Derselbe Schluss ist für die Vokalisation von l nach e erlaubt, weil schon M einen Beleg bringt, die Coût. mehrere. Damit soll keineswegs behauptet werden, dass die Vokalisation nach beiden Lauten zu gleicher Zeit erfolgte, vielmehr wird sie nach e später erfolgt sein, dem Verhältnis der beiderseitigen Belege in den ältesten Urkunden zufolge: M *Matheus* 70. 3, 94. 7 (Mahthildis), C *fizcutat* 219. 3, PCl *Matheus* 17. 4, T *Matheus* 57. 3, *Bordeus* 342. 30, *fezeutat* 7. 18. Ausfall: *Guilhem* Co_1 384. 3; etymologische Schreibung: *fezeltat* M 58. 6, C 40. 2, *Mathels* 32. 2, *Gaucelm* 8. 6 M;

Geschichtliche Entwicklung der Mundart von Montpellier (Languedoc). 47

man darf annehmen, dass in den Belegen aus M 1 noch gesprochen wurde, da sie den älteren Urkunden dieser Sammlung angehören.

c) Nach o ist es in M stets geblieben: *toll* 126. 11, *oltra* 2. 8 — alle späteren Texte aber weichen ab, indem sie l entweder synkopieren, oder zu u vokalisieren: Coût. *escobat* 15. 12 T, *otra* 51. 10, *mota* 83. 24, *moton* 47. 22 T — *touta* 77. 13, *outra* 51. 25, *absout* 7. 21 T. Abgesehen von der Verbindung mit der anderen Liquida (lr) und von dem gelehrten *colpa* 5. 17 bieten sie einen Beleg für das Bleiben von l nicht, und so darf man folgern: die Veränderung des l nach o erfolgte in der 1. Hälfte oder um die Mitte des 13. Jahrhunderts.

Belege aus anderen Urkunden:

T: *costel* 365. 24 (cultellum), *dossa* 277. 19 (dulcia) — *mout* 128. 14. — *mouta* 281. 28 — (Part. zu molere) — *mounier* 281. 22, *soudar* 265. 3 (solidare), *Soudan* (Sultanum) 406. 15 — *mouto* 240. 3, *vouta* 296. 5 — PCl *mout* 17. 20, Co: *Berthomieu* 382. 12 I, *otra* 487. 22 III — *mouto* 1. 438. 12 (*multonem — mutilonem) — *seboutura* 3. 457, 6, *mounier* 3. 460. 15, Ch *mota* 13. 1, *cotelier* 156. 4 — Cl *scobat* 9. 1, C *otra* 36. 3, *mota* 347. 5 — *touta* 96. 3, *mounier* 255. 1, *scboutura* 261. 2, *mouta* 341. 1 — *oultra* T 194. 12, 311. 4 — G_{II}: *motonier* 314. 14; etymol. Schreibung: T *colpa* 5. 17 — *colpaol* 35. 9, *colgar* (collocare) Coa 460. 24, *volp* 225. 20, *Soldan* (neben Soudan) 466. 18, *folzer* 388. 21, *oltra* 123. 12 T: in Eigennamen: Co_1: *Randols* (ulfus) 378. 8 — *Polverel* 378. 26 — *Bertholmieu* 425. 8. — Vor r blieb l in der Regel: *molre* Coa 460. 22, *volra* 31. 12 T — *volran* 9. 14 T —, selten assimilierte es sich dem r: *torrai* 119. 3 T.

d) Für die neuere Mundart lässt sich das Verhalten des gedeckten l nach Vokalen kurz dahin zusammenfassen: nach a und e vokalisiert es zu u, nach o und ou ist es gefallen:

baouma (balma) 91. 33 G — *fezaoutat* Rou III 91 — *bèoutat* 1. 8 Rou — *cop* 1. 19 Rou, *mots* (multos) 222. 25 G — *oume* (ulmum) 85. 25 G, *coutel* R 500, — *voudrièi* 223. 4 G (Kond. 1. sing.).

e) Vereinzelt hat sich das gedeckte l durch den Uebergang zu n der Vokalisation entzogen: *Anfos* (Alfonsus) 142. 29 BP. Darf man der Orthographie des Thalamus bei *monteza* 357. 13 T — *anteza* 127. 11, 452. 17, 468. 24, ebenso G_{II} 452. 7 *fizentat*, für den Laut selbst Glauben schenken? Vielleicht ist blos n für u verschrieben oder verdruckt.

f) Geminiertes l (ll) hat eine doppelte Entwicklung gefunden, entweder schon früh sich zu l vereinfacht: *vila* 3. 10 T, *pel* 162. 30 .. (wobei die Schrift, konservativ wie immer, ll zuweilen beibehielt: *appellar* T 25. 28, *villa* 105. 12, *capella* 424. 11, *candella* Coa 482. 14 = *candella, nicht candēla ...) und in diesem Falle auch die erwähnten Veränderungen in gedeckter Stellung erlitten: *touta* 33. 16, 77. 13 T Part. von *tollere* — *faut* 5. 24 M — *deffaut* 156. 6 T ...

von *fallere* ..., gefallen vor dem s der Flexion in *es* 192. 4 (els), *des* 319. 32 .. *as* 171. 2 — *as* 156. 24 .. T, oder sich zu l erweicht (siehe unter l — 32. 3).

30) 2. Nach einem Konsonanten ist l geblieben:
ml: Einschiebung von b in *semblar* 122. 21 — *assemblar* 473. 32 T, vor flex. s fiel es in *sens* 339. 3 T (semel + s), *essems* 356. 11 T — *ensen* 232. 6 fr. — nl: ' *emblar* 13. 14 T (involare), pl: *poble* 171. 32 T, mit Uebergang zu r in *tempre* 301. 16 T (templum), Ausfall: *espicadoyra* 249. 29 T zu explicare bl: *noble* 149. 13 T; in der neueren Mundart ist l stets gefallen in *pus* fr 232. 5, Rou 1. 9 — *pu* R 61.

31) III. Auslaut: In den Urkunden ist l geblieben, auch vor flexivischem s. Doch zeigen die Texten des 15. Jahrhunderts entnommenen Formen *generaulx* 203. 11 T — *reauls* 422. 10 T, dass unser Dialekt schon damals auf dem Standpunkte der neueren Mundart steht, in der die Vokalisation des auslautenden l nach a, e, o stets erfolgte:

Rou: *taou* (talem) III 11, *animaou* III 110, — *maou* 228. 6 fr — *camèou* 258. 11 fr, — f *pèou* (pilum) 14. 4, plur. *peus* 14. 8 — *Espagnòu* 235. 15 — bei Dichtern des 19. Jahrhunderts *maou* 223. 16 G, *oustaou* 226. 13 G — *meu* 284. 12 G, *peu* 92. 12 G — *vòou* (*volit) 90. 26 G — *roussignòu* 289. 4 G, *sòou* 222. 20 G — *dòou* 229. 13 G; nach i ist l geblieben: *sutil* Rou 1. 6, *courdil* 241. 10 fr, ebenso nach ou: *soul* 222. 10 G, Rou II 6. Nicht so konsequent wie einfaches l ist ll im Auslaute in der Neuzeit entwickelt worden; denn bald lässt unsere Mundart das aus ll vereinfachte l intakt, bald dasselbe zu u vokalisieren, und oft wird sogar ein und dasselbe Wort in dieser zwiefachen Gestalt von den Dichtern gebraucht, so dass sich kein leitendes Princip erkennen, keine Regel gewinnen lässt. Hier kommt vor Allem in Betracht das Suffix ellum: fr *anel* 250. 19, *pincel* 231. 17, — *gavèou* 278. 24, *bèou* 278. 25, *panèou* 258. 11; vor flexivem s: *flambeous* 232. 5, G: *coutel* 227. 11, *ridel* 90. 12, *mantel* 289. 2 — *bèou* 223. 5; plur. *bèous* 322. 25; R *pel* 136 — plur. *capels* 184, *budels* 484 (vitellos) — *bèou* 651; vor flexivischem s: *baisseous* R 124, — BP: *clavels* 136. 16 — *bourrels* 136. 18, *troupels* 128. 18 — *drapèu* 332. 2 — plur. *ramèus* 142. 25. BM *rideu* 283. 16 — Gui *jouvencèu* 333. 28, *vaisseus* 163. 13, *beus* 163. 14. Nach a und o dagegen scheint l fest zu stehen: *abal* R 68 (vallem), *col* 138. 9 BP — *fol* 198. 20 BR. — Die Provence und die Rouergue waren hier konsequenter als die Languedoc. Dort vokalisierte l immer (siehe Ch. de Tourtoulon Rev. d. l. r. I 123), hier hat es sich stets erhalten.

32) Der erweichte Laut (l̄), dessen Darstellung sehr mannichfaltig ist (gewöhnlich lh, oft ll, seltener auch lhi, lli, li, ilh, ill, il, ja sogar l), hat seine Quelle:

1. in einfachem l, dem ein i vorhergeht oder folgt: *dilhus* (dies Lunae) 91. 1, 38. 3 T, *dilus* 349. 29, 379. 33 T, — *solhelh* 460. 32, *solhel* 347. 15, 416. 11 T — *solleh* 422. 19 T — *alhivrament* T 183. 18.

2. in geminiertem l (ll), teils in Verbindung mit i: *ilh* 53. 21 (illi), *aquilh* 53. 2 — *aquill* 59. 21. 718, — *pelhiscier* Co₁ 421. 31, — *pelhissier* 164. 3 T von pellis, — *sebelhit* Co₁ 412. 32, — *sebelit* Co₁ 424. 11. — *culhir* 29. 12 T — *salhir* 183. 4 T, — *defailhiran* 3. Futur. 7. 4 T, *falhida* Co₃ 455. 27, — *falir* 420. 4 T, teils auch ohne dieselbe: *ulh* 41. 16, — *ulla* 295. 7 T, — *nulh* 49. 22, *nulha* 31. 21, *nulla* 428. 4, Co₁ — 33. 7, 1. 14 M, *elh* 134. 22 — *ell* 41. 2, 81. 4 (illum) — *all* 3. 12 T, — *aquell* 99. 6, — Suffix ellum: *castelh* 11. 3 C. — *castell* 99. 2 T, — *novelhs* 119. 24 T, das, wie gesagt, eine doppelte Entwicklung in unserer Mundart gefunden hat.

3. in einem l + i im Hiatus: *molher* 15. 2 T, *batalha* 33. 27 T, *fuelha* 146. 15 ..., *mezalla* 1. 5 M, *moller* 49. 2, *filla* 96. 4 M ..., *fillia* 97. 1 M, *molhier* 139. 3 C, — *alienar* 69. 11 T, *moiler* 30. 2 M — *filia* 77. 19 M; auslautend: *julh* 170. 25, *orguelh* 161. 23, *issilh* 110. 8, *filh* 383. 7, *cosselh* 3. 9 T ..., *jull* 330. 13, *fill* 329. 15, *concell* 340. 33 ... T, *cosseill* 11. 5 M; vor flexivischem s: *mielhs* 45. 13, *cosselhs* 7. 29 T, — *cossells* 7. 15 T.

4. in Verbindung mit einer vorhergehenden Gutturalis: T *agulha* 124. 8 (acucula), *aurelha* 178. 7, *agcinolhar* 122. 29, — *vielha* 49. 2, — *velhar* 283. 24 (vigilare) — *perilh* 29. 4, *vermelh* 49. 28, *parelh* 183. 21 ..., *baylhe* (bajulum) Co₁ 420. 8 — Co₃ 482. 4 — *solell* 334. 2 — *vieill* 117. 28 T — *mirail* 244. 3 T; vor flexivischem s: *vielhs* 394. 1, *perilhs* 394. 32 T.

33) Der erweichte Laut hat sich in seinem vollen Werte nicht halten können. Im Auslaute ist er zum einfachen l reduciert worden. Schon in den ältesten Handschriften wird, wenn auch noch verhältnismässig selten, derselbe durch l dargestellt, sei es, dass den Schreibern zur Bezeichnung von l l genügte, sei es, was wahrscheinlicher ist, dass schon damals l im Auslaute an Kraft verloren und die Neigung hatte, sich zum einfachen Laute zu reducieren: M *fil* 17. 1, *consel* 21. 1, *castel* 11. 6 — T *aquil* 65. 3 —, *viel* 47. 1 PCl, *fuel* 441. 9 Co₃, *jul* 87. 8 Ch, T *fil* 57. 3, *consel* 57. 17, *essil* 87. 20, *trabal* 83. 27, *solhel* 347. 15, *peril* 200. 9, — vor dem s der Flexion: *miels* 7. 6, *tals* 183. 22, *viels* 387. 13, *conils* 225. 14.

Die neuere Mundart kennt den son mouillé im Auslaute nicht, sondern nur einfaches l: Rou *parel* 1. 9, *sourel* 2. 20, *fil* 9. 130, F *miel*, G *viel* 226. 20, BP *miral* 320. 24, das selten auch an der Vokalisation teilnehmen konnte: *miou* R 152 (melius), durch den Reim mit *perfectiou* gesichert, mit Wechsel von u und i: *chinièi* 184. 4 BR ⌣ *rei* (caniculum).

Im Inlaute hat der Laut denselben Wandel wie im Französischen erlitten: l verstummte, die Spirans allein blieb bestehen, die in der Regel durch i, manchmal auch durch h bezeichnet wird, während die Revue, wenn sie ihrem Princip treu bleibt, an der alten Orthographie (lh) festhält. Den Denkmälern aus dem 17. Jahrhundert ist diese Reduktion unbekannt: Rou *filha* 1. 21, *moulié* 9. 86, *milioun* 9. 137, fr *filla* 230. 5 — *filleta* 228. 10, *tailla* 231. 16, *aoureilla* 231. 10. Favre schwankt: *Mounpeye* 9. 28 neben *aureilla* 10. 3, *pareilla* 10. 25 — f° 218 *miiou*, Rigaud schreibt bereits ausschliesslich i: R° *abeïa* 187, *travaïaires* 187 ... Belege aus den Dichtungen des 19. Jahrhunderts; h: G *fiha* 221. 4, *escarabiha* 221. 21 — i: *paia* 222. 19 G, *treia* (trichila) 90. 9 G, *veia* 90. 11 (vigilat) — R 89: *muraia, ficta* 726 (Diminutiv zu filia) und im Reime mit ieira (aria): *cabaieira ⌣ oubrieira* 665.

Diese Vereinfachung erfuhr ī im Anlaute bei einigen Wörtern, deren l durch das erste Element der Diphthonge ie und io erweicht worden ist: *Ihon* 156. 4 Gui (longum), *yon* Fi 243. 3 — R° 187, — *de yon en yon* 237. 19 fr, *ion* 237 R — *iech* (lĕctum) R 62. Wenn sich aber in den Urkunden Belege finden, wie *Mahorgua* 136. 2 C, *dihus* Co₁ 409. 6 — *soleh* 368. 24 T, so kann in diesem vereinzelten h nur eine orthographische Variante für l gesehen werden, in *issi* 354. 7 T (ecce illi) und Fi 49. 1 M (filium) nur fehlerhafte Schreibung für *issil, fil*.

R.

34) I. Im Anlaute bleibt r. Ein vokalischer Vorschlag, wie im Gascognischen und Bearnischen, ist unserer Mundart nicht bekannt; ein konsonantischer erscheint — wie auch anderswo — in *brug* 366. 19 T (rúgitum von rugire).

35) II. Inlaut. 1. Durch Dissimilation ging r über in

1) l: *albre* 171. 18 ... T, mit Vokalisation des sekundären l: *aubre* 220. 5 G (daneben *arbre* 183. 30 T — *Montarberon* Co₁ 380. 5), *pelegrin* Co₁ 389. 2, *pelegrinage* 432. 16 T — *albirar* 45. 3 T (*arbitrar* 11. 6 C), *albiri* 15. 24 T (arbitrium), *polprier* 97. 4 T — *poulpre* BPe 272. 13, *complar* 99. 3 C, *carcelier* 368. 3 C, *alberc* Coa 459, 2 (heriberga).

2) n: *deraynement* 423. 10 T (*derayran* 31. 2, 73. 21), *arenan* 3. 19 T.

3) Am häufigsten ist es zur Erleichterung der Aussprache gefallen: *Bernat* 322. 20, 385. 26 T — Cl 1. 5, Co₁ 385. 19 (*Bernart* 434. 33 Co₁), *Bernadin* 18. 58 PCl, *Gibert* 107. 3 neben *Girbert* 108. 2 T, *dimecres* Co₁ 434. 24, T 355. 20, *penre* 396. 19 T, Coa 456. 13 ..., auch in den abgeleiteten Verbalformen: *penrai* 7. 9, *penra* 17. 17 T, *penrem* 102. 17 M, folgte dagegen kein r: *prenga* 51. 2 — *prengon* 53. 5, *prendon* 3. 19 ..., so blieb die Liquida, woraus unzweifelhaft hervorgeht, dass das Streben nach der Dissimilation den Ausfall ver-

anlasst hat, — ferner: *propi* 83. 13, *Arquipestre* 352. 15, *ganres* 127. 20 für *granres* T, *traite* fr 258. 18, im Plur. des starken Perfekts: *cregon* 5. 17 T.

Die Dissimilation ist also ein sehr ausgedehnter und volkstümlicher Zug unseres Dialektes in alter und neuer Zeit. Das Gleiche gilt von dem Entgegengesetzten, von der Assimilation.

2. Durch Assimilation wechselte:
1) mit l: *singulalmens* 120. 20 T, *celcle* 274. 10 T oder *selcle* 258. 2 C (circulum), *pel* 17. 8 T (*perlo*).

2) mit s oder sibilantischem c (ç): *escoussa* 222. 22 G (*excursa), *travessà* 96. 16 G, 3. 7 Rou, *fossa* 92. 1 G oder *foça* 326. 29 BP (Adverb = *fortia), *gramecis* 93 24 G (grandem mercedem) — *Masselha* 87. 2 C, *Bassalona* 120. 21 T — im Auslaute genügte einfaches s in der Bezeichnung: *derries* 83. 10 T (de retro + s) — *ves* (versus) 294. 8 T — 515. 27 G₁, *vas* 78. 8 PCl, *deves* 20. 2 C (neben selteneren *devers* 306. 6 T, *davers* 128. 8 M) — *enbes* R 633 (inversus), *escas* (excarpsus) 221. 29 G im Reime mit *bas* (bassum), — *fos* (foris) 273. 18 T.

3. Synkope von r kann aus euphonischen Gründen auch ohne direkte Dissimilation eintreten: *sagament* 79. 12 M, *ponunciatio* 35. 2 C — *emboul* 83. 25 G für *embroul*, selten beim pluralischen Possessivpronomen: *noste* 14. 2 f, *vosta* 9. 28 f.

4. Interessant ist der verhältnismässig häufige Uebergang zu stimmhaftem s (z): *visonar* 430. 13 T, *Mizabel* 226. 1 Ch, *fasem* Co₁ 405. 24 (farém), *vezinosa* 287. 26 R — *asenga* 274. 3 BPe, *enzenga* 100 R, *colzar* 286. 21 T (colorare), falls nicht fehlerhafte Lesung vorliegt.

5. Der Synkope steht die ebenso verbreitete und darum ebenso volkstümliche Einschiebung von r entgegen: T: *Cristrina* 321. 15, *cromprar* 337. 30, *menestrayral* 167. 23, *monestrier* 405. 30, *parpalhon* 436. 18 T, *draprier* 160. 31, *arrayrargue* 303. 9 (ad + retro + aticum), *jutgrava* 270. 3 (Imp. 3. s.), *vers* 398. 32 (vicem), *brostia* 299. 24 (= *bustia) — *alhondre* 13. 14 (aliunde) — *seguentre* 78. 16 M (sequentem) — *tronà* CP 300. 6.

6. Metathese: T *formen* 41. 20 (frumentum) neben *fromen* 128. 9, *crestat* 47. 22 (castrátum) — *trempar* 302. 6 (temperare), *sturmen* 196. 32 (instrumentum) — *esturmen* 126. 1 C — *pressonalment* 464. 16, *Prancaci* 321. 4, *Garciosa* 220. 6 Ch, für *pre* (prae) erscheint manchmal *per*: *perjuzisi* Co₁ 456. 29 (prejudici Co₁ 457. 2) — *perbosc* 468. 5 (praepositum) — *pertocans* 351. 1 C (*pretocans* 348. 1, 353. 1 C) — *crompar* 233. 28 T, 227. 4 G für *comprar*.

7. Im Laufe der Entwicklung nahm r im Hiatus den Wert des stimmhaften dentalen Verschlusslautes an, und die Schreibung trägt der veränderten Aussprache nicht selten Rechnung: G *coudous* 91. 8 für *courous*, *rabaladisses* 81. 9, und mit Uebertragung aus dem

Fem. *escuda* auf das Masc. *escut* (obscurum) 90. 11, R *espaouduga* 252. 20. Weder die mittelalterlichen Texte, noch die Denkmäler des 17. Jahrhunderts lassen auf diese Veränderung von r schliessen. Dieselbe hat sich demnach ziemlich spät vollzogen.

8. rr, welches, wie im Latein zur Bezeichnung des stimmlosen Lautes dient, bleibt in der Regel auch in der Schrift bestehen: *ferre* 33. 28 T, *terra* 9. 13 T, 220. 8 G, *carreta* G_1 516. 17, *Montferrer* 17. 3 M, *torre* 329. 14 T, ebenso sekundäres rr: *requerrai* 50. 5 M, *enquerray* 473. 15 G_1 — *parra* T 269. 14 — Futur zu parere, manchmal sogar im Gegensatz zum Latein: *sarrar* 195. 17 T, *serrier* Co_1 383. 6 (von sēra) — *escurra* 471. 19 T, *estarran* 190. 3 T neben *estaran* 111. 20 T (3. plur. fut.), seltener nach Konsonanten: *tenrrai* 17. 21 PCl, *honrrat* 149. 14 T, *genrre* 343. 30, *menrre* 382. 13 T. — Auf der anderen Seite vertritt einfaches r in der Schrift den stimmlosen Laut ausser nach Konsonanten in einer Reihe von Belegen auch im Inlaut zwischen Vokalen: *derier* 44. 2, 77. 6 Ch neben *derrier* 107. 3 Ch — *conqueras* 33. 8 M (*conquerras* 11. 8 M), *apara* 35. 8, 136. 23, 298. 13 T — *requerian* 164. 2 T — *requeran* 102. 9 T — *carieyra* C 36. 3, 473. 15 T — *quere* BP 142. 23, *sore* (soror) 194. 11 BR — *ghera* 602 R reimend mit *terra*, — *Montferan* 1. 23 M.

36) III. r im Auslaute oder vor flexivischem s wird schon in den Urkunden an manchen Stellen in der Schrift unbezeichnet gelassen: M *legi* 126. 14, Cl *fa* für *far* 23. 2, *legi* 47. 2 — Ch: *substitui* 24. 2, *molhe* 196. 2, *terrado* 233. 8, *esse* 231. 6, — *obries* 233. 3, *sesties* 232. 4, — Co_1 *messiè* 392. 31 — *Clapies* 435. 11, *mage* 446. 3 (1. Viertel des 15. Jahrh.), — *Coa recebe* 460. 3, *denies* 483. 4 (15. Jahrh.). Die Mehrzahl der Belege des Thalamus stammen aus dem zweiten Teile der Chronique romane, d. h. aus der 2. Hälfte des 14. und 1. Hälfte des 15. Jahrh.: *sesties* 395. 15 — *orgies* 417. 3 — *Beses* 386. 12 T — *presonies* 469. 20 — *erros* 465. 29 — *prene* 431. 30, 470. 14 — *febric* 432. 15 — *pebric* 431. 25 — ferner in den Etablissements: *messie* 170. 20 (1394) — *pesa* 233. 6, *fa* 233. 8, *esse* 234. 6 T (1584).

Sehen wir von dem einen Beispiele aus M als einem Schreibfehler ab, so liegt nach allen diesen Belegen der Schluss nahe, dass auslautendes r in der 1. Hälfte des 14. Jahrhunderts zu verstummen begann. Es war dies eine Folge der schwachen Artikulation, die der Liquida im Hiatus wie im Auslaute eigen ist und auf Grund deren es sich erklärt, wenn in der Graphie manchmal — wie im Inlaute — s die Stelle von r einnimmt: *tornas* 380. 29 T, *pes* 165. 28 T (für per), *fas* 409. 3 T = *far*.

Auch hier spiegelt sich in der Schreibung der jüngeren mittelalterlichen Sprachdenkmäler der Kampf zwischen der Macht der Ueberlieferung und dem wirklichen Stande der Aussprache ab: Wird doch noch in der jüngsten Urkunde — 1584 — r meist beibehalten, obschon es bereits zwei Jahrhunderte lang stumm war: *segnor* 233. 21, *tenor* 233. 2 — *pagar* 234. 5, *estrangier* 233. 13 T. — Mit dem Zusammenbruch der überlieferten, schulmässigen Orthographie ist das Verschwinden des auslautenden r auch in der Darstellung endgültig besiegelt; auch die Revue druckt es nicht mehr: Rou *traversa* 3. 7, *poude* 1. 46, *gaouzi* 1. 46 (Endungen der flexionsbetonten Infinitive) — *humou* 1. 25, *premiè* 1. 19, ebenso vor dem Plural-s: *Clapiès* 9. 93, *diniès* 2. 39, — BP: *moulhè* 326. 25, — Gui: *creni* 156. 2, — G *segu* 221. 7, *cla* 222. 4, *doulou* 222. 22 — *flous* 221. 3, R *prene* 308 — *furou* 288 — F *frejou* 12. 30, *fermiè* 11. 18, *Mounpeyè* 9. 23, *counoisse* 11. 36. — Fremdwörter entziehen sich dieser Regel: *amour* 1. 28 Rou — 241. 4 G, *bonur* 227. 12 G, — *voulurs* 6. 8 f, selbst *mar* R 236. 247, an beiden Stellen gesichert durch den Reim mit *par* (partem) und *lar* (lardum). — Dem gegenüber ist das durch einen folgenden Konsonanten gedeckte r stets geblieben, auch wenn es durch den Fall desselben in den Auslaut trat, z. B. *dor* 86. 1 (dormit) G, *lar* (lardum) R. 248. — Man kann es das „feste r" nennen. Trat rr nach Apokope des Stützvokals in den Auslaut, so bleibt es in der Schrift als einfaches r, ohne dass sich der lautliche Charakter des rr (stimmlos) verändert: *fer* 369. 16 T, *tor* 355. 18 T.

A n m e r k u n g. Somit unterscheidet unser Dialekt zwischen einem stimmhaften (weichen) und stimmlosen (harten) r. Dem entspricht das Zeugnis der altprovenzalischen Grammatik: »r hat nach den Leys I 38 eine doppelte Aussprache. Am Anfange der Wörter lautet es hart, weich zwischen Vokalen und am Ende; soll es alsdann hart lauten, so muss es verdoppelt werden.« (Diez, Gramm. d. rom. Spr. I^4 400). Im Uebrigen wirft die Entwicklung der Sprache bei r ein interessantes Licht auf unsern Dialekt: Während derselbe auf der einen Seite mit Geschick durch Anwendung der verschiedenartigsten Mittel (Assimilation, Dissimilation, Synkope, Metathesis) schwer sprechbaren Lautverbindungen aus dem Wege zu gehen weiss, erschwert sie auf der anderen Seite oft in bedenklicher Weise die Aussprache durch ein epenthetisches r, und die Mannigfaltigkeit, in der die letztere Lauterscheinung auftritt, beweist, dass dieselbe ebenso volkstümlich ist, wie die übrigen: »r ist unter allen Konsonanten der beweglichste.«

Die Nasalen.

M.

37) 1. Uebergang von m zu n ist oft erfolgt, namentlich auch, allen Regeln der Accommodation zum Trotze, vor einer Labialis.

1) m wechselt mit n vor t in comitem: *conte* 115. 29, 370. 10, 372. 21 T und der Ableitung mit issa: *contessa* 383. 5 neben *compte* 103. 27, 270. 11, *comptesa* 57. 32 T — *comptat* 17. 7, wo zur Vermittelung beider Konsonanten ein p eingeschoben ist.

2) vor einer **Liquida**: blieb m in diesem Falle — und dies ist das Gewöhnliche — so wurde manchmal ein b eingeschoben.
ml: *sens* 339. 3 T (semel + s), *ensens* Co₃ 483. 25, *ensen* 232. 6 fr, *senblar* 419. 28 T — *essems* 356. 11 T — *ensems* 16. 8 Cl, 19. 7 Ch, mit epenthetischem p nach dem frühen Ausfall von l: *essemps* 355. 32 T, *ensemps* 4. 1 Cl, 5. 2 Ch — *semblar* 122. 21, 395. 18 T, *assemblar* 473. 32 T; *ensemble* 223. 12 G ist die französische Form neben dem einheimischen *ensen*.
mr: *nonremens* 249. 21 T (von numerum) — *remenbrar* 110. 3 T, *remenbramen* 34. 1 M — *membrar* 107. 33 T (memorare), *nombre* 35. 27, *cambra* 59. 30 T.
3) vor einer **Labialis**: *tonbar* 475. 5 T, *linde* (limpidum) R. 360, *contar* 312. 1 G₁₁ (computare), *setenbre* 59. 31 neben *setembre* 121. 33, 164. 14 T — *menbre* 69. 18 neben *membre* 150. 7 T, *conte* 1. 139 Rou, *rounplit* R 386 — *chanchà* 42 R (*cambiare).
4) im **Auslaute und vor dem s der Flexion**: *con* 55. 15 T 17. 13 M, sogar *quo* 14. 1 C neben *com* 55. 7 T, inklinierend *col* 8. 1 C — *Guillen* 346. 30 T für gewöhnliches *Guillem* 96. 22 T — *can* 35. 4 T (quam) — *fen* 120. 7 (*fēmum), stets *ren* 5. 16 .. T — *prins* 249. 28 T neben *prims* 172. 14 — *racins* 238. 21 neben *rasims* 428. 14 T. Wenn nun auch diese Belege nur spärliche sind, und m in der älteren Sprachperiode sich gewöhnlich intakt erhielt: — *nom* 123. 1 M, *flum* 123. 13 M, *fam* 347. 18 M .. *coms* 161. 31, *fems* 227. 29 T, *crims* 15. 23 T .. auch mit eingeschobenem p, *Ramps* 469. 15 T (Ramos) — *rams* Co₁ 393. 21 — *palmps* 3. 5 Cl neben *palms* 17. 2 C — so genügen sie doch, um zu erkennen, dass sich bereits in der mittelalterlichen Mundart die Neigung kundgibt, m in dieser Stellung mit n zu vertauschen, und sie kam in der Neuzeit völlig zur Geltung, und zwar auch in der Schreibung, während der Wechsel von m und n in den drei ersten Fällen stets zwar ein nicht ungewöhnlicher, aber auch kein allzu häufiger gewesen ist: Rou: *fan* 2. 45, *fun* 9. 128, — fr *tens* 231. 26, G *lun* 221. 1, *fan* 227. 31 im Reime mit *tan* (tantum) — *can* (campum) 80. 11, — *printens* 290. 14 ⌣ *reten* (stammhaftes s im Auslaute verstummte später), R *renoum* ⌣ *Chumoun* (Junōnem) 12, — BP *rasin* 320. 12 (racēmum).

5) Die Verbindung **mn** hat sich in verschiedener Richtung, manchmal sogar in demselben Worte, entwickelt:

α) sie blieb bestehen in *nomnar* 81. 5 T — *nomnamen* 107. 1 T — *femna* Co₃ 455. 13, T 352. 16, 411. 22, G 92. 31, kontrahiert aus *femena* 3. 19, 35. 11, — meist mit Einschiebung von p: *dampnoza* 114. 3 T, *colompna* 342. 10 T, *dampnatge* 11. 8 C, — *nompnat* 104. 31 T, *condampnat* 11. 17 u. s. w., selbst in unvolkstümlichen Bildungen: *calumpnia* 5. 3 T —. *sollempnitat* 29. 20 T.

β) n assimilierte sich dem m: *homme* 161. 21, 310. 12 T — *nommat* 119. 20 T, Rou 9. 49, gewöhnlich mit Vereinfachung zu m:

dam 271. 21 T (damnum), *femes* 35. 18 (feminas) — *dama* Co₃ 482. 11, T 370. 22 (domina), zugleich mit Dissimilation: *nonmat* Co₁ 434. 25.

γ) m assimilierte sich dem n: *fenna* 394. 26, 395. 17 T, Rou 3. 97, R 27, *dannage* 470. 31 T, meist auch hier mit Aufgabe der Gemination *dan* (damnum) 27. 11, — *dona* 57. 25 T, *donzela* 162. 11 T (*dominicella), selbst mit Ausfall von n: *dozela* 41. 12 T — *aoutouna* 3. 26 Rou, *sounjà* (somniare) 221. 32 G.

6) mm vereinfacht sich: *soma* 61. 10 — *comun* 65. 6 T.., in gelehrten Wörtern kann etymologische Schreibung beibehalten werden: *sommariamens* 165. 27 T.

7) Wechsel von m und n begegnet in *crenl* Gui 156. 2 von tremere mit Uebertritt in die 3. schwache Konjugation (siehe 120); gemeinromanisch in *conestable* 342. 5, 352. 8 T.

2. Verstärkung zum stimmhaften labialen Verschlusslaute nur in *encobolar* 43. 20 T, indessen ist die Herleitung aus incumuláre zu bezweifeln; ein Bleiben des o in der dem Tone unmittelbar vorhergehenden Silbe ist nach den Accentgesetzen unmöglich. Doch kann *encobolar* als Ableitung von *incumulum betrachtet werden, das nach den Accentgesetzen ein *enco(m)bol* ergeben würde. — *scabel* 469. 25 T (*scamnellum).

3. Ausfall von m in *abduy* 9. 26 T neben *amduy* 15. 5 T (*ambodŭi), nach vorherigem Wandel zu n in *couci* 2. 2 Rou (quomodo sic), gemeinrom. *ia* 15. 14 (jam).

4. Einschiebung: *sembelin* 226. 12 T (*sabellinum), *embraiga* Rou III 1₁₁ (ebraica); aus einem Typus *apum (für apud, wie *capum für caput) leitet sich mit vorheriger Schwächung von p zu b (siehe 76) ab: *amb* 132. 9, 299. 30, 368. 1 T, mit Uebergang von m in n: *anb* R 929, Schwächung von a zu e mit paragogem e: *enbe* R 327 — *embe* 337 — mit Fall von b: *am* 105. 15 T — 312. 3 G₁₁ — *an* C 39. 2, T 152. 16, 154. 7, Co₃ 484. 23 — *en* 7. 27 f — R 117.

N.

38) I. Uebergang in andere Konsonanten.

1) l: *Colrat* 335. 14, 403. 8 (Conradum) T, durch Assimilation vereinzelt in *alculs* 388. 16 T für *alcuns*.

2) Häufiger wechselt n mit r und zwar: α) vor m und gutturalem, aus c geschwächtem, g: *arma* T 33. 9, — heute durch die franz. Form verdrängt, so auch bereits bei Roudil: *ama* Rou IX 29, G 222. 11, — *mermar* 27. 5, 45. 5 T, *amermar* 1. 18 M, und mit Uebergang des sekundären r zu z — wenn nicht fehlerhafte Lesung —: *mermament* 311. 23 T — *canorgue* 27. 24 T, *dimergue* 120. 17 T (neben *dimengue* 78. 16 M — *canonge* 438. 11 T), *morgue* 27. 26 T, *morgua* 368. 27 T (neben *monja* 368. 34 T), *escumergar* 154. 27 T (*escu-

mengar 394. 16 T), *messorga* BR 201. 8 (vergleiche über die Formen mit g 66). *β*) Infolge von Angleichung in *Ferrando* 337. 22 T. *γ*) In nachtoniger Silbe: *Rozer* 352. 18, *azer* 407. 5 T — neben jüngerem *Roze* 128. 17 BP — *aze* 226. 20 T; — *timbre* (tympanum) 226. 12 — *ordre* 160. 8, 399. 5 T, Rou 9. 37 (ordinem) — *cofre* 455. 23 T — *coffre* Rou II 59. *δ*) Dissimilation: *verin* 81. 36 G (venénum).

3) Am häufigsten aber ist es mit m vertauscht worden, teils durch Assimilation, teils durch Dissimilation.

α) Uebergang von n zu m vor einer Labialis (Assimilation): p: *en* zu *em* — *em paret* 23. 18, *empero* 109. 27 T — Co₁ 365. 5 (inde per hoc), *em pe* (in pedem) 141. 24 T, *emperamor* 127. 18, 120. 13 T (inde per amorem) — *em prezencia* 18. 57 PCl, *desempioi* 221. 10 G (de ex inde post). — b: *cambe* 227. 28 T (cannabem). — v, welches in den anzuführenden Belegstellen als b erscheint (siehe 81): *embecha* R 134 (invidia) — Verbum *embejà* fr 240. 9, *embes* R 633 (inversus) — *emblar* 6. 9 M, 13. 14 T (involare). — f: *emformar* Co₁ 359. 14. — m: *enmascà* 92. 21 G, *diligemment* 199. 9 T, *Jeromme* 323. 18 T.

β) Wechsel von n und m vor einer Dentalis (Dissimilation), ein Gegenstück zu dem ebenso verbreiteten Wechsel von m und n vor Labialen: *gem* 482. 13 Coa, *seram* 3. pl. fut. 482. 17 Coa — 423. 27: *Hemric*, T: *tam* 350. 11, *tamtost* 404. 21, *cam* 119. 15 (quando), *semblam* 109. 20 — *gram* 388. 23, 394. 15 (grandem) -- *enhumdacion* 436. 23. 26, T von unda — Cl *vesem* 1. 13 — *complanhem* 18. 35 PCl (partcp. praes.).

γ) Auch dem auslautenden n ist dieser Uebergang, wenn auch nicht sehr geläufig, so doch auch nicht fremd: *dom* 190. 17 T (dōnum) — *hum* 180. 5 T (ūnum), selbst nicht dem sekundären aus nn vereinfachten: *am* 27. 5 Cl — *Joham* 106. 27 T. Im Inlaute zwischen Vokalen in *covement* 338. 25 T, *covimen* 339. 11 T.

Anmerkung. Vor r ist n meist geblieben: *menre* 31. 6, *cenre* 162. 4, *divenres* 97. 7 .. T; nicht selten wurde ein d eingeschoben: *divendres* Coa 434. 28 — T 429. 12 — *tendray* 308. 1 T (*tenrai* 5. 27 T), *tendra* 307. 29 T (*tenra* 15. 13 T) — *tendrem* 14. 15 T — *tendran* 195. 8 T, *vendran* 197. 31 T — *engendrar* 197. 22 T. n fiel nach der Epenthese in *divedres* 468. 22 T; in der Neuzeit ist dieselbe zur Regel geworden: *tendra* (tenera) 222. 11 G — *mendre* 191. 3 BR — *gendre* 105. 2 BR.

39) II. Ausfall begegnet

1. regelmässig im Inlaute vor stammhaftem s, ein gemeinromanischer Vorgang: *ensem* = *es: frances* 329. 5 T, *Genues* 115. 18, *marques* 355. 6 T — trans = *tras: traspassar* 53. 26 .. T — *pres* 39. 20, *preyzon* 132. 26, *pes* 41. 20 T fem. *pessa* 264. 21 — *mayzon* 27. 20 — *mestier* 13. 10 — *tozela* 128. 9 T und *tozelieyra* 372. 9 T, Ableitungen von tonsus; *amexurada* 35. 9 T, *isla* 29. 1 M u. s. w.

Vereinzelt trifft die Synkope auch n vor anderen Sibilanten: *mascip* 43. 4 M, 2. 10 PCl (mancipium), *comessar* 11. 6, 63. 6 T — *antia* = *anza*, aber *adordenassa* Co₃ 474. 9, das sekundäre n in *dozela* 41. 12 T neben *donzela* 162. 11 T.

2. Viel später als vor stammhaftem s ist n vor flexivischem s gefallen. Dieser lautliche Vorgang liegt in historischer Zeit und kann als durch die Analogie zum vorhistorischen veranlasst betrachtet werden. Die ältesten Urkunden, M und PCl, kennen ihn noch nicht, die Coûtumes von T und die Etabl. aus der 2. Hälfte des 13. Jahrhunderts sind die ersten, die ihn aufweisen. Freilich schwankt auch hier die Schreibung, manchmal sogar bei demselben Worte, im Allgemeinen überwiegt in den Urkunden des 13. Jahrhunderts noch die hergebrachte Darstellung, je jünger aber die Urkunden, desto mehr gewinnt die phonetische Schreibung die Ueberhand, und bereits in den Sprachquellen aus dem 14. Jahrhundert ist letztere die gewöhnliche, wenngleich, was für die Aussprache selbst natürlich nicht von Belang ist, die konservative Orthographie n häufig noch in späteren Urkunden wahrte. Die Synkope des n vor flexivischem s kam also am Ende des 13. Jahrhunderts zum Abschluss:

T cout. *neguns* 29. 12 — *neguns* 39. 17, *alcus* — *alcuns* 29. 2, *rezis* 91. 17 — *rezins* 89. 18. Et. *baros* 114. 19, *baylos* 109. 30, *companhos* 107. 27 — *fors* 172. 18 (furnos), *bes* 161. 22 — *comus* 168. 14 — *ges* (genus) 161. 18. Chron. *mayssos* 423. 8 (messiones) — *sermos* 383. 17, *vis* 399. 21, *Romas* 381. 10, *fes* 399. 21 zu *focnum*, G₁ *camis* 515. 16 (1336). C *bos* 160. 3, *pas* 263. 2, *partizos* 355. 1, Ch *floris* 219. 6, *patros* 233. 3, Co₁ *bos* 365. 3, *mas* 407. 17. — Selbstverständlich gilt das Gesagte auch für die neuere Mundart, wie zudem zahlreiche Reime beweisen: Rou: *fratilhous* 1. 53, *pounchous* IV 4. 4, *cansous* fr 234. 6, Gui: *vesis* 191. 23 ⌣ *vis* (*vistum), G *enfantous* ⌣ *malurous* 86. 15, *cansous* 284. 22 ⌣ *troubadous* 24 (ōres), *aucelous* 289. 4 ⌣ *flous* (flores), R *moulis* 387, *camis* 454, *matis* 616 ⌣ *demoulis* 615 (partcp. plur.), *chis* 644 zu *canem* ⌣ *peis* (*pagēsis), BM *talous* 284. 8 — *jalous* 284. 5.

3. Die Analogie bewog die Sprache, einen Schritt weiter zu thun und auslautendes n durch Apokope zu beseitigen. Dass dieser Lautvorgang mit der Synkope des n vor flexivischem s nicht gleichzeitig, vielmehr erst später erfolgt ist, zeigt wieder die Betrachtung der Urkunden. Weder PCl, noch die Coût. und die Urkunden von Co und T, welche vor und kurz nach dem 1. Viertel des 14. Jahrhunderts liegen, weisen einen Beleg für den Abfall des n auf; erst Texten, die dem 2. Viertel und der 2. Hälfte dieses Jahrhunderts angehören, ist die Apokope bekannt; es ist also in diese Zeit der Anfang dieser lautlichen Veränderung zu setzen:

T *razo* 164. 6, *mayzo* 172. 5, 179. 11, *capela* 173. 16, 176. 17 — *ple* 173. 17, *vici* 174. 34 — *comu* 176. 28 — *ri* 296. 6 — *car* 282. 16. — Der älteste, vor der Mitte des 14. Jahrhunderts liegende

Teil der Chron. rom. hält n noch fest: *lendeman* 330. 1, *Perpinhan* 330. 21, *Aragon* 330. 21, *fin* 332. 8 .., der mittlere (2. Hälfte des 14. Jahrh.) schwankt: *processio* 345. 28, *sermo* 345. 28, *germa* 345. 30, *seyzé* 350. 5 .. — *mejan* 346. 4, *jorn* 346. 22, *seyzen* 350. 5, in den jüngeren ist der Ausfall das Gewöhnliche: *preyso* 382. 5 — *Urba* 398. 17, *ma* 393. 18, *Sabastia* 437. 31, *Perpinlha* 448. 6 T ... Co₁: *lendema* 411. 11, *jor* Co₃ 460. 24, namentlich in Eigennamen: *Seguí* 406. 27, *Luciá* 406. 10, *Julia* 406. 28, *Marti* 407. 6, *Aymeli* 406. 11, *Peregri* 408. 2 — G₁ *cami* 515. 28, *condicio* 514. 1, C *protexio* 7. 1, *Avinho* 8. 2, *peycho* 16. 2, *mayo* 268. 2, *pargami* 68. 1, Ch *capela* 11. 4, *Ozilha* 219. 3. Dieselben Urkunden kennen aber ebenso häufig Formen mit erhaltenem n. Bei manchen, für welche sich auch Belege ohne n beibringen lassen, z. B. G₁₁ *camin* 249. 10 neben *cami* 515. 28 — C *proterion* 3. 1 neben *protexio* 7. 1. — *condicio* 514. 1 G₁₁ — *condicion* 233. 5 T, *landema* Co₁ 411. 11 — *an* 381. 20 T, *mayo* 268. 2 C — *on* 148. 1 C — *pergami* 68. 1 C — *in* 232. 32 T; *capela* 11. 4 Ch — *an* 20. 3 Ch; *Orilha* Ch 219. 3 — *an* 219. 9 Ch — *ve* (venit) 296. 6 T — *vin* 122. 5 Ch .., können wir ohne Bedenken annehmen, dass n verstummt sei. Dies aber allgemein zu thun und auch in dem n von Wörtern wie *man* 127. 9 C, 18. 4 Ch, *pan* 254. 1 C — blos konservative, für die Aussprache wertlose Schreibung zu sehen, verbietet uns die Weiterentwicklung des auslautenden n in der späteren Zeit; denn in der neueren Mundart haben sich eine Reihe von Formen der Synkope des auslautenden n entzogen, ohne dass man bei den einzelnen immer einen Grund für die verschiedenartige Entwicklung ausfindig machen könnte. Verstummt ist n in der Regel in den Ableitungssilben: f *cantou* ⌣ *tout* 7. 6, R *mati* ⌣ *espelh* (Infinitiv) 775, G *aucelou* 221. 2, *bastou* 93. 25 ⌣ *crousadou* 93. 24 (örem) — *cami* 221. 13, *mouli* 84. 10, BP *mati* 132.11, *prisou* 192. 10 BR, *cousi* 192. 11 BR — *vesi* 361. 2 BR ⌣ *prouvesi* (Infinitiv) — *pergami* 102. 14 ⌣ *ami* BR —, nicht ausschliesslich: Rou *baroun* 1. 1, G *crestian* 85. 13, gestützt durch den Reim mit *davans* (s stumm), R *Chunoun* 11 ⌣ *renoun* 12, *sizen* 423, BP *crestian* 140. 25. Ferner fiel n nach r: *car* 227. 9 G, *iver* 283. 5 G, *tour* (turnum) R 92. Einzelne Wörter: Ausfall von n — *vi* G 83. 24 ⌣ *reveni*, *bi* R 423 (Wechsel von v und b), *perdou* 381. 30 Gui ⌣ *errou* 381. 32 (errorem) — *ple* 202. 4 BR — Gui n. 641. 16, *ale* 280 R (von *alenare, durch Umstellung aus anhelare); häufiger begegnet Bleiben von n: *bon* 1. 25 Rou, G 222. 34, R 72 — *man* ⌣ *fan* (famem) G 92. 4. *man* ⌣ *vejan* part. praes. 81. 16 G, *pan* 2. 10 Rou ⌣ *an* (annum), *fin* R 78, *un* G 221. 8, *verin* 81. 36 G, *Sarrasin* 320. 10 BP, in der 3. sing. Praes. Ind. einiger Verben: *ten* 41.21 G, *ven* G 226. 1 — *reten* 290. 16 G, reimend mit *printems* 290. 14 (historische Orthographie; Aussprache = *printeu*). Bei manchen dieser Wörter schwankte die mittelalterliche Sprache, z. B. finden sich in Texten des 14. Jahrhunderts: T *fi* 347. 10, *ma* 393. 18 neben *fin* und *man*, bis n später fest geworden ist. Dieses Schwanken setzt sich der Schreibweise in neueren Dichtungen zufolge bis in die Gegenwart bei gewissen Ausdrücken fort: *ben* G 221. 17 ⌣ *talen* — R 443 ⌣ *den* (dentem) neben *be* R 204. 436, *ch be!* R 153, *ta be* BP 140. 9, *plan* R 332 ⌣ *tan* (tantum) — *pla* 243. 7 fr, *noun* 222. 11 G, 232. 3 fr — *nou* 104. 2 BR ⌣ *ounou* (honorem).

Anmerkung. 1. Nach P. Meyer, Romania III 437 hat sich n gehalten im Osten (Provence), im Norden an der französischen Sprachgrenze und im Westen (Gascogne). Im Innern des Landes sei es »assez généralement« gefallen. Dies bedarf also für die Mundart von Montpellier eine Ergänzung im angedeuteten Sinne.

2. Es sei nicht verschwiegen, dass bereits in M die Form *decepcio* 21. 10 sich findet, der wir als einem Schreibfehler kein Gewicht beimessen.

3. Bei folgendem Konsonanten ist n bis auf die erwähnten Ausnahmen geblieben. In dieser Stellung kann n als festes n bezeichnet werden, im Gegensatz zu dem »indifferenten« der Leys d'amors (Diez, Gramm. d. roman. Spr. I⁴ 401).

40) III. Assimilation an den anlautenden Konsonanten der folgenden Silbe ist oft in den Zusammensetzungen mit den Vorwörtern *en* (in) und *con* (cum) erfolgt, wenn derselbe eine Sibilans oder eine Labialis war: *estrumen* 83. 12 T, *estruyre* Co₁ 359. 14, *essems* 91. 8 T — *costrenha* (3. Konj. Praes.) 156. 12 M, *cossol* G₁ 473. 14 — *cosselh* 25. 25 T — *coffraire* Co₃ 486. 7, *coffimen* G₁₁ 323. 10, *coffessar* 25. 16 T — gewöhnlich wird der Aussprache gemäss die Gemination auch von der Schrift preisgegeben: *cofes* 83. 10, *cofermar* 57. 11 T, *covent* 417. 28 T, *covenensa* 34. 14 M, *defra* Co₁ 365. 11, T 23. 8, *efan* 148. 12 T, *Eventari* 1. 1 C, *evayzira* Fut. 3. 5, 17. 16 T.

Durchzudringen hat diese Angleichung aber nicht vermocht, indem den obigen zahlreiche Belege zur Seite stehen, in denen beide Präpositionen bei der Wortbildung unangetastet blieben: *ensercar* 89. 1, *consel* 87. 15 T, *confermar* 19. 3 PCl, — *enventari* 126. 1 C, 86. 1 PCl — *consolat* G₂ 314. 13, *consol* G₂ 468. 26 — *convenensa* 34. 5 M, *insturment* 376. 1 C, *consentiment* 17. 6 M, *conssolar* 169. 23 T — *enfant* 221. 15 G u. s. w.

41) IV. 1. Der Fall des auslautenden n in nachtoniger Silbe erfolgte früher als derjenige in betonter Silbe: *home* 19. 26 T (noch *homen* 117. 7 M), *ase* 226. 20 T (neben *azer* 407. 5 T, *äsinum*), *verge* Co₃ 456. 11, *orde* 43. 26, *Rose* 357. 4 T, *emage* 464. 17 Co₁, *lume* Co₁ 483. 9, *jove* 339. 23 T, *Steve* Co₁ 378. 9.

2. Ein anorganisches n begegnet:

α) in der neueren Mundart anlautend bei altum = *naou* R 194, fem. *naouta* 289. 19 G.

β) am häufigsten im Inlaute: Formen von *reddere* mit und ohne epenthetisches n finden sich in gleichem Verhältnis in den Urkunden vor: *rendre* 3. 12 T, *rendrai* 37. 14 M, *renda* 7. 25 T ... *redre* 103. 27, 168. 27 T, *redrai* 21. 13 M, *redra* 100. 10 M — — *nengun* G$_{II}$ 323. 4, 36. 1 C — *nenguna* 174. 13 T — *nengun* G$_{II}$ 323. 4 — *mainstre* 463. 14 T statt *maistre*, *ayssins* G$_{II}$ 313. 15 — *ainsi* 193. 25 T für gewöhnliches *aissi* — *envangelista* 453. 32 T, *sementeri* 447. 3 T, *enpedemia* 439. 15 T und mit Assimilation *empedimia* 409. 3 T, *renticle* 284. 12 — 285. 11 (resticulum) — *ansin* Rou 2. 31, *penchinada* 497 R zu pecten. Die Neigung, n einzuschieben, ist also ebenso verbreitet, wie die Epenthese eines r.

γ) selten trat n an den Auslaut: *alon* 81. 1 Ch (allodium), *pron* 19. 21 T — *proun* 12. 5 F (prou fr. 228. 10).

3. Vereinfachung des geminierten n ist Regel: *an* 43. 20, *cana* 41. 21, *pena* 142. 20, *Johan* 116. 27 T, wenngleich auch etymologische Schreibung nicht ungewöhnlich ist: *annal* 101. 8 T .. Da das n der Präposition *en* als im Inlaut befindlich angesehen werden darf, ist hiernach die Synkope desselben vor einem mit n anlautenden Worte leicht erklärlich: *e nom* Co$_1$ 359. 1 — *e negun* 17. 4 PCl.

Anmerkung. Die Reduktion von nn zu n beweist indirekt die Thatsache, dass sich manchmal nn für einfaches organisches n geschrieben findet: *penna* (poena) 234. 2 T — *bonna* Co$_3$ 482. 13, *genni* 99. 5 M (ingenium) — *mercennari* 35. 17 T.

42) V. Den erweichten Laut (ñ), den die neueren Texte mit gn bezeichnen (*campagna* 235. 13 fr, *mountagna* R 173, *agnelet* 128. 33 BP), kennen die mittelalterlichen Sprachdenkmäler unter der verschiedenartigsten Darstellung, deren häufigste, einem lh entsprechend, nh ist. Derselbe ist entstanden:

1. aus einem n, dem ein im Hiatus befindliches i folgt: *senhor* 27. 8 T — *convenhable* 89. 17 T, *banhar* 458. 19 — *junh* 160. 11, *estranh* 19. 6, *engenh* 7. 17 T, ebenso vor dem s der Flexion: *gienhs* 340. 22 — *estranhs* 25. 28 T , *Ranhs* 82. 2 PCl — nhi: *senhior* G$_{II}$ 515. 22 — *estranhia* G$_{II}$ 514. 1, *Calvinhiac* Co$_1$ 406. 10, *Vinhia* Co$_1$ 107. 23, *linhia* T 328. 6 — nih: *campaniha* 468. 27, *senyhor* 430.11 T — gn: *engiegn* 11. 5 M, *segnor* 72. 17 M, *castagnha* 243. 8 — ngn: *sengner* 53. 1 M, *sangnador* 8. 1 PCl — nn: *sennor* 32. 3 M — ni: *Raniac* Co$_3$ 424. 32, *estrania* 13. 29 T — nlh: *senlhor* T 468. 28 — *companlhia* 468. 25, *Perpinlha* 448. 6 T — nch: *Cataloncha* 406. 22 — *senchor* 406. 25 T, selten genügte sogar im Inlaute n allein: *convenable* 87. 19 — *drestrena* 177. 5 T (3. Konj. Praes.) — *sener* 22 M, *mossenor* Co$_3$ 485. 16 — *compania* 2. 10 M (Ableitung von *companh* == companio — *companhia* 55. 27, 389. 5 T).

2. aus den Konsonantenverbindungen gn und ng: *lenha* 184. 2 T (ligna), *senhar* 299. 20, *renhar* 329. 3 T — *estanh* 115. 12 T (stagnum), *tanh* 63. 8 T (tangit) — nhi: *destrenhier* 166. 25, *senhialar* 328. 6 — nih: *anihel* 240. 5 T; etymologische Schreibung, in den modernen Dichtungen Regel, ist auch den Urkunden nicht

fremd: *sagnayre* 4. 2 Ch (Ableitung von sanguis) — *regne* 120. 20, *digne* 100. 20 T, schlechte Schreibung *silhal* 413. 17 T, für *sinhal*.

Vereinfachung von ñ zu n ist in der neueren Sprachperiode regelmässig im Auslaute und vor flexivischem s eingetreten: *plan* 90. 14 G (plangit) — *sartan* 93. 15 G (sartaginem) — *poun* 91. 19 G (pungit) — *lon* R 34 (longum). Dass dieser Lautwechsel alt ist, zeigt eine Reihe von Belegen aus den Urkunden: *jun* 259. 31 — 333. 7, *engen* 23. 8 — *estran* 49. 22 T, 2. 5 PCl — *sen* 117. 18, 164. 1 T — *sentz* (signos) 173. 8, 181. 33 T — *mens* 25. 5, 43. 25 T — *Bains* 35. 2 PCl (Balneos). Man darf annehmen, dass, wie der Ausfall von n, so auch die Vereinfachung des ñ zuerst vor dem s der Flexion erfolgt und dann auf den Auslaut übertragen ist.

Anmerkung. Vereinzelt diente h als graphisches Zeichen für den erweichten Laut: *Antohan* Co₁ 381. 14 neben *Antonhan* Co₁ 380. 22 — ebenso y in *Cataluoya* 429. 1 T; hieraus aber auf eine entsprechende Reduktion von ñ schliessen zu wollen, wäre verkehrt, zumal die neuere Mundart diese Annahme verbietet. Es handelt sich hier um nichts als eine orthographische Schrulle, desgleichen in *Genhoa* 430. 3 T für gewöhnliches *Jenoa*, *Genoa*, ebenso *enhundacion* 436. 10 T.

Die Dentalen.

T.

43) I. 1. Im Inlaute zwischen zwei Vokalen ist Schwächung um eine Stufe zu d in der grossen Mehrzahl der Fälle zu verzeichnen, u. a.: T *vida* 35. 9, *madur* 162. 16, *roda* 391. 30, *vedar* 29. 13, *poder* 3. 14 .. *adór* (atórem) : *emperador* C 5. 1, *comprador* 13. 28 T. Itorem : *edor* : *crezedor* 7. 12 T — *offendedor* 17. 22 T ..

2. Eine stärkere Schwächung, durch z in den Urkunden bezeichnet, begegnet in *Bezers* 331. 3, 403. 10 T (*Biterris), *cazern* 166. 4 Cl (quaternum), *cazernal* 128. 23 T, *mezalla* 1. 5 M — *mezalhier* 119. 24 T. Die Frage ist nun die, ob die Zunge bereits in der älteren Sprache die Lage, die sie bei der Artikulation der sibilantischen, ebenfalls durch z bezeichneten Sonora (s) einnimmt, erreicht hat, oder noch derjenigen näher kommt, die der stimmhafte interdentale Reibelaut (đ) zu seiner Entstehung bedingt. Der Uebergang zu r in *mereissa* 371. 21 T spricht für das erstere. Ein Beleg aus einem Denkmal der Neuzeit ist *grasilha* 91. 14 VIII G (graticula).

3. Synkope erfuhr t in *mealha* 111. 21 T, Cos 474. 13 — *triar* 116. 13 T, *saluar* 277. 23, *escuarie* 429. 16 T — *poestat* 67. 1 C.

4. Geblieben ist t in dieser Stellung in volkstümlichen Bildungen kaum: *metalh* 194. 3 T, wohl aber in gelehrten wie *notar* 47. 17, *citar* 81. 4, *etat* 411. 30, *cimeteri* 330. 16, *util* 106. 23 T, *potestat* 45. 9 M, *titol* 118. 12 T, *Natal* 78. 16 M u. s. w. In den Zusammensetzungen mit *met* und *ipse* wurde t teils wie ein auslautendes

behandelt und blieb, teils wie ein inlautendes, um alsdann sich zu schwächen und zwar zu z (s): *meteys* 19. 9 T — *mezeys* 33. 22 T, *meseis* 2. 9 M — *meteus* 330. 22, *meteussa* 57. 8 T, *meteissa* 140. 16 T — *mezeusa* 33. 23 T, 62. 20 M, *mezeus* 53. 21 T.

44) II. Geschützt durch einen vorhergehenden Konsonanten hat sich zwar t in der grösseren Mehrzahl der Fälle in der Schrift erhalten, z. B. *mestier* 13. 10 T, *ciutat* 318. 2 C, *amistat* 5. 10 C, *aitori* 114. 8 M, *vertut* Co₁ 435. 16 — —; da aber daneben nicht selten d erscheint: *clardat* Co₃ 455. 16, *espardansa* 127. 12 T von expertum, *motaudat* 339, 22 T, *Soudan* 406. 15, *mondar* 128. 11 T, *Crestiandat* 359. 22, 389. 1 T, *comde* 17. 17 PCl — *comdador* 81. 12 T — *cofida* 271. 12 T, *audreieron* 44. 3 PCl (3. plur. Perf.), so hat offenbar auch in diesem Falle t an Kraft eingebüsst und sich dem d genähert, ebenso in den Sprachquellen der Neuzeit: *fauda* 92. 3 G, *endarairà* R 213 zu *tardum*.

45) III. Unter dem Einfluss eines folgenden i (e) im Hiatus nahm t sibilantischen Charakter an, und wird in diesem Falle in den mittelalterlichen Sprachdenkmälern durch z oder s, seltener auch durch ss dargestellt. Daraus folgt, dass der Laut, abgesehen nach l und n, ein einfacher ist, der t-Vorschlag aufgegeben wurde, und es fragt sich nun, ob er stimmhaft oder stimmlos war. Im Auslaute stimmlos. Die Bezeichnung ist stets s: *pres* 5. 9, 9. 11 T, *ters* 29. 22, *pos* 167. 1 T (půteum); inlautend nach Konsonanten ebenso, s wechselt mit ss: *dressar* 274. 13, *commessar* 11. 6, 63. 6 T, *forsa* 27. 18 T, 28. 3 M — *forssa* 114. 1, *tersa* 13. 15, 75. 21 T — *nossas* 35. 21 T. Die ältere Lautstufe (z = ts) kennen noch die Coûtumes: *forza* 21. 3, *terza* 75. 19, *forzar* 21. 3. Dieselbe musste auch nach l und n gewahrt bleiben, da l und n sich mit s nur nach Einschiebung eines dentalen Verschlusslautes zu einer sprechbaren Konsonantengruppe vereinigen lassen. Wie in manchen anderen Punkten ist die Orthographie freilich auch hier meistens eine mangelhafte, indem sie, wie nach den anderen Konsonanten, den Laut als ein s fasste, ohne indessen die bessere Bezeichnung gänzlich zu beseitigen: *alsar* 6. 21 M (altiare), antia = *ansa*: *esperansa* 107. 8, *ordenansa* 161. 1 T; entia = *auzensa* 6. 24 M, *vezensa* 6. 24 M, *Laurensa* 66. 1 Ch .. — *conoissenza* 33. 17 M, *prezenza* 118. 19 M.

Nach Vokalen ist es vor dem Tone stimmhaft und wird meist durch z, seltener durch s ausgedrückt: *razon* 7. 1, *sazon* 57. 16, *atuzar* 391. 31 T — in den Suffixen: *mudazon* 25. 20 T — *donazon* 35. 20 T — *vendezon* 33. 23 T, *partizos* 355. 1 C — *rason* Co₃ 464. 19 — 118. 20, 259. 1 T. Denselben Werth nahm t auch nach dem Tone an bei den Suffixen ĭtium — ĭtia; denn nie findet sich ss oder c geschrieben und Wechsel mit r kann eintreten: *servizi* 3. 19 T — *forteza* 38. 3 M, *longueza* 35. 6 C, *egaleca* 41. 18 T — *servisi* 277. 12 — *franquesa* 3. 3 T — *longuesa* 38. 4 Cl, *larguesa* 51. 3 Cl; r in *falsera* 293. 5 T; in anderen Fällen ist der Schreibung zufolge t als Sibilant stimmlos: *plassa* 203. 16 T, *pessa* 23. 1 C, T 286. 14, *negossi* 276. 7 T, *negoci* 43. 26 T — *vici* 161. 23 T. — Die neueren Texte bezeichnen den stimmlosen Laut durch ç, den stimmhaften durch s: *plasença* 221. 5 G, *graça* Rou IV 1. 4 — *belesa* 227. 3 G. In gelehrten Wörtern wird entweder etymologische Schreibung beibehalten: *corruption* 106. 19, *oration, pronontiar* 121. 8, *sententia* 15. 18, *vendition* 77. 18 T .. oder *c*, seltener auch in Angleichung an die volkstümlichen Bildungen s, eingeführt: *deliberacion* G_{II} 313. 4, *diligencia* Cos 459. 8, *denunciar* G_{II} 322. 27, *execucion* 15. 2 PCl, *presencia* 18. 57 PCl ... *capsion* 155. 32 T, *entension* 281. 21 T, *licensia* 276. 23, *prezensia* 17. 24 T. Es dienten somit zur Bezeichnung der sibilantischen Sonora — z, s, der entsprechenden Surda — s, ss, z, c.

46) IV. t + Konsonant.

1. tt. Die Dehnung wurde aufgegeben, beides, beim primären und sekundären (durch Vokalfall oder Konsonantangleichung entstandenen): tt: *tot* 17. 3 T (*töttum) — *tota* 473. 22 G_1 — *letra* 25. 2 C, *quitansa* 177. 23 T, *metre* 100. 22 T — *matin* 116. 8 T, *quater* G_{II} 312. 1. Daneben ist nicht selten etymologische Schreibung zu verzeichnen: *lettra* 26. 3 C, 67. 25 T, *quittansa* 177. 21, *quittar* 188. 26 T, *compromettre* 149. 17 T, *comettan* 3. pl. Konj. 11. 5 C. — Die Schwächung des einfachen t ging der Beseitigung der Gemination voran, da das aus tt vereinfachte t an ihr keinen Anteil nahm, vielmehr noch in der jüngeren Periode sich erhalten hat: *luneta* R 46, *bestioleta* 220. 7 G, Ableitungen mit ittum.

Der Vollständigkeit halber sei aus zwei Urkunden des 15. Jahrhunderts die orthographische Eigentümlichkeit verzeichnet, ct für t eintreten zu lassen: *quictansa* 309. 16 T, *commectre* 199. 18 T, *promecte* 316. 1 T (1. sing. Praes. Ind.).

2. tr hat sich wie anderswo im prov. Sprachgebiete bei uns auch nach Vokalen in echt volkstümlichen Bildungen zu ir entwickelt. Man wird sich mit Nyrop zur Erklärung dieses Lautwechsels über den Gang tr, dr, ðr, sr, jr, ir um so leichter verständigen dürfen, als die Auflösung von sr zu ir speciell in unserem Dialekte nachzuweisen ist (siehe 56), ferner auch mit Rücksicht auf das Verhalten von t im Hiatus der Uebergang von tr zu sr nicht befremden kann (siehe Nyrop, »Une question de phonétique romane tr en provençal«, angezeigt von Suchier, Zeitschr. III 476): *átor* = *ayre* : *comprayre* 11. 9, *logayre* 39. 22 T, — *ltor* = *eyre* : *vendeyre* 11. 9, *crezeyre* 25. 10 T — *payre* 9. 17, *mayre* 3. 2, *fragre* 9. 24 T — *nayral* 129. 1 — *Peyre* 67. 24 — *reyre* 57. 3, *veyre* 265. 11 T (vitrum) — *noyrir* 69. 9 T, *poiria* 52. 12 M 3. Kond., woneben *podria* 66. 11, 116. 9 M (Einfluss der Infinitivform *poder* = *pŏtēre). Nach i wurde das aus t geschwächte s synkopiert: *albirar* 45. 3 T (arbitrare), während die Konsonantenverbindung in Latinismen blieb: *arbitre* 51. 6 T, *empetrar* 87. 2 T, *vitrier* G_{II} 314. 17 (neben dem volkstümlichen *veyrier* 315. 3 G_{II}), *matrimoni* 36. 1 C ... Nach einem Konsonanten geschah dasselbe

auch in echt volkstümlichen Wörtern: *altre* 1. 16 M, *autre* 35. 26 T — *otra* (ultra) 36. 3 C — *dedintre* 251. 26 T, *martrin* 226. 2 T, es fiel zwischen r — r in *derrier* 312. 8 G_{II}, vereinzelt — es ist wohl nur fehlerhafte Graphie — in *alre* 165. 11 T, Cos 459. 17 für *altre* oder *autre*.

3. tl blieb in *rutlar* 100. 20 (rotulare) und *crotle* 332. 26 T (Verbalsubstantiv von corrotulare). Assimilation von t in *rollar* 474. 30 T — *rullar* 312. 6 G_{II}. Aus *věcla ist *vielha* 49. 2 T· hervorgegangen.

4. Vor der aus sekundärem Hiatus-i entstandenen stimmhaften Palatalis (g) hat sich t zunächst zu d geschwächt, um alsdann mit ihr zu verschmelzen; in der Schreibung aber hielten es die älteren Urkunden fest, die jüngeren gewöhnlich nicht mehr: *aticum* — *age, atge* (siehe 16) — *heretge* 346. 9, *dometge* 35. 18 T.

47) V. t im Auslaute.

1. Nach einem Vokale ist t geblieben: *salut* 35. 29, *nebot* 19. 10, *grat* 51. 10 T, *dot* 52. 4 C; atem = *at : clardat* Cos 455. 16, *segurtat* 19. 5 T, auch in den flexionsbetonten Participien: *donat* 27. 16 — *pendut* 340. 32 — *noyrit* 101. 17 T, gefallen in den tonlosen Partikeln e (et) und o (aut), doch konnte sich t in *et* vor vokalischem Anlaute retten, z. B. *et oltr' aiso* 2. 8 M. — Uebergang zu d in *pod* 98. 9, *postad* 98. 9, *tornad* 126. 28 M. — Abfall: *vertu* Co₁ 436. 19, *apela* 141. 5 Ch, *bulla* 2. 3 Cl. Sind diese Belege an Zahl auch gering, so darf man doch aus ihnen schliessen, dass in der Mundart von Montpellier die Neigung vorhanden gewesen, t wie im Inlaute so auch auslautend zu schwächen, oder gar durch Apokope zu beseitigen. Diese Neigung ist in der Neuzeit an einigen Stellen der Umgegend zur Herrschaft gelangt (siehe Ch. de Tourtoulon, Rev. d. l. r. IV 426), nicht aber in der Stadt selbst: *prat* G 220. 6, *set* R 125 — *salut* Rou IX 29, *countat* 219. 18 f° — *flourat* 221. 30 — *perdut* 227. 15 G.

2. Nach n fiel es: *sagramen* Co₁ 359. 6 — *utilmen* Co₁ 365. 12 — *tan* 11. 13, 104. 12 M — *pon* 424. 28, *argen* 17. 3, *davan* 3. 18 T, und wenn in den Urkunden oft ein t erscheint, so ist dieses als ein parasitisches, nicht als ein organisches zu betrachten (siehe 49). Nach den übrigen Konsonanten ist t geblieben, doch ist es bereits nach r vereinzelt gefallen: Ch *mor* 10. 1, *quar* 11. 2 Ch — *mor* T 9. 24, *Alber* Co₁ 378. 9, *Desser* 351. 30 T neben *Desert* 390. 15 — *cour* 233. 13 — *court* 233. 4 T — *tumult* T 438. 11. Die neuere Mundart hat auslautendes t nach allen Konsonanten beseitigt: Rou *fon* 1. 24, *efan* 1. 42, *haou* IX 6 — fr *for* 231. 17, *mor* 238. 13, *descouver* 237. 7, *gous* 241. 12 (gustum) — fi *fus* 109. 11 (fustis) ⌣ *pus*, G *vis* 221. 8 (*vistum) — *doun* 227. 15 (de unde), R *par* 235 ⌣ *mar* — *naou* 194, *mor* 520 ⌣ *Antenor*, — etymologische Schreibung stellte es fürs Auge manchmal wieder her: *font* 92. 30 G ⌣ *quicon*, *malaut* ⌣ *espitaou* 226. 20 G, *escart* 92. 14 G ⌣ *car* — BPc *despart* ⌣ *mar* 270. 16 — fi *cor* ⌣ *mort* 92. 5—7.

3. Uebergang zu c erfolgte zu selten, um als ein charakteristisches Merkmal unserer Mundart gelten zu können: *dreic* 122. 8 M, *perbosc* (praepositum) 468. 5 T; ferner manchmal in der 3. sing. Perfect. der 3. schwachen Konjugation (siehe 129).

48) VI. t vor flexivischem s (tt schliesst sich dem einfachen t in allen Stücken an).

1. Nach Vokalen ist t geblieben, um sich mit s zu z zu verbinden, das in den Urkunden verschiedentlich dargestellt wird, namentlich auch pleonastisch durch t oder gar st für das Auge hervorgehoben ist: z, tz, stz, ts sind also verschiedene Zeichen für denselben Laut —

M: *tots* 117. 12, *pagats* 123. 21 — *apelas* 51. 1, *eissiz* 76. 18;
G₂: *forsatz* 516. 3 — *advocats* 314. 13, *mostrats* 322. 16;
Co₁: *tots* 359. 2 — *creats* 359. 4 — C *fossatz* 52. 1 — Cl *dastz* 15. 1 — *totz* 1. 2;
Ch: *tostz* 1. 3 — *datz* 75. 2, PCl *obrats* 90. 1, *eleguts* 18. 43 — *substituiz* 4. 13;
T: *totz* 7. 14, *decretz* 168. 1, *maritz* 140. 23 — *crezustz* 15. 29, *receupustz* 79. 20 — die gewöhnliche Bezeichnung in den Coûtumes — *tots* 3. 16, *levats* 282. 21. Daneben stehen bereits, wenn auch noch gering an Zahl, Belege, nach welchen sich z zu s geschwächt hat, was in der 2. plur. der Verbalflexion Regel ist (117. 1): *assas* 77. 15 (adsatis), *tos* 170. 12. 28 — 184. 3 T, *azordenas* 171. 28, *acostumos* 199. 2, *partis* 359. 11 T, und später wurde z völlig durch s verdrängt, wie eine Reihe von Reimen aus neueren Dichtungen, in denen übrigens oft durch das Streben nach etymologischer Schreibung t wieder eingeführt ist, beweist: G *courrits* 84. 12 ⌣ *vist* — *aganits* 289. 8 ⌣ *nis*; R *trigoussas* ⌣ *cas* 39 — *pares* ⌣ *fres* 359, *salus* ⌣ *degus* 695, *escus* — *gus* 751; BP *revesits* 320. 16 — *vesis*; BM *quarts* — *cars* 287. 12.

Mehrere Urkunden aus dem 15. Jahrhundert kennen ihrer Orthographie zufolge den Uebergang von ts zu ch (tch); sie sind ein Bestandteil des jüngeren Teiles der Serm. und Etabl. des Thalamus Parvus: *ratifficatch* 163. 31, *revocatch* 163. 32 — *ajustach* 191. 17, *gictach* 192. 2, *nomnach* 192. 11, *tenguch* 193. 2 — *estach* 194. 10, *senhach* 194. 31, *marcach* 194. 31, *statuch* 197. 26, *toch* 195. 5 — *tocach* 308. 19, *facultach* 311. 3.

Da dieser Lautwechsel sich aus keinem andern Sprachdenkmal feststellen lässt, auch der heutigen Mundart fremd ist, so darf man, wenn nicht eine lediglich orthographische Eigentümlichkeit, hierin Einfluss eines anderen Dialektes sehen (man vergleiche über diesen Lautübergang im Provenzalischen Bauquier, Romania VIII 117). In der Rouergue ist er gewöhnlich eingetreten (Constans, Sous-dialecte du Rouergue 48. 78).

2. Nach einem Konsonanten verhält sich t wie im Auslaute:
1) Es fiel nach n: *sagramens* 72. 16 M — G_II *dins* 516. 17,

G₁ *enans* 473. 32, PC1 *sans* 33, T *ans* 27. 14, *tans* 109. 10, *pons* 172. 18, *enfans* 9. 25. Besser wird s auch in der Schrift seinem Werte nach n entsprechend durch z bezeichnet, allein die inkonsequente Graphie trägt dem nur selten Rechnung: M : *sainz* 14. 15, *sanz* 17. 15, *jonz* 11. 3 und mit Verstärkung durch t *pontz* G$_{II}$ 516. 17, *santz* 7. 22 T — *parents* 73. 19, *sants* 116. 1, *enfants* 331. 24 T.

2) Ueber die Entwicklung von ct + s ist unter k gehandelt (65).

3) Die Verbindung von t mit s nach den übrigen Konsonanten zeigt die bekannten handschriftlichen Varianten für z. Wie nach Vokalen blieb also t hier vor der Synkope bewahrt: M *toltz* 126. 11 — *cerz* 94. 3, *Marz* 118. 19, *escriz* 17. 14 — Co₁: *sotz* 409. 28, *Porstz* 398. 15, Ch *certz* 168. 8, C *motz* 199. 1, Cl *sostz* 18. 2, *mostz* 80. 2, T *sotz* 3. 11 — *corstz* 252. 28, *parstz* 25. 26 — *corts* 156. 5, *certs* 338. 25, *parts* 5. 5. — Seltener erscheint auch hier bereits z zu s geschwächt: *mors* 43. 8 M, *cors* 421. 27 T — *mars* T 100. 16, *dimars* 431. 27 T. *pars* 125. 8 *T*, schlechte Schreibung *als* (altos) 136. 8, *sost* (subtus) 105. 15 T — *so* 434. 15 Co₁. Dies s setzte sich durch: *quarts* BM 287. 12 im Reime mit *cars*.

4) Ganz vereinzelt, und wohl nur orthographisch, ist der Wechsel von t mit c: *semblancs* 199. 2 T, *prebox* 454. 7 T (plur. von praepositum) — *sancs* 337. 4 T.

49) VII. Parasitisches t.

1. Im Auslaute ist dasselbe in der älteren Sprachperiode sehr beliebt, nicht so in der jüngeren. Die Abneigung der letzteren gegen auslautende Konsonanten macht dies leicht verständlich. Vor allem weisen es die mittelalterlichen Texte nach n auf (auch in der 3. plur. der Verba), wo das Latein meistens gleichfalls ein t folgen liess, das aber in unserem Dialekte früh durch Apokope beseitigt ist: T *cant* 37. 1 (quantum), *compliment* 7. 19, *tant* 171. 21, *diligent* 117. 23, — in Zusammensetzungen: *Montpeslier* 28. 2 C (*Monpeslier* 26. 3 C) — *Montferrer* 24. 3 M (*Monferrer* 17. 3 M) — M *consentiment* 17. 6, *sagrament* 17. 6, Co₁ *davant* 365. 10, *luoctenent* 365. 12 u. s. w., T *aiant* 178. 28, 197. 3, T (3. plur. Konj. von *aver*) — *foront* 469. 1, 474. 13 T — Praes. S.: *afermont* 185. 4, *podunt* 466. 10, *exercent* 185. 2 — Konj. *digant* 466. 6, *redant* 176. 32, Imperf. *affermavant* 185. 4 — Part. Praes. *mostrant* 77. 12 — *cridant* 79. 3, *portant* 379. 34 — *partent* 442. 11, *dizent* 182. 27, *pendent* 27. 4, Perf. *dizcront* 173. 27, *dicerunt* G$_{II}$ 313. 11 — *dureront* 414. 15 T, M *sunt* 38. 3 — *erant* 49. 7, *scrant* 39. 4, *scriant* 43. 12 — *siant* 1. 4, — ebenso nach Ausfall eines auslautenden latein. d in *Raimunt* 58. 8 M, *quant* 99. 7 M, G₁ 516. 12 (quando — *quand* M 114. 12), T *grant* 171. 23, *soent* 179. 26, *mont* 138. 2, 162. 15, *ont* 7. 4, *dont* 7. 2 — *sant* C 1. 3, T 67. 24, *Johant* 450. 27 T — *sint* 463. 5 T (quinque), nach anderen Konsonanten: *eist* 73. 11, 84. 13 M — *rendest* 129. 1 M, 3. sing. Konj. Imp., mit Uebergang zu c (vgl. 47. 3),

contenc 69. 21 T (*content* 285. 1 C) — *tanc* 475. 1 T — *honc* (unde) 477. 12 T.

Dieses unserer Mundart nach n so geläufige unorganische t gestatten die Leys d'amors I 42. — Nach P. Meyer (Rom. VII 107) und Chabaneau (Rom. VIII 110) mag dieses t aus dem z oder tz der Verbindung des t mit dem s der Flexion abstrahirt sein, und diesem Umstande verdankt es

2. sein vereinzeltes Erscheinen im Inlaute: *notble* 189. 25, *amigatble* 149. 17, *setgle* (saeculum) T 148. 18, neben *segle* 73. 14 T, *jotglar* 142. 9 T (jŏcularem) — (batsar 6. 21 M ist in baisar zu verbessern).

Anmerkung. th wurde wie einfaches t behandelt, die Aspiration aufgegeben: *cadieyra* 186. 13 — *espaza* 340. 10 — *botiga* 66. 6 T, *Matelz* 79. 8 M. So konnte th das t in der Schreibung vertreten: *metheus* 336. 6 T, *thesaurier* 101. 1 Ch — *neboth* 34. 2 M, *poth* 100. 9 M, *postath* 100. 9 M — *faith* 78. 14 M.

D.

50) I. Anlautend blieb es. Es fiel vor ğ in *jorn* Co₁ 359. 5 und in *ime* Rou III 93, eine Kontraktion = *di-me*, desgleichen in dem Titel *en* Co₁ 364. 29, fem. *na* 114. 1 M (die alte Erklärung aus *domnus von A. Thomas wieder aufgenommen — vergl. Rom. XII 585—587).

II. Im Inlaute zwischen zwei Vokalen:

1. Uebergang zur stimmhaften Sibilans, die gewöhnlich durch z oder s dargestellt wird: T *glazi* 103. 25, *gauzir* 111. 6, *obezir* 3. 14, *vezoa* 41. 8, — *jauzir* 202. 25, *proveser* 122. 11, *Presicador* 331. 18, *fescutat* 138. 18 — *petzage* 239. 18, Co₂ *perjuzise* 456. 29, *auzir* 482. 6, Ch *conresaire* 120. 4 (*conrediator); C *armazi* 378. 4 — *lausar* 99. 5 M, *fizels* 52. 10, *Guizenel* 100. 6, *Azalais* 103. 1. In den Dichtungen in der Regel durch s: G *ausi* 223. 10. *vesie* 3. Imp. 92. 8, — BP *glasi* 140. 13, *Jasiou* 322. 8 — Rou *gaousi* 1. 45, — fehlerhafte Orthographie: *ficeltat* 102. 16. *ficelmens* 113. 28 T. Das d der Präposition ad wurde oft wie ein inlautendes behandelt: *azayso* 164. 31, *azordenar* 171. 28 T, *azismar* 5. 1 PCl (ad aestimare) — *az Avinhon* 362. 28 T, *az aquel* Co₂ 459. 21, *az alcun* 17. 13 PCl — *as Avinhon* 343. 28 T.

Wie in anderen Fällen ist auch hier der Wechsel des stimmhaften s (z) mit r nicht unbekannt: T *prejurizi* 109. 27, 116. 6 — *dezirier* 440. 9, Co₁ *Arilhan* 380. 14 neben *Azilhan* 380. 9, *armari* 362. 19, *laurcron* Co₂ 464. 23, 475. 14 (3. plur.). Durch Annahme dieser Mittelstufe kann der Uebergang zu l erklärt werden, wenn man nicht besser direkte Vertauschung annehmen will: *Gili* 119. 22 T, *cigala* CP 294. 2.

2. d ist gefallen vor einem tonlosen i im primären oder sekundären Hiatus, das sich seinerseits entweder mit dem Vokal der vor-

hergehenden Silbe verband, oder palatalisierte: *Savoya* 368. 18, *joia* 145. 8, *puiar* 81. 23, *enveia* 187. 16, *huey* 101. 26, *puey* 149. 1 T, *mieia* 128. 16 T, — *orgier* 209. 3 C, *Poget* 105. 2 M, *pojar* 344. 7 T, *Gaujosa* 69. 2 M, *Orjaria* 9. 1 PCl — *pueg* 46. 3 Cl, *mieg* 47. 6 Cl — *gaug* 5. 19 T — *manjar* 47. 23 — *vengar* 17. 21 T (vindicare) — *venjansa* 17. 27 — T, mit orthographischen Varianten tg oder tj: *jutgar* 128. 2 T und dem Verbalsubstantiv *jutge* 5. 5 T, 117. 1 Cb (*juge* 187. 26 T — Co₁ 414. 18, 418. 28), *gatge* 165. 19, *assetge* 329. 13 T, *Rotgier* 330. 18 — *mantjar* 347. 19, *assetjar* 339. 8 T — *gatjat* 209. 3 C.

Synkope ohne nachfolgendes Hiatus-i ist zwar seltener, aber doch nicht unbeliebt: *Loys* 185. 2 C neben *Lodoyc* 3. 2 C — *coa* 407. 8 oder *coha* 269. 25 T (*cōda) — *aordenar* Cos 459. 4, PCl 20. 4, *piatge* 239. 10 T — *peage* 9. 106 Rou (pedaticum). — Einzig da steht die Verstärkung zu t in *seti* 366 R, wenn es mit sedium zusammengebracht werden darf, — *ceti* 354. 1 T.

3. In den älteren Urkunden finden sich eine Reihe von Wörtern, die, ohne gerade gelehrt zu sein, in der Schrift noch d festhalten. Da ihnen bereits Formen mit z und s zur Seite stehen, muss noch ein Mittellaut, etwa die Interdentalis (d), gesprochen worden sein, bis später die Schwächung zu z erfolgte. M: *Adalais* 105. 1 (*Azalais* 103. 1) — *Guidenel* 99. 2 (*Guizenel* 100. 6), *fidel* 123. 2 M (*fizel* 52. 10), *laudar* 123. 17 (*lausar* 99. 5 C), Co₁ *Ademar* 383. 3 (*Adzemar* 380. 22 — *Azemar* 413. 4), *gaudir* 380. 24 T (*gauzir* 111. 6 T) — *adordenar* Cos 460. 16 (*aordenar* Cos 459. 4), nicht volkstümlich sind u. a. *guadi* 5. 14 M, *estudi* 3. 7 T, *laudimi* 43. 11 M, *paradis* 1. 3 Cl, *odi* 107. 24 T, *subsidi* 45. 3 C, *edifici* 136. 4 C, *prejudici* 21. 3 C ...

51) III. Durch einen Konsonanten gestützt blieb d in der Regel: *demandador* 7. 12 T, *auondos* 31. 18, *segonda* 75. 19 .. T .., es fiel in *prenre* 5. 32 M — *penre* 344. 32 — *prenon* 13. 22 T — *redona* 407. 9 T (rotunda), *esgaramen* 272. 13 T, *garà* 269. 17 fr (*gardare), *engrunà* R 335 (vielleicht mit deutschem »Grund« zusammenhängend) — Der Ausfall von d nach n ist Regel im Catalanischen und in den französischen Distrikten der Pyrenäen, ja noch in einem Teile des Gascognischen Sprachgebietes (vergleiche P. Meyer, Rom. III 436).

52) IV. d + Konsonant.

1. Wie tr löste sich auch dr zu ir auf, wenn ein Vokal vorherging: *layron* 15. 10 T, *cayron* 141. 30 T (quadronem) — *cayra* 3. fut. zu *cazer* 288. 9 — *veyrai* 1. fut. von *vezer* 111. 32 T — *creire* 221. 4 G, Fall in *claure* 41. 2 T, nach n in *prenre* 5. 32 M, *penre* 344. 32 T; bleiben: *tondran* Fut. Cos 459. 19 — *despendre* Cos 459. 19.

2. Vor t Synkope in *heretat* 9. 17 T (hereditatem);
3. vor n blieb d, n ging in r über: *ordre* T 160. 8, 399. 5;
4. vor sibilantischem c ist d gefallen: *quinze* 282. 1 BM, *ounze* 287. 12 BM — *dotze* 120. 23 T, *doutze* 234. 1 Opera de Frontignan, *metzina* 167, 11 T (medicina). t dient hier, wie so oft in dieser Stellung, zur Verstärkung des z-Lautes in der Schreibung.

53) V. d im Auslaute ist nach einem Vokal ebenso wie nach n bereits in den ältesten Sprachdenkmälern gefallen: *ere* 1. 23 M (heredem), G_1 *merce* 514. 7, *frau* 473. 15 — *Cos pro* (*produm), G 221. 7, *prou* — T *gra* 149. 6, *se* (sedem) 381. 5, *fe* 3. 22, *au* 13. 5 (audit), *cre* 19. 7 (credit) — G *ve* (vide) 226. 20, *pe* 221. 29 — M *quan* 114. 11, *pren* 5. 35 (prendit), G_1 *Raimun* 36. 2, Co_1 *Bertran* 377. 6, *Raymon* 378. 3 T, *segon* 3. 22, *on* 63. 18, *soven* 182. 28, *mon* (mundum) 172. 12 — *redon* 120. 12, — Rou *gran* 1. 40, *oun* 1. 14, R *gran* 10, etymol. Schreibung *grand* 222. 20 G, *rescond* (3. s. praes.) G 221. 23 ⌣ *quicon*.. Der Apokope entzog sich d in *blat* T 115. 16, 283. 10, Rou 2. 39, f° 219. 17, BR 365. 15 *blad* ⌣ *atalat* — *nut* 15. 5, 161. 9 T, 676 R, *nud* Br 30. 2, mit Anlehnung an das Latein; d musste sich im Auslaute zu t erhärten, wenn es nicht fiel, und dies ist nach l und r in der älteren Sprache der Fall: T *caut* 33. 27 (callidum) — *cort* 3. 14, *ort* 282. 17, M *Arnalt* 87. 2, *Raimbalt* 57. 1, — Co_1 *Raynaut* 378. 2, *Monbeliart* 378. 3, *Girart* 378. 14. Der ausgesprochene Zug der modernen Mundart, einer Konsonantenverbindung im Auslaute aus dem Wege zu gehen, hat auch hier das t beseitigt: Rou *ver* IV 2, 5 (viridem), *caou* III 8 fr, *per* 266. 16 (perdit), R *caou* 312 ⌣ *maou* (malum) — *lar* 248 ⌣ *mar* ... Einem vorausgehenden t hat sich d assimiliert, tt ist alsdann zu t vereinfacht worden: *net* 301. 20 (nitidum) — *put* 15. 11 T (putidum).

54) VI. In der Verbindung mit dem s der Flexion gelten für d dieselben Regeln, wie für das auslautende d. Bleibt es, natürlich als Surda, so verschmilzt es mit s zu dem bekannten Sibilanten, den die Urkunden durch tz, stz, ts, z ausdrücken: T *pes* 162. 31, *fraus* 168. 19 — *orts* 358. 24, *blatz* 283. 24, *nutz* 344. 13 — *verstz* 137. 12, 263. 31 — *grans* 172. 13 — Cos *solz* 456. 14 (solidos) — M *aus* 97. 1 (audis) — *Rengarz* 17. 1. *Brunissenz* 17. 1, *Raimunz* 20. 1 (z wegen des vorstehenden n), *Matelz* 33. 17, *Matheltz* 93. 3 — *Mathels* 33. 2 — *Bernarts* 1. 1. Im Laufe der Entwicklung wurde z zu s geschwächt: *cris* Br 29. 6, plur. ⌣ *gris* — *nus* 7. 22 F (nudos).

S.

55) I. Anlaut. 1. Wie im Latein ist es stimmlos, was schon die Schrift lehrt; denn für s tritt oft c ein: *ceda* (seta) 142. 16, 267. 2, — Ableitung *cedier* G_{II} 313. 21 — PCl 9. 2 — Co_1 397. 1 — *cocell* Cos 487. 20 — *cetembre* 43. 6 Ch, *cebelit* Co_1 434. 27, *cezer* (sedere) T 185. 3 — *ceu* 285. 6 T — Cos 459. 1 (sēbum) — *Cerat* Co₁ 397. 22 — *concentimen* 183. 5 C — *subcidi* 293. 2 C, *Cecilia* T 347. 21 (Sicilia) — *scituat* 424. 30 T — 154. 5, 118. 5 Ch, *scap* Cos 483. 11 (sapit).

2. Gefolgt von einem Konsonanten (s impurum) erhielt s den Vorschlag eines e, wofür selten i eintreten konnte. In jüngeren Texten des Mittelalters ist derselbe manchmal durch Aphaerese wieder beseitigt worden. s selbst blieb in dieser Stellung stets. (Das Weitere ist unter »Prosthese« 10 1 erörtert worden.) Eine Ausnahme macht die Verbindung sc + e oder i: schon auf italischem Boden und vor der Prosthesis von e wurde ihr zweiter Bestandteil sibilantisch und vereinigte sich mit s. Die beiden zunächst anzuführenden Wörter sind auch dem Latein ursprünglich fremd und stammen aus dem Griechischen, wo sie in σχ anlauteten, dem im Lateinischen sch entspricht. Wie th aber wie t, so wurde ch wie c behandelt: *sedula* 31. 1 PCl — *cedula* T 355. 26 (schedula) — *sisma* 431. 15 T — *scisma* 424. 6 T (vergl. *scituat*) = *schisma* — *scient* 66. 15, 110. 6 M, *cient* 102. 19, 114. 15 M (scientem) — *sci:ntia* 57. 17 T. Daneben die analogischen Formen mit dem prosthetischen Vokale: *essien* 278. 7 T, *ecient* 117. 14 M — *iscient* 50. 11 M.

s fiel in *tanquar* 167. 24 T, wenn es mit stagnum zusammengebracht werden darf, was unmöglich erscheint. Durch Anlehnung eines Procliticons wird anlautendes s geminiert, um in seiner neuen Stellung zwischen Vokalen seine Stimmlosigkeit darzuthun: *essi* 27. 6, 45. 15 M (*et si*) — *essera* (*e-sera*) 142. 6 F, *assa* 147. 18 T.

56) II. s im Inlaute zwischen Vokalen.

1. Stimmhaftes s ist meistens geblieben und wird gewöhnlich durch z in den Urkunden bezeichnet: *causa* 5. 19 T — *casa* Co₁ 378. 13, *clausura* 17. 13 PCl — *ase* (asinum) 276. 20 T, *auondosa* 29. 21 T — seltener durch s: *gleisa* 78. 17 M neben *gleiza* 78. 14 M, *clausura* 18. 17 PCl, *mayson* 33. 7 Cl (*mayzon* 27. 20 T). Es wechselt mit r und j. Ueber den Wechsel von s mit r, dem wir bereits an einigen Stellen begegnet sind (43. 2, 50 II 1), hat zuerst P. Meyer gehandelt (Romania IV 184), wo er zu dem Schlusse kommt, dass »aucun texte... ne présente d'une façon suivie le changement d' s ou z en r« (dem kann man in Bezug auf die benutzten Texte aus Montpellier nur beistimmen). »Ce peut être un accident fréquent: rien de plus. Il n'y a pas là un caractère dialectal«. Weitere Belege haben sodann gebracht: Alart, Rom. IV 465 — Chabaneau, Revue VIII 238, ibid. X 148. Die folgenden Beispiele sind zum Teil von diesen Gelehrten bereits gegeben: T *profechoras* 101. 14, *pogerat* 273. 24 .. *prepaurar* 103. 4 — *corida* 291. 19 zu *cosir*, *raurier* 98. 22 — *borseria* 18. 7 C (neben *borzesia* 18. 7 C) — BR *cerieira* 283. 5.

Der aus s hervorgegangene halbvokalische j-Laut verstärkte sich entweder zur stimmhaften Palatalis, oder verband sich mit dem vorhergehenden Vokale, während er nach i fiel: *batejar* 393. 13 T (baptizare), *bateja* 221. 5 G — *rejisti* 222. 14 G (resistere mit Uebertritt in die 4. Konj.) — *escrajoun* 108. 10 BR — *glieia* 57. 28, *gleya* 57. 20 T, *mayon* 108. 19 T, 148. 1 C, 33. 3 Cl, *bayet* 405. 22 T für *bayset*, ebenso in den vereinfachten Diphthongen, bez. Triphthongen *ocuon* 289. 16 T, *maon* 112. 26, 295. 15 T, *gliea* Co₁ 359. 11. — Indessen sind in diesen drei Substantiven die Formen mit erhaltenem s nichtsdestoweniger die gebräuchlichsten: *gleiza* Co₁ 377. 5, M 78. 17, T 154. 5, 149. 13, *glicyza* Co₈ 424. 11 — T 117. 25 — *mayzon* 27. 20 T, 33. 7 Cl, *ocaison* 102. 36 M, T 5. 15.

2. Stimmloses s wird wie im Latein durch ss ausgedrückt: *messatge* 13. 18, *passatge* 89. 26 T — nicht selten aber begnügt sich die Schrift mit einfachem s: Co₁ *mesier* 395. 16, *mesen* 399. 23 — M *iserai* 1. 13 — *mesatgue* 17. 13, *trapasar* 1. 12, T *pasion* 322. 27, *cofesor* 324. 3, *acoselhar* 53. 15 — c: *acessor* Co₁ 440. 29 — sc: *pelhiscier* 421. 29 Co₁, *ascessor* 440. 3 Co₁. — Das stimmlose s im Hiatus wechselt mit anderen Konsonanten nicht.

57) III. 1. Nach einem Konsonanten im Inlaute ist s stimmlos und wird gewöhnlich durch s, seltener durch c bezeichnet, falls der betreffende Konsonant geblieben ist: *borsa* 162. 28 T — *falseza* G₁ 473. 18 — *borcel* 230. 21 T, von *bursa* — *falcetat* 9. 1 T — *falceza* G₁ 473. 16, auch nach n in Fremdwörtern: *deffencio* C 206. 2, 227. 3, *pencion* 65. 3, 200. 3 Ch, während in den volkstümlichen n vor s immer gefallen, und s dann, als zwischen zwei Vokalen, stimmhaft geworden ist: *preyzon* 132. 26 T, *mezura* 41. 18 T, *mayzon* 24. 20 T. — Ist dagegen der vorausgehende Konsonant durch Vokalisation oder Synkope geschwunden, so wird, wie gewöhnlich zwischen zwei Vokalen, zur Bezeichnung des stimmlosen Lautes ss verwandt: *enlaissar* 69. 4 T, *teysseire* G₁₁ 315. 7, *eissir* 76. 18 M, *eussa* (ipsa) T 21. 12.... Freilich konnte auch hier einfaches s manchmal dem Kopisten genügen: *mezeusa* 62. 21 M, *eusamens* 151. 8 T — *eisament* 7. 34 M — *seysen* G₁₁ 312. 29 — *laysar* 180. 16 T — 9. 4 M.

2. Ein hervorragender dialektischer Zug ist der häufige Uebergang des tonlosen dentalen Reibelautes in den tonlosen cerebralen Reibelaut (š) nach c und p, beides im In- und Auslaute; auch s in der Verbindung sc nimmt nach der Umstellung zu cs an diesem Wandel Teil. Die Bezeichnung wechselt: sh, sch, ch, sc, ssi.

caysha C 257. 2 — *cayscha* C 243. 1 — *caycha* 116. 27 T — *caycheta* 1. 3 C neben *cayssa* 1. 3 C, *caysseta* 2. 1 C — *meteysh* 157. 2 C — *meteycha* 150. 15 T, *meteyscha* 116. 18 T, neben *meteys* 19. 9 T .. *embaishador* 117. 18 T — *laychar* 3. 16 T — *ischilhar* 19. 4 T, *yschir* 19. 17 T, *ischir* 56. 4 C, *teychedor* 97. 24 — *mecha* 305. 4 (nach Diez von myxa), *creychemen* Cos 462. 11 —

dichém 153. 8, *traychém* 128. 17 T (1. plur. perf.) sämmtliche Wörter haben Nebenformen mit s. — *peychonier* 95. 10 T, 16. 2 C, *vaychela* 17. 3 T, *conoycher* 13. 28 T, *creycher* 5. 19 T neben *peyssonier* Co$_1$ 433. 21, *vayssela* 277. 17, ·*creysser* 161. 30, *conoysser* 305. 11 T. Die Thatsache, dass nach u in den Formen von ipse und metipse nur s geschrieben, dass sich aber ferner, wenn in ihnen u mit i vertauscht wurde, sh . . . findet, legt die Erklärung für das Entstehen der cerebralen Fricativa nahe. Unter dem Einfluss des i wurde die Artikulationsstelle von s zu der von š verrückt. — Nur die Schreiber von T, C, Co unterscheiden beide Laute und stellen, wie bereits erwähnt, š dar entweder unter der bekannten Bezeichnung ch (č), ein Laut, der, wenn auch mit š nicht identisch, demselben doch verwandt ist, oder suchen ihn durch die Verbindung von s mit ch zu geben, oder durch die von s mit h, dem Zeichen für die Palatalis (lh, nh, ch); zwei weitere Bezeichnungen sind ssi: *cayssias* 232. 1 T (dieselbe Urkunde fügt auch nach ch = č ein i ein) und sc: *peysc* 288. 31 T (*peys* 230. 5 ˇC), *pueisc* 123. 26 T, *meteysc* 398. 22 Co$_1$, T 147. 20, 285. 22.

Sonach kann die Existenz der cerebralen Fricativa nach i für die mittelalterliche Sprache nicht in Zweifel gezogen werden. Im Laufe der sprachlichen Entwicklung scheint dieser Laut wieder dem dentalen Reibelaute Platz gemacht zu haben. Keiner der benutzten neueren Texte lässt der Orthographie zufolge das Gegenteil vermuten.

58) IV. s + Konsonant.

1. sc hat sich nach Umstellung zu cs zu is oder iš entwickelt: *paisser* 251. 26, *naysser* 161. 16, *creysser* 161. 30, *conoysser* 305. 11 T, *appareyssè* IV 3. 3 Rou — *conoyssensa* 165. 31 T, *peyssonier* Co$_1$ 433. 21, *peys* 230. 5 C — *vayssela* 277. 17 T. Diese Metathese hat früh, vor der veränderten Aussprache des c vor e und i, und nur, wenn einer dieser beiden Vokale folgte, stattgefunden, nicht vor a, o, u: *cresca* 51. 24 T, *puesca* 270. 2 T (nach der Dissimilation aus ss) — *puescon* 23. 4 T — *conosc* 1. sing. praes. 62. 21 M — *reconoscon* Co$_1$ 459. 12, aber *conoissem* 102. 21 M — *reconoisem* 114. 3 M.

Die Belege für š sind bereits angeführt (57).

2. Vor einem dentalen und labialen Verschlusslaute, auch vor m, ist s in der Regel geblieben: *nostre* 101. 9 T — *aost* 57, 23 T, *carestia* 161. 31 T — *mestier* 13. 10 T . . *vespra* 114. 19 T — Co$_1$ 434. 28, *aspra* Co$_1$ 435. 29 — *bisbe* 72. 17 T — *autisme* 145. 30, *prucysme* 33. 15. *mezesma* 385. 25 T. Doch macht sich schon in den Urkunden die Neigung geltend, s zu synkopieren: *contrit* 430. 23 T (constrictum), *dometge* 35. 13, *rescot* 87. 17, *Crit* 466. 5, *maitre* 423. 14 T — *Carema* PCl 97, T 452. 18, 453. 19 — *proysime* 270. 31, *mezeyme* 124. 10 T . ., und dasselbe gilt für die neueren Denkmäler, wenn auch hier noch die Erhaltung des s immer das

Gewöhnliche bleibt: *ime* G 221. 20 von aestimare, *amouteli* 95. 4 G von mostella — *acouta* 287. 19 G = *adcostare.

3. Die übrigen Verbindungen von s (n, l, r und ein labialer Reibelaut) duldet, da dieselben der Aussprache Schwierigkeiten machen, die Sprache nur selten: *isla* 29. 1 M, *Monpesler* 21. 2 M, *Monpeslier* 17. 3 PCl — Co₁ 364. 29. Zur Hebung derselben nahm sie zu verschiedenen Mitteln ihre Zuflucht:

1) Assimilation zum folgenden Konsonanten: *Montpellier* 244. 9 T, Co₁ 434. 9 — *illa* 341. 28 T — *merron* 412. 19 T (miserunt) — *deffar* G₁ 516. 11 (de ex facere), *derrapiar* 516. 11 G₁ (de ex *rapiare). Für die Aussprache besteht aber die Gemination nicht mehr, und dem trägt die Schrift folgerichtig ebenso oft Rechnung: *ila* 364. 8 T, *Monpelier* 323. 14, 190. 27 T — *meron* 403. 12, 416. 9 T, *sotzmeron* 111. 20 T, *promeron* Cos 475. 17, 482. 5.

2) Auflösung von s zu i (vergl. 56. 1): *Montpeylier* 3. 7 T (Montem Pessularium), in dieser Form erscheint der Name in den Urkunden am häufigsten — *meyron* 354. 24 T —, Ausfall nach i: *dinar* 167. 24 T, *vailet* 364. 23 T, *mainada* Cos 455. 12. — *mainache* 150 R.

3) Wechsel von s mit r: *irla* 448. 29, 151. 3 T, *dirnar* 366. 17 T, *aumorna* 367. 4 BR — *almorna* 413. 20 T — Cos 485. 18 — *varlet* III 82 Rou, *barlet* 86. 8 R.

4) Einschiebung von t zwischen s und r: *estre* 483. 8 Cos.

5) Ausfall des folgenden Konsonanten: *promesson* 19. 2 Cl — 3. plur. perf. *mezon* 354. 29 T — *preson* 472. 28 T.

59) V. Ein epenthetisches, unorganisches s findet sich manchmal vor t, m und einer Gutturalis: *plaist* 202. 20 (placitum), *costel* 366. 24 T (cultellum), *sostilhas* 167. 11 T (subtilias) — *masismar* 107. 5 (maximare) T, *laurisme* Ch 134. 4 — *esgal* 197. 2 — *esgalar* 197. 14 T, *transquilla* 454. 16 T (transquillitat 468. 4), als rein orthographische Eigentümlichkeit in Verbindung mit tz = stz (s. 48).

VI. Metathese in *quex* 67. 20 T (quisque) und mit Uebertritt in die folgende Silbe: C*n*tastinople C 5. 1, T 364. 8 (sc = cs 58. 1).

60) VII. Auslaut.

1. In den Urkunden ist s im Auslaute zuweilen unterdrückt worden: *dedin* 354. 25, *Bezer* 351. 12 T, *palay* 154. 12, *mai* 189. 35 T, G₁₁ 322. 17, *boi* 410. 18 T, *puey* 385. 29 T — Co₁ 424. 11 — *ver* (versus) 406. 21 — 407. 21 T, *for* (foris) 175. 23 T, *mielh* 350. 10 — 359. 7 T. Wechsel mit r: *mar* 438. 32 T, für *mas* = *magis*. Dieser vereinzelt dastehende Wechsel vergleicht sich mit dem ebenso vereinzelten von r und s (36) und lässt sich nur daraus erklären, dass die Artikulation des auslautenden s eine matte, dumpfe, zum Verstummen des Lautes führende war. Hiermit stimmen denn auch die gebrachten Belege für die Apokope von s, die den Texten des 14. und 15. Jahrhunderts entnommen sind, auf Grund

deren wir annehmen dürfen, dass auslautendes s damals bereits, soweit es nicht zur Flexion gehört — von diesem Falle sehen wir hier natürlich ganz ab, — sondern stammhaft ist, stumm war, mag auch das konservative Schreibsystem der Urkunden, das ja dem wirklichen Stande der Aussprache so oft nachhinkt, zu dieser Zeit das s noch meistens gewahrt haben. Als dasselbe aber durch die Ueberhandnahme des französischen Einflusses zerstört wurde, verschwand auch das auslautende s, soweit reaktionäre Bestrebungen der Neuzeit für die Orthographie nicht massgebend geworden sind:
Rou *nai* IV 1. 7 (nascit), *palay* 1. 56, R *din* 53, *pu* (plus) 61. *san* 99. 283 (sine + s), *men* 130 (minus), *tre* 580, fi *pey* 242. 10, *corps* 110. 17 ⌣ *mort* (s also stumm); auch in anderen Fällen beweisen die Reime mit Sicherheit, dass das durch etymologische Schreibung wieder eingeführte s für die Aussprache nicht in Betracht kommt: *printems* ⌣ *reten* 290. 14, BR *repaus* ⌣ *pau* 198. 6, *palais* ⌣ *farai* 204. 8, BM *repaus* ⌣ *mesticirau* 289. 12. Einige Wörter haben sich der Apokope des s selbst in der neueren Mundart entzogen: ō s u s hat den Reimen zufolge einfaches s, und zwar wohl unter der Einwirkung des fem. ousa: Rou *amourous* 1. 43, G *amourous* ⌣ *granous* 89. 21, BM *jalous* — *talous* 284. 5. Dasselbe gilt von einigen einsilbigen Wörtern: *cas* R 40 ⌣ *trigoussas* 92. 9 G. — In der Liaison erscheint s wieder!

2. Das s der Flexion, welches nach dem Erlöschen des Zweikasussystems zur Bezeichnung des Plurals dient, ist zu allen Zeiten erhalten: nach l und n als z, weil die Zunge, wenn sie von der Artikulationsstelle des l bez. n zu der von s übergeht, eine Dentalis hervorbringt (vergl. Schuchardt, Romania III 285). Hierzu vergleicht sich die Einschiebung eines p zwischen m und s (siehe 37. 4). Nur selten ist dem Laute die richtige Bezeichnung gegeben, in der Regel auch nach l und n — s geschrieben *filz* 17. 1 M, *aquels* 470. 15, T *dels* 110. 26, *enfizels* 475. 11, *penonsels* 471. 29 T, *nons* (non nos) 17. 13 M, *ans* (annos) 5. 25 M, *neguns* 43. 8 — *sents* 173. 8 T (signos). Der Wechsel von s mit z nach l und ñ drückt zugleich die Vereinfachung des erweichten Lautes aus, nach č, ğ das Verstummen derselben: *dregz* 37. 10, *fagz* 39. 8, *digz* 105. 30 T — *miegz* 296. 16 T, *nuegz* 296. 30 T, *moliegz* 393. 4 T — *costregz* 294. 2 C — *fruchz* 456. 30 T, *dichz* 294. 14 G_n; zur Verstärkung kann ein t vorantreten: *fruchtz* 439. 16 T, *dichtz* 427. 20, *fachtz* 426. 33 — *fagtz* 435. 30 T — Cl *escrichtz* 174. 24 — *digtz* 26. 4. — Die Analogie liess z selten auch in der Schreibung — fälschlich natürlich — nach anderen Lauten für s eintreten: *uz* 110. 27, *mez* 117. 12 T — *marcz* 50. 5 Ch, 58. 3 C — *locz* 239. 2 C; x in *meteyx* 386. 4 — *caix* 408. 22 (quasi) — *leix* 202. 33 T, inlautend in *laixar* 79. 4 PCl, *seyxanta* 387. 2 T.

3. Stimmloses s ist im Auslaute geblieben, bezeichnet durch s (inlautend ss): *bas* 163. 24, *mes* 83. 28, *cofes* 83. 18 . . T.

Die Gutturalen[1].

K.

61) I. Anlaut.

1. Vor a, o, u, l, r hat c den lateinischen Lautwert gewahrt, welcher gewöhnlich durch c, selten durch qu oder k ausgedrückt wird. *carta* 47. 20 M — *casa* Co₁ 378. 13, *cabra* T 47. 20, *cadadia* 3. 17 T — *copa* (cuppa) 27. 21, 176. 4 T. *comun* 65. 6 T — *curial* 3. 15 T, *clamar* 27. 5, *claure* 41. 2 — *crim* 15. 23 — *creycher* 5. 19 T; k: *karitat* 256. 1 T — qu: *quarta* 176. 18, 182. 6 T — *quas* 85. 3 Ch (casum), *quascun* 150. 30 T.

Ausnahmen:

1) Die im Inlaut zwischen Vokalen gewöhnliche Schwächung zum stimmhaften Laute hat in etlichen Fällen auch den Anlaut ergriffen: *guabia* 457. 11 T (cavea), *grais* 301. 5 T (crassum), *grepia* 161. 17 T (ahd. kripja), man vergleiche hierzu die italienischen Formen: gabbia, grasso, greppia — *regonoguda* 282. 8, *reguonoychensa* 122. 20 T.

2) Vereinzelt erscheint an Stelle des gutturalen Verschlusslautes der palatale Reibelaut, der dem Norden und Nordwesten des provenzalischen Sprachgebietes charakteristisch ist (vergl. P. Meyer, École des Chartes 1861 p. 45, — Chabaneau, Gramm. limousine, Rev. d. l. r. III 370 und namentlich Suchier, der diesen Fall zuerst systematisch im Zusammenhang in der Einleitung zu seinen »altprov. Sprachdenkmälern« behandelt hat). Cos *chascun* 482. 10 — *chacun* 197. 23 T, *chalda* 364. 21 T, *chevalier* 187. 23 T. Da die Urkunden, die diese Belege enthalten, aus später Zeit stammen, ist ch unbedenklich auf französischen Einfluss zurückzuführen, desgleichen in den Texten der Neuzeit das ch bei *chancha* R 42 (cambiare) — *chambrieira* 125 R — F *chassar* 6. 6 (captiare) — BR *chaca* 196. 8 — *chacun* R 235 — *chis* 644 R (canes) u. a., denn auch im modernen Patois bleibt c der bezeichnende Laut: *cara* IX 24 Rou — R *capel* 184 — *cat* 96. 4 G.

2. Vor e und i nahm k sibilantischen Charakter an und wird in der Regel durch c bezeichnet. Da aber oft s geschrieben ist, darf man annehmen, dass sich c (ts) zum einfachen stimmlosen dentalen Reibelaut (s) geschwächt hat, und da ferner die ältesten mittelalterlichen Sprachdenkmäler — M, die älteren Etabl. und Serm. von T — diese Bezeichnung nicht kennen, die Coût. nur ein Beispiel, so kann diese Vereinfachung nicht vor dem Ende des 13. Jahrhunderts erfolgt sein. Damit stimmt umgekehrt das Setzen von c für s, das ebenso häufig eingetreten, den genannten Texten und auch den

---

[1] Die landläufige Bezeichnung ist beibehalten, obschon wir uns ihrer Unzulänglichkeit bewusst sind.

Coûtumes ebenfalls fremd ist: c — *cicutat* 446. 21, *cera* 114, 25 T
u. s. w.; s: G_1 *ensercaray* 473. 15 — C *selcle* (circulum) 258. 2 —
Ch *sert* 29. 2, Cos *semeteri* 482. 26 — T *sercar* 89. 1. — *senc*
(cinctum) 146. 10 — *serta* 107. 28, — Serm. *senre* 268. 25 (cinerem) — *sengla* 287. 8 (cingula), — chron. *senchar* 391. 25 (*cinctare),
siri (cereum) 400. 24 — *sivadieyra* 372. 9 (von cibum), *sieutal*
472. 28 (cīvitatem), Ch in *Chipre* 363. 7 T (Cyprum). — Im Allgemeinen stimmt hierzu der Ausspruch der in der Mitte des 14. Jahrhunderts in Toulouse entstandenen Leys d'amors: »mais sona ‚c' que
‚s'« I 34, aber II 54: »‚c' sona un petit mays fort que ‚s'«. Demnach gestatten sie, dass c mit scharfem s reime.

62) II. K im Inlaute vor einem Vokal.

1. Vor a, o, u

1) blieb k gewöhnlich nach einem Konsonanten und wird meistens durch c bezeichnet, durch qu vor dem e und i der Ableitungssilben, selten auch vor a:
Co_1: *Orcas* 378. 24 — *mercat* Cos 456. 22 — G_1 473. 17: *mercadaria*, T *cavalquar* 443. 12 — *cavalcadura* 389. 8 — *vencut* 11. 17. Konj. Praes. *cresca* 51. 24, — bei den Inchoativen: *elegisca* 105. 16 T, *partisca* 193. 22 — *seguiscon* 199. 9, *serviscon* 140. 26; in Ableitungen *marques* 355. 6 — *pesquier* 29. 15, *afranquit* 35. 17, *franquesa* 3. 3 — *Blanquier* Co_1 381. 3. Belege aus neueren Werken: *masca* 92. 4 G — *refrescà* Rou IV 3. 2 — *mancà* 226. 14 G, *marcandejà* BP 328. 13 — *verquieyra* fr 246. 7 — R 754 (*vervicaria). Seltener blieb k nach einem Vokale und zwar in Ableitungen wie *local* 126. 9, *allocar* 199. 32 T, *Sequier* 398. 29 Co_1, kaum anderswo: *secon* Cos 482. 10 — *seconda* 75. 18 T, *diaque* Cos 484. 22, *placar* 162. 18 T. Nebenformen mit g sind geläufiger. Andere Belege mit erhaltenem k nach Vokalen sind nicht volkstümlich. *avocat* 7. 28, *mendicar* 392. 23, *clericalmens* 270. 2, *pacificada* 123. 19 M — *publicada* G_{II} 313. 16, *edificat* 54. 4 Cl und andere. Wie im Anlaute trat auch hier in einigen wenigen Fällen der palatale Reibelaut für die Gutturalis ein: *barcha* 448. 32, *Marcha* 370. 10 T — *michan* 29 R, *meschancetat* Rou IX 7 — *bachelier* 404. 1 Co_1 — *bachilier* T 170. 20 — *bachalier* 176. 15 T — *merchan* Co_1 443. 25 — T 184. 24, *marchan* 353. 4 T, — den übrigen stehen Formen mit rein erhaltenem c zur Seite: *Nicholau* 97. 4 T, 18. 5 Cl, 31. 2 Ch, Cos 383. 3. — *Nicolau* Co_1 408. 6; *Paschas* 97. 13 M, Co_1 414. 5 — *Pascas* Co_1 455. 26 — *Orchas* Co_1 379. 18 — *Orcas* Co_1 378. 24, *torcha* Cos 482. 8 — *torca* 141. 23 T — *Rocha* Co_1 430. 13 — *Roca* Co_1 388. 10, *ocaizon* 259. 8 T — *ochazon* 294. 2 T — (in den beiden letzteren Wörtern wechselte c, aus cc vereinfacht, mit č).

2) Nach Vokalen hat sich k in der Regel zu g geschwächt, dem in der Darstellung vor e und i, seltener auch vor a, ein u

nachgesetzt wurde, um seinen Wert als gutturaler Verschlusslaut auch fürs Auge sichtbar zu machen.

pagar 11. 17 T — *degan* 5. 4 C — *fabrega* Co₁ 401. 9, *amiga* 105. 6 C — *fabregua* Co₁ 402. 13 — *digua* 81. 9 T (dicat), *pagua* 29. 5 T — *dyague* 373. 12 T — *diage* Co₃ 455. 6 (schlechte Schreibung) — neben *diaque* (diáconum) — *segon* 3. 22 T — *segonda* 75. 19 T (neben *secon* — *seconda* — *selon* 310. 16 T ist die franz. Form) — *plegat* Rou 1. 5, *ourtiga* Rou IV 2. 8. Desgleichen in Ableitungen: *fogatge* 290. 4 C, *logal* 27. 19 T, *alogar* 469. 5, 470. 20 T (neben *local, alocar*) — *jogos* Co₁ 383. 24, *agulha* 124. 8 T — *Sequier* Co₁ 397. 18 (neben *Sequier*), *duguessa* 137. 4 T — *viguier* Co₁ 409. 28 — *vigier* Co₁ 434. 19, *negueys* 275. 26 (nec ipsum) — *loguier* 73. 23, *preguieyra* 106. 11 T. Auch nach Konsonanten ist diese Schwächung zu verzeichnen, aber nicht häufig; denn diese haben c geschützt, wie das ja auch bei anderen ähnlichen Verbindungen der Fall ist. *colgar* (collocare) 283. 1 T — Co₃ 460. 24 — *cavalguador* 365. 23 T, *cargua* 239. 11 T (*carrica); *cargar* 35. 25 T, 40. 3 PCl — *escumergar* 154. 27 T — *morgua* 368. 27 T — *domingal* Co₃ 455. 23 — *vergougna* G 227. 15.

3) Seltener als zu g ist k zum halbvokalischen y herabgesunken, das sich alsdann entweder mit dem vorhergehenden Vokale verbinden oder zur stimmhaften Palatalis verstärken konnte: Suffix icare = *eiar*: *autreyar* 104. 2 T — *autreyada* 5. 2 C — *mercadeiar* 203. 5 C, *egaleiada* 51. 25, 15. 26T — *nauleiar* 488. 18 T (*navilicare), — Reduktion von ei zu e: *autreamen* 266. 10 T, mit Erhöhung von e zu i: *autriada* 347. 30 T. Wenn sich, namentlich in T, neben i j gedruckt findet, so u. a. *plaejar* 58. 7 C, 7. 20 T, *playdejar* 202. 26 T (von placitum) — *autrejet* 3. 5. perf., C 184. 5 — *barejar* 331. 10 T — *espessejar* 442. 13 — *soudejar* 364. 4 T, so beruht dies auf dem willkürlichen Verfahren der Herausgeber. Der Codex hat in diesen Fällen nur i und kein j. Gestützt auf die neuere Mundart wird man diesem i freilich den palatalen Lautwert geben müssen (siehe unter 5).

Fiel aber das dem c vorangehende i des Suffixes, so hielt die Schwächung bei g an: *autorgam* 1. plur. Ind. 123. 67 M, *autorgon* 3. pl. 23. 26 T, *escorgar* 344. 31 T (*excorticare), und ebenso manchmal sogar, wenn dies i blieb: *autregeron* 45. 6 T, *plaegar* 224. 2 C — *navegar* 115. 12 T.

4) Ausfall von c in *buada* 57. 1 PCl (bucata); ebenso in einigen Ableitungen mit dem Suffix icare, deren Stamm auf nd ausgeht. Das nach der Synkope von c in den Hiatus getretene tonlose i hat sich, wie immer, wenn es sich nicht mit dem Vokal der vorhergehenden Silbe verbinden konnte, zu g palatalisiert und wird ausser durch j auch durch g oder i ausgedrückt: *manjar* 47, 23 — *maniar* 143. 23 T (*mandicare) — *vengar* 17. 21 (vindicare) — *venjansa* 17. 27 T. — Ebenso: *jutgar* 128. 2 T (judi[c]are) — *jutgada* 23. 7 T, *monja*

368. 32 T (*moni[c]a), welch' letzterem eine Nebenform mit synkopiertem i und zur stimmhaften Gutturalis gesunkenem c an die Seite zu stellen ist: *morgua* 368. 27 T.

5) In der neueren Mundart steht bei den Ableitungen mit icare die Palatalis fest. Die ursprüngliche Sonora hat sich in derselben stets verstärkt und fast den Wert der Surda angenommen, die ihrerseits im Inlaute etwas an Stärke einbüsste, um mit der Sonora zu einem Laute zu verschmelzen. Die Schreibung ist in der Regel konservativ geblieben, namentlich konnte die Revue ihren Grundsätzen gemäss in den Drucken von der überlieferten Darstellung nicht abweichen. Rouvière wie gewöhnlich trägt auch hier der veränderten Aussprache in der Orthographie Rechnung (ch = g). Diese Bemerkung trifft den palatalen Laut überhaupt, ohne Rücksicht auf die Quelle, aus der er seinen Ursprung nahm, wenigstens für die Belege aus dem 19. Jahrhundert. Dass diese Lautveränderung schon bei Roudil (17. Jahrh.) eingetreten sei, lässt sich aus der Schreibung und aus den Reimen nicht erschliessen, wohl aber kennt sie bereits Rigaud, der in seinem Briefe an das Konventsmitglied Grégoire aus dem Jahre 1791 einige seiner Fabeln der Oeffentlichkeit übergiebt; er schreibt hier *vechen* (part. praes. zu *vezer*) — *chous* für *jous* (Rev. d. l. r. V 424), und der Herausgeber A. Gazier bemerkt ausdrücklich: »J'ai reproduit scrupuleusement l'orthographe . . .«. Dem gegenüber wurde in der Umgebung der Stadt der Unterschied zwischen g und č gewahrt (siehe die *Baga d'or*, Version von *Lunel-Viel*, Rev. I 156 — Ch. de Tourtoulon).

Belege aus den neueren Dichtungen:
Rou. *bareja* 2. 2 — *manja* 2. 6, *mourejà* 4. 3. 10, *flamejà* IV 3. 11, F *escorgea* 14. 6 (*excorticat) — G *voulastrejà* 221. 2 — *passejà* 221. 16, *manja* 90. 26 — *penjada* 286. 29 (*pendicata) — BP *revenja* 132. 25 — *flaméja* 3. 5, 320. 3 — R *chucha* 51 — *mancha* 419.

63) 2. Vor e und i ist c zur Sibilans geschwächt worden, ob zum zusammengesetzten (ts), oder zum einfachen Laute (s), — und wann zum letzteren—, ist bereits beim anlautenden c erörtert worden (61. 2), so dass es sich hier nur darum handelt, zu bestimmen, wann es stimmhaft und wann stimmlos ist.

1) Nach Konsonanten stimmlos in der Darstellung c, s, ss, sc, nach Ausfall des Konsonanten im Hiatus ss, in den Denkmälern der Neuzeit ç, wie im Französischen, — den Urkunden ist die Cedille unbekannt: *Franca* 343. 3 T, *frances* 402. 16 Co₁ (*francesis) — *fransa* T: 106. 10, 161. 1, *onsa* 128. 17, *mersaria* 132. 4 — *Barssalona* 18. 5 PCl, *Franssa* 32 C — Co₁ 414. 4 — *encaussar* 115. 20, *dossa* 277. 15 T (*dulcia) — *douça* G 222. 25 — *mascip* 2. 9 PCl.

2) Wie sibilantisches t (t + i + Vok.) ist auch C nach Vokalen vor dem Tone stimmhaft und wird zunächst durch z, dann durch s

bezeichnet: *dezembre* 78. 16 M, *plazer* 31. 8 T, *dizen* 29. 22 —
dozela 41. 12, *fazeyre* 33. 12, *razim* 294. 29, *empezar* 286. 3 T
von picem — *desembre* 176. 22 — *crusat* 314. 19 (cruciatum) —
lusen 410. 12 T — G *benfasenta* 222. 30 — *crousadou* 93. 24 —
lusida 221. 11, *plasença* 221. 5, BP *rasin* 320. 12 — *Sarrasin* 320. 10.
nach dem Tone herrscht schwanken: c ist stimmhaft unter anderen
in *leza* (liceat) 19. 21 T — *noza* 153. 6 T — *lesa* 118. 11 T —
stimmlos in *fassa* 3. 8 T — *fasson* G_1 473. 27 — *plassa* 409. 3 T
(placeat), *iassa* 180. 6 T — *fogassa* (fŏcum + acea) 129. 1 T, *embrassa* 91. 32 G ... schlechte Schreibung *fasa* 98. 5 T.

3. Das k deutscher Wörter ist als gutturaler Laut geblieben:
als es eindrang, hatte das lateinische k bereits den sibilantischen
Charakter angenommen: *esquina* 395. 20 T (ahd. skina) — *esquivar*
20. 2, 111. 34 T (skiuhan), anlautend im Verbum *quillà* fr 231. 1,
welches zum deutschen ›kegil‹ zu ziehen ist.

III. Inlautendes k vor Konsonanten.

64) 1. cc ist als einfaches c geblieben, vor e und i mit der
Schreibung qu, selten vor a: *vaca* Co_1 379. 7, *roca* Co_1 388. 10,
cloca 39. 3 C, *boca* (bucca) 355. 26 T, *ocaizon* 102. 16 C, *essacar*
294. 25 T — *sequa* 184. 2, 231. 11 T, *boqua* 394. 17 T — *riquesa*
5. 20, *vaquier* 345. 8 T. Manchmal wurde die Gutturalis mit der
Palatalis vertauscht: *rocha* Co_1 430. 13, *Rochier* 355. 30 — *Rochayron* 423. 27 T — *ochazon* 294. 2 T — *mocha* 162. 69 (mucca) —
etymologische Schreibung in *peccat* 161. 23 T, *vacca* 8. 3 PCl. Da
keine Schwächung des c zu g stattgefunden hat — *bagua* 301. 1 T
ist auf ein gemeinromanisches *baca zurückzuführen — war, als dieselbe das einfache c im Hiatus ergriff, die Gemination noch nicht aufgegeben, dann aber musste c als nach einem Konsonanten befindlich
bleiben.

Als der bekannte Wandel des c vor e und i sich vollzog, zerlegte sich der Doppellaut in eine Gutturalis, die zu i vokalisierte,
und in einen dentalen Reibelaut, der wie einfaches c vor e und i
behandelt wurde. Dies betrifft die mit ecce zusammengesetzten Demonstrativa und Adverbien, insofern in ihnen der anlautende Vokal nicht
durch Aphaerese beseitigt ist. Die Darstellung der Sibilans schwankt:
aycel 61. 12 — *aycela* 105. 21 T, *aysel* 272. 14 T — *achela*
101. 9 M — *aysso* 3. 3, *aiso* 33. 16 M, *aizo* 49. 12 M, 123. 32 —
ayssi 61. 24 T — *ayci* 11. 12 M, *aysi* 21. 16 T — *aychi* C 1. 5,
T 106. 25.

2. cl hat sich in echt volkstümlichen Bildungen zu ĩ entwickelt:
perilh 29. 4, *vermelh* 49. 28, *solelh* 283. 1, *ginolh* 163. 25 — *agulha*
124. 8 T (*acūcula) — *aurelha* 178. 7 T. Nach einem Konsonanten
dagegen ist die Konsonantenverbindung rein erhalten: *avuncle* 34. 8 T,
mesclar (misculare) T 194. 11 — *Cos* 459. 26. Bleiben nach Vokalen
kennzeichnet die gelehrten Wörter: *resticle* 285. 12 T, *miracle* 332. 25 T

(volkstümlich ist *mirail* 244. 3 T), auch die Schwächung des gutturalen Bestandteils weist auf Formen hin, die dem Grundstock der Sprache nicht angehören, vielmehr erst später eingeführt wurden: *segle* 73. 14 T, auch *setgle* 148. 48 T (saeculum), *jotglar* 142. 9 T (jocularem).

3. **cr** — 1) gr: *sagra* Co₃ 456. 6, *sagrar* 332. 29 T, *sagrament* 7. 20, 3. 18 T, *magra* 92. 13 G — *digron* 174. 28 T — 3. plur. perf. — *lagrema* 399. 8 T, *suogra* 442. 22 — *logre* (lucrum) 17. 10. . M.
2) ir in *fayre* 171. 22 T — 3. plur. perf. *feyron* 78. 7 PCl.
3) Synkope: *far* 27. 7 T — 56. 19 M — *dir* 19. 20 T — *feron* C 19. 1, *fera* 338. 14 T 3. Kond. Somit durchläuft nach einem Vokale c vor r dieselben Entwicklungsstufen, wie vor einem Vokale im Hiatus. Dazu kommt
4) Angleichung von c an r in *adurre* 155. 33, *redurre* 178. 19 T.
5) c bleibt nach einem Konsonanten: *sepulcre* 415. 4 T, wogegen das p freilich nicht echt volkstümlich ist; in *locre* 14. 10 M (neben *logre*). Fremdwörter sind: *secret* Co₁ 359. 9 — *decret* 33. 29 T — *sacramental* 1. 18 M — *sacremen* 443. 5 T, *sacrestá* 439. 19 T (neben *sagrestá* 439. 33 T, Ableitung mit ánum).

4. c vor einer Labialis: Auflösung zu i in *faym* Co₃ 462. 4 (fákimus) — zu u in *Jaume* Co₁ 446. 2, mit Wechsel von u und i *Jaime* Co₁ 446. 31. — Bleiben ist hier häufiger: *Jacme* 103. 6 T — Fall in *bisbe* 72. 14 M (episcopum — gewöhnlich *avesque*).

5. **cs (x)**. 1) Am häufigsten gestaltet sich diese Gruppe zu is, mit dem doppelten Werte der Sibilans (vergleiche 57. 2), *fais* 138. 17 T — *laissar* 1. 22 M — *sieys* (sex) G_{II} 312. 8, *prueysme* 33. 15 T (proximum), *quioissa* 673 R — *biais* BP 138. 12 — *laychar* 3. 16 T — *embaishador* 117. 18 T — *traychém* 1. plur. perf. 128. 17 T, nach i fiel natürlich das i der Verbindung: *yssir* G₂ 473. 17, *issemple* 162. 2 T — *dichém* 153. 8 T.

2) Seltener assimilierte sich c an s und zwar in der Präposition ex: *des* (de ex) 20. 9 M, *des* 17. 10 M — *estendre* 37. 2 T — *essil* 87. 20 T, *espressa* 104. 4 T, fiel nach u zur Vermeidung des Diphthongen ui: *justa* 106. 21 — *aiustar* 57. 22 T, ferner in *flessada* 285. 12, *prosme* 33. 12 T.

3) Metathese von cs zu sc begegnet in folgenden Fällen: *yesca* 264. 29 T, *yscon* 19. 21 T (Konj. zu *eissir*) — *viscut* 470. 32 T (*vixūtum) — *nascut* f° 226 — perf. *nasquet* 329. 24 T — *visquesson* 23. 2 T C. 3. pl. conj. perf.

4) Bleiben nur in Latinismen: *protexion* 3. 1 C.

65) ct. Bevor wir in die Erörterung über die Weiterentwicklung, welche diese wichtige Verbindung in der Mundart von Montpellier gefunden hat, eintreten, d. h. bevor wir den Lautwert ihres Produktes festzustellen versuchen, geben wir das Material, das die verschiedenen mittelalterlichen Handschriften bieten. Hiernach entspricht:

1) latein. ct zunächst eine Anzahl von Bezeichnungen für č.

Inlaut: fast immer ch: T *drechura* 3. 24, *ochoyre* 135. 21 (october) — *ochena* 89. 32 — *dechar* 7. 4 (dictare) — *empachar* 135. 11 — part. perf. *facha* 25. 22 — *tracha* 57. 18 — *enfracha* 55. 30 — *cuecha* 289. 12 — *destrecha* 25. 3 — M *junchada* 7. 29, Cl *drecha* 54. 5 — C *dicha* 4. 1; *trachor* 15. 10 T kommt vom fertigen *trag* (tractum). tch kennt nur PCl *fatcha* 16. 1, *profetchar* 18. 8, *otchoire* 17. 2, — kaum häufiger ist chi: Co₁ *fachia* 409. 3 — *delechios* 409 13 — G₁ *empachiar* 514. 2, *dichia* 513. 28.

Auslaut: T. Die Coûtumes bedienen sich des Zeichens g: *dreg* 3 14, *plag* 3. 21, *nueg* 19. 2, *profieg* 55. 22, part. *dig* 35. 9, *fag* 39. 9, *condug* 23. 2, *trag* 21. 30, — seltener tritt dasselbe in den übrigen Teilen des Thalamus auf: *cueg* 128. 34, *pleg* 269. 28, *lieg* 329. 23 — *teng* 152. 6, *sang* 315. 9, *enjung* 126. 6, *pong* 339. 3 (punctum). In ihnen überwiegt, wie im Inlaute, ch, eine Bezeichnung, die ja der Natur des auslautenden Konsonanten angepasst ist. — Doch tadeln die Leys d'amors I 38 auch g nicht, weil es leichter zu schreiben sei als ch — *liech* 397. 19, *sanch* 315. 3, *drech* 191. 9, *nuech* 260. 28, *profiech* 162. 22, *Benezech* 390. 21 — part. perf. *dich* 149. 20, *cuech* 131. 15, *fach* 143. 35, *reduch* 136. 12. — Seltener wurden gh, c, h, th zur Darstellung verwandt: *digh* 410. 4, *Benezegh* 348. 8, *nuegh* 396. 4 — *senc* 146. 10 (cinctum), *dic* 303. 31, *destinc* 125. 23 — *dih* 103. 20, *fah* 349. 26, *enjunh* 126. 20, *tenh* 263. 14 — *sanh* 373. 2 — *resenh* 430. 13 — *dith* 464. 27.

Dieselben Zeichen kehren, wenn auch nicht immer in demselben Verhältnis, in den übrigen Urkunden wieder. Es folgt eine Reihe charakteristischer Belege: M *sobredig* 79. 18 — *contradich* 5. 27, *junch* 10. 3 — *fagh* 102. 22 — *digh* 102. 23 — *sanc* 21. 1 — *sanh* 78. 15 — G *hueg* II 311. 22, *fac* I 473. 21 — PCl *Benezech* 17. 26 — *dih* 18. 23 — *profich* 43. 2, C *empag* 16. 2 — *dih* 48. 23 — *fah* 166. 2 — *delic* 115. 8, Cl *Benezeg* 1. 6, *digh* 1. 4, *fagh* 8. 1 — *dic* 16. 4 — Ch *fagh* 1. 16, *digh* 1. 13 (gewöhnlich hier), Co: *proffieg* 460. 1—3 — *fach* Co₁ 359. 15 — *sobredic* 475. 2—3.

2) it: Inlaut — *dreiturer* 103. 7 M, *oytanta* 179. 27 T — *afaitar* 225. 17, *leyticyra* 439. 6 T — *gitar* 39. 24 T — Auslaut — *fait* 203. 29 T M — *plait* 123. 35 M — *fruit* 392. 27, *Benezeit* 472. 13, *point* 133. 13 T — *saint* 56. 2 PCl — *sainz* 14. 15 M, mit Modifikationen des t: *playdejar* 202. 26 T — *cofida* 271. 12 T (confecta) — *nuey* 359. 3, *sayn* 436. 15 T — *dreic* 122. 8 M.

3) einfaches t: *frut* 409. 4, *dit* 80. 16, 196. 10, *forfatura* 193. 28 T, *constret* 83. 17 — *ditar* G₁₁ 311. 2, *dreturer* 103. 8 M, schlechte Schreibung *fa* 5. 33 M für *fat*, wie *to* 267. 13 T für *tot* (*tottum); nach n in *centura* 146. 9 T — *sant* 67. 24 T — C 13 *santa* 19. 1 T und mit dem nach n geläufigen Ausfall von t: *san* 106. 27, 315. 4 T.

Hiernach scheint unser Dialekt in der Entwicklung von ct den Lautstand des Spanischen (č), Französischen (it) und Italienischen (tt d. h. Assimilation von c an t, und da die Gemination in unserem Dialekte bereits aufgegeben worden ist, t) zu vereinigen. Wie ist dies, wie sind diese verschiedenartigen Schreibungen zu verstehen? Nur durch die Annahme, dass der stimmlose Klapper des Vordergaumengebietes gesprochen wurde, den wir mit Trautmann (Sprachlaute S. 89) durch tʿ bezeichnen, zu dem sich ct durch die Verschmelzung der Artikulationsstellen beider Bestandteile[1]), entwickelte. Es ist klar, dass dieser Laut den Schreibern in der Darstellung Schwierigkeiten machen musste: Daher denn das stete Schwanken und dieses bunte Gemisch von Zeichen, so nimmt es nicht Wunder, dass nicht selten zugleich die lateinische Graphie beibehalten wurde, von Fremdwörtern wie *action* 21. 15 T, *doctor* 102. 26 Tu. s. w, ganz abgesehen: *facta* 98. 4 M, *benesecta* 437. 4 T, *sancta* 57. 21 T — *dicte* 194. 10 — *gictach* 190. 2 T — *faicte* 200. 15 T u. a. Im Laufe der Entwicklung neigt tʿ immer mehr nach č hin, dessen Zeichen es schon in den mittelalterlichen Denkmälern überwiegend annahm. Wie bereits erwähnt, hat č in der Neuzeit eine kleine Wertveränderung erlitten (62. 4): G *nioch* 90. 9, *fach* 223. 16, R *lach* 136 — *fatch* 366, *endretch* 367 — *detch* 513 (tch dient zur Bezeichnung der stimmlosen Palatalis — ch bei Rouvière zur Darstellung des Mischlautes, zu dem inlautendes č und ğ zusammenflossen). BP *nioch* 142. 19, *despiech* 271. 20 BPe. — Nach Konsonanten verstummte das tʿ in der Neuzeit gänzlich: *poun* 167. 1 Gui — *perpoun* 277. 20 fr; ebenso vor dem s der Flexion: *bauchs* 287. 18 BM im Reime mit *uiaus*, und, wie die Vertretung von s durch z und tz in den Urkunden beweist (die Belege sind 60. 2 angeführt), in diesem Falle bereits im Mittelalter, mag auch unter dem Einfluss des Sing. das Zeichen für die Palatalis in der Schrift festgehalten worden sein — phonetische Sprachweise ist in Lautverbindungen wie chz, gz unmöglich. Wie aber ist der Uebergang von tʿ + s in z zu erklären? Wie ī und ñ, so vereinfachte sich auch tʿ vor s, und zwar zu t, und t verband sich mit s zu z, welches dann, wie gewöhnlich, in der neueren Mundart und auch schon in der jüngeren mittelalterlichen Sprache zu s geschwächt wurde. Selten trat durch Uebertragung aus den Formen mit flexivischem Konsonanten z (s) auch für tʿ in den flexionslosen Kasus auf: Acc. Sing. *plaz* 5. 26, *faz* 6. 14, *conduz* 6. 15 M, — *Benezetz* 461. 10 T. Die Mitte halten in der Orthographie *liegz* 470. 22, *Beneechtz* 461. 25 T, wozu sich als Pluralformen mit phonetischer Schreibweise stellen u. a. *dis* 156. 27, *ditz* 177. 13, *dits* 177. 7 — *faz* 171. 28, *fastz* 18. 20, 23. 4 T, *fatz* 118. 18 M — *plaz* 5. 26, *forfaz* 5. 33, *conduz* 6. 15 T im Gegensatz zu *plags* 13. 5, *nuegs* 19. 2, *digs* 37 1, *dihs* 102. 30, *tenhs* 49. 27 T, u. s. w.

---

[1]) Unser c gehört dem Mittelgaumengebiet, t dem inneren Zahngebiete an; in der Mitte liegt das Vordergaumengebiet (siehe Trautmann, »Sprachlaute« S. 76 und 89).

66) IV. K im Auslaute.

1. Gutturales k.

a) In betonter Silbe.

1) In den mittelalterlichen Texten ist c nach Vokalen und Konsonanten in der Regel geblieben:
luoc 29. 4, *fuoc* 87. 14, *amic* 106. 10, *pauc* 57. 22, *Henric* 397. 20 T — *porc* 47. 23 T, *blanc* Co₁ 378. 25. Suffix *iscum* — *esc*: *omenesc* 77. 23 M, *parentesc* 473. 23 G₁. Es findet sich g geschrieben in *dig* 114. 6 (dico), *luog* 339. 31 T — *lug* 7. 10 M, *fueg* 354. 28, — ch: *Enrich* Co₁ 425. 16, *Astruch* Co₁ 425. 23, *March* 324. 8 T, *Turch* 429. 11 T — *sech* (siccum) 54. 2 M.

2) Nach a löste sich c zu i auf: *fay* 31. 23 T, 221. 1 G, 1. 10 Rou, *say* 57. 3, *lay* 166. 11 T, *say e lay* Cl 4. 2, *jay* 2. 15 Rou (jakit), *verai* 139. 3 T, auch nach sekundärem aus e verstärktem a in *ay* 397. 24 T (eccum) und in den Zusammensetzungen *aitant* G₁ 516. 12, *aytal* 168. 29 T; *say*, *lay* sind auch zuweilen zu *sa* 106. 15 T, *la* 17. 9 M, 170. 2 C reduciert worden.

3) Fall nach i und o in den mit hic und hoc gebildeten Adverbien und Pronominibus: *li* 340. 23 (illic), *ayssi* 43. 16, *aysso* 5. 20, *aquo* 5. 2, *aco* 69. 8, *empero* Co₁ 365. 5 (inde per hoc), *so* 11. 8, *eo* 1. 7 M, gewöhnlich auch einfaches hoc = *o* 33. 30, 101. 33 — *ho* 180. 5 T, Co₁ 365. 19. Bleiben nur in *oc* 7. 26 T, *hoc* 175. 25 T. Hier war c schon im Lateinischen auslautend. Bei romanisch auslautendem c ist die Apokope sehr selten: *Alary* Co₁ 395. 20 — *pau* 400. 15 T (neben *pauc*).

Nach Vokalen erhielt sich c auch in der jüngeren Sprachperiode: G *lioc* 221. 8, *fioc* 222. 7, *estruc* 221. 31, R *roc* 391 (*roccum) — *croc* 92. 9 G (*croccum); paucum schwankt schon in den Urkunden, so auch bei Roudil: *paouc* III 42 — *paou* IV 1. 3, später verstummte c: *pau* G 222. 23, BP 134. 12 — *ami* 102. 16 BR, im Reime mit *pergami*. Nach Konsonanten dagegen ist es der allgemeinen Neigung zufolge, eine Konsonantenverbindung im Auslaute zu vermeiden, beseitigt worden: *fres* (friscum) ⌣ *parés* (plur.) R 360 — *fi blan* 93. 23 ⌣ *man, san* ⌣ *davan* 95. 22 — Rou neben *blan* III 103 noch *porc* IX 12.

b) In nachtoniger Silbe nach i.

Zwei Wege sind eingeschlagen:

1) i fiel und c verband sich mit dem stammauslautenden Konsonanten, meist nach vorheriger Schwächung zu g. Die Kombination Cons + g bedingte ein Stütz-e.

clerc 201. 29 T, 433. 23 Co₁ — *carc* 23. 14 T — *clergue* C 38. 3, 47. 8 T — *morgue* 27. 26 T (*monicum = monachum), *canorgue* 27. 24 T — *dimergue* 120. 17 T — 8. 1 PCl.

2) c fiel und i, nun im Hiatus, palatalisierte — *aticum* = *atge*, *age* (16. 1), *dometge* 35. 13 T, *heretge* 346. 9 T, 313. 17 G$_{II}$, *porge* 136. 16 T, mit schlechter Schreibung: *heretgue* 150. 21 T, *porgue* 136. 14 T, G$_{II}$ 313. 17, — ebenso *atgue* = aticum (siehe 16. 2), *canonge* 438. 11 T — f° *canounje* 219. 6; in clericum konnte i, anstatt zu palatalisieren, sich mit dem betonten Vokale verbinden, bez. auf ihn einwirken: *clerge* 73. 14 M, Co$_1$ 431. 18 — *cleir* Co$_1$ 436. 20 — *clier* 179. 7, *cler* Co$_1$ 427. 25. Es fragt sich, ob die Formen *morge* 27. 25 T, *domerge* Co$_1$ 383. 17, hierher zu ziehen sind. Da der Uebergang von n zu r gewöhnlich nur vor der Gutturalis erfolgte, wird man wohl thun, g als solche anzusehen und anzunehmen, dass es der Schreiber, wie auch manchmal anderswo, hier unterliess, ein u einzufügen. — Somit weist unser Dialekt bei vorhergehendem i im In- und Auslaute Doppelformen zuweilen bei demselben Worte auf, z. B. *clier* — *clergue*, *monja* — *morgua*, *canonge* — *canorgue* ...

 2. Dentales (sibilantisches) c.
 Zunächst wie im An- und Inlaute z (ts): M *vez* 17. 11, *paz* 21. 10 — 58. 3 *faz* (facio) — *fez* 5. 9 — *vesz* 21. 14, — dann nach erfolgter Schwächung s: T *pas* 19. 9, *vos* 159. 15, *cros* 161. 20, *fes* 108. 25 (fecit), *las* 145. 3 (*lacium — laqueum) — *bras* 369. 15 (*bracium — brachium) — *ves* 17. 12 M, *pas* 35. 3, 71. 1 C — *cros* 423. 19 Co$_1$; auch in den Texten des 14. und 15. Jahrhunderts ist z (tz) noch zu finden, obschon es in der Aussprache bereits dem s Platz gemacht hat: T *vetz* 165. 6 — 299. 25, *detz* 194. 30 — *pesz* 228. 6 T (picem) — *paz* 70. 1 C — Co$_1$ *Crotz* 421. 29, *fetz* 429. 3 — G$_{II}$ *ditz* 312. 6 (děcem), orthographische Varianten: x — *prex* 5. 9, *pax* 454. 16 T; cs: *precs* 286. 31 T — sc: *presc* T 291. 8 — 312. 12. Uebergang zu ch in *dech* VI 8 Rou, R 405, G 223. 2 — *douch* VI 11 Rou.

 67) V. c vor flexivischem s blieb und verband sich mit demselben zu x: T *luocs* 13. 12, *publics* 29. 14, *paucs* 172. 13, *clercs* 393. 10 — *amix* 151. 14, *luox* 135. 17, *enemix* 454. 16, *sax* 162. 3, — eine Reihe anderer Bezeichnungen sind nur vereinzelt angewendet worden: cx: *paucx* 249. 27, *ricx* 298. 1, *adoncx* 368. 4, *luocx* 438. 19 T — *Amalricx* 57. 1 M; cz: *clercz* 471. 23 T — *luocz* G$_{II}$ 322. 26 — sc: *clersc* 28. 1 C, — xs: *clerxs* 364. 30, *luoxs* 368. 25, *franxs* 438. 16 T — xc: *soxc* 287. 9 (soccos). Später wurde diese Verbindung durch Synkope von c vereinfacht: G *ros* 220. 8 (*roccos) ◡ *bos* 220. 8 (*boscum) — *jos* 223. 10 G von *jocum*, R *Turs* 215, *flos* 216, *amis* 269, BR *blancs* ◡ *grands* 361. 6, Rou *frans* III 11, *blans* III 12, aber noch *amics* 9. 40 (17. Jahrh.!).

 Anmerkung: ch wurde wie einfaches c behandelt: *morgue* 27. 26 T, *morgua* 368. 27 T — *monja* 368. 32 T — *bras* 369. 15 T — *treia* (trichila) 90. 11 G. Die Zusammensetzungen mit griechischem ἀρχι schwanken zwischen gutturalem und dentalem c, letzteres überwiegt: *Arquipestre* 352. 14 T — *arcivesque* 336. 2, 337. 10 T — *arcipestre* 352. 19 T — *arsivesque* 375. 12 — 396. 7 T, mit Wechsel von s und š: *archipestre* 352. 22 T — *archidyague* 154. 23 T.

G.

68) I. Anlautend hat g vor o, u, l, r die gutturale Aussprache gewahrt, vor a, e, i ging es in die stimmhafte Palatalis über, in deren Darstellung g und j wechseln, und die in der Neuzeit sich verstärkt hat (62. 4): *glavi* 395. 6 T — *gra* 149. 6 T (gradum) — *gola* 226. 9 T (*gūlla) — *gauzir* 111. 6, *gaug* 5. 19 T — *jausir* T 202. 25, *joia* 145. 8 T — G 222. 30 — *Gaufres* 44. 4 M — *Jaufres* 44. 1 M; *jalne* 137. 12 T — *jaoune* 80. 3 G, Rou IV 2. 7 — *ges* 161. 18 T — *jes* G 221. 11 — *jen* IX 120 (gentem) — *jaladura* 85. 27 G (von gelu) — *Genoa* 67. 2 C — *Jenoa* Co_1 385. 23, *Jorgi* 2. 3 Ch (Georgium) — *Jorge* 318. 4 T — *enchendra* R 49 — *ginolh* 163. 25 T — *girma* 415. 29 T (germánum). Dass g vor a, e, i den Lautwert der stimmhaften palatalen Frikativa hat, beweist indirekt die Thatsache, dass es j vertreten kann: *gitar* 39. 24 T, *digous* (dies Jŏvis) 373. 23 — 393. 30 T — *genoyer* 160. 7 T.

69) II. g im Inlaute vor Vokalen.

a. Nach Konsonanten blieb g wie im Anlaute bestehen: *argen* 17. 3 T, *engen* 17. 6 M; es wechselt mit der tönenden Sibilans nach r und l in *borzes* Ch 35. 2 (neben *borges* Co_1 437. 28) — *borzeria* 18. 7 C (*burgesía), *folzer* 388. 21 T (fulgur), mit d in *denedar* 358. 14 T, 381. 6 T (denegare).

b. Nach Vokalen ist g vor a, e, i in der Regel gefallen: *lial* T 25. 23, *liar* G_1 473. 26 — T *liam* 127. 3, *deniar* 43. 20 (denegare), *castiar* 35. 14, *rial* Co_1 421. 7 neben *real* 150. 21 T — *reyna* 395. 25, *sain* 285. 5, *pays* 174. 34 — *fayna* 226. 2, *gaynier* 96. 32 von vagina — *maestre* 160. 3 T; bei einigen deutschen Eigennamen: *Reynart* Co_1 439. 10, *Raymon* 378. 2, *Raynaut* 378. 2; seltener zu i vokalisiert, *reyal* Co_1 426. 15, *leial* 7. 13 T (neben *rial*, *lial*), *saia* (saga) 137. 12 T; um einem unbequemen Hiatus aus dem Wege zu gehen, hielt die Sprache zuweilen: *sagel* 91. 22 T, *regent* Co_1 365. 31, *regina* 330. 24 T, 18. 5 PCl, neben *reyna* 395. 25, 397. 23 T, dagegen sind Bildungen wie *legador* 96. 16, *fustigar* 15. 6 T, *castigar* Cos 484. 10 unvolkstümlich. Vor o und u ist g geblieben: *vigoros* Co_1 397. 24, *Sagobia* 401. 8 T — *fegurada* 100. 22, *elegut* Co_1 364. 29 — Ausfall in *aost* 57. 23 T, gemeinromanisch in *ieu* 5. 26 T.

70) III. g + Kons.

1. gl hat sich nach Konsonanten erhalten: *sengle* (singulum) 45. 6 T, *sengla* 287. 8 (cingula), als cl gefasst in *Enclaterra* 434. 17 T, nach Vokalen zu l̦ entwickelt: *velhar* 283. 24 T (vigilare) — *relha*

(regula) 227. 1 T, neben gelehrtem *regla* 148. 23 T, zu ul in *teules* 23. 18 T (tegulas).

2. **gn**: 1) Wie gl zu ḹ schwächte sich gn nach Vokalen zu ñ: T *anhel* 47. 26, *lenha* 184. 2, *renhar* 329. 3, *conhat* 345. 25. — *empenhorar* 118. 12, *senhar* 299. 22, *senhal* 31. 25 T — *estanh* 115. 12, 194. 4 T, mit Reduktion *sen* 111. 9, 164. 1 T; weniger volkstümlich sind dem gegenüber Formen wie *digne* 83. 12, 100. 20 T — *digna* 3. 24 PCl — *maligne* 27. 11 T, — *signe* 107. 9 T, *designada* 1. 5 C, *resignar* 341. 9 T — *regne* 120. 20 T, *insigna* 187. 3 T, während in den Dichtungen der Neuzeit gn das gewöhnliche Zeichen für ñ ist: *agnelet* 90. 14 G, *cougnat* R 755.

2) Vokalisation des g zu i begegnet in *seyn* 172. 1 T, *reyne* 360. 2 T (das sind die echt heimischen Gestaltungen von signum, regnum), *estayn* 243. 14 T neben *estanh* (stagnum).

3) **Fall oder Assimilation** des g: *conoycher* 13. 29 T — *contas* Co₁ 460. 16 (cognitas) — *vin* 450. 26 T (*vígintí) — *trent* 5. 18 M (*tríginta) — *trenta* 178. 30 T, — etymologische Schreibung: *cognoychensa* 37. 17, *cognoycher* 103. 33 T — *sinne* 286. 4 BM (signum) — 1. sing. *sinne* (sīgno) Rou 9. 164, von sanguis: *sannous* 136. 6 BP, 3. plur. perf. *sanneroun* 7. 20 f.

4) In *estanch* 303. 24 T, oder *estang* 194. 2, 237. 14 T — G$_{II}$ 316. 7 — *pong* 59. 5 Cl (pugnum) hat sich gn zu nč entwickelt (gn, jn, nj, nch), d. h. j wurde, anstatt sich mit n zu verbinden, um dasselbe zu erweichen, zur Palatalis verstärkt.

5) Unmöglich erscheinen die abnormen Ableitungen von stagnum: *tanguar* 180. 9 — *tanquar* 167. 24 T.

3. **gm**: *sauma* 226. 26 (sagma) T, — Fall nach u: *aumenta* 265. 13 fr.

4. **gr**: *ir* in *estruyre* Co₁ 359. 34 (*strugere) — *trayre* 49. 12 T (*tragere), *ayrar* 411. 20 (agrare) — *entieyramens* 13. 19 T. Bleiben: *negre* 148. 24 T, *negra* 333. 5, *flagrar* 155. 30, *pelegrinage* 432. 16 T.

5. **gt, gd** mussten, wie ct ein t‘, als Produkt ihrer Entwicklung in unserer Mundart ein d‘ ergeben, das verschiedenartig in den Urkunden dargestellt wird und als g, j, i, d im Inlaut, als ch, g, t im Auslaute erscheint: *cugarai* 1. fut. 130. 3 BP, — *cujar* 353. 28 T (cogitare) — *cuia* 47. 3 (3. sing. praes.), *cuians* 13. 26 T — *freja* 437. 32 T, PCl 2. 4 (frigida) — *rede* 90. 21 G (rigidum) — *brug* 366. 19 (*rugitum) — *freg* 365. 4, — *frech* 2. 15 PCl, 365. 10 T, — Ableitung *frechor* 428. 13 T, — *det* (digitum) 269. 13 T, — plur. *dets* 163. 17 T.

6. **g + i + Vokal**: Entweder blieb g als Palatalis, oder g fiel und i verband sich mit dem Stammvokale: *barreg* 87. 15 T (*barrigium), *Remieg* 324. 2 T (Remigium) — *essai* 299. 26 (exagium) — *assaiar* 109. 27 T (*exagiare) und mit Verstärkung von i zu ğ (j): *ensajà* 90. 289 ‿ *manjà*.

71) IV. g im Auslaut.

1. g blieb, und zwar den Auslautgesetzen gemäss als stimmloser Laut: *sanc* 454. 17, *lonc* 269. 24, *larc* 412. 8 T, *enjonc* 57. 7 (injungo), *alberc* Cos 459. 2 — *Ticborcg* 60. 2 M; desgleichen vor dem s der Flexion, *larcs* 344. 8, *Ticborcs* 57. 2, 59. 2 M (*Titburgus) — *Ticborgs* 61. 2 M, wo es später, wie organisches c, verstummte, ebenso nach Konsonanten: Rou *san* III 30, *lon* R. 34, R. *san ⌣ tan* 64, etymologische Schreibung *sang* BR 192. 8 ⌣ *estrassant*, nach Vokalen als Gutturalis in *Uc* Co₁ 381. 22, *Huc* 75. 7 T — *Ug* 17. 1 M — *Ugh* 84. 1 M, als Palatalis: *fug* 21. 18, *fuch* 203. 7 (*fugit).

2. g schwächte sich zu j, um als solches mit dem vorhergehenden Vokale einen Diphthong zu bilden: *ley* 49. 13 — *rey* 55. 16, *mays* 3. 11 T, oder n zu erweichen: *luenh* 296. 4 T, *tanh* Cos 460. 7 (tangit), oder endlich zu č gesteigert zu werden: *pertang* Cos 463. 11 (pertangit), — es fiel vor flexivischem s in *mas* (magis) T 174. 34, 294. 3, G₁₁ 314. 13, neben *mais*.

J.

72) I. Anlaut: J hat den Lautwert des g vor e und i angenommen (ǧ); in der Bezeichnung wechseln j, g, i: *jurar* 105. 26 T, *jutge* 5. 3 T, *dejous* 186. 32 T — PCl 12. 1, — *gitar* 39. 24 T — *genoyer* 160. 7 T — *jenoyer* Co₁ 405. 20 — *digous* 373. 23 T — *diious* 403. 5, 411. 18 — *diyous* 447. 18, 448. 2 T *ga* (jam) 358. 22 — *cniung* 126. 6 T, *iogador* 37. 3 T.

II. Inlaut: 1. Uebergang in die tönende Palatalis: *majer* Co₁ 382. 24 (májor) — *major* 473. 33 G₁ — *mager* Cos 429. 21, *maior* 37. 17 T — *magestat* 450. 3 T.

2. Vokalisation zu i: *truoia* 47. 23 T (troja), *raiada* 288. 31 (von raja); ebenso vor einem Konsonanten: *bayle* 53. 11 T, *baylon* 9. 14 T, *ayda* 310. 27 T (*ájuta) — *aitori* 33. 13 M.

III. Auslaut: Vokalisation in *may* (majum) 119. 6 T.

Anmerkung: Rouvière trägt der Veränderung von ǧ auch in der Schrift Rechnung: *Chupiter* 491, *chita* 215, *decha* 192, *chucha* 51.

Q.

73) Q ist wie das gutturale c behandelt. Auch vor e und i blieb es guttural, es muss also damals, als c vor beiden Vokalen sibilantischen Charakter annahm, noch von c unterschieden gewesen sein, d. h. das halbvokalische u des Lateinischen sich noch fühlbar gemacht haben:

Anlaut: *catre* 387. 20 Co₁ — *quatre* 79. 20 M, *cays* 83. 2 T (quasi), *com* 3. 7 T (quomodo) — *enquerre* 39. 14 T, *cridar* 77. 12 T.

Inlaut: *egal* 9. 22 T, *antiga* 3. 3 PCl neben *antica* 349. 26 T — *egua* 226. 22 T — *ega* 195. 18 BR — *seguen* 51. 1 PCl, *seguir* 100.

24 T — *ayssi* 43. 16 T (aeque sic) — *segre* 155. 31 T (*séquere) — *acosegre* 47. 5 T.

Auslaut: *antic* 69. 21, *sec* (sequit) 160. 25 T — vor s: *antics* 160. 20 T, *antixs* 30. 4 Cl — *antixz* 409. 8 T. — Durch frühen Wechsel von qu und c begegnet der dentale Reibelaut an Stelle des gutturalen Verschlusslautes in *cinq* 186. 32 T — *sinc* 334. 1 C (quinque), mit Abfall des c im Auslaute und unorganischem t: *sint* 463. 5 T — *sinquena* 59. 31 T, — *torsia* 411. 24 T 3. imp. zu *torser* (*torquere) — *cozer* 128. 13 T (*cocere — coquere) — *las* 145. 3 T (*laçium — laqueum); in *cinq* und *las* ist der Wechsel gemeinromanisch.

H.

74) verstummte: *ort* 382. 27, *Uc Cos* 381. 22, *ost* 43. 29 T, — wenn es auch oft in der Schrift bestehen bleibt: *honor* 33. 9 T. *Henric* 397. 20 T, *host* 43. 1 T, *Johan* 232. 18 T . . und wurde, da es zum todten Buchstaben herabgesunken war, nicht selten unorganisch im An- und Inlaute verwendet: *ho* 149 24 (aut), *honcle* 402. 1 T, *hostar* 413. 14 (obstare), *Hesteve Cos* 461. 18, *heis* (exit) 79. 2 PCl, *hobra* 2. 2 PCl — *heu* 53. 1 M, *hell* 99. 4 M — *prohar* 15. 11 T (probare) — *prohat* 15. 11 T — *coha* 269. 26 T, *ahost* 347. 7, 472. 16 T — *Prohensa* 352. 25 T.

Anmerkung. Deutsches h bei nachfolgendem Konsonanten ist wie c behandelt: *gacha* 43. 29 T (wahta).

Die Labialen.

P.

75) I. Im Anlaute sank es gemeinromanisch zu b in *brostia* 299. 24 T von pyxis und *brullà* Rou IV 3. 2 fr 249. 7.

II. Im Inlaute vor Vokalen schwächte es sich zu b, wenn ein Vokal vorherging: *saber* 55. 21, *sebclir* 330. 16, *pobol* 3. 7, *nebot* 19. 10, *trobar* 13. 14, *acabar* 166. 27 T, — ebenso ist p behandelt in den Präpositionen prope: *prob* 29. 2 PCl, *aprob* 52. 1 PCl, neben *prop* 23. 2 C und apud, wofür ein vulgäres *apum anzusetzen ist: *amb* 132. 9, 299. 30, 368. 1 T (weitere Gestaltungen dieses Vorwortes siehe 37. 4). Manchmal ist dafür auch v geschrieben: *savi* 102. 26 T, plur. *savis* 3. 8 T, *savieza* 127. 13 T — *pavalhon* 416. 6 T — *avesque* 21. 7 T — *avescat* 81. 17 T; dieselbe Schreibung auch in G: *atrouva* 221. 25 — *atrouvada* 91. 13, *saviei* 221. 25 (der Herausgeber korrigiert in b). Die Verschiedenheit in der Schreibung darf aber nicht zugleich für die Aussprache in Anspruch genommen werden: gesprochen wurde ein Mischlaut von b und v (s. 78). Ein Bleiben von p weist auf unvolkstümliche Bildungen hin: *apostol* 161. 26, *popular* 398. 9, *sepulcre* 415. 4 T, *papal* 178. 1 C. — Nach Konsonanten erhielt sich p: *colpa*

5. 17 T, Schwächung zu b in *scobat* 9. 1 Cl — *escobat* 15. 12 T. Fall in *amola* 365. 6 T (ampula).

76) III. Inlautendes p vor einem Konsonanten.

1. pl: blieb nach Kons. *issemple* 162. 2, *templier* 343. 19 T, nach Vokalen bl: *poble* 171. 32, *cobla* 423. 1, *doble* 41. 28.

2. pr wie pl: *comprar* 94. 4 M, *apra* Co₁ 435. 29 (aspera), *vespra* Co₁ 434. 28 — *sobre* 17. 27. *obra* 3. 7, *cabra* 47. 20, *pebre* 131. 12, *abril* 105. 3. — Der Mittellaut ist durch v dargestellt in *percevre* 121. 11 T. Ausfall in *sur* 188. 27 (super) T, *paure* 3. 24 T, Rou *paoure* 2. 7 neben *paubre* 55. 4. Vokalisation zu u in *coure* 243. 13 T (cupreum) und, da der Diphthong óu unbeliebt ist, mit Vertauschung von u und i: *coyre* 265. 2 T. Bleiben: *paupre* 125. 31 T, *april* 335. 18 T, *propri* 111. 3 T, unvolkstümliche Formen für *paubre, abril* ...

3. pp: Die Dehnung ist aufgegeben: *copa* 27. 20 (cuppa), *estopa* 273. 14 T, *apellayre* 25. 20 T, etymolog. Schreibung: *appellar* 25. 22 T, Co₁ 359. 5 — *apparelhamen* 63. 7 T.

4. ps: In den einheimischen Bildungen vokalisierte p zu u (p, b, v, u): *cussa* 21. 12, *mezeus* 53. 21, *meteussa* 57. 8 T, welches noch häufiger, wohl unter dem Einfluss der folgenden Sibilans, mit i vertauscht wurde: *neys* 25. 19 T (ne ipse) — *mezeys* 33. 22 T, *eis* 17. 11 M, *meteycha* 150. 15 T — *caissa* 1. 3 C, *caycha* 116. 27 T; gelehrt ist *escapsar* 364. 22, nach r Fall in *escarcelier* 96. 32 T (von *excarpsus).

5. pt. 1) Synkope des p: *escrit* 1. 16 Cl, *sobrescrita* 7. 31 M, T *set* 185. 3, *setenbre* 59. 31, *setmana* 185. 3, *rota* (rupta) 370. 8, *cassar* 429. 1 (*captiare) — *nossa* 35. 21, *bateiar* 148. 11 (baptizare).

2) Bleiben in unvolkstümlichen Wörtern: *captal* 41. 6 T, *acapte* 38. 2 Cl, *recaptar* 434. 24 T, *apte* 162. 25, *sept* 310. 24, *septembre* 410. 18, *escriptura* 202. 1 C, *baptista* 106. 27 T ...

3) Auflösung zu u: *subrescriut* 126. 8 M, mit Wechsel von u und i: *caytieu* 474. 12 T (captivum).

4) Angleichung an ct in den Participialformen von scribere: *escrig* 29. 18 T, *escrich* 26. 13 M — *escrith* 25. 13, 79. 17 M, *cscrih* 102. 31 T, vor dem s der Flexion: *escrichs* 148. 9 T, *escrichz* 186. 27 T, *escrisc* 141. 16 T, *escrichtz* 171. 1, 174. 24 T fem. *escricha* 100. 22 T.

5) Assimilation von p nach der Synkope des t: *semmana* Co₃ 474. 11, mit Dissimilation *senmana* 421. 28 T und Wechsel von p und c: *secmana* 83. 4 T.

6) Nach einem Konsonanten ist p hier in der Regel gefallen: *hoste* 140. 25 T (hospitem) — *ostal* 119. 11 T — *contar* G₁₁ 312. 1 (computare) — *comte* Co₁ 365. 16 neben *compte* 3. 12, *comptador* 81. 23 T.

6. Ein im Hiatus stehendes tonloses i hat p vor Veränderungen geschützt: *sapia* 13. 19, *recepion* 91. 11 — *percepia* 103. 16 T — *Capion* 18. 64 PCl. — Ausfall in *sai* (*sapio) 62. 21 T.

77) IV. Auslautendes p ist in den mittelalterlichen Sprachdenkmälern nach Vokalen und Konsonanten stets geblieben, auch vor dem s der Flexion: *cap* 77. 14 T, *lop* Co$_1$ 382. 7 — *camp* 97. 32 T — *temps* Co$_1$ 359. 2, *volps* 225. 20 T, *cops* (cuppos) G$_1$ 514. 3, *ops* G$_1$ 473. 21, *neps* 120. 19 M, — b in *obs* 29. 12 T, 4. 5 PCl, Co$_a$ 482. 24 kommt für die Aussprache nicht in Betracht. Anders in der neueren Periode! Auch p fiel der ausgesprochenen Abneigung gegen mehrfache Konsonanz im Auslaute zum Opfer, und so ist Synkope vor s, Apokope nach einem Konsonanten, auch wenn derselbe schon verstummt ist, eingetreten, während nach Vokalen p auch im Auslaute erhalten blieb: Rou *cos* 1. 22, G *cops* ⌣ *chots* 94. 30, R *cos* ⌣ *bos* 399, *ten* (tempus) ⌣ *ben* 463, *can* (campum) 80. 11 G — Rou *cam* — 1. 56; aber Rou *sap* 2. 1, *loup* 585 R.

B.

78) I. b im Inlaute vor Vokalen:
1) Nach einem Konsonanten blieb b bestehen: *albirar* 45. 3 T — *cambe* 267. 3 T (cannabem).

2) Nach Vokalen ist b zu einem Mittellaute von b und v geschwächt worden, den die Handschriften willkürlich durch b, v, u bezeichnen; seine Artikulation muss aber eine matte gewesen sein, und so erklärt es sich, dass er in einigen Fällen ganz verschwand, in anderen Schwanken herrscht: *gobernador* 203. 20 — *governar* 3. 7, *labor* 381. 32 — *laor* 388. 9 — *laurorar* 121. 27 T — *lauorador* 174. 5 Ch, *devon* 3. 13 T — *deuon* 17. 8 T, *habondancia* 392. 16 T — *auondos* 83. 1 — *auondozamens* 29. 21 T — *aondanza* 350. 12 T, *soven* 182. 28 — *soent* 179. 26 T; *probar* 307. 20 — *proha* 3. 5, 29. 11, 13. 17 T, *prohat* 48. 2 C — *proar* 6. 9 M; *movevol* 11. 14 T — *colpaol* 35. 9 T — *trabal* 83. 27 T; *abandonar* G$_1$ 474. 3, — *taverna* 139. 23 T; *fava* 329. 14, *sivadieyra* T 372. 9 (cibatum + aria) — *cavalier* 13. 8, *davan* 3. 18 T — *escriuon* 47. 18 T; Ausfall: *couà* (cubare) 231. 26 Fr — *roia* 49. 27 (rubea) — *estaun* 6. 11 M — *deia* 45. 4 T — *deion* 473. 17 G$_1$. Auch die jüngere Mundart hat diesen Mischlaut gewahrt, doch ist derselbe immer mehr zum b hingerückt, ohne indessen völlig mit ihm zu verschmelzen (vergl. die Orthographie von P, 75 II). Kein Wunder daher, wenn wir in den Handschriften b geschrieben finden: G *debiei* 221. 25 1. imp., R *abie* 3. 5. 34, *abien* 38, *goubernà* 43. imp. s. 3.: *caminaba* 71, *chanchaba* 42. Ihrem antiquierenden Principe getreu hat die Revue in ihren Ausgaben meist v gedruckt.

79) II. b + Konsonant.
1. bb hat sich vereinfacht: *abat* 315. 3 T.

2. bl: b ist geblieben oder in u aufgelöst: *razonable* 81. 13, *colpable* 1110. 20, *estable* 161. 16, *nebla* (nebula) 392. 4, *noble* 149. 13 T; Rou: *diable* 2. 7, *estable* 2. 9, *hounourabla* 1. 64, — *taula* 17. 10, *paraula* 15. 8 T.

3. br. In dieser Verbindung blieb b nach Konsonanten, schwächte sich nach Vokalen oder vokalisierte zu u: *febrier* 102. 24 T, *febvrier* 376. 3 C (man beachte diese Darstellung als charakteristisch für den Mittellaut), — *debvra* 3. fut. 234. 4 T, *libvre* 232. 30 T — *fevrier* 336. 29 T; *libra* 27. 24 — *liura* 21. 24, *lieura* 110. 30, *livra* 179. 19 T; *libre* 269. 29 T; *devra* G_{II} 323. 15 — *deura* 13. 1 T, *fabre* 96. 22 T — *laurador* G_{II} 312. 30. Vertauschung von u mit i: *ochoyre* 135. 21, *uchoire* 330. 3 T (october).

4. bt. 1) Steigerung von b zu p, dem Grade von t entsprechend: *dupte* 17. 30; T *duptoza* 153. 31 — *dissapte* 283. 1 T, — daneben etymologische Schreibung: *dubtoza* 153. 16, *sobta* (subita) 395. 28 T; *dissabte* Cos 455. 16.

2) ut: *deute* 11. 17, *deutor* 11. 16 T — *malaute* Cos 456. 9 (male habitum) — *malauta* 287. 29 T — *gauta* 48. 2 PCl (gabata).

3) Ausfall nach o: *sotil* G_{II} 323. 1. *subtus* weist die folgenden Formen auf: *sotz* G_1 473, 25, *sost* 105. 15 T, *sot* 105. 18 T, *soubz* 203. 28 T.

5. Vereinzelte Erscheinungen: Die Präpositionen sub und ob assimilieren ihr b dem folgenden Konsonanten; der so entstehende gedehnte Laut wurde zum einfachen reduciert: *somons* 17. 13 M (submonsum) — *sufrir* 21. 19 T, *ostar* 136. 6 T. Doppelkonsonanz blieb in der Schrift erhalten in *suffrir* G_1 474. 2, *suffert* 13. 22 T, *uffert* 124. 9 T. Präfixvertauschung — ob mit ex — in *escura* 153. 33 T, b fiel zwischen Konsonanten: *jalne* (galbinum) 137. 12 T, *amduy* 15. 5 T (*amb[o]dui); es blieb und m fiel in *abduy* 9. 26 T. Wechsel von b und m in *Jacme* 103. 6 T (Jácobum).

III. Auslautendes b fiel nach Konsonanten: *plom* 194. 12 T, neben *plump* 2. 4 Cl und *plomb* 299. 30 T, löste sich zu u auf nach einem Vokale: *deu* 3. 12 T (debet) — *ceu* 285. 6 T, Cos 459. 1 (sēbum).

F.

80) Der im Latein vorhandene Unterschied zwischen f und ph fällt fort, ph ist wie f behandelt: *felip* 248. 2 C und nur in *scobat* 9. 1 Cl, *escobat* 15. 12 T, von colaphus, ist ph zu p vereinfacht worden, so dass also der Laut bereits im Latein anders geklungen haben muss. ff vereinfacht sich: *ufizi* Co_1 365. 10, T 67. 12, trotz der konservativen Graphie: *uffici* 67. 10 T; vor dem s der Flexion fiel f in *Randols* Co_1 378. 8, schwächte sich inlautend zwischen Vokalen zu v in *Esteve* 117. 28 T — *Steve* 378. 9 Co_1; für das einheimische *for* (foris) begegnet 183. 5 T das französische *hor*. Synkope in *biais* 138. 12 BP (*bifaks?).

V.

81) v neigte in seiner Aussprache nach b bin; doch ist dem Mischlaute gewöhnlich die etymologische Schreibung verblieben. Ausnahmen in den Urkunden: *bila* 262. 28 T, *boda* 355. 2 T (vota), *bentalha* 469. 3 T, *guabia* 457. 11 T (cavea). *Segobia* 397. 4 T, vor r in *mobre* 436. 18 T. Epenthese von v in *Genoves* 377. 25 T, *Genouves* 328. 28 BP neben *Genoes* 378. 15 T. Prosthese in *veis* 30. 7 Cl für *eis* (= éxit).

Wie bereits erwähnt, ist dieser Mittellaut im Laufe der Entwicklung immer mehr nach b hingedrängt worden, ohne indessen selbst heute in Montpellier die reine volle Artikulation des b erreicht zu haben. R *beni* 24, *Benus* 497, *biache* 29, *bila* 45 u. s. w. b ersetzte hier immer das v in der Darstellung, vereinzelt auch in BR: *esteba* (stiva) 198. 7, *greba* 198. 5, *abali* 100. 4, Gui *abal* 159. 20, Fr *embeja* 240. 9. Im übrigen bevorzugt die Revue in diesem Falle die etymologische Schreibweise.

  I. Anlaut: vicem gibt *ves* 41. 23 T, unter Einwirkung des Französischen *fes* F 6. 9, Rou 1. 3; einem deutschen w schloss sich v an in *gastar* 353. 23, *girar* 397. 32, *gaynier* 96. 32 (vagina + arium), *Guascuenha* 437. 22 T.

  II. Inlaut: 1. Im Hiatus ist v gewöhnlich gefallen: *Lodoyc* 3. 2 C, *joes* 139. 28 T (juvenis), *paor* 351. 9, 475. 5 T, *Proensa* 333. 18 T, *Prohensal* Co₁ 380. 12, *vianda* 338. 15 T (*vivanda)..., selten blieb es: *Provensa* 382. 24 T, *avuncle* 34. 8 M (neben *oncle* T. 345. 25, 360. 27).

  2. Vor Konsonanten nach Vokalen löste sich v zu u auf: *greuge* 27. 3 (*grĕvium), *viurai* 1. Fut. 58. 6 M, *ciutat* 162. 2 T, *moure* 63. 8 T (*movere).

  3. Vor Vokalen nach Konsonanten erhielt es sich: *salva* Co₁ 365. 13, während es zwischen Konsonanten fiel: *emblar* 13. 14 T, 6. 9 M (involare) — *vouta* 296. 5 T (*volvita) — Es bleibt vor r in *absolvre* 112. 8 T.

  III. Auslaut: Fall nach Konsonanten: *sal* 9. 15 T, *ser* 15. 10 T, ebenso vor flex. s: *sers* 35. 17 (servos) — *sers* (cervos) 226. 27 T, *sals* 19. 10 T. Vokalisation nach Vokalen: *viu* 43. 9 M (vīvum), *pleu* (*plevo) 44. 11 M, T — *buou* 47. 26, *breu* 124. 32, *greu* 110. 12, *rieu* 436. 22 (rīvum) — *claus* 116. 27 T, *naus* 297. 25 T, *vius* (vīvos) 39. 1 T.

W.

82) Das deutsche w zeigt in unserer Mundart keinerlei Abweichungen von seiner Entwicklung im Romanischen zum stimmhaften gutturalen Verschlusslaute: *Gautier* Co₁ 378. 18 — *guiza* 7. 8 T (ahd. wîsa), *gazi* 31. 1 T (goth. vadi), *gacha* 43. 29 T (wahta), *gandir* 394. 27 T (goth. vandjan), *guerra* 161. 32 T (werra)...

II. Flexionslehre.
A. Deklination.

83) Es verdient hier gleich als eins der hervorragendsten Merkmale der Mundart von Montpellier angeführt zu werden, dass sie das flexivische s im Plural bis auf die Gegenwart erhalten hat. Einige wenige Ausnahmen werden im Laufe der Darstellung begegnen. Dieser konservative Charakterzug kennzeichnet die neueren Idiome, welche in dem grossen languedocischen Dialekte zusammengefasst sind, und sondern denselben vorteilhaft von den übrigen neuprovenzalischen Mundarten ab. Der erfreulichen Uebereinstimmung, welche hier zwischen den Sprachquellen des Mittelalters und der Neuzeit besteht, tritt aber ein ebenso bezeichnender Unterschied entgegen: Der Kasusunterschied ist in der neueren Sprachperiode aufgegeben, der casus rectus ist dem casus obliquus bis auf wenige versteinerte, dem Volksgefühle in ihrer eigentlichen Bedeutung entschwundene Spuren gewichen. Es ist aber klar, dass die auf die Beseitigung der Kasusflexion hinzielenden Tendenzen erst allmälig durchdringen konnten und als das eigenste Erzeugnis des Volksgeistes nicht von aussen hineingetragen wurden. Fallen doch die Anfänge ihrer Wirksamkeit in eine Zeit, in der die Troubadoursprache und das Französische den Kasusunterschied noch wahrten, und alle Bemühungen der Gelehrten, dem Zusammenbruch desselben vorzubeugen, mussten an der Hartnäckigkeit, mit der das Volksidiom diese Tendenzen verfolgte, elendiglich scheitern.

Dieser ausgesprochenen Antipathie gegen die Unterscheidung des casus rectus und des casus obliquus steht, wie bereits bemerkt, eine ebenso entschiedene Sympathie für die Unterscheidung der beiden Numeri gegenüber. Konnte die Erhaltung des s allein hierzu nicht genügen, so schob man — und hierin erscheint wieder ein charakteristisches Merkmal des Languedocischen — zwischen Stamm und Flexion einen Vokal ein. Je jünger die Sprache wird, je mehr die Kasusflexion schwindet, desto mehr gewinnt dies Verfahren an Bedeutung und wurde sogar auf Fälle übertragen, die zur Unterscheidung der Numeri des paragogischen Vokales nicht bedurften.

Mit einem Worte: Vernichtung der Kasus, Hervorhebung der Numeri und zugleich auch des Genus, das sind die beiden Angelpunkte, um die sich in der Deklination die historische Entwicklung der Mundart von Montpellier dreht.

Substantiv.

Erste Deklination.

84) Mit der Apokope des auslautenden m im Acc. Sing. ist der Kasusunterschied bereits frühzeitig im Latein verloren gegangen. Demnach beschränkt sich die Flexion auf die Bezeichnung des Numerus: Sing. a, Plur. as. (Ueber den Wechsel von a und e siehe 11. 2.) Zu dieser Deklination gehören:
1. die Feminina auf a: *obra* 3. 7, *femena* 3. 19 — *causas* 5. 19, *costumas* 3. 3 T;
2. einige Masculina: T *hermita* 341. 8, *legista* 7. 26, *profeta* 162. 3, *papa* 347. 4, *dia* 49. 15 neben *die* 348. 10 — *fermansas* 37. 25, 59. 9, *legistas* 7. 24, *dias* 37. 10, 141. 23 neben *dies* 83. 12, 85. 21 T;
3. in der neueren Sprache eine Reihe französischer Fremdwörter, deren e muet durch a ersetzt wurde: *pera* 10. 17 F, *mera* 821 R, 10. 17 F, *frera* 748 R, f° 219. 15, *resta* 96. 12 Fi, *suita* 229. 16 Fr, *histouera* 733 R, *ampira* 842 R. Daneben leben, namentlich auf dem Lande, (siehe Einleitung) die einheimischen Formen fort: *paire, maire, fraire* ...

Zweite Deklination.

85) Sie umfasst alle Masculina, mit Ausnahme der Imparisyllaba und der wenigen in die erste Deklination gehörigen Wörter. Die Frage ist nun: Welche Stellung nimmt unser Dialekt in der älteren Periode — die jüngere, welche einen Kasusunterschied nicht mehr kennt, wird von ihr nicht berührt — zu dem Zweikasussystem ein, wie es in der Troubadoursprache besteht, wonach der Nom. Sing. und Acc. Plur. ein flexivisches s an den Stamm treten lassen, der Acc. Sing. und der Nom. Plur. dagegen flexionslos sind? Die ältesten Urkunden stammen aus dem 11. und 12. Jahrhundert und sind gegen 1204 zu einer Handschrift vereinigt, die den Titel »Mémorial des Nobles« führt (siehe Einleitung). In ihnen wahrt das Zweikasussystem im Allgemeinen seine Kraft:

N. S. *filz* 17. 1, *clergues* 17. 14. *sagramens* 72. 16, 118. 18.

N. P. *fil* 102. 2, *amic* 103. 7, *denier* 1. 4 ... Als Abweichungen sind die folgenden Fälle zu verzeichnen:

1. die latein. Nom.-Endung er nimmt streng nach den Lautgesetzen kein s an: *Peire* 17. 1, *paire* 5. 14, *fraire* 102. 2;
2. der Vokativ, welcher in der Regel in der Nom.-Form erscheint, duldet, genau der lateinischen Grundlage entsprechend, ein s nicht: 56. 1, 1. 1: *aus tu, Guillelm de Montpesler*; 12. 11: *tota la honor que tu, Bernart, coms de Comenge, as en l'avesquat de Tolzan*; 94s. 95s. 96s: *son cerz que tu, Guillelm de Monpesler ... as comprat ...* In Angleichung hieran haben

3. Eigennamen, in Apposition zu eu, das Nom.-s manchmal — gewöhnlich keineswegs — verschmäht: *eu Peire Raimun* 79. 1, *eu Bertran* 80. 1, *eu Bernart Guillelm* 74. 1, *eu Guillelm Ademar* 92. 2, *eu Bertran Ademar* 93. 2, *eu Bertran Guillelm de Mont Arnalt* 94. 2.

4. Der cas. obl. wird bevorzugt in der Eidesformel: *Si Deus m'ajut et aquestz sanz quatre de Deu evangelis* 79. 20, 80. 20.

Von diesen teilweise in der Lautlehre begründeten Ausnahmen abgesehen steht in Montp. zu Anfang des 13. Jahrhunderts die »Regel des s« fest.

Es folgt der Zeit nach das »Livre des priviléges de la Commune Clôture«, dessen grösster Teil 1264 abgefasst wurde. Auch in diesem Texte ist meistens das »klassische« Flexionssystem gewahrt: N. S. *fils* 17. 3, *clavaris* 78. 5, Plur. N. *obrier* 7. 5, 25. 1, *fustier* 33. 2, *nom* 3. 21.

Mit M verglichen lässt sich aber die Thatsache nicht verkennen, dass die Tendenz, dasselbe zu beseitigen, bereits Eingang gefunden hat. Ausser den in M belegten Fällen, die durch Beispiele aus PCl erläutert sein mögen: *maistre* 79. 8 — 17. 2: *Jeu en Guilhem* — 17. 24: *Si Deus m'ajut e aquestz sans evangelis de Dieu* — sind die folgenden Ausnahmen zu erwähnen:

1. Ohne Verbindung mit dem Artikel oder einem gleichwertigen Pronomen vertritt der Acc. den Nom. bei Verzeichnissen und Aufzählungen: 30. 2: *Una carta pertenent en qual guiza en G. de Saint Antonin* d r a p i e r, *prcs sobre se de pagar XV d. al Rei.*
3. 3: *foron elegut e fag obrier de la vila de Monpeslier, so es a saber, lo senhor en Johan de la Riba cambiador, en P. de Favars* d r a p i e r, *en BLop canabassiers, en Guilhem Ar* n o t a r i, *Johan de las Cortz, laoraire, Johan Fabre,* p e l i c i e r, *en Rostan de Salelas,* c o i r a t i e r ... Aus anderen Verzeichnissen entnehmen wir die folgenden Fälle für den Plural: 8. 1: *notaris, tenchuriers, mazelliers, peissoniers, forniers*. — 11. 2: *coiratiers, sabatiers, fabres, agulhers, pairoliers, soquiers, freniers*. — 14. 1: *maistres de peira, fustiers, mouniers, sauniers.*

2. Auch hiervon abgesehen kann der Acc. den Nom. vertreten, wofern das Nomen nicht den bestimmten Artikel bei sich hat.
4. 11: *e pueis* a u t r e s *en aquela meteussa manieira sian substituiz*. — 41. 4: *Et aquel bastimen totas horas que* o b r i e r s *se vuelhon, desbastir e deruir puscon*. In diesen Fällen hat sich das Gefühl für die Kasusunterscheidung am leichtesten und schnellsten abgestumpft, und man darf annehmen, dass dieselbe schon in der ersten Hälfte des 13. Jahrhunderts hier nicht mehr bestand. Durch den Artikel oder ein gleichwertiges Pronomen treten sich die beiden Kasusformen entschiedener gegenüber, und so erklärt es sich, dass in dieser Verbindung selbst bei Aufzeichnungen der Nom. noch vom Acc. geschieden wird: *de l'escala del dimars son loquiers, blanquiers, e li* v a i r a d o r, *e capelliers, e laoradors e li* m e r c i e r *del Peiron.*

Wer aber Gelegenheit hatte, auch nur einen flüchtigen Blick auf die Entwicklung einer Volkssprache, die die Vorschriften der Grammatiker im Gegensatze zur Schrift- und Literatursprache weder kennt noch beachtet, zu werfen, lernt als einen der einflussreichsten unter den für die Gestaltung massgebenden Faktoren die Kraft der Analogie kennen. Dieselbe wirkte auch hier: Nachdem die »Regel des s« schon in der Mitte des 13. Jahrhunderts für gewisse Fälle bedeutungslos geworden war, machte sich das Bestreben geltend, dieselbe als Ganzes zu verwerfen, den Nom. überall durch den Acc. zu ersetzen, selbst wenn das Nomen mit dem Artikel verbunden war; hier hat sich dann gewöhnlich die Form des Artikels der des Nomens angeglichen. Schon PCl bietet ein Beispiel: 38: *Item autra carta contenent en qual guiza los obriers logueron . . . lo sol de la bestorre . . .*, freilich nur eins, aber dies eine genügt, um daraus die Existenz des genannten Strebens bereits um die Mitte des 13. Jahrhunderts zu folgern, wenn sich dasselbe auch in der Schrift kaum bemerkbar macht. Ist dies richtig, so wird man, da die sprachliche Entwicklung nicht stille stand, a priori annehmen dürfen, dass eine etwas jüngere Handschrift, soweit sie dem wahren Lautbestande Rechnung trägt, demselben einen stärkeren Ausdruck verleihen wird. Die Thatsachen bestätigen dies, der Teil des Thalamus, welcher die Coûtumes umfasst und von ein und derselben Hand geschrieben aus dem Ende des 13. Jahrhunderts stammt, gibt ein treffendes Bild von dem grossen Fortschritte, den die Sprache im Laufe der zweiten Hälfte des 13. Jahrhunderts in der Zerrüttung des Zweikasussystems gemacht hat. Eine genaue Zusammenstellung ergab, dass kaum mehr als ein Drittel der Nomina nach der 2. Dekl. die »Regel des s« in den Coutûmes befolgen, zwei Drittel selbst dann nicht, wenn das Nomen mit dem Artikel oder Pronomen verbunden ist. Nur diesen Fall haben wir bei der nachstehenden Liste im Auge:

N. S. unregelmässig: *filh* 11. 3, *maysonier* 39. 24, *espaze* 73. 24, *captal* 41. 6, *marit* 53. 6, *vigier* 55. 6, *notari* 55. 6, *pobol* 57. 21, *confermamen* 57. 29, *estranh* 61. 13. 17, *vel* 61. 15, *sagrament* 69. 19, *jutge* 75. 15; regelmässig: *sols* 3. 6, *messatges* 13. 18, *cavaliers* 19. 26, *clergues* 19. 26, *estrans* 19. 26, *jutges* 55. 6, *vigiers* 55. 14, *alienamens* 69. 15, *mercadiers* 89. 10.

N. P. unregelmässig: *bens* 9, 27, 23. 9, *mestiers* 17. 6, *aytoriers* 17. 24, *convinens* 39. 5, *plags* 39. 17, *yssilhatz* 43. 22, *portals* 49. 2, *noms* 49. 11, *draps* 49. 22, *cossols* 65. 11, *gazis* 67. 30, *autres* 87. 4 — regelmässig: *ben* 9. 21, 31. 27, *filh* 11. 4, *auctorier* 21. 4, *clergue* 21, 5, 47. 8, *morge* 27. 25, *notari* 67. 26, *avocat* 55. 8, *curial* 69. 25, 87. 31, *cossol* 89. 4. — Noch unregelmässiger sind die älteren Et. und Serm. (bis Ende des 13. Jahrh.), selbst die, welche im 12. und in der ersten Hälfte des 13. Jahrhunderts entstanden sind. Die Thatsache, dass sie uns nicht in Originalurkunden vorliegen, sondern in Handschriften aus dem Ende des 13. und aus dem 14. Jahrhundert, lässt den Grund leicht erkennen: In ihnen erscheint uns der Sprachstandpunkt des Kopisten weit mehr als der des Verfassers und nur die nachstehenden verhältnismässig geringen Reste des Zweikasussystems haben sich aus den Originalen in die Kopieen retten können. Et. N. S. *mercadiers* 137. 31, *jocglars* 143. 8, *novis* 145. 7, *passamens* 121. 7, *notaris* 122. 29, *mascles* 134. 7, *mezalhiers* 119. 25, *jutglars* 142. 8, *cossols* 106. 2, 114. 28, *crims* 150. 7, *clergues* 121. 2, 155. 19, *heretges* 150. 20. — N. P. *sestier* 128. 11, *estrang* 111. 4, *juzueu* 111. 23, *autre* 151. 27, *obrier* 118. 10, *ufficial* 155. 9. Serm. N. S.: *jutges* 259. 14, 264. 16, *mouniers* 282. 34. — N. P.: *obrier* 262. 1, *alberguier* 268. 14, *notari* 270. 7. *Pizan* 275. 26, *blat* 283. 10, *pozandier* 296. 11. Die gegen Ende des 13. Jahrhunderts entstandenen Urkunden von Co stehen auf dem Standpunkte der Cout. N. S.: *jutgues* 1. 405. 31. — N. P.: *cossol* 359. 17 T (cossols 359. 4), *clavari* I 365. 16, *barbier* III 457. 5, *nom* III 475. 7, *obrier* III 485. 18, 486. 25.

Die Texte des 14. Jahrhunderts, oder die späteren, machen einen Kasusunterschied nicht mehr, der Acc. übernimmt zugleich die Funktionen des Nom. Vereinzelte Archaismen der Handschriften sind für die Sprache selbst bedeutungslos: G$_{II}$ N. S.: *sedier* 312. 10, *fabre* 312. 26, *rey* 311. 21. N. P.: *pebriers* 312. 8, *cossols* 312. 6, *drapiers* 312. 10. — C N. S.: *senescalc* 8. 1, *rey* 9. 1. N. P.: *cossols* 17. 1; Cl *usatges* 3. 4 — *usatgis* 20. 4 pl. — Archaismen: N. S. *maistres* 115. 7 Ch, *notaris* 151. 5 Ch. — Chr. *presoniers* 473. 7, *pestres* 131. 13 Et. N. P.: *curial* 18. 4 C, *habitant* 18. 6 C.

Somit lässt sich das Ergebnis unserer Untersuchung über die »Regel des s« kurz dahin zusammenfassen: In gewissen Fällen besteht bereits im 12. Jahrhundert ein Kasusunterschied nicht mehr; die Tendenz, denselben ganz aufzugeben, bricht sich um die Mitte des 13. Jahrhunderts Bahn, um sich in der zweiten Hälfte desselben Jahrhunderts durchzusetzen. Am Ende des 13. Jahrhunderts ist im Dialekte von Montpellier die genannte Regel todt, hat der casus obliquus den casus rectus verdrängt. — Der Acc. gibt in beiden Numeris zu Bemerkungen kaum Anlass: im Sing. ist er flexionslos, im Plur. hat er das s der latein. Endung erhalten. Abgesehen von einigen Wörtern, in denen das Nom.-s stammhaft geworden ist, und die in einem späteren Kapitel zu erwähnen sein werden, sind Ausnahmen von dieser Regel nur auf Rechnung nachlässiger Schreibung zu setzen, z. B. Acc. Sing. *crims* 125. 3 C, *sagramens* 344. 3 C — *establimens* 125. 18 T. Acc. Pl. T *cosselh* 114. 4, *jorn* 340. 28.

Dritte Deklination.

86) Sie umfasst alle parisyllabischen, nicht auf a ausgehenden Feminina. Die klassische Sprache unterscheidet im Sing. — im Plur.

nicht! — den Nom. und Acc.; ersterer wird aus letzterem durch Anhängen eines der 2. Dekl. analogen Nom.-s gebildet.

Diese künstliche Scheidung im Sing. ist unserem Dialekte unbekannt; schon M und PCl gebrauchen als N. S. *molher* 18. 4 PCl, *moler* 76. 2 M (muliérem). Belege aus T; N. S. *cort* 5. 4, *part* 13. 16, *carn* 47. 27, *man* 162. 24. — Nun zeigen zwar einige Nomina im Nom. S. ein s: T *donations* 39. 2, *puretatz* 126. 31, *hosts* 339. 8, *verges* 322. 12, allein hierin eine flexivische Eigentümlichkeit speciell des Nom. zu sehen, wäre verkehrt, weil die Handschriften dies s auch beim Acc. S. kennen: *verges* 3. 2 T, 1. 2 C, *occayzons* 67. 12 T, *mas* 162. 28; 380. 13 T, *cortz* 141. 24 T. Als nämlich das Zweikasussystem noch in Kraft war, übertrug man durch Analogie das Nom.-s vereinzelt auch auf die Fem. mit gleichem Stammesauslaute (Konsonant oder euphon. e), und diese bilden eben, im Gegensatz zu den Fem. der 1. (a-Dekl.) die 3. Dekl. — Die grössere Zahl der Fem. geht aber nach der 1. Dekl., deren charakteristische Eigentümlichkeit der frühe Verlust des Kasusunterschiedes ist. Die Sprache dehnte nun durch eine weitere Analogie diesen Zug auch auf die Minderzahl der nach der 3. flektierten Fem. aus, und so wurde nicht nur bereits in frühester Zeit der Nom. auf Kosten des Acc. aufgegeben, sondern auch das analogische Nom.-s vom Volke auf den Acc. übertragen, welches s als Archaismus selten sogar den Untergang der Kasusflexion überlebte, um so das Nomen indeklinabel zu machen. — Allein die Analogie, rastlos thätig wie sie namentlich in einer Volkssprache ist, drängte noch einen Schritt weiter, nach der 1. Dekl. hin, indem sie den Fem. der 3. den charakteristischen Vokal derselben gab. Auch diese Anbildung ist eine vereinzelte geblieben; *enfanta* 355. 1 T, *vergena* Cos 455. 4, *ymayina* 346. 13 T — *ymaginas* 80. 4 Cl. Den älteren Urkunden ist sie fremd, nicht so der jüngeren Sprache: BP *tourra* 132. 3. — Durch fehlerhafte Schreibung fehlt s im Acc. Plur. *voluntat* 73. 20 T, *part* 280. 26 T.

Die vierte Deklination

bilden die Imparisyllaba. Fast alle sind Masculina.

87) 1. Imparisyllaba mit festem Accent. Zu dieser Abteilung gehören nur homo und comes.

homo: Sing. Nom. streng nach der Lautlehre aus homo: *hom* 17. 5 M, T 3. 19, 29. 2, 137. 14, — *om* 105. 5 M, mit anal. s: *homs* T 11. 26, 39. 17, G₁ 473. 14, sie ist namentlich häufig in Et. belegt: 106. 2, 120. 5, 138. 9 ... Die Acc.-Form begegnet schon in M 109. 4 *home*, indess tritt sie in den älteren Texten doch nur selten auf: T 9. 9, 25. 17, 19. 6, in jüngeren ist sie dagegen die gewöhnliche: G₂ *home* 468. 24, Cl 9. 1, C 98. 2, 165. 3, eine Vermischung von Acc. und Nom. ist *homes* T 138. 9, 289. 3, *jovenomes* Cos 460. 6.

Acc. Die älteste Form ist *homen* 123. 2 M (hóminem), später fiel das nachtonige n: *home* 19. 26 T ..., an ihrer Stelle erscheint der Nom. *hom* 114. 26 T. — Nom. Pl. einem *hómini entspricht zunächst *homen* 117. 7, 124. 6 M, allein schon diese Urkunde kennt nicht blos die Apokope von n: *home* 117, 5, *ome* 5. 80, 6. 9, sondern bereits die Form des cas. obl. *homes* 11. 4, 33. 9, ebenso PCl *prozomes* 4. 1 neben *prozhome* 5. 4, 7. 1. In T steht der eigentliche Nom. *home* 5. 18, 19. 19, 151. 29 — neben dem Acc. *homes* 9. 10, 41. 23, 264. 12, der schliesslich siegt. Vereinzelt vertritt der Sing. die Stelle des Plur. *hom* 47. 2. — Acc. Plur. *homes* 3. 8, 41. 2 T, älter *homens* 10. 9 M — unregelmässig *homs* 119. 30 T.

comes: Sing. Nom. *coms* 55. 17, 106. 8, 113. 4 T, 18. 3 PCl, 126. 10 M; der Acc. ersetzt sie bereits M 1. 22, T 134. 16: *compte* 352. 17. 21; er drang durch. Acc. *comte* 330. 6 T, *compte* 329. 16 T.

88) 2. Imparisyllaba mit wandelndem Accente.

1) Die Verbalsubstantiva auf tor — torem (ator, ītor, ītor). Sing. Nom. M, genau nach den Lautgesetzen, átor — *aire*, ītor — *eire*, *procuraire* 78. 17, *ajudaire* 1. 19, *consellaire* 1. 19 — *nozeire* 1. 22, T cout: *comprayre* 11. 9, *logayre* 39. 22, *apellayre* 25. 29 — *vendeyre* 11. 9, *fazeyre* 33. 12, *deuteyre* 47. 1 (vom fertigen *deute*). Häufig wurde das Nom.-s der etymologischen Grundlage entgegen angefügt: *habitayres* 27. 19, *deuteyres* 11. 19, *crezeyres* 25. 10, *offendeyres* 17. 19, *malfazeyres* 43. 5; seltener mischen sich auch schon die Acc.-Formen ein: *atorem* — *ador* : *comprador* 13. 31, ītorem — *edor* : *deutor* 87. 3, *crezedor* 11. 20, *malfazedor* 19. 23, — mit Nom.-s *deutors* 87. 5, ītorem — *idor*; Et *habitaire* 136. 25. — s: *vendeires* 138. 4. Acc. an seiner Stelle in *ambaissador* 118. 2, *vendedor* 138. 2, zugleich mit dem analogen s: *muradors* 150. 21, *elegidors* 100. 23. Serm. *pezayre* 281. 10, *vendeyre* 269. 7 — *menayres* 282. 30, *vendeyres* 284. 23, — Chr *emperaire* 334. 23, — *emperador* 335. 14, 368. 19. Co$_s$: *legador* 460. 15. G$_{II}$: *lieyre* 322. 17, *penhieyre* 323. 12 — *cambiador* 312. 7, — C *enqueredor* 356. 1, 90. 1. Cl *teysieyre* 75. 1, Ch *sagnayre* 4. 2.

Acc. streng nach den phonetischen Gesetzen *ador*, *edor*, *idor*: *logador* 73. 28, *jogador* 37. 3, *acossellador* 27. 15, — *crezedor* 47. 2, *offendedor* 17. 22, *deutor* 11. 16 T, *emperador* 5, 1 C, — in wenigen Belegen ist er durch den Nom. ersetzt worden: *arayre* 162. 25 (Et aus dem Jahre 1365), *procurayre* Chr 428. 30 — *especiayre* G$_{II}$ 312. 20, *procurayre* Ch 54. 1.

Pl. Nom. Die klassische Sprache bildet ihre Formen nach den Typen *atori, *ītori, *ītori — *ador, edor, idor*. Nur den älteren Sprachquellen sind diese Endungen bekannt: PCl *vairador*, T *deutor* 21. 29, bereits in den Cout. herrscht der cas. obl. vor — *acosselhadors* 35. 12, *habitadors* 51. 5 — *deutors* 37. 24, *crezedors* 23. 1, — Et. *elegidors* 116. 23, 169. 24, *logadors* 140. 22, *ambaissadors* 118. 1, G$_{II}$ *lauradors* 312. 30, *teyssedors* 315. 16, *batedors* 315. 23. Zuweilen nimmt die mit dem Plural-s versehene Sing.-Form ihre Stelle ein: *conreisaires* 315. 7, *parayres* 315. 8, *liayres* 315. 22 — *teysseires* 315. 7, *bateyres* 316. 7. — Der Acc. Plur. ist regelmässig aus der lateinischen Grundlage entwickelt: T *habitadors* 43. 17 — *offendedors* 17. 26, *crezedors* 23. 6 — *elegidors* 100. 18.

 2. o — onem.

Sing. Nom. mit flex. s: *compans* 263. 4 T (companio). — Der Acc. in *tortilhon* 128. 17 T. — Acc. *layron* 15. 10, *companhon* 263. 2 T.

Pl. Nom. *oni — *on: lairun* 6. 11 M, *baron* 65. 12 T, gewöhnlich aber ist auch hier der Acc. eingedrungen: *barons* 4. 1 PCl, *baros* 114. 19, *companhons* 263. 4, *tortilhons* 128. 20 T, — *companhos* G$_{II}$ 316. 9. Acc. ons — *os: payrons* 29. 17, — *companhos* 107. 27 T, *baros* G$_1$ 513. 25, G$_{II}$ 322. 12. — Genau so flektieren einige aus dem Deutschen stammende Eigennamen: Sing. Nom. *Ug* 17. 1 M, auch *Huc* 75. 7 T — *At* 123. 1 M (Hatto), *Ot* 78. 20 M, *Gui* 57. 26 T. — Acc. on — *Ugon* 91. 3 M, *Aton* 123. 42 M, an ihrer Stelle der Nom. *Huc* 331. 11 T, *Gui* 331. 11 T, imparisyll. Flexion bei Carolus begegnet nicht, womit nicht etwa an ihrer Existenz gezweifelt werden soll; die Belege reichen eben nicht hin: Nom. Sing. *Karles* 329. 2, 336. 12 T — *Carle* 343. 27 T, Acc. *Karle* 313. 3 C, *Carle* 336. 9 T — mit der Neigung, das Nom.-s stammhaft zu machen: Acc. *Karles* 338. 31, 341. 14 T. — Drei Nomina schwanken zwischen der 2. und 4. Dekl. (par. neben impar. Flexion): Petrus, *bajulus, *rotulus. Sing. Nom. *Peire* 17. 1 M — *bayles* 3. 10, 113. 8 — *bayle* Co$_1$ 377. 6, T 53. 11, 108. 20. Daneben auch der imp. Acc. als rectus: *baylon* 9. 14, *rutlon* 114. 22 T — Acc. *Peyre* 118. 22 — *bayle* 109. 11, 191. 19 T, 18. 5 C, Co$_1$ 408. 13 — *rutle* T 269. 26, — imp. Flexion: *Peyron* 103. 1 M — 95. 9 T. Plur. Nom. *baylon* 3. 13, in *bayles* 109. 31 T, *baylos* 109. 29 T vertritt ihn der casus obliquus. Acc. *bayles* 5. 36 M, 109. 23 T, *rutles* 156. 22 T — *rutlons* 99. 19 T, mit schlechter Schreibung: *rutlon* 100. 19 T.

 3. Einzelne Wörter.

 abbas: Der Nom. Sing. erscheint einmal und zwar in der Acc.-Form, *abbat* 387 20 T, A. *abat* 315. 3 T, Pl. A. *abatz* 342. 27 T.

 assessor: N. S. keine organ. Form, der Acc. tritt für dieselbe ein: *assessór* 101. 8 T, 157. 1 C, Co$_1$ 391. 5, mit anal. s: *assessors* 117. 15 T, Co$_1$ 391. 5. A. *assessor* 102. 4 T. Pl. A. *assessors* 7. 13 T.

 antecessor: N. Pl. *ancessor* 5. 14 (ōri),

 cantor: N. S. *chantre* 89. 6 Ch.

 infans: N. S. *enfan* 154. 29 T (obl.), A. *enfan* 31. 7, Pl. N. *enfan* 31. 17 T (*infanti), A. *enfans* 9. 25 T, *effans* 45. 2 C.

 nepos: N. S. regelrecht *neps* 120. 19 M, A. *nebot* 19. 10 T, *neboth* 34. 2 M, Plur. *nebotz* 35. 17. 28, A.

 sénior: Sing. N. Die organische und zugleich klassische Bildung ist *senher*, die ausschliessliche in M. Die Darstellung des ñ zeigt die üblichen Varianten: *senner* 123. 41, 118. 1, *sengner* 33. 1, *sener* 2. 3, — auch den andern Urkunden ist sie bekannt: T *senher* 3. 6, 5. 7, 28. 27, — C 44. 1, 100. 4, Cl 21. 1, — mit dem N. S.: *senhers* 17. 3, 18. 4 PCl, der Acc. bereits PCl 17. 3, T 3. 12, 9. 12, 25. 24 .. C 11. 5. Acc. *senhor* 27. 8 T, 1. 4 Cl, *sennor* 124. 16 T, stellenweise tritt der Nom. ein: *senher* 3. 18, 27. 16, 67. 2 T, später gewöhnlich: Et 137. 29, 161. 30 — C 160. 4, Cl 1. 1, — *senhier* Co₁ 408. 14.

Pl. Nom. *seniori — *senhor* 3. 21 PCl, Co₁ 359. 17, — *sennor* 124. 16 M, 1. 21 M. — Dafür *senhors* T 109. 20, 140. 22 (Acc. durchgedrungen). Sing. in *senher* 109. 19 T, Acc. Pl. *senhors* 35. 15 T.

successor: Sing. N. *successór* 152. 29 T (Acc.), Pl. N. *successori — *successór* 123. 4 M, 150. 3 T. — *successors* PCl 20. 4 — Acc. *ors* M 79. 19, T 17. 26.

Ein impar. Feminin ist *sóror* — *sorórem*. Wie überhaupt beim Fem. ist auch hier der Kasusunterschied aufgegeben, und so werden die aus dem lateinischen cas. rect. und obl. entwickelten Formen unterschiedslos für den Nom. und Acc. gebraucht. soror — *sorre* (wie turrim — *torre*, ferrum — *ferre*) 331. 7, 337. 20 T, mit Apokope *sor* 345. 30 T, sorórem — *sorór* 339. 4, mit Dissimilation *seror* 148. 21 T, Plur. *serors* T, unorganisch, nach dem Sing. *sorre* gebildet, ist *sorres* 111. 3 T, mit Apokope von e *sors* 415. 3 T. Ein weiteres imp. Feminin ist *putan* 15. 11 T, gebildet von putidus (siehe Förster, Zeitschr. für rom. Phil. III 566).

89) Es erübrigt, einen allgemeinen Rückblick auf die impar. Deklination unseres Dialektes zu werfen.

Die Troubadoursprache unterschied drei verschiedene Kasusformen: — Nom. Sing. — Acc. Sing. = Nom. Pl. — Acc. Pl. Sie, die Kunstsprache, konnte diese Unterscheidung genau durchführen und festhalten. Anders die Volkssprache! War dieselbe nicht einmal im Stande, das Zweikasussystem zu bewahren, wie viel leichter musste das Dreikasussystem fallen! Und in der That, keine einzige Urkunde zeigt das klassische Princip in seiner ganzen Reinheit; schon M, welches das Zweikasussystem bis auf geringfügige Ausnahmen aufs strengste durchführt, hier schwankt es in der Flexion. Im 11. und 12. Jahrhundert war demnach bereits das Dreikasussystem durchbrochen, und je jünger die Texte, desto deutlicher tritt der Verfall zu Tage. Der Acc. vertritt den Nom., dieser umgekehrt wieder den Acc., ja die Unterscheidung zwischen dem Singularstamm und dem des Plural wird nicht immer gewahrt. Indessen — und hierin liegt der bezeichnendste Unterschied zwischen par. und impar. Deklination — keine der drei flex. Gestaltungen geht unter, im Gegentheil, noch in den spätesten Urkunden treten sie neben einander auf, und nur ihre syntaktische Bedeutung ist es, die früh dem Volksbewusstsein entschwindet, früher, als die Kasusunterscheidung bei der par. Flexion; denn schon in M sind vermittelst des Nom.-s neue Formen für den casus rectus geschaffen worden, nicht blos aus dem organischen Nom., sondern auch aus dem Acc. Daher die vier verschiedenen Flexionsweisen des Nom. zuweilen gar in denselben Texten. Der Kasusunterschied im Plural ging ebenfalls früh verloren; es trat an die Stelle des organ. Nom. entweder der Acc., oder eine Neubildung aus dem Nom. Sing. mit dem charakteristischen Konsonanten des Plural; letztere konnte sogar als obliquus verwandt werden. Kurz, ein wahres Chaos bildet die impar. Flexion. Soweit die mittelalterliche Sprache! Welche Formen wurden weiter entwickelt? Leider reichte das benutzte Material nicht hin, um diese Frage für die jüngere Mundart einer gründlichen Betrachtung unterziehen zu können. Die spärlichen Belege bestätigen, was man a priori vermuten wird, dass das Patois, dessen reich überkommenes Sprachgut immer mehr zusammenschrumpft, auch hier dem Formenreichtum der älteren Mundart entsagt und aus ihm entweder die Flexion des Nom. oder des Acc. entnimmt. Der Nom. ist entschieden bevorzugt worden in den Verbalsubstantiven auf tor: Sing. *dansaire* Gui 336. 5, *travalhaire* 166. 24 Gui, *cridaire* BM 287. 13 — Plur. *segaires* G 84. 9 — Sing. *sorre* B 766, BP 136. 19, Pl. *sores* BR 194. 11, 1. 31 Rou, — der Acc. in *home* III 1 Rou, Pl. *homes* III 2 Rou. Gibt es Wörter, die als Synonyma auf verschiedene Kasusformen ein und desselben Typus zurückgehen? Diese Frage muss hier offen bleiben.

Fünfte Deklination, die Indeclinabilia umfassend.

90) Es gehören hierher diejenigen Substantive, deren Stamm auf eine Sibilans ausgeht, sei es, dass dies schon im Latein der Fall war, sei es, dass ein flex. s sich unzertrennbar mit dem Stamme vereinigte: Acc. Sing. *pres* 23. 10, *pos* (puteus) 167. 1, *ves* 17. 9, *Loys* 372. 2 T, *temps* 3. 21, *cors* 15. 22, *obs* 29. 11 T. Acc. Pl. *ves* 41. 23, *temps* 5. 2 T, indekl. ist ferner *heres* Nom. Sing. 56. 19 M, 23. 13 T — Acc. 62. 20 M, 17. 18 T, Nom. Pl. 11. 4 T, 17. 19 PCl — Acc. Pl. 9. 23, T 1. 20 M, — auch Deus zeigt an vielen Stellen ein stammhaftes s im Acc. Sing.: *Dieus* T 101. 9, 110. 3, 159. 12, 309. 18, 348. 1, Coi 359. 1, Cos 460. 13 ... Daneben *Dieu* Cos 461. 24, 474. 1.

Wie bereits bemerkt, ist gerade in unserer Mundart das Gefühl für den Numerus ein ausgesprochen lebhaftes. Je mehr die Kasusflexion schwindet, desto stärker kommt es zum Ausdruck. Ihm Rechnung tragend musste die Sprache dem Mangel der Unterscheidung von Sing. und Pl. entgegenzutreten suchen, und dies geschah durch die Anfügung eines paragog. e an den Nominalstamm. Die älteren Urkunden (in denen die Kasusflexion noch lebt) bedienen sich dieses Mittels nur selten: PCl *Genoezes* 17. 25, T *cases* 23. 11, 37. 1, *mezes* 37. 19. 75. 15; in den jüngeren wird es immer häufiger

angewendet, bis es schliesslich zur Regel wird: T Et *uzes* 102. 16, *Genoeses* 115. 18, *corsses* 167. 26, *vozes* 171. 15, Chr *pozes* 347. 2, *brases* 411. 23, *crozes* 413. 17, *corses* 339. 32, Co₁ *pazes* 359. 10, *uses* 365. 3, *crozes* Cos 485. 22, C *pazes* 66. 1, neben *paz* 70. 1, *cazes* 137. 6, *mezes* 165. 9, *vezes* 210. 2, *pezes* 253. 2, *uses* 160. 3, *processes* 199. 1 G₁, *pezes* 515. 9, *merces* 473. 17. Die Vermeidung der Indeklinabilität bleibt auch in der Neuzeit eines der hervorstechenden Merkmale unserer Mundart: R *debasses* 633, *embarasses* 634, *nozes* 654, BR *brasses* 198. 17, *passes* 198. 19, und wenn Dichter, wie Guiraldenc, zuweilen das e verschmähen, so ist dies ein Provinzialismus, den sie sich mit Rücksicht auf den Reim gestatten:
G 94. 16—19: »*Quoura soun fil gaririè, quoura ?*
Sai que la mort deja s'auboura
Per lou sagatù dins sous bras
E mai aloungava lou pas.«

91) Das **Genus** gibt nur zu wenigen erwähnungswerten Bemerkungen Anlass. 1) Von Wörtern auf a sind männlich: *papa* 347. 4, *profeta* 162. 3, *jurista* 289. 3 T, *euvangelista* Cos 455. 27, *legista* 7. 26, *fermansa* 37. 25 T, *dia* 49. 15 T, — weiblich u. a.: *crida* 56. 3 C, *espia* 359. 19 T, *persona* G₁ 514. 1; *guarda* schwankt: männlich Co₁ 359. 24, weiblich T 367. 26, Cos 456. 11.

2) Von Wörtern auf us (latein. 2. und 4. Dekl.) sind weiblich: *camp* 27. 2 Cl, *pols* G₁₁ 323. 5, *man* 102. 21 T, und mit Wechsel der Endung *suogra* 142. 22 T, als Kollektiv *frucha* 56. 6 Cl, 83. 9 G.

3) Von Wörtern der lateinischen 3. Dekl. sind männlich: *pon* 424. 28 T, 123. 14 M, *albre* 171. 18 T; weiblich: *clau* 116. 27 T, *gen* 96. 3 C, 347. 18 F, *host* 339. 8, *senre* 268. 25 T, *paret* 12. 4 Cl, *font* 380. 13 T und die Nomina auf orem: *color* 138. 10, *honor* 33. 9 T, *clamor* 207. 2 C, *tenor* 5. 5 PCl; über *amour* siehe Rev. XXII. 285; auch *art* ist für gewöhnlich Fem. 137. 19 T, 24. 5, 23. 5 M, 18. 12 PCl, doch hat es in M zuweilen auch männl. Geschlecht: 18. 5, 19. 5.

4) Neutra wurden in der Regel zu Masc., als solche sind zu merken: *gaug* 5. 19, *fuelh* 163. 32, *fege* 93. 13 . . ., eine Minderzahl trat durch den Plur. zum Fem. über: *joia* 145. 6, *festa* 422. 34, *boda* 355. 2 T (*vota), *insigna* 187. 3 (signe 107. 9 T), *grana* 263. 28, *arma* 102. 22 T, 100. 6 Ch, *lenha* 184. 2 T, *obra* 3. 7 T, *penhora* 41. 4 C. Kollektivbedeutung in *vestimenta* 163. 26 T, *membra* 56. 2 M, — neben *membre* 11. 2 Masc. Ein weiteres Fem. ist *mar* 123. 14 T.

Das Wichtigste über den **Numerus** ist bereits erörtert. Wir können uns an dieser Stelle auf ein kleines, den Urkunden entnommenes Verzeichnis von Wörtern beschränken, die teils nur in der Pluralform erscheinen, teils dieselbe in gewisser Bedeutung annehmen: *Ayguas* 3. 2 C (Ayguas Mortas), *armas* 223. 5 C, *nossas* 144. 11 T, *forcas* 381. 4, *cenres* 299. 29 T, *carns* 115. 17 T, *vestirs* 143. 14 T, *letras* 236. 4 Ch.

Adjektiv.

Wie in der Troubadoursprache lassen sich auch in der älteren Mundart zwei Klassen von Adjektiven unterscheiden, je nachdem sie im Sing. einen Geschlechtsunterschied machen oder nicht. Die Masc. beider Klassen gehen nach der 2., die Fem. der 1. Klasse nach der 1., die der 2. nach der 3. substantivischen Deklination. Wir können uns daher kurz fassen, indem wir auf die substantivische Deklination verweisen. Imparisyllabisch flektieren die organischen Komparative; von ihnen abgesehen begegnet T 13. 9 »*felon vet de pan e de vin . . . de tot en tot son gitastz*«.

92) 1. Klasse:
Masc. Sing. N. M und PCl halten das s der Endung fest: *bons* 2. 2 PCl., *dretz* 33. 12, *cerz* 94. 3, *vers* 6. 28 M. — Die Endung er nimmt keine Flexion an: *altre* 1. 16, 116. 15 M. — Die Cout. und älteren Et. und Serm. schwanken: *vers* 13. 27, *segurs* 19. 13, *francs* 43. 29 Con; *estranhs* 137. 31, 138. 9, *simples* 150. 20 Et; *bons* 255. 26, *fins* 264. 17, *estrangs* 263. 20, *malautz* 300. 3 Serm. Dem gegenüber stehen *estran* 13. 16, 49. 22, *bon* 15. 30 T . . . In allen jüngeren Texten erscheint der flex. Konsonant nicht mehr; ganz vereinzelte Ausnahmen: *dignes* Coa 464. 9, *contens* C 195. 7, *bons* G_2 452. 17. . . besagen für die Sprache nichts. Acc. flexionslos; ein Schreibfehler im Kalender 322. 4 T: »*La Envention de Sans Esteve*«;

Plur. N. M verfährt der Grundlage entsprechend; *viu* 43. 9 (vivi), *dreturer* 103. 7 M, T nur in einem Beispiele: *li home layc* 151. 30 T, — alle übrigen Belege weichen ab: Der Acc. vertritt die Stelle des Nom. *santz* 7. 22, *sols* 15. 4, *sals* 19. 11, *segurs* 19. 11 — *vielhs* Co₁ 359. 6.

Acc. regelmässig; ein paragog. e in *moltes* 174. 30, *continues* 195. 29 T; schlechte Schreibung *mot* 275. 31 T für *motz* (multos). Fem. a — as; Abschwächung selten: *glorieuse* Coa 482. 3 — *autres* 203. 4 T, Ch 2. 5. — Nach dieser Klasse flektieren die Part. Perf. Indess scheint sich hier der Kasusunterschied etwas länger erhalten zu haben; wenigstens zeigen die Cout. im N. S. in der Mehrzahl der Fälle ein s, dasselbe gilt von dem 1. Teile der Et. und Serm., und selbst in den Denkmälern des 14. Jahrhunderts ist s nicht ungewöhnlich. Seltener, wie der Sing., hat der N. Pl. an dem klassischen System festgehalten, immerhin aber häufig genug, um auch hieraus auf eine etwas längere Dauer des Zweikasussystems schliessen zu dürfen. N. S. M *escriz* 17. 14, *morz* 43. 8, *apelaz* 50. 1, *faitz* 72. 16, *eissitz* 76. 18, PCl *establitz* 17. 20, *eleguts* 18. 43, — T. Cout *tengustz* 3. 11, *crezustz* 15. 30, *reccupustz* 79. 20, *fugistz* 77. 25 . . flexionslos in *vencut* 11. 17, *condampnat* 11. 17, *retengut* 47. 1. — Die Belege aus den Et. und Serm. folgen in möglichster Vollständigkeit; wir fügen die Abfassungszeit, soweit sie bekannt ist, bei: Et *tengustz* 138. 4, *autrejastz* 139. 15 (1251), *establistz* 123. 23, *conogustz* 120. 29

(1231), *natz* 120. 28 (1231), *fagz* 126. 1 (1232), *uffertz* 124. 9 (1253), *donatz* 125. 31 (1253), *digs* 142. 7 (1255), *rendustz* 106. 21 (1258), *vistz* 110. 16 (1258), *fags* 110. 12 (1258), *gardatz* 136. 6 (1268), *elegustz* 113. 21, *noyristz* 101. 17 (1285), *observastz* 102. 11 (1285), *fenistz* 106. 4, *pagatz* 141. 4 (1294), Serm. *absoustz* 260. 1, *proastz* 263. 25, *nastz* 270. 8, *fastz* 270. 9, *levats* 282. 21, *estastz* 291. 10, *cuegs* 289. 22, *elegs* 291. 10. Hiernach darf mit Sicherheit angenommen werden, dass am Ende des 13. Jahrhunderts die Kasusflexion hier noch bestand. In Texten des 14. Jahrhunderts erscheinen noch folgende Belege für N. S. G₁ *liatz* 473. 32, *yssitz* 473. 32 (1326); C *empachatz* 16. 2, *ostatz* 306. 1, *citatz* 374. 1, *gitatz* 357. 2, *tragz* 165. 3; Cl (1377) *condampnatz* 59. 3, *digz* 74. 5; Ch (1378) *vendutz* 84. 3, *fondatz* 108. 1, *digz* 220. 2, *tengutz* 220. 8; Co₁ *escritz* 359. 7, *elegutz* 405. 20, 407. 14 (1334), *sebellitz* 409. 2; Co₃ *tengutz* 459. 15, *colgatz* 460. 24, *servitz* 485. 18, *paratz* 485. 18.

Auch in den ältesten Sprachquellen kann — notwendig nicht — das Part. der Flexion entbehren: 1) als Prädikat eines neutralen Pronomens: *aiso fo fagh e jurat* 102. 22 M; 2) in Verbindung eines abstrakten Substantivs: 21. 16 *Aissi con en aquesta carta escrit es* M; *aissi con es uzat* 7. 2 PCl; *aquo que cominalmens es possezit* 3. 10 PCl, namentlich auch am Anfange einer Satzverbindung: *Establit es* ... 4. 1 PCl; 3) als Apposition zu eu: *eu hom sobrescrit* 33. 16 M; 4) aus phonetischen Gründen bei palatalem Stammesauslaute: *le sobredih senher* 19. 1 PCl.

N. Pl. M stimmt mit der klassischen Sprache überein: *sobredig* 102. 20, *tornad* 126. 23, *tengut* 6. 8, *proat* 6. 9, auch meist PCl *tengut* 18. 34, *elegut* 4. 9, *appelat* 7. 5, *reconogut* 86. 6, *establit* 7. 1. Die Acc.-Form nur in *tengutz* 17. 15, *arbitratz* 18. 21. T kennt noch die folgenden Belege: Cout *molherat* 33. 3, *crezut* 17. 1, *receuput* 35. 7, *entendut* 65. 4, *auzit* 35. 6; Et *elegut* 113. 14, *obligat* 102. 12 (1285), *observat* (1285) 102. 12, *appelat* 145. 21 (1273), *vendut* 132. 25, *tengut* 132. 10. Den Urkunden aus dem 14. bis zum 16. Jahrhundert sind ähnliche Bildungen unbekannt; der Acc. hat den Nom. verdrängt. Beim cas. obl. sind als Unregelmässigkeiten zu verzeichnen: der Fall des flex. Konsonanten nach einer Palatalis im Acc. Pl. *dich* 192. 12 T, G₁₁ 249. 8. — Das vereinzelte Erscheinen desselben im Sing. *ditz* 175. 22, *digz* 472. 20 T, — Fem. regelmässig — e in *dicte* 194. 10 T.

93) 2. Klasse.

Masc. Sing. N. Die ältesten Texte verfahren wie die klassische Sprache: M *fizels* 58. 3, PCl *fizels* 2. 2, *lials* 2. 2, T nur in *grans* 148. 14, *nobles* 148. 15, im übrigen fällt er mit dem Acc. zusammen: *comunal* 37. 40, *lial* 15. 30, 45. 27, *colpaol* 83. 30 T, — Acc. *lial* 25. 23 T. Der N. Pl. erscheint kaum anders als mit flex. s; schon PCl *lials* 4. 1, T *paternals* 33. 4, *comons* 29. 11, *conventionals* 37. 16, *lials* 17. 2; nur ein Beleg stimmt zu den klassischen Kasusverhältnissen:

lial 17. 1 T. Acc. Pl. regelmässig: *egals* 9. 22, *civils* 61. 21, mit paragog. e in *grandes* 338. 7 T; schlechte Schreibung *gran* 437. 22 T. Fem. Sing. N.: *perpetuals* 3. 21 PCl, *vils* 15. 19 T, im übrigen wie der Acc. flexionslos: *dotal* 69. 12, *colpaol* 35. 12 T, Acc. *corporal* 17. 17, *paternal* 33. 5 T. Den N. Pl. unterschied auch die Kunstpoesie im Gegensatz zum männlichen Geschlecht nicht vom Acc. *annals* 4. 11 PCl. Acc. Pl. *personals* 29. 8, *egals* 45. 16 T.

Die jüngeren Urkunden haben dieser Flexion zumeist entsagt. Die Notwendigkeit, beide Geschlechter genau trennen zu können, führte dazu, die Fem. der 2. Klasse denen der 1. anzugleichen. Schon die Cout. bieten hierfür 2 Belege: *reala* 150. 16, Pl. *razonablas* 81. 13, — Et *colpabla* 120. 31, *comuna* 160. 16, *granda* 172. 21, *notabla* 175. 1, *insigna* 187. 3, *finala* 190. 21, mit Wechsel von a und e: *reale* 201. 31, *generalles* 203. 3, — Serm. *dossa* 277. 19 (*dulcia), — Chr *terribla* 396. 19, *sollempna* 392. 21, *granda* 408. 20, — C *rasonabla* 94. 3, *dobla* 43. 2 — Pl. *prejudiciablas* 177. 4, Cl *granda* 56. 4, Cos *vendabla* 463. 22. — Wie sie verhalten sich die neueren Dichter: *granda* 221. 24 G, 231. 2 Fi, *forta* 222. 13, *douça* 222₁ G. Abweichungen: Rou *una grand cadièyra* IX 149, *una gran tenailla* 107. 20 Fi.

Dieser Klasse reihen sich die Part. Praes. an. Bezüglich des Geschlechtes ist kein flex. Unterschied zu machen. Der N. S. hat sich verhältnismässig lange rein erhalten; noch im 14. Jahrhundert begegnen C *contenens* 17. 1, 90. 1, *obligans* 60. 5; G₁ *prometens* 474. 1, er kann sogar selten für den Acc. eintreten: *valens* 27. 24, *sufficiens* 81. 26 T, dem gegenüber steht freilich auch schon im 13. Jahrh. der Acc. für den Nom. *conoychen* 59. 19, *donant* 109. 12, *prenden* 109. 12, *receben* 109. 12, Formen, die im Laufe der sprachlichen Entwicklung durchdrangen. Im Plur. sind die Belege mit s am häufigsten, unterschiedslos für beide Kasus: N. *danssans* 423. 1, *obligans* 109. 18 — *verens* 137. 6, *attendens* 120. 21, — T, Acc. *habitans* 137. 16, *defalhens* 75. 2 T. Es genügte indessen nicht selten auch die unflektierte Form: PCl *contenen* 69. 1, 156. 2; T *portan* 469. 4, *cantan* 423. 1, *baten* 344. 13, *parten* 471. 21...

Wie beim Nomen ist auch hier der dialektischen Eigentümlichkeit Erwähnung zu thun, den Plural der Indeklinabilia vom Singular durch die Endung es zu scheiden: T Cout *tramesses* 83. 29; Et *diverses* 103. 12, *messes* 190. 23, *clauses* 124. 2; Chr *prezes* 343. 15, *mazes* 414. 13, — aus neueren Werken: *empreses* 330. 8 BP, *plourouses* 80. 20 G, *amourouses* 236. 28 Fi.

Komparation.

94) 1. Organische Komparative und Superlative.

maior: S. N. genau nach den lautlichen Gesetzen *máier* PCl 17. 26, 98. 27 T — *máger* 69. 4, 179. 4 T, mit anal. s: *máiers* 31. 6, dafür der Acc.: *maiór* 375. 2 C — A. *maiór* 37. 17, 51. 17, 103. 30,

171. 31 T, *majór* G₁ 473. 33. Seine Stelle hat häufig der Nom. eingenommen: *máier* 360. 1 C, *máger* 126. 18, 171. 20, 175. 2, 436. 7 T, ein Fem. mit anal. Vokal ist *maiora* 183. 5 C, Pl. A. *maiórs* 31. 22 T, nach dem N. S. ist gebildet *mágers* 180. 20 T — Neutrum: magis = *mais* 257. 2 T.

minor: N. S. *menre* 31. 6 T, Cos 417. 13. — Der Acc. erscheint dafür 133. 32, 179. 9 T: *menor*, mit dem Nom.-s: *menors* 133. 23 T, *menre* hat sich mit einem euphonischen d erhalten, und zwar, verbunden mit dem Artikel, als Superlativ: *lou mendre* Rou II 30, III 77, Pl. *mendres* 126. 14 BP.

A. S. ein organisches *menór* kommt nicht vor, dafür *menre*: 126. 18, 133. 16, 175. 2 T. — Der Plural ist in beiden Kasus gleich: *menors* N. 31. 21, 43. 13, Acc. 25. 29, 331. 19 T, nach dem N. S. ist gebildet *menres* 133. 11 T, A. Pl. — Neutrum: *mens* 25. 5, 43. 25; seltener *meyns* 183. 18 (*minius), heute *mens* 228. 7 Fr.

melior: A. S. *milhou* (Superlativ lou milhou) Rou I 2, A. Pl. *melhors* 103. 33, 338. 21 T. Neutrum *miels* T 7. 6, 45. 13, später, mit Vokalisation des l und Reduktion von ié zu i: *miou* R 152, indessen vertritt in der Regel das Masc. seine Stelle: *milhou* 100. 8 Fi, *millou* Fi 234. 8, *péjor* — *pire* R 145; BR 31. 6.

Andere Reste organischer Komparative begegnen in *leviór* A. S. 110. 6, 150. 22 T, *greviór* 110. 5 A. S. T; ferner in den Pronominalformen *plusors* 1 PCl, 192. 20 T, *plusiors* N. P. 189. 7 T, — von Superlativen: N. Pl. *prueysme* 33. 15 T, A. Pl. *prueysmes* 51. 13 T (proximos). Die Endung íssimum erscheint noch in *autisme* A. S. 145. 30 T und *proysime* A. S. 270. 31 T (*proxissimum — Analogiebildung), endlich ist die Zusammensetzung von met und ipsimus zu erwähnen: N. S. *mezeyme* 124. 10, A. S. *mezeume* 121. 3, Fem. *mezesma* 385. 25 T.

2. Umschreibende Komparation:

Der Komp. wird mit *plus* gebildet (in der Neuzeit *pus* oder *pu*, d. h. vor einem vokalisch anlautenden Worte *pus*, vor einem konsonantisch anlautenden *pu*). Die vermindernde Vergleichungspartikel ist *mens*. Um den Superlativ auszudrücken wird dem Komparativ der Artikel vorgesetzt. Dem deutschen ›als‹ entspricht *de*: T 31. 22 *menors de XIV ans*, später *que*: *pire que las fadas* R. 145.

Adverbialbildung.

95) An dieser Stelle beschäftigt uns nur das Adverbial-s. Dieses wird in den älteren Urkunden in der Regel dem Suffix *men* (mente) angehängt: T *longamens* 3. 21, *premieyramens* 11. 24, *utilmens* 65. 14, *fizelmens* 3. 22, *egalmens* 127. 7 T, — *generalmens* 123. 12 M — *plenieiramens* 18. 49, *solamens* 6. 3 PCl. Die jüngeren Urkunden kennen es nicht: es ist im Laufe der Entwicklung gefallen (siehe s im Auslaut. 60). Bereits in Texten aus dem 13. Jahrhundert wird es manchmal vom Schreiber vernachlässigt: T *entieyramen* 33. 3, *lialmen* 31. 25, *diligenmen* 55. 18, ebenso die älteren Et: *forment* 109. 16, *pecunialmen* 110. 15, *profechamen* 123. 4.

Auch anderen Adverbien ist dieses s geläufig: *savals* 87. 30, neben *saval* 108. 13 T, *ueys* 133. 24, *avans* 109. 19, *enans* 107. 1 T, *essems* 15. 3, *adonx* 21. 15, *res* 277. 2 C, 349. 13 T, *rens* 306. 30 T, neben *ren* 13. 21, 35. 4 T. Zur Bildung adverbialer Ausdrücke wurde es manchmal direkt an ein Substantiv oder Adjektiv gehängt: *de jorns* 141. 23, *uns jorns* 85. 14 T, *de jorns ni de nuegs* 147. 22 T — *premiers* 37. 23 T, *derniers* 37. 23 T, *fizelz* 127. 4 T, *sals e segurs* 19. 13 T. Die neuere Mundart steht auf dem Standpunkte der jüngeren Urkunden, d. h. das Adverbial-s ist stumm, auch wenn es noch durch altertümelnde Schreibweise erhalten ist: *davans* 85. 16 G, im Reime mit *crestian*; *brabamen* ‿ *ben* (ventum) R. 71. In der Liaison dagegen erscheint es wieder.

Anmerkung. Die ältesten provenz. Grammatiker (ed. Stengel) stellen die Anwendung dieses s frei:

R. Vidal 82. 6 B: *Las paraulas del auerbi po hom dire longas o breus, segon qe an mestier, aisi com ditz hom 'mais o mai, abals o abal, largamen o largamenz, bonamen o bonamenz* ...

Uc Faidit 38. 26 A: *Mas saber deuez que tut li aduerbe que finissen in en, poden finir in enz, si besogna queu pos dir 'malamen' o 'malamenz'*. — So erklärt sich das Schwanken in den älteren Urkunden.

Numerale.

1. Kardinalzahlen.

96) unus flektiert nach der 1. Klasse der Adjectiva: N. *uns* 76. 18 M, *un* 85. 29, 113. 17. A. *un* 43. 29, 91. 8 T, Fem. *una* 83. 34 T.

duo: M. N., gebildet von einem Typus *düi: *dui* 29. 12, *duy* 17. 1 T. Der cas. obl. ersetzte ihn später: *dos* 127. 3 T, — A. *dos* 41. 23 T, Fem. *doas* 13. 16 T. Dafür die Masc.-Form 126. 19 T: *dos vegadas*, die heute gebräuchliche: *dos cabras* 92. 8 Fi. Eine Kombination von ambo und duo ist *amdui* 102. 2 M. Durch den Artikel können beide Teile der Verbindung getrennt werden: *d'ambas las partz* 48. 1 PCl. Die übrigen Kardinalzahlen sind flexionslos, doch hat die Analogie vereinzelt das s des Plurals auf sie übertragen: Coa 463₂ — *mil e trezens e des e setz*; T 186. 32: *Lan mil quatre cens quaranta e cinq*; T 198. 16: *Lan mil quatre cens nonante quatre* (siehe R. Vidal 79. 5 C in der Ausgabe von Stengel). Auch neueren Texten ist dies s bei *cen* bekannt: Rou I 5: *siey cens ans*. R *tre cens ans* 580. Von mille ist der Plur. erhalten: *mila* 93. 12 Fi.

2. Ordinalzahlen.

Organische Bildungen sind: *premier* Co₁ 359. 5, Fem. *premieyra* T 75. 16, *segon* 173. 17 — *segonda* 75. 19, — *ters* 29. 24 — *tersa* 13. 15, *terza* 75. 19 T, *quarta* 11. 19, *quint* 337. 16 — *quinta* 11. 9 T, woneben die Ableitungen *sinquen* G_{II} 314. 4, Fem. *sinquena* 59. 31 T. Die folgenden Ordinalia werden mit dem Distributivsuffixe *ēnum* gebildet: *seyzen* 121. 33 T, 312. 29 G oder *seyzé* 350. 1 T — das n ist ein bewegliches, — *setena* 466. 10 T — *ochena* 89. 32 T — *nonen* 97. 2 C — *dezen* 337. 9 T, Fem. *dezena* 82. 32 T — *quinzena* 341. 1 T — *quaranté* 205. 1 C.

Einige Et. aus dem 15. Jahrhundert, in denen auch bei manchen anderen Punkten französischer Einfluss sich fühlbar macht, kennen Bildungen mit dem französischen Ordinalsuffixe: *vintesme* 191. 15, *cinquiesme* 198. 16, *treizième* 186. 32.

Pronomen.

1. Personalpronomen.

97) I. Absolutes (betontes) Pronomen.

A. Erste Person.

S. N. Die älteste Form eu (*éo = égo) erscheint in M 17. 1. Durch Diphthongierung von ę entsteht i/u, die gewöhnliche Form der Urkunden: M 11. 1, T 5. 26; eine orthographische Variante ist *yeu* 57. 2 T, mit Reduktion zu *yé* 113. 28 T. Die Form *ieu* ist die regelmässige gebliebene. Durch die zweite Person beeinflusst kann sie selten ein paragog. s erhalten: *yeous* 13. 17 P. Als Subjekt beim Verbum ist es der Sprache freigestellt, das Pronomen zu setzen oder nicht, gewöhnlich geschieht das letztere; das erstere dann, wenn das Pronomen hervorgehoben werden soll; so beginnt Roudil seinen »*Baroun de Caravetas*«:

»*Ben que souventas fes ieou n'aje crous ni pila,
Jeou souy fil d'un oustaou lou milhou de la vila*«.

Acc. Die übliche Form ist *me* 102. 29, 263. 6 T, die aber in der Neuzeit nach Präpositionen durch die Nominativform vertreten ist: *de ieou* 251. 2 R, *contra ieou* 222. 26 G, *per yeou* 250. 16 Fr, 95.24 Fi. Die Urkunden sind von diesem syntaktischen Fehler frei; heute ist er allen provenzalischen Dialekten gemeinsam (Chabaneau, Gramm. lim. Rev. V 451), eine Nebenform der älteren Sprache ist *mi* 250. 11. 17 T. Plur. N. *nos* 75. 13, 101. 9; jüngere Urkunden kennen schon die heutige Orthographie: *nous* T 196. 21. Liegt auf dem Pronomen kein Nachdruck, so kann es vor dem Verbum fehlen, wird es gesetzt, so begnügte sich die neuere Sprache mit *nous*: »*nous sen be troumpas caoucas fes*« R 45. 1. Durch diese syntaktische Verwendung hatte sich *nous* mit der Zeit so abgeschwächt, dass es in deiktischer Stellung einer Verstärkung durch seine Verbindung mit *autre* bedurfte; durch Kontraktion entstand *naoutres* Rou II 58: »*Naoutres n'aven pas de quibus.*«

G 91. 19: »*Acò's un mau pas couma d'autres
Doumai vai, mai es endecat.
Counouissen pas as enfants, nautres
mais lou vostre es saique enmascat.*«

BP 136. 3: »*Seguèren avan ges, nautres gents de Prouvença,
Couvidats en grandas ounous
A frarià 'n d'aquel pan d'amour, d'independença
Pastat sus un levat sannous.*«

Acc. *nos* 103. 8 T — *nous* 197. 9 T.

B. Zweite Person:

Sing. N. *tu* 17. 12 M, unmittelbar vor dem Verb auch zu *te* geschwächt: M 79. 12, 92. 11, 93. 13. Später erhielt tu ein paragog. s, wovon die Urkunden noch keine Spur zeigen. Das Bedürfnis, die Form des Pronomens, welches nur bei besonderem Nachdruck vor dem Verbum verwendet wird, zu verstärken, führte zu dieser Verlängerung.

BP 136$_{12-14}$: »*tus, que mesclères as perfums
qu'as boujat sous aquel que t'aima e te perdouna
tout lou regrèt de tous baujuns.*«

136. 16: »*tus que crideres as bourrels.*«

Vor dem Verb: G 226. 9: »*Mais tus sies paura!*«

Acc. In M schwanken *te* und *ti*: *te* 5. 25, 17. 2. 10, *ti* 1. 20. Doch ist *te* zumeist gebraucht und hat sich erhalten, um indess, der Neigung aller neuprovenzalischen Idiome entsprechend, nach einer Präposition dem Nom. zu weichen:

G 281$_{1-2}$: »*filha de Mount-peliè — a tus moun aumenage.*«

BP 128. 34: »*Pioi, couma un agnelet, sus tus se vengueèt jaire.*«

Plur. Die 2. Pers. entspricht der 1. — Auch hier erscheint die Formenverstärkung mit *alter* erst in der Neuzeit, in den Sprachquellen des Mittelalters besass das absolute Pronomen noch seine volle Kraft. *vous* steht als Subjekt und Objekt, früher fast immer durch *vos* dargestellt. N. *vos* 111. 20 M, A. *vos* 107. 11, 172. 11 T — *vous* 306. 17 T. Die jüngere Mundart kann *vous* als Subjekt dem Verbum vorangehen lassen, auch wenn dasselbe unbetont ist; in Fragesätzen folgt es in diesem Falle:

F 9. 25: »*vous cercas sans yeou de seguir vosta routa.*«

Rou III 62: »*que dizes-vous ara? ounte sias-vous?*«

gewöhnlich fehlt es indessen. In deiktischer Stellung wird es durch die Kombination mit *alter* ersetzt:

BR 199. 1: »*fenna! e vautres segnous, brandigues pas la testa.*«

Gui 322. 20: »*Vautres que sies aqui, buffas dins vostre auboi.*«

Nach einer Präposition, G 284. 7:
»*a vautras, ioi, counsacran nostra lira
e nostres cors, filhas de Mount-peliè.*«

98) C. Dritte Person.

a) Masc. Sing. Die ältere Mundart hat Doppelformen im Nom. und Acc., die sich aus der verschiedenen Entwicklung des ll in *ille* und *illum* ergeben: entweder vereinfachte sich ll zu l, oder es erweichte sich zu lh (Darstellung lh, ll). Durch die Vereinfachung des auslautenden l zu l verschmolzen später beide.
N. *el* 19. 8, 167. 22 T — *ell* 139. 12 T, namentlich in der Chronik häufig 331. 17. — *hell* 99. 4 M, — BP 128. 30 *el:*
»*Eh be! per tus, Prouvença, el, qu'aviè cièl ni maire
En lai traguèt soun bassarèl.*«
Acc. *el* 49. 17, 107. 7 T — *elh* 134. 22 T, *ell* 41. 2, 81. 4.

Nach Präpos. wird in den Urkunden mit Vorliebe die von *illūic (nach Thomas, Rom. XII 333 aus illo + ei) abgeleitete Form *lui* angewendet, womit also eine Scheideform für den cas. obl. gefunden wurde: *de lui* 61. 4, 101, 5 T — Co₁ 365. 12, *a lui* 132. 16 T, *per lui* 187. 24, 349. 2 T, kaum ohne Präposition *lui* 384. 31 T. Diese Form ist aber im Laufe der Zeit verloren gegangen; selbst nach Präpos. vermögen wir in den neueren Texten nur *el* zu belegen: *pres d'el* 90. 9 G, *autour d'el* 322. 28 BP, *au coustat d'el* 126. 2 BP.

Plur. N. Streng nach den Lautregeln mit Erhöhung von ę zu i unter dem Einfluss der folgenden Palatalis ist die regelmässige Nom.-Form aus *illi* gebildet: *ilh* 53. 21, 65. 22, 276. 17 T — *ill* 139. 4 T, 42. 3 PCl .. *il* 114. 12, 5. 6 M. — Mit dem Erlöschen des Zweikasussystems wurde auch sie durch den Acc. verdrängt, dem bereits die Cout. die Funktion des Nom. geben können: *els* 3. 16, 9. 13 (illos) — *ells* 116. 5 T. Die jüngeren mittelalterlichen Denkmäler (15. und 16. Jahrh.) verzeichnen neben *els* — *elos* 175. 30, 177. 23 T, G₁₁ 313. 11. 16, *ellos* Co₂ 483. 5, 484. 10; sie ist identisch mit der spanisch-catalanischen Form und blieb als *eles* in der Neuzeit bestehen, hier natürlich zugleich als Subjekt und Objekt: *eles* BP 134. 8, 142. 17, R 49, BR 364. 8. Acc. *els* 7. 28, 47. 18 T — *ells* 139. 5 T, *ele* M 77. 20, 122. 6, eine bessere Darstellung des Lautwertes von *ls* — *elos* 172. 28, 175. 14 T — G₉ 313. 7; beim Fem. Sing. *ela* 41. 11. 69. 13 T — *ella* 77. 19 M — Pl. *elas* 140. 25 T — *ellas* 188. 25 T; *ela* und *elas* bestehen noch heute: BP 130. 19 ..

C. Reflex. *se* 3. 20 T, 946 R.

99) II. Konjunctes (unbetontes) Pronomen.

A. Erste Person.

Sing. Dat. *me* 7. 6, 182. 27 T — R 67, eine Nebenform in den Urkunden ist *mi* 296. 19 T, die aber nicht fortgelebt hat. Durch Inklination verliert das Pronomen seinen Vokal: *quem* 107. 16, 274. 4 T, *nom* 17. 12 M (non me). — Acc. *me* 7. 22 T, 326. 19 BP, seiner dumpfen Klangfarbe zufolge wird der Vokal selten durch o ausgedrückt: *mo* 250. 9, 252. 11 T. Elision vor folgendem Vokale in *m'aiut* 250. 10 T (3. Konj. Präs.) — Plur. Dat. und Acc. *nous*, in den Urkunden gewöhnlich noch *nos* geschrieben. Dat. *nos* 162. 1, 167. 22 T — *nous* 197. 8 T, inkl. *ons* 44. 6 M, mit Ausfall des n: *no(n)z* 14. 13 M. — Belege aus modernen Dichtungen: Dat. *nous* 130. 1 BP, Acc. *nous* 130. 2 BP.

B. Zweite Person.

Sing. Dat. neben *te* 17. 4 M, das sich gehalten hat: 136. 13 BP — V 25 Rou — findet sich *ti* 17. 7 M. Der Vokal wird durch Inklination beseitigt: *not* 17. 4 M, oder durch Elision *t'o* 44. 10 M, *t'en* 17. 4 M. Der Acc. stimmt mit dem Dat. überein: *te* 326. 10 BP., Elision *t'* 130. 4 BP: *cugarai, per milhou t'ausi*.

Plur. Dat. und Acc. lauten *vous*, etymolog. Schreibung ist in den Urkunden Regel. Dat. *vos* 172. 10 T, *voz* G$_{II}$ 469. 4 — *vous* 126. 10 BP. Acc. *vous* 126. 13 BP.

Fällt der Vokal durch die Inkl. des Pron., so löst sich v, wie gewöhnlich zwischen einem Vokale und folgendem Konsonanten, zu u auf: Dat. *queus* 255. 24 T. Der Herausgeber von M setzt in diesem Falle den Apostroph, was unstatthaft ist: *eus* 43. 10 (et vos), *nous* 107. 4, *nius* 76. 6. Acc. *nous* 2. 5 PCl, inkl *eus* 255. 25, 278. 4 T.

C. Dritte Person.

a) Masc. Sing. D. *li* 69. 5, 81. 21 T, ausschliessliche Form der alten Sprache. Roudil hält noch an ihr fest: Rou III 51, aber Favre kennt bereits die heute übliche: *ie* 9. 3 — G 85. 32, 284. 3. Das Adverb ibi, welches in der jüngeren Entwicklungsperiode als *ic* erscheint, hat offenbar die Pronominalform verdrängt. Das Gleiche gilt fürs Fem. Durch Inklination konnte sich das i von li entweder an l anschmiegen und dasselbe erweichen: *nolli* 3. 3 M, *nilli* 8. 3 M — *reda-lli* 7. 19 M, oder fallen *quel* 108. 4 T, *nol* 51. 11, 104. 10 M. Elision in *l'estaria* 1. Kond. 104. 10 M, — auch beim Adverb, *y'essugue* Br. 30. 12 (illi exsūco), *i'an dich* 91. 15 G — vereinzelt übernahm die betonte Form *lui* die Funktion der unbetonten T 192. 27, 405. 21. Acc. *lou*, in den älteren Denkmälern in der Regel *lo* geschrieben: 21. 17, 27. 7 T — *lou* 354. 15, 413. 16 T, auch später: BP. 322. 15. — Schwächung in *le* 466. 15 T. Fälle der Inklination: *nil* 108. 29, *quel* 13. 1, *nol* 13. 2 T; vor Vokalen Elision: *l'auia* 81. 13 T. — Das Neutrum erscheint in der Gestalt des Masc.: *lo* 13. 19, 21. 17, 162. 27 T — *le* 433. 16 T, auch im modernen Patois *lou* 925 R, 30. 30 Br. Doch nimmt hier gewöhnlich das Demonstrativum *ou* (hoc) seine Stelle ein. Den Genetiv drückt das Adverb *inde* aus, das nach einem Pron. oder nach einer Negation als *en* (inde) erscheint 9. 7, 15. 17 T — F 6. 2—3:

»*es una paoura esclapa*
N'en pouras pa jamai faire un banc, coma caou«,

im übrigen aber als *ne* 171. 21, 129. 17, 130. 24 .. T, Rou I 24. Selten wird dasselbe auch mit Beziehung auf Personen gebraucht: G 89. 19, 20:

»*Me virère subran ves una doumaisela
e ne devenguère amourous.*«

Plur. Dat. Die regelrechte Form der älteren sowie der jüngeren Periode ist *lur* (illōrum) T 3. 20, 167. 2 — Rou III 76, manchmal begegnen in den jüngsten Urkunden französische Formen: *leur* Cos 482. 24 — T 201. 30 (aus dem 16. Jahrh.) — etymolog. Schreibung *lor* 183. 22, 185. 29 T, — fehlerhafte *lurs* 452. 7 T, — selten hat der Sing. die Funktion des Plur. übernommen: *li* 19. 17 T — Acc. *los* (illos) 5. 19, 23. 9 T, gesprochen *lous*, wie auch in den neueren Dichtungen geschrieben wird: Rou 1. 14, mit Abschwächung des Vokals: *les* 13. 12 T — inklin. *quels* 35. 8, *nols* 263. 10 T — für sie die betonte: *els* T 261. 12.

b) Fem. Sing. Dat. in Uebereinstimmung mit dem Masc. in der älteren Sprache, sowie noch in Rou und Fr, *li*: M 7. 18, T 142. 18 — Rou I 26, Fr 244. 2; später vertrat auch hier das Adverb seine Stelle: in dem »*amour pounit*« von A. Rigaud (Lettres à Gregoire — Rev. d. l. r. V 424):

— — — *tout ploran
S'encouris vite vers sa mera
Et y é dis, d'un air ben mouquet* — —

Acc. *la* 23. 19, 169. 17 T — 130. 7 BP, vor einem Vokale konnte Elision eintreten: *l'ause* 3. Konj. von *ausar* 169. 13 T. — Pl. Dat. wie Masc. *lur* 9. 19 T — Rou III 76, Acc. *las* 9. 17, 43. 13 T — 130. 5 BP.

C. Reflexiv. Die ältere Mundart schwankt zwischen *se* und *si*, doch ist *se* die häufigere und scheint einzig durchgedrungen zu sein: BP *se* 128. 33, R 257; indessen steht auch *si* keineswegs vereinzelt da: T 380. 24, G_1 473. 29, C 234. 2, 358. 4, Cl 85. 5, Ch 166. 4. Vergleicht man hiermit die allerdings nur selten belegten entsprechenden Formen der 1. und 2. Person, so ist man zu dem Schlusse berechtigt: In der älteren Sprachperiode standen den üblichen Pron. *me, te, sé*, die dialektischen Nebenformen *mi, ti, si*, zur Seite. — *so* ist ungenaue Darstellung der schwachen Articulation des *e* in *se*: G_{II} 312. 6. Durch Inklination fällt der Vokal: *nos* (non se) 15. 26, *ques* 31. 12, 139. 12, *sis* 138. 2 T — Elision: *s'en* 9. 7, 15. 7 T (se inde).

2. Possessivpronomen.

100) I. Betontes singularisches Pron.

A. Erste Person.

Masc. Sing. N. Genau der Grundlage entsprechend zunächst

meus 120. 19 M und nach erfolgter Diphthongierung von ę: *mieus* 137. 5, 264. 19 T.

Acc. Die älteste erreichbare Gestalt, wenn wir von dem Latinismus *meum* 20. 14 M absehen, ist *meun* 17. 5 M (1111), nach Abfall des n: *meu*, die gewöhnliche Form in M: 26. 14, 101. 5; im 13. Jahrhundert erfolgte dann auch hier die bekannte Diphthongierung: *miſu* 59. 5 T. Für die betonte tritt selten bei der absoluten Participialkonstruction die unbetonte Form ein: *mon escient* 68. 15, 53. 8 M, für regelmässiges *meu escient* oder *meun escient*. Plur. N. *mei* ergibt in den ältesten Urkunden (M) regelmässig *mei* 423. 3; den späteren ist diese Form unbekannt: der Acc. hat sie verdrängt: *mieus* 137. 13, 263. 2 T. — Acc. *meus* 123. 40 M, jünger *mieus* 127. 18 T.

Fem. *mia* 59. 22 T, daneben die nach dem Masc. gebildete *mieua* 127. 18 T, auch *miena* 293. 25, 303. 3 T, — Pl. *mieunas* 306. 14, *mienas* 269. 11, 280. 2 T.

B. Zweite Person.

Masc. S. N. Der Acc. lehnt sich schon in frühester Zeit an die 1. Person an: *teum = *teun* 124. 17 M, *teu* 33. 12, 106. 8. Alle anderen Urkunden belegen eine entsprechende Form nicht: sie würde *tieu* lauten müssen. Im Pl. finden sich nur Acc.-Formen, und nur in M: *teos = *teus* 124. 18 — *teus* 39. 10 M. Fem. — genau der latein. Grundlage gemäss — *tua* 46. 9 M — *toa* 33. 7 M.

C. Dritte Person.

Masc. S. N. mit Angleichung an die 1. Person *sieu* 101 3 T (*seum), aus dem ältesten Teile von Et. — Ende des 13. Jahrh. — Acc. *seu* 104. 8 M, später *sieu* 17. 20, 122. 33 T — Plur. N. *sei* (*sei) M 6. 9, 5. 30, *siey* T 13. 21, 5. 14, 17. 24, 21. 4, 150. 3 — die gewöhnliche und zugleich regelrecht entwickelte Form in dem älteren Teile von T. Wenn nun auch andere Urkunden aus derselben Zeit für die 1. Person nur oblique Formen belegen, so zwingt uns doch die Analogie zur 3. Person, für sie in dieser Zeit noch das Bestehen von echten Nominativen anzunehmen. Man darf eben nicht vergessen, dass sich in der 2. Hälfte des 13. Jahrhunderts der Kampf des alten (Zweikasus)systems mit dem neuen abspielt und es somit dem Ermessen der einzelnen Schreiber anheimgestellt ist, die althergebrachte oder die neue immer mehr an Boden gewinnende Form zu gebrauchen. So nur lässt sich dieses Durcheinander verstehen. — Ein anderer Nom. wurde aus dem Acc. abstrahiert: *sieu* 35. 19. 24, — 132. 25 T, noch im ältesten Teile der Chr 334. 27 T — Acc. *seus* 5. 36 M (*seos) — *sieus* 110. 34 T.

Fem. Die verschieden gestalteten Formen, die in den mittelalterlichen Texten begegnen, lassen sich nach den folgenden Gesichtspunkten beurteilen: streng nach der etym. Grundlage: *sua* M 98. 9, 99. 9, T 13. 27 — *soa* 142. 23, 278. 9 T, mit Anlehnung an die

1. (*sea) *sia* 147. 2 T, zugleich unter der Einwirkung des Masc. *sieua* 3. 2, 161. 16 T, und mit Reduktion von ie zu i: *siue* 2. 3 Cl. Formverlängerung: *siena* 122. 28, Plur. *sienas* 358. 7 T, mit orthogr. Varianten *sienna* 186. 16, 455. 16 T — *sienno* 186. 16 T, zugleich nach dem Masc. gebildet: *sieuna* 210. 9 Ch.

Wie entwickeln sich diese älteren Formen weiter? Der Acc. übernimmt zugleich die Funktion des Nom., von letzterem ist kein Rest erhalten; etym. Bildungen der 2. und 3. Person finden sich ebenfalls nicht mehr, sie lehnen sämmtlich an die 1. an. i̯ ist zu i vereinfacht; die Fem. sind nach dem Masc. gebildet.

1. Person. Masc. Pl. *mious* G 222. 34, Fem. Sing. *miouna* R 694, *mieouna* G 91. 1, mit Wechsel des flexiv. Vokals *mioune* R 272, *miounne* 13. 6 F, Pl. *miounas* Br 30. 25. — 2. Pers. Masc. *tieu* BP 328. 33. — 3. Pers. Sing. *siou* R 272, *sieou* Fr 230. 25, *sieu* BR 95. 12 — Pl. *sious* Rou I 29. Fem. *siouna* 13. 7 F — 229. 3 Fi — *siounas* Br 30. 26.

Es sei die syntaktische Bemerkung gestattet, dass nach dem Artikel selbst vor dem Nomen in der älteren und jüngeren Sprachperiode die betonte Pronominalform gesetzt wird, eine Eigentümlichkeit, die bekanntlich unser Dialekt u. a. mit dem Ital., Altfrz. und Neufrz. bis auf La Fontaine teilt. R 691—694.

»*Digas, s'ou dis d'un er ardit*
A Aeneas q'er' enclaousit,
Aurias pa, dedin la garriga
Rencountrat una miouna amiga?«

Doch ist die unbetonte Form hier nicht gänzlich ausgeschlossen: *ab lo son art* 99. 4 M — *ab lo son genni* 99. 5 M.

101) II. Unbetontes singularisches Poss.

A. Erste Person.

Masc. Sing. In *meus* fiel der 2. Vokal, e wurde geschlossen und blieb als solches unverändert bestehen: *mes*. Indess lässt sich in dieser Gestalt das Pronomen nur in Verbindung mit senior belegen: *messier* 128. 1 C. Da sich aber die 3. Person *ses* mehrfach findet und diese nach der 1. gebildet ist, ist ihr Bestehen nicht in Frage zu stellen. Eine Nebenform *mos* wurde aus dem Acc. *mon* analog geschlossen: 77. 18 M — *mossen* 136. 2 C. Schon in der 2. Hälfte des 13. Jahrh. drang der Acc. ein, *mon* 112. 17, 263. 11, 289. 20 T. Acc. *mun* 17. 5 M; auch *mon* geschrieben 18. 5 M.

Pl. N. —, A. *mos* (*muos*) T 57. 12, 277. 5, mit eingeschobenem n, in Angleichung an den Sing. *mons* 107. 27, 257. 5, 280. 31 T. Fem. *ma* 77. 137. 19 T. Durch Elision kann der Vokal beseitigt werden: *m'art* 52. 6 M — Pl. *mas* 114. 1, 253. 1 T.

B. Zweite Person.

Masc. S. N. *tos* 76. 18 M, — Acc. *tun* 18. 12 M — *ton* 17. 9 M — *to* 11. 2, 21. 15 M. Pl. Acc. *tos* 79. 19 M — *tons* 2. 5 M — Fem. *ta* 33. 2 M.

C. Dritte Person:

Masc. S. N. *sos* 13. 18, 49. 9 T — sie ging unter und wurde bereits in den jüngeren Urkunden durch *son* ersetzt: 168. 30 T — Acc. *sun* 5. 22 M (etym.) — *son* 3. 7, 5. 6 . . T, häufig fiel das auslautende n: *so* 122. 6, 125. 29, 269. 3 T, 34. 1 M — *zo* 51. 11 M, gleichgültig, ob das folgende Wort vokalisch oder konsonantisch anlautete. Pl. A. *sos* 21. 22, 31. 28 — bessere, wenn auch seltenere Darstellung: *sus* 101. 11 M — Angleichung an die 1. Person in *ses* 5. 13, 17. 23, 21. 15, 9. 26 T, an den Sing. in *sons* T 295. 9, Ch. 24. 4, 36. 2.

Fem. *sa* 3. 7, 5. 8 T; vor Vokalen kann a in der Schrift elidiert werden: *s'arma* 33. 9 T, notwendig, selbst gewöhnlich, ist dies nicht: *sa estatga* 189. 13 T, *sa ira* T 437. 14 T — Pl. *sas* 7. 23, 17. 15 T. In der Aussprache freilich trat Elision ein.

102) Die neuere Mundart ersetzt wie immer den Nom. durch den Acc. Der u-Laut wird als ou gefasst; Abbé Favre schreibt auch o:

1. Pers. *moun* 128. 17, — *mon* 10. 13 F, Pl. *mous* I 41 Rou, 91. 5 G — *ma* 326. 20 BP, Pl. *mas* 326. 21 BP.

2. Pers. *toun* 128. 11 BP, *tous* 226. 28 G — *ta* 136, 19 BP, *tas* 289. 3 G.

3. Pers. *soun* 126. 8 BP — *son* 12. 15 F — *sous* 271. 2 BPe — *sa* BP 126. 9 — *sas* 125. 20 BP.

In ihr wird der Hiatus beim Fem. Sing. nicht geduldet, getilgt, wie im franz., indem die Masc.-Form eintritt: *moun ama* G 222. 11 — *toun obra* BP 326. 6 — *soun oura* 94. 16 G. Angebahnt ist dies Verfahren bereits in den Urkunden: *son auctoritat* 41. 2, 203. 25 T, *son annada* 202. 14, wenngleich gewöhnlich in ihnen die Hiatustilgung unterbleibt — in der Schreibung — oder a elidiert wird: *s'arma* 33. 9 T, *m'art* 52. 6 M. — Erst in der Neuzeit ist dasselbe unter französischem Einfluss zur Regel geworden. Da sich das unbetonte Pronomen eng an das folgende Substantiv, dessen Attribut es ist, anschliesst, so kann man das auslautende s der Pluralformen: *mous*, *tous*, *sous*, *mas*, *tas*, *sas*, als im Inlaute nach einem Vokal befindlich ansehen. Demgemäss ist s vor vokalisch anlautenden Substantiven stimmhaft, bei konsonant. Anlaute können die unter Vok. + s + Kons. aufgestellten Regeln zur Anwendung kommen:

In dieser Stellung kann sich s manchmal zu i auflösen, und es fragt sich, ob dies auch beim Pronomen zutrifft? Nach der Abhandlung von A. Roque-Ferrier: »De la double forme de l'article et des pronoms en Langue d'oc« (Rev. IX 125—137) ist man berechtigt, diese Frage zu bejahen. Für unsern Zweck entnehmen wir derselben folgendes: 125: Ainsi, à Montpellier, bien que l'idiome se soit à la fois appauvri et corrompu, il n'est pas rare d'entendre la vieille génération prononcer: loui loups, lai femnas, sai sorres, moui cats, à côté de ses fils qui, ayant adopté l'unité d'article et de pronom, disent, eux: lous loups, las femnas, sas sorres — —

127: ... les bas Languedociens, oublieux de la tradition euphonique, ont laissé usurper à l's la place de l'i. En effet, sauf deux ou trois exceptions, nul poëte, nul écrivain du Languedoc n'en a gardé la trace. C'est uniquement dans le langage rustique qu'il faut la rechercher aujourd'hui. — Aus den älteren Sprachquellen berechtigt uns die Schreibung nicht, auf das Bestehen der Formen *mai, tai* . . zu schliessen. Den Citaten bei Roque-Ferrier lässt sich — das einzige, welches in den benutzten neueren Dichtungen begegnete — aus dem »*Amour pounit per una abeia*« von A. Rigaud (Rev. V 424) hinzufügen:
»*Jugea un paouquet quinte es l'estat*
D'un cor que toui traits an blassat.

103) 2. Pluralisches Possessivpronomen.
Der syntaktische Unterschied zwischen substant, und adjektiv. Pronomen bedingt keine Verschiedenheit der Form.
1. Person. Masc. S. N. *notres* 160. 16 T, Acc. *nostre* 101. 8, 103. 9 T, Acc. Pl. *nostres* 75. 14, 162. 1 T. Fem. *nostra* 106. 19 T, 18. 52 PCl — *nostras* 111. 6 T.
2. Pers. Masc. Acc. *vostre* 114. 1 T, Pl. N. *vostre* 17. 19 PCl. Acc. *vostres* 114. 4, 304. 6 T. Fem. *vostra* 113. 30 T.
3. Person. Masc. und Fem. stimmen überein. Beide legen ihrer Bildung illorum zu Grunde, mit Vertiefung von o zu u:
Sing. *lur* M 6. 13, 126. 4, T 359. 12, 460. 17, C 9. 3, 114. 2, selten begnügte man sich mit der etym. Schreibung *lor* C 42. 3.

Pl. Die Urkunden kennen 2 Formen: *lur* und *lurs*, die letztere mit analogischem Plural-s ist die jüngere zwar, aber doch schon früh gebräuchlich: *lurs* 20. 4 PCl, Cout. T. 5. 16, 9. 10, 19. 15, neben *lur* 3. 16, 9. 12, 19. 21, — C *lur* 9. 3, 103. 7, 114. 2, neben *lurs* 32. 3, 201. 3, 208. 5; etym. Schreibung ist sehr selten: *lor* 185. 2 — *lors* 178. 2. 14, *lurs* drang durch für den Plural, *lur* für den Sing., bei den 2 ersten Personen natürlich nur der casus obliquus:
1. Pers. Masc. Sing. *nostre* 140. 25, Pl. *nostres* 320. 17 BP, Fem. *nostra* 136. 20 BP — *nostras* Rou X 12.
2. Pers. Masc. Sing. *vostre* 126. 12 BP, Pl. *vostres* 223. 10 G, F *vostra* 128. 7 BP, Pl. *vostras* 223. 9 G.
3. Pers. Sing. *lur* Rou II 37, Fr 228. 4, Pl. *lurs* 231. 22 Fr. Favre synkopiert zuweilen das r: *noste* 14. 2, *vosta* 9. 28.

3. Demonstrativpronomen.

104) 1. Zusammensetzungen mit ille.
ecce ille: Die anlautende Silbe konnte bleiben, in welchem Falle e immer zu a verstärkt wird, oder durch Aphaerese beseitigt werden. So entstehen *aycel* und *cel*:
Masc. S. N. *aycel* 61. 12, 69. 3 — *sel* 293. 21 — *zel* 87. 20 T. — z stellt die ältere, ungeschwächte Aussprache des sibil. c dar — die Sprache hat es vermieden, den N. vom A. durch das analog. s zu

trennen, eine Bemerkung, die sich natürlich nur auf die älteren Texte, in denen ein Kasusunterschied noch besteht, beziehen kann. Eine Nebenform mit erweichtem l mag kaum bestanden haben, wenigstens gibt die Schreibung keinen Anlass, eine solche anzunehmen. Acc. wie Nom. *aicel* 63. 23, 65. 4. — *cel* 67. 30, *sel* 11. 5. Pl. N. Das nachtonige i von *illi* hat die Liquida erweicht, der mouillierte Laut ę zu i erhöht. Das einzige den Urkunden zu entnehmende Beispiel, *issi* 354. 7 T, muss auf einem orthographischen Fehler beruhen: der Abfall eines auslautenden l ist unerhört. (Ueberdies wimmelt die Chronique romane von Ungenauigkeiten in der Darstellung.) — Acc., genau der Grundlage entsprechend, *aycels* 61. 3 — *aysels* 272. 14 T — *cels* 145. 4, 354. 29 T. Fem. *aycela* 105. 21, 272. 13 T, *achela* 101. 9 M — *cella* 5. 21 M, *sela* 293. 21 T, Pl. *aicellas* 39. 3 M. — Die neueren Dichtungen kennen dieses Pronomen nicht; man darf wohl annehmen, dass es, wie in anderen Dialekten der Languedoc, auch in Montpellier untergegangen ist.

eccum + ille: u schützte den gutturalen Laut des c, e verstärkte sich zu a. Auch hier wird im Sing. der casus rectus nicht vom obliquus geschieden, Masc. Sing. N. *aquel* 3. 13. 47. 14 T — Acc. *aquel* 3. 12, 21. 2, — *aquell* 99. 6 M. M weist einige Formen ohne den anlautenden Vokal auf: *quel* 103. 7, 114. 8, die aber, allen übrigen Urkunden fremd, nicht das Bürgerrecht erhielten. Pl. Nom. Der Flexionsvokal erweichte den stammauslautenden Konsonanten und hierdurch den Stammvokal: *aquilh* 53. 2, *aquill* 59. 21, 71. 8, — *aquil* 65. 31, 111. 5, 133. 20, PCl 4. 13. Die Zerstörung des Kasussystems musste leider auch dieser schönen Scheideform den Untergang bringen; der Acc. ersetzte sie: *aquels* 33. 24, 45. 11 T, *aquells* G₁ 473. 20. — Bessere Schreibung *aquelz* M 43. 12, 117. 8, T 470. 15. Wenn wir hin und wieder Formen ohne s finden, so können dieselben nur auf Kosten schlechter Schreibung gesetzt werden, da es ja gerade ein charakteristischer Zug unserer Mundart ist, die Numera zu scheiden: *aquel* 89. 30, 275. 10 T. — vereinzelt, vielleicht mit Einmischung des bestimmten Artikels, *aquelos* 176. 2 T, Fem. *aquela* 3. 9, 21. 12 T, *aquella* 17. 8 M; mit der Elision des a vor folgendem Vokale: *aquel* 53. 12 M (hora); gewöhnlich wird der Hiatus geduldet. Plur. *aquelas* 9. 17, 45. 4, handschriftl. Variante *aquellas* 49. 9 M. Dieses Pronomen lebt fort, im Plur. mit der Epenthese von e vor dem s der Flexion; es erinnert dies e an das der Indeclinabilia. Der Kasusunterschied ist natürlich aufgegeben: *aquel* 221. 9 G, Plur. *aqueles* 140. 27 BP, Rou X 10, Fem. *aquela* Rou IV 5. 11. Keine Schreibung veranlasst, hier Nebenformen mit vokalisiertem l, wie sie beim Suffix ellum so häufig begegnen, anzunehmen: l steht fest, mag das folgende Wort vokalisch oder konsonantisch anlauten. Die genannte Epenthese findet sich bereits in einer Urkunde aus dem Jahre 1584: *aquelles* 233. 9 T.

105) 2. iste und seine Composita.
1) Das Simplex ist nur der älteren Mundart geläufig, den herangezogenen neueren Dichtungen fremd. Die folgenden Formen sind in den Urkunden belegt: Acc. Pl. *estz* (istos) 21. 15, 64. 14, 65. 14 M. Die Konsonantenverbindung stz war aber der Sprache gerade wegen der flüchtigen Artikulation beim adjektivischen Pronomen unbequem: sie reducierte ihn, wurde aber ihren Principien ungetreu, da sie den flexiv. Konsonanten apokopierte: *est* 17. 15, 67. 15 M — Fem. *esta* 21. 30, 174. 34, 376. 20 T, *ista* 101. 1 M, nach einer Präposition *desta* 263. 3 T.
2) Die Zusammensetzung ecce + iste hinterliess keine Spuren.
3) eccum + iste lebt dagegen bis heute fort.

Masc. S. N. Den phonetischen Gesetzen entspricht *aquest* 43. 4, 118. 17 M; ein analoges Nom.-s erscheint in *aquestz* M 72. 16, T 128. 31, Co₃ 475. 7.

Acc. Die regelrecht entwickelte Form ist relativ selten: *aquest* 7. 20 T, 17. 11 M, mit synkopiertem s: *aquet* 448. 21 T. — Merkwürdiger Weise hat der Nom. auch die Funktion des Acc. übernommen, ja, das analoge s, welches nach t als z erscheint, ist als versteinerter Rest noch den jüngsten Urkunden bekannt. Unbegreifliche Willkür eines Volksidioms! Die Sprache vertauscht eine leicht sprechbare Lautverbindung mit einer schwer sprechbaren und verliert nicht blos die Fähigkeit, das Subjekt vom Objekte in der Aussprache zu trennen, sie gibt auch die Unterscheidung der beiden Numeri preis: *aquestz* 67. 12, 113. 27, 258. 23, — M 124. 11.

Pl. N. Die ältesten Urkunden weisen ein regelrecht aus eccum istī mit Erhöhung des betonten ę durch das nachtonige i entstandenes *aquist* PCl 4. 6, 7. 1; T 115. 14 auf, — gewöhnlich aber ersetzt ihn der Acc. *aquestz* M 33. 18, 79. 20, Co₃ 456. 10, G₁ 473. 24, — oder *aquests* 299. 10, 308. 29 T. Die unbequeme Lautverbindung stz wird gehoben, und zwar entweder, was zwar richtiger, aber selten ist, durch Synkope des stammhaften s: *aquetz* 380. 17 T — *aquez* 13. 14 M, oder — und dies ist das gewöhnliche — mit Apokope des charakterist. flex. Konsonanten: *aquest* 41. 15, 107. 30, 114. 7 T — Acc. Pl. *aquestz* 4. 7 M, 29. 21, 53. 23 T; *aquests* 5. 22 M, *aquest* M 2. 8, 73. 15, 117. 15; Fem. *aquesta* 53. 16, 258. 23 T; nach Präpositionen *daquesta* G₁ 473. 20, und mit Erhöhung des vortonigen Vokales, *dequesta* 349. 30 T — Pl. *aquestas* 7. 17, 89. 29. — Die neuere Mundart hat im Gegensatz zur älteren dem Stamme in beiden Numeris ein e angefügt: Masc. *aqueste* 223. 13 G, 192. 9 BR, 228. 9 Fr, Pl. *aquestes* 80. 19 G, 198. 6 BR, Fem. *aquesta* 328. 3 BP. In den Urkunden erscheint der paragog. Vokal 128. 32 T, *aquestes* — *aquestos* G₂ 314. 19. Es sind dies indessen nur lautliche Ausartungen: die ältere Sprache verschmäht den parag. Vokal.

106) 3. ipse und Composita.
Auch hier hat die neuere Sprache der älteren gegenüber Ein-

busse erlitten. Das Simplex weist nur die letztere auf: Masc. A. S. *eis* 17. 11 M; Pl. N. *eus* 263. 18 T, Fem. S. *eussa* 21. 12 T, *eissa* 76. 4 M, — Pl. *eissas* 7. 24 M. Das mit der Partikel met zusammengesetzte Pronomen belegen die Urkunden in der verschiedenartigsten Gestalt: Die Diphthonge eu und ei wechseln, das t der Partikel ist geblieben, oder zu z geschwächt; oft, ja meistens, wurde die Indeklinabilität in bekannter Weise beseitigt, das stimmlose s durch ss, seltener s, ausgedrückt, oder auch, in seiner Eigenschaft als cerebrale Spirans, durch ch, sc.

Masc. S. N. *meteys* 19. 9 — A. *meteus* 330. 32, *meteysc* 285. 22 — *mezeys* 33. 22 — 103. 23 T; Pl. N. *mezeus* 5. 4 PCl, 53. 21 T. A. *meteysses* 185. 22, *meteyches* 271. 1, — *mezeusses* 67. 8, 83. 10 — PCl *mezeisses* 22. 1 — *mezeusses* 18. 21; Fem. S. *meteycha* 150. 15 — *mezeycha* 153. 27 T, Pl. *mezeusas* 62. 20 M. Eine Kombination von met und ipsimus hat sich in der neueren Mundart erhalten: sie erscheint als *mèma* Rou III 83. Pl. *memas* 81. 2 G, mit Ausfall von t und s und Kontraktion von e — e. Das a der Endung stellt sich dem a in *pera, mera* .. zur Seite. Masc. und Fem. fielen zusammen. Das Adverb lautet in den mittelalterlichen Denkmälern *mezeyne* 124. 10 T. — (Auflösung von s zu i.) — später trat das Abverbial-s hinzu: *mèmes* Rou IX 164.

107) 4. Weitere Demonstrativa sind aus der Verbindung von eccum mit talis und tantum hervorgegangen: Masc. S. N. *aytals* 35. 26, dafür der Acc. in *aytal* 168. 29 T, Cos 482. 10. — Acc. *aytal* 21. 30, 79. 7 T, Pl. Masc. und Fem. *aytals* 73. 19, 103. 82, 150. 33 T — *aitals* PCl 5. 6, Fem. S. *aytal* 73. 25—79. 10, jünger *aytala* 443. 14 T.

eccum + tanta = *aitanta* 3 7. 3 PCl, *autreieron als obriers que de lur peireira de Caunelas pusquesson traire peira, aitanta quanta ni auria.* — In der neueren Mundart kann der bestimmte Artikel die Stelle des Demonstrativums einnehmen, wenn ihm eine Präposition oder ein Relativpronomen unmittelbar folgt: BR 105. 1—4:

»*Dounc, entre sas apartenenças
E las de sous gendres, Ramoun
A das poples las avenenças
D'un bout de l'Europa au fin foun!*«

Fr 246. 10: »*lou qu'ayma Françoun noun es qu'un miserable.*«
R 565—566: »*Agachas couma se roussega Embe lous que ié cércou brega*« Rou IV 1. 7: »*A lou qu'es fat quand nay, caou pas de medeci.*«

108) 5. Neutrum des Demonstrativums.

1) hoc hat sich erhalten, in den Urkunden gewöhnlich als *o* 33. 30, 89. 21 T; ho Co1 365. 19; selten mit erhaltenem c: *hoc* 175. 25 T, *oc* 7. 26 T. Bei den neueren Dichtern erscheint es zu *ou* vertieft und vertritt ausserdem das neutrale Personalpron., dessen eigentliche Form, *lou*, fast gar nicht mehr zur Verwendung kommt:

R 101—2: »*Marou q'aourie pougut ou faire
passa lis sus aqel affaire.*«
G 69. 9: »*M'as vencit, n'ou vouliei pas crcire.*«

2) Zusammensetzungen mit ecce und eccum.

a) ecce hoc: Das auslautende c fiel stets, e verstärkte sich zu a, oder wurde durch Aphaerese beseitigt: *aizo* 123. 32 M (z bezeichnet die ältere Aussprache des sibil. c, später vereinfachte es sich zu s) — *aiso* 78. 14 M, *ayso* G₁ 473. 21. Bessere Schreibung *aysso* 3. 3, 5. 20 T, Co₁ 365. 19 — *zo* 1. 7 M, *so* 5. 1, 7. 13, 11. 8 T. Die später fast zur Regel gewordene Schwächung zu e findet sich, wenn auch nur selten, bereits in Et. *se* 152. 14. 28, 139. 10; aus modernen Dichtern sei *sou* bei Favre 10. 23 angeführt, ferner *aiços* (adverb. s) 366. 15—18 BR:

»*Aviè marcat sus las muralhas
Aiços, court et ben entanjat:
Quau levara dous cops las talhas
Sus lou pople sera penjat.*«

Verbunden mit einem Relativum steht ce, auch wenn es von demselben durch ein Attribut getrennt ist — Rou III 21:

»*La razou noun es pas tout ce que l'on estima.*«

b) eccum hoc: *aco* 69. 8, 356. 14 T, *aquo* 5. 2, 25. 11, 151. 9 T — Aphaerese von a unbekannt. Die neuere Mundart hat hier o rein erhalten, aber oft das adverbiale s angefügt: F *acos* 7. 31, neben *aco* 13. 9, Fr *acos* 228. 5 — *aco* 959 R, 142. 13 BP, 93. 1 Fi. In Montpellier selbst besteht *acos* ausser in etlichen Volksgesängen heute nicht mehr (aco ausschliesslich), wohl aber in Lodève (Umgegend) (s. Rev. XVIII. 97).

3) Eine Zusammensetzung aus met und *ipsum (für klass. ipsud) ist *mezeus* 33. 24, 53. 24, 55. 7 T, *meteis* 53. 21 T, *meteyse* 11. 2, 25. 21 T.

An das Demonstrativpronomen schliesst sich an:

Der bestimmte Artikel.

109) 1. Der bestimmte Artikel ist seiner Bedeutung nach ein abgeschwächtes Demonstr. und auch aus ihm hervorgegangen. Die roman. Sprachen haben zu seiner Bildung ipse und ille verwandt. Ersteres diente zur Grundlage im Sardischen und im Catalanischen auf Mayorka, ja auch in einzelnen Gegenden des südlichen Frankreichs; denn die Leys d'amors (II 122) kennen und tadeln »*so vergiers, es cavals, sa taula*« für »*lo vergiers, lo cavals, la taula.*« Unserm Dialekte ist diese Bildung fremd. Es ist allerdings richtig, dass sich ipse in der latein. Form angewendet findet in einer Anzahl von Urkunden aus M, in denen sich Latein und Provenzalisch mischt: 35: *De ista hora in antea, ego, Garsens, filia Gonberga, non decebrai, ni tolrai, ni demandarai a te Raimun, filio Eldeburgis, ipsum*

castellum de Villanova, et ipsa turre, ni ipsas curte ni ipsas fortizias quae ibidem in ipso castello subrascripto ni adenantea ibi erunt factas. — Aehnliche Belege 36 a. 4. 5, 37 2. 3 4 .. 40s ..
Allein die rein romanischen Urkunden, auch die, deren Text mit den gemischtsprachlichen übereinstimmt — es handelt sich um Treugelöbnisse — kennen die Formen *eis, eus, eissa, eussa*, die man erwarten sollte, nicht. Die Grundlage für die Bildung des best. Art. ist *ille*, und es fragt sich nun, ob, wie im Span. und in der Regel im Ital. die erste, oder, wie im Franz., die zweite Silbe erhalten ist. Diez (II[4] 37) nimmt nur das letztere an; in dem von Raynouard Ch XI 110 aufgestellten Paradigma verwirft er *el* und *els* und meint sie in *e l* und *e ls* abteilen zu müssen. Dieser Ansicht schloss man sich fast allgemein an, bis A. Roque-Ferrier durch seinen Aufsatz in der Rev. d. l. r. XVI 114—138, »vestiges d'un article archaïque roman«, das Bestehen eines nach Art des Span. und Ital. aus *ille* entwickelten Artikels auch für das provenzalische Sprachgebiet sicher gestellt hat. Ein solcher ist auch der älteren Mundart von Montpellier bekannt, und wenn auch nicht ganz so geläufig wie der dem franz. analog gebildete, ist er auf der anderen Seite auch nicht gerade selten: er erscheint im Sing. — Nom. sowie Acc. — streng nach der Lautlehre aus *ille* bez. *illum* entwickelt, als *el*; im N. Pl. würde man *ilh* erwarten, die Belege stammen indess aus der Zeit, in der der Nom. bereits durch den Acc. verdrängt war: *illos* — *els*.

Um allem Zweifel an seinem Bestehen in den Urkunden vorzubeugen, sei nachstehend eine Auswahl von Belegen zugleich mit dem zum Verständnisse notwendigen Teile des betreffenden Satzgefüges verzeichnet: S. N. *el*.

T 124. 5: *Con sobre la denunciation facha a la cort de Montpeylier per Esteve Darihom ... contra Johan Aymeric ... e contra alcuns autres, se fos uffertz a la defension del dig Johan, defra empero XXX dias pueys que el mezeyme Johan per occayzon de la dicha denunciation per la cort fon cridatz Peyre Aymeric corratier, payre e lial defendedor ...*

T 154. 29: *En aysso se convenon lo senhor rey el senhor enfan el senhor avesque el prebost, que lavesque e sos ufficials non escumergon los ufficials ols curials del senhor rey ... si non premieyramens si avian perservit desser escumergastz amonitio davan messa e razonablamen e justa, et avuda e ressupuda premieyramens fadia daquo el bayle dela cort o el senhor rey si en la terra sera o el tenent lo luoc sieu si el senhor rey en la terra non sera.*

T 231. 5: *Item tota saumada de fruchia ia sia ayso que el vielh registre digua que dona I escudella, dona del s I d.*

In der jüngsten Urkunde, aus dem Jahre 1584, findet sich folgender Beleg:

T 234. 7: *En lan de nostre Seigneur ... el noble signor rey de Malhorque regestré* (3. Sing. Perf.) *en aquest libre lous leudes...*

Acc. Sing. *el:*
C 336: *I̊ª letra del rey d'Arago sagelada, sobre el tenh de la roia.* — T. 335. 27 (bereits von R.-Ferrier angeführt): *En lan de M e CCLVIII fon facha pas entrel rei de fransa et el rei d'Englaterra.* — *sus el mur* PCl 40. 4, *sobre el mur* 45. 3 PCl, *sobre el tenh* 386. 1 C.

Nom. Pl. *els.*
T 169. 28: *Item que els autres servidors del cossolat non se auzon disnar ni sopar entro quels senhors cossols syan anatz disnar o sopar.*

Acc. Pl. *sus els sans* 102. 20 T.

Ueber das spätere Schicksal dieses Artikels herrscht keine genügende Klarheit. Die eingesehenen neueren Texte boten uns für sein Bestehen keinen Anhalt, indessen scheint er nichtsdestoweniger Spuren hinterlassen zu haben: »Il paraîtrait même que cette forme d'article était encore en vigueur à Montpellier il y a trente ans environ, ainsi que me l'a assûré M. Charles Gros. Elle a dû disparaître depuis, car le langage actuel ne semble pas en avoir conservé de trace.« (A. Roque-Ferrier Rev. XVI 135.)

110) 2. Abgesehen von diesen Bildungen ist im Dialekte von M. der bestimmte Artikel aus *ille* durch den Wegfall der 1. Silbe entstanden. Das Paradigma der älteren Urkunden ist:

Masc. Sing. N *le,* A. *lo,* Pl. N. *li,* A *los*; Fem. Sing. *la,* Pl. *las:* Masc. N. S. *le* (ille) ist die gewöhnliche Form von M und PCl, auch noch in den ältesten Urkunden von T findet sie sich überwiegend zur Bezeichnung des Nom. verwendet: Cout 5. 1, 9. 24, 11. 3, 43. 5 — Et v. 1231: 122. 29, 123. 8, 124. 13, — 1258: 108. 15, 110. 8, Ser. 256. 6, 276. 3; mit Elision vor Vokalen: *lapellayre* 25. 29, *lestran* 33. 15. In keinem dieser Texte tritt sie jedoch ausschliesslich auf: dass schon M eine Reihe von Belegen für das Eindringen des Acc. gibt: 5. 25, 98. 1. 6, 126. 10, 99. 1. 6. 8, 10. 1. 6, genügt, um zu folgern, dass bereits im 12. Jahrhundert, als die Nominalflexion noch unversehrt bestand, die Sprache bestrebt war, beim singularen Artikel den Kasusunterschied aufzugeben. Auch PCl kennt *lo* 59. 1, weit häufiger, schon in der kleineren Hälfte der Fälle, der ältere, handschriftlich aus der 2. Hälfte des 13. Jahrhunderts überlieferte Teil des Thalamus. Cout 25. 6, 77. 23, 69. 27, 23. 10, 73. 3. Et. 101. 2, 105. 13, 128. 13, 154. 1. Mit dem Ausgange des 13. Jahrhunderts ist die Nom.-Form als tot anzusehen. — Acc. *illum* ergibt zunächst *lo*; schon in vorhistorischer Zeit vertiefte sich o zu u, und jüngere Urkunden tragen dem faktischen Lautwerte auch in der Darstellung stellenweise Rechnung: *lou* 452. 28, 232. 36 T, gegenüber *lo* 11. 17, 55. 16 T. Wenn für den Acc. zuweilen der Nom. eingetreten ist, so hat dies in älteren Urkunden seinen Grund darin, dass der letztere zwar noch bestand, die syntaktische Funktion desselben aber aus dem Bewusstsein entschwunden war: *le* Cout 27. 15; in jüngeren ist französischer Einfluss anzunehmen: T 182. 2, 187. 22, 202, 17 (aus dem 15. und 16. Jahrh.), selbst dann, wenn *le* die Stelle des Nom. einnimmt: T 412. 12, Cl 57. 5. Vor einem vokalisch anlautenden Nomen kann auch in der Schreibung Elision eintreten: *lus* 3. 22 T, notwendig, selbst gewöhnlich, ist dies nicht: *lo us* 166. 9 T. — Pl. N. aus *illi* entstand *li*, die gewöhnliche Form in den Denkmälern aus dem Ende des 13. Jahrh., in M die ausschliessliche: M 6. 8, 123. 3 — PCl 3. 21, 5. 21, 33. 2; Cout 3. 13, 9. 21, 27. 25 ... Et 102. 6, 111. 23, 137. 13 ... Serm. 255. 3, 260. 3, 283. 10 ... Co₁ 359. 17, 365. 16, Co₃ 457. 5, 486. 26. Der Acc. — *los* — ist auch hier nicht unbekannt, aber tritt doch weit seltener auf als im Sing. *lo*, und da in diesem Falle das zugehörige Substantiv immer mit flex. s erscheint, so liegt auf der Hand, hier eine Art Angleichung des Artikels zu vermuten: Cout *los* 9. 10, 31. 27, 49. 11; Et 100. 19, 115. 18, 126. 19, 152. 31, 155. 9 — PCl 3. 11, 38. 1. Man darf hiernach behaupten, dass die Nom.-Form des Plurals die des Sing. überlebt hat, dass sie noch am Ende des 13. Jahrh., wo letztere, wenn auch noch nicht ganz vergessen, doch wenigstens zur archaistischen herabgedrückt war, in voller Kraft bestand. Einer Elision des Vokals hat sie sich stets widersetzt — an ihrer Stelle steht *le* 33. 12 T. Im 14. Jahrh. ging auch sie verloren, der Acc. trat an ihre Stelle: *los* 156. 21, 159. 25, 161. 23 T. Acc. *los* (illos) 3. 23, 5. 12 .. T; mit phonetischer Schreibung: M 6. 9. 21 *lus*. . Der Nom. — *li* — begegnet Et 112. 18, 124. 16 (1258 bez. 1253) — Fem. Sing. *la* 5. 4, 49. 13 T. Elision tritt, ausser vor a, wo sie indessen auch nicht notwendig ist, in der Schreibung nicht ein: *la una* 13. 6, 81. 25, *la election* 81. 32, *la usura* 51. 23, *la appellation* 27. 2, *la aministration* 5. 27 T — *lautra* 108. 5 T.

Zu verzeichnen ist die Neigung, vor *un* (unus) den fem. Artikel an Stelle des masc. zu verwenden: *la un* 100. 21, 303. 31, 304. 15, 471. 12, 474. 19 T, *la ung* 195. 11, 307. 27 T, *la un-lautre* G$_{II}$ 312. 8, *la un contre lautre* 22. 2 C. Es handelt sich hier um eine Formverstärkung (siehe Diez 451 II[4]), die selten auch in anderen Verbindungen eingetreten ist: *la ordenamen* 100. 26, *la fach* 170. 24 T, während im Gegensatz hierzu in der Chr. manchmal *la* mit *lo* vertauscht wird: T 367. 1, 398. 34, 437. 16, 448. 16. Plur. *las* 3. 3, 5. 5 .. T, franz. Form *les* 336. 31 (Chr.).

Nach dem Untergange des Nom. ist das Paradigma vom 14. Jahrhundert ab bis heute unverändert geblieben:

Masc. Sing. *lou* G 220. 5, Plur. *lous* BR II 1; Fem. *la* Rou III 1. — *las* Rou I 50 (über *loui, lai* für *lous, las* siehe 102).

Anmerkung. Während in Montpellier der Acc. den Nom. verdrängt hat, ist in einem anderen Teile der Languedoc (Departement Haute Garonne und in einem Teile von Aude und Ariége), in dem der toulousanische Dialekt gesprochen wird, der Nom., *le*, durchgedrungen und hat sogar zur Bildung des Plur., *les*, gedient (cfr. Ch. de Tourtoulon in der Einleitung zur Chirurgie d'Albucasis Rev. d. l. r. 19).

3. Inklination des bestimmten Artikels tritt ein, wenn das folgende Substantiv konsonantisch anlautet; bei vokalischem Anlaute findet Elision statt. Der feminine Artikel wird von ihr (Inklination) nicht betroffen, denn a war als stärkster Vokal zugleich auch der widerstandsfähigste. Der masc. Artikel inkliniert:

1) Nach einer Präposition: a) nach de und a, mit deren Hülfe das syntaktische Verhältnis des Genitivs bez. Dativs ausgedrückt wird: Sing. *del* 3. 16, 5. 23 — T *al* 3. 15, 59. 5 T, *all* 3. 12 T; Plur. *dels* 3. 8, 45. 5 T, mit besserer Schreibung *delz* 123. 16 M, 110. 25 T, 483. 8 Cos — *als* 3. 16, 5. 4, 31. 28 T — *alz* 38. 10 M. — Die Verbindung ls (*lz*) machte vor konsonantisch anlautendem Nomen der Sprache Schwierigkeiten, die sie oft durch Synkope des einen Bestandteils zu heben suchte; gewöhnlich fiel in diesem Falle die Sibilans: *del* 91. 3, 140. 20, 185. 16, 133. 27, 186. 7, 380. 15 T — 249. 14 G$_u$, C 248. 2, 352. 2; *al* 19. 5, 275. 3 T, 19. 2 Cl; seltener die Liquida: *des* 319. 32, *as* 171. 2, *az* 156. 24 T. Indessen hat die jüngere Mundart mit gutem Takte den letzteren Formen, die den flexivischen Konsonanten wahrten, den Vorzug gegeben und ausserdem das e des Genitiv zu a verstärkt, was, da es als tonlos angesehen werden darf, nicht befremden kann (siehe 23): *das* f 9. 24, R 75, BP 140. 6, *as* 91. 19 G. Die Vokalisierung des l zu u in der älteren Periode begegnet nicht vor Ende des 15. Jahrhunderts und nur nach a: *au* 194. 6, 309. 21, 311. 9 T — Cos 483. 1 — *aus* Cos 482. 26. Die Singularform wurde bis heute festgehalten: *au* G 220. 1, *aou* Rou II 2, die Pluralform nicht. Später ergriff die Vokalisierung auch das l des Genitiv Sing., nachdem zuvor e zu a verstärkt worden war: *dau* 223. 1 G, *daou* R 76; der femin. Artikel inkliniert nicht: *de la* 3. 2, 151. 12, — *de las* 25. 26, — *a las* 43. 10 T, das Gleiche gilt selten sogar vom Masc.: *de lo nombre* 328. 24 T. — Folgt dagegen ein vokalisch anlautendes Nomen, so tritt Elision ein, d. h. der Artikel verbindet sich nicht mit der Präposition, sondern mit dem Nomen: *a lun a lautre* 9. 26 T. Hiernach lässt sich für den inkl. Genitiv und Dativ das folgende Paradigma aufstellen — der Bindestrich sondert die modernen Formen ab:

		Masc.	Fem.
Sing.	Gen.	*del - dau*	*de la*
	Dat.	*al, au - au*	*a la*
Plur.	Gen.	*dels, delz, del, des, dez - das*	*de las*
	Dat.	*als, alz, al, as, az, aus - as*	*a las.*

b) nach anderen Präpositionen:
el (en lo) Co₁ 359. 15 — Pl. *els* 5. 22, 7. 28 — T *es* 192. 4 T.
pel 17. 8 M (*per lo*) — *entrel* Co₁ 359. 13, *sobrel* 138. 27 T.

2) Nach Konjunktionen: N. S. *el* 9. 20, 137. 33 (et ille), *quel* 3. 12, 9. 12, *nil* 5. 23, *sil* 9. 19, 263. 4 T. Acc. *el* 9. 11, *quel* 27. 12,

47. 2, *ol* 47. 2 (aut ille) T. Plur. *li* hat, wie der Elision, auch der Inklination widerstanden, *los* nicht: *els* 5. 11, 138. 22, *ols* 27. 25, 73. 17, *sils* 139. 3 T.

3) Nach Relativen: *quels* 116. 22, *quils* 136. 21 T, nach einem Infinitiv: *rendrels* 263. 8 T.

Zusatz: Der unbestimmte Artikel ist mit dem adjektivischen Zahlworte *un* identisch und geht wie dieses nach der 1. adjektivischen Deklination: N. *uns* 3. 6 — *un* 101. 3 T, die letztere Form blieb. Acc. *un* 9. 19, Fem. *una* 9. 20, 13. 6 T, manchmal wurde a zu e geschwächt: *une* Cb 113. 5, C 369. 1. Der unbest. Art. ist auch der Pluralbildung fähig: T *uns vestirs* 143. 14, *unas gens* 352. 13, *unas cenres* 299. 29, *unas forcas* 381. 4 T (siehe Diez, Gr. d. rom. Spr. III⁴ 21).

4. Relativ- und Interrogativpronomen.

111) 1. que wird ohne Rücksicht auf Zahl, Geschlecht und Kasus gebraucht, als die gewöhnliche Form des Relativums, als Neutrum auch beim Interrogativum: *que dires vous ara?* Rou III 62. Selten ist es in den Urkunden zur Bezeichnung von Personen nach Vorwörtern eingetreten: *deque* 85. 15 — *enque* 264. 4 T; hier herrscht *cui* oder *cuy*: *de cuy* 17. 10, 51. 18, 263. 9 T, *a cui* 5. 21, 11. 22, 69. 3, *a cuy* 35. 26, 110. 33 T, welches indessen untergegangen ist. Durch Einfluss des Französischen kann in der neueren Sprache nach *de* das Adverb *unde* seine Stelle einnehmen.

Rou I 63: *E tan d'aoutres efans doun lou noumbre m'accabla.*
IV 3. 5—6: »*Rousinda én mèma tems, doun l'amour mé dévora,*
        Paréys én tant d'atrès qu'éla porta toujour.«

Ganz vereinzelt ist die Anwendung von *qui* statt *cui* geblieben:
272. 12 T. Die Leys d'amors (II 76) tadeln diesen Gebrauch von *qui*, er muss also in der Mitte des 14. Jahrh. wenigstens im westlichen Teile der Languedoc, in Toulouse, (denn hier sind sie entstanden) verbreitet gewesen sein.

Am Anfang des Satzes und im Innern ohne Beziehung auf ein vorhergehendes Nomen steht *qui* (lat. is qui) 9. 16, 11. 7, 13. 4 T, im Innern 136. 21 T: »*Establem que quils habitadors de Montpeylier per letra de commission ad autre jutge deforas Montpeylier trayra.*« ...

112) 2. qualis dient als Interrogativpronomen, als absolutes und adjektivisches: Sing. N. *qual deu pagar ni qual no* 30. 2 C; Acc. *en cal manieira* 53. 1 T, 25. 1 PCl. — *en qual guiza* 125. 2 C; N. Pl. *quals*: *Leges me quals son aquestz?* 182. 27 T — *cals*: *sapias, cals son las escalas* 7. 5 PCl; ebenso späterhin:

Rou VI 34: »*Quaou fouguèt novi? Jean Vinaou.*
        Quaou fouguèt novia? Catarina.«

Das Feminin hat also in diesem Falle den charakteristischen Vokal (a) verschmäht, den wir a priori bei qualis, als einem Adjektivum der 2. Klasse, im neueren Patois erwarten dürfen.

Als Relativ ist das einfache Wort nur selten verwendet: 13. 1 C *la caycha en qual ha*; Ch 99. 3: *aquels bes quals*, — (ein gleiches Korrelativ zu tantus ist quantus: *aitanta peira quanta* PCl 37. 3). Die Sprache bildete ein neues, in der älteren Periode neben *que* sehr häufig, in der jüngeren kaum gebrauchtes Pronomen durch die Verbindung von qualis mit dem bestimmten Artikel. Beide Teile flektieren so, - wie sie es von einander getrennt thun würden: Masc. S. N. *lequals* 19. 18 PCl. Die Urkunden von T lassen den pronominalen Bestandteil unverändert, der Artikel erscheint entweder in der Nom.- oder auch schon in der Acc.-Form: *lecal* 3. 10, 65. 17, 79. 12 (Cout.), Et. 102. 7, 160. 22, Serm. 283. 24, — *local* 108. 5, 169. 5, 173. 13 T — *loqual* 102. 29, 330. 15; Acc. *loqual* 103. 29, 65. 16 T. Inklination: *delqual* 53. 20, 61. 14 T, *alqual* 3. 12, 51. 13, *el qual* 19. 23 T.

Pl. N. Die älteren Urkunden scheiden meist genau den casus rectus vom obliquus: *li qual* PCl 4. 2, T 61. 23, 65. 21, 53. 22 — 113. 18, — 255. 2, 262. 15, — *li cal* 45. 3, oder schützen doch wenigstens den Artikel: *li quals* 53. 20, 116. 15, 254. 16, 275, 10 T, sogar noch im älteren Teile der Chronik; 338. 21; seltener erscheint indessen auch schon der Acc.: *losquals* 83. 2, 116 20 T, der mit dem Erlöschen des Zweikasussystems durchdrang. Acc. *losquals* 45. 11, 55. 12, 108. 18. Wie immer inkliniert der Artikel nach Präpositionen: *delsquals* 85. 29, 108. 27, 114. 23 T, *alsquals* 61. 3, 23. 2 T, *elsquals* 53. 19, 65. 20 T; eine Ausnahme bildet *en los quals* 111. 32 T, vereinzelte Gestaltungen: *desquals* Co₃ 456. 16 — *delquals* 165. 7 C.

Fem. Die gewöhnliche und zugleich regelmässige Bildung ist *laqual* 41. 6, 87. 11 Tc. 103. 19, 110. 22 Et. — *lacal* 161. 14, 111. 2 T, G₁ 473. 18. Doch erscheint in den jüngeren mittelalterlichen Sprachquellen durch Anlehnung an die 1. Dekl. *laquala* 175. 27 T, 313. 16 G$_u$, *laqualla* Co₃ 484. 1 und mit Erhöhung des stammhaften a zu e unter franz. Einfluss: *laquella* 482. 20 Co₃; Pl. *lasquals* 81. 14, 83. 33, 103. 18 .. T, *las cals* 127. 7 C; das s des Artikels fiel in *laquals* Ch 131. 3, 152. 4.

Diese in der älteren Periode neben *que* so häufig zur Bezeichnung des Relativums verwandte Verbindung hat in der jüngeren entschieden an Wert verloren. Aus den benützten Texten liess sie sich kaum belegen: Fizes kennt noch *per louquaou* 223. 2. Es wird somit gestattet sein, die Folgerung, welche Constans in seinem Sousdialecte du Rouergue p. 82 für diese Mundart macht, auch auf die neuere Sprache von Montpellier auszudehnen: »considéré comme relatif, *cal* joint à l'article est à peu près tombé en désuétude.«

113) 3. In Frage- und Ausrufesätzen werden neben *caqu* als Pronomina *quante*, Fem. *quanta* und *quinte*, Fem. *quinta*, verwandt: *quinte dol* BP 136. 20, *quinte plesi* 252. 22 R. — *quinta fiblessa* 13. 6 F, *quinta estranja natura* 128. 11 BP, auch absolut gebraucht:

Rou III 93—96: »*Razoun, ime, véjan quint' és pus rézounable:*
Véouza qué sé gaouzis én soun varlét d'éstable
Ou l'aoucèl que se plan adéré nioch é jour,
Én cercan, én sounan, én sounjan soun amour?«

R, 259—60: »*Quintes soun lous poulissounos*
Qe fan aqeste terigos?«

quante: quante mestier 111. 8 BR — quanta vista 85. 21 G, quanta trista niochada 94. 3 G, ebenso, wenn es von dem Nomen, zu dem es Apposition bildet, getrennt ist:

G 221. 6: »*Era lou mes de mai: lou jour, dirai pas quante.*«

Heute hat die letztere dieser beiden Pronominalformen in Montpellier das Uebergewicht, ohne dass indessen die erstere ungebräuchlich geworden sei. Auch in der älteren Periode wurde quantus als Interrogativ verwendet: »*volem que sapias cals e cantas son las escalas de Monpeslier*« 2. 6 PCl.

114) 4. Relative mit verallgemeinernder Bedeutung sind auf verschiedene Weise gebildet:

a. Mit qualis 1) substant. Ausdrücke, mit Beziehung auf Personen: Masc. Sing. N. cals que cals 79. 17 T — qual que qual 87. 23 T. Acc. a quau t'entend 289. 28 G, en quau que seguesse 366. 9 BR. Pl. Acc. quals que sian 203. 18 T, per cals que quals a vos plazera 18. 25 PCl. Fem. quals que sian 7. 1 T, — quallas que sian 188. 24 T. Mit Beziehung auf Sachen: Sing. qual que sia 13. 13, 174. 19, cal que sia 162. 32 T. Pl. qual que sian 200. 8, 174. 20 T, cal que sian 162. 33 T. 2) adjekt. Ausdrücke: qualque, bei Fem. auch qualqua: de qualque pres sia 27. 21 T, — de qualque condicio que ella sia G_1 514. 1, — qualqua causa que sia 18. 41 PCl.

b. Mit qui nur in Bezug auf Personen: Sing. qui que sia 69. 24, 103. 16 T, Pl. qui que sian 19. 14, 103. 24 T.

c. Lateinischem quicumque entspricht: quicounque 165. 20 Gui, lat. quidquid — queque IX 9 Rou — tot que que sia 18. 41 PCl.

d. Bemerkenswert sind endlich die beiden folgenden Formen Masc. S. *quin:*

Rou IX 1—3: *Jéou n'avièi bé pénsat tout lou téms de ma vida*
Qu'un jour, quin qué fouguès, la mort esfazoulida
Couparié de mous ans la trama én soun coutel...«

Fem. quinha: quinha mercandie quelle sie 234. 32 T, nur in einer Urkunde aus dem Jahre 1584, allen übrigen unbekannt. Hat sich aus ihm das Interrogativ quinte entwickelt, indem dieses nach der Reduktion des erweichten Lautes zum einfachen ein parasitisches t und dann, wie in so manchen anderen Fällen, ein analoges e erhielt? Die Leys d'amors II 46 kennen quin oder quinh als Fragepronomen.

5. Unbestimmtes Pronomen.

115) 1. autre flektiert nach der ersten adjekt. Deklination. Masc. Sing. N. ohne analog. s streng nach der Lautlehre autre

35. 26, 85. 29 T; Acc. *autre* 3. 10, 19. 7; Pl. N. erscheint selten ohne s: *autre* 3. 13, 285. 4 T, gewöhnlich steht der Acc. *autres* 45. 10, 105. 25; Acc. *autres* 3. 16, 7. 10 T. Fem. *autra* 81. 25 T, Pl. *autras* 256. 29 T.

Eine Ableitung ist *autruy* (*altrüic) 49. 5, 83. 14, 282. 3 T, mit kollektiver Bedeutung; vereinzelt kann sie das Plural-s annehmen: *autruys* 306. 26 T.

Zu merken: *lun o lautre* 75. 2 T, *luns a lautre* 123. 50 M, *a lun a lautre* 9. 26 T.

2. *cada* (über die Etymologie siehe P. Meyer Rom. II 80) und das aus dem Französischen entlehnte *chaca*, *chaqua*, konkurrieren noch in der 1. Hälfte des 19. Jahrh. Rou *cada* I 8, III 63, — *chaca* IV 48, *chaqua* III 109, G *cada* 220. 1 — *chaca* R 915. Heute ist *cada* in Montpellier selbst nicht mehr gebräuchlich, wohl aber noch in der Umgebung der Stadt (Lodève) (siehe Rev. d. l. r. XVIII 23); eine abgekürzte Form von *chaca* — *cha* bei G 222. 29 ist heute im Abnehmen begriffen. Die Urkunden kennen *chaqua* noch nicht, *cada* nur in der Zusammensetzung mit *unus*. Das Pronomen der mittelalterlichen Mundart ist *quex* (quisque) 67. 20 T als substantivisches und *qualque* als adjektivisches.

3. *calque* (qualem que): Masc. S. *caouque* R 238, fr. 228. 4. Pl. *cauques* 93. 5 G, Fem. *caouca* R 401, — *quauquas* 282. 15 G. Belege aus den Urkunden: *qualque* 109. 9 T, Fem. *qualqua* 297. 2 T.

4. *nulh*, *ulh* (nullum, ullum, mit Erweichung von ll zu l̦): Masc. S. N. *nuls* 1. 23 M — *nulh* 49. 22, *ulh* 41. 26 T; Acc. *ulh* 47. 16 T. Fem. *ulha* 17. 23, 37. 5, — *nulha* 31. 21 T.

5. *homo* erscheint in der älteren Periode als *hom* 31. 6, 73. 28, 100. 17 T — Co₁ 359. 25, später, nach Uebergang des auslautenden m in n, als *on* Rou I 16 und unter französischer Einwirkung auch als *l'on* R 359, Fi 237. 11.

6. Das heute gebräuchliche aus dem Französischen entlehnte *plusieurs* kennt schon eine Urkunde von T: 186. 30, die einheimische Form ist *plusurs* 198. 22 oder *plusors* 192. 20 T.

7. Lat. quidcumque entspricht *quicon* 221. 20 G, 326. 5 BP, — in der älteren Sprache ist die regelmässige Form des Neutrums *ren* 13. 21, 23. 1, 35. 4 T, mit adverbialem s: *res* 349. 13 Chr, *rens* 306. 30 Serm. T.

8. *tal* S. N. *tals* 150. 7 T, Acc. Pl. *tals* 100. 20 T, Fem. mit analog. a: *tala* Rou IV 5. 9, Fi 228. 12, auch *tela* R 698 — in Chr. bereits *talle* 424. 26 T.

9. *tout* (*tottum): Masc. S. N. wie Acc. *tot* 19. 13, 57. 27 .. A. 5. 22, 7. 15 T.

Pl. N. Das nachtonige i hat sich mit t zu č verbunden und zugleich den Stammvokal zu u umgelautet: *tug* 3. 12, 27. 25, 29. 11 T, *tuch* Cos 457. 5, schlechte Schreibung *tugs* 105. 25 T. Dagegen ist *tuit* unbekannt. Wie gewöhnlich drang mit dem Zusammenbruch der

Kasusflexion auch hier der Acc. ein: schon die Cout. enthalten einen Beleg für *totz* 39. 5, 53. 2 — Et 169. 24, Chr. 389. 9, schlechte Schreibung *tot* 343. 3 T. Acc. *tottos ergibt *toz* 123. 4 M, 473. 20 G₁; oder, zur stärkeren Bezeichnung des auslautenden Konsonanten, *totz* 7. 14 Cout, 115. 15 Et, 252. 8 Ser, 325. 2 Chr. — handschriftliche Varianten: *tostz* 5. 2, 23. 11 Cout — Et 112. 25 — *totstz* 252. 29 T — *tosts* 111. 30 T, *tots* 3. 16 T, 117. 12 M; Schwächung von z zu s: *tos* 170. 12. 28 T; mangelhafte Graphie: *tot* 198. 26, 389. 11 T; Uebergang von ts zu ch in *toch* 191. 25, 195. 5 T — Fem. *tota* 7. 4, 55. 27 T, Pl. *totas* 55. 27 T; die Masc.-Form trat an seine Stelle T 460. 1: *a totz lurs bonas respostas*. Später wurde dem Pl. der Masc. ein dem e der Indeclinabilia analoges e angefügt und dem wirklichen Lautwert entsprechend der Stammvokal durch ou (u) bezeichnet: Masc. S. *tout* 126. 12, Pl. *toutes* 7. 2 F, 84. 20 G, Fem. *touta* 328. 16 BP — *toutas* R 553.

116) 10. Die substantivischen Pronomina, welche mit unus gebildet sind, flektieren im Masc. nach der 2., im Fem. nach der 1. substant. Dekl. Der eigentliche pronominale Bestandteil bleibt unverändert:

a. *alcun* (aliquem + unum).

Masc. S. N. *alcuns* 29. 2, 110. 16, 141. 31 T — 17. 23 PCl — *alcus* 29. 7 T. Die Acc.-Form hat schon PCl: *alcun* 17. 15, ebenso T 21. 17, 29. 22 — 109. 8, 116. 16, A. *alcun* 19. 3. Pl. Hier ist nur eine Form für beide Kasus üblich, nämlich der A. — N. *alcuns* 87. 6, 91. 29, 111. 6 — *alcus* 185. 1, 350. 14, 364. 2 T — A. *alcuns* 85. 1, 139. 3 — *alcus* 353. 3, 364. 13 T — Fem. Sing. *alcuna* 19. 3 — *aucuna* 195. 25, 307. 31, — *aucune* 200. 6 T — Pl. *alcunes* 202. 25 T für gewöhnliches *alcunas*; an ihre Stelle trat das Masc. G₁ 515. 25: *ab alcus mercadarias*.

b. *negun* (nec unum).

Masc. S. N. *neguns* 39. 17, 142. 5 T — *negunz* 43. 8 M, *negus* 29. 12, 142. 2 T — *negun* 113. 7, 323. 7 . . T — A. *negun* 3. 10 . . T, Pl. N. *neguns* 114. 30, 142. 9 T (siehe alcuns), A. *neguns* 105, 24 T; schlechte Orthographie: *negun* 306. 18 T, Fem. *neguna* 3. 20 — *negunas* 7. 23 T.

c. *dengun*. (Das Pronomen ist nur aus späten Urkunden zu belegen, in denen ein Kasusunterschied nicht mehr besteht.)

Masc. S. N. *dengun* 172. 34, A. 179. 12, Pl. N. *dengus* 179. 13, A. *denguns* 189. 3 T — *degus* 312. 18 G₁₁ — Fem. *denguna* G_D 323. 5.

d. *cascun*: Masc. S. N. *cascun* 87. 8, 167. 28 . . T, *quascun* 150. 30. A. *cascun* 3. 23, 103. 25, Fem. *cascuna* 118. 4, *quascuna* 45. 16 — *cascunas* 102. 15 T.

e. *cadaun*: N. S. *cadauns* 4. 4 PCl, *cadaun* 19. 14 T, A. S. *cadaun* 27. 6 T, Fem. *cadauna* 7. 1. 17 M.

Wie stellt sich die neuere Mundart zu diesen subst. Pronominibus? Die benutzten Denkmäler geben zu folgenden Bemerkungen Anlass:

alcun und *negun* sind ihnen unbekannt: *dengun* synkopiert das n der 1. Silbe und nimmt ein festes s zu sich: *degus* 326. 8 G, 36 R, 367. 9 BR. Das einheimische *cascun* ist dem französischen *chacun* gewichen: R 235. Durch Synkope fiel a in *cadaun: cadun* IV 3. 7 Rou — Fem. *caduna* 93. 16 G, allein wie das Adjektiv ist auch das substantivische Pronomen heutzutage in Montpellier selbst unüblich, in Lodève dagegen noch bekannt. Ein neues, den Urkunden fremdes, substantivisches Pronomen hat die jüngere Mundart aus dem Adjekt. v *quaouque* (qualemque) gebildet: *quauqu'un* G 91. 22, oder mit paragogischem s (siehe tus, degus) *quauqu'us* 92. 21 G — *caucun* 10. 17 F — *caoucus* R 911. Die übrigen unbestimmten Pronominalformen, wie tantus, quantus, multus, paucus, bieten nichts Bemerkenswertes: sie flektieren wie die Adjectiva der 1. Klasse.

B. Konjugation.

Allgemeine Bemerkungen.

117) 1. In der Verbalflexion blieb von den auslautenden Konsonanten ausser s nur das t der 3. Sing. Perf. gewisser Verba. s ist in der 1. Pl. aller Tempora gefallen. Von den nicht auslautenden Konsonanten ist t vor s in der 2. Pl. aller Zeiten synkopiert worden; ebenso verhält sich ein volkstümliches Gedicht aus dem 14. Jahrh., nämlich das Kindheitsevangelium, wo Reime das Schwinden des t bestätigen (siehe Kressner, Herrigs Archiv 58, 304). Dennoch begegnet zuweilen in den Urkunden unter dem Einfluss der klassischen Sprache tz[1]). — Es fiel ferner v im Perfekt; m, n, r bleiben gewöhnlich in den Urkunden, doch macht sich schon früh die Neigung geltend, m zu n zu schwächen und n zu apokopieren. Dies ist später Regel geworden. — b schwächte sich zu v im Imperf. der 1. latein. Konj., fiel im Imperf. der übrigen Konjugationen.

2. Von den Flexionsvokalen ist a bis auf die Fälle geblieben, in denen es sich zu e geschwächt hat; es wurde durch ę ersetzt im Perf. Ind. und Imperf. Konj. der 1. Konj., durch o (u, ou) in den 3. Personen des Plur., d. h. die Endung ant wurde mit unt vertauscht.

Die übrigen Flexionsvokale sind unter dem Tone geblieben, sonst gefallen. Ausnahmen: latein. u ist als ǫ (u, ou) in der 3. Plur. der

---

[1]) La 2ᵉ personne du pluriel des verbes prend une s finale, dans le bas Languedoc jusqu'à Carcassonne; à partir de cette ville et à l'ouest, elle se termine en ts. — Cantagrel Rev. d. l. r. I 313.

3. und 4. Konj. geblieben. Dies o hatte den Lautwert von u, wurde aber in den Urkunden unter dem Einfluss der klassischen Orthographie gewöhnlich in der Schrift beibehalten. Manchmal indessen befreite sich der Schreiber von der Macht der Tradition, um sich alsdann einer mehr phonetischen Darstellung zu befleissigen; (in der älteren Zeit u, in der jüngeren ou, welch letztere in den Gedichten der Neuzeit die allgemein übliche geworden ist.) — e hat sich im Hiatus wie gewöhnlich dem i angeglichen, sowohl im primären (1. Sing. Praes. Ind. und im ganzen Konj. der 2. latein. Konjugation), als im sekundären (Imperf. der 2., 3. und 4. latein. Konjug.); — tonloses .i blieb in der 1. Sing. Perf. der 1. und 2. schwachen Konjugation und — allerdings auf verschiedene Weise modificiert — im Hiatus, also im ganzen Konjunktiv und in der 1. Sing. Praes. Ind. der lat. 4. Konjug.

3. Die Regel, dass betontes ę und ǫ unter dem Einfluss eines nachtonigen i (e) im Hiatus zu ie bez. ue diphthongieren, kommt hier dahin zur Geltung, dass Verba mit stammhaftem ę oder ǫ, je nach ihren verschiedenen Ton- und Zeitformen, einen Vokalwechsel haben eintreten lassen: *vuelh* 289. 28 T 1. Sing. Praes. — *volem* 107. 6 T; *doniey* 107. 8 T, 1. Sing. Perf. — *donet* 3.; Konj. Praes. *vuelha* 43. 21 T, 3. Sing. — 2. Plur. *vollas* 58. 4 M; *puesca* 108. 18 T — *puscas* 16. 2 PCl; *requieiron* 116. 6 T — *requerrai* 1. Fut. 50. 5 M; *mueyra* 397. 25 T, 3. Konj. Praes. — *morra* 3. Fut. 29. 22 T; *sueffra* 145. 3 T — *suffrian* 143. 25 T, 3. Pl. Kondicionalis.

4. Die beiden ersten Personen des Pl. sind in allen Temporibus flexionsbetont, auch dann, wenn die entsprechenden latein. Zeitformen stammbetont sind. Nur in *faym* 139. 8 T, *fam* 164, 25 T — 2. Pl. *fais* 280. 7 T sind die latein. Formen organisch weiter entwickelt — (daneben auch *fazém* 109. 17 T). Ferner in der modernen Verbalflexion des Imperf. Ind. und Konjunkt. der 1. Konjug.; hier rückte der Accent von der Endsilbe auf die unmittelbar vorhergehende.

5. Tritt durch den Fall der Flexion der stammauslautende Konsonant in den Auslaut, so ist er allen Veränderungen unterworfen, die ein Konsonant in dieser Stellung im Laufe der Entwicklung erleidet; ebenso bedingt seine Verbindung mit dem s der Flexion die in der Lautlehre erörterten Veränderungen.

6. Nach dem Vorgange von Diez (II[4] 131) unterscheiden wir zwischen schwacher und starker Verbalflexion. Einteilungsprincip ist die 3. Sing. des Perfekts: Je nachdem hier ein flexivischer Vokal erscheint oder nicht, sind die Verba schwach oder stark. Es ist aber ausdrücklich zu bemerken, dass diese Einteilung nur für die ältere Sprachperiode berechtigt ist: in der jüngeren nehmen alle Verba in der 3. Sing. Perf. einen flexivischen Vokal zu sich.

7. Da die Bildung der tempora composita in unserem Dialekte nichts Charakteristisches bietet, und wir es demnach unterlassen, auf sie einzugehen, bringen wir die Flexion der Hülfsverba erst am Schlusse

unserer Darstellung, zumal die Erklärung vieler Zeitformen derselben zu unliebsamen Wiederholungen führen müsste.

118) Im folgenden geben wir das Paradigma der drei schwachen Konjugationen, der starken nur, soweit ihre Flexion sich mit der der schwachen deckt. In ihm sind die Formen der älteren Periode vorangestellt und von denen der jüngeren, soweit sie von einander abweichen, durch den Bindestrich getrennt, die seltener gebräuchlichen in die Klammer gesetzt. + deutet an, dass die betreffenden Personen sich nicht belegt finden, — (vor einem Komma) das Fehlen der Flexion.

	I.	II.	IIIa.	IIIb.
			Praes. Ind.	
S. 1.	—, e, (i) — e		—, e (i) — e, —	isc - isse
2.	+ — es		s — s, es	+ - isses
3.	a, (e) — a		— — —	is
Pl. 1.	am, an - an		em, en - en	em (iem) - issèn
2.	as		es	+ — issès
3.	on (o), an (en) — oun, ou		on, un (unt, o, en, ent) - oun, ou	isson - issou
			Imperf. Ind.	
S. 1.	+ — áve		ía, ie - iè, ièi	— issièi
2.	+ — áves		+	
3.	ava - áva (áve)		ía, ie - iè	— issiè
Pl. 1.	+ — áven		iám, ián - ián	
2.	+ — áves		iás	
3.	avon, avan - avoun, avou		ion, ian, ien (io, ie) - ièn	— issièn
			Perfectum.	
S. 1.	iey - ère	+ — ère		+ — iguère
2.		+ — ères		+
3.		et (e) - èt	it, ic, i - iguèt	
Pl. 1.		em - èren	.	+
2.		+		+
3.	eron, erun - èroun, èrou		iron, iro - iguèrou	
			Futur.	
S. 1.			ay, ai	
2.			as	
3.			a	
Pl. 1.			em (en) - en	
2.			es	
3.			(aun) au, an (on) - an.	
			Konj. Praes.	
S. 1.	—, e —, e		a (e) - e	+ — (isque)
2.	s, es - es		+	+
3.	—, e — e		a (e) - e (a)	isca - isque (isqua) — igue (igua)

	I.	II.	IIIa.	IIIb.
Pl. 1.	em - en		am, an - an	+
2.	(ex)		as (atx) - as	+
3.	on, o (ent) - oun, ou		on, an (ant, o) - ou	iscon (iscan) - igoun, igou

Konj. Imp.

S. 1.	es - èsse		+
2.		+	+
3.	es - èsse (essa)		is - iguèsse
Pl. 1.		+	
2.		+	
3.	esson (essan, esso) — èssoun essou		isson - iguesson

1. Kond.

+

2. Kond.

S. 1.		ia - ièi	
2.		+ - iès	
3.		ia (ie) - iè	
Pl. 1.		iám - ián	
2.		iás - iás (iès)	
3.		ian (ion, io) - ièn (ian)	

Infinitiv.

| ar - á | er - è | ir - ì |

Partcp. Praes.

| an, ant (en, am) — an, en | en, ent (em) (an ant) - en (an) | en (issen) - issen, iguèn |

Partcp. Perf.

| at - ada | ut - uda | it - ida |

Infinitiv.

119) Das auslautende e musste fallen. Der Accent ruht dem Lateinischen entsprechend entweder auf der Flexion, oder auf der Stammsilbe. Die flexionsbetonten Infinitive gehen aus auf ar: *demandar* 3. 11 T, *anar* 126. 5 M, *pagar* 11. 17 M, — er: *aver* 5. 6, *poder* 3. 14, *saber* 35. 27, *voler* 63. 19, *plaxer* 31. 8, *lexer* 79. 10. *noxer* 21. 26, *tener* 55. 3 T, — ir: *auxir* 25. 27, *obexir* 3. 14, *venir* 19. 16, *noyrir* 69. 9, *morir* 89. 11 T. Die stammbetonten Infinitive sind als Proparoxytona in ihrer Entwicklung den Accentgesetzen unterworfen: Sie wurden, abgesehen von *far* 3. 14 T, 56. 19 M — *dir* 19. 20 T, *aucir* 404. 2 T (abcidere), die man durch die früh eingetretene Synkope des stammauslautenden Konsonanten als flexionsbetont behandelte, zu Paroxytonis reduciert und zwar auf doppelte Weise: 1) gewöhnlich fielen beide nachtonigen Vokale, die so entstandene Konsonantengruppe erhielt, da ihr zweites Element eine Liquida — r — ist, ein Stütz-e: *absolvre* 112. 8, *beure* 167. 1 (bibere), *claure* 41. 2, *corre* 328. 8, *dire* 182. 20, 332. 27, *escrieure* 124. 3, *estre* 188. 11 (*essere), *metre* 100. 22, *faire* 187. 21 T, *enquerre* 39. 14, *prendre* 189. 11, *querre* 39. 14 (requerre 110. 3), *recebre* 110. 28, *percebre* 121. 27, *respondre* 3. 11, *estruyre* Co₁ 359. 14 (*strūgere), *redurre* 178. 19, *segre* 155. 31 (*sequere), *tolre* 101. 15, *trayre* G₁ 473. 29 (*retrayre* 260. 6, *sostrayre* 299. 1), *vendre* 33. 21 T.

2. Widerstrebte der stammauslautende Konsonant einer Verbindung mit r, so wurde nur die letzte Silbe durch Apokope beseitigt, die vorletzte blieb. Die Sprache schlug diesen Weg gewöhnlich dann ein, wenn der Stamm auf ein palatales n oder eine Sibilans ausging: *destrenher* 115. 15, *pertanher* 175. 16, *pertenher* 278. 23, *tenher* 49. 22 T, *penher* G₁₁ 323. 12 — *esser* 7. 20, *creysser* 161. 30, — *conoycher* 13. 28, *naysser* 161. 16, *cozer* 128. 13, 284. 13 (*cocere = *coquere) T, allein nicht ausschliesslich; denn neben *esser* begegnet *estre* T 188. 31, 189. 17, 310. 14 T, Coa 483. 8.

Im Laufe der Zeit ist das auslautende r gefallen:
Rou *travessa* 3. 7, *poude* 1. 46, *parti* 222. 17 G.

120) Der Wechsel in den Infinitiv-Endungen gehört zu den hervorragenden Eigentümlichkeiten unseres Dialektes. Im Gegensatz zum Französischen aber ist die Endung ar von ihm kaum betroffen: Schwanken zwischen der latein. 3. und 1. in *conzesar* 23. 1 T, *restituar* 374. 4 T, *distribuar* 363. 11 T. — Die beiden letzteren erscheinen gewöhnlich als *restituir* und *distribuir*. Was für das Französische die Endung *er* (*are*), ist für unsern Dialekt — von Neubildungen sehen wir hier ab — die Endung *ir*. Nicht blos hat sie keinerlei Verluste erlitten, sondern sogar sehr häufig die Stelle von lat. ēre und ĕre eingenommen, teils schon definitiv, teils im Wechsel mit den organisch entwickelten Formen. Nachstehend geben wir die Liste der hierher gehörigen Verba, soweit die Urkunden in Betracht kommen, in möglichster Vollständigkeit. Einige derselben sind zwar nicht direkt im Infinitiv belegt, aus anderen Formen aber mit Sicherheit zu erschliessen.

1. *ir* für *er* (ēre): stets in *complir* 25. 2, *gauzir* 111. 6, vielleicht auch *exercir* 180. 31 T — Rou IV 3. 11, *luzi* (lucere), — Schwanken: *lissir* 335. 5 — *lezer* 79. 10; *tenir* 187. 32 — *tener* 55. 3; *vezir* 190. 15 — *devesir* 188. 16, *provezir* 106. 26, 150. 32 T — *provezer* 114. 18, 150. 33 T.

2. *ir* für *re* (ĕre): *aminuir* 183. 18, *compellir* 178. 7 T, *contribuir* 56. 6 C, *deruir* 41. 5 PCl, *delinquir* 194. 5 C, *destruir* 465. 3 T, *evayzir* 17. 17 T, *exhigir* 190. 2, *fugir* 79. 1. Composita von cedere: *procesir* 178. 9, *successir* 73. 16 — *legir* 182. 7 (*elegir* 427. 11), *regir* 249. 13 (*corregir* 101. 18) T, *rejisti* G 222. 14, — *querir* 199. 24

(*perquerir* 178. 9, *requerir* 298. 2 T), *seguir* 21. 14 (*conseguir* 202. 1), *escrivir* 292. 13 T, *reprimir* 162. 11 T, *trahi* 231. 10 Fr.

3. *ir* für *er* (= ĕre): *culhir* 29. 12, *cosir* 401. 1 (*consuere*), *failhir* 7. 9 T; wechselnd mit *er: destringir* 175. 15, *enfrangir* 431. 22, *conochir* 255. 10 T, *pertanhir* 255. 12, 275. 34 T. Eine Reihe von Verbis der lat. 3. Konj. haben ihre Infinitivendung mit derjenigen der 2. vertauscht; ausschliesslich ist dies der Fall in *caber* 448. 30, 466. 24 T, *cazer* 155. 4 T, *reger* 249. 9, *eleger* 248. 27 T, 4. 10 PCl, — *exhiger* 188. 3 T, — es schwanken: *requerer* 279. 7 neben *requerre, querer* 12 46. Die meisten weisen, wie wir gesehen, daneben Formen mit *ir* auf.

Uebergang von *er* zu *re* ist stets erfolgt in *comoure* 1. 7; *moure* 63. 8 oder *mobre* 436. 18 T. Es schwankt *plaire* 192. 27 neben *plazer* 102. 8 T. Dieser Uebertritt hat in der jüngeren Mundart an Ausdehnung gewonnen: G *poudre* (*potere) 90. 8, 222. 14, *jaire* 222. 10 G, im Reime mit *traire; voudre* 110. 14 BR, *saupre* 91. 22 G. (Der Diphthong au kommt bei diesem Verbum eigentlich nur dem Perfektum und den abgeleiteten Formen zu und ist fälschlich in den Infinitiv gedrungen.)

Aus den Belegen ergibt sich, dass die Infinitivendung ein und desselben Verbums häufig in zwei, manchmal sogar in drei verschiedenen Formen erscheint. Eine Zusammenstellung ist im Interesse ihrer Flexionsweise geboten:

far - fayre; dir - dire; escrieure - escrivir; segre - seguir; destrenherdestringir; conoycher-conochir; pertanher-pertanhir; lissir-lezer; tenirtener; provezir - provezer; reger - regir; eleger - elegir; exhiger - exhigir; esser-estre; plazer-plaire; prener-prendre; quèrre, querer, querirrequerre, requerer, requerir.

Futur und 2. Kondicionale[1].

Beide Zeiten gingen aus einer Verbindung des Infinitivs mit dem Präsens resp. Imperfektum von habere hervor. Diese Verbindung ist den Accentgesetzen unterworfen, nach denen a bis auf vereinzelte Schwächung zu e blieb, e nur dann, wenn der stammauslautende Konsonant mit dem r des Infinitivs sich nicht verbinden konnte; auch i sollte fallen, die Sprache aber hat es meistens gehalten, gewiss, um eine Scheideform für die Verba der latein. 4. Konj. denen der 2. und 3. gegenüber zu gewinnen. Allein bei einigen Verbis ist auch hier durch Synkope des i den Accentgesetzen Rechnung getragen worden.

121) Futur.

Sing. 1. *ai* l. *donarai* 7. 18 T — *vederai* 59. 11, 101. 13 M, *ajuderai* 119. 8 T. II. *sabray* 266. 2 T, G₁ 473. 26, *faray* 55. 29. *escriuray* 292. 11 T, *requerrai* 50. 5 M, *enfranherai* 55. 28 T, *conoy-*

---

[1] Besser Imperfekt-Futur zu nennen.

cherai 113. 29 T, *segray* 308. 28, *poyray* 113. 29, *veyray* 113. 32 T.
III. *complirai* 79. 18 M, *suffriray* 55. 29 T, *requeriray* 298. 2. *conochiray* 245. 10 T, *seguirai* 12. 11 F.

2. *as: somonras* 17. 12 M, *volras* 118. 11, *conquerras* 11. 8, *faras* 56. 15 M; neuere Belege: *raubaras* 227. 5 G, *veiras* 287. 28 G, *trairas* 204. 8 BR.

3. *a.* I. *cargara* 35. 25, *estara* 31. 11 T — *gardera* 195. 18, *absentera* 79. 1, *donera* 5. 10 T. II. *sabra* 5. 23 M, *deura* 18. 1 T, *escomoura* 87. 15 T, *poyra* 25. 29 T — *cozera* 131. 14, *lezera* 108. 4, *plazera* 102. 8 neben *plaira* 192. 27 T. III. *seguira* 21. 14, *fugira* 79. 1, *preferira* 192. 27, *provezira* 150. 32.

Pl. 1. *em* (durch Aphaerese aus avem). I. *livrarem* 111. 21, *curarem* 116. 4, *jutgarem* 128. 2 T. II. *direm* 116. 1 T, *farem* 93. 13 M, *poyrem* 268. 1 T, *sabrem* 267. 20 T. *tenrem* 17. 14 M. Jüngere Urkunden kennen bereits den Uebergang von m zu n: *en* — *assignaren* 167. 2, *metren* 285. 5 T, *tolren* 110. 4 M, und diese Endung ist durchgedrungen: *arribarèn* R 455, *anarèn* R 641, *beirèn* R 401.

2. *es* (aus aves). I. *demandares* 252. 11, *baillares* 306. 21, *encarguares* 306. 10 T. II. *fares* 254. 1, *dires* 254. 21 T, *somonres* 76. 14 M, ebenso in der neueren Periode: *avisarès* 93. 17 G; *menarès* R 332; *sauprès* 93. 15 G, *sourtirès* 93. 20 G, *aouzires* 96. 2 Fi.

3. Die älteste Form, *aun* (*haunt — *habunt), erscheint noch häufig in M: *juraraun* 114. 12 M, gewöhnlich mit Ausfall des auslautenden n: *cargarau* 125. 15, *portarau* 126. 5, *estarau* 125. 14, — *trametrau* 126. 5, *izirau* 125. 15 M. Durch Reduktion von *áu* zu a entsteht *an*, eine Flexion, die in allen übrigen mittelalterlichen und modernen Sprachdenkmälern die gewöhnliche und regelmässige ist:

I. *juraran* 115. 27 T, *liaran* G₁ 473. 26. II. *volran* 9. 14, *poyran* 108. 7, *sabran* 183. 1 T, *trairan* G₁ 473. 29, — *pertanheran* 255. 19, *pertenheran* 278. 28, *conoycheran* 67. 20 T. III. *iran* 298. 11. *elegiran* 45. 12, *defailhiran* 7. 4 T — *veiran* 364. 12 R, *troubaran* 9. 133 Rou.

Der Donatus Provincialis (pg. 13) kennt *au* und *an*, vereinzelt *on: sofriron* G₁ 473. 29, *seron* 187. 31 T, 25. 4 M.

122) 2. Kondicionale.

Sing. 1. *ia.* I. *vedaria* 39. 11 M, *tornaria* 18. 9 M. II. *poyria* 273. 22 T, *tenria* 12. 20 M, *venria* 1. 11 M, *creycheria* 273. 22 T, *faria* 282. 13 T. Diese Endung hat sich nicht erhalten. Wir begegnen hier einem der auffälligsten flexivischen Unterschiede der älteren und neueren Mundart, der darin besteht, dass letztere den Hiatus von betontem i und nachtonigem a nie duldete und ihn in geschickter Weise beseitigte, indem nach vorhergehender Schwächung von a zu e der Accent von i auf das e rückte und so der steigende Diphthong *iè* entstand. Dieser Diphthong hat auch in allen anderen Fällen den fallenden *ía* ersetzt. Ein weiterer Unterschied liegt in dem analogischen i, welches die neuere Sprache dem *iè* der 1. Person in allen

Zeitformen anfügte, so dass der Triphthong ièi und hierdurch eine Scheideform gegenüber der 3. Sing. (iè) entstand. *ièi: aimariei* G 223. 8, *jurariey* 221. 2 f° — *fariey* 287. 17 G, *voudriei* 223. 4 G, *creiriei* R 511, *pouriei* R 169 .. *soustendriei* Gui 161. 16.

2. — nur in modernen Texten belegt — *iès: diriès* 223. 32 Fi, *acabariès* 226. 20 Fi.

3. *ia*. I. *mudaria* 85. 6, *sobraria* 178. 15, *engitaria* 183. 5 T. II. *deuria* 296. 7, *volria* 67. 30 T, *somonria* 43. 10 M, — *faria* 142. 14 T — G₁ 514. 6, *perdria* 296. 6 T; später *iè* — *agoutariè* 90. 16 G, *arrivariè* 93. 32 G, — *cauriè* 91. 22, *pourriè* 90. 25 G, *bendriè* R 44, schon in Cl 40. 8: *endevenrie*.

Pl. 1. *iám: poyriam* 107. 12, 256. 18 T — *tornariam* 17. 10 M, später, mit Uebergang von m zu n: *ián* — *pourian* R 714, *sauprian* 641. 23 Gui.

2. Zu allen Zeiten *iás: laisarias* 9. 4 M — *comonrias* 39. 9 M, *farias* 1. 7 M — *dounarias* 247. 19 Fi, *plourarias* 94. 15 Fi, *fatigarias* 9. 33 R — *farias* R 311, *vendrias* Fi 244. 5, — für *iás* ist *iès* eingetreten in *rempliriès* 244. 4 Fi, *fariès* 94. 20 Fi.

3. *ian: aportarian* 115. 16, *bastarian* 178. 17 T — *devrian* G₁ 514. 7, 434. 27 T, *poyrian* 159. 19 T, *requerian* 164. 2, *creysserian* 164. 1 T, mit Vertauschung von a mit o, veranlasst durch die Analogie zu den einfachen Temporibus, bei denen nachtoniges latein. ant durch unt ersetzt wurde: *metrion* 119. 5 T; mit Apokope des auslautenden n: *fario* 126. 9 M, *somonrio* 126. 23 M, *alongario* 126. 26 M. Nach demselben Gesichtspunkte sind die erwähnten Beispiele beim Futur zu beurteilen. Wie dort ist auch hier der Vorgang ein vereinzelter geblieben. Die spätere Mundart führte auch hier den Diphthong *iè* ein: *ièn* — *deurièn* G 221. 5, *farien* R 508, *anarièn* Gui 324. 6, *metrièn* Rou III 75; selten, in Angleichung an die 1. und 2. Plur., *ián*: R 89

> »*Homes, bestiaous, aoubres, muraias,*
> *Boulestrarian couma de paias.*«

Anmerkung. 1. Der Ausfall von i bei der 3. (prov.) Konjugation ist ungewöhnlich und lässt sich kaum nachweisen: *partray* 250. 5 T, *morra* 29. 22 T. — 2. Aus den gegebenen Belegen ersieht man, wie sich das Schwanken in der Infinitivendung auf das Futur und 2. Kond. überträgt, so dass zahlreiche Doppelformen der 2. und 3. Konj. zu verzeichnen sind:

enquerai 274. 27 T, *requerrai* 50. 5 M — *requeriray* 298. 2 T; *conoycherai* 113. 29 T — *conochiray* 255. 10 T; *escriuray* 292. 14 — *escriviray* 292. 13 T, *segray* 261. 26 — *seguira* 21. 14; *veyray* 113. 32 — *proveira* 150. 32 T, *elegeray* 107. 13 — *elegiran* 45. 12; *pertanheran* 255. 19 — *pertanhiran* 255. 12; *plaira* 192. 27 — *plazera* 102. 8 T.

Praesens Indikativ.

123) 1. Konjugation.

Sing. 1. Den Lautgesetzen entsprechend sollte o fallen und diese Zeitform flexionslos sein. Damit stimmt M: *jur* 21. 1 . . Die späteren Urkunden weichen in der Mehrzahl der Fälle ab, indem dem Stamme ein unorganisches e angehängt wurde, dessen Ursprung unzweifelhaft in dem durch den Fall von o nach gewissen Konsonantengruppen notwendigen Stütz-e zu suchen ist: *jure* 5. 25, *lauze* 55. 24, *mande* 55. 7, *trobe* 303. 30 T; keine Flexion nur bei *juro*: *jur* 114. 6, 262. 22 T, 2. 1 PCl, 473. 14 G$_1$. Seltener hat sich e zu i verschärft: *cassi* 289. 28 T, *anulli* 289. 28 T, *iuri* 291. 4, 312. 8, *boli* 137. 27, *doni* 137. 9 T. Uc Faidit (12) stellt es frei, die 1. Person flexionslos oder mit i zu gebrauchen; e hat sich bis heute erhalten und ist notwendig geworden: Rou *rime* IV 1. 3, *counfesse* 9. 6, — G *aime* 226. 28, *pregue* 92. 33, R *fatighe* 517, Fr *laysse* 230. 18.

2. In den mittelalterlichen Texten nicht belegt, in den neueren mit Abschwächung von a zu e: *es — mostres* G 226. 27, *passeges* 282. 7, *cantes* 289. 11 G, R 190, *escoutes* 202. 1 BR, *pagues* 103. 5 BR.

3. a: *ama* 5. 13, *dona* 3. 7 T . . *escura* 220. 4, *ploura* 90. 7 G, *raja* 105. 12 BR. Die Neigung, mit e zu wechseln, ist ihm in den jüngsten Urkunden — *mande* 233. 4, *coste* 234. 27 T — nicht fremd; für die Weiterentwicklung kommt indessen nur a in Betracht.

Plur. 1. *ám: uzam* 104. 14, *lauzam* 104. 30 . . . T, mit Uebergang von m zu n: *adordenan* 178. 27, *renovelan* 180. 1, *donan* 197. 18, *conferman* 112. 13 T. Die spätere Form ist also schon in den jüngeren Urkunden die gebräuchliche: G *couvidan* 283. 1, *pregan* 289. 19, *aiman* 284. 20, R *restan* 827, BR *trepan* 364. 4 (im Reime mit *pan*), Rou *parlán* 1. 15.

2. *áš* bis heute: *confizas* 135. 1 T — *cargas* R 311, Fi 95. 25 — *laissas* 239. 12 Fr, *chunás* 441 R, *meritas* 244. 6 Fi.

3. *ant* ist durch *unt* ersetzt: *on* (wo o den Lautwert von u hat): *amon* 5. 9, *salvon* 27. 16, *semblon* 170. 9 T, mit parasitischem t: *afermont* 185. 4 T und Apokope von n: *mando* G$_1$ 513. 25, *dono* 99. 15, mit Schwächung von o zu e in *semblen* 166. 25 T. Die Analogie zu den ersten und zweiten Personen des Plural stellte a in einigen Formen wieder her: *semblan* 171. 26 T, *aferman* 185. 2 T — PCl *trian* 7. 4, *cantan* 86. 3, *affinan* 12. 3. Nach dem Donatus provincialis (12) ist es die »generals regla que la terza persona del plural se dobla per tos uerbes e per totz tems, que pot finir o *in en* o *in on*«. Die charakteristische Flexion in unserer Mundart ist dem gegenüber entschieden *on* (un): sie lebt bis heute fort, mit Ausfall des n als *ou*: G *ausou* 221. 4, *rajou* 92. 30, *portou* 81. 18, R *passou* 45, *siblou* 86, *chitou* 215. Bereits im 17. Jahrhundert hat dies n an Kraft verloren und dem zufolge schwankt die Darstellung: Rou *pensoun* 2. 56, *sembloun* 1. 54 — *crebou* 2. 52 — Fr *pagou* 228. 4.

124) 2. Konj. (der latein. 2. u. 3. entsprechend, soweit nicht Uebertritt in die 4. statt hatte):

Sing. 1. M *promet* 33. 15, *viu* 105. 10 (vivo), *faz* 58. 3; diesem Sprachdenkmal ist das analogische e noch unbekannt, auch den übrigen nach Vokalen, Palatalen und gutturalen Verschlusslauten: *fay* 438. 26 T, *say* 107. 28, 257. 6 T — *vuelh* 289. 28 — *dic* 114. 6, *enjonc* 57. 7, *tenc* 290. 1, 304. 21 T[1]). Nach anderen Konsonanten ist dagegen der analogische Vokal festgeworden: *pode* 304. 15 (*poto), *creze* 256. 10, *promete* 249 10, 114. 6.., und kann manchmal sogar als i gefasst werden: *prometi* T 55. 27, 113. 22, 253. 7, *absolvi* 17. 17 PCl, *corrumpi* 289. 28 T, ebenso häufig freilich *promet* G_1 473. 25, Co_1 364. 29, PCl 17. 4, T 57. 11, 249. 16.

Die Belege aus den neueren Denkmälern bestätigen die Regel: *faou* Rou IX 65; *fau* 10. 12 F, *vau* 82. 10, 290. 12 G — G *sabe* 221. 7, *crese* 223. 2, *vese* 290. 17, *vole* 226. 2.

2. *s*: *deus* 12. 12 M (debes) — *pos* 289. 22 G (*potes), *vos* 87. 30 R, *vas* 282. 15 G (vadis), *fas* 326. 2 BR — Fi 226. 29. Das Bleiben des stammauslautenden Konsonanten bedingt ein Stütz-e: *saves* 227. 16 G, 289. 13 BM, *plases* 289. 28 G.

3. Flexionslos bis auf die Gegenwart: *cre* 19. 7, *conoys* 135. 15, *dis* 27. 4, *deu* 3. 12, *fa* 5_1 — *fay* 31. 23, *met* 11. 14, *mou* 328. 10, *jas* 355. 4, *pot* 7. 27, *pren* 13. 7, *pertanh* 161. 22, *recep* 182. 30, *sap* 182. 30, *sec* 160. 25, auch *seg* 187. 33, *reman* 11. 25, *ten* 179. 5, *te* 174. 29 und mit parasit. c — *contenc* 69. 21, *vol* 7. 28, *vent* 13. 27 T — *nai* 220. 3 G, *jay* 226. 20 G, *desplai* R 116, *plai* 226. 17 G, *pares* 273. 10 Fr, *fay* Rou 1. 10, *fai* 221. 1 G.

Plur. 1. *em* (ēmus, īmus): *devem* 161. 27, *dizem* 11. 2, *escrivem* 112. 10, *podem* 178. 22, *requerem* 181. 30, *volem* 107. 6 T, *rezem* Cl 1. 12. *en*, die ausschliessliche Endung der neueren Sprache, erscheint bereits in den Urkunden: *estatuen* 180. 11, *volen* 141. 2, *perceben* 111. 14 T, *receben* 18. 54 PCl — *voulèn* 283. 2 G, *vesen* 284. 14, *counouissen* 91. 19 G, *faghen* R 466, *saven* 140. 30 BP, *prenguen* 159. 15 Gui. Ausartungen mit Anklängen an das auslautende s der Endung begegnen in *vezems* Ch 1. 12, *entendems* 35. 17 T.

2. *es*: *deves* 123. 39 M, *voles* 328. 7 T, Rou *dizes* 3. 62, *vezes* 1. 64, G: *poudès* 89. 29, *venès* 92. 20, *voulès* 284. 16.

3. Die Unterscheidung zwischen den Endungen der lateinischen 2. und 3. Konj. ist überall aufgegeben, ent durch unt ersetzt, das in der schulmässigen Schreibung als *on* erscheint: *beuon* 167. 3, *podon* 31. 16, *prenon* 13. 22, *segon* 115. 3, *sabon* 182. 18, *tenon* 33. 25, *valon* 39. 7; mit der heute regelmässig erfolgten Apokope von n; *vendo* 260. 2 C, *prendo* 340. 2 C, *conteno* 106. 17 T, *deio* Cos 488. 18. Bessere Schreibung: *segun* 166. 1 Ch, zugleich mit parag. t: *podunt*

---

[1]) Uc Faidit (12) gestattet zwar *dizi* neben *dic*, bemerkt aber: »*Mas mielhz es a dir lo plus cort quel plus long.*«

466. 10 T. Nur selten ist *on* durch *en* vertreten: *conoyssen* 185. 26 T, *prenen* 35. 19 T, *excercent* 185. 2 T, *seguent* 377. 3 T, eine Endung, die bekanntlich im Gascognischen und Bearnischen die übliche ist. In Uebereinstimmung mit der 1. Konj. flektiert die jüngere Mundart zunächst mit *oun*, dann ausschliesslich mit *ou*: *tenoun* R 140, *vouloun* 7. 32 F — Ri° 187 *volou*, R *prenou* 181, *batou* 531 — *volou* G 80. 17, *risou* III 35 Rou; *mettou* 8. 9 F, *disou* 11. 19 F.

125) 3. Konj. (der latein. 4. entsprechend).

Wie anderswo spalten sich auch in unserem Dialekte die Verba dieser Klasse in 2 Gruppen, je nachdem die Stammerweiterung durch das Inchoativsuffix *isc* eintritt, oder unterbleibt.

IIIa. Die Verba ohne Inchoativerweiterung schliessen sich der zweiten Konjugation in allen Stücken an:

Sing. 1. *conven* 58. 1 M, *convent* G_{II} 452. 13 neben *convenc* 278. 13, 55. 27 T, *conveng* 21. 4 M, *pleu* 44. 11 M zu *plevir*. 2. *aus* 44. 1, 97. 1 M. 3. *au* 13. 5, *fug* 21. 18, *mor* 9. 20, *salh* 182. 29, *ven* 5. 4, *yeys* 407. 16 T.

Plur. 1. *convenem* 115. 31 T. 3. *moron* 465. 30, *parton* 65. 7, *salhon* 193. 2, *venon* 5. 20 T.

Im Laufe der sprachlichen Entwicklung sind die unerweiterten Verba immer mehr zusammengeschmolzen. In der neueren Mundart ist die Inchoativerweiterung fast überall durchgedrungen und hat selbst die endungsbetonten Formen ergriffen, die in der älteren Sprache von ihr noch gänzlich frei waren. Ohne dieselbe begegneten in den durchgesehenen neueren Texten noch vereinzelte Archaismen bei Rou und Fr: Fr 1. S. *more* 249. 3, 3. S. *dor* 263. 11, *fuch* 263. 7, *cren* 237. 13 — Rou: *gaouzoun* 2. 35 neben *mouris* 2. 45 3. S.; Fr 2. Pl. *aouzissès* 238. 2; *servissès* 249. 10, *trahissès* 243. 8. Die Herrschaft der erweiterten Formen war also im 17. Jahrhundert noch nicht so fest begründet wie heute, wiewohl die Denkmäler aus dieser Zeit dem heutigen Sprachgebrauche bereits viel näher stehen, als dem mittelalterlichen.

IIIb. Inchoativa der 3. Konj.

Sing. 1. Nach der bereits aufgestellten Regel, dass nach c die Hinzufügung von e unterblieb, ist sie flexionslos, da das auslautende c des Inchoativsuffixes, weil ursprünglich vor o stehend, immer guttural sein musste: *establisc* 55. 24 T, *plevisc* 48. 11 M, mit Ausfall des s: *establic* 59. 8 T. In der Neuzeit nahm auch diese Person den analogischen Vokal an, was wieder zur Folge hatte, dass c sibilantischen Charakter annahm: *estrementisse* 94. 5 G, *oufrisse* R 309, *soufrisse* 30. 11 Br, *sentisse* Fi 95. 22.

2. *es* in der jüngeren Sprachperiode: *enclausisses* 289. 6 G; *ausisses* BP 324. 18.

3. keine Flexion; c ist, weil ursprünglich vor einem i stehend, zur Sibilans geworden: *definis* 13. 5, *complis* 25. 2, *establis* 3. 14,

elegis 111. 24 T; neuere Belege: *mentis* 285. 4, *bastis* 289. 6, *flouris* 320. 3, *sourtis* 91. 32 G, *mouris* 91. 12 G, *ausis* 142. 20 BP.

Plur. 1. Die Inchoativerweiterung ist den Urkunden in den flexionsbetonten Formen unbekannt: *establem* 75. 14 T, lautliche Ausartung: *establiem* 115. 9, 117. 31 T; anders bei den neusprachlichen Texten:

2. *seguissès* 93. 7 G, *doubrissès* 180 R, *seguissès* Gui 322. 19.

3. Für gutturales c, das man vor u erwarten sollte, hat sich durch Angleichung an die übrigen Personen der stimmlose Zischlaut festgesetzt: *elegisson* 185. 6 T — *courissou* 263. 8 Fr, *sourtissou* Fi 236. 21, *banissou* 187 Ri°, *ramplissou* Ri° 187.

126) Bemerkungen zum Präsens.

1. Die Verba der lateinischen 2. und 4. Konj. haben in der 1. S. den Hiatusvokal der Endung gewöhnlich gerettet; e assimilierte sich, wie immer in dieser Stellung, dem i: fiel der stammauslautende Konsonant, so trat i in die betonte Silbe über: *say* 107. 28, 257. 6 T (sapio); *credo* gibt regelrecht *creze* 256. 10 T, *crese* 223. 2 G; die Stammerweiterung durch i (*crei* = *credio) ist unbekannt, obschon sie R. Vidal verlangt (83): »*en la prima persona ditz hom 'crei, mescrei, descrei'*.« Blieb derselbe, so erweichte ihn i (j): *vuelh* 289. 28 T, oder letzteres erhärtete sich zu c: *tenc* 290. 1, 304. 21 T, *convenc* 278. 23, 55. 27 T, orthograph. Variante *conveng* 21. 4 M, Fall in *manten* 105. 10 M, *content* 285. 1 C, *conven* 58. 1 M, *convent* G$_{II}$ 452. 13, mit analogem e: *convene* Co₁ 364. 30, *mantene* 99. 32 Fi, *soustène* 99. 31 Fi, mit Erhöhung zu i: *conveni* 137. 15 T, — ferner nach einer Sibilans: *faz* 58. 3 M (facio).

2. Eine Anzahl Verben zeigen Formen verschiedener Typen.

1) Bei facere sind, den Infinitiven *faire* und *far* entsprechend, solche mit erhaltenem und synkopiertem c als Grundlage anzusetzen: Dem Typus facio mit erhaltenem c, das vor i natürlich sibilantischen Charakter annahm und hierdurch den Ausfall des Hiatusvokals veranlasste, entspricht *faz* 58. 3 M, dem Typus facio mit synkopiertem c: *fay* 438. 26 T. — Die Synkope muss verhältnismässig früh statt gehabt haben, vor der veränderten Aussprache von c —, endlich einem *fa(c)o mit parasitischem c: *fauc* 300. 12, 308. 6 T. Die neuere Sprache hat dies c wieder beseitigt: *faou* Rou IX 65 — *fau* 10. 12 F.

2. *fas* 269. 10, 273. 8 T — BR 326. 2.

3. *fa* 5. 1, 9. 7 .. T, 80. 1 PCl (*fa-[c]-it) — *fay* 31. 23 T, 81. 1 PCl (fakit); auch heute: *fai* 221. 1 G (auslautendes k löste sich zu i auf).

Plur. 1. mit latein. Accente: *faym* 139. 8 T und *fam* 164. 25 T (mit Synkope von c = *famus), mit romanischem Accente: *fazem* 109. 17 T. 2. *fais* 280. 7 T (*fákitis). 3. *fan* (*facunt = *fa-unt) 3. 17 T; die ältere Form wird (wie *aun* = *ha-unt) *faun* gelautet haben, aus der sich dann durch Vereinfachung des Diphthongen *fan* entwickelt hat. Das

Gleiche gilt von *van* 149. 7, 182. 26 T (*va-unt für vadunt = vaun).
Beide Zeiten sind erhalten: *fan* 92. 4 G, *van* 84. 4 G (ban R 336).

2) *potere: 1. S. entweder *pode* 304. 15 T (*poto), oder *pusc* (*possio) 105. 9 M.

3) apparēre erscheint mit und ohne Stammerweiterung durch escere: 3. S. *apar* 415. 24, 453. 27 T, *apareis* 139. 15 T. Simplex *pares* 273. 10 Fr.

4) placere kennt, den Infinitiven *plaire* und *plazer* entsprechend, in der 3. S. *play* 175. 21 T und *plas* 175. 25 T; die erstere belegen auch neuere Denkmäler: *plai* 226. 17 G, *desplai* 116 R. — *jays* VI 1 Rou ist demzufolge ein Hibride von *jay* (jakit) und *jas* (jacet).

5) dicere ist im Praesens regelrecht gebildet: 1. *dic* 114. 6, 3. *dis* 137. 31, 269. 2. Plur. *dizem* 11. 2 T, bis auf die 3. Plur., die *digon* (dicunt) lauten sollte, deren Gutturalis aber in Angleichung an die Mehrzahl der übrigen Personen durch den Zischlaut ersetzt wurde: *dizon* PCl 16. 3, T 63. 9, 174. 25.

6) anar 143. 4, 306. 5 T, Sing. 1. *vau* 82. 10, 290. 12 G (*va-o, vado). 2. *vas* 282. 15 G. 3. *va* 95. 17 und mit Erweiterung durch i, gewissermassen als Ausgleichung für den Fall des stammauslautenden Konsonanten *vay* 461, 8 T — *vai* 221. 2 G. Plur. 3. *anon* 45. 15 T — *van* 149. 7, 182. 26 T. Demnach mischen sich die Formen von *andare und vadere.

7) *dar* T 319. 22 wechselt mit *donar:* Sing. 1. *doni* 137. 9. Pl. 1. *dam* 135. 7 T.

8) *estar* 115. 23 T. Sing. 1. *estave* 281. 27 (*stao + e = estau + e). 3. *esta* 73. 28 T, mit Stammeserweiterung: *estay* 172. 22 T — *estai* 91. 27 G. Pl. 1. *estam* 187. 20 T. 3. *estaun* 6. 11 M — *stau* 125. 14 M (*sta-unt), und nach erfolgter Monophthongisierung: *estan* 117. 4, 447. 29 T, *istan* 181. 29 T.

9) Dieselbe Erweiterung durch i in der 3. Sing. erscheint in jüngeren Dichtungen bei *creire* und *vezer*: Rou *crey* 3. 44, — *vey* 3. 57; Gui 323. 11, BP 134. 22 *crei* — *vei* 96. 4 G. Diese Formen, für die sich übrigens in den Urkunden auch kein Beleg bietet — hier steht *cre-ve* — verwirft R. Vidal (84 B): »*En la prima persona ditz hom 'uei', en la terza ditz hom 'ue'. Autresi en la prima persona ditz hom 'ieu crei' et en la terza persona 'aqel cre'.*« Wie unsere Mundart aber im Gegensatz zu R. Vidal in der 1. Sing. *creze* hat, so auch *vese* 90. 17 G (*vido für vĭdeo) statt *vei*.

Imperfektum Indikativ.

127) 1. Konjugation.
Sing. Die 1. und 2. Person ist nur aus den Dichtungen der Neuzeit bekannt. 1. *áve*: Rou *pensave* IX 6, G *passejave* 221. 12, *anave* 221. 31, R *fizabe* 506, *passave* 8. 29 F, *redoutave* 30. 17 Br, *desoublidave* 648. 6 Gui N.

Durch Schwächung des nachtonigen a zu e ist eine Scheideform gegenüber der 3. gewonnen. 2. *áves: anaves* 106. 17 BR, *raubaves* 106. 29 BR, *passaves* 161. 10 Gui. 3. *áva*. Diese Endung lebt bis heute fort: *proava* 35. 8, *pagava* 25. 11, *gastava* 353. 23, *estava* 149. 3 oder *stava* 430. 30 T, neben *dava* 14. 2 C steht *donava* 9. 2 C. *far* bildet, durch den Infinitiv verleitet, das — freilich nur vereinzelt dastehende — *fava* G_{II} 313. 7. — Rou IV 27: *restava* G 221. 35: *virava*. 221. 97: *apelava*, 222. 30: *pausava*. R *caminaba* 71. *chanchaba* 42; selten tritt auch hier die Neigung auf, a durch e zu ersetzen: *aríave* III 18 Rou, *sounjave* 221. 32 G.

Plur. 1. *áven* aus *abámus* mit Accentverschiebung und Erhöhung von a zu e: *lucháven* BP 330. 26. 2. *áves: brandouláves* 128. 10 BP, *coucháves* 258. 9 Fr, *trouváves* 94. 14 Fi. Beide Personen lassen sich aus den mittelalterlichen Sprachquellen nicht aufweisen. 3. *ávon* (aus *ábant* mit der bekannten Vertauschung von ant und unt): *vedavon* 87. 4, *trobavon* 19. 19, *portavon* 340. 7, *anavon* 361. 22, *344*. 13, *estavon* 341. 28 T. — Indessen ist *avan* daneben nicht ungewöhnlich: *autrayavan* 104. 6, *sagelavan* 104. 6, *manjavan* 368. 24, *afermavan* 185. 2, *cridavan* 421. 7, *escuzavan* 443. 5, *aprezonavan* 470. 5 — *affermavant* 185. 4 T, mit Einmischung der übrigen Konjugationen: *semblavían* 447. 32 T, *separavían* 103. 4 C; mit Apokope von n: *anavo* 442. 7 T. Trotzdem nun gerade die jüngeren Urkunden aus Analogie zu den beiden ersten Personen des Plur., die *avám* und *avás* gelautet haben werden, die Form *avan* der Form *avon* vorziehen, kommt für die sprachliche Entwicklung der Neuzeit nur die letztere in Betracht: *avoun*, *avou*. (Der Fall von n war, wenn auch im 17. Jahrhundert noch nicht besiegelt, doch schon, den zerstreuten Schreibungen bei der 3. Pl. aller Tempora in den verschiedentlichsten Urkunden zufolge, im Mittelalter vorbereitet.) Rou *appelavoun* 9. 161, F *cercavoun* 7. 20, *sounavoun* 8. 2, G *moustravou* 80. 9, *anavou* 83. 14, R *gastabou* 316, *atroubabou* 347, *plourabou* 484, aber f°: *aclatavoun* 218, *espinjavoun* 218, *prechavoun* 219.

128) 2. und 3. Konjugation.

Das e, welches nach der Synkope der stimmhaften Labialis zu i im Hiatus gesteigert wurde, macht, dass die Formen beider Konjugationen identisch werden. Erst in der Neuzeit sondern sich beide durch das Eindringen der Inchoativerweiterung in die verschiedenen Personen des Imperfekts bei den Verben der 3. Konj. von einander ab. Den Urkunden ist diese Erweiterung hier unbekannt; sie kann sich also kaum vor dem 16. Jahrhundert vollzogen haben.

Sing. 1. *fazia* 264. 4, *vezia* 282. 13 T, *podia* 121. 8 M, *enfrannia* 43. 7 M. Wie beim Kondicionale können wir auch hier als einen tiefgreifenden Unterschied zwischen der mittelalterlichen und modernen Mundart den Uebergang von ía zu iè bezeichnen (Synaerese). Um eine Scheideform gegenüber der dritten zu gewinnen, nahm die

1. p. das charakteristische i (vielleicht in Anlehnung an die 1. S. des Perfekts) an: *ièi* — *savièi* 221. 15, *debièi* 221. 15, *poudièi* 221. 31, *voulièi* 96. 9 G, *disièi* R 515, Rou und Fi noch ohne i: *iè: fasiè* 9. 10, *savìè* 242. 30, — *dourmissièy* Br 29. 3, *souffrissièi* 11. 14 F.

2. *iès: venièṣ* Ri° 189.

3. *ia: fasia* 65. 9, *volia* 25. 8, *solia* 25. 8, *movia* 63. 2, *cabia* 453. 11, *recebia* 411. 26, *tolia* 250. 9 — *seguia* 122. 29, *cosia* 411. 24 (cozir = consuere), *refugia* 47. 4 T — Rou *fasiè* 5. 24, *vesiè* 92. 8 G, *disiè* 81. 20 G, *sabiè* R 203. — Inchoativa: *finissiè* 94. 13 G, *ausissiè* 94. 31 G, *lusissiè* 91. 34 G, R 350 *dourmissiè*, Fi 95. 4 *sourtissiè*. Pl. 1. *iám: sabiam* 267. 16 T, *falliam* 123. 51 M, später *ián:* Rou *vesián* IV 2. 1, *perdian* R 713, *tenian* 138. 15 BP, *devian* Gui 336. 11.

2. *iás: volias* 123. 61 M — R besiàs 131. 237, *cresiàs* 85. 9, *saviàs* 647. 7 Gui N.

3. *ion: dision* 411. 7, *tenion* 467. 32, *morion* 9. 25, *percepion* 111. 7, *prenion* 111. 8, *remanion* 109. 35, *movion* 15. 9 T; häufiger aber ist *ian: disian* 351. 10, *devian* 352. 26, *fasian* 101. 24, *podian* 123. 8, *tenian* 296. 21, *valian* 329. 13, *aparian* 410. 12 — *fugian* 366. 20, *aucisian* 345. 7, *morian* 329. 13, *despartian* 138. 13, *cubrian* 368. 23 T, die jüngere und analogische, aus der durch Accentwechsel und Synaerese die Form der Neuzeit hervorging: *ièn* — *venièn* 222. 2, *tenièn* 80. 9, *bubièn* 81. 20 G, — *benièn* R 48, *fasièn* 391 R — *mettièn* F 6. 8 — BP *savièn* 142. 7 — *venièn* 230. 5 Fr. Inchoativa: *avalissièn* 132. 2 BP — *ressoundissièn* 82. 8 G (im Reime mit vent = ventum), *courrissien* 325 G, — vereinzelt a: *cresian* 10. 3 Rou, *disian* 167. 13 Gui. — In *pogion* 5. 15 T, für *podion*, wirkte das starke Perfekt — *poc* — ein, dessen auslautendes c im Inlaute als g erscheinen musste.

Die Schwächung des nachtonigen a zu e ist indessen schon in den mittelalterlichen Schriften zu finden, und bereits in M:

S. 1. *sabie* 287. 9 T. 3. *fasie* 156. 9, 170. 17, *tenie* 430. 14, 388. 30 T, *tenie* 34. 3 M, *possesie* 34. 3 M. — Pl. 3. *comparien* 378. 29 T, *pretendien* 197. 1, *condusien* 386. 6, *devien* 197. 1, *jasien* 388. 3, *valien* 434. 18 T. Es fragt sich nun, ob mit dieser Schwächung Accentverschiebung und Synaerese verbunden ist. In den jüngsten Urkunden dürfte dies der Fall sein. Gewisses lässt sich darüber nicht sagen.

Die schwachen Perfecta[1]).

129) 1. Konjugation.

a ist durch ę ersetzt worden, was sich direkt aus der durch das i der Flexion veranlassten Diphthongierung zu *ie* in der 1. S. ergibt. S. 1. *iệy: juriey* 57. 5, *doniey* 107. 8. *certifiey* 107. 8, 256. 14, pre-

---

[1]) Wir nehmen zunächst nur auf die ältere Mundart Rücksicht.

guiey 258. 13 T, mit Verstärkung von ę zu a: *doniay* 256. 14 T. —
3. Da das i der Flexion durch frühen Ausfall auf den Vokal nicht
einwirken konnte, ist die Diphthongierung unterblieben, t hat sich in
der Regel erhalten: *aiudet* 5. 19, *anet* 329. 12, *lauzet* 55. 16, *proet*
83. 19 . . ., *det* 344. 30 T, 5. 7 M, neben *donet* 31. 2 C, 45. 3 Cl,
estet 338. 29 T — *stet* 398. 5 T, — Apokope von t: *regestre* 234. 8,
retorne 470. 9 T (Urkunden aus dem 15. und 16. Jahrh.); schlechte
Schreibung in *mostres* 460. 19 T. Angleichung an die 3. Konj. in
autreit 55. 2 C, für *autreet*, vielleicht auch in *estait* 379. 31 T für *estet*.
Pl. 1. em: *trobem* 138. 10 T.

3. *éron: ameron* 5. 14, *lauzeron* 153. 28, *salveron* 5. 15, — *aneron*
338. 21 T, *esteron* 347. 29 T; *deron* 272. 30 *T* — *doneron* 61. 5 T,
phonetische Schreibung: *emblerun* 6. 9 M, *alarguerun* 6. 12 M, *an-
nerun* 6. 12 M. Das auslautende n hat sich im Laufe der Entwicklung
immer mehr geschwächt und schon in den jüngeren Urkunden so sehr
an Kraft verloren, dass es manchmal in der Darstellung vernachlässigt
wird; aus der Chronique entnehmen wir als Belege hierfür: *durero*
436. 14, *derroquero* 436. 27, *montero* 440. 23, *accompanhero* 440. 24 T,
aus C: *confermero* 103. 2 C.

2. Konjugation.

3. S. *et: vendet* 348. 25, *rendet* 329. 3, *respondet* 175. 34, *nasquet*
329. 14 T. — Pl. 1. *ém: vendém* 128. 11. 3. *perderon* 330. 13,
renderon 334. 27 T.

3. Konjugation.

Sing. 3. *it: complit* 102. 3, *procezit* 114. 11, *desconfit* 362. 10,
morit 406. 7, *partit* 441. 21, *salhit* 424. 26, *seguit* 441. 24 T. Häufiger
aber wird in denselben Urkunden t beseitigt: *auzi* 5. 19 M — *cobri*
347. 16, *legi* 330. 15, *yssi* 356. 32, *mori* 161. 20, 329. 7, *segui*
361. 26, *auci* 332. 17, *cobri* 347. 16, *parti* 339. 8, *obri* 425. 8, *establi*
38. 2 T, *elegi* Co₁ 401. 17. — Hiernach ist unzweifelhaft i die charakteristische Flexion unserer Mundart, während der Westen der Languedoc
(Toulouse) die Endung *ic* bevorzugte, und noch heute ist das c der
3. S. Perf. eines der hervorragendsten Merkmale des toulousanischen
Dialektes (cfr. Ch. de Tourtoulon in der Vorrede zur Chir. d'Albucasis Rev. d. l. r. I 11.). R. Vidal (84) tadelt die Endung i bei
Folquet und verlangt als die der *dreita parladura* — *ic:* »*et en la
terza ditz hom* '*partic, feric, traic, noric*'.« Hin und wieder ist diese
Flexion auch in die Urkunden gedrungen: T *partic* 448. 20,
complic 453. 14, *issic* 461. 29, *moric* 471. 2, ebenso Co₁ 443. 19,
seguic 441. 25, falls nicht ein Versehen von Seiten der Herausgeber anzunehmen ist. Pl. 3. *iron: establiron* 71. 4, *elegiron* 149. 18, *vestiron*
162. 3, *sentiron* 351. 12 T — *salhiro* 433. 4, *moriro* 436. 27 T.
Anbildung an die 2. Konjugation in *isseron* 389. 16, 462. 28 T, neben
issiron 338. 1 T.

Geschichtliche Entwicklung der Mundart von Montpellier (Languedoc). 147

130) Weiterentwicklung der schwachen Perfektformen.

Das Bild, welches die neuere Sprache von Montpellier gibt, ist von dem der mittelalterlichen Mundart fast ganz verschieden. Eine organische Weiterentwicklung haben nur die dritten Personen der 1. und 2. Konjugation gefunden: die 3. Sing. blieb unverändert bestehen, die 3. Plur. räumte mit dem Endkonsonanten in neuester Zeit auf, während in den Dichtungen aus dem 17. Jahrhundert die Schreibung noch schwankt; der tonlose Vokal erscheint als on. Die Verba der 3. Konj. schieben in allen Personen zwischen Stamm und Endung ig (g guttural) ein, welches g aus dem starken Perfekt in das schwache herübergenommen ist. Diese analoge Uebertragung hat nach den Leys d'amors (II 386) in Toulouse bereits im 14. Jahrh. stattgefunden. Auch in Montpellier? In den Urkunden begegnet nur eine Form, die uns diese Frage im bejahenden Sinne beantworten liesse: *estubliguet* 156. 2 C (1. Hälfte des 14. Jahrh.); es ist aber mindestens zu bezweifeln, ob sie genügt, um auf einen Zusammenhang mit der Flexion der Neuzeit schliessen zu dürfen. Die ersten und zweiten Personen der älteren Sprache sind untergegangen und durch die Endungen ère, ères — èren, ères — ersetzt worden. Woher sind sie genommen? Man darf mit Diez (Gramm. der rom. Spr. II⁴ 222) und Chabaneau (Gramm. limous. Rev. VII 162) annehmen, dass man aus der 3. Plur. *èroun*, — *èr* abstrahierte und, indem *oun* als die Endung dieser Person angesehen wurde, hierin das Charakteristikum des Perfektums sah, um es alsdann auch in den übrigen Personen (mit Ausnahme der 3. S.) zwischen Stamm und Endung einzuschieben. Dieser Vorgang verdeutlicht wieder so recht die grosse Umgestaltung, die ein Volksidiom durch die Kraft der Analogie erfährt.

Sing. 1. *ère: anère* 221. 34 G, *virère* 89. 20 G, *aimère* 89. 22 G, *paguère* 103. 7 BR; *passère* 103. 12 BR, *sauvère* 104. 3 BR, — *sentiguère* 222. 17 G; *ouvriguère* 30. 6 Br, *ausiguere* 10. 1 F.

2. *ères: cridères* 136. 16 BP.

3. *èt: atrouvèt* 222. 1 G, *laissèt* 191 Ri°, *demandèt* 92. 29 G — *respoundèt* R 319. 719 — *mouriguèt* 227. 26 G, *seguiguèt* 227. 27 G, *doubriguèt* 89. 10 G, — *finighèt* R 16, *sentighèt* 156 R, *serviguèt* 230. 19 Fr, *ouffriguèt* 230. 16 Fr.

Plur. 1. *èren: tastèren* 136. 7 BP, *aparèren* 322. 13 BP.

3. *èroun, èrou:* Rou *apelèroun* 1. 30, *abatèroun* 1. 50, F *sannèroun* 7. 30, *annèroun* 8. 14, Fi 97. 10: *intrèroun*, Fr *acabèrou* 231. 18; *arrivèrou* 231. 20. 19. Jahrh.: G *cridèrou* 222. 24, *intrèrou* 222. 8, — *mouriguèrou* 84. 20, R *manchèrou* 468, *aprestèrou* 417, *trissèrou* 388.

Konjunktiv Praesens.

131) 1. Konjugation.

Da nachtoniges e nach den Lautgesetzen fallen muss, sollte die Flexion im Sing. einen Vokal nicht enthalten. In der Regel, nicht immer, entspricht dem M: 2. *jurs* 105. 10. 3. *jur* 7. 18, *gart* 123. 51 oder *gar* 12. 6, *ajut* 7. 7, 33. 18, die übrigen mittelalterlichen Texte fast immer in der 3. Sing. von *aidar: ajut* G$_1$ 473. 24, T 116. 1, 250. 16, *aiust* 308. 18 — *ajutz* 7. 22 T, auch in *esper* 107. 6, 110. 34 T, *an* 147. 26 T; die anderen Belege weisen den analogischen Vokal auf: T 1. *pauze* 258. 17, *mesure* 282. 23, *senhe* 299. 20. 3. *jure* 139. 13, *mude* 139. 13, *dure* 115. 20, *lauze* 57. 8, *uze* 61. 20, *ane* 19. 3 ... G$_1$ *lie* 474. 2, Cos *auze* 460. 2, — sogar M ist von ihm nicht frei: 2. *jures* 103. 11. 3. *salve* 12. 6, *serve* 5. 38 — *donar* schwankt: *don* 45. 25, 83. 8 T — *done* 25. 30 T, vereinzelt steht auch *aiude* 251. 16 T (*ajutet). Zusammenfassend lässt sich also über den Sing. in der älteren Periode sagen: Bereits im 12. Jahrh. wechseln organische Formen mit analogischen (e), je jünger die Urkunden, je mehr gewinnen die letzteren die Ueberhand, um schliesslich allein zu bleiben. Nur sie kennt die Sprache der Neuzeit: 1. *fise* 287. 10 G, *seque* Br 30. 12, *cride* 242. 5 Fr. 2. *escoutes* 107. 14 BR, *serves* 289. 12 BM. 3. *encante* 221$_9$ G, *crebe* 226. 21 G, *ane* 226. 21 G, *done* 93. 9 G, *parle* 274. 4 BPe.

Pl. 1. *ém*, dann *én: jurém* 103. 11 M — *separèn* 162. 15 Gui, *marchen* R 456. 2. *donéz* 173. 1 T, unter dem Einfluss der klassischen Orthographie statt *dones*. 3. Nach Vertauschung von ent mit unt: *on* — Cos 455. 21 *regardon, paguon* 136. 6 Cl — T *amoneston* 89. 4, *gieton* 65. 27, *acosselhon* 53. 16, *observon* 140. 29; mit Abfall von *n* (schwache Artikulation) in der Schreibung: *obligo* Cos 457. 1, *apelu* Cl 32. 3, *servo* 42. 1 C, mit Schwächung zu e nur in *velhent* Cos 483. 20. — *estar* bildet seinen Konjunktiv nach der 1. und nach der 2. Konjugation: Sing. 3. *yste* 172. 21 und *estia* 69. 18, 19. 2 T. — 3. Plur. *estaun* 6. 11 M — *estion* 15. 4, 53. 23, 65. 21 T, 15. 2 Cl — *estian* 17. 5, 167. 23 T.

132) 2. Konjugation.

Das i im Hiatus (zu dem sich e erhöhte) hat eine Anzahl Modifikationen erfahren, die sich im Folgenden zusammenfassen lassen: Fall nach einer Sibilans, Bleiben, in seiner konsonantischen Natur, nach einer Labialis, Verbindung mit dem Vokale der vorhergehenden Silbe nach der Synkope des trennenden Konsonanten, Erweichen von l und n. Entwicklung zur Gutturalis vereinzelt nach n. Das a der Flexion ist in den Urkunden, abgesehen von der 3. Plur., wo es, wie überall, durch o (sprich u) ersetzt wurde (wofür durch Analogie wiederum nicht selten a eintrat), im Allgemeinen geblieben. Die neuere Mundart räumt indessen in den stammbetonten Formen dem e den Vorzug ein, und wenn diese Schwächung des a auch der Sprache des Mittelalters nicht fremd ist, tritt sie hier doch noch nicht scharf genug hervor, um oft — vereinzelt allerdings — in der Schrift zum Ausdruck zu gelangen.

1) Verba der latein. 2. Konjugation:
Sing. 1. *puesce* 7. 20 T — *puesca* 258. 23, 270. 2 T; *sapia* 263. 1 — *tengua* 280. 22 T, — *piosque* Rou 9. 32 — Fi 108. 14 — *tengua* 280. 22 T, — *piosque* Rou 9. 32 — Fi 108. 14 — *veje* 240. 11 Fr. 3. *leza* 19. 21, *noza* 153. 6, *iassa* 180. 6, *plassa* 409. 3 T — *sapia* 107. 27, 13. 19 T, *deia* 45. 4, *caia* 41. 15 T. — *valha* 25. 5, *vuelha* 43. 21, *sortenha* 144. 28 T, *remanha* 41. 7 C — *sostenga* 295. 5, *retenga* 11. 23, *tengua* 29. 5 T, *somonga* 7. 15 M — *remanga* 184. 3 C, *permanga* 69. 18 T — *sache* 233. 6 Fr, neben *sapia* 1. 45 Rou; — *tengha* R 276 — *entretengue* Fi 241. 11. Die Konjunktive von *poudre* (*potere) und *voudre* (*volere) sind *pogue* 108. 5 BR, 273. 16 BPe, Ri° 191 — *vogue* 90. 28 G, wo g als ein Analogon zu dem g (guttural) der starken Perfekta anzusehen ist.
Plur. 2. *ás* — bis heute — *puscás* 16. 2 PCl, *puescas* 172. 10 T; *vollas* 58. 4 M, *sapias* 172. 10, 328. 8 T — Rou 1. 54: *vezias*; Fr 229. 3: *sachas*. 3. *on: deion* 127. 5. 169. 26, *provcion* 65. 14 — *puescon* 100. 20, 107. 34 — *vuelhon* 9. 1, 31. 11, *valhon* 43. 14, 81. 32 — *tengon* 47. 15, *pertengon* 51. 13, *remangon* 49. 28. — *o: puesco* 136. 8 C, 17. 2 Cl. — *an: deian* 177. 10, 180. 16 T, *puescan* 180. 11, 356. 12 T, *sapian* 182. 7 T, *vengan* 21. 4 C, *remangan* 176. 1 T, — später *ou: sachou* 254. 21 Fr.

2) Verba der latein. 3. Konjugation: — meist ohne Hiatusvokal.
Sing. 1. *a*: M *tola* 13. 17, *auciza* 13. 16 — T: *creza* 258. 15, *digua* 281. 3, *meta* 258. 17, *mola* 282. 19, *contraa* 139. 32 — *fassa* 281. 3, 282. 19 T — *digue* 648. 14, Gui N *fasse* 224. 7 Fi. 3. *a: creza* 108. 27, *duga* 229. 22, *absolva* 134. 8, *meta* 162. 24, *costrenha* 156. 12, *tenha* 263. 16, *destrengua* 81. 7, *tengua* 263. 20, *cresca* 51. 24, *mola* 282. 34, *clauza* 23. 19, *digua* 81. 9, *viva* 353. 32, *corrumpa* 81. 20, *enjonga* 35. 29, *venda* 23. 10, *reconosca* 152. 14 T — *fassa* 3. 8, *recepia* 110. 34 T; *e* nur in *promete* 270. 2 T, in den neueren Dichtungen der gewöhnliche flexivische Vokal: Rou *entende* 9. 109, *rende* 9. 109 — Fi: *digue* 106. 21, *plangue* 248. 20, *prengue* 221. 5, *facere* erscheint als *fasse* Fi 227. 26, mit Metathesis *fascat = fasque* 108. 18 Fi und unter Einwirkung der starken Verba *fague* 160. 17 Gui, F° 219. 4, 112. 7 Fi, selten ist a erhalten: *digua* 1. 66 Rou, *biba* R 445 (vivat).

Plur. 1. *am: tollam* 103. 4 M; *redam* 103. 9 M; *recipiam* 109. 6 T, — *an: rigan* 244. 13 Fr — 2. *as: fazas* 52. 13, 103. 12 M — *entendas* 229. 7 Fr — *plangnas* 228. 19 Fr. — 3. *on: indugon* 89. 4, *reconoscon* 41. 24, *meton* 89. 21, *tragon* 156. 4, — *fassen* 111. 27, 67. 20. — *recepion* 108. 17 T, — *o: fasso* 56. 8 C — Cos 459. 25, analog. *an* ist nicht selten: *metan* 116. 17 T, *comettan* 11. 5 Cl, *digant*

466. 6 T, *redant* 176. 32 T, *rendan* 118. 20, *fassan* 177. 23 T. — Wie im Infinitiv, schwankt auch hier *prendere* zwischen der 2. und 3. Konjugation, indem die betreffenden Formen teils auf einen Typus prendam, teils auf einen Typus prendeam zurückgehen: S. 3. *prenga* 51. 2 T, 95. 2 C, — *prenia* 139. 1 T. — Plur. 1. *prenam* PCl 2. 8. — 3. *prenon* 53. 4, *prendon* 3. 19 — *prengon* 53. 5 T, *prenguo* 152. 2 Cl.

133) 3. Konjugation (lat. 4.).

IIIa. Die Verba ohne Inchoativerweiterung flektieren genau wie die Verba der 2. Konjugation. Der Ableitungsvokal wurde nach den bekannten Lautgesetzen umgestaltet, manchmal auch schlossen sich die hierher gehörigen Verba nach der Beseitigung desselben der lat. 3. Konj. an. Sing. 3. *sueffra* 145. 3 neben *suffria* 143. 31 T — *mueyra* 397. 25 und *mora* 91. 6 T; *requieyra* 79. 15 T, *enquieyra* 90. 2 C, *plevia* 63. 1, *auia* 81. 13 — *falha* 104. 7, *parta* 108. 32, *fuga* 47. 3, *esca* 298. 23 und *iesca* 282. 15 T — *venia* 297. 2, *esdevenia* 155. 4, *convenia* 139. 4, — *venga* 128. 2, *vengua* 23. 10 T. — *e: convenie* 123. 3 T. — Plur. 3. *on: yscon* 19. 20, — *region* 65. 15, *elegion* 53. 22 T, *enfuion* 104. 2 Cl — *mueyron* 353. 33, *quieyron* 108. 16, *requieiron* 116. 6, *enquieyron* 3. 23. — *consenton* 192. 5 T — *yesquo* 153. 2 C. — *an: elegian* 114. 21, *suffrian* 143. 28, *quieyran* 53. 4 T.

IIIb. Inchoativa.

Sing. 3. *isca*; *defenisca* 150. 20, *desbatisca* 135. 16 T, *convertisca* 234. 2 C, *elegisca* 105. 16, *partisca* 193. 22, *punisca* 156. 10 T. — e für i in *prossezesca* C 224. 3 neben *procesisca* 107. 2 T — *demeinusca* 181. 21 T ist in *demenuisca* zu emendieren (vgl. *aminuir* 183. 18 T). — Plur. *iscon: contribuiscon* 241. 2 Cl, *legiscon* 483. 21 Coa, *defeniscon* 3. 23, *suffriscon* 272. 17, *serviscon* 140. 26, *seguiscon* 199. 9 T — *establischon* 110. 6 T, — *iscan: jausiscan* 202. 25 T.

Es erscheinen *elegir, partir, suffrir, seguir* mit und ohne Inchoativerweiterung. Im Laufe der Zeit hat die letztere Klasse auf Kosten der ersteren eine stetig zunehmende Zahl von Verben an sich gezogen. In *vengua* 3. S. Gui 157. 12 — *vengue* 223. 16 G, *counvengue* 229. 24 Fr., *souvèngue* 245. 17. — Plur. *vengon* 634. 9 Gui N., ebenso in *sente* 3. S. 265. 15 Fr, ist noch die unerweiterte Form in modernen Sprachdenkmälern zu verzeichnen.

Was nun die Stammerweiterung selbst anbetrifft, so schwanken die Dichtungen aus dem 17. Jahrhundert zwischen dem Inchoativsuffix *isc*: 3. Sing. Rou 3 *agisqua* VIII 6, *legisque* 9. 156, Fr *avalisca* 263. 3; Fi *seguisqua* 240. 18, *perisque* 245. 12 (man beachte zugleich den Wechsel von a und e in der Flexion), 1. *mourisque* 253. 17 Fr — und mit der Erweiterung durch *ig*, die aus dem Perfekt eindrang (d. h. der Perfektstamm wurde zur Bildung des Konjunktivs zu Grunde gelegt): Rou Sing. 3. *legigua* Rou I 57. — Plur. 3. *partigoun* 9. 116, — Fr *sourtiguou* 229. 2. Diese Bildung hat dann die Inchoativform aus dem Felde geschlagen, und so begegnen bei den Dichtern des

19. Jahrhunderts als 3. Sing. die folgenden Belege: G *soufrìgue* 90. 15, *auslgue* 290. 1, *ressoundìgue* 290. 3 — R *finighe* 518, *serbighe* 86. 4 [Fi (17.—18. Jahrh.) *sourtigue* 244₁₈, *descouvrigue* 102₂₂].

Imperfektum Konjunktivum der schwachen Verba.

134) Der flexivische Vokal der 1. und 2. Konjugation ist ein offenes e (siehe P. Meyer Rom. VIII 154—162).
Sing. 1. *es: pesses* 294. 12 T, *decantes* 46. 5 Ch — 3. *demandes* 124. 12, *demores* 365. 2, *dones* 183. 29, *anes* 263. 23 — *combates* 356. 27 T. Später erhielten beide Personen ein paragog. e, wofür selten auch a eintreten konnte: 1. *countèsse* 242. 9 Fr, *aymèsse* 268. 18 Fr, *parlèsse* 10. 15 F. 3. *visquèsse* 9. 12 Rou, *anèsse* 231. 27 Fr, 10. 36 F, *venguèsse* 223. 4 G, *plouresse* 943 R; Gui: *meritesse* 148. 20, *dounesse* 149. 18, — *tiressa* 12. 26 F. — Plur. 3. *esson: guardesson* 183. 31 T, *juresson* 271. 22, *salvesson* 425. 3, *anesson* 357. 17 T, *desson* 10. 3 Ch neben *donesson* 61. 3 Ch, — *perdesson* 5. 16, *vendesson* 293. 6 T, schlechte Schreibung: *falezon* 18. 7 C. *essan* nur in *baylessan* 442. 34 T und *tornessan* G₁₁ 313. 14. *esso: tornesso* 126. 19 M, *termenesso* Cl 186. 3, — heute *èssou:* R 894: *cridèssou*, Rondil hielt noch das auslautende *n: sapièssoun* 9. 9.

3. Konjugation.

Sing. 3. *is: moris* Ch. 46. 3, *falhis* Coa 457. 7, T: *yssis* 380. 22, *fugis* 402. 9, *suffris* 338. 19, *bastis* 134. 24. — Plur. 3. *isson: salhisson* T 427. 16, *morissun* Ch 24. 2, *seguisson* 223. 4 C. — Mit der Umbildung der Grundform (Perf. Ind.) ging die der abgeleiteten natürlich Hand in Hand. Auch hier wurde zwischen Stamm und Flexion *ig* eingeschoben und die Endung der 3. mit der der 1. u. 2. Konjugation vertauscht: Sing. 3. *lusiguèsse* G 223. 6, *trahiguèsse* 231. 10 Fr. — Plur. 3. *ahighèssou* R 806. Auch hier, wie beim Perfekt, verdient eine Bildung der Urkunden wegen ihrer Identität mit der modernen Verbalflexion hervorgehoben zu werden: *legiguesson* 468. 19 T (im jüngsten Teile der Chronique romane — 15. Jahrhundert).

Anmerkung. Eine schwache Form für das 1. Konditionale ist nicht belegt.

Imperativ.

135) In den Urkunden bot sich kaum die Gelegenheit, diesen Modus anzuwenden. Die Sprache begnügte sich in den wenigen Fällen, wo die Syntax seinen Gebrauch verlangt, mit den entsprechenden Personen des Ind. Praes.: Sing. *aus* (audis) 44. 1, 97. 1 .. M. (Diese Urkundensammlung beginnt oft mit der Wendung: *aus tu ...*) Plur. *legés* 182. 27 T: »*leges me, quals son aquestz?*«

In den Dichtungen der jüngeren Periode sind die Flexionsverhältnisse die folgenden:

1. Konjugation.

Der Sing. ist organisch weiter entwickelt: *canta* 290. 9 G, *aprocha* 266 R, *vira* 365. 3 BR, *mesfisa* R 779, — die 1. Plur. drückt der Konj. hortativ. aus: *quitèn* 221. 12 G, — Fi *aymen* 239. 3, *douten* R 681, *anen* R 328, *pensen* 322. 13 Gui, dafür der Ind. in *caminàn* R 448, die 2. Plur. die entsprechende Form des Indikativ Praes. Fi: *levàs* 95. 23, *escoutas* 102. 9 — R *bailas* 157, *anas* 271, *moustras* 442, BP *jujas* 362. 6, *navigas* 138. 10; daneben erscheint in den Texten aus dem 17. Jahrhundert auch der Konjunktiv: Rou *demandes* IV 1. 3, Fr *troubles* 234. 22, Fi 102. 8: *murmures*.

2. Konjugation.

Sing. neben der organischen Form in *tè* 130. 5 BP, *fai* 121. 12 BR, steht die 3. S. Konj. Praes.: *diga* 30. 7 Br, *becha* 775 R — (zu videre), *veja* BM 289. 10 — *beche* 104 R. Im Plural wechseln Ind. und Konj.: 1. Ind. *èn*: *entenden* Gui 322. 4, *visquen* Rou 2. 41, *perden* Gui 322. 14, Fi *metten* 226. 25, *venden* 229. 19, — Konj. *fascan* 236. 18 Fr, *venchan* 252. 17 R. 2. *tenès* 223. 14, *fasès* 91. 23, *vesès* 92. 21, *prenguès* G — *digas* 80. 4, 92. 31 G, *fassas* 238. 22 Fr, *taysas* 234. 11 Fr. *sachas* Fi 246. 7, *vouguas* Fr 254. 13 (zu *volere), — Fi *faguès* 224. 2 neben *fagas* 225. 8.

3. Konjugation.

Die Singularform ist mit der 3. Sing. Praes. Ind. identisch: *douvris* 106. 28 BR, *sourtis* 191. 16 G, doch kann auch eine Formverkürzung durch Apokope des Endkonsonanten eintreten: *oufrì* 287. 24 G, *venì* 287. 23 G (oder *benì* R. 24). — Plur. Auch hier erhält bald der Ind., bald der Konj. den Vorzug: 1. *rejouiscan* 236. 19 (Konj.) Fr, — *divertiguèn* Gui 322. 16 (Ind.). 2. *sourtès* Fi 244. 1, — *banissès* 224. 5, *sourtisses* 112. 1, *couvrissès* 92. 11 Fi.

Participium Praesens.

136) Die Endung der 1. Konj. ist *an* (antem), die der 2. und 3. *en* (entem); häufig wurde ein t angefügt, vereinzelt findet sich für n ein m geschrieben. Die ältere Sprache meidet die Inchoativerweiterung; *ientem* ist in allen volkstümlichen Bildungen durch *entem* ersetzt worden: *cantan* 423. 1, *portan* 469. 4 ... *mostrant* 77. 12, *cridant* 79. 3, *portant* 379. 34, *anant* 196. 27, *estant* 196. 27 T, — *semblam* 109. 20 T, — *receben* 109. 12, *conoychen* 59. 19 T, *baten* 344. 13 — *dizent* 182. 27; *complanhem* 18. 35 PCl, *vezem* 1. 15 Cl, — *sirven* Cos 455. 12 T, *venen* 275. 20, *offren* 380. 2, *parten* 471. 21, *establen* 104. 15 — *partent* 440. 19 T, *regent* Co₁ 364. 37. Nur in *finissen* 203. 17 T drang die Inchoativform aus dem Praesens auch ins Part. Praesens. Später ist die Stammerweiterung allgemein geworden: Fr *servissen* 232. 16, — *aouzighèn* R 155, *creniguèn* Gui 144. 18. — Gelehrte Bildungen sind *obedien* 278. 29, *sufficien* 81. 26 T, *escient* 17. 6 M ...

Unter der Einwirkung des Französischen macht sich, wenn auch noch nicht allzu häufig, bereits in den Texten des 14. und 15. Jahrhunderts die Neigung bemerkbar, die Endungen *en* und *an* zu vermengen: T *tornen* 399. 28, *trespassen* 421. 29, *supplien* 423. 8, — *conoyssan* 187. 9 neben *conoyssen* 198. 23, *venant* 361. 28 neben *venen* 119. 27, 275. 20. Weit grösser ist ihre Verbreitung im modernen Patois, was sich leicht aus dem beständig wachsenden Einfluss der Staatssprache begreift. Selbst in die Dichterwerke hat sie Eingang gefunden, gewöhnlich auf Kosten von *an:* G *plouren* 81. 14, *treven* 223. 12, *poutounejen* 287. 27, R *regarden* 68, *manden* 121, *parlen* 863, BM *tournent* 286. 12, *bailent* 285. 14, *beluguejent* 282. 5. (t stamm) — *an* für *en* ist seltener: *batan* 287. 12 BM.

Anmerkung. Die starken Verba bilden in der Neuzeit im Gegensatz zur mittelalterlichen Sprache ihr Part. Praesens nicht vom Praesensstamme, sondern von dem des Praeteritums (siehe 143).

Schwaches Participium Perfektum.

137) 1. Konjugation; *at* Fem. *ada:* T *anat* 365. 15, *estat* 113. 8, *donat* 27. 16 — *dada* 136. 13, *estada* 35. 4 C, orthographische Abweichungen: *tornad* 126. 23 M, — *bulla* Cl 2. 3, *apela* 141. 5 Ch.

2. Konjugation; *ut — uda: rendut* 106. 21; *pendut* 340. 32, — *estenduda* 363. 33, *venduda* 33. 10, 25. 12 T; *crezer — crezut* 15. 30, 25. 20 .. T, mit Anlehnung an die starke Flexion: *cregut* 101. 19 T.

3. Konjugation; *it — ida: noyrit* 101. 17, *auzit* 35. 6 — *auzida* 55. 8 T. eligere schwankt auch hier wie im Infinitiv zwischen der 2. und 3. Konjugation: *elegut* 45. 3 T, Co₁ 364. 29 .. *elegit* 220. 3 Ch; Co₁ 424. 12. — Die erstere ist die gebräuchlichere. Alle Endungen leben bis heute fort, z. B.: *flourat* 221 30 G; *perdut* 227. 15 G; *dourmit* Rou IV 1. 1. — Zur starken Flexion übergehend sind in Folgendem nur diejenigen Formen und Zeiten zu berücksichtigen, welche in ihrem Charakter und ihrer Bildung nach von der schwachen Konjugation abweichen und das Wesen der starken Biegung ausmachen. Wir geben zunächst nur auf die Flexionsverhältnisse der älteren Mundart ein, wie sie uns in der Gesammtheit der benutzten Urkunden erscheint, um hierauf die Weiterentwicklung in der Neuzeit ins Auge zu fassen.

Starke Verbalflexion.

138) 1. Die Mehrzahl der starken Verba in unserer Mundart blieb bei der lateinischen Perfektbildung stehen. Hiernach zeigen: 1) Dehnung des Stammvokals *faire* und *vezer;* 2) sigmatische Perfektbildung *dire, destruir, durre, escrieure, jonher, maner, metre, porre, trayre;* 3) Einschiebung von u oder v zwischen Stamm und Endung: *recebre, decebre, saber, creysser, dever, jazer, moure, conoysser, aparer, plazer, ploure, poder, valer, voler.*

Dem Latein entgegen schlossen sich der 2. Klasse an: *moner*, *penre*; der 3.: *beure*, *corre*, *querre*, *tener*, *tolre*, *venir*; ihr folgt auch *cosegre*. *solvere* schwankt zwischen der 2. und 3. Die übrigen im Lateinischen ähnlich oder durch Reduplikation gebildeten Perfekta sind schwach geworden, u. a. *crezer*, *cazer*, *elegir*, *naisser*, *viure*, *rendre*. Von der Reduplikation blieb keine Spur.

2. Flexion der starken Perfekta. Wie die 3. Sing. sollte nach dem Fall des nachtonigen i, das in wenigen Verben den Stammvokal e zu i gesteigert hat, auch die 1. Sing. flexionslos sein, was auch in einzelnen Fällen den gegebenen Thatsachen entspricht. Ebenso häufig aber hat unsere Mundart, um eine Scheideform gegenüber der 3. zu gewinnen, die 1. Person schwach, mit betontem i, flektiert. Den ältesten Beleg hierfür bietet eine Urkunde aus den Establ. von T (1258) *promesi*. — Die 1. und 2. Plur. sind flexionsbetont, die 3. schwankt. Der romanische Accent liegt auf der Stammsilbe, die Analogie zu den beiden anderen Personen des Plural hat ihn aber ebenso häufig auf die Endung gelegt, so dass fast überall Doppelformen zu verzeichnen sind. Dass diese analogische Wirkung alt ist, zeigt unter anderen die Form *fezeron* in dem schon erwähnten Establ. von 1258. Somit fiel hier die starke Flexion mit der schwachen (endungsbetonten) zusammen. Blieb der Accent auf der Stammsilbe, so musste das e der Endung fallen. Die hierdurch entstehenden Konsonantengruppen fanden eine verschiedene Behandlung: *gr* blieb gewöhnlich, vereinzelt fiel *r*, *cr* löste sich entweder zu *ir* auf, oder schwächte sich zu *gr*. *sr* wurde auf verschiedene Weise umgestaltet, es blieb nie (siehe 58, 3).

3. Aus dem Perfekt leitet sich der Konj. Imperf. und das 1. Kond. ab, ersterer aus der 3. Sing., letzterer aus der 3. Plur. Tritt alsdann durch Anhängen der Flexion beim Konj. Imperf. der auslautende Konsonant der 3. Sing. Perf. in den Inlaut, so wird er von dem bekannten Gesetze betroffen, nach dem dem stimmlosen auslautenden Konsonanten der stimmhafte inlautende entspricht. Das 1. Konditionale ist die direkte Fortentwicklung des lateinischen Plusquamperfektum Ind.

4. Die Verba der beiden ersten Gruppen bilden ihr Part. Perf. dem Lateinischen entsprechend auf tum oder sum (s im Latein aus ursprünglichem t geschwächt), die der 3. meist auf utum, welche Endung indessen im Gegensatz zu den beiden anderen nicht an den Stamm, sondern an das Perfekt tritt (ebenso verfährt von Verben der zweiten Gruppe *maner* — *remasuda*).

Verzeichnis der starken Verbalformen, soweit dieselben in den Urkunden belegt sind.

139) 1. Klasse: Perfekta mit gedehntem Stammvokal:

fayre: Perf. Sing. 1. *fis* 57. 2, 270. 24 T, wo nachtoniges i vor seinem Abfall ē zu i erhöhte. Dem gegenüber ist *fes* 258. 14 T Anbildung an die 3. Person. 3. *fes* 108. 25, 202. 17 T, eine ältere Lautstufe — c ungeschwächt — erscheint in *fez* 5. 9, 34. 2 M und mit Verstärkung von z in *fetz* Co₁ 429. 3, 399. 17 T; schlechte Schreibung: *fe* 391. 16 T; an ihre Stelle tritt die 1. Person: *fis* 289. 26 T. Man sieht, das Volk hielt die beiderseitigen Formen nicht genau auseinander.

Plur. 1. *fezem* 128. 16, in derselben Urkunde auch bereits *fezén* 128. 23 T (Et. von 1196, Handschrift gegen das Ende des 13. Jahrhunderts), — ein Beweis, dass unser Dialekt schon früh die Neigung gehabt hat, auslautendes m auch in der Flexion mit n zu vertauschen. 3. auf *fékerunt* gehen zurück: *feyron* 366. 15, 404. 5 T, 78. 7 PCl mit Synkope von c: *feron* C 19. 1, T 111. 24, 336. 14.., unter Einwirkung der entsprechenden Person und Zeit von *esser: foron* 379. 20, 400. 23, 407. 34 T, auf *fecérunt* (flexionsbetont): *fezéron* 109. 23 T.

1. Kond. Sing. 3. *fera* 338. 19 (fécerat). Pl. 3. *feyro* 437. 25, 440. 18 T (fékerant). — Dort fiel c spurlos aus, hier schwächte sich *cr* zu *ir*.

Konj. Imp. Sing. 3. *fezes* 143. 33, 200. 2 T — Pl. 3. *fezesson* 183. 28, 355. 24 T — *fesesson* 36. 2 T.. Das e der Flexion ist im Konj. Imp. der starken Verba geschlossen (siehe P. Meyer, Rom. VIII 154 ff.).

Part. Perf. Die verschieden gestalteten Formen rühren aus den verschiedenartigen Darstellungen des aus der Konsonantenverbindung ct in factum hervorgegangenen palatalen t-Lautes her: *fag* 25. 17, 39. 8 — *fach* 143. 25 T, Fem. *facha* 25. 22 T, — *fait* 203. 29 — *faita* 17. 4 M, *faicte* 200. 15 T — *fastz* (factus) 21. 13, 23. 4 T.

vezer: Perf. Sing. 3. *vi* (vidit) 338. 24, 340. 17 T. Konj. Imp. S. 1. *vis* 281. 12 T (*vissem, kontrahiert aus vidissem). 3. *provezis* 392. 15 T. Part. Perf. *vist* (*vistum) 110. 17, 341. 25 T, Fem. *vista* 55. 18 T, eine schwache und unvolkstümliche Bildung ist *vesita* 341. 19 T. (Ueber einige Formen von venir siehe 141.)

140) 2. Klasse: Die sigmatischen Perfekta.

1. Participia auf tum.

dire: Perf. Sing. 3. *dis* 15. 15, 77. 24.. T, *diss* 5. 16 M. — Plur. 1. *dichem* 153. 8. 3. *digron* 174. 28 T; viel häufiger sind schwache Formen zu finden: *disséron* 430. 6, *dizeront* 173. 27 T, *contradichero* 205. 1 C — T *dizerunt* 184. 29, *dicerunt* 311. 11 G₁₁. Die starke belegt eine Urkunde von 1411, die schwachen sind in Texten des 14. und 15. Jahrhunderts enthalten. Beide haben mithin lange neben einander bestanden (der flexivische Vokal der beiden letzten Belege entspricht der wirklichen Aussprache).

Konj. Imp. 3. *contradissés* 296. 20 T. Part. Perf. *dig* 39. 9, *dich* 149. 20, *dih* 103. 21, *dic* 303. 31 T, *dit* 50. 10, 102. 22 M

(sämmtlich orthographische Varianten für denselben Laut — t'), Fem. *dicha* 25. 18, 55. 19 T, *dicte* 194. 10 T — *benezeta* 319. 4 T.
durre (in *redurre* 178. 19 T): P. 3. S. *produysh* 124. 17. Part. *reduch* 136. 12 T.
escricure: Perf. S. 1. *escreysc* 154. 26 T, mit schwacher Flexion *escrieysi* 105. 10, *escrieychi* 262. 20 T. 3. *escrieis* 57. 30 T, — *escris* 137. 26 T. Plur. 3. schwach: *escrisséron* 420. 7 T. Part. Perf. *escrig* 29. 18, 43. 16. — *escrisc* 141. 18 — *escript* 202. 7 T, *subrescriut* 126. 8 M (p, anstatt zu fallen, löst sich in u auf), Fem. *escricha* 100. 22, *scricha* 173. 16 T, *sobrescricha* 114. 2 M, *escripta* 34. 1 M (escript und escripta sind nicht echt volkstümlich).
fenher: Part. Perf. *fencha* 396. 30 T (fincta).
franher: Part. Perf. *enfracha* 55. 30 T.
porre: Perf. Sing. 3. *pos* 358. 22 T.
estrenher: Part. *destreg* 51. 10, *costreg* 136. 26, — *contrit* 430. 23 T, *contrestz* (us) 83. 17 T — *destrecha* 25. 3 T.
trayre: Perf. 3. *trais* 331. 8, *retrays* 455. 34, mit Anlehnung an die Verba der 3. Klasse (2. Abteilung): *trac* 345. 1 T. Plur. 1. *traychem* 128. 17 T. 3. schwach: *traysseron* 358. 18 T. Konj. Imp. Plur. 3. *sostrayssesson* 156. 24 T, Part. *trag* 87. 27, Fem. *tracha* 57. 18 T.
destruir (strügere, mit Uebertritt in die latein. 4.). Perf. Pl. 3. *destrusséron* 403. 24 T (schwach), P. *destrug* 385. 18, — *destrucha* 354. 31 T.
tenher: Part. *teng* 138. 6, orthograph. Variante *tenh* 263. 14 T. 2. Part. Perf. auf sum.
claure: Part. *claus* 141. 23, 422. 3, — *clauza* 107. 1 — *clausa* 355. 22 T.
[*maner:* Perf. 3. *remas* 352. 22, 441. 33 T. Plur. 3. *remazéron* Co₁ 414. 19. Konj. Imp. 3. *remazes* 288. 10 T. Part. *remasuda* 444. 15 T.]
metre: P. S. 1. *promis* 270. 22 T, neben der schwachen: *promezi* 112. 7, 3. *mes* 338. 14 T, 7. 11 M, — *promes* 5. 6, 108. 24 — *trames* 338. 16 — *trametz* 182. 29 T. Plur. 3. stark, mit Ausfall des s: *meron* 403. 12, 416. 9, *sotzmeron* 111. 20 T, *promeron* Cos 475. 17 — mit Assimilation an r: *merron* 412. 19, mit Vokalisation zu i: *meyron* 354. 24 T, endlich mit Ausfall von r: *mezon* 354. 29 T, *promesson* 19. 2 Cl, flexionsbetont: *mezéron* 321. 13 T, *promeséron* 330. 6 C. Vom Praesensstamm gebildet: *prometero* 103. 2 C[1]). Imp. Konj.

---

[1]) Hier begegnen wir also einer rein schwachen Form; wenn wir im Vorstehenden den Ausdruck „schwach" auf Verba anwandten, die ihre 3. Plur. zwar mit betonter Flexion, aber nichtsdestoweniger vom Perfektstamm bilden, so ist das nicht ganz korrekt, indem wir nur auf einen Punkt, auf die Betonung, nicht aber auf die Art der Ableitung Rücksicht nahmen. Man könnte Bildungen wie *mezéron* ... als „halbstarke" bezeichnen. Hiernach ist der Ausdruck „schwache Flexion" bei den starken Verben zu verstehen.

3. *mezes* 294. 15, *sotmezes* 398. 26. Pl. 3. *mezesson* 338. 9, *compromezesson* 340. 31 T, *remezesson* 208. 3 C. Part. *mes* 41. 26, *promes* 3. 20, *sotzmes* 3. 11, *trames* 83. 28. — Fem. *messa* 358. 22, *promessa* 37. 9 T, — mit Erhöhung von ę zu i (selten): *mis* 251. 26 T, *comis* 467. 2. 11 T.

    moner: Perf. 3. S. *somos* 25. 11 T (*submo[n]sit).

    penre; Perf. 3. *pres* 329. 21 T, 7. 12 M, Co₁ 429. 2. — Plur. 3. stammbetont mit Ausfall des r: *preson* 472. 28 T, — flexionsbetont: *prezéron* 357. 18, *preseron* 329. 4 T. Konj. Imp. 3. *prezés* 185. 10 T, Co₁ 438. 1, — *presés* 448. 31 T — Co₂ 459. 19. Part. *pres* 329. 9 — *presa* 329. 17 T.

    raire: Part. *ras* Co₂ 455. 19.

    Einer Reihe Part. Perf. auf sum steht keine Perfektform in den Urkunden zur Seite: *cofes* 83. 18 (confessus) — *espres* 108. 22, Fem. *espressa* 104. 4, *despes* 103. 28 — *pessa* 131. 22 T (beide von pendere), *rescostz* 142. 11 T (*re-excostus), solvere, wie gesagt, schwankt: es schliesst sich der 2. Klasse an in *absols* 112. 20, 3. Sing. Perf. — Part. Perf. *absout* 3. 21, 258. 23 T, — der 3. Klasse in *absolgron* 112. 25 T.

141) 3. Klasse.

Hierhin gehören alle die Verba, die ihr Perfekt durch Einschiebung eines v zwischen Stamm und Endung bilden, welches v zu u (Halbvokal) wurde, wenn der Stamm auf einen Konsonanten endigte. Die Sprache schlug in der Behandlung dieses u einen doppelten Weg ein:

1) u verband sich mit dem Vokale der Stammsilbe zu einem Diphthonge. Dies trifft nur die Verba *recebre* und *saber*, alle übrigen bilden die folgende Abteilung.

2) Da u in dieser Stellung den Lautwert des deutschen w hatte, schloss es sich — und dasselbe that v — in seinem Entwicklungsgang demselben an und wurde inlautend zu g, auslautend zu c.

1. Abteilung.

    recebre: Perf. Sing. 1. mit schwacher Flexion: *receupí* 161. 8, 164. 14. 3. *receup* 156. 27 T, *cosseup* 161. 15 T. Plur. 1. *receupem* 106. 11. Konj. Sing. 3. *deceubes* 102. 9 M. Part. *deceuput* 353. 31, *receuput* 79. 20 T, *recebeut* 102. 23 T ist in *receubut* zu emendiren. Die für das Feminin belegten Formen haben das u des Perfekts synkopiert: *recepuda* 119. 3, 355. 22 T.

    saber: Perf. Plur. 3. *saupron* 358. 9, 376. 15 T. Konj. Imp. 1. *saupes* 294. 12 T. Part. *sauput* 116. 21. — Fem. *saubuda* 395. 25 T.

2. Abteilung.

    beure: Part. *begut* 366. 17 T.

    corre: Einem Typus *curruit würde *corc* entsprechen, welches nicht zu finden ist. Dafür steht die verlängerte Form *correc* 362. 32,

364. 11, oder *corric* 429. 9 (siehe 143), schwach *corret* 369. 17 T. Plur. 3. *corregron* 403. 24 T. Part. *corregut* 398. 14 T.
  cosegre: Perf. 3. *cossec* 11. 20 T.
  creysser: Perf. Plur. 3. mit Ausfall des r durch Dissimilation: *cregon* 5. 17 T. Part. *creguda* 344. 1, 393. 3 T.
  dever: Perf. 3. *deg* 282. 8, 289. 17. Plur. 3. *degron* 339. 11 T. Konj. Imp. 3. *degues* 148. 16, 180. 4 T. Plur. 3. *degesson* Co₁ 486. 30. Part. *degut* 29. 5, 83. 11. — Fem. *deguda* 77. 6 T.
  jazer: Perf. 3. *jac* 379. 15, 384. 20 T. Part. *jagut* 394. 1, 462. 26 T.
  lezer: Part. stark: *legut* 75. 27, 103. 23, schwach nach der i-Konj. *lissida* 335. 5 T.
  moure: Perf. *moc* 199. 6 C. Plur. 3. *mogron* 424. 21, 426. 25 T. Konj. Imp. *moguesson* 455. 20. Part. *mogut* 67. 19. — Fem. *moguda* 459. 9 T, *remoguda* G₁ 473. 22.
  conoysser: Perf. *reconoc* 338. 24 T. Plur. *reconógron* 78. 7 Cl, flexionsbetont *reconoguéron* 358. 4 C. — Konj. Imp. 1. *conogues* 281. 12. Part. *conogut* 15. 30. — Fem. *conoguda* 83. 15 T.
  apareisser: Perf. 3. Plur. *aparégron* 330. 4 T (vergleiche corrégron). Konj. Imp. *aparegues* 3. S. 139. 2 T.
  plazer: Perf. 3. *plac* 149. 14, 161. 14 T — *plazec* 455. 27. Konj. Imp. *plagues* 442. 19 T.
  ploure (pluvere): Perf. 3. *ploc* 345. 28, 396. 18 T. Part. *plogut* 428. 27 T.
  poder: Perf. 3. *poc* 339. 8. Plur. *pogron* 175. 30 T. 1. Kond. 3. *pogra* 338. 18. 20 T. Konj. Imp. 1. *pogues* 296. 20. 3. *pogues* 123. 3, 338. 15. Pl. *poguesson* 307. 29, 356. 9 T, *pogesson* Co₂ 486. 29, — abweichende Bildungen: *pusques* 40. 3 PCl 3. Sing. Pl. 3. *pusquesson* 37. 3, 46. 5 PCl, — ihnen liegt ein sigmatisches Perfekt (*poxi) zu Grunde, mit Umstellung von ks zu sk. — Part. *pogut* 182. 12 T.
  tener: Perf. Sing. 1. schwach *retengui* 170. 2. 3. *tenc* 336. 7, 332. 27 T, *teng* 153. 9 T. Plur. *tengron* 363. 24 T, Co₂ 437. 23. — Imp. Konj. Sing. 1. *tengues* 280. 15. 3. *tengues* 280. 16, 436. 19, — Part. Perf. *tengut* 3. 11, *retengut* 47. 3 — *tenguda* 33. 11 T.
  valer: Imp. Konj. 3. *valgues* 264. 29 T.
  venir: Perf. *venc* 333. 7, 339. 2, *pervenc* 57. 5, 59. 20 T. Daneben gehen einige Formen direkt auf latein. vēnit zurück, die also der 1. Klasse zuzurechnen sind: *covent* 380. 22 T, mit Erhöhung des Stammvokals: *vint* 332. 26 T. Plur. *vengron* 112. 28, 335. 1 T, *convengron* 45. 2 Cl, *avengron* 151. 20 T. Konj. Imp. Sing. 3. *avengues* 180. 3, *vengues* 202. 1 T. Plur. *venguesson* 442. 30, 459. 18 T. Part. *vengut* 175. 5, *convengut* 25. 4. Fem. *avenguda* 123. 32 T.
  voler: Perf. 3. *volc* 11. 20, 339. 30 . . T. Plur. *volgron* 153. 29 — T, *volgro* 208. 5 C. Konj. Imp. 3. *volgues* 356. 12, 443. 5. Plur. *volguesson* 40. 5 PCl, — Part. *volgut* 176. 7 T. Part. auf tum, statt ūtum (organisches Part.).

cozer: Part. *cueg* 128. 34. Fem. *cuecha* 289. 12 T.

molre: Part. *mout* 128. 14. Fem. *mouta* 281. 28 T.

querre: S. 3. *requerec* 8. 1, 194. 3 C (siehe corre, apareisser) — *requeric* 442. 21 T. Plur. 3. *requeregron* 356. 8, 364. 32. — *enquerregron* 368. 1, und mit Ausfall von r: *requeregon* 121. 1, 123. 1 M, 121. 1 C; nach der 2. Klasse ist die 3. Sing. Konj. Imp. *requesés* 50. 8 M gebildet. Part. gewöhnlich mit Tonerhöhung von e: *requist* 105. 9, 274. 11 — *quista* 33. 17, *enquista* 272. 14, *aquista* 349. 24 T, *requista* Co₃ 475. 12 — *requesta* 160. 6 T.

tolre: Perf. 3. Sing. *tolc* 336. 24 Konj. Imp. 3. *tolgues* 17. 7 M, mit Uebertritt in die i-Flexion und parasitischem t: *tolgist* 129. 5 M, vom Praesensstamme ist *tolles* 3. Sing. 42. 5 M abgeleitet. Plur. 3. *tolguesson* 49 7 M, mit Ausfall von n: *tolguesso* 117. 7 T. Part. *tolt* 1. 7 M — *tolta* 9. 3 M, *touta* 73. 13 T — 96. 3 C, latein. *volvere*: Part. *routa* 296. 5 T — (cazer ist schwach: *cazet* 343. 6 — *cazeron* 349. 12 T).

Einzelne Verba.

142) 1. Verba, die ein schwaches Perfekt, ein starkes, organisch fortentwickeltes Part. Perf. haben.

cobrir: Perf. 3. *cobri* 347. 16 — Part. *cubert* 368. 23, *cuberta* 305. 3, *descuberta* 403. 31 T.

obrir: Perf. *obri* 425. 8. Part. *ubert* 15. 2 C — *uberta* 91. 25, 396. 28 T.

suffrir: Perf. — Part. *suffert* 13. 22, 27. 13 T.

ofrir: Perf. *uffert* 124. 9 T. (Diese Participien blieben erhalten, doch musste das auslautende t im Laufe der Entwicklung fallen: *mor* 232. 14, 238. 13 Fr, *descouver* 237. 7 Fr, *souffert* 110. 20 Fi — *ouverta* 247. 1 Fi).

morir: Perf. *mori* Co₁ 378. 5 — Part. *mort* 89. 15, 31. 19 . . T.

respondre: Perf. 3. *respondet* 175. 24 — Part. Fem. *risposta* 175. 27, 356. 16 T.

naisser: Perf. 3. mit Metathese von ks: *nasquet* 329. 24 T. Part. *nat* 342. 21. Fem. *nada* 139. 11 T, später *nascut* F° 226.

2. *eleger* oder *elegir* hat sich im Perfekt der 3. schwachen Konjugation angeschlossen: *elegi* Co₁ 401. 17 — 3. S.; *elegiron* 149. 18 T, 3. Plur. Im Part. schwankt es zwischen der organischen Form *eleg* 149. 16, 291. 10, Nom. Sing. *elestz* 69. 14 T — *elig* 334. 19 T, und der schwachen, die gewöhnlich nach der 2., seltener nach der 3. Konj. gebildet ist: *elegut* 45. 3, 252. 5 . . T — *elegit* 249. 8, 250. 20 T, Co₁ 424. 12.

3. *viure* geht nach der 2. schwachen Konj., wie bei *naisser* wird ks (x) zu sk umgestellt: Konj. Imp. 3. Pl. *visquesson* 232 T — Part. *viscut* 470. 32 T.

Entwicklungsgang der starken Verba.

143) Eine Vergleichung der starken Verbalflexion mit der schwachen, wie sie uns in den Urkunden erscheint, lässt schon hier ein Uebergreifen der letzteren in die erstere erkennen, soweit die Betonung in Betracht kommt. Die verschiedenen Ursachen, welche dieses herbeiführten, entsprangen ihrerseits wieder aus dem ausgesprochenen Uniformirungsbestreben der Volkssprache. Die Zahl der starken Verba ist, verglichen mit der der schwachen, die sich zudem durch Neubildungen immer mehr verstärkte, eine verschwindend kleine; viele, die im Latein noch stark flektierten, haben sich schon in vorhistorischer Zeit der zweiten und dritten schwachen Konjugation angeschlossen, viele sogar die organischen Infinitivendungen er, re, mit ir vertauscht. Was aber vor allem auf den Verfall der starken Flexion eine entscheidende Wirkung ausübte, war die verschiedenartige Betonung im Perfekt: drei Personen waren stammbetont (1. und 3. Sing., 3. Plur.), drei flexionsbetont (2. Sing., 1. und 2. Pl.), während im schwachen Praet. alle Formen flexionsbetont waren. Diese verschiedenartige Betonung musste dem Volke auf die Dauer unerträglich werden, besonders, da ihm die starke Flexion eine formelle Unterscheidung der 1. und 3. Sing. unmöglich machte, und dies namentlich musste dazu führen, die stammbetonten Formen durch flexionsbetonte zu ersetzen. Hiernach ist schon in Urkunden aus dem 13. Jahrhundert die 1. Sing. schwach nach der 3. Konjug. flektiert, eine starke Flexion bei dieser Person nicht einmal belegt: *escrieysi* 105. 10 T (1258) — *escrieychi* 262. 20 T (in einem älteren Serment. Die Redaktion entstand im 13., die Handschrift im 14. Jahrhundert) — aus dem 14. Jahrhundert: *retengui* 170. 2 T, *receupi* 161. 8, 164. 14 T.

Die 3. Plur. nahm in diesem Falle die Endung der schwachen 1. oder 2. Konj. *èron* (Aussprache èrun) an, in den Urkunden aus dem 13. Jahrhundert nur vereinzelt in *fezeron* 109. 23 T (1258), häufiger in den späteren: C *promeseron* 330. 6 — *contradicheron* 205. 1 — *reconogueron* 358. 4 — Co₁ 414. 19: *remazeron*, T: *meceron* 331. 13 — *prezeron* 357. 18, — *prescron* 329. 4 — *traysseron* 358. 18, — aus dem 15. Jahrhundert: *dicerunt* G₂ 313. 11 — T *dizerunt* 184. 29 — *disseron* 430. 6, *escrisseron* 420. 7, *destrusseron* 403. 24. — Wenn nun auch diese Verbalformen flexionsbetont sind, sich also in diesem Punkte der schwachen Konjugation anglichen, so bleiben sie doch in der Bildung streng von den schwachen Verben unterschieden, indem sie ihr nicht den Praesensstamm zu Grunde legen, sondern den des Perfekts, der mit der 3. Sing. zusammenfällt, natürlich von dem Stärkegrade des auslautenden Konsonanten abgesehen. Die 3. Sing. Perf. der starken Verba hat dem Zuge der Analogie am längsten widerstanden, eine Flexionsendung, ob betont oder unbetont, in keiner der mittelalterlichen Sprachquellen angenommen.

Die Formen *correc* 362. 32, 364. 11 T und *requerec* 8. 1, 194. 3 C scheinen das Gegenteil zu beweisen, und man könnte geneigt sein, in *ec* die schwache Perfektendung mit dem bekannten Wechsel von t und c zu sehen. Allein die übrigen Formen des Perfekts, ferner die abgeleiteten Tempora (Konj. Imp. und Part. Perf.) beweisen, dass *ec* zum Stamme gehört.

corre Perf. 3. *correc* 362. 32, 364. 11 — Plur. 3. *corregron* 403. 24, — Part. *corregut* 398. 14 T.

querre: Perf. 3. *requerec* 8. 1, 194. 3 C, Plur. 3. *requeregron* 356. 8, 364. 32 T, *enquerregron* 368. 1 T, mit Ausfall des r: *requeregon* 121. 1, 123. 1 M.

Aehnliche Bildungen kennt *pareisser*; ein *parec* ist freilich nicht belegt, aus *aparegron* 330. 4 T, Konj. Imp. 3. *aparegues* 139. 2, aber zu erschliessen. Bei diesen drei Verben ist die Bildung mit *ec* die ausschliessliche. Vereinzelt steht *plazec* 455. 27 T neben *plac* 149. 14, Konj. Imp. 3. *plagues* 418. 13, 442. 19 T. — Diese Formen mit *ec* verdanken ihre Entstehung einer Vertauschung der Perfektendung uit mit ēvit, in der v aber nicht, wie bei der zweiten schwachen Konjugation, fiel, sondern wie ein deutsches w behandelt wurde, womit *ploc* aus pluvit, *moc* aus movit, *reconoc* aus recognovit zu vergleichen sind. Des ungeachtet hat sich die Sprache vereinzelt verleiten lassen, das stammhafte *ec* als Flexionssilbe zu betrachten; da eine solche aber unserer Mundart fremd ist, vertauschte man entweder c mit i: *corric* 429. 8, *requeric* 442. 21 T, oder c mit t: *corret* 369. 17 T.

Soviel über die starke Flexion in der älteren Sprachperiode. Es entsteht nun die Frage: Welche weiteren Veränderungen hat dieselbe in der neueren Mundart erlitten?

Die alten Personalendungen des schwachen Perfekts waren, wie wir sahen, bis auf die 3. Sing. und Plur. verschwunden; die Sprache hatte sich aus der 3. Plur. auf *èroun* für die 1. und 2. Person, die Endungen: Sing. *ère*, *ères* — Plur. *èren*, *ères* abstrahiert und diese auf alle Konjugationen übertragen. Dasselbe geschah bei den starken Verben. — Eine weitere Veränderung betraf die 3. Sing., die in der älteren Periode die starke Form dem immer wachsenden Uniformierungstriebe gegenüber gerettet hatte. Auch sie nahm, von der Macht der Analogie hingerissen, die schwache Flexionsendung *et* an. Hiermit ging der letzte Schritt der Formangleichung Hand in Hand, der fast alle Präteritalstämme der 1. und 2. Klasse, ferner die der 1. Abteilung der 3. Klasse mit dem der 2. Abteilung der 3. Klasse vertauschte, um den Stammesauslaut derselben, c, welches inlautend natürlich wieder als g erscheint, zum charakteristischen Konsonanten der starken Flexion zu machen. Somit hat sich der früher so entschieden ausgeprägte Unterschied zwischen starker und schwacher Verbalflexion im neueren Patois dahin vereinfacht, dass in jener der stammauslautende Konsonant des Praesens von dem des Perfekts verschieden ist, in dieser nicht.

Vom Perfekt wurden abgeleitet:
1. Der Konj. Imp., dessen e, entgegen dem der schwachen Flexion, geschlossen ist (siehe P. Meyer, Rom. VIII 154 ff.).
2. Verschieden von der älteren Sprache das Part. Praes.
3. Die Part. Perf. auf ut, während sich die organisch entwickelten Participialbildungen in der Regel auch in der Neuzeit erhielten.
4. Seltener auch der Konj. Praes. — Es gewährt somit die Entwicklung der starken Flexion ein treffliches Bild von der grossen Beweglichkeit eines volkstümlichen Idioms. Selbstverständlich hat der heutige Sprachstandpunkt, so verschieden von dem mittelalterlichen, sich erst allmälig durchsetzen können, und so wird man sich nicht wundern, noch in den Texten des 17. Jahrhunderts hin und wieder altertümliche, heute und im ganzen 19. Jahrhundert ungebräuchliche Formen zu finden, z. B. Konj. Imp. 3. S. *fous* 258. 18, Plur. 2. *foùsses* 253. 24 Fr.

144) Nachstehend ist ein kleines, neueren Dichtungen entnommenes Verzeichnis von Verbalformen gegeben, die in den Urkunden stark flektierten, sei es, dass sie noch heute Spuren dieses Gebrauches hinterliessen, sei es, was seltener der Fall ist, dass sie bereits ganz schwach geworden sind. Ist dasselbe auch weit davon entfernt, auf Vollständigkeit Anspruch machen zu können, so reicht es doch zu einer genügenden Anschauung der modernen »starken« Flexionsverhältnisse hin. Wir ordnen in erster Linie nach dem Perfekt, in zweiter nach dem Part. Perf.

1. Verba mit starkem Perfektstamme.
a) Part. Perf. auf ut:
recipere: 3. S. Konj. Imp. *ressaghèsse* R 623 — 2. Pl. *recassèsses* 93. 22 Fi.
*sapere: Perf. 3. S.: *saguet* 362. 8 BR.
bibere: Perf. 3. Plur. *beguèrou* 84. 19 G, 302. 4 C. P. — Part. Praes. *buguèn* 324. 4 Gui, — Part. Perf. *begut* 84. 27 G.
calere: Part. *caugut* 222. 15 G.
cognoscere: Perf. 3. S. *recounoughet* R 871.
debere: Konj. Imp. *deguesse* 3. S. 91. 11 G VIII — Part. *degut* 204 R.
fallere: Perf. 3. S. *faoughet* R 943.
movere: Part. *esmouguda* G 93. 10.
*potere: Perf. 3. S. *poughet* R 942; Konj. Imp. 3. Pl. *pouguèssou* 161. 9 Gui; Konj. Praes. *pogue* 3. S. Ri° 191; Part. Perf. *pougut* 91. 11 G, 43 R, *poughut* 384 R, daneben, wenn auch seltener, *pouscut* 89. 29 G (*poxūtum mit Metathesis von ks zu sk).
placere: Part. Perf. *plasegut* Ri° 188.

solvere: Part. *resoulguda* 165. 20 Gui.
tenere: Perf. 3. *tenghit* R 280, *tenguèt* 1. 27 Rou, Part. *soustengut* R 969.
venire: Perf. 1. *venguère* 103. 5 BR, *devenguère* 89. 21 G, 3. *venguèt* 8. 19 F, 1. 23 Rou — *benghet* R 383; Plur. 3. *venguèrou* 82. 18 G, — *benghèrou* R 326. — Konj. Imp. 3. S. *venguesse* 223. 4 G; Plur. 2. *venguessias* 13. 1 F; Part. *revengut* 14. 4 F — Fi 14. 5.
*volere: S. 3. *vouguèt* 81. 11 G, 1. 22 Rou — *boughet* R 108. 317; Part. *vougut* 89. 6 G, 233. 1 Fr; Konj. Imp. *vouguessou* 101. 29 Fi; Konj. Praes. *vogue* 3. S. 90. 28 G.

b) Organische Participien.
1. Klasse:
facere: Perf. S. 1. *faguire* 8. 23 F, 12. 31 T. 3. *faguet* 1. 26 Rou, 85. 10 G. Plur. 3. *faguèroun* Rou VI 32, F 7. 28, *faguèrou* 233. 16 Fi; *fagherou* 294 R. Konj. Imp. 3. *faguesse* 232. 4 Fr. Konj. Praes. 3. *fague* F° 219. 4, Gui 160. 17. Part. Praes. *faghen* R 326, — Fi noch *fasen* 229. 22. Part. Perf. *fach* R 876, daneben *fagut* R 880.

videre: neben Formen mit gutturalem g erscheinen solche mit palatalem g, welches aus dem Konj. Praes. eingedrungen ist, wo es sich bekanntlich regelrecht aus dem im Hiatus befindlichen i entwickelte. Perf. — gut. 3. *veguet* 138. 7 BP. Plur. *veguèroun* 360. 4 BR, — palat. 1. *vejère* 7. 19 F, 3. *vejèt* 232. 12 Fr, *bechit* R 395. 751. Konj. Imp. 3. *bechesse* R 920. Part. Praes *veguent* 134. 7 BP, — *vegen* 85. 8 G, *bechen* 197 R. Part. Perf. *vis* 221. 89 G, 100. 20 Fi (vistum).

2. Klasse.
dicere: Perf. 1. *diguère* 10. 16 F, 3. *diguèt* F° 220. 11; *dighet* R 159. 963. Konj. Imp. 3. S. *diguèsse* 99. 7 Fi. Part. Praes. *dighen* 174 R. Part. Perf. *dich* 102. 10 BR.
ducere: Perf. 2. S. *aduguères* BP 136. 25.
jungere: 3. S. Perf. *enchounget* R 175.
prendere: Perf. *prenghet* R 28, *surprenguet* Fi 222. 12. Konj. Imp. *prenguessa* 3. S. 8. 4 F — *prenguesse* 230. 31 Fr. Part. Perf. *pres* 223. 15 G, 452 R — Fem. *presa* 80. 2 G. Konj. Praes. *rigan* 1. Pl. 244. 13 Fr.
ridere: Perf. 3. S. *riguet* BR 362. 7, 3. Plur. *riguèrou* 231. 5 Fr. Part. Praes. *righen* R 547, — *riguen* 222. 2 G — Fi noch *risin* 235. 8.
scribere: Perf. S. 3. *escriguet* BPe 275. 18. Part. Perf. *escrich* BR 102. 12 — *escrit* 7. 7 F.
*tragere: Perf. 3. S. *traguet* 93. 4 G, 128. 32 BP. Konj. Imp. 3. Pl. *traghessou* R 893. Part. Praes. *traguen* 80. 14 G. Part. Perf. *trach* 86. 6 G.
3. Klasse: — Part. Perf. *quioch* 253. 12 Fr (cŏctum).

2. Schwach gewordene Verba.
mittere: Perf. 3. *metet* R 651, *proumettet* R 769. Part. *mes* F 6. 5. (Ein schwaches prometero belegten bereits die Urkunden.)

currere: geht nach der 3. schwachen Konjugation: Sing. 3. *courriguet* 96. 10 G, *encourriguet* 89. 11 G. Plur. *encourighèrou* R 293.

3. Anomale Perfektbildungen.

Formverlängerung nach dem Muster von *correc* in der älteren Sprache zeigen die Denkmäler aus der Neuzeit in folgenden Formen: *creseguet* G 89. 13, BPc 274. 9 — *nasqueguèt* 6. 2 Rou — *rescondeguet* 8. 4 F, — *pareisseguèroun* 6. 38 Rou, neben der schwachen *paresquet* 10. 2 F. — vivere bildet sein Perfekt wie früher: *visquèt* 1. 50 Rou. Konj. Imp. S. 3. *visquèsse* 9. 12 Rou.

. 145) Flexion der Hülfsverba.

1. habere.

Praes. Ind. Sing. 1. *ay* 102. 31 T, *ai* 43. 6 M — G 221. 8. 2. *as* 94. 4 M. 3. *a* 5. 8, 7. 28 T — *ha* 5. 1 T. Plur. 1. *avém* 101. 18 T — *aven* 198. 31, 201. 17 T — G 80. 2 — *aben* R 452. 2. *aves* 121. 29, 254. 1 T, G 223. 15, *abés* R 165. 3. *ann* 6. 16 M — dann *an* Coa 455. 5 .. G 83. 10; Rou 1. 8, — *han* 7. 2 T.

Imp. Ind. Sing. 1. *avia* 306. 18 T — *avièi* 89. 22 G, 9. 1 Rou — *abiei* R 876. 2. *avièa* 326. 17, 128. 13 BP. 3. *avia* 34. 4 M; *avic* 9. 2, 36. 7 Cl; 93. 4 Ch — *avië* G 211. 18, Br 29. 9 . . Pl. 1. *aviam* 17. 9 M — *avian* 462. 33 T — *avidn* BP 138. 16, 320. 9. 2. *avias* 126. 11 BP, — *abias* R 167. 3. *avion* 23. 2, 109. 29 T, — *havion* 73. 3 T — *avio* 126. 18 M — *avian* 112. 20 T — G_{II} 313. 13 — *avien* 112. 7 T, Cl 5. 2 — *aviën* G 92. 11, *abien* R 38, *avie* Cl 5. 2, T 194. 24, 384. 22.

Perf. Ind. Sing. nach der 3. Klasse, 2. Abteilung: 1. *agère* 222. 10 G. 2. *aguères* 326. 25 BP. 3. *ac* 5. 19, 33. 18 T — *hac* 339. 32 T — mit gut. Kons. *aguèt* G 80. 13, Br 360. 1 — *aghet* R 195; mit palat. *ajèt* Fr 231. 25 — Fi 239. 16, Gui 144. 6, *agèt* 150. 17 Gui — *achèt* R 105. 255. Plur. 3. *agron* 109. 22, 351. 8 T, Co₁ 397. 10, — *agro* 400. 15 T, 5. 6 M, — *ajirou* Fi 96. 23. Fr 230. 23.

Futur: Sing. 1. *auray* 113. 28 T, *aurai* 18. 7 T, *haurai* 7. 12 T — 2. *auras* 33. 8 M — 3. *aura* 98. 7 M. Plur. 1. *aurem* 197. 31 T — 2. *aourès* 228. 17 Fr. 3. *auran* 19. 21 T, *hauran* 7. 2. 9 T.

Praes. Konj. Sing. 1. *aia* 107. 6 T — *aje* 1. 3 Rou; 2. *aias* 33. 7 M — *agas* 10. 6 M. 3. *aia* 9. 14 T; *aya* 105. 15 T, *aye* Coa 484. 22 — *aja* 101. 30 — *aye* 234. 11 T — *age* G 93. 14 — *aje* F 14. 9, Gui 102. 6 — *ache* R 147. Plur. 2. *aiatz* 9. 9 M — *agas* 10. 6 M — *ayas* 253. 19 Fr — *ajas* 241. 8 Fr. 3. *aion* 53. 28 T — *ajon* 202. 19 T — *agon* 301. 14 T — *ago* 234. 5 T — *aian* 180. 7 T, *aiant* 197. 3 T — *ajou* 228. 7 Fr, 237. 5 Fi.

Imp. Konj. Sing. 1. *agues* 280. 25 T — *agesse* 12. 24 F. 3. *agues* 13. 28 T — *ajès* 239. 8 T — *ajèsse* F* 223. 18, — *achesse* R 792 —

aghesse R 647. Plur. 1. *ajèssen* C. P. 300. 10. 2. *ajèsses* F° 226, 239. 17 Fr. 3. *aguesson* 397. 28 T — *achessou* R 421.
    1. Kond. Sing. 3. *agra* 333. 6, 376 19 T. Plur. 3. *agron* 354. 11, 397. 27 T.
    2. Kond. Sing. 1. *auria* 18. 8 M — *auriéi* 89. 27 G. 2. *auriès* Fi 233. 5. 3. *auria* 1. 7 M — *hauria* 138. 17 T — *aouriè* 95. 2 Fi — *auriè* 222. 15 G. Plur. 1. *auriam* 17. 9 M. 2. *aurias* R 302. 693. 3 *aurien* Cos 483. 5.
    Imperativ. Plur. 2. *ajas* 256. 3 Fr   *achas* R 849 — *ajés* Gui 322. 7, *achés* R 434.
    Infinitiv: *aver* 9. 16 T — *haver* 7. 8 T — *avedre* 228. 20 Fr, Fi 100. 14 — *abedre* R 165.
    Part. Praes. *aven* 15. 2, 27. 25 T.
    Part. Perf. *agut* 178. 19 .. T; R 415, Fi 108. 7, *avut* 55. 20 — *avuda* 29. 20 T.

                      2. *essere.

    Praes. Ind. Sing. 1. *son* 94. 3 M, Co₁ 359. 4 — *soy* 282. 30 T — *soui* G 221. 7, Ri° 189 — *souy* 1. 4 Rou — *sièi* 237. 10 Fr — *süy* 98. 14 Fi. 2. *siès* 226. 9 G, 322. 34 BP — 323. 22 Gui. 3. *es* 3. 6, 9. 11 .. T. Plur. 1. *sem* 197. 13 T — *sen* R 451, BP 138. 14, — *em* 1. 15 Cl. 2. *es* 18. 24 PCl, — F 13. 5, — *ses* R 436. 702, *siès* Gui 322. 20. 3. *son* 5. 21 .. T, *sont* Cos 482. 24 — *sun* 17. 3 M — *sunt* 38. 3 M, — *soun* 81. 36 G, 233. 4 Fr, — *sou* F° 187.
    Imp. Ind. Sing. 1. *ère* G 90. 16, Br 29. 1, BR 108. 6 .. 2. *ères* 108. 7 BR, 227. 13 Fi — 3. *èra* 11. 6 T — Rou 9. 69, G 284. 4, — *ère* 233. 2 T. Plur. 1. *èren* 140. 1 BP — Gui N. 642. 1. 2. *ères* BP 128. 1, R 839. 3. *eron* 19. 18, 174. 14 T — Cos 461. 17, *eran* 43. 24, 306. 14 T — *erant* 49. 7 M — *ero* 461. 17 T — *èroun* Rou II 26 — *èrou* R 336 .
    Perf. Ind. Sing. 1. *fui* 103. 1, 114. 1 M — *seguère* 6. 5 F. 2. *fust* 76. 2, 102. 3 M. 3. *fo* 330. 16 .. T, 34. 1 .. M, *fu* 5. 14 M — *fon* 57. 2 .. T — *fonc* 169. 7 .. T, *foc* 431. 11 T — *fong* T 334. 32 — *fouguèt* 230. 1 Fr, — 105. 33 Fi — Rou 1. 48, *seguet* 222. 16 — 84. 19 G — *seghet* R 228. Plur. 1. *fon* 102. 2 M. 3. *foron* 102. 19 .. T, *foro* 53. 1 Ch, *forun* 6. 8 M — *fouguèrou* 232. 2 Fr, 222. 9 Fi, *segueroun* R 429.
    Futur Sing. 1. *seray* 113. 28 T — *serai* 7. 13 T — *sarai* 105. 7 M — *seray* Rou 9. 147. 2. *seràs* 285. 2 G. 3. *essera* 141. 27, 142. 6 T — *sera* 7. 6 .. T — *cr* (erit) 85. 27 T, 76. 18, 98. 4 M — *ert* 256. 1 T. Plur. 1. *serem* 106. 31 M — *seren* 140. 23 BP. 2. *serets* 18. 21 PCl — *serès* R 857. 3. *scraun* 17. 4 M — *serau* 14. 4, 23. 4 M — *seraut* 15. 4 M — *seran* 3. 21 .. T — *scram* Cos 482. 17 — *seron* 187. 31 T, 25. 4 M — *erun* 101. 4 M.
    Konj. Praes. Sing. 3. *sia* 3. 20 T .., *sie* 120. 28, 179. 7 T, 322. 32 G₁₁, Cl 1. 3 — *si* 181. 4 T — *siè* Rou 2. 13, Fi 97. 2,

G 81. 24 — *sièguc* 326. 11 BP — 273. 16 BPe — 155. 13 Gui — 106. 29 Fi — *siège* G 90. 34 VIII — Gui 322. 15. — *sièche* R 744. Plur. 1. *sidm* 103. 8 T — *sidn* 197. 2 T. 2. *sids* Fi 238. 3, — *seghés* R 699. 3. *sion* 19. 11 T, 12. 8 M — *sian* 7. 2, 233. 25 T — *sien* 100. 20, 183. 7 T — G$_{II}$ 322. 19, — Rou III 107, Fi 237. 11, — *segon* F 14. 7 — *sièchou* R 615.

 Imp. Konj. Sing. 3. *fos* 85. 30 . . T; *fous* 258. 18 Fr — *fouguès* Fi 99. 22, Rou IX 2, *fouguèsse* 231. 2 Fr — *seguèsse* BR 366. 9 — Gui 149. 19, — *seghèsse* R 106. 622. Plur. 2. *foùsses* 253. 24 Fr — *fouguèsses* 103. 1 Fi — *seguèsses* F° 226. 3. *fosson* 109. 30, 124 20 T, *fossan* 180. 15, 457. 9 T, Cos 483. 4 — *fossen* Cos 459. 22.

 1. Kond. Sing. 3. *fora* 374. 5 T, 330. 4 C — zu merken ist, dass 5. 21 M *fora* noch in der Bedeutung des Plusquamperf. Ind. angewendet wird, womit die bekannten Formen aus dem Girard von Rossillon zu vergleichen sind.

 2. Kond. Sing. 1. *seria* 121. 9 M — *seriè* 2. 76 Rou — *serièi* 322. 13 Gui, *sarièi* R 168 — 2. *seriès* Ri° 189. 3. *seria* 19. 23, 162. 27 T — *serie* 263. 24 T, *seriè* R 608. — Plur. 2. *seriàs* BP 126. 11 — 238. 24 Fr — 241. 18 Fi. 3. *serian* 141. 1 T — *serian* 43. 9 M — *seriant* 43. 12 M — *serion* 123. 54 M — *serio* 126. 20 M.

 Imperativ Sing. *sièja* G 90. 32 VIII. Pl. 2. *segas* 229. 7 Fr.

 Infinitiv: *esser* 7. 20 . . T, *eser* 405. 31 T — *esse* 425. 19, 426. 11 T, Ch 231. 4, *estre* T 188. 11, 310. 14, Cos 483. 8 — Fi 96. 1, G 221. 31.

 Die Participien werden mit Hülfe von stare ausgedrückt: Part. Praes. *estan* 73. 14 T — Part. Perf. *estat* 73. 3 T — *estada* 73. 4 T.

Parisismen. Alphabetisch geordnete Sammlung der eigenartigen Ausdrucksweisen des Pariser Argot. Ein Supplement zu allen franz.-deutschen Wörterbüchern. Von Prof. Dr. Césaire Villatte. 240 S. 8°, broch. 4 M., geb. 4 M. 60 Pf.

Alle, welche einen richtigen Pariser, bezw. irgend ein im Volkston geschriebenes franz. Journal verstehen wollen, werden dem Verfass. für diese Gabe Dank wissen. Glauben doch Deutsche, die sonst ganz geläufig französisch sprechen, oft in Peking und nicht in Paris zu sein, wenn sie dort eine Menge von Ausdrücken absolut nicht verstehen, die jeden Augenblick, selbst von Gebildeten, gebraucht werden: *Il ne faut pas confondre notre langue parisienne avec la langue française* (DUMAS fils).

Langenscheidtsche V.-Buchh. Berlin SW. 11.

Verlag von F. C. W. Vogel in Leipzig.
Soeben erschien:

CHRESTOMATHIE
de l'ancien français
(VIII–XV Siècles).

Accompagnée d'une grammaire
et d'un glossaire
par
Karl Bartsch.
Cinquième Edition corrigée et augmentée.
4. 1884. Preis 10 Mk.

Verlag von Friedrich Vieweg und Sohn in Braunschweig.
(Zu beziehen durch jede Buchhandlung.)
Soeben erschien:

Brinkmann, Dr. Friedrich, Syntax des Französischen und Englischen in vergleichender Darstellung. Erster Band.
gr. 8. geb. Preis 12 M.

In Commission wurden uns übergeben:

Shakespeares Macbeth im Unterricht der Prima. Beilage zum Programm des Realgymnasiums zu Barmen. 1884. Von Director *Dr. W. Münch.*

Nur direct von uns zu beziehen; gegen Franco-Einsendung von 60 Pf. erfolgt Franco-Zusendung per Post. Der Reinertrag ist für die Bibliotheca pauperum der Anstalt bestimmt.

Ferner:
Ueber die Echtheit Heinrichs VIII. von Shakespeare. Von *R. Boyle.* (Separatabdruck der Programmschrift der St. Annen-Schule. St. Petersburg. 1884.) Pr. M. 1.50.

Gegen Franco-Einsendung des Betrages erfolgt Franco-Zusendung per Post; auch kann die Schrift durch den Buchhandel von uns bezogen werden.

Heilbronn. Gebr. Henninger.

Auf die beigeheftete
Antiquarische Offerte
ausgewählter Werke aus unserem Verlag erlauben wir uns besonders aufmerksam zu machen, mit Hinweis darauf, dass dieselbe Ende dieses Jahres erlischt, oder früher, wenn die theilweise geringen Vorräthe vor diesem Termin vergriffen sind.

Heilbronn.
Gebr. Henninger.

Von den beiden Werken:

Aug. Western,
Engelsk Lydlære for Studerende og Lærere
und
Engelsk Lydlære for Skoler

sind für uns vom Verfasser selbst besorgte deutsche Bearbeitungen in Vorbereitung.
Heilbronn, 1. Juni 1884.
Gebr. Henninger.

Verlag von Gebr. Henninger in Heilbronn.

Englische Studien. Organ für englische Philologie unter Mitberücksichtigung des englischen Unterrichtes auf höheren Schulen. Herausgegeben von Dr. Eugen Kölbing. Abonnementspreis M. 15. — pr. Band. erschien:

VIII. Band 1. Heft. Inhalt: Anmerkungen zu Macaulay's History. VI. von R. Thum. — Zur englischen Grammatik. VI. Von W. Sattler. — Beaumont, Fletcher and Massinger. (Cont.) Von R. Boyle. — Fragment eines Angelsächs. Briefes. Von F. Kluge. — Vocaldissimilation im Mittelenglischen. Von G. Sarrazin. — Zur Etymologie von *bad.* Von G. Sarrazin. — Studien zu Richard Rolle de Hampole. II. Von G. Kribel. — Kleine Publikationen aus der Auchinleck. — Hs. III. Von E. Kölbing. — Litteratur. — Miscellen.

Neuer Verlag von Gebr. Henninger in Heilbronn.

Altfranzösisches Übungsbuch
zum Gebrauche bei Vorlesungen und Seminarübungen,
herausgegeben von
W. Foerster und **E. Koschwitz.**
Erster Theil:
Die ältesten Sprachdenkmäler. Mit einem Facsimile.
4⁰ IV. S. 168 Sp. 1884. geh. M. 3.

Encyclopädie und Methodologie
der
Romanischen Philologie
mit besonderer Berücksichtigung des Französischen und Italienischen
von
Gustav Körting.

Erster Theil:	Zweiter Theil.
I. Erörterung der Vorbegriffe. II. Einleitung in das Studium der rom. Philologie.	Die Encyclopädie der romanischen Gesammtphilologie.
Gr. 8⁰. XVI. 244 S. 1884. geh. M. 4.—	*Gr. 8⁰. XVIII. 505 S. 1884. geh. M. 7.—*

Elemente der Phonetik
des Deutschen, Englischen und Französischen
mit Rücksicht
auf die Bedürfnisse der Lehrpraxis
von
Wilhelm Vietor.
8⁰. VIII. 271 S. 1884. geh. M. 4.80, geb. in Halbleinen M. 5.60.

Unter der Presse, im Druck nahezu vollendet:
Die Aussprache des Latein
nach physiologisch-historischen Principien
von
Emil Seelmann.

Septb. 1884.

Pierer'sche Hofbuchdruckerei. Stephan Geibel & Co. in Altenburg.